Sulle Condizioni Della Marina Mercantile Italiana ... 1886-1902: Relazione Del Direttore Generale Della Marina Mercantile A S.e. Il Ministro Della Marina... - Primary Source Edition

Italy. Ministero della marina

SULLE CONDIZIONI

DELLA

MARINA MERCANTILE ITALIANA

AL 31 DICEMBRE 1896

RELAZIONE

DEL

DIRETTORE GENERALE DELLA MARINA MERCANTILE

A

S. E. IL MINISTRO DELLA MARINA

ROMA

TIPOGRAFIA DITTA LUDOVICO CECCHINI

—

1897

Roma, novembre 1897.

Eccellenza,

Ho l'onore di presentare all'E. V. la relazione sulle condizioni della marina mercantile nazionale per l'anno 1896.

Con profondo ossequio

Dell'E. V.

Dev. obbl. subordinato

IL DIRETTORE GENERALE

G. COMANDÙ.

A S. E.

Il Comm. **BENEDETTO BRIN**

MINISTRO DELLA MARINA

ROMA.

PREFAZIONE

Con lo stesso ordine seguito nelle precedenti relazioni si pubblicano anche quest'anno le notizie riguardanti la marina mercantile nazionale ed alcuni dati relativi alle principali marine estere.

Fu però aggiunto un quadro numerico della quantità delle merci sbarcate nei nostri principali porti in ciascun anno del decennio 1887-1896 e per alcuni anche il valore delle merci stesse.

Ai diagrammi del movimento della navigazione nei principali porti esteri fu unito un quadro numerico indicante il tonnellaggio dei bastimenti arrivati.

Essendo scaduta la legge del 6 dicembre 1885 sui provvedimenti a favore della marina mercantile ed entrata in vigore quella del 23 luglio 1896, i capitoli che si riferiscono agli effetti di esse, e cioè quello sui compensi di costruzione e premi di navigazione e quello delle tasse marittime, furono suddivisi in modo che oltre ai totali delle spese e degli introiti verificatisi durante l'intero anno, si rileva separatamente la parte delle somme pagate e di quelle introitate in base a ciascuna delle stesse leggi.

Conformemente a quanto già si è fatto per Genova, Livorno, Messina e Venezia, si pubblicano ora le notizie ed i dati statistici più recenti per i porti di Napoli e Palermo e si aggiungono anche i dati relativi ai fondali di tutti i citati porti e di quelli di Savona e di Brindisi.

Per ragione di brevità, invece del testo dei rendiconti e dei bilanci per l'esercizio 1896 delle varie Compagnie di navigazione a vapore nazionali ed estere, si pubblica un riassunto degli stessi, nel quale sono contenute soltanto le notizie che maggiormente possono interessare.

Notasi inoltre che non si sono pubblicate altre monografie dei porti del Regno, giacchè quelle di tutti i porti aventi una certa importanza marittima e commerciale furono già comprese nelle precedenti relazioni.

Infine si accenna che non si poterono inserire, come negli anni precedenti, le notizie relative al confronto del movimento della navigazione avvenuto nei porti nazionali ed in quelli austro-ungarici, perchè al momento della stampa ancora non era pervenuta la statistica austriaca per l'anno 1895.

CIRCOSCRIZIONE MARITTIMA

———

Durante l'anno 1896 fu istituita la delegazione di porto di **Francavilla al Mare**, compresa nella provincia di Chieti, compartimento marittimo di Ancona, e la delegazione di porto di Baia, compresa nel compartimento marittimo di Napoli, venne elevata ad ufficio di porto.

Gli uffici esistenti al 31 dicembre 1896 erano in numero di 378, e cioè:

24 capitanerie,
38 uffici circondariali,
58 uffici locali,
258 delegazioni di porto,

aventi ciascuno le attribuzioni rispettivamente stabilite dal codice per la marina mercantile e dal relativo regolamento, suddivisi per compartimento nel modo indicato nel quadro seguente:

Quadro numerico delle capitanerie di porto, degli uffici circondariali e locali e delle delegazioni di porto.

COMPARTIMENTI marittimi	Sede di capitaneria N.	Uffici di circondario N.	Uffici locali di porto N.	Delegazioni di porto N.	Totale
Porto Maurizio	1	2	2	7	12
Savona	1	2	1	9	13
Genova	1	2	3	13	19
Spezia	1	1	5	14	21
Livorno	1	2	1	16	20
Portoferraio	1	1	4	3	9
Civitavecchia	1	..	3	8	12
Gaeta	1	..	3	3	7
Napoli	1	4	2	5	12
Castellamm. di Stabia.	1	2	3	26	32
Pizzo	1	1	..	13	15
Reggio Calabria . . .	1	..	1	20	22
Taranto	1	3	..	21	25
Bari	1	2	5	5	13
Ancona	1	2	8	17	28
Rimini	1	2	4	9	16
Venezia	1	1	2	11	15
Cagliari	1	1	..	7	9
Maddalena	1	2	..	8	11
Messina	1	2	3	16	22
Catania	1	3	2	5	11
Porto Empedocle . . .	1	1	3	8	13
Trapani	1	1	1	6	9
Palermo	1	1	2	8	12
Totale N.	24	38	58	258	378

GENTE DI MARE

La gente di mare, ossia tutte le persone sottoposte alle discipline del vigente codice per la marina mercantile, è ripartita in due categorie di cui l'una comprende il personale navigante e l'altra quello addetto alle arti ed alle industrie marittime.

Al 31 dicembre 1895 erano inscritte sulle matricole e nei registri della gente di mare 235,249 persone, delle quali 125,914 di 1ª categoria e 109,335 di 2ª.

Nel 1896 si ebbero i sotto indicati aumenti:

Per 1ª matricolazione:

3,734 persone di 1ª categoria, cioè:

3,454 mozzi,

176 fuochisti,

104 pescatori di alto mare.

7,092 persone di 2ª categoria, cioè:

3 ingegneri e costruttori navali,

304 maestri d'ascia e calafati,

268 operai per le costruzioni in ferro,

4,866 pescatori di costa,

1,651 barcaiuoli.

Per ripresa d'esercizio:

311 di 1ª categoria, cioè:

14 capitani,

5 padroni,

2 scrivani,

10 marinari autorizzati,

22 capi-barca,

201 marinai e mozzi,

1 macchinista in 2º,

7 fuochisti autorizzati,

41 fuochisti,

8 pescatori d'alto mare.

12 di 2ª categoria, cioè:

9 pescatori di costa,

3 barcaiuoli.

Per provenienza dalla marina militare:

163 di 1ª categoria, cioè:
   1 padrone,
   67 marinari e mozzi,

   5 macchinisti,
   3 fuochisti autorizzati,
   87 fuochisti.

Per revisione delle matricole:

1,574 persone di 1ª categoria, cioè:
   52 marinari autorizzati,
   46 capi-barca,
   1319 marinai e mozzi,
   1 macchinista,
   8 fuochisti autorizzati,
   148 fuochisti.

646 di 2ª categoria, cioè:
   1 maestro d'ascia,
   89 operai per le costruzioni in ferro,
   216 pescatori di costa,
   340 barcainoli.

N. 13,532 in tutto.

Nello stesso anno furono cancellate:

Per abbandono d'esercizio:

3,899 persone di 1ª categoria, cioè:
   250 capitani,
   71 padroni,
   28 scrivani,
   112 marinari autorizzati,
   16 capi-barca,
   2,906 marinari e mozzi,
   36 macchinisti,
   12 fuochisti autorizzati,

   427 fuochisti,
   41 pescatori di costa.
652 di 2ª categoria, cioè:
   24 maestri d'ascia e calafati,
   16 operai per le costruzioni in ferro,
   516 pescatori,
   72 barcainoli,
   24 piloti pratici,

1.037 di 1ª categoria, cioè :

   200 capitani,

   42 padroni,

   56 scrivani e sottoscrivani,

   1 marinaro autorizzato,

   13 capi-barca,

   3 marinari e mozzi,

   12 macchinisti,

   11 fuochisti autorizzati,

   1 fuochista,

   698 pescatori d'alto mare.

1.811 di 2ª categoria, cioè :

   8 ingegneri e costruttori navali,

   885 maestri d'ascia e calafati,

   105 pescatori,

   804 capi-barca,

   9 barcaioli.

Per morte :

731 persone di 1ª categoria, cioè :

   52 capitani,

   41 padroni,

   1 scrivano,

   55 marinari autorizzati,

   17 capi-barca,

   509 marinari e mozzi,

   4 macchinisti,

   3 fuochisti autorizzati,

   30 fuochisti,

   19 pescatori d'alto mare.

283 di 2ª categoria, cioè :

   2 costruttori navali,

   27 maestri d'ascia e calafati,

   11 operai per le costruzioni in ferro,

   197 pescatori,

   5 capi-barca,

   32 barcaioli,

   9 piloti pratici.

N. 8,413 in tutto.

Nel seguente quadro sono specificate le cause di morte.

Persone appartenenti alla gente di mare cancellate per morte dalle matricole e dai registri durante l'anno 1896.

COMPARTIMENTI	Morte naturale			Per malattie epidemiche	Morte violenta						Totale
	in patria	all'estero	in navigazione		scomparizione in mare	naufragio	annegamento	caduta da riva	suicidio	altre cause	
Porto Maurizio	8	1	1	..	4	..	..	1	..	..	15
Savona	35	2	..	..	..	2	..	1	..	..	40
Genova	38	14	8	16	14	7	6	2	2	..	107
Spezia	25	8	3	1	.	12	..	2	..	..	51
Livorno	40	5	4	..	2	15	..	..	..		66
Portoferraio	26	..	..	1	1	..	..	..	..		28
Civitavecchia	3	..	..	..	..	..	..	..			3
Gaeta	11	..	1	..	1	5	..	..	..	1	19
Napoli	34	4	1	..	23	9	3	2	..	..	76
Castellammare di Stabia . . .	38	1	1	2	1	3	1	3	1	..	54
Pizzo	12	2	2	..	1	..	..	..	..		17
Reggio Calabria	10	..	..	..	..	..	..	..			10
Taranto	33	..	..	..	..	..	..				33
Bari	41	2	..	..	9	3	2	..	..		57
Ancona	121	..	3	..	5	1	3	..	..		133
Rimini	25	..	1	..	2	1	..	..	..		29
Venezia	25	3	..	..	3	2	1	..	..		34
Cagliari	5	..	..	..	3	..	1	..	1		10
Maddalena	3	1	..	..	..	..	..	..	..		4
Messina	41	1	1	1	2	..	..	6	..	..	52
Catania	70	..	..	.	3	6	..	..	..		79
Porto Empedocle	9	..	..	2	6	..					17
Trapani	20	1	..	..	1	3	3	..	..	2	30
Palermo	42	2	..	..	.	6	..	..			50
Totali . . .	715	47	26	23	84	75	20	17	4	(*)3	1.014

(*) 1 per apoplessia — 1 assassinato — 1 schiacciato da una macchina.

Nel 1896 passarono dalla 2ª alla 1ª categoria 651 persone e dalla 1ª alla 2ª 140.

Cambiarono mestiere, rimanendo nella stessa categoria 200 persone di 1ª e 34 di 2ª categoria.

836 furono promosse ai gradi ed alle qualifiche seguenti, cioè: nella 1ª categoria:

  35 capitani di lungo corso;

  12 capitani di gran cabotaggio;

  90 padroni;

  17 scrivani;

  140 marinari autorizzati;

  225 capi-barca pel traffico nello Stato;

  75 capi-barca pel traffico locale;

  55 macchinisti in 1º;

  19 macchinisti in 2º;

  55 fuochisti autorizzati;

nella 2ª categoria:

  1 ingegnere navale;

  1 costruttore navale di 1ª classe;

  111 capi-barca locali.

Tenuto conto degli aumenti e delle diminuzioni, al 31 dicembre 1896 rimanevano inscritte nelle matricole e nei registri della gente di mare 240,368 persone, delle quali 126,540 di 1ª categoria e 113,828 di 2ª, con un aumento di 5119 sull'anno 1895.

Nei due quadri seguenti sono riportate la situazione della gente di mare inscritta al 31 dicembre 1896, ripartita per compartimenti marittimi, e quella dell' ultimo decennio.

COMPARTIMENTI	Iᵃ CATEGORIA										
	Capitani			Padroni	Scrivani	Sottoscrivani (*)	Marinai autorizzati al piccolo traffico ed alla pesca illimitata	Capi-barca		Marinai e mozzi	Macchinisti
	superiori di lungo corso	di lungo corso	di gran cabotaggio					pel traffico nello Stato	pel traffico locale		di 1ᵃ classe
Porto Maurizio	..	111	125	123	9	..	43	1	..	2.028	11
Savona	1	268	75	68	13	1	18	..	..	2.225	13
Genova	4	1.339	430	213	83	1	152	51	6	10.602	359
Spezia	..	190	136	270	16	4	175	155	27	6.071	27
Livorno	1	50	99	518	16	9	273	200	..	4.320	29
Porto Ferraio	.,	21	82	197	5	.	225	118	24	1.655	2
Civitavecchia	2	11	5	11	..	..	38	..	..	707	1
Gaeta	..	86	87	69	7	..	147	111	5	3.290	..
Napoli	6	227	123	297	29	2	1.116	380	5	12.045	54
Castellammare di Stabia . . .	..	484	98	174	15	..	160	334	412	8.983	9
Pizzo	..	3	2	11	..	..	130	51	3	1.430	..
Reggio Calabria	..	8	14	39	2	..	196	155	69	2.553	1
Taranto	..	..	..	2	1	..	14	31	15	233	2
Bari	..	20	38	139	4	2	509	100	85	3.530	6
Ancona	1	22	6	51	4	..	196	75	15	2.863	10
Rimini	..	12	5	72	6	..	208	92	26	2.200	..
Venezia	..	56	80	290	11	..	1.274	5	106	3.091	51
Cagliari	..	8	10	80	1	6	127	64	232	1.296	2
Maddalena	..	8	5	8	1	1	35	18	17	717	1
Messina	..	52	15	142	5	..	269	138	67	6.347	13
Catania	..	61	116	177	15	..	216	274	39	3.763	3
Porto Empedocle	..	1	2	42	2	..	226	117	65	3.047	1
Trapani	..	28	46	250	4	..	560	225	125	4.196	3
Palermo	1	170	25	126	10	..	323	88	105	3.272	121
Totale . . .	16	3.248	1.654	3.381	259	26	7.020	2.843	1.448	90.450	722

(*) Questo grado è stato abolito colla legge 11 aprile 1886, n. 3751.

	Pescatori autorizzati	Pescatori ed altri addetti alle macchine dei piroscafi	Pescatori di alto mare ed all'estero	Totale 1ª categoria	2ª CATEGORIA										
					Ingegneri navali	Costruttori di 1ª classe	Costruttori di 2ª classe	Maestri d'ascia e calafati	Operai addetti alle costruzioni navali in ferro	Pescatori	Capi-barca locali	Barcaiuoli	Piloti pratici	Totale 2ª categoria	Totale generale
1	42	..	2 192	..	1	4	72	3	528	28	3	..	639	3.131	
3	108	..	2 823	1	21	1	2 595	104	1 877	..	99	12	4.713	7.536	
93	1.663	4	15.132	21	52	1	3.263	2.577	2.583	68	2.454	23	11.045	26.177	
55	96	110	7.654	1	20	5	302	1.302	301	18	306	..	2.345	9.999	
25	66	65	5.680	5	11	9	647	519	346	553	788	13	2.891	8.571	
4	7	1	2 360	.	3	1	39	1	156	62	76	..	338	2.707	
24	97	31	934	..	1	..	63	11	333	.	118	11	543	1.477	
5	45	250	4 132	.	1	1	157	..	1.214	..	30	..	1 406	5.538	
19	1.055	20	15.458	1	9	11	1.579	210	6.707	1	5.361	15	13 897	29.355	
15	240	3	10.921	2	13	2	2 602	595	2 999	230	2.847	7	9 297	20 218	
7	225	..	1.865	..	..	..	63	..	1.631	..	147	..	1 841	3 706	
1	88	..	3 126	..	..	2	98	..	2.121	87	131	3	3 042	6 168	
21	325	..	647	..	1	1	235	112	5.076	118	462	10	6 015	6 662	
23	538	1.935	6 934	3	1	4	249	19	4.148	56	96	17	4.893	11.827	
35	472	6	3 745	3	5	1	330	7	5 021	5	325	7	5.704	9.449	
2	73	1	2.760	..	1	..	129	1	2 405	31	549	..	3.116	5.876	
7	281	2773	8.175	6	18	12	872	231	2 441	114	1.212	34	4.943	13.118	
7	28	..	1.863	2	1	..	112	..	1.069	129	303	12	1.628	3 491	
5	20	16	852	..	..	.	26	1	917	147	180	1	1 272	2 124	
2	345	..	7.458	3	..	1	315	49	8.094	725	1.946	24	11.157	18.615	
	157	1	4.833	..	..	2	252	3	5 704	62	352	10	6.385	11 218	
	150	23	3.679	..	..	..	72	2	3 266	1	266	8	3 615	7.29	
	97	160	5.697	..	1	6	230	..	2.082	206	99	12	2.636	8 333	
1.736	1.246		7 311	4	3	1	389	238	8 842	78	907	5	10 467	17 778	
7.964	6.648		126 540	58	169	65	14.691	6.081	70.461	2.719	19.357	227	113.823	240 368	

Anno	Totale degli inscritti	1ª CATEGORIA										2ª CATEGORIA					
		Capitani superiori e di lungo corso	Capitani di gran cabotaggio	Padroni	Scrivani e sottoscrivani	Marinai autorizzati	Capi-barca pel traffico nello Stato	Capi-barca locali marinai e mozzi	Macchinisti	Fuochisti	Pescatori d'alto mare	Ingegneri navali	Costruttori navali	Maestri d'ascia, calafati ecc. e operai costruttori navali in ferro	Pescatori di costa e di rinforzo	Capi-barca locali e barcaiuoli	Piloti pratici
1887	195.117	4.468	2.390	3.374	601	7.609	....	90.448	552	4.450	6.657	30	241	15.611	45.765	12.604	277
1888	198.337	4.381	2.319	3.357	552	7.602	.	88.589	610	5.401	6.670	32	245	16.725	48.166	13.465	274
1889	202.083	4.277	2.272	3.338	523	7.500	551	87.417	666	6.164	6.602	33	245	17.345	50.753	14.121	273
1890	207.921	4.252	2.253	3.403	509	7.435	1.285	86.314	694	6.768	6.871	42	237	18.913	53.224	15.384	277
1891	215.280	4.218	2.177	3.591	487	7.387	1.807	88.356	735	7.161	6.870	46	241	19.813	55.633	16.196	253
1892	218.106	4.082	2.066	3.475	452	7.150	2.080	87.127	761	7.713	7.081	46	241	20.278	57.678	17.616	257
1893	221.213	4.022	2.046	3.508	449	7.214	2.283	88.774	807	7.946	7.170	47	240	20.545	60.389	18.516	257
1894	230.467	3.899	1.960	3.528	428	7.218	2.445	90.350	849	8.333	7.282	49	240	20.852	63.245	19.532	255
1895	235.219	3.554	1.896	3.445	371	6.999	2.625	90.490	881	8.398	7.324	57	240	21.139	66.605	21.017	247
1896	240.368	3.261	1.654	3.381	285	7.020	2.843	91.808	905	8.642	6.648	58	234	20.772	70.461	22.076	227

Nel seguente quadro è indicata per l'anno 1896 e per il precedente quinquennio, la quota percentuale delle persone imbarcate di fronte al numero totale di quelle iscritte nella 1ª categoria della gente di mare.

	1891	1892	1893	1894	1895	1896
Capitani superiori di lungo corso.	43	27	9	14	10	13
Capitani di lungo corso.	51	52	51	50	50	49
Capitani di gran cabotaggio . . .	51	54	48	50	48	49
Padroni	58	58	54	55	52	52
Scrivani e sottoscrivani	58	57	48	46	46	54
Marinai autorizzati	65	66	68	69	67	67
Capi-barca per lo Stato . . .	65	68	64	69	67	64
Capi-barca locali, marinai e mozzi	54	52	54	55	56	56
Macchinisti in 1ª	80	86	74	76	75	76
Macchinisti in 2ª	74	72	52	50	51	50
Fuochisti autorizzati	79	72	62	57	58	51
Fuochisti	62	65	60	58	56	55
Pescatori d'alto mare	68	65	67	69	69	69

L'indicazione per ciascun compartimento marittimo della quota percentuale della gente di mare imbarcata durante l'anno 1896 risulta dallo specchio che segue, nel quale fu omesso di indicare il numero degli inscritti in ogni grado e qualità, perchè già portato nella situazione precedente.

Percentuale degl' imbarcati nell'anno 1896.

COMPARTIMENTI	Capitani			Padroni	Scrivani e sottoscrivani	Marinari autorizzati al piccolo traffico ed alla pesca illimitata	Capi-barca pel traffico nello Stato	Capi barca pel traffico locale, marinai e mozzi	Macchinisti		Fuochisti autorizzati alla direzione di macchine marine	Fuochisti ed altri addetti alle macchine dei piroscafi	Pescatori in alto mare ed all'estero
	superiori di lungo corso	di lungo corso	di gran cabotaggio						in 1°	in 2°			
Porto Maurizio . .	..	61	55	63	56	11	.	45	61	..	..	26	..
Savona	..	18	47	49	29	38	..	47	100	..	100	91	..
Genova	..	51	52	58	19	40	43	33	78	50	35	45	..
Spezia	.	40	35	50	40	41	..	56	56	46	56	27	58
Livorno	..	31	51	47	76	77	77	66	83	88	69	83	65
Portoferraio	..	48	45	47	60	60	82	47	100	.	100	86	100
Civitavecchia . . .	..	..	40	55	..	29	..	31	100	50	46	42	18
Gaeta	..	28	20	38	29	31	33	30	..	..	100	67	38
Napoli	33	66	76	75	68	90	92	92	72	63	80	91	75
Castellammare .	..	58	77	67	33	80	81	79	78	100	63	80	100
Pizzo	..	33	..	64	.	54	64	55	..	..	86	69	..
Reggio Calabria . .	..	75	57	49	50	60	43	51	..	..	100	61	..
Taranto	.	.	..	50	100	29	42	40	50	100	13	21	..
Bari	..	75	53	42	100	70	65	61	100	100	91	72	71
Ancona	..	32	68	61	25	59	45	33	60	..	50	60	33
Rimini	..	46	60	32	67	77	21	66	..	..	100	99	.
Venezia	..	38	35	60	45	84	100	53	63	30	33	30	90
Cagliari	..	25	20	24	14	16	38	30	..	100	57	61	..
Maddalena	..	38	60	63	..	20	45	22	100	..	40	80	..
Messina	..	38	49	52	60	42	48	49	77	100	81	64	..
Catania	..	41	30	35	67	51	44	47	100	..	100	36	100
Porto Empedocle .	..	100	50	57	100	38	87	42	100	..	100	53	65
Trapani	..	54	50	41	100	58	64	60	80	..	100	61	81
Palermo	..	71	52	68	80	57	38	39	81	45	49	36	29

ESAMI PER GRADI NELLA MARINA MERCANTILE

Gli esami pratici pel conseguimento di gradi nella marina mercantile ebbero luogo nel 1896 ogni mese presso le Capitanerie di Genova e di Napoli per la sessione permanente; nell'agosto e nel novembre ebbero luogo, per la 1ª e la 2ª sessione ordinaria, nelle suddette Capitanerie ed in quelle di Livorno, Venezia e Palermo.

Gli aspiranti, che si presentarono alle prove, furono in tutto n. 202, così divisi:

N. 36 aspiravano al grado di capitano di lungo corso;
» 12 id. id. di capitano di gran cabotaggio;
» 140 id. id. di padrone;
» 12 id. id. di scrivano;
» 2 id. id. di perito stazzatore.

Di essi 140 vennero dichiarati idonei;
40 rimandati ad altri esami, e
22 furono dichiarati non idonei.

Degli idonei:

N. 32 aspiravano al grado di capitano di lungo corso;
» 11 id. id. di capitano di gran cabotaggio;
» 90 id. id. di padrone;
» 5 id. id. di scrivano;
» 2 id. id. di perito stazzatore.

Di quelli rimandati:

N. 4 aspiravano al grado di capitano di lungo corso;
»   1   id.   id.   di capitano di gran cabotaggio;
» 32   id.   id.   di padrone;
»   3   id.   id.   di scrivano;

Di quelli dichiarati non idonei:

N. 18 aspiravano al grado di padrone;
»   4   id.   id.   di scrivano.

Segue da tale risultato che la proporzione percentuale fra gli idonei i rimandati ed i non idonei è la seguente:

Capitani di lungo corso:

approvati 88,89
rimandati 11,11

Capitani di gran cabotaggio:

approvati 91,67
rimandati 8,33

Padroni:

approvati 64,29
rimandati 22,86
non idonei. 12,85

Scrivani :

approvati 41.67
rimandati 25,00
non idonei. 33.33

Periti stazzatori:

approvati 100,00

I tre prospetti seguenti indicano il numero dei candidati divisi per **gradi, sessione** e per compartimenti marittimi, oltre ad un riassunto de **risultato** degli esami del 1896 paragonati con quelli degli anni precedenti.

Prospetto dei candidati che subirono esami pratici per gradi nel

MESE in cui ebbero luogo gli esami	SESSIONE	SEDE DI ESAMI	Aspiranti al grado di					
			Capitani di lungo corso	Capitani di gran cabotaggio	Padroni	Scrivani	Periti stazzatori	Totale
Gennaio	Permanente	Genova	1	..	3	2	..	
Id.	Id.	Napoli	1	1	..	..	..	
Febbraio	Id.	Genova	..	..	2	..	..	
Id.	Id.	Napoli	1	2	..	..	..	
Marzo	Id.	Genova	1	..	5	1	..	
Id.	Id	Napoli	2	2	5	..		
Aprile	Id.	Genova	.	1	6	..		
Id.	Id.	Napoli	..	2	6	..		
Maggio	Id.	Genova	1	..	6	2	..	
Id.	Id.	Napoli	..	..	3	..		
Giugno	Id.	Genova	3	..	5	1	..	
Id.	Id.	Napoli	2	..	8	1	..	
Id.	straordinaria	Venezia	..	1	2	..		
Luglio	Permanente	Genova	..	..	9	..	..	
Id.	Id.	Napoli	1	..	9	..	..	
Agosto	1ª Ordinaria	Palermo	..	.	3	..		
Settembre	Permanente	Genova	3	1	6	..		
Id.	Id.	Napoli	3	..	6	..	..	
Ottobre	Id.	Genova	2	1	12	..	..	
Id.	Id.	Napoli	5	..	3	..	.	
Novembre	2ª Ordinaria	Genova	3	..	6	..	..	
Id.	Id.	Livorno	2	..	8	2	1	
Id.	Id.	Napoli	..	..	15	..		
Dicembre	Permanente	Genova	2	1	5	3	..	
Id.	Id.	Napoli	..	..	7	..	1	
		Totale ...	36	12	140	12	2	

arina mercantile presso le diverse sedi durante l'anno 1896.

Riconosciuti idonei					Rimandati ad altro esame						Dichiarati non idonei					
Capitani di gran cabotaggio	Padroni	Scrivani	Periti stazzatori	Totale	Capitani di lungo corso	Capitani di gran cabotaggio	Padroni	Scrivani	Periti stazzatori	Totale	Capitani di lungo corso	Capitani di gran cabotaggio	Padroni	Scrivani	Periti stazzatori	Totale
..	1	1	..	6	..	..	2	1	..	3	..	..	..	..	..	..
1	..	..	..	2	..	..	..	..	..	..	..	..	..	..	..	..
..	..	..	..	..	..	..	2	..	..	2	..	..	..	..	..	..
2	..	..	..	3	..	..	..	..	..	..	..	..	..	..	..	..
..	3	..	..	4	..	..	1	1	..	2	..	..	1	..	..	1
2	4	..	..	8	..	..	1	..	..	1	..	..	..	..	..	..
1	5	..	..	6	..	..	1	..	..	1	..	..	..	..	..	..
2	3	..	..	5	..	..	1	..	..	1	..	..	2	..	..	2
..	4	2	..	7	..	..	2	..	..	2	..	..	..	..	..	..
..	2	..	..	2	..	..	..	..	..	..	..	..	1	..	..	1
..	3	1	..	6	1	..	1	..	..	2	..	..	1	..	..	1
..	7	..	..	9	..	..	1	1	..	2	..	..	..	..	..	..
1	..	..	..	1	..	..	1	..	..	1	..	..	1	..	..	1
..	2	..	..	2	..	..	3	..	..	3	..	..	4	..	..	4
..	9	..	..	10	..	..	..	..	..	..	..	..	..	..	..	..
..	2	..	..	2	..	..	1	..	..	1	..	..	..	..	..	..
..	2	..	..	4	1	1	2	..	..	4	..	..	2	..	..	2
..	5	..	..	7	1	..	1	..	..	2	..	..	..	..	..	..
1	6	..	..	9	..	..	5	..	..	5	..	..	1	..	..	1
..	3	..	..	8	..	..	..	..	..	..	..	..	..	..	..	..
..	3	..	..	5	1	..	1	..	..	2	..	..	2	..	..	2
..	4	1	1	8	..	..	3	..	..	3	..	..	1	1	..	2
..	12	..	..	12	..	..	1	..	..	1	..	..	2	..	..	2
1	3	..	..	6	..	..	2	..	..	2	..	..	..	3	..	3
..	7	..	1	8	..	..	..	..	..	..	..	..	..	..	..	..
R 90	5	2		140	4	1	32	3	..	40	..	..	18	4	..	22

Prospetto per i candidati che subirono esami pr[...]

(Distinti per comp[...]

Numero d'ordine	COMPARTIMEMTO D'ISCRIZIONE dei candidati	Aspiranti ai gradi di				
		Capitani di lungo corso	Capitani di gran cabotaggio	Padroni	Scrivani	Periti stazzatori
1	Porto Maurizio	3	2	2	..	..
2	Savona	..	..	1	..	..
3	Genova	14	1	8	..	..
4	Spezia	..	..	11	..	..
5	Livorno	2	..	23	12	1
6	Portoferraio	..	..	9	..	..
7	Civitavecchia	..	..	1	..	
8	Gaeta	..	..	2	..	..
9	Napoli	7	1	18	..	1
10	Castellammare di Stabia	4	1	2	..	
11	Pizzo	..	..	..	..	.
12	Reggio Calabria	..	..	4	..	..
13	Taranto					
14	Bari	1	1	3	..	
15	Ancona		..	..	..	..
16	Rimini	..	.	2	..	..
17	Venezia	..	1	5	..	.
18	Cagliari	..	.	..	..	.
19	Maddalena	..	..	..	..	..
20	Messina	..	1	8	..	..
21	Catania	1	3	18	..	..
22	Porto Empedocle	..	.	1	..	..
23	Trapani	2	1	13	.	
24	Palermo	2	..	9	..	..
	Totale . . .	36	12	140	12	2

gradi nella marina mercantile durante l' anno 1896.

ato d' iscrizione).

Capitani di gran cabotaggio.	Riconosciuti idonei				Rimandati ad altro esame						Dichiarati non idonei					
	Padroni	Scrivani	Periti stazzatori	Totale	Capitani di lungo corso	Capitani di gran cabotaggio	Padroni	Scrivani	Periti stazzatori	Totale	Capitani di lungo corso	Capitani di gran cabotaggio	Padroni	Scrivani	Periti stazzatori	Totale
3	1	1	..	..	5	..	1	1	..	..	2	..	..	..	..	..	..
..	..	..	..	..	..	..	..	1	..	..	1	..	..	..	..	..	..
10	1	3	..	..	14	4	..	3	..	..	7	..	..	2	..	..	2
..	..	7	..	..	7	..	..	4	..	..	4	..	..	..	..	..	..
2	..	13	5	1	21	..	..	7	3	..	10	..	..	3	4	..	7
..	..	3	..	..	3	..	..	1	..	..	4	..	..	2	..	..	2
..	..	1	..	..	1	..	..	.	..	..	..	..	..	..	..	..	..
..	..	..	..	..	..	..	..	1	..	..	1	..	..	1	..	..	1
7	1	15	..	1	24	..	..	3	..	..	3	..	..	..	..	..	..
4	1	2	..	..	7	..	..	..	..	..	..	..	..	..	..	..	..
..	..	..	..	..	..	..	..	..	..	..	..	..	..	..	..	..	..
..	..	3	..	..	3	..	..	..	..	..	..	..	..	1	..	..	1
..	..	..	..	..	..	..	..	..	..	..	..	..	..	..	..	..	..
1	1	2	..	..	4	,	..	1	..	..	1	..	..	..	..	..	..
..	..	..	..	..	..	..	..	..	..	..	..	..	..	..	..	..	..
..	..	1	..	..	1	..	..	..	..	..	..	..	..	1	..	..	1
..	1	2	..	..	3	..	..	2	..	..	2	..	..	1	..	..	1
..	..	..	..	..	..	..	..	..	..	..	..	..	..	..	..	..	..
..	1	7	..	..	8	..	..	..	..	..	..	..	..	1	..	..	1
..	3	13	..	..	17	..	..	1	..	..	1	..	..	4	..	..	4
..	..	1	..	..	1	..	..	..	..	..	..	..	..	..	..	..	..
..	1	11	..	..	14	..	..	2	..	..	2	..	..	..	..	..	..
..	..	5	..	..	7	..	..	2	..	..	2	..	..	2	..	..	2
11	90	5	2	140	4	1	32	3	..	40	..	..	18	4	..	22

Quadro comparativo dei resultati degli esami di grado negli ultimi 10 anni.

GRADI	1887 Approvati	1887 Rimandati	1887 Non idonei	1887 Totale	1888 Approvati	1888 Rimandati	1888 Non idonei	1888 Totale	1889 Approvati	1889 Rimandati	1889 Non idonei	1889 Totale	1890 Approvati	1890 Rimandati	1890 Non idonei	1890 Totale	1891 Approvati	1891 Rimandati	1891 Non idonei	1891 Totale	1892 Approvati	1892 Rimandati	1892 Non idonei	1892 Totale	1893 Approvati	1893 Rimandati	1893 Non idonei	1893 Totale	1894 Approvati	1894 Rimandati	1894 Non idonei	1894 Totale	1895 Approvati	1895 Rimandati	1895 Non idonei	1895 Totale	1896 Approvati	1896 Rimandati	1896 Non idonei	1896 Totale
Aspiranti al grado di capitano di lungo corso.	96	22	6	124	71	5	3	79	65	10	1	76	54	11	2	67	40	4	1	54	33	6	2	41	39	11	4	54	47	9	4	60	31	10	2	43	32	4	·	36
Aspiranti al grado di capitano di gran cabotag.	61	2	4	67	24	2	2	28	21	3	2	26	29	3	2	34	27	9	·	36	15	4	1	20	15	8	2	25	26	5	1	32	13	4	1	18	11	1	·	12
Aspiranti al grado di padrone	93	16	4	113	60	10	4	74	83	10	12	105	132	27	11	170	135	32	13	180	71	28	12	111	63	13	7	83	78	18	11	107	76	24	6	106	90	32	18	140
Aspiranti al grado di scrivano.	6	·	2	·	17	·	·	17	3	·	·	3	13	·	·	13	7	5	1	13	8	1	·	9	10	2	4	16	5	2	1	8	8	5	3	16	5	3	4	12
Aspiranti al grado di perito stazzatore.	·	·	·	·	·	·	·	·	·	·	·	·	1	·	·	3	2	2	·	4	1	1	·	2	·	·	·	·	4	·	·	4	1	·	·	1	2	·	·	2
Totale . . N.	256	42	14	312	172	17	9	198	172	23	16	211	231	41	15	287	220	52	15	287	128	40	15	183	127	34	17	178	160	34	17	211	129	43	12	184	140	40	22	202

PATENTI DI GRADO NELLA MARINA MERCANTILE

Le patenti di grado, i certificati di abilitazione e le autorizzazioni diverse riguardanti gradi nella marina mercantile, rilasciate, durante l'anno 1896, dal Ministero della marina e dalle Capitanerie di porto, furono in tutto n. 403.

Di esse n. 138 vennero rilasciate dal Ministero, cioè:

Patenti di capitano di lungo corso . . . . . N. 37
    id.   id. di gran cabotaggio . . . » 13
    id. di macchinista in 1° . . . . » 59
    id.   id.   in 2° . . . . » 23
    id. di ingegnere navale . . . . » 3
    id. di costruttore navale di 1ᵃ cl. . . . . . » 1
    id.   id.   id. di 2ᵃ cl. . . . . . » 2

N. 265 vennero rilasciate direttamente dalle Capitanerie di porto, ossia:

patenti di padrone . . . . N. 90
certificati di scrivano . . . . » 16
autorizzazioni al piccolo traffico . . . . . . » 98
    id.   alla pesca illimitata . . . . . . » 61

Delle 37 patenti di capitano di lungo corso n. 36 furono rilasciate in seguito ad esami sostenuti presso le Capitanerie di porto, ed una in base all'art. 1° del R. D. 6 novembre 1865.

Dei titolari, 12 erano capitani di gran cabotaggio, 8 scrivani e 17 marinari.

Le 13 patenti di capitano di gran cabotaggio furono rilasciate in seguito ad esami sostenuti presso le Capitanerie di porto.

Dei titolari 3 erano padroni, 5 scrivani e 5 marinari.

Le patenti di macchinista in 1° furono rilasciate:

N. 47 in seguito ad esami di licenza sostenuti presso gli Istituti nautici del Regno;

N. 11 in applicazione dell'art. 64 del codice per la marina mercantile ad ex macchinisti di 1ª classe del Corpo Reale Equipaggi;

N. 1 in applicazione del R. decreto 17 ottobre 1889.

Le patenti di macchinista in 2° furono rilasciate:

N. 3 in seguito ad esami;

N. 20 in applicazione dell'art. 64 sopracitato ad ex macchinisti di 2ª e 3ª classe nel Corpo R. Equipaggi.

Le patenti di ingegnere navale furono rilasciate in seguito ad esami sostenuti presso la R. Scuola superiore navale di Genova.

Le patenti di costruttore navale furono rilasciate in seguito ad esame sostenuto presso le capitanerie di porto.

Non fu rilasciato nel 1896 alcun certificato di perito stazzatore.

Le patenti di padrone furono rilasciate;

N. 83 in seguito ad esami;

N. 4 in applicazione dell'art. 64 del codice per la marina mercantile ad individui già appartenenti al Corpo Reale Equipaggi;

N. 3 ad individui che avevano ottenuto il certificato di scrivano in seguito ad esami e che avevano raggiunto le condizioni di età e di navigazione per divenire padroni;

I certificati di scrivano furono rilasciati:

N. 7 in seguito ad esami;

N. 9 in applicazione dell'art. 183 del regolamento marittimo ad individui titolari di licenza di capitano di lungo corso o di gran cabotaggio.

Le autorizzazioni al piccolo traffico ed alla pesca illimitata furono tutte rilasciate in base ad esami sostenuti presso le Capitanerie di porto.

I due prospetti che seguono, dimostrano le patenti e le autorizzazioni rilasciate durante l'anno 1896 ed un confronto tra il numero di patenti rilasciate nello scorso anno e nei precedenti.

Patenti di grado, certificati di abilitazioni ed auturizzazioni rilasciate dal Ministero della marina e della capitaneria di porto durante l'anno 1896

COMPARTIMENTO marittimo d'iscrizione dei titolari	PATENTI per									Certificati		Autorizzazioni				Totale
	Capitano			Padroni	Macchinista		Ingegnere navale	Costruttore navale		da scrivano	da perito stuzzatore	a macchinisti esteri		al piccolo traffico	alla pesca illimitata	
	superiore di lungo corso	di lungo corso	di gran cabotaggio		in 1°	in 2°		1 Classe	2. Classe			in 1°	in 2°			
Porto Maurizio	..	4	..	1	1	..	..	..	..	1	..	..	..	..	..	7
Savona	..	..	..	3	..	..	..	..	..	..	..	..	..	1	..	4
Genova	..	11	2	3	25	4	1	1	..	5	..	..	..	..	1	53
Spezia	..	..	..	8	1	1	..	..	..	..	..	..	..	12	2	24
Livorno	..	2	..	10	3	4	1	..	..	4	..	..	..	1	..	25
Portoferraio	..	..	..	5	..	..	..	..	..	..	..	..	..	2	..	7
Civitavecchia	..	..	..	..	..	..	..	..	..	..	..	..	..	1	..	1
Gaeta	..	..	..	..	..	..	..	..	..	..	..	..	..	4	..	4
Napoli	..	6	2	15	6	5	..	..	..	1	..	..	..	2	14	51
Castellammare di Stabia	..	3	1	2	2	..	..	..	..	..	..	..	..	..	..	8
Pizzo	..	..	..	..	..	..	..	..	..	..	..	..	..	..	..	..
Reggio Calabria	..	..	..	3	..	..	..	..	..	..	..	..	..	1	..	4
Taranto	..	..	..	..	1	..	..	..	..	..	..	..	..	..	..	1
Bari	..	2	..	2	..	..	..	..	..	2	..	..	..	6	8	20
Ancona	..	..	..	..	1	..	..	..	..	..	..	..	..	6	..	7
Rimini	..	..	..	2	..	..	..	..	..	1	..	..	..	5	..	8
Venezia	..	..	..	5	5	8	1	..	1	..	..	..	..	10	30	60
Cagliari	..	..	..	..	1	..	..	..	1	..	..	..	..	2	..	4
Maddalena	..	..	..	..	..	..	..	..	..	..	..	..	..	..	..	..
Messina	..	2	1	6	3	..	..	..	..	..	..	..	..	26	..	38
Catania	..	1	4	12	..	..	..	..	..	..	..	..	..	5	..	23
Porto Empedocle	..	..	..	2	..	..	..	..	..	..	..	..	..	2	..	4
Trapani	..	1	3	11	1	..	..	..	..	..	..	..	..	8	1	24
Palermo	..	5	..	4	5	1	..	..	..	2	..	..	..	4	5	26
Totale	..	13	13	90	95	23	3	1	2	16	..	..	..	98	61	403

GRADI	1878	1879	1880	1881	1882	1883	1884	1885	1886	1887	1888	1889	1890	1891	1892	1893	1894	1895	1896
Patente di capitano superiore di lungo corso	3	1	2	3	2	..	1	3	..	1	1	4	..	1	..	2	1	1	..
» di capitano di lungo corso	209	155	181	168	122	167	90	181	118	81	92	64	60	50	41	43	43	22	37
» » gran cabotaggio	116	98	103	86	74	109	74	98	75	73	42	26	31	31	14	18	26	18	13
» di ingegnere navale	3	..	3	2	4	3	2	2	3	5	2	1	8	4	..	1	3	8	3
» di costruttore navale di 1. cl.	..	2	2	3	..	1	1	1	1	2	1	..	1	5	..	1	..	..	1
» » » di 2. cl.	2	..	..	1	1	2	1	..	..	..	..	2	..	..	1	1	4	..	2
» di macchinisti in 1°	10	9	25	21	26	30	19	33	39	33	45	63	62	36	42	40	48	56	59
» » in 2°	4	5	3	8	9	7	7	17	7	12	9	5	4	11	10	7	9	29	23
Certificati da perito stazzatore	..	..	1	..	1	1	.	3	..	1	1	..	3	2	1	..	4	1	..
Autorizzazioni a macchinisti esteri in 1°	2	..	..	8	2	17	26	3	1	2	3	11	2	3	2	2	..	..	..
» » » in 2°	..	..	..	..	..	23	19	..	..	1	..	1	..	..	..	..	..	..	..
Totale	355	270	320	295	241	360	240	343	244	210	196	177	171	144	111	115	158	130	138

REATI E CONTRAVVENZIONI

Nell'anno 1896 furono denunciate all'autorità giudiziaria dal Ministero della Marina e dalle Capitanerie di porto n. 578 persone, imputate di reati o di contravvenzioni marittime o di reati comuni commessi a bordo di navi mercantili nazionali, di galleggianti nelle acque dello Stato, ovvero a terra in luoghi sottoposti alla giurisdizione marittima.

I Capitani ed Ufficiali di porto definirono inoltre n. 1296 contravvenzioni marittime.

Reati o contravvenzioni denunciati all'autorità giudiziaria.

I reati e le contravvenzioni denunciati all'autorità giudiziaria possono dividersi nel seguente modo:

N.° 233 diserzioni;
» 40 mancanze di rispetto verso gli ufficiali ed agenti delle Capitanerie di porto e dei Consoli all'estero, verso i capitani ed ufficiali di bordo, di disobbedienza, insorbordinazione, complotto, rivolta od abuso di potere;
» 18 false denuncie e dichiarazioni, baratteria e reati in genere contro la proprietà;
» 93 infrazioni alla polizia marittima ed alle leggi sanitarie;
» 24 infrazioni alla polizia dei porti e delle spiaggie;
» 123 infrazioni alla legge ed al regolamento sulla pesca;
» 47 reati comuni.

Gli imputati si dividono nelle seguenti categorie:

N.° 12 capitani al comando;
» 3 ufficiali di bordo;
» 9 padroni;
» 23 marinari autorizzati;
» 217 marinari o nostromi;
» 96 mozzi;
» 10 fuochisti e carbonai;
» 60 individui della gente di mare di 2ª categoria;
» 148 persone estranee alla gente di mare.

Le imputazioni seguenti gravavano a carico di:

Capitani in comando:

N.° 3 infrazioni alla polizia della navigazione;
» 1 imperizia e negligenza;
» 5 infrazioni alla legge sanitaria;
» 1 falsa denuncia e dichiarazione;
» 2 mancanze di rispetto.

Ufficiali di bordo:

N.° 2 mancanze di rispetto;
» 1 infrazione alla polizia della navigazione.

Padroni:

N.° 4 mancanze di rispetto;
» 4 infrazioni alla polizia della navigazione;
» 1 infrazione alla legge sanitaria.

Marinari autorizzati:

N.º 6 mancanze di rispetto;

» 6 infrazioni alla legge sulla pesca;

» 1 falsa dichiarazione di avaria.

» 9 infrazioni alla polizia della navigazione :

» 1 infrazione alla polizia dei porti.

Marinari e nostromi:

N.º 146 diserzioni;

» 20 reati comuni;

» 5 false dichiarazioni;

» 17 infrazioni alla legge sulla pesca;

» 6 mancanze di rispetto;

» 15 infrazioni alla polizia della navigazione :

» 8 id. id. dei porti.

Mozzi:

N.º 75 diserzioni;

» 10 reati comuni;

» 6 mancanze di rispetto;

» 5 infrazioni alla polizia marittima.

Fuochisti e carbonari:

N.º 9 diserzioni;

» 1 reato comune.

Individui della gente di mare di 2.ª categoria:

N.º 47 infrazioni alla legge sulla pesca;

» 3 diserzioni;

» 10 infrazioni alla polizia dei porti e delle spiaggie.

Individui estranei alla gente di mare:

N. 50 infrazioni alla polizia della navigazione ;
» 53 infrazioni alla legge sulla pesca;
» 5 infrazioni alla polizia dei porti e delle spiaggie;
» 16 reati comuni ;
» 14 mancanze di rispetto ;
» 10 false denuncie e dichiarazioni.

Delle infrazioni, fatte in complesso da 578 persone, ne vennero commesse 306 a bordo di bastimenti regolarmente armati e 272 a terra, in luoghi sottoposti alla giurisdizione dell'autorità marittima, o a bordo di galleggianti.

Il massimo numero delle diserzioni all'estero si verificò, nel 1896, nei porti degli Stati Uniti e dell'Argentina, perchè in essi sono più facili le occasioni di imbarchi, o di occupazioni a terra.

Le diserzioni avvenute nello Stato furono generalmente di pescatori corallini e si mantennero in proporzione non elevata relativamente al numero dei pescatori ed al loro faticoso mestiere.

Seguono quattro prospetti indicanti :

1° Le denuncie eseguite nel 1896 distinte a seconda del luogo in cui venne commesso il reato, della qualità degli imputati, del compartimento d'inscrizione di questi ultimi, e di quello del bastimento sul quale il reato venne commesso ;

2° Le diserzioni denunciate dal 1878 a tutto il 1896 distinte a seconda del luogo in cui avvennero ;

3° I reati e le contravvenzioni complessivamente denunciate nell'ultimo decennio, distinte a seconda della qualità del reato o della contravvenzione, e dell'anno in cui ebbe luogo la denuncia ;

4° Le contravvenzioni marittime giudicate e definite dai Capitani ed Ufficiali di porto nell'anno 1896, distinte come nel prospetto n. 1.

, di galleggiant

TTIMI NEI QUALI AVVENNERO I REATI

rizzo	Reggio	Taranto	Venezia	Cagliari	Maddalena	Messina	Catania	Porto Empedocle	Trapani	Palermo	Stranieri	Totale

Diserzioni denunciate dal 1878 a tutto il 1896.

LUOGHI dove avvennero le diserzioni	1878	1879	1880	1881	1882	1883	1884	1885	1886	1887	1888	1889	1890	1891	1892	1893	1894	1895	1896
...ca - possessi inglesi	..	..	..	..	..	..	..	..	..	..	..	..	3	2	3	5	1	1	..
...a possessi ingl. e franc.	..	..	..	..	..	12	7	5	2	9	3	2	3	2	3	..	1	1	2
...a possessi ingl. e franc.	12	12	6	11	6	90	7	3	2	1	1	13	4	1	3	..	4	2	2
Argentina	92	59	80	92	164	243	317	333	227	236	314	355	202	57	54	53	117	86	58
Australia	..	1	7	..	..	..	..	..	..	4	13	2	6	2	1	..	3	2	..
Austria-Ungheria	7	5	2	..	2	1	1	2	1	1	3	3	..	3	..	3	..	..	..
...	3	1	..	..	2	..	5	..	..	..	..	1	1	1	1	1	1	1	..
...le	11	4	3	6	8	4	5	6	5	8	21	8	19	5	1	28	11	5	17
...	2	6	13	14	31	11	9	18	14	17	5	1	1	..	..	4	..	..	8
...a	..	..	..	1	..	..	..	..	..	..	..	..	..	..	..	..	..	..	..
Colombia	..	..	..	..	..	..	4	..	..	..	..	..	..	..	..	..	..	..	..
Danimarca	..	..	..	..	..	..	..	..	..	..	..	..	..	3	..	..	..	..	..
E...	..	..	1	1	..	..	..	..	..	..	..	1	..	1	..	..	..	..	..
Francia	29	21	32	44	36	18	26	22	18	11	9	6	6	6	4	6	3	1	9
...nia	..	..	..	..	..	..	..	..	..	..	..	..	..	3	..	..	..	..	..
... Brettagna	47	12	12	24	30	31	25	13	24	22	34	32	29	13	18	12	10	5	11
...a	..	2	..	..	1	..	..	5	..	1	..	..	1	2	..	..	..	..	..
...	..	..	..	..	..	..	..	..	..	..	2	..	..	..	..	..	..	..	..
...a	94	111	2	156	239	196	145	47	62	31	97	44	31	42	41	93	123	129	6
...e	2	1	3	1	..	..	..	..	..	..	..	..	..	..	..	..	..	..	..
Messico	..	..	..	1	3	..	..	..	..	..	..	..	..	..	..	..	..	..	..
...a e Gibilterra	..	..	..	1	..	..	..	..	..	..	..	1	..	..	..	..	..	..	..
Paesi Bassi	1	..	1	3	..	..	1	..	..	3	..	..	2	1	..	..	1	2	2
...	47	31	13	2	3	3	4	6	5	4	..	..	6	..	..	..	2	2	..
...gallo	..	..	..	..	..	..	2	..	..	..	..	1	2	1	..	..	..	..	..
...sia	1	..	..	1	..	5	..	..	..	..	..	..	..	..	..	1	1	..	..
... Domingo	..	..	3	1	4	..	2	..	..	..	..	..	..	..	..	..	..	..	..
...na	4	2	2	2	3	..	5	2	5	3	1	9	6	..	1	2	2	2	4
Stati Uniti	134	175	260	410	381	238	119	106	174	181	121	178	157	128	111	114	113	82	71
Svezia e Norvegia	..	..	..	..	..	..	..	..	..	..	..	..	..	1	..	1	..	..	..
...a	..	..	..	..	..	..	..	..	..	..	..	..	..	..	..	..	1	3	9
...nia	3	1	1	2	..	2	1	..	..	1	1	2	..	1	3	1	..	..	2
...guay	66	27	28	60	29	89	96	117	42	21	54	76	60	23	9	17	23	11	22
...avigazione	..	..	..	..	..	..	..	..	..	..	..	..	..	..	1	1	..	..	..
Totale	555	471	466	835	942	947	779	687	581	557	681	735	534	299	265	342	425	341	233

Reati e contravvenzioni denunciati all' Autorità giudiziaria
nell' ultimo decennio.

REATI	1887	1888	1889	1890	1891	1892	1893	1894	1895	1896
Diserzioni	557	680	735	534	299	266	342	425	341	233
Mancanza di rispetto verso ufficiali di porto, regi consoli. capitani ed ufficiali di bordo, disobbedienza, insubordinazione. complotto, rivolta e e abuso di potere	57	51	115	95	65	66	47	44	31	40
Reati contro la proprietà, false denunzie. falsificazioni, baratteria, ecc. .	12	17	16	18	10	5	3	32	23	18
Infrazioni alla polizia marittima ed alle leggi sanitarie	63	62	62	68	46	44	44	66	79	93
Infrazioni alla polizia dei porti e delle spiaggie	60	64	120	69	136	70	108	36	53	24
Infrazioni alla legge ed al regolamento sulla pesca	139	237	177	229	208	350	147	105	114	123
Reati comuni	29	29	29	33	31	20	27	43	22	47
Totale N. . .	917	1140	1254	1046	798	821	718	751	663	578

udicat

MPU

Fuochisti e carbonai	Catania	Porto Empedocle	Trapani	Palermo	Sudditi esteri	Estranei alla gente di mare

COSTRUZIONI NAVALI

— — —

Nell'anno 1896 furono costruiti 183 bastimenti di tonnellate 10530 lorde e 6606 nette, del valore approssimativo, comprese le macchine e gli attrezzi di L. 7.315.370. Nel 1895 i bastimenti furono 249 di tonnellate 9511 lorde e 6750 nette, con un valore di L. 5.545.800, per cui si rileva una diminuzione di 66 bastimenti e di tonnellate nette 144, ed un aumento di 1019 tonnellate lorde e di L. 1.769.570 nel valore. Questa differenza è devoluta alla maggiore costruzione di piroscafi e relative macchine avvenuta nel 1896, fra i quali sono da notarsi il « Marco Polo », il « Galileo Galilei » e l' « Ignazio Florio » costruiti per la Navigazione Generale Italiana, i primi due nel cantiere della ditta N. Odero di Sestri Ponente ed il terzo dai Fratelli Orlando di Livorno, muniti di potenti macchine a tripla espansione.

In seguito alla legge a favore della marina mercantile del 23 luglio 1896 n. 318, è da presumersi certo un notevole sviluppo nelle costruzioni navali.

Per l'anno 1896 le notizie sono comprese nei seguenti quadri indicanti:

    1. I bastimenti costruiti dal 1865 al 1896;

    2. La ripartizione per tipi dei bastimenti costruiti nel 1896;

    3. L'elenco dei bastimenti in ferro ed acciaio costruiti nel 1896;

    4. I bastimenti in ferro ed acciaio costruiti dal 1882 al 1896;

    5. La ripartizione per ogni singolo cantiere delle costruzioni fatte nel 1896;

    6. Le navi rimaste in costruzione al 31 dicembre 1896, nei cantieri dello Stato;

7. Il tonnellaggio delle navi mercantili costruite in Inghilterra dal 1858 al 1895;

8. Il tonnellaggio delle navi mercantili costruite in Francia dal 1855 al 1894;

9. Il tonnellaggio delle navi mercantili costruite negli Stati Uniti d'America dal 1850 al 1895.

Costruzioni navali eseguite in Italia dall'anno 1865 al 1896.

ANNI	NUMERO dei cantieri (1)	BASTIMENTI COSTRUITI			Tonnellaggio netto	
		Numero	Tonnellate	Valore	Massimo	Medio
1865	94	907	58.140	17.034.045	1.718	64
1866	91	675	59.522	17.719.861	814	88
1867	89	642	72.257	21.934.139	875	113
1868	83	703	86.954	27.152.757	817	124
1869	84	683	96.010	27.681.315	1.015	141
1870	88	724	90.693	25.508.659	1.008	125
1871	92	803	69.128	18.142.130	977	86
1872	77	720	63.963	17.393.583	803	89
1873	76	637	65.544	18.496.657	1.334	103
1874	73	413	81.291	26.467.706	1.771	199
1875	58	337	87.691	27.743.332	1.854	260
1876	60	312	70.022	20.882.085	1.065	224
1877	59	286	39.287	11.007.000	1.107	137
1878	57	221	29.365	8.400.235	1.156	133
1879	50	269	21.213	5.780.740	1.037	79
1880	48	263	14.526	4.229.405	885	55
1881	41	228	11.356	3.161.095	995	49
1882	45	233	17.809	4.818.070	1.804	76

(1) Per cantiere s'intende ogni spiaggia in cui si trovano uno o più stabilimenti per la costruzione di navi.

ANNI	NUMERO dei cantieri	BASTIMENTI COSTRUITI			Tonnellaggio netto	
		Numero	Tonnellate	Valore	Massimo	Medio
1883	41	154	15.080	3.866.300	1.309	98
1884	38	154	15.781	5.162.090	1.541	102
1885	39	197	9.945	2.933.185	1.102	50
1886	43	193	11.421	3.333.010	1.121	59
1887	38	167	5.191	1.831.045	215	31
1888	37	277	5.960	2.867.680	418	21
1889	39	354	11.615	4.088.342	1.711	32
1890	51	357	26.771	8.290.265	2.095	75
1891	47	353	29.784	10.569.582	2.228	84
1892	42	278	17.599	5.494.602	2.195	63
1893	39	286	15.501	4.473.590	1.102	54
1894	34	219	7.935	2.845.920	1.649	36
1895	39	249	6.750	5.545.800	662	27
1896	33	183	6.606	7.315.370	662	3

Ripartizione per tipi dei bastimenti costruiti nel 1896.

T I P I	Numero	Stazza in tonnellate		Valore approssimativo Lire
		Lorda	Netta	
Navi - goletta	1	239	230	
Brigantini - goletta.	4	554	327	101.500
Golette	10	646	614	118.200
Trabaccoli	50	852	824	210.650
Tartane	9	209	198	35.000
Feluche	1	23	22	6.650
Navicelli	1	17	16	3.000
Bilancelle	77	1.143	1.112	246.770
Cutters	6	205	195	46.300
Barche da traffico e da pesca . .	13	103	103	16.300
Piroscafi	8	5.699	2.304	5.483.800
Piroscafi (Ferry Boat).	2	825	367	952.200
Piroscafi (Rimorchiatori)	1	15	4	20.000
Totali . . .	183	10.530	6.606	7.315.370

Elenco dei bastimenti mercantili con scafo in acciaio

| LUOGO di costruzione | BASTIMENTI | | Materiale di costruzione dello scafo | STAZZA | |
	Tipo	Denominazione		lorda (tonnel- late)	netta (tonnel- late)
Sestri Ponente . . .	Piroscafo ad elica	Marco Polo	Acciaio	1604	662
id. . . .	id.	Galileo Galilei	id.	1664	662
id. . . .	id	Neva	id.	248	156
id . . .	Piroscafo a ruote (Ferry Boat)	Scilla	id.	412	184
id. . . .	id.	Cariddi	id.	413	183
Sampierdarena . . .	Piroscafo ad elica	Sant' Antonio	id.	314	173
Livorno	id.	Ignazio Florio	id.	1605	635
Chioggia	id.	S. Felice	id.	59	31
id. . . .	id.	S. Fortunato	id.	59	31

costruiti nei cantieri nazionali durante l'anno 1896.

COGNOME E NOME		MACCHINA			
del costruttore	del proprietario	Nome del costruttore e luogo in cui fu fabbricata	Sistema	Forza in cavalli	
				nomi-nali	indicati
Celesia Bartolomeo	Navig. Gen. Italiana	N. Odero di Sestri Ponente	tripla espansione	504	4.000
id.	id.	id.	id.	504	4.000
Bighati Baldovino	Ditta Gio. Ansaldo e C.	Gio. Ansaldo e C. di Sampierdarena	compound	40	258
Celesia Bartolomeo	Società Strade Ferrate della Sicilia	N. Odero di Sestri Ponente	id.	300	780
id	id.	id	id.	300	780
racchini Francesco	Ditta Wilson e Maclaren	Wilson e Maclaren di Sampierdarena	id.	54	350
Fratelli Orlando	Navig. Gen. Italiana	Fratelli Orlando Livorno	tripla espansione	502	4.000
Fratelli Poli	Fratelli Poli	Società Veneta di costruzioni in Treviso	compound	20	91
id.	id.	id.	id.	20	104

Quadro indicante le costruzioni in ferro ed in acciaio
eseguite nei cantieri nazionali dal 1882 al 1896.

ANNI	VELIERI		PIROSCAFI		TOTALE	
	Num.	Tonnellate lorde	Num	Tonnellate lorde	Num.	Tonnellate lorde
1882	..	..	6	2.594	6	2.594
1883	2	387	2	122	4	509
1884	6	955	5	2.571	11	3.526
1885	1	160	6	719	7	888
1886	2	252	6	114	8	366
1887	..	..	7	278	7	278
1888	3	458	15	1.723	18	2.181
1889	4	3.739	12	981	16	4.720
1890	16	12.368	7	514	23	12.882
1891	15	10.584	12	7.113	27	17.697
1892	5	3.801	8	3.428	13	7.229
1893	3	2.480	8	1.187	11	3.667
1894	2	2.190	6	1.970	8	4.160
1895 (*)	2	58	13	3.576	15	3.634
1896	•	..	9	6.438	9	6.438

(*) Nel 1895 non si è computato il R. incrociatore in acciaio « Caprera » costrutto nel cantiere dei fratelli Orlando di Livorno avente la stanza lorda di tonnellate 717, netta di 47 e la macchina della forza di 2176 cavalli indicati.

Ripartizione per cantiere delle costruzioni navali eseguite nel 1896.

Tonnellaggio Netto

Compartimenti marittimi e cantieri	NAVI da 1 a 100 tonn.		NAVI a 101 a 500 tonn.		NAVI da 501 e più tonn.		TOTALE		VALORE approssimativo
	N.	Tonn.	N.	Tonn.	N.	Tonn	N.	Tonn.	Lire
Porto Maurizio									
Oneglia	..	..	1	192	...	..	1	192	28.000
Genova									
Pegli	..	..	1	154	..	..	1	154	25.500
Sestri Ponente . . .	..	.	3	523	2	1324	5	1847	4.377.200
Sampierdarena . . .	..	..	1	173	..	..	1	173	124.000
Genova (Foce) . . .	1	4	..	..	...	..	1	4	20.000
Camogli	1	7	..	..	..	..	1	7	1.000
Rapallo	3	32	..	..	..	..	3	32	4.400
Livorno									
Viareggio	8	163	1	115	...	..	9	278	62.100
Livorno	4	96	..	..	1	635	5	731	1.784.200
Limite	2	16	..	..	..	..	2	16	3.600
Porto S. Stefano . .	4	48	.	..	..	..	4	48	15.200
Portoferraio									
Campo nell' Elba . .	1	37	..	..	..	..	1	37	7.900
Ponticello (Portoferr.) .	1	36	..	..	...	...	1	36	14.500

Compartimenti marittimi e cantieri	NAVI da 1 a 100 tonn.		NAVI da 101 a 500 tonn.		NAVI da 501 e più tonn.		TOTALE		VALORE approssi- mativo
	N.	Tonn.	N.	Tonn.	N.	Tonn.	N.	Tonn.	Lire
Napoli									
Torre del Greco . .	39	920	1	115	..	.	40	1.035	168.870
Procida	1	22	..	..	..	..	1	22	6.650
Baja . , ...	1	20	..	.	..	..	1	20	1.650
Granatello.	1	3	..	..	..	..	1	3	1.250
Castellam. di Stabia									
Castellamm. di Stabia	4	182	1	230	..	..	5	412	124.100
Vietri sul Mare . . .	2	84	..	..	..	..	2	84	22.500
Reggio Calabria									
Bagnara Clabraa . .	2	19	..	..	..	..	2	19	3 200
Bari									
Molfetta	19	270	..	..	..	..	19	270	112.000
Mola di Bari . . .	1	14	..	..	..	..	1	14	6.000
Trani	3	35	..	..	..	..	3	35	9.250
Manfredonia	1	9	..	..	..	..	1	9	1.800
Rimini									
Rimini	4	101	..	..	..	..	4	101	24.900
Pesaro	13	258	..	..	..	..	13	258	62.800

Compartimenti marittimi e cantieri	NAVI da 1 a 100 tonn.		NAVI da 101 a 500 tonn.		NAVI da 501 e più tonn.		TOTALE		VALORE approssi-mativo
	N.	Tonn.	N	Tonn.	N.	Tonn.	N	Tonn.	Lire
Fano	2	38	..	..	..	..	2	38	10.100
Cattolica	2	38	..	..	..	.	2	38	9.850
Venezia									
Chioggia	31	353	..		..		31	353	126.550
Cagliari									
Carloforte	4	54	..		..	.	4	54	4.100
Catania									
Riposto	7	152	..		..	..	7	152	34.900
Trapani									
Trapani	8	122	..	..	..	..	8	122	16.000
Marsala	1	12	..	..	..	..	1	12	1.300

NAVI RIMASTE IN COSTRUZIONE AL 31 DICEMBRE 1896, NEI CANTIERI DELLO STATO

Con scafo in legno:

Pegli: un piroscafo rimorchiatore;

Sestri Ponente: un cutter;

S. Margherita Ligure: un piroscafo;

Rapallo: due bilancelle;

Lavagna: una bilancella;

Viareggio: una tartana ed una bilancella;

Limite: un navicello:

Livorno: due bilancelle;

Torre del Greco: quattro bilancelle, una goletta ed un trabaccolo;

Castellammare di Stabia: una goletta;

Bagnara Calabra: una bilancella;

Molfetta: due bilancelle;

Manfredonia: una bilancella;

Fano: un trabaccolo:

Pesaro: sedici trabaccoli;

Rimini: un trabaccolo;

Chioggia: quindici trabaccoli;

Siracusa: una barca da traffico;

Trapani: una bilancella ed una barca.

Con scafo di acciaio o di ferro:

Sestri Ponente: due piroscafi:

Sampierdarena: un piroscafo:

Genova (Foce): due piroscafi;

Genova (Bacino): un piroscafo da diporto;

Genova (Marassi): tre piroscafi;

Chiavari: un piroscafo;

Livorno: una nave coloniale e tre incrociatori.

Tonnellaggio netto delle navi mercantili costruite in Inghilterra in ciascuno degli anni dal 1858 al 1895 (1).

ANNI	Per il Regno Unito e colonie			Per conto di esteri			Totale		
	Velieri	Piroscafi	Totale	Velieri	Piroscafi	Totale	Velieri	Piroscafi	Totale
1858	154.930	53.150	208.808	1.518	26.956	28.474	156.448	80.107	236.554
1859	117.937	38.003	185.970	3.402	23.372	26.774	151.369	61.375	212.744
1860	158.172	53.796	211.968	.	13.903	13.903	158.172	67.699	225.871
1861	129.970	70.869	200.839	232	7.255	7.487	130.202	78.124	208.326
1862	164.061	77.338	241.399	..	20.533	20.533	164.061	97.871	261.932
1863	253.036	107.951	360.987	1.084	16.236	17.320	254.120	124.187	378.307
1864	272.499	159.374	431.873	2.279	20.484	22.463	274.778	179.558	454.336
1865	235.555	179.649	415.204	949	28.316	29.265	236.504	207.965	444.409
1866	207.678	133.511	431.189	3.641	24.408	28.049	211.319	157.919	369.238
1867	174.507	94.573	2 69.080	4.994	28.301	33.295	179.501	122.874	302.375
1868	237.687	78.510	316.197	7.554	28.323	35.887	245.241	106.833	352.074
1869	230.362	123.525	354.287	11.800	19.651	31.451	242.562	143.176	385.738
1870	117.032	225.674	342.706	9.129	41.552	50.681	120.461	266.926	393.347
1871	56.545	297.810	354.355	3.715	32.908	36.623	60.260	330.718	390.387
1872	54.967	338.004	392.971	3.790	77.917	81.707	58.757	415.921	474.678
1873	88.532	282.134	370.666	1.094	81.503	82.597	89.626	363.637	453.263
1874	187.313	333.890	521.203	1.771	68.006	69.787	189.594	401.896	590.990
1875	241.613	178.905	420.551	3.711	35.516	39.227	245.357	214.421	459.778
1876	236.890	123.475	360.365	4.198	13.443	17.641	241.088	136.918	378.006
1877	212.320	221.330	433.650	2.194	11.640	13.734	214.514	232.970	447.484
1878	141.165	287.080	128.245	7.104	32.854	39.922	148.273	319.964	463.237
1879	59.115	297.720	356.835	2.464	45.976	48.440	61.579	343.696	405.275
1880	57.440	346.361	443.841	585	68.045	63.670	58.065	414.416	472.511
1881	92.420	408.764	501.184	1.343	101.008	102.356	93.768	509.772	603.540
1882	145.700	521.575	667.275	2.139	113.190	115.329	147.039	634.765	782.004
1883	146.813	621.758	768.571	1.272	122.008	123.370	148.090	743.856	801.946
1884	162.234	335.208	497.442	10.945	77.548	88.493	173.179	412.746	585.925
1885	208.411	196.975	405.386	10.683	19.401	30.164	219.094	216.456	435.550
1886	138.362	154.638	293.000	6.887	30.801	37.688	145.249	185.439	330.688
1887	81.279	225.440	306.719	5.848	60.005	66.513	87.127	286.105	373.232
1888	75.696	407.445	483.141	20.697	68.210	88.907	96.393	475.655	572.048
1889	117.481	554.024	671.505	19.666	162.832	182.498	137.147	716.856	854.003
1890	123.224	528.789	652.013	25.468	131.720	157.188	148.692	650.509	809.201
1891	191.917	478.682	670.599	37.693	101.201	138.894	229.610	579.883	809.493
1892	258.700	434.091	692.791	28.372	80.385	108.757	287.072	514.476	801.548
1893	114.895	380.393	495.288	8.979	80.407	89.386	123.874	460.800	584.674
1894	89.156	185.460	574.616	10.472	84.404	94.876	99.628	569.864	669.492
1895	54.155	165.467	519.622	10.562	117.450	128.012	64.717	582.917	617.634

(1) In questo quadro sono comprese anche le costruzioni delle navi da guerra eseguite per conto del Regno Unito, rimanendo così esclusi solamente i bastimenti da guerra costruiti per conto di altre potenze.

Tonnellaggio delle navi costruite in Francia, comprate all'estero e vendute a stranieri in ciascuno degli anni dal 1855 al 1894.

ANNI	Tonnellaggio delle navi costruite	Tonnellaggio delle navi comprate all'estero	Tonnellaggio delle navi vendute a stranieri
	Tonnellate		*Tonnellate*
1855	103.488		1.919
1856	171.018		2.411
1857	116.910		4.318
1858	96.427		10.910
1859	37.216		9.404
1860	43.192		13.182
1861	45.100		10.354
1862	52.414		8.760
1863	59.467		9.625
1864	64.670		6.856
1865	76.817		4.907
1866	75.990		3.982
1867	81.127		4.914
1868	65.983		5.298
1869	73.873		2.811
1870	62.805		11.135
1871	58.541		16.341
	Tonnellate	*Tonnellate*	
1872	55.697	34.885	17.865
1873	39.430	17.646	19.848
1874	34.917	17.404	27.092
1875	37.520	20.001	14.722
1876	32.707	15.581	16.148
1877	26.884	12.864	14.751
1878	21.367	19.677	12.851
1879	24.733	16.809	8.823
1880	12.629	34.401	12.989
1881	20.735	34.900	11.441
1882	56.594	78.612	17.407
1883	35.223	49.387	14.681
1884	57.162	20.472	11.814
1885	15.930	9.681	20.852
1886	27.075	14.392	17.276
1887	15.217	14.822	11.390
1888	31.936	26.828	25.403
1889	32.502	24.676	18.828
1890	24.018	50.516	12.459
1891	28.465	31.694	10.339
1892	18.604	14.384	12.311
1893	21.795	17.617	3.045
1894	18.240	26.865	8.096

Tonnellaggio lordo delle navi costruite negli Stati Uniti in ciascuno degli anni dal 1850 al 1895.

ANNI	Luoghi di costruzione				Tonnellaggio dei bastimenti venduti a stranieri
	sulla costa marittima	sul fiume Missisipi e suoi tributari	sui grandi laghi	Totale	
	Tonnellate	Tonnellate	Tonnellate	Tonnellate	Tonnellate
1850	..	..	..	272.218	13.468
1851	..	..	..	298.203	15.247
1852	..	..	..	351.483	17.921
1853	..	..	..	125.571	10.045
1854	..	..	..	535.616	60.033
1855	..	..	..	583.450	65.887
1856	..	..	..	469.393	42.618
1857	285.453	41.854	51.498	378.805	55.649
1858	177.412	35.659	31.642	244.713	26.305
1859	133.294	17.128	6.180	156.602	30.800
1860	169.836	32.970	11.992	214.798	17.118
1861	179.767	29.960	23.467	233.194	26.649
1862	112.187	8.785	53.804	175.076	117.756
1863	215.667	27.407	67.972	311.046	222.199
1864	310.121	56.180	49.151	415.741	300.865
1865	291.306	66.576	36.641	394.523	133.832
1866	232.388	70.555	33.204	336.147	22.117
1867	230.810	35.106	39.679	305.595	9.088
1868	175.812	52.695	56.798	285.305	13.757
1869	191.194	31.576	49.460	275.230	19.063
1870	182.836	56.859	37.258	276.953	17.098
1871	156.249	73.081	43.897	273.227	13.534
1872	218.097	36.344	44.611	200.052	19.572
1873	218.139	18.659	92.448	359.246	20.763
1874	277.093	63.646	91.986	432.725	77.054
1875	244.174	23.294	29.871	297.639	25.541
1876	163.826	23.636	16.124	203.586	33.253
1877	132.996	34.693	8.003	176.592	24.724
1878	155.138	68.928	11.438	235.504	43.647
1879	115.683	62.213	15.135	193.031	43.312
1880	101.720	32.791	22.899	157.410	26.883
1881	125.766	81.189	73.504	280.459	28.671
1882	188.084	35.817	58.369	282.270	18.257
1883	210.349	26.443	28.638	265.430	37.385
1884	178.419	16.664	30.431	225.514	28.722
1885	121.010	11.220	26.826	159.056	26.213
1886	64.458	10.595	20.400	95.453	33.063
1887	83.061	10.901	56.188	150.450	22.122
1888	105.125	11.859	101.103	218.087	11.116
1889	111.852	12.202	107.080	231.134	9.871
1890	169.091	16.506	108.526	294.123	18.322
1891	247.462	19.984	111.856	369.302	9.410
1892	138.863	14.801	45.969	199.633	15.329
1893	102.830	9.538	99.271	211.639	15.395
1894	80.099	9.111	41.985	131.195	20.578
1895	67.127	8.122	36.353	111.602	..

COSTRUZIONI NAVALI ESEGUITE IN INGHILTERRA
NEL 1896

Le notizie che seguono furono desunte, come di consueto, dal supplemento che viene pubblicato ogni anno dalla Direzione del giornale inglese *Newcastle Daily Chronicle*, il quale porta le statistiche generali delle costruzioni navali eseguite nel Regno Unito.

I dati appresso esposti si referiscono sempre al tonnellaggio lordo delle navi varate.

Il tonnellaggio totale delle navi costruite nella Gran Bretagna dall'anno 1881 al 1896 è il seguente:

Anno	Tonn.		Anno	Tonn.
1881	1,000,000		1889	1,332,889
1882	1,200,000		1890	1,279,077
1883	1,250,000		1891	1,209,904
1884	750,000		1892	1,194,784
1885	540,422		1893	878,000
1886	473,675		1894	1,080,419
1887	578,668		1895	1,074,890
1888	903,687		1896	1,316,906

Nel 1896 si è avuto perciò il fortissimo aumento di tonnellate 242,016 sull'anno precedente. Si osserva inoltre che dal 1881 in poi, la cifra del tonnellaggio, raggiunta nel 1896, non era stata superata che nel 1889 di sole tonnellate 15,983. All'aumento verificatosi nel 1896 contribuiscono però le costruzioni di molte navi da guerra.

Il **quadro** seguente indica la quantità di tonnellate costruite nei diversi distretti nel 1896 :

Localita	Tonnellate
Tyne	246,882
Blyth	3,263
Wear	218,350
West Hartlepool	83,290
Tees	110,314
Whitby	5,819
Clyde	420,841
Belfast	119,656
Barrow-in-Furness	14,654
Aberdeen, Dundee	9,433
Humber	27,734
Firth of Forth	8,650
Thames	16,601
Mersey	19,266
Maryport and Workington . .	5,554
Cantieri diversi	6,590

Totale nel Regno Unito tonnellate   1.316,906

Esaminiamo ora la produzione dei vari cantieri per ciascun distretto

Inghilterra

Tyne — I cantieri del Tyne produssero tonnellate 72,835 in più dell'anno precedente, e cioè tonnellate 246,882 divise come appresso:

Navi	Cantieri	Tonnellaggio
20	Sir W. G. Armstrong and Co.	54,157
11	C. S. Swan and Hunter	39,608
12	Palmer's Shipbuilding Co. Ltd.	36,185
8	John Readhead and Sons	22,541
9	R. and W. Hawthorn, Leslie and Co. . . .	26,088
10	Wigham Richardson and Co.	24,257
5	Tyne Iron Shipbuilding Co.	17,691
8	W. Dobson and Co.	13,246
5	Wood, Skinner and Co.	5,550
28	Edwards Bros.	4,563
5	R. Stephenson and Co. Ltd.	1,329
7	J. P. Rennoldson and. Son	1,085
4	Jos. I. Eltringham and Co.	582
132		246,882

Blyth — La produzione dei cantieri del Blyth è pressochè identica a quella dell'anno precedente, e cioè:

Navi	Cantieri	Tonnellaggio
1	The Blyth Shipbuilding Co. Ltd.	3,139
2	Union Co-operative Shipbuilding Co.	124
3		3,263

Wear — I cantieri del Wear produssero tonnellate 218,350 cosi ripartite :

Navi	Cantieri	Tonnellaggio
11	W. Doxford and Sons Ltd.	39,533
11	Jos. L. Thompson and Sons Ltd.	37,323
12	Short Bros	32,321
11	James Laing.	22,600
7	John Priestman and Co.	17,707
7	J. Blumer and Co..	14,304
4	Bartram and Sons.	14,113
6	Sunderland Shipbuilding Co.	11,859
5	S. P. Austin and Sons	10,602
4	Robert Thompson and Sons	7,360
2	W. Pickersgill and Sons	5,763
2	Osbourne, Graham and Co.	4,754
2	South Hylton Shipbuilding Co.	131
84		218,350

West-Hartlepool. — La produzione di questo distretto fu la seguente :

17	W. Gray and Co. Ltd.	43,545
10	Furness, Withy and Co. Ltd.	31,603
5	Irvine and Co	8,151
32		83,299

Tees. — I cantieri del Tees vararono nel 1896 tonnellate 110,314, così ripartite:

20	Sir Raylton, Dixon and Co.	36,111
16	R. Craggs and Sons	7,844
16	Ropner and Son	40,260
25	Richardson, Duck and Co	21,777
3	Craig, Taylor and Co.	4,322
80		110,314

Whitby. — Il cantiere Thomas Turnbull and Son costrui 2 piroscafi di tonnellate 5,819 in complesso.

Humber. — Le costruzioni nei cantieri dell' Humber furono le seguenti:

8	Earle's Shipbuilding Co. Ltd.	13,428
31	Cochrane and Cooper.	4,667
12	Joseph Scarr	2,190
7	Henry Scarr	953
—		————
58		21,238

Yarmouth — La ditta H. Fellows and Son costrui due piccoli scafi per 92 tonnellate lorde.

Rye — Il cantiere G. and T. Smith costrui sette piccoli scafi per 214 tonnellate.

Wyvenhoe — Furono costruiti dai signori Forrestt and Son 19 scafi per 535 tonnellate in complesso, più 48 imbarcazioni e 56 pontoni in legno per la marina militare.

Thames — Il cantiere G. Rennie and Co. sul Tamigi varò 36 piccoli scafi di tonnellate 4736 in tutto.

Quello di R. and H. Green 10 scafi per 1047 tonnellate e quello di Yarrow and. Co. 27 piccoli scafi per usi diversi.

Isle of Wight — La ditta W. White and Son ha varato 5 scafi per 342 tonnellate e 3 lancie a vapore per uso della marina militare.

Gosport — Il cantiere dei signori Camper and Nicholson costrui 4 scafi per tonnellate 117.

Plymouth — I fratelli Willoughby vararono un solo scafo di 45 tonnellate.

Sudbroock — Al cantiere di Sudbroock di T. A. Walker furono costruiti 9 scafi, tra i quali uno di 423 tonnellate.

Newport — I signori Morley, Carney and Co. vararono dieci scafi per 1070 tonnellate.

Mersey — I fratelli Laird hanno costruito 14 scafi per 19,266 tonnellate, molti dei quali sono navi da guerra, tutte di grande velocità. J. Harland and Co. vararono uno scafo di 60 tonnellate.

Preston — Il cantiere Allsup and Co. costrui 5 scafi per 728 tonnellate.

Barrow-in-Furness — La compagnia delle costruzioni ed armamenti navali costrui 7 scafi di 14,654 tonnellate in complesso, dei quali quattro per la marina militare.

Workington — R. Williamson and Son vararono 15 scafi per 2.182 tonnellate.

Maryport — Il cantiere dei signori Ritson and Co. varò 4 scafi di 3,612 tonnellate.

Scozia.

Clyde — I cantieri del Clyde ebbero un notevole aumento di produzione sull'anno precedente, e raggiunsero le 420,841 tonnellate lorde, così ripartite:

Navi	Cantieri	Tonnellaggio
12	C. Connell and Co.	40,864
—	A. Stephen and Sons	35,185
34	Denny and Bros	32,677
—	Fairfield and Co.	29,987
17	Russel and Co.	29,116
—	D. and W. Henderson	28,081
8	Barclay, Curle and Co.	25,223
5	London and Glasgow Co.	23,221
—	Caird and Co.	20,842
9	Scott and Co.	18,638

Navi	Cantieri	Tonnellaggio
—	Hamilton and Co.	15,855
12	Mc. Millan and Son	12,450
—	R. Napier and Son	12,100
8	A. Rodger and Co.	11,504
10	J. and G. Thompson	10,492
16	Lobnitz and Co.	8,479
10	Simons and Co.	8,260
—	Makie and Thompson	7,468
—	Fleming and Ferguson	6,000
4	A. and J. Inglis.	5,033
6	Ailsa Shipbuilding Co.	4,943
—	Campbeltown Co.	4,385
—	John Reid and Co.	3,911
—	Alley and Mc. Lellon.	3,300
—	Murdok and Murray	3,221
6	D. J. Dunlop	3,010
3	R. Duncan and Co.	2,677
—	Scott and Sons.	2,607
—	Blackwood and Gordon	2,425
—	Fullarton and Co.	1,864
—	Napier, Shanks, Bell	1,861
—	Ritchie, Graham and Milne	1,593
—	J. Shearer and Son	692
—	T. B. Seath	687
—	S. M'Knight and Co.	660
—	Mc. Arthur and Co.	536
—	J. and J. Hay	210
—	Chalmers, Scott and Mc. Rivett.	210
11	Fife and Son	141
—	Paul Jones	136
—	Carmichael, Maclean and Co.	126
—	Maschall and Co.	85
—	Adam	40
—	C. Mc. Donald	20
—	E. and G. Mc.	20
—	Banner	6
		420,841

Leith.

Navi	Cantieri	Tonnellaggio
5	Ramage and Ferguson	2,101
7	Hawthorns and Co.	1,125
1	John Cran and Co.	150
13		3,376

Grangemouth — La Grangemouth Dockyard Company ha varato nel 1896 tre navi di tonnellate lorde 1,508 complessivamente.

Inverkeithing — Il cantiere Cumming and Ellis ha costruito un piroscafo di tonnellate 380.

Dundee — I signori Gourlay Brothers and Co. hanno varato quattro scafi per 2774 tonnellate lorde.

Aberdeen — Il cantiere Hall, Russell and Co. ha varato cinque scafi per 2992 tonnellate, ed il cantiere Alex. Halle and Co., a Footdee, sette navi di 875 tonnellate in complesso.

Irlanda

Belfast — I signori Harland and Wolff, i più grandi costruttori del Regno Unito, hanno costruito 12 navi di tonnellate 81,316 in complesso, fra cui il piroscafo a doppia elica « Pennsylvania » di 13,700 tonnellate. Dal cantiere Workman, Clark and Co. sono state costruite pure 12 navi della capacità complessiva di tonnellate 38,440.

NAVIGLIO DI COMMERCIO A VELA ED A VAPORE

Nelle matricole dei compartimenti marittimi del Regno erano inscritti al 31 dicembre 1895 i sottoindicati bastimenti:

Velieri   N. 6,166 di tonnellate nette 555,569

Piroscafi   »   345   »   »   220,508

Totale bastimenti   »   6,511   »   »   776,077

Nell'anno 1896 avvennero le seguenti variazioni:

VELIERI

Aumenti:

Bast. 176 di tonn.   3,942 costruiti nei cantieri nazionali ;

»   22   »   9,706 acquistati da stranieri ;

»   48   »   452 provenienti dai galleggianti ;

»   1   »   69 per cause diverse e revisione delle matricole;

»   —   »   128 per ristazza di navi già inscritte.

Totale   247   »   14,297.

Diminuzioni:

Bast.   90 di tonn.   7,719 demoliti ;

»   104   »   17,725 naufragati ;

»   9   »   2,042 scomparsi in mare ;

»   2   »   1,692 incendiati ;

»   48   »   10,823 venduti a stranieri ;

»   145   »   1,945 passati ai galleggianti ;

»   13   »   104 per revisione delle matricole e cause diverse;

»   —   »   262 per ristazza di navi già inscritte.

Totale   411   »   42,312.

PIROSCAFI.

Aumenti:

Bast. 10 di tonn. 2,761 costruiti nei cantieri nazionali;
» 21 » 21,197 acquistati da stranieri;
» — » 45 per ristazza di piroscafi già inscritti.

Totale 31 » 24,003.

Diminuzioni:

Bast. 5 di tonn. 2,714 demoliti;
» 4 » 1,395 naufragati;
» 10 » 1,214 venduti a stranieri;
» 6 » 1,259 per cause diverse;
» — » 202 per ristazza di piroscafi già inscritti.

Totale 25 » 6,784.

Fra velieri e piroscafi si ebbe l'aumento di bastimenti 278 e tonnellate 38,300 e la diminuzione di 436 e tonnellate 49,096.

La situazione dei bastimenti inscritti in matricola al 31 dicembre 1896 è quindi la seguente:

Velieri N. 6,002 di tonnellate nette 527,554
Piroscafi » 351 » » 237,727

Totale » 6,353 » » 765,281

In confronto del precedente anno 1895, si ha pertanto nei velieri una diminuzione di 164 e di tonnellate 28,014 e nei piroscafi l'aumento di 6 e di tonnellate 17,219. Tenuto conto che la potenzialità dei piroscafi è tripla di quella dei velieri, nella forza del naviglio di commercio a vela ed a vapore si è verificato un aumento corrispondente a tonnellate 23,642 di bastimenti a vela.

La diminuzione percentuale verificatasi nel naviglio a vela durante il decennio ultimo scorso, fu la seguente:

1887	bastimenti	3.79	°/₀	1892	bastimenti	0.06	°/₀
	tonnellate	8.59	id.		tonnellate	2.55	id.
1888	bastimenti	2.72	id.	1893	bastimenti	—	id.
	tonnellate	7.44	id.		tonnellate	3.53	id.
1889	bastimenti	1.55	id.	1894	bastimenti	1.73	id.
	tonnellate	5.26	id.		tonnellate	2.83	id.
1890	bastimenti	—	id.	1895	bastimenti	1.04	id.
	tonnellate	1.25	id.		tonnellate	2.81	id.
1891	bastimenti	2.02	id.	1896	bastimenti	2.66	id.
	tonnellate	1.31	id.		tonnellate	5.04	id.

Nel naviglio a vapore si ebbe invece, nello stesso periodo di tempo, l'aumento percentuale seguente:

1887	piroscafi	7.17	°/₀	1892	piroscafi	3.61	°/₀
	tonnellate	13.02	id.		tonnellate	0.75	id.
1888	piroscafi	4.72	id.	1893	piroscafi	3.48	id.
	tonnellate	7.33	id.		tonnellate	3.35	id.
1889	piroscafi	4.81	id.	1894	piroscafi	0.30	id.
	tonnellate	4.08	id.		tonnellate	—	id.
1890	piroscafi	3.58	id.	1895	piroscafi	5.18	id.
	tonnellate	2.37	id.		tonnellate	6.25	id.
1891	piroscafi	5.17	id.	1896	piroscafi	1.74	id.
	tonnellate	7.17	id.		tonnellate	7.81	id.

Nel primo dei quadri seguenti e relativo diagramma è indicato il numero, il tonnellaggio e la potenzialità, ossia la somma del tonnellaggio a vela col triplo di quello a vapore, dei bastimenti inscritti dal 1862 al 1896, e nel secondo il tonnellaggio complessivo delle navi mercantili delle principali nazioni marittime d'Europa.

ANTI

gio a

FORZA ANNUALE	Bastimenti a vapore		Bastimenti a vela		TOTALE		Potenzialità
	N.	Tonn.	Num.	Tonn.	Num.	Tonn.	Tonn.
Anno 1862	57	10.228	9.356	643.946	9.413	654.174	674.630
» 1865	95	22.158	15.633	656.445	15.728	678.603	722.919
» 1870	118	32.100	18.083	980.064	18.201	1.012.164	1.076.361
» 1875	141	57.147	(1) 10.828	987.190	10.969	1.044.337	1.158.631
» 1876	112	57.881	10.903	1.020.488	11.015	1.078.369	1.194.131
» 1877	151	58.319	10.742	1.010.130	10.893	1.068.449	1.185.087
» 1878	152	63.020	8.438	966.327	8.590	1.029.347	1.155.387
» 1879	151	72.666	7.910	933.306	8.061	1.005.972	1.151.304
» 1880	158	77.050	7.822	922.146	7.980	999.196	1.153.206
» 1881 . . .	176	93.698	7.639	895.359	7.815	989.057	1.176.153
» 1882	192	104.719	7.528	885.285	7.720	990.004	1.190.442
» 1883 . · . .	201	107.452	7.270	865.881	7.471	973.383	1.188.237
» 1884	215	122.297	7.072	848.704	7.287	971.001	1.215.595
» 1885	225	124.600	7.111	828.819	7.336	953.419	1.202.619
» 1886	237	144.328	6.992	801.349	7.229	945.677	1.234.333
» 1887	254	163.131	6.727	732.494	6.981	895.625	1.221.887
» 1888	266	175.100	6.544	677.933	6.810	853.033	1.203.233
» 1889	279	182.249	6.442	642.225	6.721	824.474	1.188.969
» 1890	290	186.567	6.442	634.149	6.732	820.716	1.193.350
» 1891	305	199.945	6.312	625.812	6.617	825.757	1.225.647
» 1892	316	201.443	6.308	609.821	6.624	811.264	1.214.150
» 1893	327	208.193	6.341	588.268	6.668	796.461	1.212.847
» 1894	328	207.530	6.231	571.605	5.559	779.135	1.194.195
» 1895	345	220.508	6.166	555.569	6.511	776.077	1.217.093
» 1896	351	237.727	6.002	527.554	6.353	765.281	1.240.735

(1) Dall'anno 1871 furono compresi nella statistica i soli bastimenti a vela prov-
visti di atto di nazionalità, quelli cioè addetti al commercio ed alla pesca illimitata
laddove negli anni precedenti vi erano compresi anche i bastimenti non muniti di
atto di nazionalità addetti al traffico costiero ed alla pesca illimitata. Da ciò la differenza in meno che si rileva nel 1875 rispetto al 1870.

Tonnellaggio delle navi mercantili a vela ed a vapore
delle principali nazioni marittime d' Europa

ANNI	Gran Bretagna	Svezia e Norvegia	Danimarca	Germania	Olanda	Francia	Austria-Ungheria
1870 . .	7.149.131	1.309.377	178.646	982.355	349.611	1.072 013	329.377
1875 . .	7.744.237	1.926.357	244.100	1.084.882	410.639	1.028.228	290.450
1877 . .	8.133.837	2.022.986	252.062	1.117.935	365.256	989.128	283.189
1878 . .	8.329.421	2.063.290	251.209	1.129.120	358.995	975.883	286.078
1879 . .	8.462.364	2 041.472	251.958	1.171.286	347 665	932 853	282 571
1880 . .	8.447.171	2 061 300	249.446	1.182.097	328.281	919.298	290 971
1881 . .	8.575.560	2.050 017	253.409	1.194.407	305 016	914.373	286.556
1882 . .	8 796.517	2.057.460	256.858	1.226.650	302.790	983 017	288 011
1883 . .	9.131.418	2.066 834	266.396	1.269.477	309.764	1.003.679	280.184
1884 . .	9.314.496	2.113.019	281.343	1.294.228	308.339	1.033.829	281.346
1885 . .	9.323.615	2 080.081	278.738	1.282.440	302.769	1.000.215	269 763
1886 . .	9 246.732	2.024.471	272.500	1.284 703	286.455	993.291	261 588
1887 . .	9.135.512	1.503.572	270.572	1 240.182	256.310	972 525	243.179
1888 . .	9.209.883	2.034.550	270.941	1.233 894	245.416	961.073	218.041
1889 . .	9.472.060	2.116.077	289.217	1.320.721	247.058	932.735	210.983
1890 . .	9.668.088	2.246.646	302.194	1 433 413	255.711	944.013	204.214
1891 . .	9.961.571	2.208 740	310 952	1.468.985	292.301	948.079	202.520
1892 . .	10 286.198	2 293.704	318 837	1.511.579	292.763	905 606	196.647
1893 . .	10.365.567	2.235.928	330.911	1.522.058	294.783	805.423	209.126
1894 . .	10.512.272	2.149.447	334.899	1 553.902	293.226	890.539	200.080
1895 . .	10 504 662	..	..	..	..	..	..
1896 . .	..	..	..	..	..	..	..

NAVI A VELA

Come risulta dal precedente capitolo, al 31 dicembre 1896 erano inscritti N. 6002 bastimenti a vela con una stazza netta complessiva di tonnellate 527.554.

Nel seguente quadro è indicata la ripartizione dei detti bastimenti fra i vari compartimenti marittimi del regno.

COMPARTIMENTI	da 1 a 100 tonn.		da 101 a 500 tonn.		Oltre 500 tonn.		Totale	
	N.	Tonn.	N.	Tonn.	N.	Tonn.	N.	Tonn.
Genova	208	12.457	89	32.672	199	165.091	496	210.220
Napoli	643	17.177	97	25.992	34	23.874	774	67.043
Castellammare Stabia . .	202	4.960	54	19.606	45	34.010	301	58.576
Spezia	314	8.134	23	4.381	22	19.560	359	32.075
Venezia	925	15.953	31	7.463	2	1.788	958	25.204
Livorno.	371	13.564	44	9.333	1	515	416	23.412
Catania.	155	4.666	52	10.002	..	..	207	14.668
Trapani	366	8.920	16	4.204	2	1.189	384	14.313
Savona.	21	935	11	2.412	11	10.411	43	13.758
Palermo	246	5.039	30	5.733	2	1.131	278	11.903
Porto Ferraio	129	2.703	22	5.780	2	1.125	153	9.608
Messina	153	5.667	14	3.220	..	..	167	8.887
Bari	418	7.107	8	1.647	..	..	426	8.754
Rimini	249	5.913	..	..	..	..	249	5.913
Gaeta	148	2.647	3	974	3	2.103	154	5.724
Porto Maurizio	77	3.759	11	1.708	..	..	88	5.467
Porto Empedocle . . .	169	2.973	4	822	..	..	173	3.795
Ancona.	103	2.686	..	..	..	..	103	2.685
Reggio Calabria. . . .	83	1.767	..	..	..	..	83	1.767
Civitavecchia.	30	989	2	298	..	..	32	1.287
Cagliari.	86	1.197	..	..	..	..	86	1.197
Pizzo.	31	577	..	..	..	..	31	577
Taranto.	8	213	1	143	..	..	9	356
Maddalena	32	334	..	..	..	..	32	334
Totale . . .	5.167	130.337	512	136.420	328	260.797	6.002	527.554

Una più estesa suddivisione, per quanto riguarda i tipi, il tonnellaggio e l'anno di costruzione, delle navi a vela nazionali inscritte fino al 31 dicembre 1896, è data nei quadri seguenti, ai quali si aggiunge pure un prospetto del tonnellaggio del naviglio a vela delle principali nazioni marittime d'Europa dal 1876 al 1895.

Velieri con scafo in ferro od acciaio inscritti al 31 dicembre 1896.

COMPARTIMENTI marittimi	Navi a palo		Navi		Brigantini a palo		Navi goletta		Brigantini goletta		Golette		Totale	
	Num.	Tonn.	Num.	Tonn.	Num.	Tonn.	Num.	Tonn.	Num.	Tonn.	Num.	Tonn.	Num.	Tonn.
Porto Maurizio	..	..	..	..	..	..	..	..	1	128	..	..	1	128
Savona	..	..	..	..	2	2.731	..	..	..	..	..	..	2	2.731
Genova	3	5.263	7	9.607	22	19.046	2	679	..	..	..	..	34	35.495
Spezia	..	..	1	1.560	..	..	..	..	..	..	1	87	2	1.647
Napoli	..	..	..	..	1	975	..	..	2	336	..	..	3	1.311
Castellammare	..	..	4	6.628	3	2.869	..	..	..	..	..	..	7	9.497
Venezia	..	..	..	..	1	1.102	3	967	..	..	..	..	4	2.069
Trapani	..	..	..	..	..	..	..	..	..	..	2	116	2	116
Totale	3	5.263	12	17.795	29	27.623	5	1.646	3	464	3	203	55	52.994

al 3

SCIA

N.

..
..
..
..
..
..
..
..
..
..
1
..
..
..
..
..
..
..
..
..
1
..
..
2
1

5

Numero dei bastimenti a vela inscritti dal 1876 al 1896, distinti per tipi.

TIPI	1876	1878	1880	1882	1884	1886	1888	1890	1892	1894	1896
Navi a palo . . .	5	3	..	..	..	..	..	1	2	3	3
Navi	22	20	12	8	11	12	12	15	16	18	21
Brigantini a palo .	1.196	1.159	1.088	1.033	982	883	710	630	565	498	421
Navi golette . . .	54	59	98	101	106	101	88	83	78	68	73
Golette a palo . .	2	1	1	1	1	2	2	..	3	4	1
Brigantini . . .	611	530	471	404	337	305	247	197	170	142	103
Brigantini golette .	707	684	669	753	745	761	711	694	688	645	620
Bombarde . . .	23	17	16	13	10	8	6	6	5	4	4
Golette.	195	149	152	139	152	214	228	239	264	275	290
Velaccieri . . .	21	20	19	..	..	..	..	..	..	..	..
Trabaccoli . . .	1.504	1.171	907	1.021	990	1.043	1.021	1.102	1.187	1.200	1.283
Sciabecchi . . .	70	61	45	35	26	15	12	8	7	5	5
Feluche	89	81	69	53	50	51	30	30	26	26	18
Tartane	746	706	685	684	649	625	586	573	568	537	469
Bovi	340	283	255	245	209	198	177	157	160	142	116
Mistici	80	62	46	37	26	24	19	15	10	9	6
Navicelli	111	94	74	56	59	58	62	64	66	70	71
Bilancelle. . . .	2.279	1.470	1.990	1.073	1.860	1.819	1.729	1.725	1.766	1.767	1.646
Cutters	129	111	118	119	122	129	137	153	166	200	233
Barche da traffico, da pesca, coralline. ecc	2.710	1.735	1.017	848	737	744	752	750	563	618	619
Totale . .	10.903	8.438	7.822	7.523	7.072	6.992	6.544	6.442	6.303	6.231	6.002

Situazione per capacità ed anno di costruzione

ANNO di costruzione	Maggiori di 1500 tonnellate		Da 1201 a 1500 tonnellate		Da 1001 a 1200 tonnellate		Da 901 a 1000 tonnellate		Da 801 a 900 tonnellate		Da 701 a 800 tonnellate		Da 601 a 700 tonnellate		Da 501 a 600 tonnellate	
	N.	Tonn.	N.	Tonn.	N.	Tonn.	N.	Tonn.	N.	Tonn.	N.	Tonn.	N.	Tonn.	N.	Tonn.
Fino all'anno 1860	..	..	..	..	2	2.172	2	1.881	..	..	1	773	..	..	..	..
Dal 1861 al 1865	..	..	1	1 348	..	..	1	975	1	843	1	782	..	..	2	1 08
Dal 1866 al 1870	..	..	4	5.217	2	2.372	1	939	2	1.685	1	794	9	5.808	22	11.9
Dal 1871 al 1875	..	..	..	..	5	5.477	6	5 649	10	8.428	27	20.347	24	15.562	35	19.5
Nell'anno 1876	..	..	..	..	4	4 147	3	2.771	8	6.938	7	5.267	7	4.535	6	3.2
» 1877	1	1.534	..	..	1	1.011	1	938	5	4.216	3	2 293	5	3.225	2	1.1
» 1878	..	..	..	..	2	2 123	2	1.897	2	1.659	5	3 799	3	2.012	5	2.7
» 1879	..	..	..	..	..	..	3	2.835	1	896	3	2 234	2	1 237	3	1.6
» 1880	..	..	..	..	..	..	..	..	..	..	1	745	1	601	1	7
» 1881	..	..	..	..	..	..	1	905	2	1.763	..	..	1	655	1	5
» 1882	..	..	1	1.351	1	1.082	1	970	4	3 472	1	796	..	..		
» 1883	1	1 562	3	3.756	2	2.343	1	902	..	..	1	776	..	..	..	..
» 1884	..	..	2	2.679	1	1.109	1	978	2	1.713	1	708	1	632	..	
» 1885	..	..	..	..	..	..	1	909	..	..	..	..	..	..	1	5
» 1886	1	1 527	..	..	1	1.121	..	..	..	..	..	..	..	..	1	5
» 1887	..	..	..	..	..	..	..	..	..	..	..	..	..	..		
» 1888	..	..	..	..	..	..	..	..	..	..	..	..	..	..	..	..
» 1889	2	3.420	..	..	1	1.061	..	..	..	..	..	..	..	..		
» 1890	3	5.487	1	1.348	5	5.384	..	..	1	848	..	..	..	..	1	5
» 1891	2	3 653	2	2 818	2	2.173	1	922	1	856	2	1.445	2	1.256	1	5
» 1892	..	..	1	1 246	3	3 419	..	..	1	823	..	..	..	..	1	5
» 1893	..	..	..	..	3	3.225	1	938	2	1.686	1	754	..	..	1	5
» 1894	1	1.649	..	..	..	..	..	..	..	..	..	..	..	..		4
» 1895	..	..	..	..	..	..	1	917	..	..	..	..	..	..		
» 1896	..	..	..	..	..	..	..	..	..	..	..	..	..	..	..	..
Totale . . .	11	18.832	15	19.806	35	38 174	27	25.416	42	35.856	55	41.513	55	35.523	83	45.6

ei velieri inscritti al 31 dicembre 1896.

Da 401 a 500 tonnellate		Da 301 a 400 tonnellate		Da 201 a 300 tonnellate		Da 101 a 200 tonnellate		Da 51 a 100 tonnellate		Da 31 a 50 tonnellate		Da 11 a 30 tonnellate		Minori a 11 tonnellate		Totale	
N.	Tonn.	N.	Tonn.	N.	Tonn.	N.	Tonn.	N.	Tonn.	N.	Tonn.	N.	Tonn.	N.	Tonn.	N.	Tonn.
	1.705	4	1.346	26	6.434	43	6.362	81	5.657	123	5.021	100	2.212	48	286	434	33.849
	3.528	7	2.396	14	3.526	13	2.057	76	5.137	79	3.272	84	1.650	54	357	343	27.361
	17.980	27	9.490	19	4.787	20	2.942	62	4.774	41	1.716	95	1.804	74	472	419	72.737
	18.317	22	8.124	12	2.960	41	5.819	64	4.746	78	3.057	207	3.701	189	1.364	760	123.115
2	957	2	603	5	1.177	3	363	8	620	12	191	44	767	36	193	147	32.208
3	1.379	2	625	3	728	6	853	10	770	16	643	70	1.191	43	281	171	20.849
6	2.633	1	389	3	751	7	908	7	571	15	572	38	623	63	396	159	21.116
2	831	..	..	2	549	8	1.240	19	1.553	19	713	49	778	82	532	193	15.024
5	2.213	4	1.444	2	560	8	1.151	17	1.396	14	566	65	1.110	96	592	214	10.902
1	457	..	..	1	224	11	1.337	15	1.137	23	1.097	60	1.018	62	374	181	9.596
1	497	2	627	..	..	7	910	12	974	19	791	53	902	84	569	186	12.894
..	..	1	321	..	..	10	1.323	12	917	27	1.060	40	716	53	316	151	13.997
1	496	..	..	..	..	7	892	10	847	23	919	38	707	51	350	138	12.030
..	..	1	331	2	426	14	1.840	22	1.737	38	1.602	46	880	73	446	198	8.727
..	..	..	..	2	522	12	1.545	25	1.954	39	1.631	54	1.061	62	465	197	10.339
1	403	..	..	..	..	7	835	13	1.098	31	1.215	49	901	49	335	150	4.837
..	..	..	..	..	..	1	115	13	1.006	30	1.223	50	864	60	378	154	3.585
3	1.290	1	310	1	231	1	142	10	771	27	1.135	72	1.174	57	371	175	9.055
2	956	..	..	..	..	11	1.486	12	997	19	797	113	2.038	53	305	221	20.234
1	417	..	..	1	228	14	1.881	22	1.689	40	1.760	112	1.871	66	380	269	21.839
..	..	1	399	2	550	10	1.468	21	1.781	30	1.372	119	2.083	61	401	250	14.033
..	..	1	344	2	495	5	698	11	775	22	920	148	2.589	74	461	271	13.445
1	494	..	..	1	700	2	273	5	354	11	545	133	2.112	62	417	219	6.144
..	..	..	..	..	..	3	493	5	427	7	303	132	2.333	81	506	229	4.079
..	..	..	..	1	230	4	576	4	281	14	197	103	1.816	47	278	173	3.678
121	54.623	76	26.830	99	24.737	268	37.579	556	42.282	803	32.918	2076	36.914	1680	10.865	6002	527.554

Ripartizione per tonnellaggio d[...]

TONNELLAGGIO		Anno 1880		Anno 1882		Anno 1884		Anno 1886		Anno 1888	
		B.	T.	B.	T.	B.	T.	B.	T.	B.	T.
Da tonnellate 1 a tonn. 10		2 510	13.232	2 391	14 423	2 220	13 316	2.332	14 902	2.194	13.98
»	11 » 30	1.924	31.898	1.880	31 382	1.702	28.559	1 583	28.762	1.589	28.91
»	31 » 50	806	31.231	794	31 796	790	31.143	822	33.059	803	32.23
»	51 » 100	710	51.616	687	50 433	668	49.214	670	49.647	637	47.53
»	101 » 200	365	51.509	360	52.407	341	49 211	364	52 284	321	45.62
»	201 » 300	246	62.367	231	58.829	215	54.765	206	52.173	176	43.80
»	301 » 400	272	96.040	249	88.167	2.0	81.362	203	72.083	163	57.70
»	401 » 500	380	174 141	355	163.073	340	156.100	203	132.090	227	102 14
»	501 » 600	250	138 630	270	127.743	211	117 360	197	109.509	165	90.32
»	601 » 700	140	88.506	133	83.966	122	76.915	112	70.509	88	56.76
»	701 » 800	104	76.524	93	71.823	101	73.951	94	68 787	73	54.96
»	801 » 900	62	53.112	66	56.710	63	54.196	56	48.227	51	43.66
»	901 » 1000	35	34 054	35	34.053	34	33.029	37	35.936	29	27.58
oltre le 1000 tonnellate . .		18	19.277	19	20.473	26	29.241	28	32 482	28	32.62
Totale . .		7.822	922.146	7.528	885 285	7.072	848.704	6.902	801.350	6.544	677.97

bastimenti inscritti dal 1880 al 1896.

Anno 1890		Anno 1892		Anno 1893		Anno 1894		Anno 1895		Anno 1896	
B.	T.	B.	T.	B.	T.	B	T.	B	T.	B.	T.
2.125	13 615	1.862	12.557	1 870	12.442	1.781	11.789	1.773	11.629	1.680	10.865
1.687	30.706	1.877	33.577	1.957	34.891	2.022	36.001	2.047	36.307	2.076	36.914
804	32.626	831	33.959	838	34 271	828	33.862	821	33.707	803	32.918
624	46.715	625	47.216	622	47.206	590	44.754	573	43.908	556	42.282
306	43.071	307	43.216	301	42.262	294	40 704	274	38.577	268	37.579
155	37.583	134	33.480	124	30.906	118	29.405	111	27.806	99	24.737
142	50.238	119	42 010	167	37.760	95	33 525	89	31.384	76	26.839
208	98.457	182	82.014	168	75.954	162	73.386	141	63.653	121	54.623
143	73.849	119	65.269	110	60.361	98	53 954	90	49.550	83	45.677
77	49 849	68	43.772	58	37.359	56	36.091	57	36.730	55	35.523
62	46.805	64	48.192	61	45.867	59	44.457	56	42.248	55	41.513
47	40 235	44	37.482	48	40.848	47	39.983	47	40.053	42	35.856
25	23.769	27	25.607	27	25.593	27	25.558	31	29.255	27	25.416
37	44.682	49	61.470	50	62.488	45	68.076	56	70.672	61	76.812
6.442	634.149	6 308	609.821	6.341	588.268	6.231	571.605	6.166	555.569	6.002	527.554

NAZIONI	1870	1875	1880	1885	1886	1887
	Tonn.	Tonn.	Tonn.	Tonn.	Tonn.	Tonn.
Italia (1)	980,074	987,190	922 146	828 819	801,350	732, 191
Impero Britannico	5,947.000	5 671,433	5 407,889	5,030 500	4 925,579	1.725,509
Russia.	..	..	651 202	358,206	361,572	..
Svezia e Norvegia	..	1 797 345	1 922,189	1 855,822	1,796,453	1.758,936
Danimarca	168.193	204.732	197.509	188.923	184.678	180.526
Germania	900,361	901,313	966 339	861.814	830.769	769. 818
Olanda	370,159	350,764	263.887	194.347	177,170	155,629
Francia	917.633	822 808	641,539	507.819	492.807	465 873
Austria-Ungheria	279 400	234.179	228,228	187.502	171.497	150 104

(1) Per gli anni anteriori al 1875 nel tonnellaggio non sono compresi i bastimenti appartenenti allo

appartenente alle principali nazioni marittime d'Europa
1870, 1875, 1880 e 1885-96.

1888	1889	1890	1891	1892	1893	1894	1895	1896
Tonn.	*Tonn.*	*Tonn.*	*Tonn.*	*Tonn.*	*Tonn.*	*Tonn.*	*Tonn.*	*Tonn.*
677.933	642.225	631.119	625.812	609.821	588.268	571.605	555.569	527.554
4.328.145	4.413.331	4.274.382	4.271.882	4.324.722	4.216.379	4.134.935	3.960.207	..
..	..	..	..	..	..	..	..	..
1.871.512	1.813.026	1.872.264	1.877.736	1.870.406	1.821.635	1.706.372	..	..
175.291	185.393	189.406	193.898	199.709	201.702	192.904	..	..
731.315	702.810	709.861	704.274	725.182	698.356	660.856	..	..
140.168	137.104	127.200	130.708	123.394	118.424	110.673	..	..
451.272	440.051	444.092	426.207	407.011	396.582	398.567	..	..
128.506	117.751	109.980	102.700	94.332	83.953	71.792	..	..

Stato pontificio.

NAVI A VAPORE

—

I piroscafi inscritti nelle matricole dei compartimenti marittimi del regno al 31 dicembre 1896 erano in numero di 351, dei quali 57 in legno e 294 in ferro od acciaio, con una stazza complessiva di tonnellate 379,691 orde e 237,727 nette, e la forza motrice di cavalli 76,088 nominali e 262,535 indicati.

In confronto del precedente anno 1895 si ebbe quindi l'aumento di

6 piroscafi ;

29,903 tonnellate lorde e 17,219 tonnellate nette ;

1,632 cavalli nominali e 25,359 cavalli indicati.

La ripartizione fra i compartimenti marittimi dei suaccennati piroscafi è indicata nel seguente quadro.

COMPARTIMENTI	Piroscafi			Tonnellate		Forza in cavalli	
	Totale	in legno	in ferro ed acciaio	lorde	nette	nominali	indicati
Porto Maurizio . . .	3	..	3	4.300	2.766	542	2.186
Savona	5	..	5	9.764	6.314	1.240	5.262
Genova	146	16	130	211.706	133.720	41.863	148.189
Spezia	17	4	13	19.063	12.244	2.604	9.637
Livorno	14	1	13	5.602	3.259	1.017	3.531
Portoferraio . . .	4	3	1	97	29	83	212
Civitavecchia . . .	6	..	6	395	195	222	792
Napoli	21	9	12	5.040	3.142	940	3.877
Castellammare di Stabia	1	1	..	18	9	7	25
Pizzo	1	1	..	27	10	20	68
Reggio Calabria . .	1	..	1	436	262	73	300
Bari	16	..	16	15.981	10.090	2.420	9.022
Rimini	2	1	1	346	191	67	336
Venezia	23	5	18	9.164	5.746	2.283	5.581
Cagliari	5	3	2	314	173	184	735
Maddalena	2	1	1	116	54	71	192
Messina	16	3	13	9.792	5.996	2.288	7.385
Catania	5	..	5	3.834	2.463	518	2.040
Palermo	63	9	54	83.630	51.064	19.646	63.165
Totali . . .	351	57	294	379.691	237.727	76.088	262.535

Il seguente quadro presenta la classificazione, rispetto al tonnellaggio di registro, dei piroscafi esistenti alla fine degli anni 1880, 1882, 1884, 1886, 1888, 1890, 1892, 1894 e 1896.

Giova notare che fra i 351 piroscafi sono compresi anche i rimorchiatori e i piroscafi da diporto muniti di atto di nazionalità.

PIROSCAFI	1880		1882		1884		1886		1888		1890		1892		1894		1896	
	N.	Tonn.	N.	Tonn.	N.	Tonn.	N.	Tonn.	N.	Tonn.	N.	Tonn.	N.	Tonn.	N.	Tonn.	N.	Tonn.
Da 1 a 50 tonnellate	40	882	46	937	61	1.142	60	1.177	67	1.358	85	1.779	92	1.794	102	2.035	108	2.115
» 51 a 100 »	11	987	16	857	18	1.351	11	1.074	11	927	13	995	15	1.161	11	1.054	13	1.057
» 101 a 200 »	13	1.688	17	2.148	13	1.738	16	2.168	18	2.135	16	2.211	19	2.600	18	2.493	20	2.775
» 201 a 400 »	22	6.761	23	7.181	31	9.014	36	10.307	40	11.423	35	9.854	43	12.685	40	11.793	34	9.770
» 401 a 600 »	17	8.067	17	8.151	11	5.707	21	10.434	22	11.043	24	10.095	25	12.525	25	12.629	23	11.888
» 601 a 800 »	8	5.419	16	10.034	20	14.246	20	14.107	24	17.288	25	17.322	25	17.761	29	20.497	31	22.007
» 801 a 1000 »	13	11.650	18	16.241	13	11.513	13	11.461	10	8.764	13	11.293	12	10.466	12	10.591	16	14.116
» 1001 a 1500 »	26	30.852	26	31.368	27	33.183	33	41.277	32	39.462	39	49.162	30	48.817	42	52.255	50	61.653
» 1501 a 2000 »	3	5.491	9	15.246	12	21.011	12	21.132	22	38.647	24	42.522	26	41.844	25	43.277	33	57.390
Oltre le 2000 »	2	5.243	4	11.356	9	23.392	12	31.251	17	43.853	16	40.431	20	48.770	21	50.963	23	55.131
Totale . . .	158	77.060	192	104.719	215	122.277	237	144.328	296	175.100	290	186.567	316	201.443	328	207.580	351	297.727

Durante l'anno 1896 furono inscritti nelle matricole i sottoindicati 31 piroscafi:

DENOMINAZIONE	Anno di costruzione	Tonnellaggio		PROPRIETARI	Compartimento di inscrizione
		lordo	netto		
Assiduità	1882	3.229	2.138	Zino Giuseppe fu Domenico, di Savona.	Savona.
Armonia	1884	1.335	857	Becchi, Serra, e fratelli Calcagno.	Id.
Neva	1895	248	156	Ditta Ansaldo e C., di Sampierdarena.	Genova.
Pina	1880	3.316	2.115	Lavarello G. B., di Quinto al Mare.	Id.
Amicizia	1891	563	331	Parodi Angelo, di Genova .	Id.
Ondina	1881	142	68	Conte Edilio Raggio, di Genova.	Id.
Angelica Accame .	1886	1.994	1.278	Antioco e Giuseppe fratelli Accame, di Genova.	Id.
Serravalle . . .	1867	2.962	1.897	De Micheli Emilio, di Genova	Id.
Volpe	1867	830	524	Oneto David, di Genova . .	Id.
Giardino di Belvedere.	1885	213	127	Bertorello Angelo e altro, di Sampierdarena.	Id.
Sant'Antonio . .	1896	314	173	Ditta Wilson e Maclaren, di Sampierdarena.	Id.
Costanza	1882	2.786	1.774	Mancini Antonio, di Genova	Id.
Tibisco	1867	825	520	Pittaluga Luigi fu Francesco, di Sampierdarena.	Id.
Strassburg . . .	1872	3.088	1.903	Tardy Vincenzo, di Genova .	Id.
Razeto B. . . .	1883	1.756	1.147	Razeto Stefano, di Genova .	Id.
aria Rosa . . .	1854	611	385	Magnano Adolfo, di Genova	Id.

DENOMINAZIONE	Anno di costruzione	Tonnellaggio		PROPRIETARI	Comparti- mento di inscrizione
		lordo	netto		
Nekar	1874	3.187	1.376	Tardy Maurizio, di Genova .	Genova
Professor	1881	2.577	1.684	Lavarello Giuseppe, di Deiva	Spezia.
Mariquita. . . .	1881	1.294	822	Repetto Bartolomeo. di La- vagna.	Id.
Varese	1871	1.699	1.095	Allodi Carlo, di Livorno . .	Livorno.
Bice T.	1886	24	10	Ugo Ubaldo Tonietti, di Por- toferraio.	Portoferraio.
Rosina	1862	1.396	807	Arena Francesco. di Lipari .	Napoli.
San Bartolomeo .	1896	86	44	Sidoti Diego e C., di Lipari	Id.
San Felice . . .	1896	50	31	Fratelli Poli fu Giuseppe, di Chioggia.	Venezia.
San Fortunato . .	1896	50	31	Id. id.	Id.
Scilla	1896	412	184	Società Italiana delle Ferro- vie sicule.	Messina.
Cariddi	1896	413	183	Id.	Id.
San Giuseppe .	1846	411	270	Sciutto Giulio, di Genova; e Denaro Giuseppe. di Ri- posto.	Catania.
Marco Polo . . .	1896	1.664	662	Navigazione Generale Italiana	Palermo.
Ignazio Florio .	1895	1.605	635	Id.	Id.
Galileo Galilei . .	1896	1.664	662	Id.	Id.

Dalle matricole furono cancellati i 25 piroscafi sottoindicati:

Armonia. . . . . di tonn. lorde 602 e nette 392, di proprietà del cav Andreoli, passato a Massaua.

Atlantic. . . . . di tonn. 17 lorde e 6 nette, di proprietà della ditta Wilson e Maclaren, per dismissione della bandiera nazionale.

Oblio . . . . di tonn. 72 lorde e 45 nette, di proprietà di Vicente Chimer y Montoro, per dismissione della bandiera nazionale.

Neva . . . . di tonn. 248 lorde e 156 nette, di proprietà della ditta Ansaldo e C. per dismissione della bandiera nazionale.

Vesuvio . . . . di tonn. 492 lorde e 313 nette, di proprietà della Navigazione Generale Italiana, per scomparizione in mare.

Adria . . . . di tonn. 2599 lorde e 1393 nette, del sig. Rolmer Giulio, per demolizione.

Generale Barattieri. . . . . di tonn. 215 lorde e 120 nette del sig. Edoardo Isola, per dismissione della bandiera nazionale.

Pax . . . . di tonn. 943 lorde e 594 netto, della ditta Merli e Lugaro, per incendio.

Mario. . . . . di tonn. 1040 lorde e 666 nette, della
ditta E. Rohner, per demolizione.

Sant'Antonio . . . . di tonn. 314 lorde e 173 nette, del sig.
Quartino Ambrogio, per dismissione
della bandiera nazionale.

Progresso B. . . . . di tonn. 13 lorde e 8 nette, del sig.
Miari Enguerrando, per demolizione.

Orizzonte . . . . di tonn. 600 lorde e 442 nette, della ditta
Merli e Lugaro, per naufragio.

Ensa . . . . di tonn. 99 lorde e 39 nette, del sig. Mar-
tini Bernardi Neri, per vendita a sud-
dito estero.

Sapri . . . . di tonn. 28 lorde e 18 nette, di proprietà
del Corpo dei piloti pratici di Napoli,
per passaggio ai galleggianti.

Lampo . . . . di tonn. 256 lorde e 166 nette, di proprietà della Società Napoletana di na-
vigazione a vapore, per passaggio ai
galleggianti.

Adolfo . . . . di tonn. 75 lorde e 30 nette, del sig. Dini
Gesualdo, per passaggio ai galleg-
gianti.

Teresa . . . . di tonn. 14 lorde e 3 nette, del sig. Dini
                               Gesualdo, per passaggio ai galleg-
                               gianti.

Sorrento. . . . . di tonn. 108 lorde e 69 nette, del sig.
                               Catiero Giuseppe, per vendita a sud-
                               dito estero.

Bagnara. . . . . di tonn. 96 lorde e 53 nette, della So-
                               cietà di navigazione *La Calabria*,
                               per vendita a suddito estero.

Forza . . . . di tonn. 433 lorde e 273 nette, della So-
                               cietà delle Strade ferrate sicule, per
                               vendita a sudditi esteri.

Città di Riposto . . . . . . di tonn. 549 lorde e 347 nette, di pro-
                               prietà del sig. Tardy Giuseppe, per
                               demolizione.

Ionio . . , ... di tonn. 1019 lorde e 650 nette, della
                               Navigazione Generale Italiana per
                               passaggio ai galleggianti.

Sultana . . . . di tonn. 445 lorde e 280 nette, del comm.
                               Ignazio Florio, per vendita a suddito
                               estero.

Flavio Gioia . . . . di tonn. 517 lorde e 300 nette, della *Na-*
                               vigazione Generale Italiana, per de-
                               molizione.

Marietta . . . . di tonn. 103 lorde e 46 nette del sig.
                               Gaetano Corvaia e C. per naufragio.

La ripartizione dei piroscafi secondo i cantieri di costruzione è la seguente :

N. 215 di tonn. nette 205,913 costruiti nei cantieri inglesi ;

» 101	id.	22,466	id.	id.	italiani ;
» 14	id.	3,147	id.	id.	francesi ;
» 12	id.	814	id.	id.	austro-ungarici ;
» 5	id.	4,895	id.	id.	germanici ;
» 2	id.	470	id.	id.	olandesi ;
» 1	id.	14	id.	id.	belgi ;
» 1	id.	8	id.	id.	rumeni.

Di essi appartengono :

N. 102 di tonn. nette 106,786 alla *Navigazione Generale Italiana* ;

» 11	id.	22,541 alla società *La Veloce* di Genova ;
» 4	id.	8,316 alla ditta Carlo Raggio di Genova ;
» 4	id.	7,731 al sig. Repetto G. B. Antonio (vulgo Stefano) di Genova ;
» 12	id.	7,430 alla società *Puglia* di Bari ;
» 3	id.	5,211 al sig. Giuseppe Zino di Savona ;
» 2	id.	4,432 alla società *Ligure Romana*, con sede in Roma ;
» 2	id.	3,411 al sig. Mancini Antonio di Genova ;
» 2	id.	3,352 al sig. Lavarello Gio. Battista di Quinto al mare ;
» 3	id.	3,183 al sig. Dall'Orso Michelangelo fu Giuseppe ed altri di Chiavari ;
» 2	id.	2,833 alla ditta Peirce-Beker-Hardi di Messina ;
» 3	id.	2,766 al sig. Viale Paolo di Ventimiglia ;

N. 2 di tonn. nette 2,279 al sig. Tardy Maurizio di Genova;

» 2 id. 2,166 ai sigg. fratelli Bianchi fu Michele di Lavagna;

» 2 id. 2,027 al sig. Lagomaggiore Pietro di Genova.

I piroscafi di maggiore velocità erano i seguenti:

« Cristoforo Colombo », « Marco Polo », « Ignazio Florio », « Galileo Galilei » e « Nord America » che fanno da 17 a 18 miglia all'ora;

« Regina Margherita » che ne fa da 16 a 17;

« Duca di Galliera », « Duchessa di Genova », « Elettrico »; « Orione », « Perseo », « Sirio » e « Vittoria » che ne fanno da 15 a 16.

« Bosforo », « Candia », « Cariddi », « Domenico Balduino », « Gottardo », « Indipendente », « Malta », « Manilla », « R. Rubattino », « Scilla » ed « Umberto I » che ne fanno da 13 a 14;

« Adria », « Enna », « Giava », « India », « Josto », « Matteo Bruzzo », « Nilo », « Peloro », « Po », « Singapore », « V. Florio » e « Washington », che fanno da 12 a 13.

Nel seguente prospetto i piroscafi sono classificati secondo l'anno di costruzione ed il tonnellaggio netto.

ANNO di costruzione	Maggiori di 2000 tonnellate			Da 1801 a 2000 tonnellate			Da 1601 a 1800 tonnellate			Da 1401 a 1600 tonnellate			Da 1201 a 1400 tonnellate			Da 1001 a 1200 tonnellate			Da 801 a 1000 tonnellate		
	Numero	Tonnellate	Forza in cavalli nominali	Numero	Tonnellate	Forza in cavalli nominali	Numero	Tonnellate	Forza in cavalli nominali	Numero	Tonnellate	Forza in cavalli nominali	Numero	Tonnellate	Forza in cavalli nominali	Numero	Tonnellate	Forza in cavalli nominali	Numero	Tonnellate	Forza in cavalli nominali
Fino a tutto l'anno 1860	..	..	..	..	..	..	..	..	..	..	..	..	..	..	..	1	1.113	157	..	..	
Dal 1861 al 1865	..	..	..	..	..	..	1	1.702	360	..	..	..	..	..	..	1	1.065	30	1	897	
» 1866 » 1870	2	4.158	1.050	1	1.897	305	1	1.680	300	..	..	..	1	1.321	124	..	..	..	6	5.202	1.4
» 1871 » 1875	3	7.035	2.078	1	1.903	290	..	..	..	1	1.577	224	6	7.576	2.222	11	11.905	3.118	4	3.566	1.1
Anno 1876	..	..	..	..	..	..	1	1.623	709	..	..	..	..	..	..	..	..	..	..	..	
» 1877	..	..	..	1	1.946	331	..	..	..	2	2.977	546	1	1.338	220	..	..	..	..	..	
» 1878	..	..	..	2	3.633	1.352	..	..	..	1	1.523	802	1	1.210	253	1	1.038	140	..	..	
» 1879	..	..	..	..	..	..	..	..	..	..	..	..	..	..	..	..	..	..	..	..	
» 1880	1	2.115	375	2	3.697	1.330	..	..	..	1	1.532	478	..	..	..	..	..	..	..	..	
» 1881	..	..	..	2	3.677	1.180	1	1.634	375	1	1.463	300	1	1.294	231	..	..	..	2	1.818	
» 1882	5	13.269	4.859	2	3.834	700	1	1.737	119	3	4.632	1303	2	2.575	426	2	2.131	461	1	839	
» 1883	6	14.844	9.094	2	3.647	1.472	1	1.674	242	3	4.316	1089	1	1.362	184	2	2.141	472	1	967	
» 1884	1	2.793	1.704	1	1.933	723	..	..	..	3	4.542	635	1	1.238	155	..	..	..	1	857	
» 1885	..	..	..	..	..	..	..	..	..	..	..	..	..	..	..	..	..	..	..	..	
» 1886	..	..	..	1	1.861	270	1	1.759	346	..	..	..	3	3.798	617	..	..	..	..	..	
» 1887	..	..	..	..	..	..	1	1.645	180	..	..	..	..	..	..	1	1.177	450	..	..	
» 1888	1	2.203	350	..	..	..	..	..	..	..	..	..	..	..	..	1	1.191	411	..	..	
» 1889	..	..	..	..	..	..	1	1.615	302	..	..	..	2	2.490	1.000	..	..	..	..	..	
» 1890	..	..	..	..	..	..	..	..	..	1	1.418	360	1	1.343	363	..	..	..	..	..	
» 1891	2	4.432	476	..	..	..	..	..	..	..	..	..	..	..	..	..	..	..	..	..	
» 1892	1	2.195	482	..	..	..	..	..	..	..	..	..	..	..	..	..	..	..	..	..	
» 1893	..	..	..	..	..	..	..	..	..	..	..	..	..	..	..	..	..	..	..	..	
» 1894	1	2.032	430	..	..	..	1	1.642	516	..	..	..	..	..	..	1	1.097	207	..	..	
» 1895	..	..	..	..	..	..	1	1.007	203	..	..	..	..	..	..	..	..	..	..	..	
» 1896	..	..	..	..	..	..	..	..	..	..	..	..	..	..	..	..	..	..	..	..	
Totale...	23	55.131	21.498	15	28.073	7.907	11	13.373	3.642	16	23.985	5.777	20	25.554	5.795	21	22.858	5.716	16	14.146	3.

Da 601 a 800 tonnellate		Da 401 a 600 tonnellate			Da 201 a 400 tonnellate			Da 101 a 200 tonnellate			Da 51 a 100 tonnellate			Minori di 51 tonnellate			TOTALE		
Tonnellate	Forza in cavalli nominali	Numero	Tonnellate	Forza in cavalli nominali	Numero	Tonnellate	Forza in cavalli nominali	Numero	Tonnellate	Forza in cavalli nominali	Numero	Tonnellate	Forza in cavalli nominali	Numero	Tonnellate	Forza in cavalli nominali	Numero	Tonnellate	Forza in cavalli nominali
732	181	1	504	99	6	1.903	658	1	172	104	1	71	32	2	66	42	13	1.97?	1.273
4.441	1.161	6	2.989	1.931	9	2.810	1.547	2	214	126	1	96	53	2	53	53	29	14.258	5.638
5.453	2.337	4	2.172	464	7	1.864	510	2	242	113	2	171	83	3	53	53	37	24.198	6.817
3.650	897	3	1.668	623	2	471	116	3	347	234	1	87	25	15	285	349	55	40.080	11.395
..	..	..	..	..	1	210	48	1	188	70	..	..	..	2	48	101	5	2.074	928
..	..	..	..	..	..	..	..	..	..	..	1	71	50	..	..	..	5	6.332	1.187
..	..	1	544	135	1	260	73	..	..	..	..	..	..	3	71	114	10	8.289	2.869
735	137	1	545	195	..	..	..	..	..	..	2	155	113	2	32	60	6	1.467	505
..	..	..	..	..	2	511	192	1	189	61	1	80	24	5	110	133	13	8.234	2.503
2.076	517	..	..	..	1	341	134	..	..	..	1	63	69	6	120	230	18	12.541	3.365
757	256	..	..	..	1	245	65	..	..	..	..	..	..	6	83	116	21	30.122	8.555
..	..	..	..	..	..	..	..	1	167	60	..	..	..	6	82	145	23	29.240	13.544
..	..	3	1.388	278	1	268	82	..	..	..	..	..	..	1	82	104	15	13.101	3.895
..	..	..	..	..	..	..	..	2	231	130	..	..	..	4	71	71	6	352	201
..	..	..	..	..	1	246	60	1	121	91	..	..	..	8	158	215	15	7.946	1.602
1.562	328	1	571	913	..	..	..	1	127	80	..	..	..	5	107	141	11	5.189	2.092
..	..	1	418	76	..	..	..	1	136	92	..	..	..	6	125	138	10	4.078	1.067
..	..	..	..	..	..	..	..	1	113	22	..	..	..	7	146	241	11	1.378	1.565
..	..	..	..	..	..	..	..	..	..	..	..	..	..	..	..	..	2	2.761	723
..	..	..	..	..	1	331	64	..	..	..	2	165	126	5	97	177	10	5.025	843
..	..	..	..	..	..	..	..	1	103	144	1	90	75	5	39	160	8	2.427	861
..	..	1	433	149	..	..	..	..	..	..	..	..	..	..	..	..	1	433	149
..	..	..	..	..	..	..	..	..	..	..	..	..	..	4	91	121	7	4.865	1.277
662	504	1	565	110	1	305	46	..	..	..	..	..	..	5	82	86	9	3.221	949
1.959	1.510	..	..	..	..	..	..	2	367	600	..	..	..	3	101	55	8	2.432	2.165
22.007	7.828	23	11.883	4.973	34	9.770	3.625	20	2.775	1.930	13	1.057	650	108	2.115	2.942	351	237.727	76.088

| Numero d'ordine | DENOMINAZIONE DEI PIROSCAFI | COSTRUZIONE | | | | Materiale di costruzione |
| | | dello scafo | | delle macchine | | |
		Anno	Luogo	Anno	Luogo	
1	**Ada-Gino** (rimorchiatore) . . .	1894	Buda-Pest	1891	Buda-Pest	ferro
2	**Adalgisa** (ex *Zaire*, Inglese) . .	1860	Stockton	1870	Stockton	id.
3	**Adria** (ex *Ortigia*)	1875	Livorno	1877	Livorno	id.
4	**Adriatico**	1862	Dundee	1862	Greenock	id.
5	**Africa**	1865	New-Castle	1873	Sampierdarena	mist
6	**Agordat** (ex *Port Jackson*, inglese.	1883	Id.	1883	New-Castle	ferr
7	**Agrumaria** (ex *Machal Andrea*) .	1884	Id.	1884	Id.	mist
8	**Airam** (da diporto)	1892	Napoli	1892	Napoli	ferr
9	**Alacrità** (ex *Convellor*, inglese). .	1877	Glasgow	1877	Glasgow	id.
10	**Alberto**	1871	West Hartlepool	1871	Stokton on Tees	id.
11	**Alessandro Volta**	1862	Glasgow	1876	Sampierdarena	id.
12	**Alessandro**	1882	Dundee	1882	Dundee	id.
13	**Amazone** (ex *Ohio*, germanico) . .	1869	Greenock	1881	Stettino	id.
14	**Amelia** (ex *Nuovo Porto Maurizio*, ex, *Liguria P.*)	1868	Glasgow	1868	Glasgow	id.
15	**America** (ex *Castilla*, spagnuolo).	1863	Stokton	1874	Barcellona	id.
16	**America**	1854	Glasgow	1877	Trieste	id.
17	**Amerigo Vespucci**	1862	Id.	1862	Greenock	id.

afi al 31 dicembre 1896.

Propulsione	Tonnellaggio		Forza in cavalli nominali	Forza in cavalli indicati	PROPRIETARI	Compartimento d'iscrizione	Numero d'ordine
	lordo	netto					
Eca	59	18	35	175	Carnevali Francesco di Marciana Marittima	Livorno	1
id.	1.530	1.113	157	600	Giacopello Ernesto di Lerici . .	Spezia	2
id.	1.861	1.157	285	1.134	Navigazione Generale Italiana. .	Genova	3
id	1.154	742	305	746	Id. . .	Id.	4
id.	1.112	685	110	750	Id. . .	Id.	5
id.	2.550	1.674	242	1.319	Mancini Antonio di Genova . .	Id.	6
id.	426	268	82	240	Società Anonima Agrumaria Etnea di Catania	Catania	7
L	21	13	21	180	Giuseppe d'Avalos Principe di Pescara	Napoli	8
id.	2.244	1.443	379	1.200	Giuseppe Zino di Savona . . .	Savona	9
id.	851	546	155	675	Rossi Antonio dimorante a Costantinopoli	Genova	10
id.	617	388	152	471	Navigazione Generale Italiana. .	Id.	11
id	389	245	65	270	Sturlese G. B. da Genova ed altri	Id.	12
id.	2.567	1.630	300	1.250	Alessi Federico di Genova . .	Id.	13
id.	174	102	48	109	Corvaia Gaetano fu Antonino . .	Palermo	14
id.	2.304	1.702	360	790	Repetto G. B. Antonio (vulgo Stefano)	Genova	15
id.	1.193	752	181	425	Ditta L. Scorcia e figli di Bari .	Bari	16
id.	792	373	180	583	Navigazione Generale Italiana. .	Palermo	17

Numero d' ordine	DENOMINAZIONE DEI PIROSCAFI	COSTRUZIONE				Materiale di costruzione
		dello scafo		delle macchine		
		Anno	Luogo	Anno	Luogo	
18	**Amicizia** (ex *Eastham*, inglese) . .	1891	New-Castle	1891	New-Castle	acciai
19	**Ancona**	1861	Glasgow	1861	Glasgow	ferr
20	**Andrea Doria** (rimorchiatore) . .	1880	Genova (Foce)	1880	Genova (Foce)	legn
21	**Angela** (ex *Trevose*, inglese). . .	1882	South-Shields	1882	South-Shields	ferr
22	**Angelica Accame** (ex *Ovingham*, inglese)	1886	Hebburn	1886	Wallsend	id.
23	**Angelina** (ex *Portosuasa*. ex *C. Cavour*, inglese)	1862	Londra	1881	Genova (Foce	id
24	**Angelina L.** (ex *May Flowers*) da diporto	1886	Havre	1886	Havre	mist
25	**Angelo Passalacqua** (rimorchia-tore).	1882	Braila	1882	Braila	ferro
26	**Annina**	1864	Stettino	1864	Stettino	id.
27	**Antonietta** (rimorchiatore) . . .	1882	Genova (Foce)	1882	Genova (Foce	id.
28	**Antonietta**	1892	Buda-Pest	1892	Buda-Pest	id.
29	**Antonietta D.** (rimorchiat. cisterna)	1889	Sampierdarena	1889	Sampierdarena	acciai
30	**Aquila**	1877	Middlesbrough	1877	Hartlepool	ferr
31	**Aquilone** (da diporto)	1873	Varazze	1873	Cornigliano	legn
32	**Arabia**	1870	New-Castle	1870	New-Castle	ferr
33	**Archimede**	1881	Glasgow	1881	Glasgow	id
34	**Ardito**	1891	Darmouth	1891	Darmouth	legn

Tonnellaggio		Forza in cavalli nominali	Forza in cavalli indicati	P R O P R I E T A R I	Compartimento d'iscrizione	Numero d'ordine
lordo	netto					
563	331	64	319	Parodi Angelo fu Bartolomeo . .	Genova	18
642	430	208	606	Navigazione Generale Italiana .	Palermo	19
88	34	40	212	Queirolo Giuseppe fu Paolo . .	Genova	20
1.565	1.003	136	698	Fratelli Sanguineti fu Giuseppe da Chiavari.	Spezia	21
1.994	1.278	150	628	Fratelli Accame fu Emanuele . .	Genova	22
110	44	35	140	Corvaia Gaetano fu Antonino . .	Palermo	23
39	8	22	90	Barone Francesco Carlo Lucifero di Catania	Genova	24
53	8	35	105	Passalacqua Pietro dimorante a Braila	Id.	25
727	433	345	980	Ragnasco G. B. e Pittaluga Giacomo di Sampierdarena . .	Id.	26
25	14	12	50	Cesaroni Ferdinando di Perugia .	Id.	27
176	90	75	320	Carnevali Francesco di Marciana Marina	Livorno	28
39	17	35	90	D'Aste Anna di Giulio da Genova	Genova	29
2.055	1.338	220	1.180	Ditta Marini e Brichetto di Genova	Id.	30
2	2	1	2	Picasso Ettore di Genova . . .	Id.	31
1.351	890	235	666	Navigazione Generale Italiana . .	Id.	32
2.853	1.859	762	1.850	Id . .	Palermo	33
23	15	27	108	Pernis Romolo Enrico di Eugenio	Cagliari	34

Numero d'ordine	DENOMINAZIONE DEI PIROSCAFI	COSTRUZIONE				Materiale di costruzione
		dello scafo		delle macchine		
		Anno	Luogo	Anno	Luogo	
35	**Aretusa** (ex *Industrie*, francese, rimorchiatore)	1870	Tolone	1870	Parigi	legno
36	**Armando R.**	1894	Hebburn	1894	San Peeter	acciaio
37	**Armonia**	1884	Whitby	1884	Stockton	ferro
38	**Arno** (ex *Temerario*, ex *Frisia*, inglese	1872	Greenock	1872	Greenock	id.
39	**Asia**	1870	New-Castle	1870	New-Castle	id.
40	**Asia** (ex *Principe*)	1874	Sestri Ponente	1871	Sestri Ponente	id.
41	**Aspromonte** (ex *Seybouse*, francese)	1869	Greenock	1869	Greenock	id.
42	**Assiduità**	1882	Kingohrn	1882	Kirkealdy	id.
43	**Assiria**	1871	Sestri Ponente	1874	Sestri Ponente	id.
44	**Assunta** (ex *Craiglon*, inglese) . .	1882	Leith	1882	Aberdeen	id.
45	**Attività**	1889	Wallsend on Tyne	1889	Howdon on Tyne	id.
46	**Attività** (ex *Città di Pozzuoli*, rimorchiatore)	1872	La Seyne	1873	Marsiglia	legno
47	**Aurelia** (ex *Moser*, inglese) . .	1882	South Stockton	1882	Wallsend	ferro
48	**Aurora M.** (ex *Ichnusa*) . . .	1884	Rotterdam	1884	Rotterdam	id.
49	**Ausonia** (ex *Alessandra*) . . .	1896	Glasgow	1871	Glasgow	id.
50	**Bagnara** (ex *Stirnosa*, inglese) . .	1872	Liverpool	1872	Carnarvon	id.
51	**Balaklava** (ex *Vittoria V.*) . . .	1877	Glasgow	1877	Glasgow	id.

	Tonnellaggio		Forza in cavalli nominali	Forza in cavalli indicati	PROPRIETARI	Compartimento d'iscrizione	Numero d'ordine
	lordo	netto					
a	18	11	9	29	De Baritault Achille	Palermo	35
.	3.097	2.032	430	1.284	Ditta Carlo Raggio di Genova .	Genova	36
	1.335	857	205	825	Fratelli Calcagno fu Giuseppe ed altri di Savona	Savona	37
	3.463	2.070	984	2.952	Navigazione Generale Italiana .	Genova	38
	1.364	897	268	781	Id. . .	Id.	39
	1.577	1.089	106	350	Granata Vincenzo e Lorusso Pasquale di Bari.	Bari	40
	436	262	73	300	Società di Navigazione a vapore *La Calabria* con sede a Villa S. Giovanni.	Reggio Calabria	41
	3.296	2.153	294	1.707	Zino Giuseppe fu Domenico di Savona	Savona	42
	1.611	1.076	168	804	Navigazione Generale Italiana .	Palermo	43
	2.060	1.338	240	720	Reforzo Gio Battista di Genova .	Genova	44
	2.673	1.615	302	1.200	Giuseppe Zino fu Domenico di Savona	Savona	45
	32	12	24	76	Roberto de Sanna fu Federico .	Napoli	46
	1.921	1.257	186	800	Lavarello Gio. Battista di Quinto al mare	Genova	47
	702	452	80	330	Musso Luigi di Napoli	Napoli	48
	1.086	638	200	567	Viale Paolo di Ventimiglia. . .	Porto Maurizio	49
	867	553	185	533	Navigazione Generale Italiana. .	Palermo	50
	2.331	1.534	207	906	Viale Paolo di Ventimiglia. . .	Porto Maurizio	51

Numero d'ordine	DENOMINAZIONE DEI PIROSCAFI	COSTRUZIONE				Materiale di costruzione
		dello scafo		delle macchine		
		Anno	Luogo	Anno	Luogo	
52	**Balilla** (ex *Adelè D.*)	1871	Trieste	1871	Trieste	legno
53	**Bari** (ex *Liburno*, austro-ungarico)	1870	Fiume	1886	Id.	ferro
54	**Barion**	1881	Low-Walker	1881	Low-Walker	id.
55	**Beatrice** (da diporto)	1874	Renfrew	1874	Renfrew	id.
56	**Bice T.** (da diporto)	1886	Londra	1886	Newburg	legno
57	**Birmania**	1882	Livorno	1875	Jarrow on Tyne	ferro
58	**Bisagno**	1884	Dumbarton	1884	Dumbarton	id
59	**Bormida**.	1884	Id.	1884	Id.	id.
60	**Bosforo** (ex *Wiston Hall*, inglese)	1878	Glasgow	1878	Glasgow	id.
61	**Brindisi**	1895	Livorno	1895	Livorno	acciaio
62	**Buenos Ayres** (ex *Spanish Prince*, inglese)	1882	Blyth	1882	Galy Head on Tyne	ferro
63	**Caffaro** (ex *Prinz Alexander*) . .	1882	Kiel	1882	Berlino	id.
64	**Calabria**.	1892	Sestri Ponente	1892	Sampierdarena	acciaio
65	**Calabro**	1890	Sunderland	1890	Wallsend on Tyne	id.
66	**Candia** (ex *Cairo*)	1862	New-Castle	1887	New-Castle	id.
67	**Capraia** (ex *Raphaël*, francese). .	1866	Id.	. .	Id.	mist
68	**Caprera** (ex *Express*, inglese) . .	1876	Glasgow	1876	Glasgow	ferro

Propulsione	Tonnellaggio		Forza in cavalli nominali	Forza in cavalli indicati	PROPRIETARI	Compartimento d'iscrizione	Numero d'ordine
	lordo	netto					
lica	33	15	18	66	Foderà Vito	Palermo	52
id.	326	205	45	220	Società anonima di navigazione a vapore *Puglia*	Bari	53
id.	1.020	670	181	400	Id. . . .	Id.	54
»L	105	40	65	270	Conte Roberto Biscaretti di Ruffia-Torino	Genova	55
,d.	24	10	35	75	Cav. U. Tonietti di Portoferraio .	Portoferraio	56
id.	2.364	1.562	429	1.224	Navigazione Generale Italiana. .	Genova	57
,d.	2.303	1.499	200	920	Id. . .	Id.	58
d.	2.304	1.499	195	950	Id. . .	Id.	59
,d.	2.773	1.812	676	1.800	Id. . .	Palermo	60
d.	869	565	110	800	Società di navigazione a vapore *Puglia*	Bari	61
id.	1.769	1.128	325	812	Fratelli Bianchi fu Michele di Lavagna.	Spezia	62
»L	2.927	1.927	400	1.450	Ripetto G. B. Antonio (vulgo Stefano) di Genova	Genova	63
id.	225	103	144	440	Società italiana delle strade ferrate sicule	Messina	64
,d.	2.163	1.343	363	1.580	Società anonima di navigazione a vapore *Puglia*	Bari	65
id.	1.046	573	498	1.393	Navigazione Generale Italiana. .	Genova	66
»L	502	373	97	329	Caruta Camillo di Genova e Chiama Francesco di Capraia . .	Id.	67
»L	584	324	184	454	Navigazione Generale Italiana. .	Id.	68

Numero d'ordine	DENOMINAZIONE DEI PIROSCAFI	COSTRUZIONE				Materiale di costruzione
		dello scafo		delle macchine		
		Anno	Luogo	Anno	Luogo	
69	**Capri**	1873	Fiume	1873	Fiume	ferro
70	**Cariddi**	1866	Greenock	1891	Napoli	id.
71	**Carridi**	1896	Sestri Ponente	1896	Sestri Ponente	acciaio
72	**Carlotta** (ex *Egesta*, ex *Alexandro*, ex *Falco*)	1873	Livorno	1882	Palermo	legno
73	**Carolina**	1892	Genova (Foce)	1892	Genova (Foce)	acciaio
74	**Catania**	1883	Liverpool	1883	Carnarvan	ferro
75	**Cipro** (ex *Canadian*, inglese) . . .	1870	Sunderland	1870	Sunderland	id.
76	**Città di Genova**	1889	New-Castle	1889	New-Castle	acciaio
77	**Città di Massa** (ex *Maratea*) . .	1889	Pertusola	1889	Pertusola	id.
78	**Città di Messina**	1894	Sunderland	1894	Sunderland	id.
79	**Clara**	1886	Sestri Ponente	1886	Sampierdarena	legno
80	**Clementina** (rimorchiatore) . . .	1881	Sampierdarena	1881	Id.	id.
81	**Colombo** (ex *Brasil.* ex *Orion*, inglese)	1873	Hebburn on Tyne	1873	Londra	ferro
82	**Colombo** (ex *Agnes Otto*, inglese) .	1881	South-Shields	1881	South-Shields	id.
83	**Concordia** (ex *Chines-Prince* ingl.)	1883	WestHartlepool	1883	West Hartlepool	id.
84	**Conte Menabrea**	1866	Witeinch	1865	Glasgow	id.

	Tonnellaggio		Forza in cavalli nominali	Forza in cavalli indicati	PROPRIETARI	Compartimento d'iscrizione	Numero d'ordine
	lordo	netto					
a	191	122	55	105	Società napoletana di navigazione a vapore.	Napoli	69
.	1.231	685	496	1.457	Navigazione Generale Italiana .	Palermo	70
e	413	183	300	780	Società italiana delle strade ferrate sicule.	Messina	71
a	54	34	16	90	Corvaia Gaetano fu Antonino di Palermo	Palermo	72
.	11	3	10	30	Pastorino Carlo di Genova. . .	Genova	73
.	1.483	967	186	560	Società anonima agrumaria Etnea	Catania	74
	907	592	178	610	Navigazione Generale Italiana .	Genova	75
	1.936	1.255	500	2.000	Società di navigazione *La Veloce* di Genova	Id.	76
	201	118	22	148	Società Cotonificio Ligure di Genova	Id.	77
.	2.514	1.642	516	1.549	Ditta Peirce-Becher-Hardi . . .	Messina	78
	22	4	27	58	Banca pisana di anticipazione e sconto di Pisa.	Spezia	79
L	19	12	10	63	Ditta Fratelli Fabiani e C. di Spezia	Id.	80
L	2.408	1.577	224	950	Cresta Giacomo di Vittorio di Genova	Genova	81
L	1.222	787	211	619	Fratelli Sanguineti fu Giuseppe di Chiavari e Michele Mazzino di Lavagna	Spezia	82
L	2.111	1.362	181	768	Bertollo Giuseppe ed altri di Genova	Genova	83
d	170	100	53	165	Navigazione Generale Italiana .	Id.	84

Numero d'ordine	DENOMINAZIONE DEI PIROSCAFI	COSTRUZIONE				Materiale di costruzione
		dello scafo		delle macchine		
		Anno	Luogo	Anno	Luogo	
85	**Corriere di Genova**	1886	New-Castle	1886	New-Castle	ferro
86	**Corriere di Livorno**	1887	North Shields	1887	Id.	id.
87	**Corriere di Roma**	1885	New-Castle	1885	Id.	id.
88	**Corsica** (ex *Liguria*)	1886	Middlessex	1886	Middlessex	id.
89	**Costanza** (ex *Victory*, inglese) . .	1882	Stockton	1882	Stockton	id.
90	**Cotrone** (rimorchiatore)	1887	Genova (Foce)	1887	Genova	acciai
91	**Costante**	1882	Paisley	1882	Glasgow	ferro
92	**Cristoforo Colombo**	1895	Sestri Ponente	1895	Sestri Ponente	id.
93	**Cugini Podestà** (rimorchiatore) .	1895	Pegli	1895	Sampierdarena	legno
94	**Cuore ed Arte** (draga)	1888	Genova (Foce)	1888	Genova (Foce)	ferro
95	**Dauno**	1878	Paisley	1878	Glasgow	id.
96	**Diana** (ex *Nina R.*, rimorchiatore)	1879	Sestri Ponente	1879	Sestri Ponente	legno
97	**Domenico Balduino** (ex *China*) .	1882	New-Castle	1882	Jarrow	ferro
98	**Dora**	1894	Castellammare di Stabia	1894	Napoli	legno
99	**Drepano**	1873	Sunderland	1873	Sunderland	ferro
100	**Duca di Galliera** (ex *Oazara* messicano)	1883	Glasgow	1883	Glasgow	acciaio

Propulsione	Tonnellaggio		Forza in cavalli nominali	Forza in cavalli indicati	PROPRIETARI	Compartimento d'iscrizione	Numero d'ordine
	lordo	netto					
ica	217	124	94	275	Comm. Centurini Alessandro fu Ignazio di Genova.	Genova	85
id.	226	127	80	241	Id.	Id.	86
d.	230	154	83	250	Id.	Id.	87
d.	222	140	65	233	Società Siciliana di navigazione a vapore	Messina	88
d.	2.683	1.737	149	1.024	Mancini Antonio fu Lorenzo . .	Genova	89
el.	28	11	16	74	Fiocca Pasquale fu Salvatore domiciliato a Napoli . . .	Napoli	90
id.	1.170	737	256	970	Michelangelo ed Andrea dall'Orso fu Giuseppe domiciliati a Chiavari	Spezia	91
l.	1.662	662	504	4.000	Navigazione Generale Italiana .	Palermo	92
l.	23	6	25	67	Podestà Alessandro e Podestà Luigi di Genova	Genova	93
id.	350	136	92	370	Banca Pisana di sconto con sede a Pisa	Spezia	94
d.	467	260	73	222	Società anonima di navigazione a vapore *Puglia*	Bari	95
id.	29	9	20	76	Monti Luigi fu Antonio di Genova	Genova	96
id.	4.380	3.044	1.112	2.849	Navigazione Generale Italiana. .	Id	97
id.	62	42	23	120	Gaspare Laporta di Gaspare e soci	Napoli	98
id.	1.558	1.026	365	708	Navigazione Generale Italiana. .	Venezia	99
id.	4.304	2.841	1.704	4.500	Società di Navigazione *La Veloce* di Genova	Genova	100

Numero d'ordine	DENOMINAZIONE DEI PIROSCAFI	COSTRUZIONE				Materiale di costruzione
		dello scafo		delle macchine		
		Anno	Luogo	Anno	Luogo	
101	Duchessa di Genova (ex *Messico* messicano)	1884	Glasgow	1884	Glasgow	acciai
102	Due Gine (rimorchiatore)	1882	Genova	1882	Genova (Foce)	ferro
103	Eden (ex *Monte Cristo*)	1870	Glasgow	1870	Glasgow	id.
104	Edilio R. (ex *Palestro*)	1888	New-Castle	1888	New-Castle	acciai
105	Egadi (ex *Galatea*, inglese) . . .	1872	Renfrew	1872	Renfrew	ferro
106	Egitto	1869	Jarrow	1869	Jarrow	id.
107	Elba .	1862	New-Castle	1862	New-Castle	id.
108	Elena (rimorchiatore)	1887	Livorno	1887	Livorno	id.
109	Elettrico	1887	Glasgow	1887	Glasgow	id.
110	Elisa Anna (ex *Cordova*, inglese) .	1864	Waterford	1874	Waterford	id.
111	Elisabetta (ex *Adeline Shall*) . .	1880	Paisley	1880	Paisley	id.
112	Elvira	1886	Trieste	1886	Trieste	legno
113	Enna	1874	Livorno	1874	New-Castle	ferro
114	Entella	1883	Glasgow	1883	Glasgow	id.
115	Entella (ex *Northumbria*, inglese)	1871	Low Walker on Tyne	1871	New-Castle	id.
116	Eolo	1889	Torre del Greco	1889	Napoli	legno
117	Etna	1862	Greenock	1873	Greenock	ferro

	Tonnellaggio		Forza in cavalli nominali	Forza in cavalli indicati	PROPRIETARI	Compartimento d'iscrizione	Numero d'ordine
	lordo	netto					
a	4 304	2.793	1.704	1.500	Società di Navigazione *La Veloce* di Genova	Genova	101
l.	60	16	28	140	Amministrazione dei I.L. PP. .	Civitavecchia	102
.	851	536	96	178	Ditta Marini e Bricchetto di Genova	Genova	103
..	3.331	2.203	350	1.800	Ditta Carlo Raggio di Genova. .	Id.	104
l.	1 948	1.217	206	850	Navigazione Generale Italiana. .	Palermo	105
l	1 112	733	199	562	Id. . .	Genova	106
d	207	105	76	222	Id. . .	Id.	107
te	69	32	62	165	Impresa navigazione e lavori del Tevere di Roma	Civitavecchia	108
a	1.295	571	913	2.271	Navigazione Generale Italiana. .	Palermo	109
l.	1.445	782	220	600	Salmon Saul Coen fu David di Livorno.	Livorno	110
l.	310	245	74	250	Eredi di Felice Raffo dimor a Tunisi	Id.	111
l.	31	17	16	60	De Cecconi Giacomo domiciliato a Vito d'Asio	Cagliari	112
d.	1.778	918	549	1.200	Navigazione Generale Italiana. .	Palermo	113
d.	2 276	1.483	228	1.200	Id. . .	Id.	114
d	1.628	1.031	131	652	Lagomaggiore Pietro di Genova.	Genova	115
d.	21	14	10	32	Saltalamacchia Gio. domiciliato a Lipari.	Messina	116
d	603	319	155	672	Navigazione Generale Italiana. .	Palermo	117

Numero d'ordine	DENOMINAZIONE DEI PIROSCAFI	COSTRUZIONE				Materiale di costruzione
		dello scafo		delle macchine		
		Anno	Luogo	Anno	Luogo	
118	**Eugenia** (rimorchiatore)	1886	Livorno	1886	Livorno	acciaio
119	**Europa** (ex *Camilla*, italiana, ex *Maranchese*, inglese)	1869	Liverpool	1869	Liverpool	ferr.
120	**Faro** (ex *Head Quarter*, inglese) .	1868	Glasgow	1868	Glasgow	id.
121	**Fides**	1878	Stokton	1878	Stockton	id.
122	**Fieramosca** (ex *Softe Jobseu*, inglese)	1873	Sunderland	1873	Sunderland	id.
123	**Fortunata R.** (ex *Bell Rock*, inglese)	1883	Hull	1883	Hull	id.
124	**Francesco Crispi** (ex *Columbia*)	1866	Kelvinhaugh	1866	Glasgow	id.
125	**Fratelli di Giacomo** (ex *Angiolina*, rimorchiatore)	1881	Budapest	1881	Budapest	id.
126	**Fratelli Prinsi** (ex *Queen's Ferry*)	1881	Sunderland	1881	Gateshead on Tyne	id.
127	**Fratelli Vicini** (ex *Licia B.*, (rimorchiatore)	1891	Sestri Ponente	1891	Sampierdarena	legno
128	**Fusina** (rimorchiatore)	1887	Chioggia	1876	Trieste	acc. e l.
129	**Galileo Galilei**	1896	Sestri Ponente	1896	Sestri Ponente	acciaio
130	**Gargano**	1884	Dundee	1884	Dundee	ferro
131	**Genova** (rimorchiatore)	1883	Genova (Foce)	1883	Genova (Foce)	legno
132	**G. Garibaldi** (rimorchiatore) . . .	1881	Livorno	1881	Livorno	ferro

Proporzione	Tonnellaggio		Forza in cavalli nominali	Forza in cavalli indicati	PROPRIETARI	Compartimento d'iscrizione	Numero d'ordine
	lordo	netto					
ca	26	12	33	69	Impresa navigazione e lavori del Tevere di Roma	Civitavecchia	118
l	1.334	863	299	750	Fratelli Giotta fu Nicola ed altri di Bari	Bari	119
.	963	618	174	317	Navigazione Generale Italiana. .	Palermo	120
l.	1.576	1.038	140	600	Fratelli Bianchi fu Michele di Lavagna	Spezia	121
l.	600	227	71	300	Società anonima di Navigazione a vapore *Puglia*	Bari	122
l.	3.531	2.317	813	1.780	Ditta Carlo Raggio di Genova. .	Genova	123
.	2.068	1.321	121	848	Orlandi Gaetano	Messina	124
te	62	25	55	200	Di Giacomo Pietro	Venezia	125
ca	959	619	125	730	Ditta Fratelli Prinzi di Catania .	Catania	126
l.	55	16	44	215	Ditta Gio. Vicini e figli di Genova	Genova	127
d.	51	14	22	75	Società veneta di Navigazione lagunare	Venezia	128
l.	1.664	662	504	4.000	Navigazione Generale Italiana. .	Palermo	129
id.	721	456	99	280	Società anonima di Navigazione a vapore *Puglia*	Bari	130
d.	68	5	32	140	Pescetto Nicolò e Bruzzone Giovanni di Genova	Genova	131
id	22	9	19	40	Fratelli Sgarallino fu Andrea di Livorno	Livorno	132

Numero d'ordine	DENOMINAZIONE DEI PIROSCAFI	COSTRUZIONE				Materiale di costruzione
		dello scafo		delle macchine		
		Anno	Luogo	Anno	Luogo	
133	**Giano** (ex *F. Primavesi*, inglese) . .	1881	New-Castle	1881	Jarrow	ferro
134	**Giardino di Belvedere** (ex *Ville de Nantes*, francese)	1885	S. Dénis	1885	Parigi	id.
135	**Giava**	1881	Hebburn on Tyne	1881	New-Castle	id.
136	**Gina** (ex *Fratelli Queirolo*, rimorchiatore)	1880	Genova (Foce)	1880	Genova (Foce)	legno
137	**Gina R.** (ex *Eureka*).	1885	Sestri Ponente	1893	Genova	ferro
138	**Giovanna**	1883	Wallsend on Tyne	1883	Wallsend on Tyne	id.
139	**Giovanna** (ex *Meduna*, rimorchiatore)	1884	Venezia	1884	Trieste	id.
140	**Giovanni Vicini** (rimorchiatore) .	1889	Pertusola	1889	Pertusola	id.
141	**Giove** (ex *Masaniello*)	1874	Marsiglia	1874	Marsiglia	id.
142	**Giulia** (da diporto).	1872	Rochester	1872	Rochester	legno
143	**Giuseppe** (ex *Giulio Mazzino*) . .	1886	South Shields	1886	South Shields	ferro
144	**Giuseppe** (rimorchiatore)	1888	Genova (Foce)	1888	Genova (Foce)	acciaio
145	**Giuseppe Corvaia**	1894	Genova	1880	Stockton	ferro
146	**Giuseppe Mazzini** (rimorchiatore)	1885	Genova (Foce)	1885	Genova (Foce)	legno
147	**Giuseppina** (rimorchiatore . . .	1880	Id.	1880	Id.	ferro
148	**Gorgona** (ex *Oneglia*)	1863	Greenock	1863	Greenock	id.

Tonnellaggio		Forza in cavalli nominali	Forza in cavalli indicati	PROPRIETARI	Compartimento d'iscrizione	Numero d'ordine
lordo	netto					
1.565	996	192	600	Lagomaggiore Pietro di Genova .	Genova	133
213	127	47	280	Bertorello Angelo e Pittaluga Luigi di Sampierdarena . .	Id.	134
2.753	1.818	418	1.480	Navigazione Generale Italiana. .	Id.	135
87	44	40	212	Ditta Finzi e Luzzatti	Venezia	136
110	49	41	191	Ravaschio Nicolò di Genova . .	Genova	137
1.545	1.004	312	825	Sturlese Gio. Batta di Genova .	Id.	138
39	19	11	35	Vianello Francesco	Venezia	139
18	4	15	52	Ditta Giovanni Vicini e figli di Genova	Genova	140
30	11	18	55	Amministrazione delle R. miniere a Rio Marina	Portoferraio	141
12	7	18	60	Conte L. Saluzzo duca di Corigliano	Napoli	142
1.973	1.298	160	1.053	Dall'Orso Giuseppe di Andrea e dall'Orso Giuseppe di Michelangelo di Chiavari	Spezia	143
60	38	35	160	Amministrazione dei LL. PP. . .	Civitavecchia	144
1.701	1.097	207	800	Gaetano Corvaia fu Antonino . .	Palermo	145
10	3	2	12	Ugo Ubaldino Tonietti e Giuseppina Tonietti in Marassi di Rio Marina	Portoferraio	146
24	11	19	66	Società Veneta per costruzioni pubbliche	Venezia	147
183	109	50	167	Navigazione Generale Italiana. .	Palermo	148

Numero d' ordine	DENOMINAZIONE DEI PIROSCAFI	COSTRUZIONE				Materiale di costruzione
		dello scafo		delle macchine		
		Anno	Luogo	Anno	Luogo	
149	Gottardo	1883	Glasgow	1883	Glasgow	ferro
150	Iapigia	1887	Sunderland	1887	Sunderland	id.
151	Ignazio Florio	1896	Livorno	1896	Livorno	acciai
152	Imera (ex *Mormon*, inglese) . . .	1870	Sunderland	1870	Sunderland	ferro
153	Ina Z. (ex *Aurora*, inglese) . . .	1863	Jarrow	1872	New-Castle	id.
154	India	1870	New-Castle	1870	Id.	id.
155	Indipendente	1883	Glasgow	1883	Glasgow	id.
156	Ines (rimorchiatore)	1888	Genova (Marassi)	1888	Genova (Marassi)	acciai
157	Ines (ex *Paolo Queirolo*, rimorchiatore)	1879	Genova (Foce)	1879	(Genova Foce)	legn
158	Iniziativa	1881	Glasgow	1881	Glasgow	ferro
159	Iniziativa	1886	Sunderland	1886	Sunderland	id.
160	Iosto	1863	Glasgow	1875	Glasgow	id.
161	Irno (rimorchiatore)	1882	Salerno	1881	Livorno	legn
162	Istriano	1876	Trieste	1876	Trieste	id
163	Italia (rimorchiatore)	1883	Lerici	1883	Sampierdarena	id
164	Italia (ex *San Paolo*)	1882	Kiel	1882	Berlino	ferro
165	La Famiglia (ex *Giulia*)	1878	Genova	1878	Genova	legn
166	La Gaiola (da diporto)	1891	Cowes	1891	Cowes	ferro

	Tonnellaggio		Forza in cavalli nominali	Forza in cavalli indicati	PROPRIETARI	Compartimento d'iscrizione	Numero d'ordine
	lordo	netto					
a	2.853	1.843	736	1.776	Navigazione Generale Italiana. .	Palermo	149
l.	1.252	789	173	650	Società anonima di Navigazione a vapore *Puglia*.	Bari	150
.	1.605	635	502	4.173	Navigazione Generale Italiana. .	Palermo	151
.	1.257	822	113	550	Id. . .	Venezia	152
l.	711	450	178	450	Zenoglio Enrico di Genova. . .	Genova	153
.	1.331	878	320	540	Navigazione Generale Italiana .	Id.	154
l.	2.853	1.844	736	1.850	Id. . .	Palermo	155
l.	12	4	13	65	Sambati Giovanni fu Clemente domiciliato a Livorno	Livorno	156
l.	72	23	40	170	Campos Enrico di Giuseppe da Roma.	Venezia	157
d.	2.040	1.294	231	785	Navigazione Generale Italiana. .	Palermo	158
d.	416	246	60	330	Francesco Zino fu Domenico di Savona	Savona	159
.	1.043	623	360	1.000	Navigazione Generale Italiana. .	Palermo	160
l.	18	9	7	25	Giacchetti Gaetano fu Gennaro di Salerno	Castell. Stabia	161
d.	68	43	49	63	Parisi Saverio residente a Roma.	Messina	162
l.	44	21	17	70	Fossetta Marco e C. di Venezia .	Venezia	163
d.	2.860	1.907	300	1.200	Repetto Gio. Battista di Genova.	Genova	164
d.	51	18	8	22	La Cava Francesco fu Giuseppe	Messina	165
id.	127	80	18	180	S. A. R. il principe di Napoli. .	Napoli	166

Numero d'ordine	DENOMINAZIONE DEI PIROSCAFI	COSTRUZIONE				Materiale di costruzione
		dello scafo		delle macchine		
		Anno	Luogo	Anno	Luogo	
167	**Laguna** (rimorchiatore)	1891	Chioggia	1891	Venezia	acciaio
168	**Las Palmas** (ox *Gio. Battista Lavarello*)	1886	New-Castle	1886	New-Castle	id.
169	**La Sveglia**.	1882	Catania	1882	Catania	l. e ferro
170	**Leone**	1863	Glasgow	1863	Greenock	ferro
171	**Letimbro**.	1883	Id.	1883	Glasgow	id.
172	**Letizia**	1878	Pra	1878	Genova (Foce)	legno
173	**Liguria**	1862	New-Castle	1865	New-Castle	ferro
174	**Lilibeo**	1873	Sunderland	1873	Hull	id.
175	**Linda** (ex *Linda*, inglese) . . .	1873	Glasgow	1873	South-Shields	id.
176	**Lipari** (ex *Rosslyn*, inglese) . . .	1886	Id.	1886	Leith	id.
177	**L' Isolano**	1879	Leith	1879	Id.	legno
178	**Livietta**	1882	Glasgow	1882	Glasgow	ferro
179	**Lombardia**	1862	New-Castle	1877	Sampierdarena	id.
180	**Lucano**	1884	Dundee	1884	Dundee	id.
181	**Luciano**	1888	Trieste	1888	Trieste	id.
182	**Luigia C.** (ex *Hayle*, inglese) . .	1867	Hayle	1880	Aberdeen	id.
183	**Luisa** (da diporto)	1895	Genova (Foce)	1895	Genova (Foce)	acciaio

Propulsione	Tonnellaggio		Forza in cavalli nominali	Forza in cavalli indicati	PROPRIETARI	Compartimento d'iscrizione	Numero d'ordine
	lordo	netto					
ca	34	22	16	60	Società veneta di Navigazione lagunare a vapore	Venezia	167
1.	1.862	1.222	298	1.310	Società di Navigazione *La Veloce*, di Genova	Genova	168
.	23	3	13	65	Fossetta Marco e C. di Venezia .	Venezia	169
1.	639	361	150	450	Navigazione Generale Italiana. .	Palermo	170
1	2.202	1.417	149	950	Id. . .	Id.	171
1.	51	12	63	190	Podestà Alessandro e Podestà Luigi di Genova	Genova	172
1	549	293	230	387	Navigazione Generale Italiana. .	Id.	173
	1.016	589	283	615	Id. . .	Venezia	174
	1.385	883	121	500	Milesi Pietro di Giovanni di Genova	Genova	175
1.	64	33	10	46	Saltalamacchia Giovanni di Lipari	Messina	176
1.	93	62	22	70	Società napoletana di Navigazione a vapore.	Napoli	177
1.	1.251	839	220	530	Michelangelo dall'Orso fu Giuseppe di Chiavari	Spezia	178
1	446	217	200	403	Navigazione Generale Italiana. .	Genova	179
1	728	470	99	280	Società anonima di Navigazione a vapore *Puglia*	Bari	180
1.	34	16	30	91	Dino Casimiro di Gesualdo da Bari	Id.	181
1.	401	353	60	185	Chiappe Carlo e Migone Domenico di Genova	Genova	182
id.	3	2	1	3	Ditta E. Travero e C. di Genova.	Id.	183

Numero d'ordine	DENOMINAZIONE DEI PIROSCAFI	COSTRUZIONE				Materiale di costruzione
		dello scafo		delle macchine		
		Anno	Luogo	Anno	Luogo	
184	**Luisa** (da diporto)	1883	Venezia	1883	Venezia	ferro
185	**Luisa**	1880	Glasgow	1880	Glasgow	id.
186	**Malabar** (ex *Torino*)	1872	Sunderland	1872	Sunderland	id.
187	**Malta** (ex *Brindisi*)	1862	New-Castle	1887	Vew-Castle	id.
188	**Manilla** (ex *Whampa*, inglese) . .	1871	Jarrow	1871	Jarrow	id.
189	**Marco** (ex *Stanmore*, inglese) . .	1871	Id.	1871	Id.	id.
190	**Marco Minghetti** (ex *London Castle*, inglese)	1876	Glasgow	1876	Glasgow	id.
191	**Marco Polo**	1896	Sestri Ponente	1896	Sestri Ponente	acciaio
192	**Margherita**	1895	Sampierdarena	1895	Sampierdarena	id.
193	**Margherita Z. T** (ex *La Pallice*, francese)	1875	Amsterdam	1875	Amsterdam	ferro
194	**Maria** (ex *Herault*, francese, rimorchiatore)	1881	Bordeaux	1886	Lione	id.
195	**Maria** (ex *Maria C.*, ex *Marie Fanny*, francese)	1869	Sunderland	1869	Sunderland	id.
196	**Maria Rosa** (ex *Humber*, inglese)	1854	Dumbarton	1859	New-Castle	id.
197	**Maria Teresa** (ex *Africaine*, francese)	1866	Glasgow	1866	Glasgow	id.
198	**Mario** (ex *Caledonia*, inglese) . .	1884	Southampton	1884	Soutampton	id.
199	**Mariquita** (ex *Trevelley*, inglese) .	1881	South-Shields	1881	South-Shields	id.
200	**Marsala** (ex *Egeria*, inglese). . .	1871	Renfrew	1871	Renfrew	id.

Propulsione	Tonnellaggio		Forza in cavalli nominali	Forza in cavalli indicati	PROPRIETARI	Compartimento d'iscrizione	Numero d'ordine
	lordo	netto					
ehca	16	7	9	30	Barone Raimondo Franchetti . .	Venezia	184
id.	422	266	118	400	Giuseppe Lanza conte di Mazzarino.	Palermo	185
id.	1.627	1.049	260	702	Navigazione Generale Italiana. .	Genova	186
id.	1.020	550	493	1.493	Id. . .	Palermo	187
id.	3.910	2.583	500	2.369	Id. . .	Genova	188
id.	1.954	1.270	226	1.567	Pittaluga Giovanni di Genova. .	Id.	189
id.	2.48	1.628	709	1.650	Navigazione Generale Italiana. .	Palermo	190
id.	1.664	662	504	4.000	Id. . .	Id.	191
id.	18	8	6	30	Isola Edoardo di Novi Ligure. .	Genova	192
id.	55	18	16	88	Carnevali Francesco di Marciana Marina	Livorno	193
id.	91	34	60	160	Dini Gesualdo fu Reginaldo . .	Napoli	194
id.	337	215	70	270	Preve Emilio e Comp. di Genova .	Genova	195
id.	611	385	69	350	Magnano Adolfo fu Bernardo . .	Id.	196
id.	575	348	95	345	Milesi Pietro di Giov di Genova .	Id.	197
id.	1.936	1.238	155	850	G. B. ed Angelo Fratelli Cappellini di Quinto al Mare	Id.	198
id.	1.294	822	137	612	Repetto Bartolomeo di G. B. da Lavagna.	Spezia	199
id.	1.656	1.013	472	710	Navigazione Generale Italiana. .	Palermo	200

Numero d'ordine	DENOMINAZIONE DEI PIROSCAFI	COSTRUZIONE				Materiale di costruzione
		dello scafo		delle macchine		
		Anno	Luogo	Anno	Luogo	
201	**Martino Tamponi**	1880	Genova (Foce)	1880	Genova	ferro
202	**Mascotte** (rimorchiatore)	1881	Argenteuil	1881	Argenteuil	id.
203	**Matilde**	1888	Trieste	1888	Trieste	id.
204	**Matilde** (ex *Balaclava*, inglese . .	1876	Glasgow	1876	Greenock	id.
205	**Matteo Bruzzo** (ex *Golconde*, francese)	1882	La Seyne	1882	La Seyne	acciaio
206	**Mediterraneo**	1863	Dumston	1863	Dumston	ferro
207	**Melo**	1887	Low Walker	1887	New-Castle	id.
208	**Messapia**	1890	Sunderland	1890	Gateshead	acciaio
209	**Messina**	1862	Witheinch	1861	Renfrew	ferro
210	**Michelangelo**	1895	Sunderland	1895	West-Hartlepool	id.
211	**Milano** (ex *Stirling*. inglese) . . .	1856	Glasgow	1856	Glasgow	id.
212	**Milazzo** (ex *Barone Ricasoli*) . .	1865	Id.	1865	Id.	id.
213	**Minas** (ex *Parà*, ex *Remo*) . . .	1891	Sestri Ponente	1891	Sampierdarena	acciaio
214	**Moncalieri**	1857	Greenock	1857	Greenock	ferro
215	**Montebello** (ex *Fanfulla*, ex *Charters-Tower*, inglese)	1887	South-Shields	1887	South-Shields	acciaio

Propulsione	Tonnellaggio lordo	Tonnellaggio netto	Forza in cavalli nominali	Forza in cavalli indicati	PROPRIETARI	Compartimento d'iscrizione	Numero d'ordine
ca	29	7	25	75	Tamponi Giovanni Battista. . .	Maddalena	201
d.	79	23	75	238	Fiocca Pasquale fu Salvatore di Napoli	Napoli	202
.	42	19	35	240	De Cecconi Giacomo domiciliato a Vito d'Asio	Cagliari	203
.	334	210	48	125	Corvaia Gaetano fu Antonino di Palermo.	Palermo	204
.	3.919	2.543	450	1.800	Società di Navigazione *La Veloce* di Genova	Genova	205
l.	1.664	1.065	300	735	Navigazione Generale Italiana. .	Palermo	206
. .	1.094	773	155	700	Società anonima di Navigazione a vapore *Puglia*	Bari	207
.	2.205	1.418	360	1.634	Id.	Id.	208
.	1.127	744	160	432	Navigazione Generale Italiana. .	Genova	209
L	2.469	1.607	203	949	Fratelli Dall'Orso fu Giuseppe, fratelli Dall'Orso di Andrea e fratelli Dall'Orso di Michele di Chiavari.	Spezia	210
.	1.070	594	90	400	Salmon Saul Coen di Livorno. .	Livorno	211
.	164	96	53	145	Società siciliana di Navigazione a vapore con sede a Messina .	Messina	212
l.	2.564	2.204	243	1.350	Società Ligure Romana residente in Genova	Genova	213
i.	573	361	222	464	Navigazione Generale Italiana. .	Id.	214
d.	2.577	1.645	180	995	Id. . . .	Id.	215

Numero d'ordine	DENOMINAZIONE DEI PIROSCAFI	COSTRUZIONE				Materiale di costruzione
		dello scafo		delle macchine		
		Anno	Luogo	Anno	Luogo	
216	**Montevideo** (ex *Città di Napoli*, ex *Pacifica*, argentino)	1869	Greenock	1869	Greenock	ferro
217	**Mora** (ex *St. Agnes*, da diporto) . .	1873	Sunderland	..	Gateshead	id.
218	**Moretto**	1873	Venezia	1873	Venezia	legno
219	**Napoli**	1862	La Seyne	1862	La Seyne	ferro
220	**Nekar** (ex *Nekar*, germanico) . .	1874	Greenock	1874	Greenock	id.
221	**Nelly**	1880	Liverpool	1880	Liverpool	id.
222	**Nenè** (rimorchiatore)	1882	Marsiglia	1882	Marsiglia	legno
223	**Nilo** (ex *Kydal Hall*, inglese) . .	1878	New-Castle	1878	Glasgow	ferro
224	**Nina** (da diporto)	1891	Marassi (Genova)	1891	Marassi (Genova)	id.
225	**Nipote Rosa** (rimorchiatore) . . .	1883	Sestri Ponente	1883	Sestri Ponente	legno
226	**Nord America** (ex *Stirling Castle*)	1882	Glasgow	1882	Glasgow	ferro
227	**Nuovo P. Queirolo**	1891	Genova (Foce)	1891	Genova (Foce)	acciaio
228	**Omnibus** (ex *Ennerdale*, inglese) .	1873	Sunderland	1873	New-Castle	ferro
229	**Ondina** (ex *Mireille*, francese, da diporto)	1881	Glasgow	1881	Glasgow	id.
230	**Oreto** (ex *Camoens*, inglese) . . .	1871	New-Castle on Tyne	1871	New-Castle on Tyne	id.
231	**Oriente** (rimorchiatore)	1889	Castellammare di Stabia	1889	Napoli	legno
232	**Orione**	1883	Glasgow	1891	Sampierdarena	ferro

	Tonnellaggio		Forza in cavalli no-minali	Forza in cavalli indi-cati	PROPRIETARI	Compartimento d'iscrizione	Numero d'ordine
Coprimento	lordo	netto					
a	3.221	2.068	500	2.500	Società di Navigazione *La Veloce* di Genova	Genova	216
l.	181	117	87	225	Duca Leone Strozzi di Firenze .	Livorno	217
	72	30	28	165	Navigazione Generale Italiana. .	Palermo	818
.	488	307	140	297	Id. . .	Venezia	219
	3.187	1.376	663	3.250	Tardy Maurizio fu Gio. di Genova	Genova	220
l.	5	14	9	29	Navigazione Generale Italiana. .	Id.	221
l.	27	10	20	65	Fratelli Domenico e Luigi dei marchesi Gagliardi di Monteleone	Pizzo	222
	2.801	1.826	676	1.880	Navigazione Generale Italiana. .	Palermo	223
	9	5	16	52	Morello Luigi domicil. in Genova .	Genova	224
	23	4	26	90	Vicini Gio. ed Andrea di Genova.	Id.	225
	4.786	2.455	1.876	7.695	Società di Navigazione *La Veloce* di Genova	Id.	226
	136	39	74	278	Queirolo Giuseppe fu Paolo di Genova	Id.	227
	1.249	796	111	480	Società Omnibus marittimi di Napoli	Napoli	228
.	142	68	69	225	Conte Edilio Raggio di Genova .	Genova	229
	1.251	799	209	450	Navigazione Generale Italiana. .	Palermo	230
l.	37	24	32	143	Laporta Gaspare di Gaspare e soci	Napoli	231
l.	4.161	2.296	1.740	5.219	Navigazione Generale Italiana .	Genova	232

Numero d'ordine	DENOMINAZIONE DEI PIROSCAFI	COSTRUZIONE				Materiale di costruzione
		dello scafo		delle macchine		
		Anno	Luogo	Anno	Luogo	
233	**Pachino**	1873	Sunderland	1873	Sunderland	ferro
234	**Padre Santo** (ex *Perseveranza*, rimorchiatore)	1886	Sestri Ponente	1886	Sampierdarena	legno
235	**Palestina** (ex *Sberry Wore*. inglese)	1871	Renfrew	1871	Renfrew	ferro
236	**Palmaria** (ex *Cassini*, inglese) . .	1896	New-Castle	1896	New-Castle	id.
237	**Palermo**	1863	Greenock	1863	Greenock	id.
238	**Paolo Boselli**	1888	Pertusola	1888	Pertusola	id.
239	**Paraguay** (ex *Maria*, ex *Marina*, inglese	1870	Glasgow	1890	Pertusola	id.
240	**Peloro**	1871	New-Castle	1871	Dundee	id.
241	**Perseo**	1883	Glasgow	1891	Sampierdarena	id.
242	**Perseverante** (già *Eagle*, inglese)	1879	Greenock	1879	Greenock	id.
243	**Persia**	1870	Jarrow on Tyne	1870	Jarrow on Tyne	id.
244	**Pertusola**	1881	Dumbarton	1881	Dumbarton	id.
245	**Peuceta** (ex *Fifeschire*. inglese) .	1873	Kirkaldy	1873	Kirkaldy	id.
246	**Pia** (ex *Casimiro*).	1886	Malta	1886	Leith	legno
247	**Pianosa**	1875	Jarrow on Tyne	1875	New-Castle	ferro
248	**Piemonte**	1863	New-Castle	1863	Sestri Ponente	id.
249	**Pierino**	1883	Trieste	1883	Trieste	id.
250	**Pina** (ex *Toronto*, inglese). . . .	1880	Glasgow	1880	Glasgow	id.

Tonnellaggio		Forza in cavalli nominali	Forza in cavalli indicati	PROPRIETARI	Compartimento d'iscrizione	Numero d'ordine
lordo	netto					
1.049	684	265	527	Navigazione Generale Italiana. .	Venezia	233
17	4	12	52	Russo Benedetto di Genova . .	Genova	234
958	629	187	547	Navigazione Generale Italiana. .	Id.	235
1.034	662	90	329	Id	Id.	236
536	340	160	463	Id.	Palermo	237
663	418	76	396	Sturlese G. B. di Genova ed altri	Genova	238
1.359	777	317	878	Navigazione Generale Italiana. .	Id.	239
1.963	1.194	477	1.100	Id.	Palermo	240
4.158	2.292	1.940	5.988	Id.	Genova	241
1.146	735	157	611	Siragusa Pietro fu Giuseppe di Milazzo ed altri	Messina	242
1.346	858	243	600	Navigazione Generale Italiana. .	Genova	243
604	341	134	343	Id.	Id.	244
449	244	75	340	Società anonima di Navigazione a vapore *Puglia*.	Bari	245
50	31	36	79	Gaspare Laporta di Gaspare e Soci	Napoli	246
74	23	54	117	Navigazione Generale Italiana. .	Genova	247
307	212	180	350	Id.	Id.	248
277	167	60	290	Ditta Forli e Bellenghi di Ravenna	Rimini	249
3.316	2.115	375	1.800	Lavarello G. B. fu Prospero di Quinto al mare	Genova	250

Numero d'ordine	DENOMINAZIONE DEI PIROSCAFI	COSTRUZIONE				Materiale di costruzione
		dello scafo		delle macchine		
		Anno	Luogo	Anno	Luogo	
251	**Piombino**	1872	Livorno	1872	Livorno	ferro
252	**Plata** (ex *Amedeo*, ex *Lasaelles*) .	1873	Barrow	1878	Barrow	id.
253	**Po** (ex *Titania*, inglese).	1880	Glasgow	1880	Glasgow	id.
254	**Polcevera**	1882	Id.	1882	Id.	id.
255	**Polluce**	1887	Civitavecchia	1887	Genova	legno
256	**P. Queirolo** (rimorchiatore) . . .	1889	Genova (Foce)	1889	Genova (Foce)	acciaio
257	**Principe Amedeo**	1864	Renfrew	1864	Renfrew	ferro
258	**Principe di Napoli**	1876	Castellammare di Stabia	1876	Napoli	legno
259	**Principe Oddone**	1864	Renfrew	1864	Renfrew	ferro
260	**Principessa Isabella**	1886	Pertusola	1886	Pertusola	legno
261	**Professor** (ex *Professor*, inglese) .	1881	Greenock	1881	Greenock	ferro
262	**Propontis** (ex *Inglese*, rimorchiatore)	1877	North-Shields	1877	North-Shields	legno
263	**Queen Victoria** (rimorchiatore). .	1889	Sestri Ponente	1889	Sampierdarena	id.
264	**Rachele** (rimorchiatore)	1887	Livorno	1887	Livorno	ferro
265	**Raffaele Rubattino**	1882	New-Castle	1882	Jarrow	id.
266	**Raggio** (già *Carlo R.*)	1886	Id.	1886	Wallsend on Tyne	id.
267	**Rapido**	1883	Lerici	1883	Genova (Foce)	legno

Propulsione	Tonnellaggio		Forza in cavalli nominali	Forza in cavalli indicati	PROPRIETARI	Compartimento d'iscrizione	Numero d'ordine
	lordo	netto					
bca	22	12	5	18	Navigazione Generale Italiana . .	Genova	251
id.	1 812	1.210	253	808	Id . .	Palermo	252
id.	2.334	1.531	478	1.287	Id. . .	Id	253
id.	2.170	1.403	412	708	Id. . .	Id.	254
id.	49	24	7	46	Benelli Ignazio fu Giuseppe di Ravenna.	Rimini	255
id.	119	46	60	280	Queirolo Giuseppe fu Paolo di Genova	Genova	256
id.	1.240	745	141	400	Navigazione Generale Italiana. .	Palermo	257
id.	309	188	70	350	Societè napolitana di Navigazione a vapore.	Napoli	258
id.	1.230	743	225	746	Navigazione Generale Italiana .	Palermo	259
id.	87	47	46	117	Perugia Angelo fu Salomone . .	Maddalena	260
id.	2.577	1.684	375	979	Lavarello Giuseppe fu Prospero di Deiva.	Spezia	261
rote	118	71	50	150	Stefanovich Paolo di Giovanni, residente a Genova. . . .	Livorno	262
lica	57	15	55	189	Debarbieri Sebastiano fu Giuseppe, domiciliato a Genova . . .	Genova	263
ruote	67	26	34	133	Impresa di navigazione e lavori del Tevere di Roma. . . .	Civitavecchia	264
lica	4.580	3.044	1.127	2.881	Navigazione Generale italiana. .	Genova	265
id.	2.674	1.759	346	1.250	Ditta Carlo Raggio di Genova. .	Id.	266
id	93	31	30	136	Baghino fratelli e sorelle fu Tommaso di Genova	Id	267

Numero d'ordine	DENOMINAZIONE DEI PIROSCAFI	COSTRUZIONE				Materiale di costruzione
		dello scafo		delle macchine		
		Anno	Luogo	Anno	Luogo	
268	**Razeto B.** (ex *Euripides*, inglese)	1883	Barrow	1883	Glasgow	ferro
269	**Regina** (ex *Colombo*, da diporto) .	1893	Genova (Foce)	1892	Genova (Foce)	acciaio
270	**Regina Margherita** (ex *Loocaber*, inglese.	1880	Glasgow	1880	Glasgow	ferro
271	**Reggio** (ex *Tortoli*)	1859	. . .	1859	Greenock	id.
272	**Regina Margherita**	1884	Dumbarton	1895	Sampierdarena	id.
273	**Regina d' Italia.**	1895	Spezia	1895	Spezia	id.
274	**Re Umberto**	1892	Sestri Ponente	1892	Sampierdarena	acciaio
275	**Rio** (ex *Maranhao*)	1891	Id.	1891	Id.	id.
276	**Rio Janeiro** (ex *Adelaide Lacarello*)	1889	New-Castle	1889	New-Castle	id.
277	**Risoluto**.	1858	North-Shields	1858	North-Shields	legno
278	**Roma**.	1872	Sunderland	1872	New-Castle	ferro
279	**Roma S** (rimorchiatore)	1876	Sestri Ponente	1876	Sampierdarena	legno
280	**Romolo** (rimorchiatore).	1894	Pegli	1894	Id.	id.
281	**Rosa** (rimorchiatore)	1888	Pertusola	1888	Pertusola	ferro
282	**Rosa P.** (rimorchiatore)	1894	South-Shields	1894	South-Shields	acciaio
283	**Rosario**	1887	New-Castle	1887	New-Castle	ferro

Tonnellaggio		Forza in cavalli nominali	Forza in cavalli indicati	PROPRIETARI	Compartimento d'iscrizione	Numero d'ordine
lordo	netto					
1.756	1.137	160	640	Razeto Stefano di Martino di Genova	Gen va	268
4	2	2	4	Schiaffino Francesco di Camogli.	Id.	269
282	189	61	250	Società napolitana di navigazione a vapore	Napoli	270
138	74	32	119	Società siciliana di navigazione a vapore con sede a Messina .	Messina	271
3.577	1.933	728	5.720	Navigazione Generale Italiana. .	Genova	272
99	19	25	188	Società anonima carpentieri marittimi di S. Terenzo (Lerici).	Spezia	273
2.967	2.195	482	1.350	Repetto Gio Batt. Antonio (Vulgo Stefano) di Genova	Genova	274
2.974	2.228	233	1.350	Società Ligure Romana	Id.	275
1.916	1.244	500	2.000	Società di Navigazione La Veloce di Genova	Id.	276
69	23	22	50	De Baritault Achille	Palermo	277
1.865	1.213	331	792	Navigazione Generale Italiana. .	Genova	278
60	5	52	132	Bruzzone Antonio e C. di Genova.	Id.	279
15	4	6	46	Ricci Emanuele di Genova. . .	Id.	280
15	4	15	72	Ditta Gio. Vicini e figli di Genova	Id.	281
126	30	60	350	Peirano Riccardo domiciliato a Genova	Id.	282
1.957	1.177	450	1.600	Società di Navigazione La Veloce di Genova	Id.	283

| Numero d'ordine | DENOMINAZIONE DEI PIROSCAFI | COSTRUZIONE | | | | Materiale di costruzione |
| | | dello scafo | | delle macchine | | |
		Anno	Luogo	Anno	Luogo	
284	**Rosetta** (ex *Ardito*, ex *Courrier des îles d'Hyères*, francese) . .	1869	La Seyne	1869	La Seyne	legn
285	**Rosina** (ex *Paranà*, inglese . . .	1862	Wellington	1867	... Inghilterra	ferr
286	**Rostock**	1873	Rostock	1873	Rostock	id.
287	**Sampierdarena** (rimorchiatore) .	1884	Sestri Ponente	1884	Sampierdarena	legn
288	**San Bartolommeo**	1896	Castellammare di Stabia	1875	Genova	id.
289	**San Giusto** (ex *Silvestro D.*) . .	1854	Greenock	1878	Marsiglia	l. e f
290	**San Marco**	1895	Chioggia	1895	Chioggia	accia
291	**Sarita**	1893	Sestri Ponente	1893	Sampierdarena	id.
292	**Sassari**	1883	Sampierdarena	1882	Id.	legn
293	**S. Benigno** (ex *Stella d'Italia*, rimorchiatore)	1884	Prà	1884	Milano	ferr
294	**Schiavonea** (rimorchiatore) . . .	1872	Palermo	1872	Palermo	id.
295	**Scilla**	1866	Greenock	1893	New-Castle on Tyne	ferr
296	**Scilla** (ex *Egida*)	1872	Trieste	1872	Trieste	id
297	**Scilla**	1896	Sestri Ponente	1896	Sestri Ponente	a ciai
298	**Scrivia**	1882	Middlesbrough	1882	Hartlepool	ferr
299	**Segesta**	1872	Sunderland	1872	Sunderland	id.
300	**Selinunte**	1872	Dundee	1872	Dundee	id

	Tonnellaggio		Forza in cavalli nominali	Forza in cavalli indicati	PROPRIETARI	Compartimento d'iscrizione	Numero d'ordine
	lordo	netto					
a	92	39	22	100	Corvaia Gaetano fu Ant. da Palermo.	Palermo	284
	1.396	897	107	560	Arena Francesco Stefano da Lipari	Napoli	285
	180	108	92	300	Ditta Baghino Giuseppe e figli di di Genova	Genova	286
.	92	48	80	220	Finzi Amico di Ferrara . . .	Venezia	287
	86	44	15	92	Sidoti Diego e comp. di Lipari .	Napoli	288
	555	350	85	386	Fazio Giuseppe da Catania. . .	Catania	289
	83	47	90	140	Fratelli Poli di Chioggia . . .	Venezia	290
	696	438	149	600	Pinasco Gaetano di Nervi ed altri	Genova	291
	43	7	28	80	Giulia Cao. vedova Devoto e figli, di Cagliari	Cagliari	292
	20	8	8	56	Bianchetti Luigi di Genova. . .	Genova	293
	26	13	16	54	De Baritault Achille	Palermo	294
	1.214	667	501	1.472	Navigazione Generale Italiana. .	Id.	295
	96	47	25	150	Società Siciliana di Navigazione a vapore con sede a Messina	Messina	296
te	412	184	300	780	Società italiana delle strade ferrate sicule	Id.	297
a	2.557	1.667	462	1.117	Navigazione Generale Italiana. .	Palermo	298
	1.782	1.157	298	575	Id. . .	Id.	299
l.	1.300	863	335	536	Id. . .	Venezia	300

Numero d'ordine	DENOMINAZIONE DEI PIROSCAFI	COSTRUZIONE				Materiale di costruzione
		dello scafo		delle macchine		
		Anno	Luogo	Anno	Luogo	
301	**Sempione** (ex *German*, inglese) .	1877	Dumbarton	1877	Dumbarton	ferro
302	**Serravalle** (ex *Veser*, germanico) .	1867	Greenock	..	. . . .	id.
303	**S. Felice**	1896	Chioggia	1896	Treviso	acciaio
304	**S Fortunato**	1896	Id.	1896	Id.	id.
305	**San Giorgio** (ex *Shakespeare*, inglese	1886	Southampton	1886	Southampton	ferro
306	**San Giuseppe**	1846	Londra	1883	Leith	l. e f.
307	**S. Gottardo**	1884	Sampierdarena	1881	Glasgow	ferro
308	**S. Paolo**	1895	Sestri Ponente	1895	Sampierdarena	acciai
309	**S. Pietro** (rimorchiatore)	1885	Id.	1890	Id.	legno
310	**Sicilia** (da diporto)	1858	Genova (Foce)	1858	Genova	ferro
311	**Sicilia**	1889	Sunderland	1889	Sunderland	acciai
312	**Silvia** (ex *Chambeze*, inglese) . .	1878	New-Castle	1878	Id.	ferro
313	**Simeto**	1873	Dunkasten	1873	Glasgow	id.
314	**Singapore** ex *S. Osith*, inglese .	1874	New Castle	1874	New Castle	id.
315	**Sirio**	1883	Glasgow	1891	Sampierdarena	id
316	**S. Malfidano**	1891	Genova (Foce)	1891	Genova (Foce)	acciai
317	**Sofia**	1867	Londra	1867	Londra	ferro
318	**Solferino** (ex *Charlton Tower*, inglese)	1881	New-Castle	1881	New-Castle	id.

Propulsione	Tonnellaggio lordo	netto	Forza in cavalli nominali	Forza in cavalli indicati	PROPRIETARI	Compartimento d'iscrizione	Numero d'ordine
lica	3.149	1.946	331	2.500	Navigazione Generale Italiana. .	Genova	301
id.	2.962	1.897	305	1.250	De Micheli Emilio di Mario . .	Id.	302
id	59	31	20	104	Fratelli Poli di Chioggia . . .	Venezia	303
id.	59	31	20	104	Fratelli Poli di Chioggia. . . .	Id.	304
id.	2.817	1.861	270	1.350	Navigazione Generale Italiana . .	Genova	305
vl.	411	259	40	124	Sciutto di Genova e Denaro di Riposto	Catania	306
id.	2.417	1.544	240	1.190	Ditta Dufour e Bruzzo di Genova	Genova	307
id.	392	305	46	160	Ditta Gio. Ansaldo e C. di Sampierdarena.	Id.	308
d	18	5	10	56	Fabiani Tito fu G. B., domiciliato a Spezia.	Spezia	309
ote	74	43	20	70	Ditta Fratelli Orlando di Livorno.	Livorno	310
lica	1.810	1.191	411	1.200	Ditta Peirce Beker Ilardi con sede a Messina	Messina	311
d.	943	544	135	653	Viale Paolo di G. B. di Ventimiglia	Porto Maurizio	312
id.	1.691	1.098	362	700	Navigazione Generale Italiana. .	Venezia	313
id.	3.685	2.432	594	1.670	Id. . .	Genova	314
id.	4.141	2.275	1.793	5.000	Id. . .	Id.	315
id.	135	85	78	267	Società anonima delle miniere di Malfidano con sede a Parigi .	Cagliari	316
id.	113	71	30	120	Ditta Egbert Welby di Roma. .	Civitavecchia	317
id.	2.206	1.463	300	1.200	Navigazione Generale Italiana .	Genova	318

Numero d'ordine	DENOMINAZIONE DEI PIROSCAFI	COSTRUZIONE				Materiale di costruzione
		dello scafo		delle macchine		
		Anno	Luogo	Anno	Luogo	
319	**Solunto**	1872	Sunderland	1872	Sunderland	acciai
320	**Soria**	1872	Middlesbrough	1872	Hartlepool	ferro
321	**Spartivento** (ex *Souris*, francese) .	1864	Tolone	1878	Bordeaux	id.
322	**Spiro** (rimorchiatore)	1885	Liegi	1885	Liegi	f ed ac
323	**Strasburg** (ex *Strassburg*, germanico)	1872	Greenock	1872	Greenock	ferro
324	**Stura**	1883	Glasgow	1883	Glasgow	id.
325	**Sud America** (ex *Mentana*, ex *Provincia di San Paolo*, ex *Atlantico*)	1868	Greenock	1879	Greenock	id.
326	**Sumatra** (ex *Humboldt*, germanico)	1871	Sunderland	1871	Sunderland	id
327	**Tern** (da diporto)	1889	Cowes	1890	Cowes	id.
328	**Tibisco** (ex *Tibisco*, austro-ungarico)	1867	Stettino	. .	. . . . .	id
329	**Tirreno**	1863	Glasgow	1863	Renfrew	id.
330	**Tirso** (x *Horseguard*, inglese) . .	1872	Id.	1872	Glasgow	id.
331	**Torino**	1881	Nantes	1881	Nantes	id.
332	**Toscana** (ex *Princess*, inglese) . .	1858	Renfrew	1863	Sampierdarena	id.
333	**Ubaldino T.** (ex *Nouveau progrès*)	1875	La Seyne	1875	La Seyne	legno
334	**Umberto I.**	1878	Dumbarton	1878	Glasgow	ferro
335	**Unione** (ex *Vigilant*, inglese) . .	1855	South Shields	1877	Hull	id.

	Tonnellaggio		Forza in cavalli nominali	Forza in cavalli indicati	PROPRIETARI	Compartimento d'iscrizione	Numero d'ordine
	lordo	netto					
a	1.908	1.242	497	1.000	Navigazione Generale Italiana. .	Palermo	319
L	1.176	742	125	550	Fratelli Capellino di Quinto al Mare	Genova	320
	33	9	18	54	De Baritault Achille	Palermo	321
	30	14	18	55	Vianello Francesco	Venezia	322
	3.088	903	290	1.600	Tardy Maurizio fu Gio. di Genova.	Genova	323
	2.180	1.416	412	800	Navigazione Generale Italiana. .	Palermo	324
L	3.185	2.060	550	2.550	Società di Navigazione *La Veloce* di Genova	Genova	325
	1.880	1.228	299	865	Navigazione Generale Italiana. .	Id.	326
	43	26	15	46	Ottavio Lanza conte di Mazzarino	Palermo	327
	825	520	135	530	Pittaluga Luigi di Sampierdarena	Genova	328
	854	544	204	300	Navigazione Generale Italiana .	Palermo	329
	1.411	902	175	700	Id. .	Id.	330
	30	17	11	55	Società veneta di Navigazione lagunare a vapore	Venezia	331
	375	172	104	362	Società siciliana di Navigazione a vapore	Messina	332
L	33	5	28	70	Ugo Ubaldino Tonietti e Giuseppina Tonietti in Marassi di Rio Marina	Portoferraio	333
L	2.821	1.528	802	2.640	Navigazione Generale Italiana. .	Genova	334
L	407	229	58	152	Tommaso e Pietro fratelli Corsanego di Pieve di Sori . . .	Id.	335

Numero d'ordine	DENOMINAZIONE DEI PIROSCAFI	COSTRUZIONE				Materiale di costruzione
		dello scafo		delle macchine		
		Anno	Luogo	Anno	Luogo	
336	**Unione Operaia**	1862	Lerici	1862	Sampierdarena	legno
337	**Urania** (ex *Queen Mary*, da diporto)	1879	Aberdeen	1879	Glasgow	ferro
338	**Utile** rimorchiatore)	1889	Arles	1889	Lione	id.
339	**Utile** (ex *Faa di Bruno*, marina milit.)	1869	Livorno	1868	Sestri Ponente	...
340	**Varese**	1871	Hull	1871	Hull	id
341	**Veloce** (rimorchiatore)	1878	Prà	1878	Genova	legno
342	**Venezia**	1879	Livorno	1879	Palermo	ferro
343	**Venezia** (rimorchiatore).	1882	Genova (Foce)	1882	Genova (Foce)	legno
344	**Vesuvio** (ex *Vincitore*)	1874	South-Shields	1874	(estero,	ferro
345	**Vincenzo Florio**	1880	Glasgow	1880	Glasgow	id.
346	**Virginia** (ex *Anna T.*)	1874	Voltri	1883	Genova (Foce)	legno
347	**Virginia** (ex *Westonia*, da diporto)	1880	Paisley	1880	Paisley	ferro
348	**Vittoria** (ex *Tamaulipas*, messicano	1883	Glasgow	1883	Glasgow	acciaio
349	**Volpe** (ex *Ousel*, inglese)	1867	New-Castle	1882	Liverpool	ferro
350	**Volpicelli** (da diporto)	1883	Castellammare di Stabia	1881	Napoli	legno
351	**Washington**	1880	Glasgow	1880	Glasgow	ferro

Tonnellaggio		Forza in cavalli nominali	Forza in cavalli indicati	PROPRIETARI	Compartimento d'iscrizione	Numero d'ordine
lordo	netto					
120	12	120	480	Società Unione Operaia del Golfo residente in Lerici	Spezia	336
179	93	91	280	Marchese Carlo Ginori di Firenze	Livorno	347
39	14	29	105	Adolfo Dini di Casimiro. . . .	Napoli	338
329	208	70	210	Ditta Baghino e figli di Genova .	Genova	339
1.690	1.095	191	760	Allodi Carlo fu Giuseppe di Livorno	Livorno	340
79	41	43	118	Podestà Francesco di Genova. .	Genova	341
846	545	195	415	Navigazione Generale Italiana. .	Palermo	342
51	32	38	140	Podestà Alessandro e Podestà Giovanni di Genova	Genova	343
138	87	25	85	Società napolitana di Navigazione a vapore.	Napoli	344
2.840	1.852	665	1.953	Navigazione Generale Italiana. .	Palermo	345
40	16	17	81	Corvaia Gaetano fu Antonino di Palermo	Id.	346
127	80	24	108	Conte Pietro Masetti di Firenze .	Livorno	347
4.290	2.823	1.704	4.500	Società di Navigazione La Veloce di Genova	Genova	348
830	524	55	680	Oneto David fu Antonio di Genova	Id.	349
22	14	12	50	Volpicelli Raffaele fu Vincenzo .	Napoli	350
2.883	1.845	665	1.689	Navigazione Generale Italiana. .	Palermo	351

Lo specchio seguente indica il tonnellaggio dei piroscafi appartenenti ai navig 1880 e 1885–96.

NAZIONI	1870	1875	1880	1885	1886	1887
	Tonn.	*Tonn.*	*Tonn.*	*Tonn.*	*Tonn.*	*Tonn.*
Italia	(*) 32.100	57.154	77.050	124.600	144.323	163.?
Impero Britannico . . .	1.202.134	2.072.804	2.949.282	4.293.115	4.218.153	4.410.
Russia	..	..	88.900	127.578	130.458	.
Norvegia.	13.175	45.965	58.062	114.108	113.135	12L
Svezia	..	83.007	81.049	110.151	114.883	12?
Danimarca	10.453	39.368	51.957	89.815	87.822	8?
Impero Germanico . . .	81.994	183.569	215.758	420.605	453.914	47?
Olanda	19.455	59.925	64.394	108.422	108.976	108.6
Belgio	9.501	35.430	65.224	79.809	81.283	80.?
Francia	154.415	205.420	277.759	492.396	500.484	506.6
Austria-Ungheria. . . .	49.977	56.271	62.743	82.171	90.091	93.?

(*) Per l'anno 1870 non sono compresi i bastimenti appartenenti allo Stato pontificio.

cantile delle principali nazioni marittime d'Europa in ciascuno degli anni 1870, 1875,

	1889	1890	1891	1892	1893	1894	1895	1896
Tonn.	Tonn.	Tonn.	Tonn.	Tonn.	Tonn.	Tonn.	Tonn.	Tonn.
1.100	182.249	186.567	199.945	201.443	208.193	207.530	220.508	237.727
1.447	5.058.729	5.413.706	5.689.692	5.961.476	6.149.188	6.377.337	6.544.455	6.720.703
	..	..	..	..	..	..	..	..
6.542	168.081	203.115	238.511	251.490	238.635	263.842	321.052	..
5.495	134.970	141.267	152.493	171.803	177.150	179.253	181.276	..
1.670	103.824	112.788	117.054	119.033	120.200	141.995	144.931	..
2.779	617.911	723.652	764.611	786.397	823.702	893.046	879.939	..
1.241	109.154	128.511	161.593	169.369	176.359	182.553	188.276	..
3.584	65.951	71.553	70.860	69.356	74.490	78.271	86.296	..
9.801	492.684	499.921	521.872	498.502	498.841	491.972	500.568	..
1.555	91.229	94.234	99.820	102.315	125.173	128.288		..

NAVI DA DIPORTO

—— ——

Tutti i bastimenti da diporto a vela ed a vapore muniti delle carte di bordo, e cioè dell'atto di nazionalità e del ruolo di equipaggio prescritti dal regolamento marittimo per i bastimenti nazionalizzati, sono descritti nel seguente elenco, mentre quelli armati con semplice licenza sono compresi nei galleggianti.

Dallo elenco stesso si rileva che al 31 dicembre 1896 erano inscrittte in matricola 71 navi da diporto, appartenenti ai seguenti tipi :

Piroscafi	N.	15
Barche a vapore	»	4
Cutters	»	36
Golette	»	3
Feluche	»	2
Bilancelle	»	1
Lancie	»	1
Barche e battelli	»	9

DENOMINA-ZIONE	Tipo	Stazza		Costruzione		Materiale di cui è costruito	Compartimento d'inscrizione	PROPRIETARI
		lorda	netta	luogo	anno			
Airam . . .	piroscafo	21.28	13.41	Napoli	1892	ferro	Napoli	Giuseppe d'Avalos principe di Pescara di Napoli.
Alba (ex Baiula)	cutter	7.41	7.41	Castellammare di Stabia	1879	legno	Taranto	Dionisi Dionisio di Egelberto da Brindisi.
Albatross ex Nelukso).	id.	16.01	16.01	Id.	1883	id.	Napoli	Murolo Vincenzo di Gaetano di Napoli
Amit . . .	id.	5.98	5.78	Livorno	1882	id.	Id	Conte Roberto Cito fu Luigi di Napoli.
Anfitrite . .	battello	0.56	0.56	Pisa	1888	id.	Portoferr.	Soldani Silvestro di Portoferraio.
Angelina L.	piroscafo	38.84	7.52	Havre	1866	ferro	Genova	Barone Francesco Carlo Lucifero di Catania.
Annie (ex Pandora)	cutter	15.33	15.33	Darmouth	1876	legno	Livorno	Levi Arturo di Giuseppe di Milano
Antonio Parodi	barca	1.03	1.03	Sestri Ponente	1879	id.	Genova	Parodi Antonio fu Francesco di Sestri Ponente.
Aquilone. .	barca a vapore	2.37	1.61	Id.	1873	id.	Id.	Ettore Picasso di Vincenzo di Genova.
Arminio . .	bilancella	5.87	5.38	Pisa	1883	id.	Spezia	Marchese Carlo Ginori fu Lorenzo di Firenze.
Australia. .	goletta	104.30	99.18	Southampton	1875	id.	Napoli	Giovanni Labonia fu Antonio barone di Bocchigliero da Napoli.
Beatrice (ex Gipty .	piroscafo	104.68	40.23	Renfrew	1871	ferro	Genova	Conte Roberto Biscaretti di Ruffia di Torino.
Bice T. . .	id	21.12	9.57	Londra	1886	legno	Portoferr.	Cav. Ugo Ubaldino Tonietti fu Giuseppe da Portoferraio.

DENOMINA-ZIONE	Tipo	Stazza		Costruzione		Materiale di cui è costruito	Compartimento d'inscrizione	PROPRIETARI
		lorda	netta	luogo	anno			
Cayman (ex *Sfinge*)	cutter	12.55	11.92	Sampierdarena	1874	legno	Portoferr.	Conte Giuseppe Ponza di S. Martino, marchese Ippolito Cattaneo e Francesco Parodi di Genova.
Carlo . . .	id.	1.49	1.49	Oneglia	1880	id.	P. Maurizio	Agnesi Paolo di Carlo di Oneglia.
Carlotta . .	goletta	67.53	64.15	Gosport	1851	id.	Livorno	Conte Pier Pompeo Masetti domiciliato a Firenze.
Clara . . .	cutter	6.26	6.26	Palermo	1892	id.	Palermo	Cav. Carmelo Lagana di Palermo
Clelia . . .	feluca	14.94	14.19	Livorno	1895	id.	Livorno	Benadi Diomiro fu David di Livorno.
Clitunno (ex *Luisa M.*)	cutter	33.87	32.77	Castellammare di Stabia	1885	id.	Napoli	Catone Farneti fu Pietro residente a Costantinopoli.
Condor . .	id.	109.30	103.84	Fairlie	1873	id.	Genova	Caetani don Onorato, duca di Sermoneta, e figlio don Raffaele di Roma.
Costanza . .	id.	36.10	34.30	Lymington	1883	id.	Id.	Marchese Raggi G. Antonio fu Francesco di Genova.
Cristoforo Colombo	id.	9.27	8.81	Cornigliano Ligure	1892	id.	Bari	Emilio Berner di Amedeo di Bari.
Edelweis. .	id.	9.25	8.79	Viareggio	1896	id.	Livorno	Landi Eliseo di Antonio fu Luigi, di Viareggio.
Elisabetta .	barca	9.98	9.98	Piano di Sorrento	1892	id.	Castellam. di Stabia	Aponte Giuseppe di Giov. di S. Agnello.
Eolia . . .	cutter	89.36	84.89	Gosport	1876	id.	Napoli	Teresa Caracciolo di Luigi, duchessa di S. Teodoro, di Napoli.

DENOMINA-ZIONE	Tipo	Stazza		Costruzione		Materiale di cui è costruito	Compartimento d'inscrizione	PROPRIETARI
		lorda	netta	luogo	anno			
Eugenio . .	cutter	4.67	4.67	Livorno	1873	legno	Livorno	Cav. De Witt Giacomo di Livorno.
Erina . . .	id.	2.76	2.76	Varazze	1887	id.	P. Maurizio	Petrini Eugenio Lamberto di Porto Maurizio.
Fantasia .	id.	61.77	58.65	Fairlie	1873	id.	Napoli	Eduardo Scarfoglio di Michele di Napoli.
Fenella . .	goletta	47.30	45.00	Inghilterra	1861	id.	Genova	Comm. Rossi Antonio di Genova.
Fides . . .	cutter	3.87	3.87	Livorno	1864	i l.	Portoferr.	Ugo Ubaldino Tonietti fu Giuseppe di Portoferraio.
Fieramosca	id.	18.64	17.71	Sampierdarena	1886	id.	Napoli	Camillo Cacace fu Tito di Napoli.
Florence .	lancia	9.23	9.23	Castellammare di Stabia	1887	id.	Id.	Eduardo Anatra di Giuseppe di Napoli.
Giulia . . .	piroscafo	11.50	7.30	Rochester	1872	id.	Id.	Conte Saluzzo L., duca di Corigliano, di Napoli.
Graziella .	cutter	4.36	4.36	Castellammare di Stabia	1873	id.	Civitavecc.	Principe Borghese Felice di Roma.
Grugo . . .	battello	0.63	0.63	Livorno	1888	id.	Portoferr.	Del Buono Pilade di Rio Marina.
Ida	cutter	3.00	3.00	Civitavecchia	1889	id.	Civitavecc.	Picchiotti Emilio di Civitavecchia.
Incostante .	barca	4.33	4.33	Marciana	1858	id.	Portoferr.	Marchesa Vittoria Altoviti Avila, vedova Toscanelli, di Firenze
Irene . . .	id.	0.82	0.82	Varazze	1890	id.	Genova	Castelli Stefano fu Antonio di Sestri Ponente.
La Gaiola .	piroscafo	124.55	79.72	Cowes	1891	ferro	Napoli	S. A. R. il Principe di Napoli.

DENOMINA-ZIONE	Tipo	Stazza		Costruzione		Materiale di cui è costruito	Compartimento d'inscrizione	PROPRIETARI
		lorda	netta	luogo	anno			
Lilian . . .	cutter	6.77	6.43	Southampton	1892	legno	Genova	Caveri avv. Maurizio di Genova.
Lina . . .	id.	7.93	7.53	Varazze	1892	id.	Id.	Cavassa Arturo domiciliato a Genova.
Londin . .	id	26.71	25.37	Castellammare di Stabia	1886	id.	Castellam.	Nomicò Arturo Vittorio di Francesco residente a Costantinopoli.
Luigia. . .	battello	1.19	1.19	Varazze	1885	id.	P. Maurizio	Saglietto Angelo di G. B. di Porto Maurizio
Luisa (ex Olga)	cutter	6.41	6.09	Sampierdarena	1877	id	Napoli	Aveta Augusto di Carlo di Napoli.
Luisa . . .	piroscafo	421.88	265.89	Glasgow	1880	ferro	Palermo	G. Lanza conte di Mazzarino di Palermo
Luisa . . .	barca a vapore	2.81	1.75	Genova (Foce)	1895	acc.	Genova	Ditta E. Cravero e C. di Genova.
Luna . . .	cutter	14.03	13.36	Southampton	1883	legno	Palermo	B. Grisco duca di Floridia.
Martino Tamponi	piroscafo	29.31	6.87	Genova	1880	ferro	Maddalena	Cav. Tamponi G. Batta fu Martino di Terranova Pausania.
Mimosa (ex Luisa)	cutter	43.47	43.47	Gosport	1878	legno	Livorno	Rahe Alfredo fu Guglielmo di Firenze.
Mora (ex San Agata)	piroscafo	185.91	117.12	Sunderland	1873	ferro	Id.	Duca Francesco Strozzi di Firenze.
Nina . . .	id.	8.57	5.40	Marassi (Genova)	1891	id.	Genova	Merello Luigi di Giuseppe domiciliato a Cagliari.
Ondina (ex Mireille)	id.	142.09	67.62	Glasgow	1881	id.	Id.	Conte Edilio Raggio di Genova.
Oretta . .	cutter	34.18	32.47	Southampton	1889	legno	Napoli	Carlo Garnier fu Adolfo, di Napoli.

DENOMINA-ZIONE	Tipo	Stazza		Costruzione		Materiale di cui è costruito	Compartimento d'inscrizione	PROPRIETARI
		lorda	netta	luogo	anno			
Orietta . .	cutter	30.71	29.18	Fair isle	1881	legno	Napoli	Francesco Doria fu Marcantonio di Napoli.
Paolina . .	id.	4.93	4.68	Varazze	1893	l. e f.	P. Maurizio	Novaro Agostino di Oneglia.
Regina (ex Colombo)	barca a vapore	3.60	2.17	Genova (Foce)	1892	acc.	Genova	Schiaffino Francesco fu Giuseppe di Camogli.
Rigoletto .	cutter	9.26	8.80	Sestri Ponente	1882	legno	Id.	Henry Alessandro di Cornigliano.
Rondine . .	feluca	3.26	3.26	Leith	1887	id.	Napoli	Giuseppe Caravita fu Francesco, principe di Sirignano di Napoli.
Rosalia . .	barca	1.77	1.77	Varazze	1891	id.	Genova	Gallo Giuseppe di Antonio di Pegli.
San Zeno .	cutter	5.99	5.99	Arcachon	1881	id.	P. Maurizio	Benza Antonio fu Antonio di Porto Maurizio.
Selika . . .	id	8.64	8.64	Livorno	1881	id.	Livorno	Mori Vittorio Emanuele fu Enrico di Livorno.
Sicilia . .	piroscafo	74.42	43.16	Genova	1858	ferro	Id.	Fratelli Orlando di Livorno.
Sirena . .	cutter	1.11	1.11	Varazze	1885	legno	P. Maurizio	Benza Antonio fu Antonio di Porto Maurizio.
Tern . .	piroscafo	43.26	25.58	Cowes	1889	ferro	Palermo	Ottavio Lanza duca di Camastra di Palermo
Unico . .	cutter	1.25	1.25	Rapallo	1875	legno	Genova	Scarsella Francesco fu G. B. di Rapallo.
Unico . .	barca	1.92	1.92	Pegli	1888	id.	Id.	Puppo Nicolò fu Ambrogio di Pegli
Urania (ex Queen Mary)	piroscafo	178.82	93.02	Aberdeen	1879	ferro	Livorno	Marchese Ginori Carlo di Firenze.

DENOMINA-ZIONE	Tipo	Stazza		Costruzione		Materiale di cui è costruito	Compartimento d'inscrizione	PROPRIETARI
		lorda	netta	luogo	anno			
Valkyrie . .	cutter	55.20	52.53	Southampton	1889	legno	Palermo	Comm. Ignazio Florio di Palermo
Virginia (ex Westonia)	piroscafo	126.54	79.72	Paisley	1880	ferro	Livorno	Conte Piero Pompeo Masetti di Firenze.
Volpicelli .	barca a vapore	21.54	13.57	Castellammare di Stabia	1883	legno	Napoli	Cav. Raffaele Volpicelli di Napoli.
Zena . . .	cutter	4.22	4.01	Londra	1880	id.	Castellam. di Stabia	Valanzuolo Enrico fu Stanislao di Castellammare di Stabia.

Dei citati bastimenti da diporto N. 29 sono ascritti al regio Yacht Club italiano e portano i seguenti distintivi per l'uso del codice internazionale dei segnali:

Airam	N. B. C. D.
Amit	N. B. C. G.
Angelina L.	N. B. C. H.
Arminio	N. B. C. J.
Australia	N. B. C. L.
Beatrice	N. B. C. P.
Bice T.	N. H. K. W.
Cayman	N. B. C. S.
Clelia	N. B. C. R.
Condor	N. B. C. W.
Costanza	N. B. C. T.
Cristo oro Colombo	N. B. C. Q.
Fenella	N. B. D. J.
Fides	N. B. D. M.
Fieramosca	N. B. D. K.
La Gajola	N. B. D. L.
Lilian	N. B. D. R.
Lina	N. B. D. S.
Luisa (Palermo)	N. B. D. V.
Luisa (Napoli)	N. B. D. W.
Martino Tamponi	N. B. F. D.
Mimosa	N. B. F. G.
Mora	N. B. F. J.
Sicilia	N. B. G. R.
Tern	N. B. G. V.
Urania	N. B. G. W.
Valkyrie	N. B. H. L.
Virginia	N. B. H. K.
Volpicelli	N. B. H. F.

DIVISIONE PER COMUNI

DELLA PROPRIETÀ DELLE NAVI E VIAGGI AI QUALI
ESSE SONO ADDETTE.

Nel seguente elenco è data numericamente la suddivisione per comuni del numero e del tonnellaggio dei bastimenti a vapore e di quelli a vela, a seconda del luogo di domicilio dei proprietari, nonchè la navigazione (di lungo corso, di gran cabotaggio, oppure del Mediterraneo e di piccolo traffico) alla quale furono addetti durante l'anno 1896.

Come si è fatto negli scorsi anni, i bastimenti appartenenti a più comproprietari domiciliati in luoghi diversi, furono assegnati al comune in cui risiede il maggior interessato, ed i piroscafi della Navigazione Generale Italiana e di altre società furono compresi nel comune dove ha sede il compartimento marittimo d'inscrizione.

Per i bastimenti adibiti a viaggi di classi diverse, fu tenuto conto della classe di viaggi nella quale vennero impiegati per maggior tempo durante l'anno.

Navi a vapore.

COMPARTIMENTI marittimi	COMUNI	Navigazione di lungo corso		Navigazione di gran cabotaggio		Navigazione del Mediterraneo, di costa, di piccolo traffico, di pesca e da diporto		Totale	
		N.	Tonn.	N.	Tonn.	N.	Tonn.	N.	Tonn.
Porto Maurizio	Ventimiglia .	..	..	3	2.766	..	..	3	2.766
Savona . . .	Savona . .	3	5.211	..	..	2	1.103	5	6.314
Genova . . .	Alassio . .	..	..	..	..	1	253	1	253
	Genova . .	45	84.805	10	11.575	74	27.886	129	124.266
	Pieve di Sori .	..	..	..	..	1	229	1	229
	Camogli . .	..	..	..	..	1	2	1	2
	Quinto al mare	..	..	2	3.353	..	..	2	3.353
	Sampierdarena	..	..	1	433	2	647	3	1.080
	Novi Ligure .	..	..	..	..	1	8	1	8
	Torino . .	..	..	..	..	1	40	1	40
	Roma . .	2	4.432	..	..	2	30	4	4.462
	Catania . .	..	..	..	..	1	8	1	8
	Perugia . .	..	..	..	..	1	14	1	14
	Cagliari . .	..	..	..	..	1	5	1	5
Spezia . . .	Chiavari . .	6	6.271	..	..	..	..	6	6.271
	Lavagna . .	3	2.988	..	..	..	..	3	2.988
	Deiva . .	1	1.684	..	..	..	..	1	1.684
	Spezia . .	..	..	..	..	2	17	2	17
	Lerici . .	1	1.113	..	..	2	31	3	1.144
	Pisa . .	..	..	..	..	2	140	2	140
	A riportarsi .	61	106.504	16	18.127	94	30.413	171	155.044

COMPARTIMENTI marittimi	COMUNI	Navigazione di lungo corso		Navigazione di gran cabotaggio		Navigazione del Mediterraneo, di costa, di piccolo traffico, di pesca e da diporto		Totale	
		N.	Tonn.	N.	Tonn.	N.	Tonn.	N.	Tonn.
	Riporto . .	61	106.504	16	18.127	94	30.413	171	155.044
Livorno . . .	Livorno. . .	1	782	2	1.689	4	301	7	2.772
	Firenze. . .	..	..	..	..	3	290	3	290
	Genova. . .	..	..	..	..	1	71	1	71
	Marciana Mar.	..	..	..	..	3	126	3	126
Portoferraio .	Rio Marina .	..	..	..	..	3	19	3	19
	Portoferraio .	..	..	..	..	1	10	1	10
Civitavecchia .	Civitavecchia.	..	..	..	..	2	54	2	54
	Roma . . .	..	..	..	..	4	141	4	141
Napoli . . .	Napoli . . .	..	..	1	796	18	1.405	19	2.201
	Lipari . . .	..	..	1	897	1	44	2	941
Castellammare di Stabia . .	Salerno. . .	..	..	..	..	1	9	1	9
Pizzo. . . .	Monteleone .	..	..	..	..	1	10	1	10
Reggio Calabr.	Villa San Giovanni. . .	..	..	..	..	1	262	1	262
Bari	Bari . . .	2	2.761	3	2.644	11	4.685	16	10.090
	A riportarsi .	64	109.907	23	24.153	118	37.840	235	172.040

COMPARTIMENTI marittimi	COMUNI	Navigazione di lungo corso		Navigazione di gran cabotaggio		Navigazione del Mediterraneo, di costa, di piccolo traffico, di pesca e da diporto		Totale	
		N.	Tonn.	N.	Tonn.	N.	Tonn.	N.	Tonn.
	Riporto . .	64	109.997	23	24.153	148	37.840	235	172.040
Rimini . . .	Ravenna . .	..	..	..	..	2	191	2	191
Venezia . . .	Chioggia . .	..	..	..	..	3	109	3	109
	Venezia . .	..	..	7	5.369	11	209	18	5.578
	Padova .	..	..	..	..	1	11	1	11
	Ferrara . .	..	..	..	..	1	48	1	48
Cagliari . . .	Cagliari . .	..	..	..	..	2	22	2	22
	Iglesias . .	..	..	..	..	1	85	1	85
	Vito d'Asio .	..	..	..	..	2	66	2	66
Maddalena . .	Maddalena .	..	..	..	..	1	47	1	47
	Terranova Pausania .	..	..	..	..	1	7	1	7
Messina . . .	Messina . .	3	4.154	..	..	9	1.042	12	5.196
	Milazzo . .	..	..	1	735	..	..	1	735
	Lipari . .	..	..	..	..	3	65	3	65
Catania . . .	Catania . .	..	..	2	1.586	3	877	5	2.463
Palermo . . .	Palermo . .	16	24.996	11	11.508	35	14.545	62	51.049
	Castellammare del Golfo .	..	..	..	..	1	15	1	15
	TOTALE . .	83	139.197	44	43.351	224	55.179	351	237.727

Navi a vela.

COMPARTIMENTI marittimi	COMUNI	Navigazione di lungo corso		Navigazione di gran cabotaggio		Navigazione del Mediterraneo, di costa, di piccolo traffico, di pesca e da diporto		Totale	
		N.	Tonn.	N.	Tonn.	N.	Tonn.	N.	Tonn.
Porto Maurizio	Ventimiglia .	..	..	..	..	11	656	11	656
	Coldirodi . .	..	..	..	..	1	2	1	2
	San Remo. .	..	..	..	..	10	750	10	750
	Taggia . . .	..	..	..	..	8	470	8	470
	Porto Maurizio	1	265	..	..	23	1.257	24	1.522
	Oneglia. . .	..	..	..	..	27	1.580	27	1.580
	Cervo . . .	..	..	..	..	1	40	1	40
	Alassio. . .	..	..	..	..	6	417	6	417
Savona . . .	Loano . . .	8	6.956	1	339	..	..	9	7.295
	Borghetto San Spirito. . .	..	..	..	..	3	52	3	52
	Finalmarina .	..	..	..	..	2	31	2	31
	Vado . . .	..	..	..	..	1	16	1	16
	Savona .	1	1.276	1	517	19	2.702	21	4.495
	Albissola Marina. . .	..	..	..	..	1	19	1	19
	Varazze . .	1	1.308	1	193	4	379	6	1.880
Genova . . .	Voltri . . .	..	..	..	..	13	521	13	521
	Pra . . .	..	..	1	359	..	..	1	359
	Pegli . . .	..	..	..	..	6	281	6	281
	Sestri-Ponente	..	..	1	135	3	111	4	246
	A riportarsi . .	11	9.805	5	1.543	139	9.314	155	20.662

COMPARTIMENTI marittimi	COMUNI	Navigazione di lungo corso		Navigazione di gran cabotaggio		Navigazione del Mediterraneo, di costa, di piccolo traffico, di pesca e da diporto		Totale	
		N.	Tonn.	N.	Tonn.	N.	Tonn.	N.	Tonn.
	Riporto . .	11	9.805	5	1.543	139	9.314	155	20.662
	Borzoli . .	1	417	..	..	3	369	4	786
	Cornigliano Ligure . . .	1	845	1	417	3	116	5	1.378
	Sampierdarena	1	1.005	2	441	..	..	3	1.446
	Genova . .	58	60.612	20	9.990	87	10.145	165	80.747
	Quarto al Mare	..	..	..	..	1	14	1	14
	Quinto al Mare	9	7.657	4	1.564	1	10	14	9.231
	Nervi . .	25	17.359	9	3.396	..	..	34	20.755
Segue Genova	Bogliasco . .	3	3.355	3	1.421	1	465	7	5.241
	Sori . . .	1	407	..	..	..	..	1	407
	Recco . . .	8	5.393	2	949	6	359	16	6.701
	Camogli . .	65	57.204	36	15.918	73	6.285	174	79.407
	Portofino . .	1	773	1	427	1	2	3	1.202
	S. Margherita Ligure . .	1	531	..	..	31	747	32	1.278
	Rapallo. . .	..	..	..	..	12	167	12	167
	Casale . . .	..	..	..	..	1	53	1	53
	Zoagli . . .	1	508	..	..	..	..	1	508
	Chiavari . .	9	11.001	..	..	20	552	29	11.553
	Lavagna . .	3	2.192	1	41	10	304	14	2.537
	Sestri Levante	..	..	7	778	177	4.574	184	5.352
Spezia . . .	Deiva . . .	5	1.423	..	..	1	1	6	4.431
	Framura . .	..	..	..	..	2	14	2	14
	Bonassola . .	1	1.010	..	..	2	180	3	1.190
	Levanto. . .	..	..	2	181	1	28	3	209
	Monterosso al Mare . . .	..	..	..	..	3	14	3	14
	A riportarsi . .	204	184.507	93	37.036	575	33.713	872	255.286

COMPARTIMENTI marittimi	COMUNI	Navigazione di lungo corso		Navigazione di gran cabotaggio		Navigazione del Mediterraneo, di costa, di piccolo traffico, di pesca e da diporto		Totale	
		N.	Tonn.	N.	Tonn.	N.	Tonn.	N.	Tonn.
	Riporto . .	204	184.507	93	37.066	575	33.713	872	255.286
Segue Spezia.	Vernazza . .	..	..	..	..	5	43	5	43
	Riomaggiore .	..	..	..	..	3	33	3	33
	Portovenere .	..	..	..	..	11	517	11	517
	Spezia . . .	..	..	2	267	23	849	25	1.116
	Lerici . . .	..	..	1	144	6	31	7	145
	Ameglia . .	..	..	..	..	4	135	4	135
	Carrara. . .	2	1.521	3	544	53	2.204	58	4.269
	Firenze . . .	..	..	..	..	1	6	1	6
	Pegli . . .	..	..	..	..	1	6	1	6
	Rapallo. . .	..	..	..	..	1	76	1	76
	Carrara. . .	..	..	..	..	4	181	4	181
	Massa . . .	..	..	..	..	1	70	1	70
	Pescia . . .	..	..	..	..	1	99	1	99
	Lucca . . .	..	..	..	..	2	30	2	30
	Pietrasanta .	..	..	..	..	9	466	9	466
Livorno. . .	Montignoso	..	..	..	..	2	56	2	56
	Serravezza .	..	..	..	..	4	180	4	180
	Viareggio . .	..	..	1	245	191	12.218	192	12.463
	Vicopisano .	..	..	..	..	1	28	1	28
	Capraia e Limite . .	..	..	..	..	2	16	2	16
	Firenze. . .	..	..	..	..	5	185	5	185
	Livorno (e Gorgona) . . .	3	1.137	..	..	72	6.515	75	7.647
	Piombino . .	..	..	..	..	6	53	6	53
	A riportarsi . .	209	187.165	100	38.236	983	57.705	1292	283.106

COMPARTIMENTI marittimi	COMUNI	Navigazione di lungo corso		Navigazione di gran cabotaggio		Navigazione del Mediterraneo, di costa, di piccolo traffico, di pesca e da diporto		Totale	
		N.	Tonn.	N.	Tonn.	N.	Tonn.	N.	Tonn.
	Riporto . .	209	187.165	100	38.236	983	57.705	1292	283.106
Segue Livorno	Massa Marittima . . .	..	..	..	..	3	347	3	347
	Monte Argentario . . .	..	..	..	..	103	1.206	103	1.206
	Castiglione della Pescaia	..	..	..	..	1	10	1	10
	Milano . . .	..	..	..	..	1	15	1	15
	Civitavecchia .	..	..	..	..	1	196	1	196
	Stazzena . .	..	..	..	..	1	82	1	82
Portoferraio .	Portoferraio .	..	..	..	..	21	453	21	453
	Marciana . .	..	..	..	..	2	16	2	16
	Marciana Marina. . . .	..	..	..	..	13	187	13	187
	Porto Longone	..	..	..	..	8	196	8	196
	Rio nell'Elba .	..	..	..	..	3	68	3	68
	Rio Marina .	..	..	..	..	55	7.831	55	7.831
	Campo nell'Elba . . .	..	..	..	..	20	447	20	447
	Giglio . . .	..	..	..	..	30	406	30	406
	Firenze . . .	..	..	..	..	1	1	1	4
Civitavecchia .	Civitavecchia .	..	..	..	..	10	575	10	575
	Roma . . .	..	..	..	..	14	577	14	577
	Anzio . . .	..	..	..	..	6	89	6	89
	Terracina . .	..	..	..	..	2	46	2	46
	A riportarsi .	209	187.165	100	38.236	1278	70.456	1587	295.857

COMPARTIMENTI marittimi	COMUNI	Navigazione di lungo corso		Navigazione di gran cabotaggio		Navigazione del Mediterraneo, di costa, di piccolo traffico, di pesca e da diporto		Totale	
		N.	Tonn.	N.	Tonn.	N.	Tonn.	N.	Tonn.
	Riporto . .	209	147.165	100	38.236	1273	70.456	1587	295.857
Gaeta . . .	Ponza . . .	..	.	..	..	71	867	71	867
	Sperlonga . .	..	..	..	..	1	19	1	19
	Gaeta . .	5	2.913	..	..	50	1.586	55	4.499
	Formia . .	..	..	..	..	27	339	27	339
Napoli . . .	Ventotene . .	..	..	..	..	8	90	8	90
	Ischia . . .	..	..	..	..	10	438	10	438
	Barano d'Ischia	..	..	..	..	4	103	4	103
	Casamicciola .	..	..	..	..	16	332	16	332
	Lacco Ameno.	..	..	..	..	5	75	5	75
	Forio . . .	2	1.361	..	..	15	475	17	1.836
	Serrara Fontana . . .	..	..	..	..	8	218	8	218
	Procida. . .	37	20.879	2	781	100	7.120	139	28.780
	Pozzuoli . .	..	..	..	..	44	399	44	399
	Napoli . .	9	5.695	3	1.256	45	5.543	57	12.494
	San Giorgio a Cremano . .	1	749	..	..	..	..	1	749
	S. Giovanni a Teduccio . .	..	..	1	261	..	..	1	261
	Portici . . .	..	..	..	..	4	115	4	115
	Resina . . .	..	..	..	..	51	899	51	899
	Torre del Greco	..	..	..	..	397	19.371	397	19.371
	Meta. . . .	1	373	..	..	..	..	1	373
	Castellammare di Stabia . .	..	..	..	..	1	46	1	46
	Anacapri . .	..	..	..	..	1	80	1	80
	Roma . . .	..	..	..	..	1	38	1	38
	A riportarsi . .	264	219.135	106	40.534	2137	108.609	2507	368.278

COMPARTIMENTI marittimi	COMUNI	Navigazione di lungo corso		Navigazione di gran cabotaggio		Navigazione del Mediterraneo, di costa, di piccolo traffico, di pesca e da diporto		Totale	
		N.	Tonn.	N.	Tonn.	N.	Tonn.	N.	Tonn.
	Riporto . .	264	219.135	106	40.534	2137	108.609	2507	368.278
Segue Napoli.	Amalfi . . .	..	..	..	..	1	63	1	63
	Lipari . . .	..	..	..	..	1	107	1	107
	Salina . . .	..	..	..	..	1	36	1	36
	Trapani. . .	..	..	..	..	1	20	1	20
	Livorno. .	..	..	..	..	1	28	1	28
	Sfax. . . .	..	..	..	..	1	35	1	35
	Costantinopoli.	..	..	..	..	2	57	2	57
Castellammare di Stabia.	Torre Annunziata . .	..	..	..	..	1	15	1	15
	Castellammare di Stabia . .	5	2.491	5	1.699	24	1.228	43	5.418
	Vico Equense.	3	1.411	3	694	1	214	7	2.319
	Meta. . . .	10	7.375	11	5.610	10	1.451	31	14.436
	Piano di Sorrento . .	16	10.523	12	6.042	4	752	32	17.317
	Sant'Agnello .	14	12.845	3	1.418	9	183	26	14.446
	Sorrento . .	..	..	..	..	1	7	1	7
	Massalubrense	..	..	..	..	3	20	3	20
	Capri . . .	..	..	..	..	9	135	9	135
	Anacapri . .	..	..	..	..	1	78	1	78
	Cava de' Tirreni. . .	..	..	..	..	1	7	1	7
	Positano . .	..	..	..	..	4	83	4	83
	Amalfi . . .	..	..	..	..	25	509	25	509
	Atrani . . .	..	..	..	..	11	252	11	252
	Minori . . .	..	..	..	..	16	124	16	124
	A riportarsi . . .	312	253.780	143	56.017	2265	111.013	2729	423.810

COMPARTIMENTI marittimi	COMUNI	Navigazione di lungo corso		Navigazione di gran cabotaggio		Navigazione del Mediterraneo, di costa, di piccolo traffico, di pesca e da diporto		Totale	
		N.	Tonn.	N.	Tonn.	N.	Tonn.	N.	Tonn.
	Riporto . .	312	253.780	143	56.017	2265	114.013	2729	423.810
	Maiori . . .	..	..	..	..	15	342	15	342
	Cetara . . .	..	..	..	..	12	242	12	242
	Castel S. Giorgio	..	..	..	..	1	9	1	9
	Vietri sul Mare	..	..	..	..	29	1.992	29	1.992
	Salerno. . . .	..	..	1	166	18	452	19	618
Segue Castellammare di Stabia . .	Pellezzano. .	..	..	..	..	1	5	1	5
	Castellabate .	..	..	..	..	9	81	9	81
	Pisciotta . .	..	..	..	..	3	16	3	16
	Camerota . .	..	..	..	..	3	47	3	47
	Vibonati . .	..	..	..	..	1	8	1	8
	Sapri . . .	..	..	..	..	1	15	1	15
	Nocera dei Pagani . . .	..	..	..	..	2	15	2	15
	Scalea . . .	..	..	..	..	1	6	1	6
	Paola . . .	..	..	..	..	1	36	1	36
	San Lucido .	..	..	..	..	4	109	4	109
	Amantea . .	..	..	..	..	1	8	1	8
Pizzo . . .	Pizzo . . .	..	..	..	..	8	113	8	113
	Parghelia . .	..	..	..	..	3	110	3	110
	Tropea . . .	..	..	..	..	12	176	12	176
	Nicotera . .	..	..	..	..	1	19	1	19
	Gioia Tauro .	..	..	..	..	5	153	5	153
Reggio Calabr.	Palmi . . .	..	..	..	..	26	862	26	862
	Bagnara . .	..	..	..	..	15	218	15	218
	A riportarsi . .	312	253.780	144	56.183	2437	119.047	2893	429.010

COMPARTIMENTI marittimi	COMUNI	Navigazione di lungo corso		Navigazione di gran cabotaggio		Navigazione del Mediterraneo, di costa, di piccolo traffico, di pesca e da diporto		Totale	
		N.	Tonn.	N.	Tonn.	N.	Tonn.	N.	Tonn.
	Riporto . .	312	253.780	144	56.183	2437	119.047	2893	429.010
	Scilla . . .	..	..	..	..	3	49	3	49
	Cannitello . .	..	..	..	..	1	6	1	6
	Villa San Giovanni . .	..	..	..	..	9	106	9	106
	Catona . .	..	..	..	..	1	12	1	12
Segue Reggio Calabria. .	Gallico . .	..	..	..	..	9	86	9	86
	Reggio di Calabria .	..	..	..	..	8	106	8	106
	Bianco . .	..	..	..	..	1	32	1	32
	Bovalino . .	..	..	..	..	1	18	1	18
	Siderno Marina	..	..	..	..	3	42	3	42
	Roccella Ionica	..	..	..	..	1	17	1	17
	Badolato . .	..	..	..	..	1	13	1	13
	Soverato . .	..	..	..	..	1	32	1	32
Taranto. . .	Cotrone. . .	..	..	..	..	1	18	1	18
	Taranto. . .	..	..	..	..	4	66	4	66
	Gallipoli . .	..	..	..	..	2	227	2	227
	Monopoli . .	..	..	..	..	8	679	8	679
	Mola di Bari .	..	..	..	..	35	537	35	537
Bari	Bari delle Puglie. . .	..	..	..	..	19	476	19	476
	Giovinazzo. .	..	..	..	..	32	499	32	499
	Molfetta . .	..	..	..	..	197	3.617	197	3.617
	A riportarsi . .	312	253.780	144	56.183	2774	125.745	3230	435.703

COMPARTIMENTI marittimi	COMUNI	Navigazione di lungo corso		Navigazione di gran cabotaggio		Navigazione del Mediterraneo, di costa, di piccolo traffico, di pesca e da diporto		Totale	
		N.	Tonn.	N.	Tonn.	N.	Tonn.	N.	Tonn.
	Riporto . .	312	253.780	144	56.183	2774	125.715	3230	435.708
Segue Bari .	Bisceglie . .	..	..	..	..	23	336	23	336
	Trani . . .	..	..	..	..	63	1.188	63	1.188
	Barletta . .	..	..	..	..	18	650	18	650
	Manfredonia .	..	..	..	..	29	591	29	591
	Cerignola . .	..	..	..	..	1	125	1	125
	Termoli. . .	..	..	..	..	1	56	1	56
Ancona. . .	Viesti . . .	..	..	..	..	3	79	3	79
	Rodi Garganico	..	..	..	..	21	430	21	430
	Termoli. . .	..	..	..	..	6	120	6	120
	Vasto . . .	..	..	..	..	3	43	3	43
	San Vito chietino. . .	..	..	..	..	4	60	4	60
	Ortona . . .	..	..	..	..	15	393	15	393
	Pescara. . .	..	..	..	..	2	61	2	61
	Castellammare Adriatico .	..	..	..	..	4	55	4	55
	Grottammare .	..	..	..	..	1	22	1	22
	Cupra Marittima . . .	..	..	..	..	5	118	5	118
	Porto S. Giorgio	..	..	..	..	4	82	4	82
	Civitanova Marche . . .	..	..	..	..	8	255	8	255
	Recanati . .	..	..	..	..	2	20	2	20
	Ancona. . .	..	..	..	..	13	516	13	516
	Senigallia . .	..	..	..	..	12	432	12	432
	A riportarsi . .	312	253.780	144	56.183	3012	131.377	3468	441.340

COMPARTIMENTI marittimi	COMUNI	Navigazione di lungo corso		Navigazione di gran cabotaggio		Navigazione del Mediterraneo, di costa, di piccolo traffico, di pesca e da diporto		Totale	
		N.	Tonn.	N.	Tonn.	N.	Tonn.	N.	Tonn.
	Riporto . .	312	253.780	144	56.183	3012	131.377	3468	411.340
Rimini . . .	Fano. . . .	..		..		46	967	46	967
	Pesaro . . .	..		..		50	1.303	50	1.303
	S. Giovanni in Marignano .	..		..		21	414	21	414
	Rimini . . .	..		..		107	2.428	107	2.428
	Cesenatico. .	..		..		3	52	3	52
	Cervia . . .	..		..		7	211	7	211
	Ravenna . .	..		..		8	406	8	406
	Comacchio. .	..		..		5	114	5	114
	Mesola . .	..		..		2	18	2	18
Venezia . . .	Contarina . .	..		..		6	250	6	250
	Donada. . .	..		..		6	247	6	847
	Bottrighe . .	..		..		1	61	1	61
	Chioggia . .	3	1.652	..		815	10.389	818	12.041
	Pellestrina. .	..		..		62	3.832	62	3.832
	Venezia . .	3	1.587	2	850	39	5.465	44	7.902
	Burano. . .	..		..		1	6	1	6
	San Giorgio di Nogaro .	..		..		9	348	9	348
	Padova . . .	..		..		10	510	10	510
	Adria . . .	..		..		1	7	1	7
Cagliari. . .	Carloforte . .	..		..		73	903	73	903
	Cagliari . .	..		..		11	866	11	266
	A riportarsi . .	318	257.019	146	57.033	4295	160.165	4759	474.226

COMPARTIMENTI marittimi	COMUNI	Navigazione di lungo corso		Navigazione di gran cabotaggio		Navigazione del Mediterraneo, di costa, di piccolo traffico, di pesca e da diporto		Totale	
		N.	Tonn.	N.	Tonn.	N.	Tonn.	N.	Tonn.
	Riporto . .	318	257.019	146	57.033	4295	160.165	4759	474.226
Segue Cagliari	Guspini. . .	..	..	..	..	1	14	1	14
	Sassari . . .	..	..	..	..	1	14	1	14
Maddalena.	Terranova Pausania . . .	..	..	..	..	1	16	1	16
	Maddalena. .	..	..	..	..	15	116	15	116
	Santa Teresa di Gallura .	..	..	..	..	3	12	3	12
	Porto Torres .	..	..	..	..	11	106	11	106
	Alghero. . .	..	..	..	..	1	78	1	78
	Bosa. . . .	..	..	..	..	1	6	1	6
Messina . .	Salina . . .	..	..	..	..	22	509	22	509
	Lipari . . .	..	..	..	..	50	2.319	50	2.319
	S. Stefano di Camastra. .	..	..	..	..	13	185	13	185
	S. Agata di Militello. . .	..	..	..	..	3	114	3	114
	Naso. . . .	..	..	..	..	1	41	1	41
	Brolo . . .	..	..	..	..	2	74	2	74
	Patti. . . .	..	..	..	..	19	760	19	760
	Milazzo. . .	..	..	1	308	3	153	4	461
	Messina . .	3	1.101	1	394	44	2.749	48	4.344
	Scaletta Zanclea. . .	..	..	..	..	1	14	1	14
	Caronia. . .	..	..	..	..	2	24	2	24
	Mistretta . .	..	..	..	..	1	32	1	32
	Ali	..	..	..	..	1	20	1	20
	A riportarsi . .	321	258.210	148	57.735	4491	166.930	4960	482.875

COMPARTIMENTI marittimi	COMUNI	Navigazione di lungo corso		Navigazione di gran cabotaggio		Navigazione del Mediterraneo, di costa, di piccolo traffico, di pesca e da diporto		Totale	
		N.	Tonn.	N.	Tonn.	N.	Tonn.	N.	Tonn.
	Riporto . .	321	258.210	148	57.735	4491	166.930	4960	482.875
Catania. . .	Riposto. . .	2	492	1	237	40	1.715	43	2.444
	Acireale . .	..	..	..	..	1	47	1	47
	Catania. . .	3	985	3	806	*31	4.720	37	6.511
	Augusta . .	..	..	..	..	40	956	40	956
	Siracusa . .	..	..	..	..	37	3.081	37	3.081
	Avola . . .	..	..	..	..	3	257	3	257
	Noto. . . .	..	..	..	..	1	4	1	4
	Pachino. . .	..	..	..	..	5	134	5	134
	Spaccaforno .	..	..	..	..	3	16	3	16
	Pozzallo . .	..	..	..	..	37	1.218	37	1.218
Porto Empedoc.	Ragusa. . .	..	..	..	..	1	5	1	5
	Vittoria. . .	..	..	..	..	19	580	19	580
	Terranova di Sicilia . . .	..	..	1	154	53	1.404	54	1.558
	Licata . . .	..	..	..	..	9	103	9	103
	Porto Empedocle . .	1	392	..	..	16	225	17	617
	Sciacca. . .	..	..	..	..	18	395	18	395
	Lampedusa .	..	..	..	..	53	501	53	501
	Scoglitti . .	..	..	..	..	2	36	2	36
Trapani. . .	Mazzara del Vallo . .	..	..	..	..	5	213	5	213
	Marsala . .	..	..	..	..	27	1.181	27	1.181
	Pantelleria. .	..	..	..	..	32	441	32	441
	Favignana . .	..	..	..	..	50	897	50	897
	A riportarsi . .	327	260.079	153	58.932	4974	185.059	5454	504.070

COMPARTIMENTI marittimi	COMUNI	Navigazione di lungo corso		Navigazione di gran cabotaggio		Navigazione del Mediterraneo, di costa di piccolo traffico, di pesca e da diporto		Totale	
		N.	Tonn.	N.	Tonn.	N.	Tonn.	N.	Tonn.
	Riporto . .	327	260.079	153	58.932	4974	185.059	5454	504.070
Segue Trapani.	Trapani. . .	7	3.202	1	321	857	7.923	265	11.446
	Isola delle Femmine . . .	..	..	..	..	3	89	3	86
	S. Vito lo Capo (Monte S. Giuliano) . .	..	..	..	..	1	5	1	5
	Livorno . .	..	..	..	..	1	44	1	44
Palermo . .	Castellammare del Golfo . .	..	..	..	..	92	5.014	92	5.014
	Terrasini . .	..	..	..	..	33	137	33	137
	Isola delle Femmine . . .	..	..	..	..	83	348	83	342
	Palermo . .	4	2.083	..	..	18	2.373	22	4.456
	Santa Flavia (Solanto) . .	..	..	..	..	6	22	6	22
	Termini Imerese. .	..	..	..	..	33	1.483	33	1.483
	Cefalù . .	..	..	..	..	9	449	9	449
	Totale . .	338	265.364	154	59.253	5510	202.937	6002	527.554

Dal precedente elenco si rileva che al 31 dicembre 1896 erano interessati n. 45 comuni nella proprietà dei piroscafi e n. 253 in quella dei velieri.

Possedevano una maggiore quantità di tonnellate di piroscafi i comuni seguenti:

Genova   piroscafi 129 tonnellate 124,266

Palermo   »   62   »   51,049

Bari	piroscafi	16	tonnellate	10,090
Savona	»	5	»	6,314
Chiavari	»	6	»	6,271
Venezia	»	18	»	5,578
Messina	»	12	»	5,196
Roma	»	8	»	4,603
Quinto al mare	»	2	»	3,353
Lavagna	»	3	»	2,988
Livorno	»	7	»	2,772
Ventimiglia	»	3	»	2,766

I comuni ai quali apparteneva un maggior numero di tonnellate dei bastimenti a vela, sono indicati qui appresso:

Genova	bast.	165	tonnellate	80,747
Camogli	»	174	»	79,407
Procida	»	139	»	28,780
Nervi	»	34	»	20,755
Torre del Greco	»	397	»	19,371
Piano di Sorrento	»	32	»	17,317
Sant'Agnello	»	26	»	14,466
Meta	»	34	»	14,436
Napoli	»	57	»	12,494
Viareggio	»	192	»	12,463
Chioggia	»	818	»	12,041
Chiavari	»	29	»	11,553
Trapani	»	265	»	11,446
Quinto al mare	»	14	»	9,231
Venezia	»	44	»	7,902
Rio Marina	»	55	»	7,831
Livorno	»	75	»	7,647
Loano	»	9	»	7,295
Recco	»	16	»	6,701
Catania	»	37	»	6,511
Castellammare di Stabia	»	34	»	5,418
Sestri Levante	»	184	»	5,352
Bogliasco	»	7	»	5,241
Castellammare del Golfo	»	92	»	5,014

GALLEGGIANTI DIVERSI.

Durante l'anno 1896 furono inscritti nei vari compartimenti marittimi del regno 1179 galleggianti e ne furono cancellati 997. Si ebbe quindi l'aumento di 182 ed al 31 dicembre dell'anno stesso erano inscritti n. 18,703 galleggianti ripartiti nel modo seguente:

118 rimorchiatori ;

108 barche a vapore ;

32 pirodraghe ;

49 pontoni a macchina ;

150 bette ;

268 pontoni ;

2076 piatte ;

897 barconi ;

247 navicelli;

37 bastimenti magazzini ;

88 barche cisterne ;

1076 gozzi da carico ;

98 gozzi da rimorchio ;

303 barche zavorriere ;

113 barche salpa-ancore ;

380 ponti da calafato ;

3246 barche per trasporto dei passeggieri ;

2240 barche da diporto ;

4064 battelli da traffico ;

78 battelli per pilotaggio ed ormeggio ;

92 battelli catrai ;

48 battelli per soccorsi ;

2539 battelli per usi diversi ;

356 altri galleggianti ;

Non sono compresi in questa situazione i battelli e le gondole della laguna veneta, perchè soggetti alla polizia municipale.

I porti ai quali è addetto un maggior numero di galleggianti sono i seguenti:

Genova . . . . . con N. 2927   Livorno . . . . . con N. 1217

Napoli . . . . . » 1649   Palermo . . . . . » 707

Venezia	con N.	500	Salina . . . . . . con N.	179
Messina	»	388	Castellammare di	
Trapani	»	348	Stabia . . . . »	177
Spezia	»	323	Torre Annunziata . »	171
Portovenere, Grazie			Maddalena . . . . »	152
e Fezzano (Gol-			Brindisi . . . . . »	149
fo di Spezia) . .	»	280	Viareggio . . . . »	140
Civitavecchia . . .	»	253	S. Margherita Ligure »	140
Savona	»	244	Comacchio . . . . »	136
Sampierdarena . .	»	234	Nervi . . . . . . »	128
Ancona	»	220	Siracusa . . . . . »	128
Cagliari	»	205	Sturla . . . . . . »	107
Carloforte	»	203	Portoferraio . . . »	107
Porto Empedocle .	»	199	Sorrento . . . . . »	106
Taranto	»	190	Piano di Sorrento . »	105
Catania	»	186	Rapallo . . . . . »	105
Lipari	»	182	Licata . . . . . . »	104
Capri	»	182	Pegli . . . . . . »	102

Nel seguente quadro è data la ripartizione di tutti i galleggianti fra i compartimenti marittimi del Regno.

COMPARTIMENTI marittimi	Piroscafi rimorchiatori	Barche a vapore	Pirodraghe	Pontoni a macchina	Bette	Pontoni	Piatte	Barconi	Navicelli	
Porto Maurizio	..	..	..	..	..	7	..	..	..	
Savona	1	..	1	3	1	2	64	..	..	
Genova	47	30	2	13	15	96	1.071	..	..	N
Spezia	9	8	..	3	4	29	23	4	..	
Livorno	2	5	1	6	15	20	164	89	120	
Portoferraio	..	..	..	..	2	1	1	13	..	
Civitavecchia	7	5	1	5	3	14	32	56	14	
Gaeta	1	..	..	..	..	3	..	..	..	
Napoli	17	10	3	1	8	30	233	146	2	
Castellammare di Stabia	..	2	..	1	..	11	33	72	9	
Pizzo	1	1	..	..	..	1	..	..	10	
Reggio Calabria . . .	..	..	..	..	..	..	2	..	62	
Taranto	4	7	2	2	15	12	21	21	2	
Bari	3	1	2	1	2	3	31	4	..	
Ancona	3	10	2	1	6	2	86	1	..	
Rimini	1	..	2	2	31	1	4	..	..	
Venezia	17	17	6	..	11	3	138	12	..	
Cagliari	2	3	2	2	14	5	19	175	..	
Maddalena	1	..	1	3	12	4	5	18	3	
Messina	..	1	1	2	..	3	76	17	9	
Catania	..	2	..	..	..	4	56	8	7	1
Porto Empedocle . . .	1	..	..	1	..	2	2	..	..	
Trapani	..	1	..	..	..	..	10	241	9	
Palermo	1	5	6	3	11	15	5	20	..	7
Totale . . .	118	104	32	49	150	268	2.076	897	247	

	Gozzi da carico	Gozzi da rimorchio	Barche zavorriere	Barche salpa-ancore	Ponti di calafato	Barche per trasporto dei passeggieri	Barche da diporto	Battelli da traffico	Battelli per pilotaggio ed ormeggio	Battelli catrai	Battelli per soccorsi	Battelli per usi diversi	Altri galleggianti	TOTALE
.	27	..	..	..	13	1	151	29	1	..	..	30	1	260
3	..	6	8	4	26	..	247	57	5	..	4	21	17	470
5	113	34	18	47	145	362	1.035	89	2	38	18	1,067	4	4.281
1	30	..	67	1	5	414	209	68	..	..	..	16	..	921
6	116	19	15	1	40	314	124	328	2	10	7	110	27	1.541
.	4	..	..	..	1	38	26	182	..	..	..	103	15	386
3	18	..	4	1	9	85	53	53	2	..	9	5	..	379
.	9	..	.	..	7	33	2	40	..	..	..	1	15	120
3	21	7	42	15	35	871	82	444	1	5	..	109	23	2.123
4	24	..	12	..	14	298	52	534	2	..	2	130	67	1.268
.	11	..	..	..	..	49	7	166	..	..	..	..	25	271
.	35	1	..	1	..	88	18	187	1	..	2	..	8	405
.	56	2	7	11	..	40	21	172	7	..	..	66	3	475
.	26	4	..	2	8	10	20	86	5	..	..	31	8	247
3	38	..	11	4	..	57	44	126	3	..	4	109	14	521
.	1	..	..	..	..	8	22	146	1	..	1	224	16	461
5	..	20	32	8	6	14	15	190	16	28	..	52	5	589
.	5	..	11	2	4	33	21	55	3	..	..	71	9	442
2	7	1	..	3	..	91	9	115	..	..	..	36	25	336
6	45	1	8	..	20	151	13	542	11	6	1	27	31	971
7	3	3	9	..	11	66	32	158	3	..	..	95	17	482
.	234	..	26	4	1	34	4	113	5	..	..	18	6	451
3	38	..	1	3	21	38	13	47	6	1	..	65	..	500
5	215	..	32	6	11	121	17	128	2	4	..	153	20	790
88	1.076	98	303	113	380	3.246	2.240	4.064	78	92	48	2.530	356	18.703

Tutti i galleggianti muniti di apparecchio a vapore esistenti al 31 dicembre 1896 sono indicati nel seguente quadro, nel quale sono pure ripartiti a seconda del compartimento marittimo di inscrizione.

COMPARTIMENTI marittimi	Piroscafi	Barche a vapore	Pirodraghe	Pontoni a macchina	Bette	Bastimenti magazzini	Barche cisterne	Barche da diporto	Totale
Savona	1	..	1	3	..	..	..	..	5
Genova	47	9	2	13	2	..	4	21	98
Spezia	9	7	..	3	2	..	..	1	22
Livorno	2	3	2	6	..	..	6	2	21
Civitavecchia	7	4	1	5	..	..	..	1	18
Gaeta	1	..	..	..	..	..	..	..	1
Napoli	17	4	3	1	..	..	5	6	36
Castellammare di Stabia	..	1	..	..	..	..	..	1	2
Pizzo	1	1	..	..	..	..	..	..	2
Taranto	4	5	2	2	..	..	1	2	16
Bari	3	1	2	1	..	..	..	..	7
Ancona	3	2	2	1	..	..	..	8	16
Rimini	1	..	2	..	..	..	..	..	3
Venezia	17	5	6	..	2	..	..	12	42
Cagliari	2	3	2	2	..	..	..	..	9
Maddalena	1	..	1	2	..	..	..	..	4
Messina	..	1	1	2	..	..	..	1	5
Catania	..	2	..	..	..	..	..	..	2
Porto Empedocle	1	..	..	1	..	..	..	..	2
Trapani	..	..	..	..	..	..	..	1	1
Palermo	1	2	6	3	..	1	2	3	18
Totali	118	50	33	45	6	1	18	59	330

Fra i galleggianti di maggiore importanza compresi nel precedente quadro, si notano:

un pontone a macchina che può alzare pesi di 200 tonnellate per volta nel porto di Genova;

due pirobette aventi ciascuna la macchina della forza di 210 cavalli indicati, nel porto di Spezia;

un pontone cisterna della capacità di 190 tonnellate, munito di **apparecchio a vapore** per la pompa, che può fornire 20 tonnellate d'acqua all'ora, nel porto di Brindisi;

due pirodraghe con macchina della forza di 300 cavalli indicati, una ad Ancona e l'altra a Cagliari.

Nell'elenco seguente sono indicati distintamente i piroscafi non muniti di atto di nazionalità e l'esercizio al quale sono addetti.

Elenco dei piroscafi non muniti di atto di nazionalità inscritti nei registri dei galleggianti al 31 dicembre 1896.

COMPARTIMENTI marittimi	Luogo d'inscrizione	Denominazione	Tonnellaggio		Forza della macchina in cavalli indicati	Propulsatore	Materiale di costruzione dello scafo	Esercizio a cui sono addetti
			lordo	netto				
Savona . . .	Savona . . .	Leon Pancaldo .	21	6	80	elica	legno	Pilotaggio e rimorchio.
Genova . . .	Genova . . .	Industria . . .	13	4	50	id.	l. e f.	Rimorchio.
Id. . . .	Id . . .	Maria Nicoletta.	10	4	25	id.	id.	Id.
Id. . . .	Id. . . .	G. Garibaldi. .	10	4	21	id.	id.	Id.
Id. . . .	Id. . . .	Enrico. . . .	10	5	21	id.	legno	Id.
Id. . . .	Id. . . .	F. Ruggero . .	42	19	60	id.	id.	Pilotaggio.
Id. . . .	Id. . . .	S. Caterina G..	8	3	25	id.	id.	Rimorchio.
Id. . . .	Id. . . .	Marco Furio. .	12	5	20	id.	id.	Id.
Id. . . .	Id. . . .	Favorita . . .	8	2	18	id.	l. e f.	Id.
Id. . . .	Id. . . .	Arno	50	25	60	id.	ferro	Rimorchio e sterna.
Id. . . .	Id. . . .	Commercio . .	14	3	50	id.	legno	Rimorchio.
Id. . . .	Id. . . .	Rosetta . . .	13	4	24	id.	id.	Id.
Id. . . .	Id. . . .	Vedi	14	5	30	id.	id.	Id.
Id. . . .	Id. . . .	Nuovo Due Fratelli	10	3	21	id.	id.	Id.

DIPARTIMENTI marittimi	Luogo d'inscrizione	Denominazione	Tonnellaggio		Forza della macchina in cavalli indicati	Propulsatore	Materiale di costruzione dello scafo	Esercizio a cui sono addetti
			lordo	netto				
Genova . . .	Genova . . .	G. Coulant . .	19	4	15	elica	l. e f.	Rimorchio.
Id. . . .	Id. . . .	Favilla. . . .	14	1	24	id.	legno	Id.
Id. . . .	Id. . . .	Santina . . .	16	5	30	id.	id.	Id.
Id. . . .	Id. . . .	Teresina . . .	35	11	60	id.	id.	Pilotaggio.
Id. . . .	Id. . . .	Adelaide Cairoli	22	9	80	id.	id.	Rimorchio.
Id. . . .	Id. . . .	Argos	9	3	24	id.	id.	Id.
Id. . . .	Id. . . .	Eugenia . . .	11	3	26	id.	id.	Id.
Id. . . .	Id . . .	Ferruccio R. .	20	7	42	id.	ferro	Id.
Id. . . .	Id. . . .	Gottardo . . .	15	5	26	id.	legno	Id.
Id. . . .	Id. . . .	Rosa M. . . .	12	3	26	id.	id.	Id.
Id. . . .	Id. . . .	Due Fratelli . .	8	3	24	id.	ferro	Id.
Id. . . .	Id. . . .	Costanza . . .	15	6	25	id.	legno	Id.
Id. . . .	Id. . . .	S. Pietro e Paolo	10	2	20	id.	ferro	Id.
Id. . .	Id. . . .	Rena	13	4	29	id.	acciaio	Id.
Id. . . .	Id. . . .	S. Limbania. .	13	6	30	id.	legno	Id.
Id. . . .	Id. . . .	Noemi	13	4	30	id.	id.	Id.

COMPARTIMENTI marittimi	Luogo d'inscrizione	Denominazione	Tonnellaggio		Forza della macchina in cavalli indicati	Propulsatore	Materiale di costruzione dello scafo	Esercizio a cui sono addetti
			lordo	netto				
Genova . . .	Genova . . .	Ercole	23	6	73	elica	acciaio	Rimorchio.
Id. . .	Id. . .	Giuseppe Mazzini . . .	17	9	43	id.	id.	Id.
Id. . . .	Id. . . .	Atene . . .	11	4	40	id.	legno	Id.
Id. . . .	Id. . . .	Foce . . .	35	15	91	id.	ferro	Id.
Id. . . .	Id. . . .	Albaro. . . .	35	15	84	id.	acciaio	Id.
Id. . . .	Id. . . .	Aurora . . .	4	2	15	id.	legno	Id.
Id. . . .	Id. . . .	Elisa D. . . .	11	4	26	id.	id.	Id.
Id. . . .	Id. . . .	Teresa Gemma .	6	2	15	id.	id.	Id.
Id. . . .	Id. . . .	Venezia . . .	13	7	20	id.	id.	Id.
Id. . . .	Id. . . .	Paola S. . . .	11	7	26	id.	id.	Id.
Id. . . .	Id. . .	Fratelli Potesta fu Angelo . .	7	1,50	24	id.	acciaio	Id.
Id. . . .	Id. . . .	Generale Cavalli	49	25	120	id.	id.	Rimorchio bersagli.
Id. . . .	Id. . . .	Adelina . . .	13	4	50	id.	l. e f.	Rimorchio.
Id. . . .	Id. . . .	Vittorio . . .	6	4	51	id.	legno	Id.
Id. . . .	Id. . . .	Nicolò R. . .	7	2	22	id.	id.	Id.

COMPARTIMENTI marittimi	Luogo d'inscrizione	Denominazione	Tonnellaggio		Forza della macchina in cavalli indicati	Propulsatore	Materiale di costruzione dello scafo	Esercizio a cui sono addetti
			lordo	netto				
Genova . . .	Genova . . .	Azzardo . . .	20	5	50	elica	legno	Rimorchio.
Spezia . . .	Spezia . . .	Carlo Henfrey .	8	5	120	id.	ferro	Id. e trasporto passeggieri.
Id. . . .	Id. . . .	Clara	9	6	50	id.	legno	Rimorchio.
Id. . . .	Id. . . .	Enrico . . .	60	43	200	id.	ferro	Id.
Id. . . .	Id. . . .	Flora . . .	20	12	91	id.	id.	Id.
Id. . . .	Id. . . .	Alessandro . .	39	8	120	id.	legno	Id.
Id. . . .	Id. . . .	Conte di S. Robert. . . .	35	25	50	id.	ferro	Rimorchio (appartenente alla locale direzione d'artigl.)
Id. . . .	Id. . . .	Alleanza del Golfo . . .	14	9	190	id.	legno	Rimorchio e trasporto passeggieri nel g. di Spezia.
Id. . . .	Id. . . .	Emilia Henfrey .	13	8	135	id.	id.	Id.
Id. . . .	Id. . . .	Unione operaia .	20	12	480	id.	id.	Id.
Livorno . . .	Livorno . . .	Trieste	14	5	19	id.	id.	Rimorchio.
Id. . . .	Id. . . .	Eolo	22	7	30	id.	id.	Id.
Civitavecchia .	Civitavecchia .	A. Cialdi . . .	..	4	40	id.	id.	Id.
Id. . . .	Id. . . .	Gissela . . .	..	6	30	id.	ferro	Id.
Id. . . .	Id. . . .	20 Settembre .	..	8	35	id.	legno	Id.

COMPARTIMENTI marittimi	Luogo d'inscrizione	Denominazione	Tonnellaggio		Forza della macchina in cavalli indicati	Propulsatore	Materiale di costruzione dello scafo	Esercizio a cui sono addetti
			lordo	netto				
Civitavecchia .	Anzio . . .	Ruggero . . .	..	9	30	elica	legno	Rimorchio.
Id. . . .	Id. . . .	Venezia . . .	..	7	20	id.	id.	Id.
Id. . . .	Fiumicino . .	Fiumicino . .	..	7	33	id.	ferro	Id.
Id. . . .	Id. . . .	Amicizia . . .	..	12	12	id.	legno	Id.
Gaeta	Gaeta . . .	Vesuvio . . .	16	11	35	id.	ferro	Rimorchio bersagli (appartiene al locale comando d'artiglieria).
Napoli . . .	Napoli . .	Vittoria . . .	346	210	160	ruote	id.	Servizio postale e trasporto merci e passeggieri nel Golfo di Napoli.
Id. . . .	Id. . . .	Posillipo . . .	94	54	90	id.	legno	Id.
Id. . . .	Id. . . .	Fieramosca . .	89	51	211	elica	ferro	Id.
Id. . . .	Id. . . .	Napoli	729	446	800	ruote	id.	Id.
Id. . . .	Id. . . .	Capri	190	122	195	elica	id.	Id.
Id. . . .	Id. . . .	Ischia	168	110	300	ruote	legno	Id.
Id. . . .	Id. . . .	Mergellina . .	82	52	140	elica	ferro	Id.
Id. . . .	Id . . .	Antonio . . .	38	24	37	id.	legno	Trasporto merci per conto del proprietario.
Id. . . .	Id. . . .	Diritto. . . .	8	6	24	id.	id.	Trasporto passeggieri.

COMPARTIMENTI marittimi	Luogo d'inscrizione	Denominazione	Tonnellaggio lordo	Tonnellaggio netto	Forza della macchina in cavalli indicati	Propulsatore	Materiale di costruzione dello scafo	Esercizio a cui sono addetti
Napoli . . .	Napoli . . .	Galluzzo . . .	20	11	30	elica	legno	Trasporto passeggieri.
Id. . . .	Id. . . .	Lina	15	3	30	id.	ferro	Rimorchio di galleggianti per conto del proprietario.
Id. . .	Id. . . .	Il Serino. . .	11	3	30	id.	id.	Id.
Id. . . .	Id. . . .	Nuova Fanny .	93	10	148	id.	legno	Addetto ai lavori del porto di Napoli.
Id . .	Id. . . .	Enrico . . .	16	7	45	id.	id.	Id.
Id. . . .	Id. . . .	Utile	39	11	105	id.	ferro	Id
Id. . . .	Id. . . .	Adolfo	75	30	288	id.	legno	Id.
Id. . . .	Id. . . .	A. Witting . .	28	18	72	id.	ferro	Servizio piloti e rimorchio.
Id. . . .	Id. . . .	Torquato Tasso	79	30	141	id.	id.	Trasporto passeggieri nel golfo di Napoli.
Id. . . .	Id. . . .	Lampo . . .	250	163	673	id.	id.	Servizio postale e merci nel golfo di Napoli.
Pizzo . . .	Pizzo . . .	Francesco . .	..	4	28	id.	legno	Rimorchio.
Taranto . . .	Taranto. . .	Fazio	..	39	100	id.	ferro	Id.
Id. . . .	Id. . . .	Padre Santo . .	..	3	8	id.	legno	Id.
Id. . . .	Id. . . .	Unione . . .	..	20	36	id.	ferro	Id.
Id. . . .	Brindisi . . .	Ibis	31	5	35	id.	id.	Id.

11

COMPARTIMENTI marittimi	Luogo d'inscrizione	Denominazione	Tonnellaggio		Forza della macchina in cavalli indicati	Propulsatore	Materiale di costruzione dello scafo	Esercizio a cui sono addetti
			lordo	netto				
Bari . . .	Barletta . .	Barletta . . .	..	19	18	elica	ferro	Rimorchio.
Id. . . .	Mola . . .	Falco	11	6	5	id.	legno	Id. e lavori del porto.
Id. . . .	Molfetta . .	Helvetia. . .	9	4	9	id	ferro	Rimorchio.
Ancona . . .	Ancona . .	Quintino Sella .	24	3	73	id.	id.	Id. di bersagl (appartenente al comando l cale di artiglieria).
Id. . . .	Id. . . .	Umberto I. . .	28	5	32	id.	id.	Id. di piatte.
Id. . . .	Id. . . .	Wilson et Maclarent . . .	27	3	45	id.	ferro	Id
Rimini . . .	Rimini . . .	Isauro. . . .	..	2	7	id.	id.	Id. delle bette pei lavori di e scavazione de porto.
Venezia . . .	Venezia . .	Tito Salvagente.	22	14	48	id.	id.	Rimorchio
Id. . . .	Id. . . .	Lido	63	42	80	id.	id.	Id.
Id. . . .	Id. . . .	Anna	24	18	60	id.	id.	Trasporto passeggieri.
Id. . . .	Id. . . .	Emmerich . .	15	10	48	id.	id.	Rimorchio.
Id. . . .	Id . . .	Bacchiglione .	12	8	36	id.	id.	In disarmo.
Id. . . .	Id. . . .	Rialto	81	41	20	id.	id.	Trasporto passeggieri.
Id. . . .	Id. . . .	Generale Valfrè	40	25	122	id.	id	Trasporto di truppe e materiale da guerra (appartenente alla direzione territoriale di artiglieria)
Id. . . .	Id. . . .	Colonnello Pozzi	26	15	50	id.	id.	Id.

DIPARTIMENTI marittimi	Luogo d'inscrizione	Denominazione	Tonnellaggio		Forza della macchina in cavalli indicati	Propulsatore	Materiale di costruzione dello scafo	Esercizio a cui sono addetti
			lordo	netto				
Venezia . . .	Venezia . . .	Giuseppe Sirtori	92	58	95	elica	ferro	Trasporti appartenenti alla brigata lagunare del 4.º reggimento genio.
Id. . . .	Id. . . .	Paleocapa Pietro	39	23	35	ruote	id.	Id.
Id. . . .	Id. . . .	Alessandro Volta	28	17	48	id	id.	Id.
Id. . . .	Ic. . . .	Daniele Manin .	27	16	30	id.	id.	Id.
Id. . . .	Id. . . .	Cesare Rossarol	39	23	35	id.	id.	Id.
Id. . . .	Id. . . .	Nicolò Tommaseo	39	23	35	id	id.	Id.
Id. . . .	Id . . .	Guglielmo Pepe	27	16	30	id.	id.	Id.
Id. . . .	Id. . . .	Giorgio Rizzardo . . .	39	23	35	id.	id.	Id.
Cagliari . . .	Cagliari. . .	Il Cagliari . .	16	4	45	elica	legno	Rimorchio.
Id. . . .	Id. . . .	Il Carloforte . .	17	4	45	id.	id	Id.
Maddalena .	Portotorres .	Portotorres . .	..	27	180	id.	acciaio	Servizio d'ispezione dei fari (appartiene all'Amministraz. dei LL. PP.).
P. Empedocle .	P. Empedocle	Veloce. . . .	21	..	102	id.	ferro	Rimorchio per i lavori di escavazione in Porto Empedocle.
Id. . . .	Licata . . .	Venezia . . .	51	40	203	id.	id.	Rimorchio per i lavori di escavazione del porto di Licata
Palermo . .	Palermo . .	Adelina . . .	17	7	40	id.	legno	Rimorchio.

SINISTRI MARITTIMI.

I sinistri marittimi di qualsiasi specie avvenuti durante l'anno 1896, furono, come negli scorsi anni, suddivisi in due categorie a seconda del luogo in cui si verificarono, comprendendo nella prima i sinistri toccati ai bastimenti nazionali ed esteri nelle acque dello Stato, e nella seconda quelli dei bastimenti nazionali avvenuti in alto mare ed all'estero. Per ciascuna di queste due categorie furono poi compilati due quadri distinti, indicando, in ordine cronologico, nel primo i naufragi e nell'altro le avarie.

In tali quadri furono compresi anche taluni sinistri avvenuti prima del 1896, ma pei quali solo in quest'anno si potè accertare la sorte toccata al bastimento ed al carico.

In apposito quadro separato sono indicati tutti i sinistri avvenuti nei galleggianti.

Si dà quindi un cenno dei naufragi di maggiore importanza, sia per le tristi conseguenze avute che per il modo con cui avvennero, avvertendo che uno di essi (brig. gol. « Italiano ») non è compreso nel relativo elenco dei naufragi avvenuti nello Stato perchè tuttora inscritto sulle matricole, non essendo trascorsi i due anni prescritti per provvedere alla cancellazione.

In pochissimi casi fu richiesto il soccorso delle navi della R. Marina per bastimenti in pericolo, e perciò si omette di fare un cenno speciale.

Seguono infine quattro quadri relativi alla gente di mare perita in naufragio e per altre cause dipendenti dalla navigazione, ed uno specchio comparativo dei sinistri toccati nello stesso anno 1896 ai bastimenti delle principali marine estere ed a quelli della marina mercantile nazionale.

Bastimenti nazionali ed esteri perduti per sinistri nelle acque dello Stato.

				BASTIMENTI		SINISTRI		
Numero d'ordine	Tipo	Denominazione	Tonnellate di stazza	Bandiera — Comparti- menti d'inscri- zione	Data	Natura e luogo ove avvennero	Persone perite	Conseguenza del sinistro pel bastimento e pel carico
1	Trabaccolo da pesca.	Madonna del- la Misericor- dia	18	Rimini. .	17 ott. 1895	Capovolto nelle ac- que di Ancona dal forte vento.	6	Tutto perduto.
2	Brigantino.	Maria O . .	195	Genova .	13 dic.	Arenamento a Ta- lamone.	..	Carico salvo. Il ba- stimento fu demo lito.
3	Bovo . .	S. Paolo . .	23	Trapani .	28 »	Investimento alla Pantelleria.	..	Ricuperati gli at- trezzi.
4	Bilancella	Antoniuccio .	10	Bari . .	7 genn. 1896	Affondato a Molfetta per forza di tempo.	9	Tutto perduto.
5	Piroscafo.	Vesuvio . .	313	Genova .	8 »	Naufragato a Oglia- stro (Sardegna).	17	Tutto perduto.
6	Brigantino.	Gioanin. . .	257	Id. .	9 »	Naufragato ad Ar- batax (Sardegna).	..	Salvato parte del carico e pochi at- trezzi.
7	Bilancella da pesca.	Vergine del Rosario.	22	Napoli. .	9 »	Naufragata a Pia- nosa per forza di tempo.	.	Ricuperati pochi attrezzi.
8	Bilancella.	Gaetanina . .	9	Gaeta . .	9 »	Naufragata al Bor- go di Gaeta per forza di tempo.	..	Bastimento per- duto.
9	Id.	Nuova Luisa .	9	Id. .	9 »	Id.	..	Id.
10	Barca . .	I cinquecento.	5	Id. .	9 »	Id.	..	Id.
11	Tartana .	S. Luigi . .	36	Id. .	9 »	Id.	..	Id
12	Bilancella	Giuseppe . .	20	Id. .	9 »	Id.	..	Id.
13	Tartana .	Romolo . . .	17	Cagliari .	9 »	Naufragata ad Ar- batax.	..	Id

	BASTIMENTI				SINISTRI		
Numero d'ordine	Tipo	Denominazione	Tonnellate di stazza	Bandiera — Compartimenti d'inscrizione	Data	Natura e luogo ove avvennero	Persone perite	Conseguenza del sinistro pel bastimento e pel carico
14	Cutter . .	Eugenio . .	26	Cagliari .	9 genn. 1896	Naufragato ad Arbatax	1	Bastimento perduto.
15	Id.	Nuovo S. Nicola . . .	22	Id.	9 »	Id.	..	Id.
16	Tartana .	La Fenice . .	77	Livorno .	9 »	Naufragata a Capo Figari.	7	Salvato parte del carico e degli attrezzi.
17	Bilancella	Etruria . . .	8	Id.	9 »	Naufragata a Terranova.	..	Salvati pochi attrezzi.
18	Id.	Assunta Maria	9	Maddalena	9 »	Id.	..	Id.
19	Cutter . .	Maria Teresa .	36	Livorno .	9 »	Id.	..	Id.
20	Id.	Efigenia . . .	44	Id.	9 »	Naufragato nel golfo di Cognena (Sardegna).	6	Tutto perduto.
21	Goletta . .	Caterina . .	44	Trapani .	9 »	Investita a Pantelleria.	..	Ricuperati gli avanzi.
22	Brigantino a palo.	Cyrnos . . .	275	Genova .	10 »	Naufragato ad Arbatax (Sardegna).	..	Tutto perduto.
23	Trabaccolo	Vasilissa . .	19	Ottomana.	11 »	Naufragato a Monopoli per forza di tempo.	..	Id.
24	Bilancella	Antonietta D.	12	Bari. . .	11 »	Investita nella scogliera di Manfredonia.	..	Id.
25	Trabaccolo	S. Nicolò . .	10	Ottomana	12 »	Investito a Mola di Bari.	..	Lo scafo fu demolito.
26	Brigantino goletta.	L'Etna G. . .	47	Catania .	12 »	Arenatosi a Milazzo per forte tempo	..	Ricuperati pochi avanzi.

	BASTIMENTI				SINISTRI			
Numero d'ordine	Tipo	Denominazione	Tonnellate di stazza	Bandiera — Compartimenti d'inscrizione	Data	Natura e luogo ove avvennero	Persone perite	Conseguenza del sinistro pel bastimento e pel carico
27	Piroscafo .	Tressilian . .	1502	Inglese. .	22 genn. 1895	Incagliato alla secca di S. Vito (Taranto) per densa nebbia.	..	Bastimento e carico perduti.
28	Goletta. .	SS. Crocifisso.	35	Messina .	29 »	Affondata per via d'acqua a Stromboli.	..	Tutto perduto.
29	Brigantino goletta.	Caterina Nuova.	57	Palermo .	16 febb.	Arenato a Cariati per forte temporale.	..	Id.
30	Brigantino a palo.	Cocchinos . .	362	Ellenica .	16 »	Arenato a Secca di Castella per via d'acqua.	..	Salvati gli attrezzi.
31	Tartana .	Maria Ciro . .	72	Napoli.	23 »	Naufragata a Catanzaro Marina per forza di tempo.	..	Tutto perduto.
32	Piroscafo.	Adelphi. .	615	Ellenica .	26 »	Naufragato a Brancaleone per investimento a causa di foschia.	2	Ricuperati gli avanzi.
33	Bilancella.	S. Michele Arcangelo.	9	Porto Empedocle.	29 »	Affondatasi per via d'acqua a Scoglietti.	..	Salvati pochi attrezzi.
34	Tartana .	Auxur . . .	36	Id.	6 marzo	Scomparsa in mare vicino Ponza.	6	Tutto perduto.
35	Id.	Geromina . .	80	Livorno .	11 »	Naufragata a Soverato per forza di tempo.	..	Id.
36	Goletta. .	Antonetta . .	99	Castellammare di Stabia.	24 »	Fu investita dal piroscafo Leone a Monte Circello.	..	Id.
37	Bilancella.	Yach . . .	17	Portoferraio.	28 »	Investita a Porto Longone per forza di tempo.	..	Salvati pochi attrezzi.

		BASTIMENTI				SINISTRI		
Numero d'ordine	Tipo	Denominazione	Tonnellate di stazza	Bandiera — Compartimenti d'inscrizione	Data	Natura e luogo ove avvennero	Persone perite	Conseguenza del sinistro pel bastimento e pel carico
38	Barca da pesca.	Maria d e l l a Provvidenza .	4	Palermo .	4 aprile 1896	Capovolta da una raffica a M a r e - timo.	..	Fu ricuperata.
39	Bilancella.	Generoso . .	8	Castellam- mare d i Stabia.	11 »	Investita nell'entra- ta di Trapani.	..	Ricuperati gli at- trezzi.
40	Tartana .	Angelo R a f - faele.	60	Napoli .	13 »	Investita a Pizzo per forza di tempo.	...	Ricuperati pochi attrezzi.
41	Id.	Faustina .	56	Livorno .	13 »	Naufragata ad Ar- batax.	..	Tutto perduto.
42	Id.	Serafina .	31	Messina .	17 »	Naufragata a Schia- vonea per forte temporale	..	Salvato parte del carico.
43	Bilancella.	Enrico . . .	12	Bari .	10 mag	Investita da altra bilancella a Trani.	..	Fu rimessa a galla e quindi demolita.
44	Brigantino goletta.	Orea Ellas. .	60	Ellenica .	6 giugn.	Investito da un pi- roscafo nello stretto di Messina.	..	Tutto perduto
45	Id.	Giustina . .	127	Portofer- raio	8 »	Investimento sulla diga di Livorno.	..	Salvato parte del carico e degli at- trezzi.
46	Id.	Maria Ange- lica S.	49	Palermo .	4 agos.	Investito da un pi- roscafo presso O- stia.	..	Tutto perduto
47	Piroscafo.	Orizzonte . .	413	Genova .	8 »	Investito per forza di tempo a Ca- prera.	..	Salvato il carico e alcuni attrezzi.
48	Bilancella.	Luciano .	10	Catania. .	21 »	Investita da un pi- roscafo al Capo S. Croce (Augu- sta).	..	Salvato il solo bat- tello.
49	Goletta .	Virginia R. .	78	Livorno. .	30 »	Arenata a p o r t o S. Nicolò.	..	Ricuperato carico e attrezzi.

			Tonnellate di stazza	Bandiera — Comparti- menti d'inscri- zione				
	BASTIMENTI					**SINISTRI**		
Numero d'ordine	Tipo	Denominazione			Data	Natura e luogo ove avvennero	Persone perite	Conseguenza del sinistro pel bastimento e pel carico
50	Brigantino a palo.	Dino . . .	486	Portofer- raio.	26 sett. 1896	Naufragato a Gere- meas in Sarde- gna.	..	Tutto perduto.
51	Bilancella.	Marietta . .	21	Palermo	2 ott.	Investita all'isolotto Asinelli (Trapani).	..	Id.
52	Brigantino goletta.	Unione . . .	104	Genova .	15 »	Naufragato a Capo Rasocolmo.	..	Id.
53	Id.	S. Pasquale .	150	Id.	15 »	Naufragato a Mona- sterace.	..	Id.
54	Trabaccolo da pesca	I due cugini	5	Rimini . .	16 »	Naufrato a Rimini.	..	Id.
55	Brigantino.	Principio R. .	257	Napoli . .	17 »	Naufragato a Fiu- micino per forza di tempo.	..	Bastimento perdu- to.
56	Brigantino goletta.	Leopolda B. .	92	Livorno .	18 »	Naufragato ad An- zio per forza di tempo.	..	Id.
57	Trabaccolo.	Vergine. . .	4	Chioggia .	23 »	Capovolto da forte raffica a Chioggia.	..	Id.
58	Brigantino goletta.	Giovanni . .	121	Genova .	28 »	Arenato per forza di tempo a Mar- zocco.	..	Id
59	Trabaccolo.	Giuseppina .	50	Chioggia .	29 »	Investito alla foce del Po per forza di tempo.	..	Id.
60	Id.	S. Nicola 2ª	49	Ancona .	3 nov.	Naufragato a Fano per forza di tem- po.	..	Tutto perduto.
61	Mistico .	Madonna della Provvidenza .	30	Reggio .	5 »	Naufragato a Mo- nasterace per for- za di tempo.	..	Salvati pochi at- trezzi.

BASTIMENTI					**SINISTRI**			
Numero d'ordine	Tipo	Denominazione	Tonnellate di stazza	Bandiera — Compartimenti d'inscrizione	Data	Natura e luogo ove avvennero	Persone perite	Conseguenza del sinistro pel bastimento e pel carico
62	Cutter . .	Giuseppe Padre	38	Livorno .	6 nov. 1896	Affondato per via d'acqua a Capo Palinuro.	..	Tutto perduto fuorchè il battello.
63	Trabaccolo.	Buona Sorte .	10	Montenegrina.	11 »	Naufragato a Bocca di Puglia (Brindisi).	..	Tutto perduto.
64	Navicello.	Carlino. . .	27	Spezia. .	15 »	Capovolto da forte raffica a Carrara.	..	Lo scafo fu demolito.
65	Brigantino a palo.	Assuntina . .	388	Livorno .	22 »	Naufragato a Siniscola.	..	Tutto perduto.
66	Goletta. .	Giuseppina. .	40	Cagliari .	22 »	Id.	..	Id.
67	Id.	N. B . . .	49	Id.	22 »	Id.	..	Id
68	Brigantino goletta.	Evangelismus.	339	Ellenica .	23 »	Arenatosi alle secche del Simeto (Catania).	2	Id.
69	Brigantino.	Maria D. . .	311	Genova .	25 »	Affondato presso Tortoli a causa di via d'acqua.	..	Id.
70	Piroscafo.	Marietta . .	46	Palermo .	25 »	Affondatosi a Ponza per fortunale.	..	Id.
71	Brigantino goletta.	Rea . .	134	Austro-Ungarica.	26 »	Naufragato a Catanzaro Marina per forza di tempo.	..	Scafo reso inabile a navigare.
72	Trabaccolo.	S. Maria di Loreto.	16	Ancona .	26 »	Investito a Rodi per rottura dell'ormeggio.	.	Lo scafo fu demolito.

	BASTIMENTI				SINISTRI		
Numero d'ordine	Tipo	Denominazione	Tonnellate di stazza	Bandiera — Compartimenti d'inscrizione	Data	Natura e luogo ove avvennero	Persone perite	Conseguenza del sinistro pel bastimento e pel carico

Numero d'ordine	Tipo	Denominazione	Tonnellate di stazza	Bandiera Compartimenti d'inscrizione	Data	Natura e luogo ove avvennero	Persone perite	Conseguenza del sinistro pel bastimento e pel carico
73	Cutter . .	S. Giuseppe .	21	Porto Maurizio.	28 nov. 1896	Arenamento al fiume Centa (Albenga).	..	Salvato una parte del carico e degli attrezzi.
74	Goletta. .	La Potente. .	20	Napoli . .	28 »	Investita alla Capraia per forza di tempo.	..	Ricuperati pochi attrezzi.
75	Tartana .	Carmela Madre.	32	Catania .	30 »	Investita sulle spiaggie di Augusta.	..	Id.
76	Brigantino.	Emanuele . .	304	Napoli . .	6 dic.	Perdutosi a Porto Torres per forte vento	..	Bastimento perduto.
77	Tartana .	Augusta . .	59	Livorno .	6 »	Investita a Bosa per forza di tempo.	..	Ricuperati pochi attrezzi.
78	Brigantino a palo.	Angelita C. .	357	Portoferraio	6 »	Id.	..	Salvato parte del carico e degli attrezzi.
79	Id.	Leonida . .	426	Genova .	6 »	Naufragato a Santa Margherita.	..	Salvati alcuni attrezzi.
80	Brigantino goletta.	S Elena . .	100	Napoli . .	7 »	Naufragato a Montalto di Castro.	1	Bastimento perduto.
81	Tartana .	Rosina . . .	77	Id.	8 »	Affondatasi a Bosa per forza di tempo.	..	Tutto perduto.
82	Bilancella.	S. Ciro Martire.	32	Id.	13 »	Affondatasi a Scalea per forza di tempo.	..	Carico perduto. Lo scafo potrà essere ricuperato.
83	Id.	Domenica . .	10	Id.	19 »	Investita a Capo Miseno per forte temporale.	..	Ricuperati gli avanzi.

	BASTIMENTI					SINISTRI		
Numero d'ordine	Tipo	Denominazione	Tonnellate di stazza	Bandiera — Compartimenti d'inscrizione	Data	Natura e luogo ove avvennero	Persone perite	Conseguenza del sinistro pel bastimento e pel carico
84	Brigantino goletta.	Nazzareno . .	67	Messina .	21 dic. 1895	Naufragato a Monasterace per forza di tempo	..	Salvato parte del carico e degli attrezzi.
85	Id.	Nuovo Raffaele.	45	Id.	21 »	Naufragato a Soverato per forza di tempo.	..	Salvato parte del carico.
86	Brigantino	Anatolicos Astir	349	Ellenica .	21 »	Naufragato a San Salvatore dei Greci.	..	Salvato canco e attrezzi. Scafo demolito.
87	Brigantino goletta.	Deodata Geraci.	89	Catania .	25 »	Investito a S. Cataldo per grosso mare e nebbia.	..	Tutto perduto.
88	Id.	Provvidenza .	84	Taranto .	26 »	Naufragato a Cotrone.	..	Id.

Bastimenti nazionali ed esteri colpiti da avarie nelle acque dello Stato.

	BASTIMENTI				AVARIE		
Numero d'ordine	Tipo	Denominazione	Tonnellate di stazza	Bandiera — Compartimenti d'inscrizione	Data	Natura e luogo ove avvennero	Persone perite	Conseguenza dell'avaria pel bastimento e pel carico
1	Piroscafo.	Generale Baratieri.	120	Genova	18 dic. 1895	Urto col piroscafo « Capraia » a Genova.	..	Rottura del bordo ed altri danni.
2	Brigantino	Mio Padre.	158	Id.	2 genn. 1896	Urto col veliero « Animoso » alle Grazie	..	Rotta la grua dell'ancora.
3	Navicella.	Elena N.	30	Id.	7 »	Urto col rimorchiatore « Due Fratelli » a Genova.	..	Rotto il bompresso e la ruota di prora.
4	Tartana	La Nuova Maria.	40	Napoli.	7 »	Rottura dell'alberatura fuori di Gaeta.	..	Fu rimorchiata a Napoli e riparata.
5	Trabaccolo	Astrea	11	Chioggia.	8 »	Arenatosi sulla spiaggia di Scardovari.	..	Rimesso a galla con danni allo scafo.
6	Bilancella.	S. Giuseppe e Maria.	13	Portoferraio.	9 »	Affondatasi a Rio Marina.	..	Rimessa a galla. Gravi danni allo scafo.
7	Bilancella. da pesca	Cinque fratelli	3	Id	9 »	Avarie all' alberatura alle Formiche di Grosseto.	..	Rimorchiata da un piroscafo a Talamone.
8	Cutter.	Minera di Calamita.	28	Id.	9 »	Investito a Portolongone per temporale.	..	Leggeri danni allo scafo.
9	Id.	Andrea Padre	31	Id.	9 »	Id.	..	Id.
10	Bilancella.	Verdiana.	30	Livorno .	9 »	Investita presso Capo Figari.	..	Rilevanti danni allo scafo.
11	Cutter.	Elisa F.	8	Gaeta .	9 »	Affondato per forza di tempo a Gaeta.	..	Venne ricuperato e riparato.

	BASTIMENTI					AVARIE		
Numero d'ordine	Tipo	Denominazione	Tonnellate di stazza	Bandiera — Compartimenti d'inscrizione	Data	Natura e luogo ove avvennero	Persone perite	Conseguenza dell'avaria pel bastimento e pel carico
12	Tartana .	Saverio Padre	71	Gaeta . .	9 gen. 1896	Incagliata a Gaeta per forza di tempo.	..	Fu poi rimessa a galla e riparata.
13	Cutter . .	Giulia . . .	9	Id.	10 »	Investita a Forio di Ischia.	..	Id.
14	Bilancella.	Michelino Barone.	11	Napoli. .	10 »	Investita a Baia per cattivo tempo		Id.
15	Piroscafo.	Ulisse . . .	1214	Ellenica .	10 »	Perdita delle imbarcazioni e altre avarie per forte temporale ne' paraggi di Ischia	2	Riparò a Napoli e poi proseguì il viaggio.
16	Brigantino a palo.	Luigino Guida	456	Napoli. .	10 »	Urto con altra nave a Procida.	..	Avaria al fasciame.
17	Goletta. .	Garofalo Raffaele.	90	Id.	10 »	Arenata a Manfredonia per rottura dell' ormeggio.	..	Danni allo scafo e al carico
18	Brigantino goletta.	Salvatore . .	171	Messina .	13 »	Abbandonato nei pressi di Cotrone.	..	Fu poi ricuperato con gravi danni.
19	Piroscafo.	Umberto I. .	1527	Genova .	14 »	Avaria in macchina.	..	Fu rimorchiato a Gaeta e quindi a Genova.
20	Id.	Solunto . . .	1242	Palermo .	17 »	Urto con altro piroscafo a Messina.	..	Vari danni allo scafo.
21	Tartana .	Gesù, Giuseppe e Maria.	13	Pizzo .	17 »	Arenata a S. Agata di Militello.	..	Forti danni allo scafo
22	Mistico .	Patriarca San Giuseppe.	32	Messina .	18 »	Arenato a Messina per forza di tempo.	..	Danni all' alberatura e allo scafo.
23	Trabaccolo	Giovannina A.	45	Chioggia .	18 »	Arenatosi presso Sinigaglia.	..	Danneggiato lo scafo.
24	Piroscafo.	Ravensheng .	1198	Norvegia-na.	27 »	Arenamento alla Meloria.	..	Avaria al carico di carbone

		BASTIMENTI				AVARIE		
Numero d'ordine	Tipo	Denominazione	Tonnellate di stazza	Bandiera — Compartimenti d'inscrizione	Data	Natura e luogo ove avvennero	Persone perite	Conseguenza dell'avaria pel bastimento e pel carico
25	Brigantino	Mia Madre . .	195	Genova .	20 gen. 1896	Urto col piroscafo « Segesta » a Genova.	.	Rotto il bastone di fiocco.
26	Tartana .	Emanuele . .	43	Messina .	7 febb.	Urto con un piroscafo nel porto di Messina.	..	Forti danni allo scafo.
27	Brigantino goletta.	Regina delle Vittorie	147	Taranto .	13 »	Rottura dell'alberatura per urto con un piroscafo a Napoli.	..	Fu rimorchiato a Napoli e riparato.
28	Trabaccolo	Stendardo . .	11	Chioggia .	21 »	Capovolto da una raffica al porto di Lido.	1	Fu rimesso a galla e riparato.
29	Nave scuola	Redenzione . .	..	Genova .	27 »	Urto con un piroscafo ellenico a Genova.	..	Danni alla prora e al bompresso
30	Tartana .	Amabile . .	17	Spezia .	28 »	Urto con una goletta a Genova.	..	Leggieri danni a prora.
31	Brigantino goletta.	Unione . . .	190	Venezia .	28 »	Investito a Licata.	..	Rottura del timone.
32	Piroscafo .	Hesperia . .	1982	Inglese .	18 mar.	Rottura dell'elica per urto sul molo di Napoli.	..	Fu rimorchiato a Messina per riparare il danno.
33	Goletta .	Angiolina R. .	55	Catania .	18 »	Investita presso Siracusa per foschia.	..	Danni allo scafo.
34	Cutter . .	Bernardino .	38	Trapani .	29 »	Urto col brigantino a palo « Italia » a Genova.	..	Leggieri danni a prora
35	Bilancella.	La Colomba .	25	Napoli .	30 »	Arenatasi a Diamante per temporale.	..	Forti danni allo scafo. Riparata a Torre del Greco.
36	Piroscafo .	Rakoczi . .	943	Austro-ungarica.	2 apr.	Urto con altro piroscafo a Licata.	..	Danni allo scafo e al carico

	BASTIMENTI				AVARIE			
Numero d'ordine	Tipo	Denominazione	Tonnellate di stazza	Bandiera — Compartimenti d'inscrizione	Data	Natura e luogo ove avvennero	Persone perite	Conseguenza dell'avaria pel bastimento e pel carico
37	Yacht	Rhouma	456	Inglese	12 apr. 1895	Investito a Palermo.	..	Leggieri danni.
38	Brigantino a palo	Pietrino	242	Livorno	13 »	Investito sulla spiaggia di Geremeas.	..	Perduto il carico di carbone vegetale.
39	Bilancella	Nuova Maria	18	Gaeta	13 »	Investita nel porto di Arbatax.	..	Rimessa a galla. Carico perduto.
40	Id.	Flavia	8	Portoferraio	16 »	Capovolta da una raffica a Portolongone.	..	Rimessa a galla con lievi perdite.
41	Cutter	Fortunato	32	Id.	20 »	Urto col piroscafo « Gargano » a Genova.	..	Danni alla prora.
42	Goletta	Rosina R..	50	Messina	20 »	Id.	..	Id.
43	Navicello	Nuovo S. Simone	33	Spezia	20 »	Id.	..	Id.
44	Bilancella	S. Giovanni terzo	13	Livorno	20 »	Urto con l'ir crociatore « Garibaldi » a Genova.	..	Id.
45	Piroscafo	Selinunte	863	Palermo	11 mag.	Incendio nel porto di Brindisi	..	Danneggiato il carico di Mais.
46	Id.	Lavagna	1058	Spezia	28 »	Investito a Termini Imerese.	..	Leggieri danni.
47	Brigantino a palo	Carlo	751	Castellam. di Stabia	10 giug.	Urto con un piroscafo nella rada di Napoli.	..	Avarie allo scafo e all'attrezzatura.
48	Bovo	Carolina	15	Trapani	23 lugl.	Incendio a bordo alla Pantelleria.	..	Leggieri danni.
49	Tartana	Saverio Padre	71	Gaeta	29 »	Via d'acqua per forte temporale a Gaeta.	..	Riparò a Pozzuoli e proseguì il viaggio.
50	Brigantino goletta	Il Francesco	116	Palermo	22 agos.	Urto con un piroscafo a Portoferraio.	..	Danni al fasciame. Rimorchiato a Livorno.

	BASTIMENTI				AVARIE		
Numero d'ordine	Tipo	Denominazione	Tonnellate di stazza	Bandiera — Compartimenti d'inscrizione	Data	Natura e luogo ove avvennero	Persone perite	Conseguenza dell'avaria pel bastimento e pel carico
3	Piroscafo .	Balfour . . .	..	Inglese . .	4 sett. 1896	Investito a Capo Passero per foschia	..	Danni al carico.
2	Tartana .	Monte Carmelo	18	Reggio. .	6 »	Urto con un piroscafo presso Milazzo.	..	Rimorchiato a Milazzo con forti danni allo scafo.
3	Bilancella.	S. Giuseppe .	15	Genova.	17 »	Urto con una barca a vapore a Genova.	..	Danni all' opere morte.
3	Bilancella da pesca.	Primo S. Francesco di Paola	12	Napoli. .	21 »	Arenatasi a Torre Gaveta.	..	Rimessa a galla e riparata a Procida
5	Cutter . .	Luisa . . .	25	Portoferraio.	26 »	Investito a Capo Viti (Isola d'Elba).	..	Rimorchiato a Porto Longone.
6	Bilancella.	Porto di Salvezza.	19	Napoli. .	26 »	Investita alla Pace (Messina).	..	Rimessa a galla e riparata
7	Brigantino a palo.	Aquila . . .	407	Portoferraio.	28 »	Urto con una torpediniera a Portoferraio.	..	Danni allo scafo.
8	Tartana .	La Nuova Concettina.	31	Porto Empedocle.	2 ott.	Affondatasi a Licata	..	Rimessa a galla con danni allo scafo.
9	Trabaccolo da pesca.	Il Crocifisso .	13	Id.	2 »	Affondatosi a Lampedusa.	..	Id.
20	Goletta. .	Salvatore Altieri.	67	Napoli. .	11 »	Urto con altra nave a Genova.	..	Danni a prora.
21	Piroscafo.	Elisabetta .	245	Livorno .	15 »	Urto con altro piroscafo a Genova	..	Rottura del battello.
22	Brigantino goletta.	Dona Ernesta.	142	Spezia. .	16 »	Arenamento a Bocca d'Arno.	..	Pochi danni allo scafo e al carico.
23	Trabaccolo da pesca	Tmepirio . .	18	Rimini. .	11 nov.	Trascinato in mare dalla violenza della corrente a Cattolica.	..	Fu poi ricuperato con gravi danni.

12

	BASTIMENTI					AVARIE		
Numero d'ordine	Tipo	Denominazione	Tonnellate di stazza	Bandiera — Compartimento d'inscrizione	Data	Natura e luogo ove avvennero	Persone perite	Conseguenza dell'avaria pel bastimento e pel carico
64	Trabaccolo da pesca	Alleanza . .	21	Rimini. .	11 nov. 1846	Trascinato in mare dalla violenza della corrente a Cattolica.	..	Fu poi ricuperato con gravi danni.
65	id.	I due cugini G.	19	Id.	11 »	Id.	..	id.
66	Trabaccolo	Luigi Fortunato.	116	Chioggia .	25 »	Investito a Palermo.	..	id.
67	Id.	Valente. . .	30	Ancona .	26 »	Investito a Rodi per rottura di ormeggi.	..	Danneggiato lo scafo.
68	Id.	Paoluccio . .	46	Bari. . .	26 »	Sbattuto dal mare sul molo di Manfredonia.	..	Danni allo scafo.
69	Brigantino goletta.	Gelsomina .	138	Catania .	29 »	Arenatosi a Cotrone per foschia	..	Rimesso a galla con lievi danni.
70	Id.	Eugenia . .	62	Trapani .	5 dic.	Urto con altra nave a Genova.	..	Leggieri danni a prora.
71	Tartana .	Fortuna Libera	34	Napoli . .	7 »	Incagliata a Viareggio.	..	Danneggiato lo scafo.
72	Piroscafo.	Unione . . .	418	Genova .	11 »	Urto con altro piroscafo a Genova.	..	Gravi danni allo scafo.
73	Cutter . .	Giuseppe . .	27	Messina .	12 »	Rottura di attrezzi alle Isole Eolie.	..	Danni agli attrezzi e al carico.
74	Id.	Excelsior . .	48	Genova .	14 »	Incagliato a Vada.	..	Pochi danni allo scafo e al carico.
75	Bilancella.	L'amico dei Poveri.	20	Napoli . .	26 »	Investita a Soverato per forza di tempo.	..	Danni allo scafo e all'attrezzatura.

Bastimenti nazionali perduti per sinistri in alto mare ed all'estero.

Numero d'ordine	BASTIMENTI				SINISTRI			
	Tipo	Denominazione	Tonnellate di stazza	Bandiera — Comparti- menti d'inscri- zione	Data	Natura e luogo ove avvennero	Persone perite	Conseguenza del sinistro pel bastimento e pel carico
1	Brigantino a palo.	Ida	495	Genova .	2 dic. 1895	Abbandonato nello Atlantico Sud per via d'acqua.	..	Tutto perduto.
2	Feluca . .	Marco . . .	18	Trapani .	8 »	Investita a Cartagi- ne (Tunisia).	..	Ricuperato parte del carico e degli attrezzi.
3	Brigantino a palo.	Rissetti C.	889	Genova .	14 »	Arenato per via di acqua a Castillos (Uruguay).	..	Salvati pochi at- trezzi.
4	Brigantino goletta.	Nuovo Seba- stiano.	190	Catania .	17 »	Investito a Sansego (Dalmazia).	..	Salvato il carico e parte degli at- trezzi.
5	Brigantino a palo.	Concetta A. .	341	Genova .	2 gen. 1896	Scomparso nel viag- gio da Cagliari a Genova.	10	Tutto perduto.
6	Brigantino.	Felicita S.	248	Id.	7 »	Scomparso nel viag- gio da Follonica a Malta.	9	Id
7	Bilancella da pesca.	Emancipato .	27	Livorno .	9 »	Investita alla Padu- lella (Corsica).	..	Id.
8	Id.	Il Secolo . .	30	Id.	9 »	Scomparsa sulle co ste di Corsica.	3	Id.
9	Id.	Lorenzo D. .	25	Id.	9 »	Arenata a Casabian- ca (Corsica).	..	Id.
10	Bilancella.	Ida	30	Id.	9 »	Naufragata a Fina- rello (Corsica).	4	Id.
11	Tartana .	L'Etruria . .	64	Id.	9 »	Naufragata a Cala- doro (Corsica).	..	Id.

BASTIMENTI					SINISTRI		
Numero d'ordine	Tipo	Denominazione	Tonnellate di stazza	Bandiera — Comparti- menti d'inscri- zione	Data	Natura e luogo ove avvennero	Persone perite	Conseguenza del sinistro pel bastimento e pel carico
12	Bilancella.	Nuovo Belisa- rio.	9	Livorno	9 genn. 1895	Investita alle Prune- te di Bastia (Cor- sica).	..	Tutto perduto.
13	Goletta	S. Francesco di Paola.	96	Napoli.	10 »	Investita a Tabarca (Tunisia).	..	Id.
14	Brigantino a palo.	Santa Rosa	558	Castellam- mare di Stabia.	18 »	Incendiatosi nell'O- ceano Atlantico.	..	Id.
15	Brigantino goletta.	Rosalia C.	408	P. Mauri- zio.	20 »	Arenato per via di acqua a Bahama.	..	Id.
16	Brigantino a palo.	Arcangelo .	826	Napoli.	24 »	Scomparso nell'O- ceano Atlantico	12	Id.
17	Bovo . .	Dorsiana Pri- ma.	25	Spezia .	genn.	Scomparso nel viag- gio da Cagliari a Fiumicino.	5	Id.
18	Brigantino a palo.	Giuseppe D'A- bundo.	571	Napoli.	13 febb.	Investito su un ban- co a Savamah.	..	Ricuperate due im- barcazioni e po- chi attrezzi.
19	Trabaccolo.	Rosa . . .	95	Venezia	10 Mar.	Investito nel canale Morlacca (Dalma- zia).	2	Tutto perduto.
20	Brigantino a palo.	Union . .	712	Genova	22 »	Incendio nel viaggio da Buenos Aires a Liverpool	..	Salvata la lancia e pochi istrumenti
21	Brigantino.	Maria . .	377	Napoli .	30 »	Abbandonato per via d'acqua sulla costa di Spagna.	..	Id.
22	Barca da pesca.	Maria della Provvidenza.	5	Palermo	4 apr.	Affondata da una raffica a Tabarca.	..	Tutto perduto
23	Piroscafo .	Pax . . .	591	Genova	7 »	Incendiatosi a Tar- ragona.	..	Salvato parte del carico e due im- barcazioni.

BASTIMENTI				SINISTRI		
Numero d'ordine	Tipo	Denominazione	Tonnellate di stazza	Bandiera — Compartimenti d'inscrizione	Data	Natura e luogo ove avvennero	Persone perite	Conseguenza del sinistro pel bastimento e pel carico

24	Goletta	Due fratelli	34	Messina	20 mag. 1896	Naufragata ad Alistro (Corsica).	..	Tutto perduto.
25	Brigantino goletta.	Teresa	60	P. Maurizio	maggio	Scomparso nel viaggio da Savona a Marsiglia.	6	Id.
26	Brigantino a palo.	Mabel	747	Castellammare di Stabia	3 giug.	Incendiatosi a Siviglia.	..	Id.
27	Goletta	Emilio Ricci	96	Livorno	7 »	Investita alle bocche del Rodano.	..	Id
28	Trabaccolo.	Vergine del Carmine.	12	Ancona	9 »	Investito sugli scogli all'isola Capri.	..	Salvato ¼ del carico di agrumi.
29	Brigantino.	Diadema	419	Genova	7 lugl.	Naufragato a Pensacola.	..	Dichiarato inabile alla navigazione.
30	Brigantino a palo.	Raffaele D.	630	Id.	8 »	Naufragato all'isola Sable (Atlantico Nord).	..	Tutto perduto.
31	Tartana	Nuova Maria del Principio	61	Napoli	7 Ag.	Affondata da una forte raffica a Capo Negro.	1	Salvata la sola imbarcazione.
32	Brigantino a palo	I due fratelli.	475	Castellammare di Stabia	10 sett.	Abbandonato per via d'acqua nel viaggio da Napoli a Portland.	..	Salvati soli gli istromenti.
33	Id.	Monte Tabor.	567	Genova	13 »	Naufragato a Capo Cod (Atlantico N.)	5	Tutto perduto.
34	Trabaccolo.	Emancipato	50	Chioggia	21 »	Investito a Porto Morto (Dalmazia)	..	Id.
35	Id.	Buon Soldato.	10	Id.	26 »	Investito a Rasanze (Dalmazia).	..	Id.

	BASTIMENTI					SINISTRI		
Numero d'ordine	Tipo	Denominazione	Tonnellate di stazza	Bandiera — Compartimenti d'inscrizione	Data	Natura e luogo ove avvennero	Persone perite	Conseguenza dell'avaria pel bastimento e pel carico
	Brigantino a palo.	Berar . . .	853	Genova .	6 ott. 1896	Naufragato nel mare del Nord a Seaton.	..	Tutto perduto.
37	Id.	Tomassino.	595	Castellammare di Stabia .	8 »	Colato a fondo da un piroscafo a Montevideo.	2	Ricuperati gli avanzi.
38	Id.	Luigi L. . .	888	Genova .	9 »	Abbandonato per via d'acqua a Rio Grande do Sol.	..	Tutto perduto.
39	Id.	Eolo	490	Id.	20 »	Naufragato a Berwich (Mare del Nord).	..	Id.
40	Id.	Lorenzino . .	922	Id.	21 »	Abbandonato per via d'acqua nell'Atlantico Nord.	..	Id.
41	Id.	Stefano C. .	448	Id.	6 nov.	Naufragato a Barcellona.	..	Salvato parte del carico e alcuni attrezzi.
42	Brigantino.	S. Gaetano .	449	Napoli. .	11 »	Scomparso nell'Oceano Atlantico.	11	Tutto perduto.
43	Brigantino a palo.	Sacro Cuore .	378	Id.	8 dic.	Investito sulle coste del Portogallo.	..	Salvati pochi attrezzi.
44	Goletta. .	S. Francesco di Paola.	50	Messina .	22 »	Naufragata a Tunisi.	..	Salvato il carico.
45	Brigantino goletta.	Amalia . . .	77	Genova .	dicem.	Investito presso Corfù.	..	Salvato poco carico e alcuni attrezzi.

Bastimenti nazionali colpiti da avarie in alto mare ed all'estero.

		GALLEGGIANTI				AVARIE		
Numero d'ordine	Tipo	Denominazione	Tonnellate di stazza	Bandiera — Comparti-menti d'inscri-zione	Data	Natura e luogo ove avvennero	Persone perite	Conseguenza dell'avaria pel bastimento e pel carico
1	Brigantino a palo.	Camano . .	107	Genova .	12 ott. 1891	Avarie allo sca-fo nell' Atlantico Nord.	..	Fu venduto a Fa-yal.
2	Nave. . .	Nino Fravega.	907	Id.	4 giug. 1895	Via d'acqua in Atlan-tico Sud.	..	Riparato a Dester-ro in Brasile.
3	Brigantino a palo.	Biagino . .	477	Id.	30 »	Avarie per forti tem-porali nel mare Nord.	..	Venduto a Queen-stown.
4	Id.	Teresa G. .	630	Id.	1 nov.	Via d'acqua in At-lantico.	..	Venduto a Floria-napoli in Brasile.
5	Id.	Rivière . . .	481	Id.	19 dic.	Avarie per forti tem-porali in Atlan-tico.	..	Venduto a Barba-dos.
6	Id.	Aurelia R. .	580	Id.	21 »	Avarie allo scafo in Oceano Atlantico.	..	Venduto a S. Tho-mas.
7	Brigantino goletta.	Maria Grazia .	93	Napoli .	16 genn. 1896	Arenato sulle coste dell'Albania.	..	Ricuperato carico e attrezzi e venduto lo scafo.
8	Piroscafo.	Duca di Gal-liera	2841	Genova .	22 febb.	Rottura dell'asse in Oceano Atlantico.	..	Fu rimorchiato a Montevideo.
9	Id.	Caffaro . . .	1927	Id.	25 »	Rottura dell'asse presso Barcellona	..	Fu rimorchiato a Genova.
10	Brigantino a palo.	Melchiorre. .	791	Castellam-mare di Stabia.	13 marz.	Via d'acqua in A-tlantico.	..	Riparò alle Bermu-de.
11	Piroscafo.	Sicilia . . .	1191	Messina .	4 aprile	Incendio nel porto di Savannah.	..	Carico perduto.

	BASTIMENTI					AVARIE		
Numero d'ordine	Tipo	Denominazione	Tonnellate di stazza	Bandiera — Compartimenti d'inscrizione	Data	Natura e luogo ove avvennero	Persone perite	Conseguenza del sinistro pel bastimento e pel carico
12	Piroscafo.	Re Umberto .	2196	Genova . .	6 aprile 1896	Collisione con altro piroscafo a San. Vincenzo del Capo Verde.	..	Fu danneggiato lo scafo.
13	Id.	Ausonia . .	688	P. Maurizio.	12 »	Collisione con altro piroscafo a Varna.	..	Danni allo scafo.
14	Nave goletta.	Progresso . .	479	Napoli. .	12 »	Via d'acqua per forti temporali in Atlantico.	..	Riparò a Gibilterra.
15	Brigantino a palo.	Maria Parodi	761	Genova .	2 mag. 1896	Arenatosi a Almeria (Spagna).	..	Fu disincagliato con lievi danni.
16	Id.	Olga. . . .	751	Castellammare di Stabia.	2 luglio	Avaria all'alberatura in Atlantico.	..	Riparò i danni a Nuova York.
17	Id.	Spero . . .	389	Genova .	5 »	Avaria sulle coste inglesi.	..	Venduto all'estero.
18	Piroscafo.	Agordat . .	1674	Id.	14 »	Avaria in macchina nell'Atlantico Sud.	..	Fu rimorchiato a Bahia in Brasile e poi a Genova.
19	Brigantino a palo.	Cornelio Zino.	975	Savona .	16 agos.	Gravi avarie allo scafo e alberatura Capo Horn	..	Venduto a Montevideo.
20	Id	S. Agnello .	359	Castellammare di Stabia .	16 sett.	Avaria all'alberata in Atlantico.	..	Carico avariato — Scafo venduto all'estero.
21	Id.	Oromaso . .	742	Genova .	22 »	Via d'acqua nel mare del Nord.	..	Fu rimorchiato a Newport.
22	Id.	A pino . . .	573	Id.	23 »	Via d'acqua in Atlantico.	..	Riparò il danno alle Bermude.
23	Id.	Fortunato . .	846	Id.	7 ott.	Avarie all'alberata nell'Atlantico Nord.	..	Riparò i danni e proseguì la navigazione.

	BASTIMENTI				AVARIE			
Numero d'ordine	Tipo	Denominazione	Tonnellate di stazza	Bandiera — Compartimenti d'inscrizione	Data	Natura e luogo ove avvennero	Persone perite	Conseguenza del sinistro pel bastimento e pel carico
24	Brigantino a palo.	Caterina Cacace.	664	Castellammare di Stabia.	13 ott. 1896	Avarie al carico e attrezzi in Atlantico.	...	Riparato a Napoli.
25	Piroscafo.	Palestina . .	629	Genova .	19 »	Investito in mar Rosso	...	Fu disincagliato con danni allo scafo.
26	Brigantino a palo.	Filippo . . .	749	Id.	23 »	Via d'acqua in Atlantico.	...	Riparò a S. Croce di Teneriffa.
27	Piroscafo.	Adria . . .	1157	Id.	29 »	Investito presso Tripoli.	..	Fu disincagliato con lievi danni.
28	Id.	Paolo Boselli .	418	Id.	8 nov.	Arenatosi a Berdianska.	..	Id.

Galleggianti perduti per sinistri o colpiti da avaria durante l'anno 1896.

Numero d'ordine	GALLEGGIANTI				SINISTRO			
	Tipo	Denominazione	Tonnellate di stazza	Comparti-mento d'inscri-zione	Data	Natura e luogo dove avvenne	Persone perite	Conseguenze del sinistro pel galleggiante e pel carico
1	Barca da pesca.	S. Vito. . .	2	Trapani .	6 Gen. 1896	Capovolta da una raffica a Granitola.	3	Perduta.
2	Pontone .	Ercole . . .	22	Castellam-mare di Stabia .	id.	Naufragato a Sor-rento.	..	Danni allo scafo
3	Barca za-vorriera.	Maria . . .	61	Id.	id.	Id.	..	id.
4	Barca da pesca.	Il bello tempo .	2	Borgo Gae-ta.	id.	Naufragata presso Gaeta.	..	Perduta.
5	Id.	Nuovo San Ni-cola.	11	Mola . .	9 dic.	Investita a Chiato-na (Ginosa).	..	Danni allo scafo
6	Id.	S. Francesco di Paola.	12	Id.	id.	Id.	..	id.
7	Barca . .	R. Rubattino.	8	Arbatax .	id.	Naufragata nel por-di Arbatax.	..	Perduta.
8	Id.	Tavolacciai .	2	Id.	id.	Id.	..	id.
9	Pontone .	Rey	20	Id.	id.	Id.	..	id.
10	Bilancella.	Lucrezia .	14	Bari . .	10 Gen.	Investita a S. Ca-taldo.	..	Demolita.
11	Id.	Eroe di Sapri.	11	Castellam-mare .	id.	Naufragata a Forio d'Ischia.	..	Gravi danni allo scafo.
12	Id.	Evelina . .	18	Rio Mari-na . . .	id.	Investita a Rio per forza di tempo.	..	Avarie allo scafo
13	Id.	C. Pisacane .	13	Id.	id.	Id.	..	id.

	GALLEGGIANTI				SINISTRO		
Numero d'ordine	Tipo	Denominazione	Tonnellate di stazza	Comparti-mento d'inscri-zione	Data	Natura e luogo dove avvenne	Persone perite	Conseguenze del sinistro pel galleggiante e pel carico
14	Bilancella.	Nuova Santa Anna.	16	Rio Marina.	10 dic. 1896	Affondatasi a Porto Longone.	..	Avarie allo scafo.
15	Barca da pesca.	L'Angelica	7	Giglio	id.	Id.	..	id.
16	Bilancella.	L'eroe	5	Castellammare di Stabia.	id.	Naufragata a Sorrento.	..	id.
17	Barca	S. Lorenzo	1	Torre del Greco.	12 gen.	Naufragata per forza di tempo.	..	Perduta.
18	Barca da pesca.	Mincio	4	Id.	id.	Id.	..	id.
19	Id.	Sacra Famiglia	3	Id.	id.	Id.	..	id
20	Bilancella.	S. Alfonso	16	Granatello.	id.	Id.	..	id.
21	Rimorchia-tore.	A. Cairoli.	..	Genova	15 gen.	Urto con un piroscafo inglese a Genova.	..	Avarie allo scafo ed attrezzatura.
22	Barcone	Massimo	30	Civitavecchia.	1 feb.	Abbandonato in mare per tempo cattivo.	..	Rimorchiato a Cagliari da un piro-lo.
23	Battello	Madonna di porto Salvo.	1	Napoli.	24 »	Naufragato nel porto di Napoli.	..	Demolito.
24	Id.	S. Giuseppe Salvatore	0.7	Marciana.	3 mar.	Scomparso per forte mareggiata.	..	Perduto.
25	Barca	N. 376	..	Genova	11 »	Urto con una piatta nel porto di Genova.	..	Avarie allo scafo.
26	Bilancella.	Giamella	..	P. S. Stefano.	id.	Naufragata a Porto S. Stefano.	..	Perduta.
27	Barca	Sofia	..	Id.	id.	Id.	..	Id.

	GALLEGGIANTI				SINISTRO			
Numero d'ordine	Tipo	Denominazione	Tonnellate di stazza	Compartimento d'inscrizione	Data	Natura e luogo dove avvenne	Persone perite	Conseguenze del sinistro pel galleggiante e pel carico
28	Battello da pesca.	Santa L. . .	1	Catania .	11 mar. 1896	Capovolto da forte vento a Catania.	..	Ricuperato.
29	Id.	Bellicosa .	1	Id.	id.	Id.	..	id.
30	Barca da zavorra.	S. Catello .	15	Castellammare di Stabia.	15 »	Naufragata nel porto di Castellamare	..	Perduta.
31	Gozzo .	N. 1024 . .	..	Genova .	18 »	Urto con un piroscafo nel porto di Genova.	..	Avarie allo scafo.
32	Battello .	Francesco P. .	4	Augusta .	25 »	Capovolto da forte vento a Catania.	..	Ricuperato.
33	Barca da pesca.	S. Procolo .	..	Pozzuoli .	28-29 »	Naufragata nei paraggi di S. Marinella.	5	Tutto perduto.
34	Cutter da diporto.	Marsey . .	3	Licata . .	30 »	Rottura dell'albero a Licata.	.	Danno alla attrezzatura.
35	Barca da pesca.	Maria della Provvidenza	1	Palermo .	4 apr.	Capovolta da una raffica in alto mare.	..	Ricuperato.
36	Battello .	N. 1264 . .	..	Genova .	10 »	Urto con un piroscafo nel porto di Genova.	..	Gravi avarie allo scafo.
37	Barca . .	Bonaria Maria	1	Cagliari .	id.	Naufragata a Capo Sula (Cagliari).	..	Perduta.
38	Bilancella.	Ruggiero .	5	Id.	13 »	Naufragata a Castiadas.	3	id.
39	Id.	Giuseppina .	14	Numana	15 »	Naufragata alle Torrette.	1	id.
40	Barca .	Teresina . .	2	Pizzo .	16 »	Naufragata a Pizzo.	..	id.

		GALLEGGIANTI				SINISTRO		
Numero d'ordine	Tipo	Denominazione	Tonnellate di stazza	Compartimento d'inscrizione	Data	Natura e luogo dove avvenne	Persone perite	Conseguenze del sinistro pel galleggiante e pel carico
1	Barca da pesca.	Andromaca	3	Termini	2 mag. 1896	Capovolta da una raffica a Termini Imerese.	1	Salvato lo scafo.
2	Barca	Francesco	1	Id.	3 »	Naufragata a Pizzo.	..	Perduta.
3	Piatta	N. 661	..	Genova	8 »	Urto con un piroscafo nel porto di Genova.	..	Avarie al fasciame.
4	Rimorchiatore.	Ercole	..	Id.	21 »	Id.	..	id.
5	Bilancella.	Fratelli Pastore	14	Barletta	26 »	Investita a Metaponto.	5	Perduta.
6	Id.	S. Antonio	10	Mola	id.	Investita a S. Maria.	..	Lievi danni.
7	Barca	Salvatore I°	2	Gaeta	17 giu.	Capovolta da forte vento nel golfo di Gaeta.	..	Fu poi ricuperata.
8	Id.	Nicola	7	Terranova	28 »	Investita a Mazzarelli.	..	Lievi danni.
9	Piatta	Maria di Corignano.	9	Brindisi	8 lug.	Naufragata a punta Penna (Brindisi)	..	Perduta.
10	Barca da pesca.	Gesù Maria Giuseppe.	2	P. Empedocle.	20 »	Capovolta da forte vento a Siculiana.	..	Ricuperata.
11	Rimorchiatore.	Iona	..	Genova	4 ag.	Urto con un piroscafo nel porto di Genova.	..	Lievi avarie allo scafo.
12	Bilancella.	Francesco Guidi.	8	Carloforte.	6 »	Naufragata a Marina (Carloforte).	..	Perduta
13	Barca da pesca.	Vincenzo D.	5	Castellammare del Golfo.	id.	Scomparsa in alto mare	..	id.

	GALLEGGIANTI				SINISTRO			
Numero d'ordine	Tipo	Denominazione	Tonnellate di stazza	Comparti- mento d'inscri- zione	Data	Natura e luogo dove avvenne	Persone perite	Conseguenze del sinistro pel galleggiante e pel carico
54	Barca a vapore.	Audacia . .	2	Taranto .	15 ago. 1896	Investita a Rocca Imperiale.	..	Perduta.
55	Battello .	N. 398 . . .	..	Genova .	21 »	Urto con un piro- scafo nel porto di Genova.	..	Lievi danni allo scafo.
56	Bilancella.	Madonna del Carmine.	14	Castellam- mare di Stabia .	24 »	Arenata al Monte di Procida.	..	Fu poi ricuperata.
57	Id.	Madonna Inco- ronata.	15	Id.	id.	Naufragata a Torre Fumo.	..	Lievi danni.
58	Cutter da di orto.	Costanza . .	..	Livorno .	11 Sett.	Naufragato alla Me- loria.	2	Perduto.
59	Barca da pesca.	S. Pietro . .	11	Massalu- brense .	20 »	Naufragata a Meta.	..	id.
60	Battello .	Isabella M. .	6	Augusta .	23 »	Capovolto da forte vento ad Augusta.	..	id.
61	Barca da pesca.	Risorgimento.	1	Pizzo . .	27 »	Naufragata a Pizzo.	..	Perduta.
62	Battello .	N. 437 . . .	..	Genova .	1 Ott.	Urto con un piro- scafo nel porto di Genova.	..	A varie allo scafo.
63	Trabaccolo da pesca.	S. Lucia V. .	12	Lampedu- sa	2 »	Affondato a Lampe- dusa.	..	Ricuperato.
64	Barca a vapore.	Piloti . . .	..	Genova .	11 »	Urto con un tonneg- gio nel porto di Genova.	..	Avarie all' attrez- zatura.
65	Barca. .	Veloce . . .	3	Rimini .	14 »	Naufragata a Rimini	..	Perduta.
66	Battello .	Gran Fortuna.	3	Id.	15 »	Id.	..	id.
67	Barca da pesca.	Nuova Italia .	..	Spezia .	id.	Capovolta da una raffica nel golfo di Spezia.	3	id.

				GALLEGGIANTI			SINISTRO		
Numero d'ordine	Tipo	Denominazione	Tonnellate di stazza	Comparti-mento d'inscri-zione	Data	Natura e luogo dove avvenne	Persone perite	Conseguenze del sinistro pel galleggiante e pel carico	
68	Barca da pesca.	Maria . . .	...	Spezia . .	15 ott. 1896	Arenata a Mezza-spiaggia per forza di tempo.	..	Fu ricuperata.	
69	Id.	Clotilde . .	..	Id.	id.	Id.	..	Perduta.	
70	Piatta .	Dora . . .	64	Savona .	16 »	Affondata da un pi-roscafo nel porto di Savona.	..	Fu ricuperata.	
71	Burchio .	Bottoni . .	9	Magnavac-ca .	19 »	Naufragato a Goro.	..	id.	
72	Barca .	S. Giuseppe .	2	Procida .	24 »	Capovolta da un'on-data a Torre Ga-veta.	..	Ricuperata con lievi danni.	
73	Barca da pesca.	Leonilda . .	6	Gaeta . .	31 »	Capovolta da forte raflica nel golfo di Gaeta.	6	Ricuperata da una torpediniera.	
74	Trabaccolo	Nazzareno. .	2	Rimini .	8 nov.	Naufragato nel fiu-me Marano (Ri-mini).	..	Ricuperato.	
75	Battello .	Adda . . .	1	Id.	id.	Id.	..	Id.	
76	Id.	Miseria. . .	2	Id.	id.	Id.	..	id.	
77	Trabaccolo	Giordano Bru-no.	5	Id.	id.	Id.	..	id.	
78	Id.	Canale . . .	5	Id.	id.	Id.	..	id.	
79	Battello .	Non ti aspet-tava.	1	Id.	id.	Id.	..	id.	
80	Trabaccolo	Giuseppe . .	5	Id.	id.	Id.	..	id.	
81	Id.	Vittorioso . .	4	Id.	id.	Id	..	id.	

	GALLEGGIANTI				SINISTRO			
Numero d'ordine	Tipo	Denominazione	Tonnellate di stazza	Compartimento d'inscrizione	Data	Natura e luogo dove avvenne	Persone perite	Conseguenze del sinistro pel galleggiante e pel carico
82	Trabaccolo	Aquila Romana.	15	Cattolica	12 nov 1896	Naufragato a Cattolica.	..	Perduto.
83	Id.	Francesco . .	15	Id.	id.	Id.	..	id.
84	Battello .	Marianna . .	1	Id.	id.	Id.	..	id.
85	Trabaccolo	Lorenzo . .	16	Id.	id.	Id.	..	id.
86	Id.	Alberto. . .	18	Id.	id.	Id.	..	id.
87	Id.	Provvidenza .	13	Id.	id.	Id.	..	id.
88	Battello .	Giulio . . .	2	Id.	id.	Id.	..	id.
89	Trabaccolo	Nuovo Dogali	10	Id.	id.	Id.	..	Ricuperato.
90	Id.	Bella Maria .	11	Id.	id.	Id.	..	id.
91	Id.	Dandolo . .	17	Id.	id.	Id	..	id.
92	Id.	Duilio . . .	17	Id.	id.	Id.	..	Perduto.
93	Id.	Jupiter . . .	17	Id.	id.	Id.	..	id.
94	Id.	Maria Giovanna.	20	Rimini. .	id.	Id.	..	Ricuperato.
95	Battello .	Maria Iª . .	2	Cattolica .	id.	Id.	..	id.
96	Trabaccolo	S. Domenico 2ª	17	Id.	id.	Id.	..	id.
97	Id.	Maria . . .	19	Rimini .	id.	Id.	..	id.
98	Id.	Fedele . . .	14	Cattolica .	id.	Id.	..	id.
99	Id.	Angelo . . .	19	Id.	id.	Id.	..	id.

		GALLEGGIANTI				SINISTRO		
Numero d'ordine	Tipo	Denominazione	Tonnellate di stazza	Compartimento d'inscrizione	Data	Natura e luogo dove avvenne	Persone ferite	Conseguenze del sinistro pel galleggiante e pel carico
100	Trabaccolo	Nuovo S. Nicola.	12	Rimini.	12 nov. 1896	Naufragato Cattolica	..	Ricuperato.
101	Id.	Nascimbene	21	Id.	id.	Id.	..	id.
102	Id.	Colombo	16	Cattolica.	id.	Id.	..	id.
103	Battello	Isolina	2	Rimini	id.	Naufragato a Rimini	..	Perduto.
104	Battello da pesca.	Angelo	3	Siracusa.	17 »	Capovoltosi al Muro di Porco.	..	Ricuperato.
105	Id.	Francesca Romeo.	3	Augusta.	24 »	Naufragato ad Augusta.	1	Perduta.
106	Barca	Nicoletta	1	Cagliari.	id.	Naufragata ad Orosei.	..	id.
107	Betta	Faccia	60	Cotrone.	26 »	Investita a Cotrone	..	Gravi danni allo scafo.
108	Battello	Menicuccio	1	Bari.	id.	Naufragato a San Giorgio.	..	Perduto.
109	Id.	I due soci.	2	Salina.	27 »	Naufragato a Rinella.	..	id.
110	Barca	S. Vincenzo.	3	Licata.	id.	Naufragata a Licata	..	id.
111	Rimorchiatore.	Diana	..	Genova.	id.	Urto con una piatta nel porto di Genova.	..	Lievi danni allo scafo.
112	Battello	N. 324	..	Id.	28 »	Colpito da una botte caduta dalla banchina a Genova	..	Gravi danni allo scafo.
113	Barca	Tosca	2	Chioggia.	id.	Arenata alla foce della Pila.	..	Perduta.

	GALLEGGIANTI					SINISTRO		
Numero d'ordine	Tipo	Denominazione	Tonnellate di stazza	Compartimento d'inscrizione	Data	Natura e luogo dove avvenne	Persone perite	Conseguenze del sinistro pel galleggiante e pel carico
114	Bilancella.	Umberto . . .	13	Taranto .	3 dic. 1895	Naufragata a Rocca Imperiale.		Perduta.
115	Piatta . .	Beneck 1 .	54	Savona .	6 »	Affondatasi nel porto di Savona.	..	Fu ricuperata.
116	Bilancella.	Nuova Ferrovia.	1	Reggio .	16 »	Naufragata a Messina.	..	Pochi danni allo scafo.
117	Rimorchiatore.	C. Henfrey .	..	Spezia .	26 »	Urto con una barca a vapore della R. M. a Spezia.	..	Avarie allo scafo.

SINISTRI DEGNI DI NOTA AVVENUTI NELLE ACQUE TERRITORIALI
DELLO STATO DURANTE L'ANNO 1896.

1. Il brigantino-goletta « Italiano » salpato nella seconda quindicina di gennaio da Porto Fino alla volta di Messina, si perdeva completamente durante il tragitto, con tutto l'equipaggio, composto di sei persone.

2. La barca da pesca « S. Procolo » nella notte dal 28 al 29 marzo, a causa d'improvviso fortunale da O. S. O., naufragava nei paraggi di S. Marinella. Delle cinque persone componenti l'equipaggio, quattro scomparvero in mare; uno fu rinvenuto cadavere nella stessa barca.

3. La sera del 9 agosto, tre marinari della bilancella da pesca « S. Antonio Secondo » ancorata nel porto di Anzio, presa l'imbarcazione di bordo, andarono a gettare dei palamiti a ponente di quel porto in prossimità dell'Arco muto.

Verso la mezzanotte, mentre ritornavano in porto, un fortissimo mare da scirocco, levatosi improvvisamente a guisa di maremoto, fece capovolgere il battello, ed i tre disgraziati restarono in balìa delle onde.

Uno di essi, Vandi Benedetto, si salvò a nuoto; gli altri due perirono. Un cadavere fu rigurgitato dal mare sulla spiaggia di Nettuno ove si rinvenne il seguente giorno.

4 Il giorno 15 ottobre la barca da pesca « Nuova Italia » equipaggiata con tre persone, trovavasi a pescare con la rete a strascico fuori del golfo di Spezia, insieme con la barca « Maria Madre ». Nel pomeriggio essendosi levato un forte temporale da libeccio, le suddette barche salpavano la rete, dirigendo la prora pel golfo.

Giunti però verso le ore diciannove a circa due miglia a traverso della Punta del Corvo, la barca « Nuova Italia » fu travolta dalle onde e scompare insieme al proprio equipaggio.

5. La sera del 31 ottobre la barca da pesca « Leonilda » ritornava sull'imbrunire al porto di Gaeta, con a bordo nove persone d'equipaggio.

Giunta nei paraggi di Capo S. Vito, (a 5 miglia a ponente di Gaeta) alla distanza di circa 600 metri da terra, il padrone della barca, ordinò di togliere il trinchetto, e levar poscia le vele; ma nel momento che il trinchetto, era stato ammainato, il vecchio padrone di barche Simeoni Salvatore di anni 72, che faceva parte dell'equipaggio, e pel quale tutti avevano rispetto e deferenza, fece osservare che stavano ancora molto distanti da terra, e che invece di affaticare maggiormente l'equipaggio, conveniva tenere ancora un poco la vela per attraccare la riva. Ma appena alzato il trinchetto, la barca fu assalita da un violento reffolo che colpì in pieno la velatura; la barca si capovolse e tutto l'equipaggio fu sbalzato in mare.

Tutti si aggrapparono alla chiglia, ma sopraggiunta la notte, i naufraghi lasciarono ad uno ad uno la barca capovolta, colla speranza di poter raggiungere a nuoto la riva.

Un figlio del padrone Bertoni a nome Gaetano di anni 17, arrivò a prendere terra presso la torre Sant'Agostino, a ponente del Capo San Vito, e si ricoverò in una casa abbandonata, poscia udendo delle voci, uscì fuori, e visto che esse partivano da una barca che passava rasentando gli scogli, si diede a gridare aiuto; e la barca, comandata da Catanzaro Salvatore, accostatasi alla riva, lo prese a bordo.

Il Catanzaro si diede subito alla ricerca dei naufraghi e poco distante dagli scogli rinvenne e trasse a bordo Simeoni Cristoforo di anni 19, il quale, sfinito di forze, stava per abbandonarsi. Nel frattempo la barca « Montevideo » si mise anch'essa alla ricerca dei naufraghi, e rinvenne e salvò Volpi Paolo di anni 41.

La torpediniera 114 S. di stazione a Gaeta inviata dal Capitano del porto alla ricerca dei naufraghi, rinvenne la barca capovolta sulla spiaggia predetta, ma non rinvenne alcun cadavere per quante ricerche facesse sul luogo ove avvenne il sinistro, e nelle vicinanze.

6. Il 24 novembre di mattino, imperversando vento fortissimo e mare agitato da E. S. E., uscivano dal porto di Augusta tre barche da

pesca per raccogliere le nasse che avevano calato all'imboccatura di esso. Una delle barche, montata da quattro pescatori, non fu vista più ritornare. Vane riuscirono le ricerche operate da una lancia di salvataggio, inviata all'uopo dal comandante della R. nave « Elba » nonché dalle guardie di finanza, e da altri cittadini lungo quelle coste.

Soltanto due congiunti dei naufraghi dopo aver cercato lungo la spiaggia tutto il giorno, scoprirono nella località denominata « Molino di mare » i remi, il timone ed altri attrezzi a loro perfettamente noti siccome avanzi della disgraziata barca.

7. La mattina del 6 gennaio durante l'imperversare di un temporale da Nord, fece completo naufragio sulla secca di S. Domenico nel porto di Molfetta la bilancella da pesca « Antoninccio », delle matricole di Bari, perdendo miseramente la vita le nove persone che si trovavano a bordo.

8. Il piroscafo « Vesuvio » della Navigazione Generale Italiana, delle matricole di Genova, partito la mattina dell'8 gennaio da Cagliari, dopo di essere stato visto ancorare la sera di detto giorno sotto l'isolotto di Ogliastro, scomparse e più non se ne ebbero notizie, essendosi perduto in mare con tutto l'equipaggio composto di diciassette persone.

9. Causa il violento temporale da Nord N. E., che imperversò nella notte dal 9 al 10 gennaio nel litorale della Maddalena, la tartana « La Fenice » delle matricole di Livorno, al comando del Padrone Vassallo Francesco, partita da Viareggio per la destinazione di Carloforte, mentre tentava di guadagnare l'ancoraggio di Golfo degli Aranci, per rottura dell'albero, impossibilitata a governare, venne sbattuta sugli scogli di punta Lucarone, dirimpetto all'isola Mortorio. Dell'equipaggio, composto di 8 persone, il solo padrone, per vero miracolo, scampò dal naufragio: le altre scomparvero in mare.

10. Il cutter « Efigenia » partito da Viareggio il 7 gennaio per Cagliari, con polvere da sparo e dinamite, naufragava agli Isolotti « Le Camere » fra Soffi e Mortorio, il giorno 9. Causa precipua del sinistro fu lo scoppio della dinamite che aveva a bordo.

Uno degli isolotti « Le Camere » presso il quale avvenne l'urto, e l'isola « Soffi » furono coperti dagli avanzi del naufragio: frantumi di legname dello scafo e degli alberi, brandelli di vele, di cordami e di catene, nonché cartoni in cui era avvolto il terribile esplodente sparsi per ogni dove; anche gli scogli circonvicini presentavano le traccie della violenta esplosione. L'intero equipaggio perì. Due soli cadaveri furono rinvenuti sul luogo del sinistro, entrambi coperti di ferite.

11. La notte del 10 gennaio la tartana « Anxur » delle matricole di Porto Empedocle, partita la sera stessa da Ponza, colta dal fortunale, scomparve in mare con tutto l'equipaggio composto di 6 persone.

SINISTRI MARITTIMI DI SPECIALE IMPORTANZA
DI BASTIMENTI NAZIONALI AVVENUTI ALL'ESTERO NELL'ANNO 1896.

1. Il brigantino « Felicina S. » partito il 7 gennaio da Follonica per Malta scomparve in mare con tutto l'equipaggio.

2. La bilancella da pesca denominata « Il Secolo » scomparve in mare con tutto l'equipaggio nei paraggi di Padulella (Corsica) durante il fortunale da N. E., che imperversò nella notte dal 9 al 10 gennaio causando parecchi naufragi

3. Il 10 marzo naufragò sulle coste dell'isola di Pago (Dalmazia) il traboccolo « Rosa » inscritto nelle matricole di Venezia. Dell'equipaggio composto di cinque persone, due scomparvero in mare.

4. Nella notte dal 7 all'8 del mese di ottobre il brigantino a palo « Tomassino » del compartimento marittimo di Castellammare di Stabia veniva mandato a picco dal vapore inglese « Saltram » a 35 chilometri circa da Montevideo. Rimasero annegati due marinai. Il capitano e tre marinai furono salvati dal vapore olandese « Fliedrecht »; altri tre marinai furono pure tratti in salvo da un vaporino della casa Filippo Lussich e Figli di Montevideo.

GENTE DI MARE PERITA IN NAUFRAGIO

Nei due quadri seguenti è classificata per compartimento e per grado o qualità la gente di mare perita in naufragio nelle acque dello Stato e quella perita per lo stesso motivo in alto mare ed all'estero durante l'anno 1896.

In quello successivo è dato il riassunto dei decessi avvenuti nel decennio 1887-1896. Essi si riferiscono però alle sole persone naufragate o scomparse unitamente al bastimento sul quale trovavansi imbarcate ed il numero delle persone stesse differisce perciò da quello indicato nel prospetto delle cause di morte della gente di mare inserto a pag. 6.

Segue un altro quadro indicante numericamente tutti i marittimi morti durante l'anno 1896 sopra bastimenti mercantili nazionali, esclusi quelli da diporto e da pesca, in seguito a naufragio, scomparizione in mare od altre cause dipendenti dalla navigazione. In questo, distintamente per i velieri ed i piroscafi, è indicato:

a) il numero delle persone d'equipaggio imbarcate durante l'anno;

b) 1.° i decessi avvenuti per naufragio totale o scomparizione in mare del bastimento;

2.° quelli avvenuti per sinistri di bastimenti che non risultano totalmente perduti;

3.° quelli causati da altri accidenti che non siano naufragio o sinistro;

c) le percentuali e proporzioni delle morti in relazione al numero delle persone imbarcate.

Gente di mare perita in naufragio nelle acque dello Stato durante l'anno 1896.

COMPARTIMENTI	PRIMA CATEGORIA													SECONDA CATEGORIA							Totale generale
	Capitani superiori e di lungo corso	Capitani di gran cabotaggio	Padroni	Scrivani e sotto scrivani	Marinai autorizzati	Capibarca per il traffico nello Stato	Capibarca locali, marinai e mozzi	Macchinisti 1ª	Macchinisti 2ª	Fuochisti autorizzati, fuochisti, carbonai, ecc.	Pescatori d'alto mare	Totale	Ingegneri e costruttori navali	Maestri d'ascia, calafati, operai meccanici	Pescatori	Capibarca locali e barcaiuoli	Piloti pratici	Totale	

Compartimenti: Porto Maurizio, Savona, Genova, Spezia, Livorno, Portoferraio, Civitavecchia, Gaeta, Napoli, Castellamm. di Stabia, Pizzo, Reggio Calabria, Taranto, Bari, Ancona, Rimini, Venezia, Cagliari, Maddalena, Messina, Catania, Porto Empedocle, Trapani, Palermo — Totale.

Gente di mare perita in naufragio in alto mare ed all'estero durante l'anno 1898.

COMPARTIMENTI	PRIMA CATEGORIA													SECONDA CATEGORIA							Totale generale
	Capitani superiori o di lungo corso	Capitani di gran cabotaggio	Padroni	Scrivani e sotto scrivani	Marinai autorizzati	Capibarca per il traffico nello Stato	Capibarca locali, marinai e mozzi	Macchinisti in 1ª	Macchinisti in 2ª	Fuochisti autorizzati, fuochisti, carbonai, ecc.	Pescatori d'alto mare	Totale	Ingegneri e costruttori navali	Maestri d'ascia calafati, operai meccanici	Pescatori	Capibarca locali e barcaiuoli	Piloti pratici	Totale	
Porto Maurizio . .																			
Savona							1												
Genova	3						2												
Spezia																			
Livorno																			
Portoferraio . .							1				1								
Civitavecchia . .																			
Gaeta																			
Napoli																			
Castellamm. di Stabia																			
Pizzo																			
Reggio Calabria .																			
Taranto																			
Bari																			
Ancona																			
Rimini							2												
Venezia																			
Cagliari																			
Maddalena . . .			1	1															
Messina																			
Catania																			
Porto Empedocle .																			
Trapani																			
Palermo																			
Totale . .	**5**	**2**	**1**	**1**			**35**				**1**	**45**						**1**	**46**

Gente di mare perita in naufragio durante il decennio 1887-96.

ANNI	1ª CATEGORIA												2ª CATEGORIA						Totale generale
	Capitani superiori e di lungo corso	Capitani di gran cabotaggio	Padroni	Servani e sotto servani	Marinai autorizzati	Capibarca pel traffico dello Stato	Capibarca locali	Macchinisti 1° e 2°	Macchinisti 3° e 4°	Fuochisti autorizzati, fuochisti, carbonari, ecc.	Pescatori di alto mare	Totale	Ingegneri e costruttori navali	Maestri d'ascia, calafati, operai meccanici	Pescatori	Capibarca locali e barcaioli	Piloti pratici	Totale	
1887	13	7	6	1	6	.	112	1	.	10	1	117	.	1	17	1	.	19	106
1888	8	7	6	3	5	.	112	2	.	.	5	185	.	2	.	4	.	9	194
1889	8	5	3	.	1	2	62	.	.	2	1	80	.	.	14	.	.	11	91
1890	5	2	5	.	6	1	90	.	.	3	.	112	.	.	12	.	.	13	125
1891	12	3	4	.	7	.	64	2	.	11	6	101	.	.	8	.	.	26	162
1892	8	1	1	.	7	2	65	.	.	1	.	100	.	.	6	1	.	10	110
1893	4	1	1	.	4	.	63	.	.	.	6	72	.	.	28	2	.	38	110
1894	3	.	1	.	6	.	43	1	.	3	.	47	.	1	10	.	.	11	58
1895	7	2	.	1	8	1	36	.	.	.	2	70	.	.	25	.	.	36	116
1896	6	3	6	1	8	.	28	1	.	7	.	122	.	.	10	.	3	11	133
Totale	74	31	33	6	55	6	768	8	.	37	28	1.046	.	9	147	8	5	169	1.215

Quadro dei marittimi morti durante l'anno 1896 sopra bastimenti mercantili
navigazione, esclusi i decessi avvenuti s<

COMPARTIMENTI marittimi	CAPITANI e marinai imbarcati		Per naufragio o per altro sinistro toccato al bastimento					
			Capitani e marinai perduti per naufragio totale e per scomparizione in mare del bastimento		Capitani e marinai perduti per sinistri a bastimenti che non risultano totalmente naufragati		Numero totale capitani e marinai perduti naufragio e sinistri dei bastimenti	
	velieri	piroscafi	velieri	piroscafi	velieri	piroscafi	velieri	pir<
Porto Maurizio . .	1.005	85	..	..	..	..	..	
Savona	1.000	297	..	2	..	..	..	
Genova	2.910	2.813	18	3	..	..	18	
Spezia	2.718	757	6	6	..	..	6	
Livorno	2.917	784	14	1	..	..	14	
Portoferraio . . .	1.070	125	..	..	..	..	..	
Civitavecchia . .	202	94	..	..	..	..	..	
Gaeta	1.053	91	..	..	..	..	..	
Napoli	11.817	2.250	30	1	3	..	33	
Castell. di Stabia .	6.422	2.042	3	..	4	..	7	
Pizzo	473	580	..	..	..	..	..	
Reggio Calabria .	1.427	179	..	..	..	..	..	
Taranto	65	126	..	..	..	..	..	
Bari	2.025	701	6	..	..	..	6	
Ancona	959	477	1	..	..	..	1	
Rimini	1.376	276	..	..	..	1	1	
Venezia	3.176	88	2	1	..	..	2	
Cagliari	485	105	3	..	..	..	3	
Maddalena . . .	122	68	..	..	..	..	..	
Messina	2.570	1.154	..	2	..	..	..	
Catania	1.684	469	4	..	..	..	4	
Porto Empedocle .	1.504	131	6	..	..	..	6	
Trapani	3.280	180	4	..	..	..	4	
Palermo	991	1.434	5	..	..	..	5	
Totale . . .	51.341	15.349	102	16	8	..	110	1

n seguito a naufragio, scomparizione in mare, od altre cause dipendenti dalla
menti da diporto e quelli addetti alla pesca.

	Numero totale dei capitani e marinai perduti per naufragio, sinistro od altro accidente		PERCENTUALI E PROPORZIONI DELLE MORTI			
			Marinai e capitani perduti per naufragi o sinistri dei bastimenti in rapporto col nume- dei capitani e marinai imbarcati		Capitani e marinai perduti per naufragio, sinistri ed altri accidenti, in rapporto col numero dei capitani e dei marinai imbarcati	
piroscafi	velieri	piroscafi	velieri	piroscafi	velieri	piroscafi
..	5	..	..	..	0,16 (1 su 219)	..
..	1	2	..	0,67 (1 su 148)	0,10 (1 su 1000)	0,67 (1 su 148)
10	30	13	0,62 (1 su 162)	0,11 (1 su 938)	1,03 (1 su 97)	0,46 (1 su 216)
..	8	6	0,22 (1 su 453)	0,79 (1 su 126)	0,29 (1 su 310)	0,79 (1 su 126)
..	16	1	0,48 (1 su 208)	0,13 (1 su 784)	0,55 (1 su 182)	0,13 (1 su 784)
..	..	..	..	..	..	..
..	..	..	..	..	..	..
..	36	1	0,28 (1 su 358)	0,04 (1 su 2250)	0,30 (1 su 328)	0,04 (1 su 2250)
..	11	..	0,11 (1 su 917)	..	0,22 (1 su 459)	..
1	..	1	..	..	..	0,17 (1 su 580)
..	..	..	..	..	..	..
..	..	..	..	..	..	..
..	8	..	0,30 (1 su 338)	..	0,40 (1 su 253)	..
1	5	1	0,10 (1 su 950)	..	0,52 (1 su 192)	0,21 (1 su 477)
..	3	..	0,07 (1 su 1376)	..	0,22 (1 su 459)	..
..	5	1	0,06 (1 su 1588)	1,14 (1 su 88)	0,16 (1 su 635)	1,14 (1 su 88)
..	1	..	0,62 (1 su 162)	..	0,82 (1 su 121)	..
..	..	..	..	..	..	..
1	4	3	..	0,17 (1 su 577)	0,16 (1 su 642)	0,26 (1 su 385)
..	7	..	0,24 (1 su 421)	..	0,42 (1 su 241)	..
..	6	..	0,40 (1 su 250)	..	0,40 (1 su 250)	..
..	6	..	0,12 (1 su 850)	..	0,18 (1 su 547)	..
..	5	..	0,35 (1 su 287)	..	0,35 (1 su 287)	..
13	163	29	0,21 (1 su 467)	0,10 (1 su 959)	0,35 (1 su 315)	0,19 (1 su 529)

CONFRONTO DEI SINISTRI MARITTIMI
DELLA MARINA MERCANTILE NAZIONALE
CON QUELLI DELLE PRINCIPALI MARINE ESTERE AVVENUTI NEL 1896.

Nel seguente quadro sono riassunti numericamente i sinistri marittimi toccati ai bastimenti mercantili nazionali ed a quelli delle principali marine estere durante l'anno 1896, ed è dato pure il rapporto percentuale dei naufragi e delle avarie col numero dei velieri e dei piroscafi inscritti nello stesso anno.

Le cifre relative all'Italia furono desunte dalle statistiche ufficiali e quelle delle marine estere dal *Veritas* francese, non tenendo conto dei velieri di portata inferiore alle 50 tonnellate e dei piroscafi inferiori a 100 tonnellate di stazza netta.

Pochi furono i sinistri dei bastimenti nazionali nel predetto anno 1896, poichè, sul numero complessivo dei naufragi e delle avarie, solo la Spagna ha una percentuale inferiore. Nei naufragi dei velieri la percentuale è pressochè eguale per tutte le marine, ad eccezione di quella spagnuola che è minima, e pei piroscafi, tolta la Danimarca e l'Olanda che non ebbero alcuna perdita totale, la percentuale italiana supera solamente quella dell'Austria, della Germania e della Svezia.

BANDIERE	VELIERI				Rapporto percentuale			PIROSCAFI				Rapporto percentuale		
	Situazione anno 1896	Naufragi avvenuti nel 1896	Avarie avvenute nel 1896	Totale dei naufragi ed avarie	Naufragi	Avarie	Naufragi ed avarie	Situazione anno 1896	Naufragi avvenuti nel 1896	Avarie avvenute nel 1896	Totale dei naufragi ed avarie	Naufragi	Avarie	Naufragi ed avarie
Americana (Stati Uniti)	3.881	146	606	752	3,76	15,61	19,38	477	13	89	102	2,73	18,66	21,38
Austro-Ungarica	208	8	23	31	3,83	11,00	14,83	156	1	42	43	0,64	26,92	27,56
Danese	785	25	99	124	3,14	12,45	15,60	265	..	57	57	..	21,51	21,51
Francese	1.425	67	113	180	4,70	7,93	12,63	532	11	128	184	2,07	24,06	26,13
Germanica	1.606	49	131	180	4,57	11,85	16,42	831	7	211	248	0,84	29,00	29,84
Inglese	8.798	224	842	1.066	2,57	9,65	12,22	5.680	110	2.223	2.333	1,93	39,07	41,00
Italiana	1.413	63	40	103	4,35	2,77	7,14	230	3	16	19	1,30	6,96	8,26
Norvegiana	2801	135	426	561	4,82	15,32	20,11	551	16	256	272	2,90	46,46	49,36
Olandese	642	15	48	63	2,34	7,18	9,51	204	..	61	61	..	29,90	29,90
Spagnuola	1.115	3	12	15	0,27	1,08	1,35	365	6	46	52	1,61	12,60	11,25
Svedese	1.444	57	152	209	3,95	10,53	11,47	427	5	79	84	1,17	18,50	19,67

AZIONI GENEROSE COMPIUTE IN MARE.

I grandi pericoli così frequenti sul mare, eccitano talvolta in qualcuno degli astanti il coraggio personale fino all'eroismo, e di questa verità è prova luminosa il fatto che segue:

Il 21 settembre dello scorso anno la bilancella « Primo S. Francesco di Paola » pescava al largo di Cuma, quando, scatenavasi all'improvviso un fortissimo colpo di vento da ponente che ben presto assunse le proporzioni di un vero uragano, dovette abbandonare le reti e, perduti il timone, quattro remi ed un'ancora, veniva spinta dal mare contro la costa a picco del monte di Procida, tutta irta di scogli.

L'equipaggio, composto di otto persone, con grida strazianti e segnali, invocava perdutamente soccorso e soccorrerlo era oltremodo difficile.

Sulla piccola spiaggia era bensì tirata qualche barca, ma era vano lanciarla in mare quando le onde si frangevano con furia spaventevole, mentre non era dato sperare che gli aiuti, chiesti telegraficamente a Procida ed a Pozzuoli, potessero giungere in tempo, poichè la bilancella omai si trovava a non molta distanza da terra.

La commozione fra gli astanti raccoltisi a Torre Gaveta e sulle falde del monte in al colmo quando la si vide a soli cinquanta metri circa e si presagì imminente e inevitabile una catastrofe. Ad un tratto però sorse un coraggioso Pasquale Mazzella di professione cocchiere, il quale, intenerito al triste spettacolo, senza lasciarsi smuovere dal suo proposito, prende una fune, si sveste e sale i dirupi del monte, seguito dal brigadiere di finanza Remigio Capraro, dal capo stazione di Torre Gaveta, Enrico Di Paola, i quali già avevano, sebbene senza frutto, cercato di organizzare i necessari soccorsi, e da altre persone volenterose; arrivato ad una sporgenza a picco, alta ben dieci metri, si assicura la fune attorno alla vita, e, sostenuto dagli accorsi che reggono un capo della fune, si cala a piombo in mare.

Con animo intrepido e destrezza meravigliosa, il Mazzella, supera la linea degli scogli, correndo ad ogni istante pericolo di essere contro di essi sfracellato, tanto che un sacerdote, presente, gl' impartisce la benedizione *in articulo mortis*, nuota disperatamente verso la bilancella, a poche bracciate dalla quale, l' equipaggio gli getta l' estremità di una grippia; egli la coglie, e ritorna a terra, stabilendo così un mezzo di comunicazione fra il bastimento e la gente ch' era sul monte.

Ma l' equipaggio, avvilito e stanco, non sà valersi di questo mezzo di soccorso: allora il Mazzella si cala in mare una seconda volta, e una seconda volta mette a repentaglio la propria vita: raggiunge la bilancella, incita e rianima i naufraghi, i quali legati alla fune uno alla volta sono tratti in salvo. Il Mazzella, acclamato il vero salvatore degli otto infelici, quasi si nasconde fra la folla, pago solo di aver compiuto un'azione generosa verso i suoi simili.

Per questo generoso fatto, il Mazzella si ebbe la medaglia d'oro al valor di marina: la medaglia d'argento il sottobrigadiere di finanza Capraro, ed il capo stazione di Paola; la medaglia di bronzo i marinai Simone Scotto di Carlo, Luigi Mazzella, Vincenzo Scotto di Carlo, Gennaro Schiano di Cola, Salvatore Lubrano ed Angelo Matarese.

Al direttore della Ferrovia Cumana, sig. Giuseppe Carlier, per le filantropiche premure usate ai naufraghi, fu poi accordata una medaglia commemorativa di argento.

Il piroscafo nazionale « Solferino » nella notte del 16 novembre 1895 investì presso il Capo Tre Punti, nelle vicinanze di Tetuan sulla costa del Marocco.

Erano a bordo ben 1121 emigranti, i quali come videro il piroscafo in pericolo, si precipitarono confusamente nelle barche non dando retta alle esortazioni ed alle minaccie del Capitano e degli ufficiali di bordo che invano consigliavano la calma, di guisa che in breve, rotte le corde precipitarono le barche in mare travolgendo quegl' infelici.

In quel terribile momento si distinse il marinaro Francesco Ratto, dispensiere di bordo: egli, com'ebbe visto le critiche condizioni del piroscafo, balzò in mare, prese una barca, e nel buio della notte, senza turbarsi pei pianti e per le grida dei pericolanti, dimostrando rara energia e risolutezza, riuscì a raccogliere con grave suo pericolo, ben quaranta passeggeri ed a portarli in salvo.

In premio di tale lodevole azione fu conferita al Ratto la medaglia d'argento al valor di marina.

Nel pomeriggio del 10 agosto 1896, si recarono a fare un bagno nelle acque della spiaggia di Mercatello, a Salerno, il parroco Micheli Fanelli, lo studente Felice Postiglione ventiduenne, e i due diciottenni Ferdinando Santoro e Clemente Di Giacomo.

Mentre tutti si bagnavano, il parroco Fanelli, inesperto nel nuoto, fu dal mare alquanto agitato, spinto a circa dieci metri dalla spiaggia, e sgomentato chiese aiuto.

I due giovani Santoro e Di Giacomo, non sapendo nuotare cercavano di porgere un remo al parroco perchè si afferrasse, ma non riuscendo nel tentativo chiamarono il Postiglione che nuotava a circa trenta metri da terra. Il giovane subito accorse, e come fu presso al parroco gli disse di appoggiarsi a lui che egli lo avrebbe tratto in salvo. Senonchè instintivamente il parroco si afferrò al Postiglione in modo da paralizzarne tutti i movimenti, ed entrambi stretti, andarono a fondo, vennero a galla, e poi caddero di nuovo in profondità di tre metri.

Passava in quel momento in barca il giovane Vincenzo Tavola, il quale, com'ebbe visto il fatto, gettossi in mare tutto vestito e tuffatosi afferrò il parroco e lo portò a terra, ove rinvenne, e poi volle tentare pure il salvamento del Postiglione, ma non riuscì a ripescarlo che già cadavere.

Alla memoria dell'infelice giovane, rimasto vittima del generoso suo proposito fu accordata la medaglia d'argento al valor di marina, e la stessa ricompensa si ebbe il Tavola.

Sulla R. nave « Re Umberto » ancorata nella rada di Salonicco, avvenne la sera del 29 novembre 1896 uno di quei tafferugli fra marinai, tanto comuni nella vita di bordo.

Nel trambusto, il marinaio Emanuele Marcenaro, che era seduto sull'orlo di una cannoniera, urtato violentemente precipitò in mare.

Le acque erano agitate, soffiava forte vento, la temperatura molto bassa e l'oscurità completa, talchè la manovra delle lance e delle barche a vapore spedite alla ricerca del naufrago era assai difficile.

Il Marcenaro era quindi in grave pericolo e sarebbe forse annegato se il sotto capo cannoniere Luigi Marchini, quantunque convalescente di catarro bronchiale, non si fosse gettato in mare dal cassero in soccorso del compagno: mossi dal nobile esempio si slanciarono pure il marinaio scelto Domenico Pacci ed il timoniere Vito Zichichi.

Il Marchini ed il Pacci raggiunto il Marcenaro lo tennero a galla coadiuvati poi dal Zichichi, fino a che giunta una barca a vapore raccolse tutti a bordo.

Per questo fatto ai due primi dei menzionati marinai fu conferita la medaglia di argento al valor di marina : il terzo si ebbe quella di bronzo.

La sera dell'8 gennaio 1896 il tredicenne Giacomo Spadaro passeggiere del brigantino goletta « Francesco Padre « ancorato nel porto di Trieste, mentre rientrava a bordo, nel traversare la tavola fra la nave e la banchina sdrucciolò e cadde in mare.

Era una serata fredda e spirava violenta bora ; di guisachè lo Spadaro sia perchè assiderato, sia per i suoi abiti pesanti, in breve fu per annegare.

Dall'altro brigantino goletta nazionale « Antonio Padre » ancorato poco lontano, alla fioca luce dei fanali, il mozzo Antonino Gioia vide il pericolo dello Spadaro e senza esitare, gettatosi in mare tutto vestito, mosse alla sua volta, lo afferrò e lo tenne a galla fino a che una lancia di bordo non giunse a raccogliere i due giovanetti.

Al bravo Gioia fu conferita la medaglia di argento al valor di marina.

La medesima onorifica ricompensa guadagnò il dodicenne Cappadona Antonino pel seguente fatto:

La sera del 27 giugno 1896 la giovanetta Antonia Spinella recavasi a bagnare con la madre Concetta Scarcella, e con altre donne, nelle acque di Gioiosa Marea.

Incautamente la giovanetta, quantunque inesperta nel nuoto, si avanzò troppo in mare, e mancatole il fondo, si vide in pericolo e chiese aiuto alla madre : questa volle soccorrere la figlia, ma in breve fu pure alla sua volta in procinto di annegare.

Le donne presenti con alte grida invocarono aiuto : udì il giovanetto Cappadona, ed accorso, gettossi in mare tutto vestito, a quaranta metri da terra, afferrò la madre, e schivando le strette convulse della donna agitata per il proprio pericolo e per la sorte della figlia la trasse in salvo.

Pari sorte non arrise però alla giovanetta Spinelli, perchè essa miseramente annegò, malgrado che il pescatore Salvatore Alioto, che si ebbe poi in premio un attestato ufficiale di benemerenza, si fosse slanciato in suo aiuto.

Un marinaro della nave da guerra degli Stati Uniti « Minneapolis », immessa nel bacino dell' arsenale di Taranto, attraversava, il 23 aprile 1896, il ponte di passaggio fra la prora e la sponda, quando cadde, battendo dapprima su di un puntello e poi scomparendo nell'acqua torbida sottostante.

Il manovale Cosimo Tagliente che trovavasi per servizio su di una zattera assieme ad un compagno, come vide il pericolo del marinaro americano, si gettò in mare tutto vestito, in suo aiuto, lo afferrò dal fondo del bacino e lo trasse verso la sponda, dove altri operai lo aiutarono a metterlo in salvo.

Al Tagliente fu conferita la medaglia di bronzo al valor di marina

La stessa medaglia ebbe il marinaro Salvatore Violante.

Il 21 agosto 1896 il mare era molto agitato nei paraggi dei Bagnoli, e sullo stabilimento balneare Patamia era stato proibito di bagnarsi: pur tuttavia, non ostante questo divieto, il senatore Nunziante, primo presidente della Corte di Appello a Napoli, volle scendere in mare, troppo fidando nella sua pratica nel nuoto.

Ma sopraffatto dalle ondate e dalla risacca che lo trascinava al largo, il senatore Nunziante in breve rimase quasi privo di sensi. Se ne avvide il marinaro Salvatore Violante, il quale dallo stabilimento Patamia quasi presago di una disgrazia sorvegliava i movimenti del bagnante, e subito gettatosi in mare lo raggiunse a cinquanta metri e lo trasse con grandi sforzi verso terra.

Era per giungere presso la scaletta dello stabilimento quando una violenta ondata spinse il Violante verso un palo; e per salvare il senatore che portava in braccio ed al quale procurava di tener sollevata la testa, non potè sfuggire all'ondata, e dall'urto contro il palo stesso riportò una ferita sul sopracciglio destro.

Il coraggioso marinaro non si smarrì per la ferita; raddoppiò di lena, riuscì a raggiungere la scaletta ed a porgere ad altre persone il senatore Nunziante, il quale mediante le cure di alcuni medici presenti, presto ricuperò i sensi.

Ricompense per azioni di merito, concesse durante l'anno 1896 confrontate con quelle accordate nel 1895.

	1895	1896
Commenda della Corona d'Italia.	1	—
Croce di Cavaliere id.	3	1
Medaglie d'oro al valor di marina.	—	1
Id. d'argento id.	73	11
Id. di bronzo id.	81	61
Id. commemorative d'argento	20	8
Id. id. di bronzo	1	1
Attestati ufficiali di benemerenza	186	64
	365	147

PREMIO ROBIN.

Il premio Robin per il 1896 fu assegnato dal « Comitato centrale della Società di soccorso ai naufraghi » al capitano Oreste Caflero ed al secondo Giuseppe Caflero del brigantino a palo « Teresina » per l'assistenza prestata all'equipaggio naufrago della nave inglese « Jebina Geodey » raccolto il 19 agosto 1896 nell'oceano atlantico.

SOCIETÀ DI SOCCORSO AI NAUFRAGHI

Durante l'anno 1896 nessuna variazione si è verificata nelle società di soccorso ai naufraghi.

Continuarono a funzionare efficacemente gli asili di soccorso della *Società Ligure di Salvamento* stabiliti in numero di 5 nel compartimento marittimo di Porto Maurizio, 10 in quello di Savona, 28 in quello di Genova e 4 in quello di Spezia. I soci effettivi salirono a 256, quelli soccorritori a 372 e nel predetto anno furono operati 26 salvataggi ed erogate circa lire 1000 in sussidi alle famiglie povere dei naufraghi.

A Viareggio la *Società di salvamento e di soccorso ai naufraghi* esercitò la vigilanza durante la stagione estiva nelle località più frequentate dai bagnanti.

A Livorno la stazione di salvataggio è presso la capitaneria di porto, la quale possiede gli attrezzi della disciolta Reale Società Livornese di soccorso agli afflitti.

A Civitavecchia, Gioia Tauro, Scilla, Ancona, Sinigaglia e Magnavacca furono mantenute le stazioni di salvataggio della *Società italiana per provvedere al soccorso dei naufraghi*.

PESCA

Come risulta dal prospetto che segue, le barche e battelli da pesca inscritti in tutti i compartimenti marittimi del regno al 31 decembre 1896 ascendevano al numero di 23096 per una portata complessiva di tonnellate 64,677 con un aumento perciò di 485 barche per tonnellate 7950 in confronto al 1895.

INDICAZIONI	PESCA DEL PESCE								
	Battelli addetti alla pesca distrettuale				Battelli addetti alla pesca illimitata				TOT. dei ba addetti alla p del pe
	con atto di nazionalità		senza atto di nazionalità		nei mari dello Stato oltre il distretto		all'estero		
	N.	Tonn.	N.	Tonn.	N.	Tonn.	N.	Tonn.	N.
Porto Maurizio	1	3	275	407	..	..	..	..	276
Savona	..	..	316	584	..	..	..	..	316
Genova	37	225	737	1.010	..	..	..	.	774
Spezia	64	555	464	771	3	13	32	316	563
Livorno	110	1.332	391	1.139	2	44	..	..	503
Portoferraio	24	306	169	342	..	..	..	..	193
Civitavecchia	5	79	150	383	..	..	..	..	155
Gaeta	13	104	485	1.044	..	..	..	..	499
Napoli	149	2.224	2.519	4.368	2	51	31	286	2.701
Castellammare di Stabia .	19	237	1.519	2.465	..	..	..	..	1.538
Pizzo	..	..	398	878	..	..	..	..	398
Reggio Calabria	..	..	691	1.246	..	..	..	..	691
Taranto	..	..	1.335	2.074	..	..	..	..	1.335
Bari	145	1.781	1.015	2.276	22	305	125	1.645	1.307
Ancona	5	42	1.294	5.162	..	..	4	37	1.303
Rimini	50	647	587	2.634	..	..	..	..	637
Venezia	114	1.097	1.146	2.163	..	..	551	4.141	1.811
Cagliari	4	40	457	690	..	..	..	..	461
Maddalena	4	38	288	644	..	..	..	..	292
Messina	..	..	1.915	3.611	..	..	..	..	1.915
Catania	..	..	1.611	3.446	..	..	..	..	1.611
Porto Empedocle . . .	28	156	606	2.075	..	..	..	..	634
Trapani	..	..	958	1.487	..	..	75	1.185	1.033
Palermo	98	437	1.722	3.406	63	182	55	211	1.938
TOTALI . . .	870	9.307	21.049	44.302	94	595	873	7.821	22.884	6

PESCA DEL CORALLO										PESCA DELLE SPUGNE						TOTALE generale dei battelli addetti alla pesca	
Battelli addetti alla pesca distrettuale				Battelli addetti alla pesca illimitata				TOTALE dei battelli addetti alla pesca del corallo		Battelli muniti di atto di nazionalità		Battelli senza atto di nazionalità		TOTALE dei battelli addetti alla pesca delle spugne			
con atto di nazionalità		senza atto di nazionalità		nei mari dello Stato oltre il distretto		all'estero											
N.	Tonn.	N.	Tonn.	N.	Tonn.	N.	Ton.	N.	Tonn.	N.	Tonn.	N.	Tonn.	N.	Tonn.	N.	Tonn.
..	..	..	..	..	..	..	..		..	..	..	..	..	..	..	276	410
..	..	..	..	..	..	..	..	..	..	..	..	..	..	..	..	316	584
7	10	17	21	..	..	..	..	24	31	..	..	..	..	..	..	798	1.263
..	..	..	..	..	..	..	..	..	..	..	..	..	..	..	..	563	1.655
..	..	..	..	..	..	..	..	..	..	..	..	..	..	..	..	563	2.515
..	..	..	..	..	..	..	..	..	..	..	..	..	..	..	..	193	648
..	..	..	..	..	..	..	..	..	..	..	..	..	..	..	..	155	462
..	..	..	..	..	..	..	..	..	..	..	..	..	..	..	..	499	1.145
..	37	..	..	..	..	..	..	11	37	44	874	..	..	44	874	2.736	7.844
..	..	..	..	..	..	..	..	..	..	..	..	..	..	..	..	1.538	2.702
..	..	..	..	..	..	..	..	..	..	..	..	..	..	..	..	398	878
..	..	..	..	..	..	..	..	..	..	..	..	..	..	..	..	691	1.246
..	..	..	..	..	..	..	..	..	..	..	..	..	..	..	..	1.335	2.074
..	..	..	..	..	..	..	..	..	..	..	..	..	..	..	..	1.307	5.987
..	..	..	..	..	..	..	..	..	..	..	..	..	..	..	..	1.303	5.241
..	..	..	..	..	..	..	..	..	..	..	..	..	..	..	..	637	3.331
..	..	..	..	..	..	..	..	..	..	..	..	..	..	..	..	1.811	7.401
..	4	28	96	..	..	..	..	29	100	..	..	..	..	..	..	490	800
..	..	21	48	..	..	..	..	21	48	..	..	..	..	..	..	313	730
..	..	..	..	..	..	..	..	..	..	..	..	..	..	..	..	1.915	3.611
..	..	..	..	..	..	..	..	..	..	1	11	1	3	2	14	1.613	3.460
..	83	..	..	..	..	..	..	6	83	24	347	11	112	35	459	675	2.773
..	..	..	..	..	..	..	..	..	..	40	1.006	..	..	40	1.006	1.073	3.678
..	..	..	..	..	..	..	..	..	..	..	..	..	..	..	..	1.938	4.235
8	134	66	165	..	..	..	..	91	299	100	2.238	12	115	121	2.353	23.096	64.677

PESCA DEI PESCI, DEI MOLLUSCHI E DEI CROSTACEI

La pesca dei pesci, dei molluschi e dei crostacei, come appare dal seguente quadro generale, nel 1896 riuscì più proficua con le mugginare, le reti da posta e le nasse, ivi comprese la pesca dei crostacei e quella dei molluschi che in totale diedero un prodotto maggiore dell'anno precedente per l'ammontare di lire 318,288; soffrì una notevole diminuzione invece con le reti a strascico, i palamiti, le lenze e gli ami, la fiocina; quella coi metodi speciali dei luoghi e l'altra del pesce da semina, le quali specialità diedero un minor ricavato complessivo del valore d lire 1,419,131 con una differenza finale di lire 1,100,843 di prodotto in meno dell'anno 1895.

CROSTACEI		N. delle barche
METODO DELLA PESCA		

Dallo stesso prospetto generale si rileva che le barche adibite alla pesca in genere dei pesci, dei molluschi e dei crostacei nel 1896 ascesero al numero di 22,508 con 101,613 pescatori e poichè esse ottennero un prodotto totale del valore di lire 14,948,884, ne consegue che l'utile medio per ogni barca fu di lire 664,15 e quello per ogni pescatore di lire 147.11, diviso nei diversi mari e regioni dello Stato come dal quadro qui appresso segnato.

Pesca dell'anno 1896.

Mari e Regioni	Numero delle barche	Numero dei pescatori	Valore delle barche	Valore degli attrezzi	Valore del pesce
Litorale del Tirreno .	7.403	34.529	1.615.848	2.017.868	4.112.502
Id. Sardegna.	1.070	4.930	298.932	203.334	930.770
Id. Sicilia . .	6.652	33.327	1.080.976	1.376.872	2.733.602
Id. Jonio (1) .	1.320	4.278	118.610	363.670	2.177.415
Id. Adriatico.	6.063	24.549	2.090.900	3.043.376	4.994.595
Totale . . .	22.508	101.613	5.205.266	7.005.120	14.948.884

(1) Nel mare Jonio fu computato il solo compartimento marittimo di Taranto.

Le diverse maniere di pescare e le molteplici specialità di pesca non essendo state esercitate in egual misura, il prodotto maggiore fu raggiunto dai pescatori che usarono i metodi o si dedicarono alle specialità indicate nel prospetto seguente, i quali ebbero un prodotto medio del valore di lire 166.11 a persona, con un utile medio di lire 877,06 per ogni barca.

Specialità e metodi di pesca di maggiore importanza.

SPECIALITÀ E METODI DI PESCA	Numero delle barche	Numero dei pescatori	Valore del pesce
Pesca a paranze.	2 659	15,891	4.402.054
Pesca con reti ferme, o di posta	3.673	17.091	2.161.967
Pesca dei molluschi	1.854	6 456	2.156.007
Pesca con galleggianti isolati	2.867	13.335	1.464.931
Pesca con sciabiche, o reti tirate da terra. .	1.886	17.642	1.163.418
Totali . . .	12.939	70.435	11 348.377

Pesca del tonno

Oltre a quintali 663 di altri pesci, venduti per circa lire 34,500.00, nelle 43 tonnare, che furono in esercizio durante la campagna del 1896 si ebbe il prodotto di quintali 40,173 di tonno per un valore complessivo di lire 1,760,985.00 e quindi, come emerge dal quadro comparativo sotto riportato, tale pesca ha superato quella del 1895 per quintali 20,957 di prodotto per un valore di lire 970,692.00, ossia è più che raddoppiata, pur facendo un prezzo medio di lire 43.83 a quintale, mentre quello del 1895 fu di lire 63.63.

Dall'elenco dimostrativo che fa seguito al quadro predetto, si rilevano i risultati ottenuti nelle singole tonnare nell'anno 1896.

ANNO	COSTE DEL TIRRENO			COSTE DELL'JONIO			COSTE DELLA SARDEGNA			COSTE DELLA SICILIA			TOTALE		
	Numero delle tonnare	Prodotto della pesca in quintali	Valore	Numero delle tonnare	Prodotto della pesca in quintali	Valore	Numero delle tonnare	Prodotto della pesca in quintali	Valore	Numero delle tonnare	Prodotto della pesca in quintali	Valore	Numero delle tonnare	Prodotto della pesca in quintali	Valore
1896	15	2.515	131.325	2	360	27.450	5	6.360	657.200	21	30.926	945.010	43	40.173	1.760.985
1895	10	1.503	104.315	1	210	16.800	5	3.983	295.373	21	9.537	362.805	37	19.216	780.293
Differenza . .	5	1.012	23.000	1	150	10.650	»	2.376	361.827	»	21.389	575.205	6	20.957	970.692

N. B. — In questo prospetto furono tenute a calcolo le sole tonnare e tonnarelle mantenute in esercizio nei rispettivi anni, e soltanto il tonno pescato, trascurando gli altri pesci.

ELENCO DIMOSTRATIVO

dell'importanza della pesca del tonno.

Compartimento	Anno della fondazione	Luogo	Proprietari comproprietari o concessionari	Data o d della concessio od affit
Genova	Ab antico: ripiantata nel 1883.	Camogli, sotto San Niccolò alla punta Chiappa	Gnecco Giuseppe, Gnecco Edmondo e Murialdo Giacono.	17 gennaio
Livorno	Antica data	Comune di Piombino, golfo di Baratti.	Canossa Vittorio del fu Agostino domiciliato a Piombino, concessionario.	6 aprile per anni dal 1 lug 1895
Portoferraio . .	1816	Punta Enfola (Marciana).	Ditta fratelli Damiani rappresentata dal sig Luigi Damiani. Proprietà demaniale	Licenza maggio a tutto gno.
id. . . .	. . . .	Marciana (Costa Tonda).	Brignetti Fortunato fu Filippo, concessiorio.	Licenza da maggio a ottobre
id. . . .	. . . .	Marciana (Costa sud dell'Enfola).	Ridi Emanuele fu Marco, concessionario.	Licenza da settembr 31 ottob 1896.
id. . . .	. . . .	Marciana (Spiaggia delle spighe all'Agnone).	Fasce Giacomo fu Gio. Batta.	id.
Napoli	1877	Comune di Pozzuoli, dal faro di Baia alla punta Pennata a Capo Miseno.	Orfanotrofio militare di Napoli.	. . . .
id. . . .	1879	Spiaggia Ciraccio (Procida).	Proprietà municpale. Concessionario signor Franco Andrea fu Antonio.	15 gennaio per ann dal 1° vembre.

za della pesca del tonno.

...	Pesca dell'anno 1896	Prezzo medio del tonno	Personale		Materiale galleggiante addetto al servizio della tonnara	*Annotazioni*
			Impie-gati	Operai		
... Lire	Quint.	Lire				
300	25	60	8	12	2 palischerni e 3 battelli.	Oltre i 25 quintali di tonno furono pescati 99 quintali di altri pesci (lacerti, palamite, pesci spada e bestini) che furono venduti, il pesce spada a L. 180 il quintale. lacerti e palamite a L. 50, bestini a L. 70.
70	3	100	..	4	2 battelli	È una tonnara a maglia grande. Ha pescato 3 tonni.
... 2 mesi	85	80	..	30	9 galleggianti	....
50	6	90	..	2	1 galleggiante	....
25	9	90	..	2	1 galleggiante	....
25	..	..	..	..	....	Non ha esercitato durante l'anno 1896.
300	150	125	2	23	8 barche	....

Compartimento	Anno della fondazione	Luogo	Proprietari comproprietari o concessionari	Data o d~ della concessi~ od aflit~
Napoli	1833	Lacco Ameno (Ischia) fra le punte Comacchio e la punta San Pietro.	Proprietà municipale per effetto di antiche concessioni governative. Troise Raffaello fu Francesco concessionario.	13 agosto dal 1° naio 18~ no al 3. cembre
Castellammare di Stabia	1521	Sorrento, spiaggia detta Tonnarella Marina grande.	Comune di Sorrento, proprietario. Concessionario signor Guerritore Nicola.	12 novem~ per ann~
id. . . .	id.	Comune di Massalubrense Spiaggia di Nerano.	Proprietario il Comune di Massalubrense. Fratelli Antonio e Giuseppe Vuolo concessionari.	15 settem.
id. . . .	1551	Tonnara di Praiano. Spiaggia di Pra a	Proprietario è il comune di Praiano, concessionario il signor Michele Vuolo	1893
id. . . .	Da tempo remoto	Tonnara di Erchie fra i capi di Tumulo e Giglio, presso Cetara.	Municipio di Maiori per investitura dello *Stato di Amalfi* fatta da A. Piccolomini. Concessionario il signor Beniamino Cimino fu Andrea da Maiori.	10 settem 1
id. . . .	Da circa un secolo	Tonnara di *Concamarini* detta di *Vettica* o S. Croce a 700 metri dal capo S. Croce fra Concamarini ed Amalfi.	Proprietari il comune di Amalfi per 5 8 e quello di Conca Marini per 3 8. Franco Alfonso di Raffaele concessionario.	1891

Casone anno	Pesca del-l'anno 1896	Prezzo medio del tonno	Personale		Materiale galleggiante addetto al servizio della tonnara	Annotazioni
			Impie-gati	Operai		
Lire	Quint.	Lire				
4.000	300	100	1	20	6 barche	....
È si cal-l'e go-errativo il 30 per il diset-re e le.	..	..	..	..	5 galleggianti	È tonnara di costa con la bocca da oriente ed isolata. Non fu calata nel 1896.
900	200	70	4	16	8 galleggianti	È *tonnarella*. La direzione dell'i-solato delle reti (di punta) di questa tonnara è ad oriente con due bocche l'una ad oriente l'al-tra ad occidente.
330	30	60	..	14	5 galleggianti	È di costa con la bocca all'est e dista chilom. 5 ad est *dalla ton-nara di Vettica o Santa Croce*.
500	85	65	1	19	8 galleggianti	È tonnara di punta, si protende in mare per circa 700 metri perpen-dicolarmente alla costa ed ha due bocche di cui la maggiore è volta all'est, l'altra all'ovest.
cioè li-575,62 al Comune di Praca Ma-ri e 1325 quello di Amalfi.	100	52	2	18	7 galleggianti	È tonnara di costa con la bocca ad oriente. Dista 5 chilom. dalla *mugginara* di Praiano. La pesca comincia verso la metà di aprile e finisce agli ultimi di novembre.

Compartimento	Anno della fondazione	Luogo	Proprietari comproprietari o concessionari	Data o dur[della concession od affitto
Pizzo	1457	Pizzo.	Eredi del fu march. Gagliardi Enrico, Senatore del Regno.	Illimitata
i l. . . .	1445	Bivona (comune di Monteleone).	Comm. Giuseppe Calcagno. cav Agostino Santamaria ed eredi del fu march. Gagliardi.	id.
id. . . .	1847	Langhione (comune di Majerato)	Proprietario il comune di Majerato. Concessionario il cav. Giulio Magnani Ricotti.	Affittata p 12 anni cui sei o bligatori e facoltativi
Taranto . . .	Ab immemorabile	A levante del porto di Gallipoli.	Comune di Gallipoli il quale l' ha concessa in affitto al signor Francesco Franco e soci.	Concessio attuale (1881,ora r novata p altri 15 ar
id. . . .	....	Da Capo Gallo trasportata a punta Licola (Brindisi)	Ficarra Salvatore da Brindisi.	Licenza dal maggio 31 ottob 1896
Cagliari	Ab immemorabile	Carloforte ,Cala Vinagra).	Già proprietà demaniale. Ora del signor Giacomo Carpaneto di Genova.	Proprietà p vata.

Canone annuo	Pesca del-l'anno 1896	Prezzo medio del tonno	Personale		Materiale galleggiante addetto al servizio della tonnara	Annotazioni
			Impie-gati	Operai		
Lire	Quint.	Lire				
Irno pri-vato	490	50	6	130	14 galleggianti	Concessa da re Alfonso d'Aragona al duca San Severino, passò al duca dell' Infantado ed in ultimo al marchese Gagliardi di Monteleone di Calabria e da questo per successione ai figli marchese Francesco, Barone Luigi e Cav. Domenico.
	507	50	5	110	12 galleggianti	Concessa dalla regina Giovanna II.ª Carlotta Caracciolo, passò poi al duca di Monteleone ed in ultimo agli attuali proprietari.
Nulei pri-i 4 anni, 50 per gli altri anni.	525	50	1	22	9 galleggianti	Concessa dal re Ferdinando II di Borbone al Municipio di Majerato con obbligo di destinarne il profitto a favore del comune.
1.020	360	75	..	16	5 battelli di dimensioni diverse	Vi è l'obbligo nel contratto d'affitto che il conduttore deve vendere nella piazza di Gallipoli la metà del suo prodotto a prezzo di favore stabilito dall'autorità municipale. Furono presi quintali 5 di altro pesce venduto in ragione di L. 25 al quintale.
100	..	..	..	20	6 galleggianti	Non raccolse tonni, ma soltanto quintali 7 di altri pesci, che furono venduti al prezzo di L. 137,50. al quintale.
..	..	..	..	..	....	Non fu calata.

Compartimento	Anno della fondazione	Luogo	Proprietari comproprietari o concessionari	Data o dur: della concession od affitto
Cagliari	Ab immemorabile	Isola di S. Pietro (I-sola Piana).	Marchesa di Villama-rina, proprietaria	Proprietà pi vata.
id. . . .	id.	Capo Giordano (Porto Paglia).	Già proprietà dema-niale. Ora del si-gnor Giacomo Car-paneto di Genova.	Id.
id. . . .	id.	Capo Giordano (Porto-scuso .	Pastorino Carlo da Genova.	id.
id. . . .	1883	Isola di Sant'Antioco. Spiaggia di Cala-setta.	Ordine Mauriziano; data in concessione a Francesco Torre e soci.	30 anni
id . . .	. . . .	Flumentorgiu (Orista-no) Costa occiden-tale della Sardegna	Eredi barone Rossi Francesco da Ca-gliari.	Proprietà pi vata.
Maddalena . . .	8 marzo 1654	Tonnara delle Saline (Porto Torres).	Ditta Anfossi e Bigio, Garassino e Pretto.	id.
Messina. . . .	1799	Nella baia di S. An-tonino a ponente del Capo di Milazzo.	Francesco Rotelli e Giuseppe Passa-lacqua da Milazzo.	Perpetua. gnorasi data dell concessio
id. . . .	1447	Milazzo, spiaggia de Tono ad ovest de Capo di Milazzo.	Eredi del cav. G. B. Calapai da Messina ed eredi del march. Tommaso d'Amico da Milazzo.	Id.

	Pesca del-l'anno 1896	Prezzo medio del tonno	Personale		Materiale galleggiante addetto al servizio della tonnara	Annotazioni
			Impie-gati	Operai		
Lire	Quint.	Lire				
..	1.832	80	30	325	16 barcacce	Tenuta in appalto dal predetto sig. Carpaneto per anni nove col canone di L. 60 mila. Prese 2386 tonni
.	967	80	30	310	id.	Prese 1259 tonni
.	1.837	108	15	300	id.	Prese 2788 tonni
	..	..	..	..	....	Non fu calata nel 1896.
.	838	108	12	175	16 barcacce	Concessa dal governo sardo nel 1839-40 al marchese d'Arcais in compenso di un feudo. Ceduta poi all'attuale proprietario. Prese 699 tonni.
.	892	74	3	231	2 vascelli, 2 pali-schermotti, 4 ba-starde, 2 mo-sciare 2 barba-rici, 1 canotto, 1 lancia, 1 ri-morchiatore, 2 bilancelle, 1 gon-dola.	Tonnara antichissima già di proprietà del Duca Pasqua.
..	8	60	1	20	6 barche	Prese quintali 5 pesce spada ven-duto a L. 80 al quintale, più quintali 100 pesci diversi a L. 20,60.
.	1.500	45	6	52	12 barche	Prese quintali 50 di pesce spada venduto a L. 80 e quint. li 140 di pesci diversi a L. 16,50 al quin-tale.

Le notizie per le contro dette tre tonnare anche in quest'anno sono date in via ap-prossimativa per mancanza di buone fonti dove attingerle.

Compartimento	Anno della fondazione	Luogo	Proprietari comproprietari o concessionari	Data o d[...] della concessi[...] od affit[...]
Messina	Ignorasi	Olivieri	Fratelli Longo.	Perpetua, gnorasi data d[...] concess[...]
id. . . .	1889	Milazzo. A metri 700 dall' estremo limite del molo nuovo.	Famiglia D' Amico, attittata a Giuseppe Catanzaro e Fortunato Marullo.	Dal 1º ma[...] al 30 giu[...] 1893.
id. . . .	1584	Scoglio o *Rocca Bianca* di Patti.	Conte Antonino Cumbo Borgia.	Perpetua, gnorasi data de[...] concessi[...]
id. . . .	1407	Villaggio di S. Giorgio, frazione del Comune di Gioiosa Marea.	Conte Antonino Cumbo Borgia e figlio.	id.
Catania	1880	Brucoli presso il capo Bonico, a 200 metri dalla costa.	Concessionario Spitaleri bar. Felice, domiciliato a Catania.	Dal 5 ma[...] 1880.
id. . . .	1655	Santa Panagia presso Siracusa, a 12 metri dalla costa.	Barone Bonanno Michele di Siracusa e C.. proprietario ed esercente.	Proprietà [...] vata.
id. . . .	id.	Marzamemi, a 50 metri dalla costa (Pachino)	Eredi del principe di Villadorata proprietario; esercente comm. Ottavio Nicolaci	id.
id. . . .	id.	Tonnara di Capo Passaro ad est dell'isolotto omonimo (Pachino).	Proprietario ed esercente bar. Camemi.	id.
id. . . .	id.	Tonnara di Capo Passaro (Tonnara piccola).	Barone di capo Passaro e C. i.	id.

Tonnare	Pesca del l'anno 1896	Prezzo medio del tonno	Personale		Materiale galleggiante addetto al servizio della tonnara	Annotazioni
			Impiegati	Operai		
	Quint.	Lire				
..	2.000	45	2	60	11 barche	Prese pure quintali 10 di pesci diversi venduti a L. 25 al quintale.
.	..	..	..	..	. . .	Non fu calata nel 1896.
.	..	..	..	..	. . . .	Non fu calata nel 1896.
..	200	45	2	55	9 barche	Prese pure quintali 18 di pesce spada venduto a L. 80 e quintali 100 di pesci diversi a L. 23,50 al quintale.
120	..	..	..	..	. . .	Non fu calata nel 1896.
..	514	35	5	38	12 barche	..
..	2.296	35	25	48	10 barche	. . .
..	1.400	35	9	30	12 barche	. . .
..	834	35	8	20	10 barche	.

Compartimento	Anno della fondazione	Luogo	Proprietari comproprietari o concessionari	Data o du della concessic od affitt
Trapani . . .	1640	Favignana	Eredi del comm. Ignazio Florio.	Proprietà vata
id. . . .	id.	Formica	id.	id.
id . . .	1540	S. Giuliano	Eredi del signor Fardella march. Giovanni di Palermo.	id.
id . . .	1500	Bonagia	Opere pie di Palermo.	id.
id. . . .	id	Capo San Vito (secca)	Foderà Vito e Lipari fratelli Giuseppe e Antonio fu Paolo di Castellammare del Golfo.	id.
Palermo. . . .	Ab immemorabile	Tonnara di Scopello Castellammare del Golfo.	Eredi del comm. Ignazio Florio.	....
id. . . .	id.	Tonnara di Castellammare del Golfo.	Principe Bonfornello e compagni.	....
id. . . .	id.	Tonnara Vergine Maria di Palermo.	Barone Bordonaro.	....
id. . . .	id.	Tonnara Arenella a Palermo.	Eredi del comm. Ignazio Florio.	....
id. . . .	id	Tonnara S Elia (Golfo di Solanto)	Principe di Gangi	....
id . . .	id	Tonnara Solanto	id.	....

Pesca dell'anno 1896	Prezzo medio del tonno	Personale		Materiale galleggiante addetto al servizio della tonnara	Annotazioni
		Impiegati	Operai		
Quint.	Lire				
6.500	37	8	400	4 vascelli e 10 bar.	. . .
4.500	37	2	100	id.	. . . .
2.600	38	2	78	2 vascelli e 10 bar.	. . .
1.200	37	2	30	4 vascelli e 6 bar.	. . . .
430	38	2	54	2 vascelli e 14 bar.	. . . .
1.170	70	4	50	14 galleggianti	. . . .
780	50	4	40	8 id.	. . .
450	50	..	40	10 id.	. . .
..	..	..	..	. . . .	Non fu calata nel 1896.
530	50	..	35	12 galleggianti	. . .
1.200	50	..	54	id.	. . . .

Compartimento	Anno della fondazione	Luogo	Proprietari oomproprietari o concessionari	Data o del conces od af
Palermo. . . .	Ab immemorabile	Tonnara S. Nicola (Solanto)	Pietro Spadaro e C.	....
id. . . .	id.	Tonnara di Trabia (Solanto)	Principe di Trabia.	....
id . . .	id.	Tonnara Leone o Guzzo (Castellamm. del Golfo.	Eredi del comm. Ignazio Florio.	....
id. . . .	1892	Tonnara Magazzinazzi (Castellammare del Golfo.)	Vito Foderà	Proprietà vata.
id. . . .	1895	Mondello	Spadaro Pietro.	1895

Le tonnare che nel decorso anno ebbero un maggiore prodotto furono le seguenti:

Trapani	Favignana	quintali	6,500
	Formica	»	4,500
	S. Giuliano	»	2,600
Catania —	Marzamemi	»	2,296
Messina —	Olivieri	»	2,000
Cagliari	Portoscuso	»	1,837
	Isola Piana	»	1,832

	Pesca del-l'anno 1896	Prezzo medio del tonno	Personale		Materiale galleggiante addetto al servizio della tonnara	Annotazioni
			Impie-gati	Operai		
	Quint.	Lire				
..	780	50	..	5.)	13 galleggianti	....
.	720	50	..	50	id.	....
.	..	..	..	..	....	Non ha esercitato nel 1896.
. ..	1.214	50	2	50	14 galleggianti	...
.	100	50	..	40	8 id	....

Messina — Spiaggia del Tono . . . . . .   »   1,500
Catania — Pachino (Capo Passaro) . . .   »   1,400

Palermo { Magazzinazzi . . . .   »   1,214
         { Solanto . . . .   »   1,200

Trapani { Bonagia . . . .   »   1,200
         { Scopello . . . .   »   1,170

I prezzi migliori parrebbe fossero stati fatti a Cagliari ove variarono da lire 80.00 a lire 108.00 (media lire 86.35); mentre a Trapani oscilla-rono tra lire 37.00 e lire 38.00 (media lire 37.19) mantenendosi invece a Palermo sempre sulle lire 50. 00 come a Messina su lire 45,00 ed a Catania su lire 35.00 a quintale.

I prezzi più elevati naturalmente si riferiscono alle vendite del tonno fresco fatte al minuto od in partite.

Anche nel 1896 non furono poste in esercizio la tonnara di Pozzuoli, quella della Marina Grande di Sorrento, l'altra di Carloforte, nonchè la tonnara dell'Ordine Mauriziano in S. Antioco, quelle di Milazzo, di Rocca Bianca a Patti, di Brucoli, dell'Arenella a Palermo e quella infine di Leone in Castellammare del Golfo.

Invece furono calate tre nuove tonnare a Portoferrajo, quella di Langhione a Pizzo e l'altra di Capo Gallo a Brindisi con risultato affatto negativo giacchè raccolse soltanto 7 quintali di altri pesci.

Pesca del corallo nel 1896

La pesca del corallo nel 1896 è andata sempre più decadendo, non essendovi state impiegate che soltanto 145 barche della portata complessiva di 1452 tonnellate con un equipaggio totale di persone 1411. Si ebbe così una diminuzione di 34 barche per tonnellate 587 con 392 individui di equipaggio in confronto all'anno 1895.

La detta pesca in conseguenza diede un prodotto di soli chilogrammi 298.562 pel valore di lire 1,013,700, mentre nell'anno precedente si raccolsero chilogrammi 373,420 di corallo pel valore di lire 1,273,988 e quindi si verificò un minor prodotto nell'ultima campagna di chilogrammi 74,858 per un valore di lire 260,288.

Il decadimento di questa industria deve attribuirsi specialmente alle grandi spese che debbono sostenere gli armatori delle barche, non compensate affatto dal prodotto della pesca, sia perchè il corallo dei banchi di Sciacca è di qualità scadente e di piccole dimensioni e quindi di pochissimo valore, sia perchè i banchi di Sardegna, quasi tutti già completamente sfruttati, danno un prodotto molto meschino, e sia, infine, perchè trovandosi tuttavia una gran quantità di corallo grezzo e lavorato in deposito presso i negozianti e gli industriali sui principali mercati, il prezzo al quale può vendersi il nuovo (lire 3,00 a 3,20 al chilogrammo) non solo non è rimunerativo, ma lascia in perdita gli armatori, che sostengono le spese ingenti per lo armamento delle coralline, compreso le paghe agli equipaggi che sono fissate prima dell'apertura della campagna.

Il danno peraltro che risentono gli armatori, si riflette come conseguenza sulla massa generale dei pescatori di corallo, i quali o non trovano ad impiegare la loro opera per il diminuito numero di barche, o debbono accontentarsi di paghe inferiori a quelle che percepivano per l'addietro e che li mettevano in grado di far fronte ai bisogni propri e delle famiglie, compensandoli in parte delle gravi e laboriose fatiche inerenti allo esercizio di questo mestiere.

Apertura della pesca del corallo a Sciacca

Alla pesca del corallo sui banchi di Sciacca, che nella campagna del 1896 s'iniziò a metà del marzo, quantunque le barche di Torre del Greco fossero fin dal febbraio pronte alla partenza, che dovette essere ritardata a causa del tempo, concorsero 81 bilancelle del Compartimento marittimo di Napoli (Torre del Greco) e 4 soltanto di quello di Porto Empedocle (Sciacca) per la maggior parte dedicandosi alla pesca sul banco del 1880, mentre poche soltanto continuarono a sfruttare quello « di mezzo » o del 1878.

La frequenza di temporali con venti forti non permise però alla pesca di riuscire fruttifera che soltanto nel maggio; le stesse cause la obbligarono a chiudersi alla fine del settembre, l'ottobre essendo stato sfavorevolissimo all'esercizio.

Esito della campagna.

Come di sopra si è accennato, l'ultima campagna di pesca a Sciacca è riuscita sconfortante per gli armatori, i quali contro una spesa media di lire 11,750 per ogni barca non hanno ricavato che un prodotto, ragguagliato a ciascuna, di appena lire 10,500, soggiacendo così ad una perdita complessiva di lire 106,250.

Ma un simile risultato, per quanto sfavorevole, non era molto imprevveduto siccome risulta dalla diminuzione sempre maggiore del concorso di coralline alla pesca.

Arruolamento degli equipaggi
delle barche addette alla pesca del corallo

Ad onta dei ripetuti consigli del Governo neppure in quest'ultima campagna si riuscì a far modificare l'antico sistema di arruolamenti in Torre del Greco.

D'altro canto ai pescatori di corallo, principalmente ora che la fiducia nel buon esito della pesca è incominciato a mancare, non converrebbe accettare l'arruolamento senza anticipi con la compartecipazione agli utili e quindi gli armatori, che ancora sperano in un risveglio della industria, difficilmente riuscirebbero a trovar equipaggi che si accontentassero di esporsi al durissimo lavoro col pericolo di non cavarne neppure il necessario per loro e per le famiglie.

Reati marittimi ed infortuni durante la campagna.

Nessun reato fu commesso dai 1092 pescatori che componevano gli equipaggi delle barche coralline recatesi alla pesca a Sciacca, ad eccezione di sedici diserzioni; ma dei disertori 11 furono tradotti a bordo ove ripresero servizio, mentre soltanto 5 riuscirono a sfuggire a tutte le ricerche.

Del resto l'ordine e la disciplina furono in generale convenientemente osservate tanto in mare, che a terra nei porti di Sciacca e Mazzara, ove le barche abitualmente si rifugiarono durante i cattivi tempi.

Non si ebbero a deplorare sinistri od infortuni marittimi se si eccettui la morte di un marinaro ed il ferimento di un altro, colpiti in malo modo dalla manovella di un argano durante l'alaggio di una barca sulla spiaggia di Mazzara.

Sorveglianza di una R. nave sui banchi di Sciacca.

Anche sui banchi coralliferi di Sciacca la sorveglianza della pesca fu affidata alla R. nave « Rapido » e dai rapporti del capitano di fregata cav. Michele Zattera e dell'altro ufficiale superiore cav. Carlo Ravelli, che ne ebbero il comando durante la campagna, si rileva come la sua presenza fu utile per mantenere l'ordine e la disciplina tra gli equipaggi; per rifornire d'acqua potabile le barche che ne abbisognavano; per apprestare le necessarie cure mediche nei pochi casi di malattia di lieve importanza che si verificarono e per trasportare inoltre all'ospedale civile di Sciacca, di dove uscirono poi completamente guariti, un marinaro affetto da flemmone, che dovette essere operato senza indugio dal medico di bordo per evitare il pericolo dell'amputazione di un arto inferiore, ed un attaccato da insistente febbre malarica.

Pesca del corallo in Sardegna

Poco può dirsi sulla pesca del corallo in Sardegna durante il 1896·

Essa fu esercitata, come negli anni precedenti, sui banchi di Carloforte, Alghero e S. Teresa Gallura da 60 barche della complessiva portata di tonnellate 319 con 174 uomini di equipaggio.

Il prodotto ricavato ascese a chilogrammi 1062 pel valore di lire 121,200 contro una spesa totale di lire 104,592 sostenuta dagli armatori i quali, se non vi rimisero, come a Sciacca, certo non ebbero a guadagnarvi che ben poca cosa, ascendendo l'utile netto totale a sole lire 16,608,

Il concorso, l'andamento e l'esito della pesca del corallo nelle acque dello Stato durante la campagna del 1896 appaiono chiaramente dai seguenti prospetti statistici.

LUOGHI nei quali fu eseguita la pesca	LUOGO di armamento	BARCHE			SPESA MEDIA PER BAR			
		Numero	Tonnellate	Equipaggio	Armamento ed attrezzi	Vitto	Paghe	T.
Carloforte (acque del circondario marittimo).	Carloforte . . .	15	60	90	350	390	610	
Golfo di Alghero, a circa 10 o 12 miglia da terra. Le barche torresi, anche alla distanza di 25 miglia.	Alghero	21	13	84	300	350	690	
Id.	Torre del Greco .	3	41	34	3.000	2.000	3.500	
Nelle vicinanze di Santa Teresa Gallura.	Santa Margherita Ligure.	21	25	111	402	407	743	
Sardegna	Totali dell'anno 1896	60	171	319	4.052	3.147	5 453	
	Id. id. 1895	68	285	397	4.933	3.565	6.214	
Sardegna 1896. - Differenza	in più	..	..	..	..	..	..	
	in meno	8	114	..	..	..	..	
Sicilia. - Banchi di Sciacca (Torre del Greco-Sciacca).		85	1.278	1.092	..	..	..	
Anno 1896. - Sardegna e Sicilia		145	1.452	1.411	..	..	..	

chi di Sciacca, per l'anno 1896.

SPESE	QUALITÀ del corallo	CORALLO RACCOLTO				ANNOTAZIONI
		Media per barca in chilo-grammi	Totale in chilo-grammi	Valore per chilo-gramma	Valore totale	
9.250	Rosso (1)	20	300	95	28.500	(1) Non vi è compreso il corallo chiaro ed il terrazno, ceduti gratuitamente.
9.250	Id.	12	252	120	30.240	(2) ANNO 1896.
						Valore . . . . . L. 121.290
						Spese . . . . . » 104.592
						Differenza in più . L. 16 698
5.500	Id.	65	195	120	23.400	Media per barca, del profitto, L. 276,80
8.592	Id.	15	315	124	39.060	(3) ANNO 1895.
						Valore . . . . . L. 160.688
						Spese . . . . . » 158.196
						Differenza in più . L. 2.492
104.592	. . . .	..	1.062	..	(2) 121.290	Media, per barca, del profitto, L. 36,64.
158.196	. . . .	..	2.320	..	(3) 160.688	
..	. . . .	..	..	..	..	
53.604	. . . .	..	1.258	..	39.488	
998.750	. . . .	..	297.500	..	892.500	
103.342	. . . .	..	298.562	..	1.013.700	Riassunto generale del 1896.

Prospetto riassuntivo della pesca del corallo sui banchi di Sciacca.

ANNO	LUOGO di armamento delle barche	BARCHE			SPESE TOTALI per le barche in complesso	CORALLO RACCOLTO		GUADAGNO	PERDITA
		Numero	Tonnellate	Equipaggio		Quantità in chilogrammi	Valore	Lire	Lire
1884	Torre del Greco. Ventotene. Ponza. Sciacca. Terranova di Sicilia. Trapani.	183	2.370	2.205	2.257.030	612.900	2.299.650	....	27.380
1885	Torre del Greco. Sciacca.	111	1.751	1.406	1.454.550	371.100	1.113.300	....	341.250
1886	Torre del Greco. Sciacca.	85	1.278	1.092	948.750	327.500	882.500	....	106.250
	Totale	379	5.399	4.703	4.660.330	1.311.400	4.215.450	....	474.880

Prospetto dei risultati della pesca del corallo sui banchi di Sciacca, per l'anno 1896.

Numero delle barche	PORTO di armamento e d'inscrizione delle barche	Tonnellaggio	Equipaggio	SPESA MEDIA per ciascuna barca				TOTALE delle spese per tutte le barche	QUANTITÀ MEDIA del corallo pescato espressa in chilogrammi		PREZZO medio per chilogramma	VALORE complessivo del corallo pescato	Annotazioni
				Armamento ed attrezzi	Vitto dello equipaggio	Paghe dello equipaggio	Totale		Per ciascuna barca	Complessivamente			
81	Torre del Greco	1.203	1.038	6.000	1.900	3.850	11.750	951.750	3.500	283.500	3	850.500	Bilancelle nazionalizzate.
1	Sciacca . . .	75	54	6.000	1.900	3.850	11.750	47.000	3.500	14.000	3	42.000	Bilancelle nazionalizzate.
85		1.278	1.082					998.750		297.500		892.500	

Pesca delle spugne nel mare di Lampedusa

Nel Marzo 1896 fu iniziata la pesca delle spugne nel mare di Lampedusa da 27 barche italiane, ma nel corso della campagna il numero dei velieri, che si dedicarono a questa industria, raggiunse la cifra di 220 fra nazionali e stranieri.

La campagna può dirsi che si sia chiusa nella fine di ottobre, quantunque a tale epoca rimanessero armate ancora 17 barche, le quali si prefissero di esercitare la pesca durante tutta la stagione invernale per sfruttare il nuovo banco detto « Lampione » scoperto nel settembre.

Banchi sui quali venne esercitata la pesca

La pesca fu esercitata con le macchine da palombaro sul banco detto di « Mezzogiorno » e con la *cara* in quelli detti di « Ponente » di « Libeccio » di « Mezzogiorno-Libeccio » e del « Lampione » scoperto durante la campagna.

Il banco di « Ponente » già così ricco negli anni decorsi, in quest'ultima campagna risultò quasi completamente sfruttato con danno non lieve dei pescatori, che a preferenza vi accorrevano nei mesi di marzo e aprile e settembre e ottobre, durante i quali i venti fortunali imperversano più frequentemente in quei paraggi, come quello che, per la sua vicinanza con Lampadusa, riusciva più facile di abbandonare senza pericolo raggiungendo in una breve traversata quel porto o le secche di Herhenak.

Scoperta di un nuovo banco.

Nel settembre fu dai pescatori nazionali scoperto un nuovo banco spugnifero presso l'isolotto « Lampione » da cui ha preso il nome.

Detto banco giace a circa 12 miglia a N. N. O. di Lampadusa e ad una profondità media di 55 metri; è molto vasto e ricchissimo dando anche un prodotto di ottima qualità, abbenchè poco leggero per l'abbondanza di pietruzze contenute nel suo tessuto molto unito, e può essere largamente sfruttato dalle barche che pescano con la *cara*, che è adoperata da tutte le nazionali, mentre molte fra le Elleniche e qualcuna Ottomana si servono della macchina da palombaro, che non può essere utilmente impiegata in questo algamento a causa della sua profondità.

Per quanto questo banco sia molto roccioso e danneggi per conseguenza facilmente l'ordigno che lo rastrella, pure per la ricchezza di spugne che contiene è stato largamente sfruttato, dando un prodotto giornaliero abbondantissimo, che incoraggiò gli armatori di Torre del Greco ad armare un numero di barche di portata maggiore del consueto e di più recente costruzione per adibirle appunto alla pesca sul nuovo banco, siccome indusse pure gli armatori di Lampedusa a mantenere armate le proprie barche anche durante l'inverno nella fiducia di poterle lasciar continuare la pesca e fece accorrervi inoltre un numero rilevante di barche Elleniche.

Il desiderio peraltro degli armatori di Lampedusa non ebbe facile attuazione a causa del tempo che dal novembre in poi, quasi sempre cattivo, non permise che ben di rado alle barche di raggiungere il banco del « Lampione ».

Barche che si dedicarono alla pesca.

Dal quadro qui sotto riportato si rileva il numero e la nazionalità delle barche che durante la campagna del 1896 si recarono alla pesca delle spugne nel mare di Lampedusa.

Nazionalità	Numero	Tonnellaggio	Equipaggio	Ordegno di pesca
Italiana	94	1618	522	Cava.
Ellenica	79	1485	583	Id.
Id.	35	643	374	Macchina da palombaro.
Id.	1	3	3	Fiocina e specchio.
Ottomana.	5	66	24	Cava.
Id.	6	67	89	Macchina da palombaro.
Totale	220	3872	1105	

Inoltre i pescatori Ellenici si fecero seguire da n. 8 barche « appoggio » per una portata complessiva di tonnellate 118 con 93 persone di equipaggio e da n. 3 barche « deposito » della portata complessiva di tonnellate 171 con 41 uomini di equipaggio e gli ottomani da 1 barca « appoggio » di tonnellate 14 con 15 individui di equipaggio e 2 barche « deposito » della portata in complesso di tonnellate 65 con 13 persone di equipaggio.

Le barche nazionali, che presero parte alla campagna, appartengono ai porti compresi nei compartimenti marittimi segnati nel quadro che segue:

Compartimento marittimo	Porto d'armamento	Numero
Porto Empedocle	Porto Empedocle	1
	Terranova	5
	Lampedusa	25
Trapani	Trapani	6
	Pantelleria	2
Catania	Riposto	1
Napoli	Torre del Greco	51
	Totale	91

Commercio del prodotto della pesca.

Per quanto una parte del prodotto della pesca, che fu abbontantissimo anche nel 1896, fosse stato preventivamente ceduto a due Ditte del Pireo da diverse barche Elleniche munite di *cara* e da molte di quelle che pescano con la macchina da palombaro e che i pescatori torresi avessero nei primi mesi di esercizio preferito di smerciare le loro spugne a Sfax, ove speravano far prezzi migliori, pure il commercio spugnifero si svolse attivo e rimunerativo anche sul mercato di Lampedusa ove, come risulta dal quadro sottosegnato, furono vendute non meno di 40687 chilogrammi di spugne per un valore di lire 481.226 ai rappresentanti di diverse Ditte estere e nazionali, su di un totale di 47,803 chilogrammi di spugne pescate durante la campagna.

Ditte che acquistarono le spugne in Lampedusa	Quantità delle spugne vendute a Lampedusa in Chilogr.	Importo in lire italiane	Località ove furono spedite le spugne
Colombel	18,143	221.316 »	Marsiglia
Zaffarani	10,642	124.000. »	Genova.
Tutumari	3,000	36.500. »	Livorno.
Scompardis	2,150	23.320. »	Pireo.
Di Bella	87	3.000. »	Messina.
Sinigaglia	1,460	16,030. »	Ancona.
Tutumari	1,119	22.000. »	Venezia.
Loffredo	840	10.180. »	Napoli.
Ambron	1,250	16.600. »	Napoli
Romeo	171	4.710. »	Palermo.
Flanna	54	540. »	Trapani
Totale	40.687	481.226. »	

I prezzi fatti sul mercato di Lampedusa variarono per chilogramma dal minimo di lire 12.70 al massimo di lire 14.50 per la prima qualità pescata con la *cara* e di lire 16,00 per quella raccolta dai palombari; dal minimo di lire 3.50 al massimo di lire 4.50 per la seconda qualità (scarto) e dal minimo di lire 1.00 al massimo di lire 1.50 per la terza qualità (cimuche) pescate con tutti i metodi.

Diversi metodi di pesca usati nella campagna 1896.

METODO di pesca	PRODOTTO						TOTALE	
	Prima qualità		Scarto		Cimuche			
	Chilogr.	Valore	Chilogr.	Valore	Chilogr.	Valore	Chilogr.	Valore
Con il palombaro	5.600	89.600,00	327	1.308,00	80	84.00	6.007	90.992,00
Con la cava . .	25.044	423.516,06	11.164	44.656,00	5.588	5.867,40	41.796	474.039,46
Totali . .	30.644	513.116,06	11.491	45.964,00	5.668	5.951,40	47.803	565.031.46

Da questo prospetto si rileva il prodotto totale della pesca delle spugne esercitata nel mare di Lampedusa durante la campagna del 1896 coi diversi metodi usati.

Tutte le barche nazionali adoperarono *la cara* o *gagora dei Greci*, mentre la macchina da palombaro venne usata dai pescatori Ellenici e Ottomani con grande loro vantaggio e con beneficio inoltre della conservazione della industria, giacchè se la *cara* può essere impiegata a profondità superiori anche ai 70 metri e quindi utilizzata con buon esito su tutti i banchi spugniferi di Lampedusa, d'altra parte un tale ordegno, lavorando alla cieca e rastrellando senza pietà il fondo, finisce collo struttare del tutto gli algamenti, i quali per mantenersi in vita hanno bisogno d'un periodo di cinque anni per dare un prodotto maturo e commerciabile; mentre usando la macchina da palombaro, i pescatori hanno modo di raccogliere le spugne con le mani, possono scegliere il prodotto migliore giunto a maturità senza guastarlo, con la certezza di uno smercio molto rimunerativo e sopratutto possono lasciare al fondo, senza svellerle, le piccole spugne, ancorchè di buona qualità, le quali, non venendo per tal modo disturbate nel loro sviluppo, hanno tempo di raggiungere la grossezza e la forma più ricercata in commercio. E poichè il prezzo delle spugne di 1ª qualità è di gran lunga superiore a quello dello *scarto* e delle *cmuche*, ne consegue che i pescatori che adoperano le macchine da palombaro, abbenchè raccolgano un prodotto molto inferiore per quantità all'altro ricavato dai pescatori con la *cava*, risentono un benefìcio maggiore a causa del prezzo elevato al quale possono smaltirlo, essendo esso molto ricercato sui mercati esteri e nazionali, ove le spugne raccolte dai palombari sono preferite pure perchè rimangono intatte e di bella forma a differenza di quelle pescate con la *cava*, che spesso sono guastate dall'ordegno stesso che le afferra. E che ciò sia vero lo dimostra il fatto che in quest'anno il prodotto di 1ª qualità raccolto dai palombari è stato quasi tutto venduto a lire 16.00 il chilogramma, in confronto dell'altro che ha raggiunto il prezzo massimo di lire 14.50 per sole poche partite.

Non torna conto di parlare della pesca esercitata con la fiocina non avendo essa alcuna importanza, tantochè nell'ultima campagna un tale metodo non fu adoperato che da una sola barca Ellenica di appena 3 tonnellate con 3 uomini di equipaggio.

SVILUPPO PRESO DALLA PESCA DELLE SPUGNE NEL MARE DI LAMPEDUSA.

—

Da quanto precede e dall'esame del prospetto riassuntivo qui riportato risulta il grande sviluppo preso dalla industria della pesca delle spugne nelle acque di Lampedusa nell'ultimo quinquennio, pesca che nel 1896, quantunque contrariata dai cattivi tempi nei primi mesi, ha ricevuto un incremento fortissimo anche in confronto solo ai due anni precedenti, giacchè il numero totale dei velieri che vi si dedicarono supera di 79 quelli che pescarono nell'istesso mare nel 1895 e si è più che triplicato rispetto al 1894, dando cioè un prodotto del valore di lire 137,860.77 in più di quello ricavato nella campagna dell'anno precedente, e di lire 223,831,46 superiore all'altro ricavato nella campagna del 1894.

E' da notare però che, contrariamente alle previsioni, all'ultima campagna sui banchi di Lampedusa hanno preso parte non solo 11 barche di bandiera ottomana, ma ben 115 barche elleniche contro sole 94 nazionali, e ciò è tanto più a deplorarsi inquantochè, i pescatori esteri ricavano un prodotto maggiore e migliore di quello ottenuto dai nazionali, sia pel numeroso naviglio e per le macchine da palombari che essi possiedono, e sia perchè, non solo più pratici, ma più sobri, attenti e laboriosi si mostrano dei pescatori nazionali, che usano tutti la cava e che in genere, gioverà il dirlo con franchezza, sono piuttosto fra loro discordi, trascurati nel mestiere, preferendo bene spesso al lavoro, le distrazioni e i divertimenti a terra, ove, con la scusa di smerciare il prodotto della pesca, si trattengono molto più a lungo del necessario, danneggiando così non solo i proprii, ma anche gli interessi dei rispettivi armatori, i quali non risentono in ultimo i benefizii proporzionatamente alle spese che incontrano per armare e spedire barche di solida e recente costruzione, più veloci e più adatte all'esercizio dell'industria. Si ripete il voto degli anni anteriori, cioè come sarebbe desiderabile che gli armatori italiani si decidessero ad impiegare barche munite della macchina da palombaro per poter lottare con esito favorevole contro la concorrenza straniera.

ANNI	Italiana			Ellenica			Ottomana			Austro-Ungarica			Totale		
	Numero delle barche	Tonnellaggio	Equipaggio	Numero delle barche	Tonnellaggio	Equipaggio	Numero delle barche	Tonnellaggio	Equipaggio	Numero delle barche	Tonnellaggio	Equipaggio	Numero delle barche	Tonnellaggio	Equipaggio.
1892	41	546	197	86	1413	464	1	8	3	1	23	6	129	1990	670
1893	38	536	181	21	421	117	»	»	»	»	»	»	59	960	298
1894	43	488	195	26	393	207	4	21	35	»	»	»	73	902	437
1895	101	1773	573	40	630	251	»	»	»	»	»	»	141	2403	824
1896	94	1663	522	115	2071	770	11	133	113	»	»	»	220	3872	1405

Nazionalità delle barche

VIGILANZA DI UNA R. NAVE ALLA PESCA

Il Governo destinò alla vigilanza della pesca delle spugne a Lampedusa la R. nave « Rapido » comandata dall'aprile al settembre dal capitano di fregata cav. Michele Zattera e nell'ottobre dall'ufficiale superiore di pari grado cav. Carlo Ravelli.

Dai rapporti pervenuti dai due comandanti risulta che durante la campagna del 1896 la pesca delle spugne ha proceduto ordinatamente ed in condizioni vantaggiose e la disciplina degli equipaggi non diede luogo a lamenti di sorta, principalmente perchè l'esercizio dell'industria dando col suo abbondante prodotto una conveniente ricompensa alle fatiche di questa laboriosa classe di marini, li ha mantenuti e lasciati contenti e soddisfatti.

La presenza del « Rapido » nelle acque di Lampedusa è stata utilissima, specialmente pel rifornimento d'acqua potabile alle barche da pesca, che ne difettavano e per la somministrazione di medicinali agli equipaggi che ne ebbero bisogno fino al 15 settembre, epoca in cui fu provveduto finalmente all'impianto di un buon servizio farmaceutico in Lampedusa.

Dall'istesso comando del « Rapido » anche in quest'ultima campagna fu rinnovata la raccomandazione per le escavazioni nel porto di Lampedusa allo scopo di offrire alle barche da pesca un sicuro approdo e ricovero durante i cattivi tempi, nonchè la costruzione di un breve tratto di banchina per facilitare le comunicazioni con la terra ed il collocamento di una boa d'ormeggio nel centro del porto; ma per le ragioni esposte nella relazione sulle condizioni della Marina Mercantile dell'anno 1895, il Ministero non ha potuto e non può accogliere, suo malgrado, queste ultime proposte. Ha provveduto l'ufficio di porto di Lampedusa di un barometro per mettere in grado quell'autorità marittima di avvisare in tempo i pescatori in caso di prevedibili temporali.

Consigli agli armatori e pescatori nazionali.

Dalle notizie pervenute è risultato che nella campagna del 1896, tutte le barche estere che armarono a Sfax e Tripoli e si recarono a lavorare nelle acque della Tunisia fecero cattivi affari non riuscendo col ricavato dalla pesca a coprire le spese incontrate, tanto più che il Governo locale esige una tassa di ben 500 lire da ogni barca munita di *cara* e non minore di lire 1000 da ciascuna di quelle provviste di macchina da palombaro e la tassa medesima non ha validità che per soli sei mesi mentre la campagna generalmente dura otto.

Tale sfavorevole risultato, che viene attribuito alla deficienza di spugne sui banchi nei golfi di Gabes, Sfax e Tripoli, così largamente sfruttati in addietro, pare abbia fatto determinare i pescatori stranieri e specialmente gli ellenici, a recarsi tutti nelle acque di Lampedusa in avvenire.

Così essendo non è fuor di luogo d'insistere nel raccomandare ancora una volta, agli armatori nazionali di destinare alla industria della pesca delle spugne barche munite di macchine da palombaro, ed ai pescatori italiani di dedicarsi sempre al lavoro con spirito di associazione e scambievole aiuto, con maggiore attività e cura, soprattutto rimanendo il minor tempo possibile a terra, quando vi si debbono recare per lo smercio del prodotto della pesca affine di non consumare in divertimenti i guadagni acquistati a prezzo di fatiche così gravi e penose.

E' a sperare che tanto gli armatori quanto i pescatori nazionali si decidano a far tesoro di questi consigli, dopo i risultati della campagna del 1896, che mostrò loro contro quale importante concorrenza essi debbano combattere, giacchè diversamente per quanto doloroso sia il farle, le previsioni per l'avvenire non potrebbero essere favorevoli che pei soli armatori e pescatori stranieri i quali non mancheranno di accorrere sempre più numerosi nelle acque di Lampedusa.

Pesca dei battelli italiani all'estero.

Nel seguente quadro sono riassunte le notizie fornite dai R. Consoli sulla pesca esercitata da battelli italiani all'estero durante l'anno 1896 ed è indicato il numero, il tonnellaggio e l'equipaggio dei battelli che vi furono adibiti, la quantità ed il valore del pesce pescato, la durata approssimativa ed il valore medio mensile della pesca per ogni battello.

Dai dati pubblicati si desume che, in confronto del precedente anno 1895, si verificò una notevole diminuzione tanto nella quantità totale del pesce pescato che nel suo valore. Questa differenza è dovuta in gran parte al divieto fatto dal Governo Ellenico di pescare entro il raggio di tre miglia dalla costa.

DISTRETTO CONSOLARE nelle di cui acque fu eseguita la pesca	BATTELLI			PES(
	Numero	Tonnellaggio netto	Equipaggio	Quantità in Chilogramm
Trieste	99	792	422	539,905
Spalato	42	413	215	49,882
Lussinpiccolo	29	326	127	135,600
Parenzo (1)	267	1,319	2,152	281,160
Rovigno (2)	64	512	256	97,387
Zara	31	338	175	47,965
Fiume	88	961	416	73,000
Corfu	6	51	24	68,500
Zante	14	159	145	57,000
Pireo	12	151	121	52,564
Patrasso	18	221	164	44,927
Calamata	16	190	160	34,500
Catacolo	2	26	20	2,000
Nauplia	2	25	20	2,000
Alessandria	32	416	323	580,917
TOTALI E MEDIE . . .	725	5,903	4,743	2,086,607

...SCATO Valore in ... italiane	DURATA media approssimativa per ogni battello — Mesi e giorni	VALORE medio mensile della pesca fatta da ogni battello — Lire italiane	ANNOTAZIONI
327,514. »	— —	—	(1) È il numero complessivo dei battelli che hanno esercitato la pesca mese per mese. Ogni battello è così computato tante volte quanti sono i mesi in cui ha pescato.
37,312. »	2. 15	355	
70,000. »	— —	—	(2) Le notizie riguardano la sola pesca estiva dal 23 aprile al 22 ottobre 1896.
71,160. »	1. —	1.053	
64,950. »	6. —	169	
22,659. »	1. 11	436	
39,150. »	— —	—	
27,400. »	12. —	381	
23,500. »	3. 15	582	
23,837. »	5. 10	373	
25,600. »	2. 17	553	
24,000. »	— —	—	
1,560. »	— —	—	
1,500. »	— —	—	
143,233. »	8. —	559	
1,118,375. »	4. 18	335	

'

Notizie sulla pesca eseguita dai Francesi
nell'anno 1894

Alle grandi pesche ed alla pesca costiera sulle coste della Francia e dell'Algeria, furono adibiti nell'anno 1894 n. 27,538 battelli aventi complessivamente una stazza di tonnellate 174,748 e 93,855 persone di equipaggio.

I battelli perduti in seguito a naufragio od altro sinistro furono 68 e le persone perite 271.

L'ammontare lordo della vendita dei prodotti pescati, compresi quelli dell'ostricoltura ed i profitti dei vivai per i pesci ed i crostacei, ascese a franchi 117,138,644, superando di franchi 425,317 la somma ricavata nel precedente anno 1893. L'Algeria vi è compresa per franchi 3,058,792.

Le notizie riguardanti la pesca dell'anno 1894, contenute nella statistica pubblicata dal Ministero della marina della Repubblica francese, sono riassunte nei seguenti quadri.

1. — Ammontare lordo della vendita dei prodotti pescati.

a) Pesca con battelli . . . . franchi	89,586,728
b) Pesca da terra . . . . »	9,753,870
c) Ostricoltura. . . . . »	16,047,690
d) Miticoltura e depositi . . . . . »	1,117,218
e) Vivai per pesci e crostacei . . . »	633,138
Totale »	117,138,644

2. — Specificazione e valore
dei prodotti della pesca con battelli e da terra.

PRODOTTI	Pesca coi battelli	Pesca da terra
Pesca d' Islanda e del Mare del Nord . . . . Fr.	7.472.877	..
Pesca a Terranova. . . . . »	5.518.752	..
Aringa fresca. . . . . »	6.683.925	55.329
Aringa salata. . . . . »	4.634.655	.
Sgombro fresco . . . . »	4.407.706	34.460
Sgombro salato . . . . »	1.301.512	..
Sardine. . . . . »	9.418.704	..
Acciughe . . . . »	801.084	..
Tonno . . . . »	2.905.698	..
Palamiti . . . . »	261.983	..
Salmone . . . . »	1.031.381	94.427
Pesce fresco . . . . »	35.689.784	1.324.791
Aragoste e gamberi . . . . »	3.482.063	24.152
Granchi. . . . . »	1.040.123	394.880
Altri crostacei . . . . »	376.502	110.123
Ostriche . . . . , ... »	468.300	177.219
Datteri di mare . . . . »	506.359	689.518
Altri molluschi . . . . »	1.431.368	1.057.989
Vermi per esca . . . . »	12.570	527.159
Ricci di mare . . . . »	63.547	215
Corallo . . . . »	179.709	..
Uccelli di mare . . . . . . »	21.397	21.332
Delfini . . . . »	7.321	..
Ingrassi marini . . . . »	1.869.405	5.241.446
Totali . . . Fr.	89.586.728	9.753.870

3. — **Indicazione, per ogni circondario marittimo, del valore dei prodotti pescati, del numero dei battelli e dei pescatori, e del valore delle reti ed attrezzi da pesca (Francia, Algeria e Corsica).**

CIRCONDARI MARITTIMI	PESCA CON BATTELLI				PESCA DA TERRA	
	Valore dei prodotti pescati	Numero dei battelli	Numero dei pescatori	Valore delle reti ed attrezzi	Numero dei pescatori	Valore dei prodotti pescati
Dunkerque . .	20,559 623	1.175	9.087	2.472.900	3.898	1.533.170
Havre	10.848.940	1.218	5.249	2.029.910	3.088	482.144
Cherbourg. . .	2.698.268	1.031	2.503	600.390	6.827	1.707.465
Saint-Servan . .	5.292 766	1.361	7.708	2.034.078	7.643	1.078.011
Brest.	15.303.802	5.843	25.202	5.005.573	7.448	1.091.642
Lorient. . . .	7.926.401	2.838	10.766	1.538.343	7.658	1.013.365
Nantes	3.960.081	2.041	3.887	543.980	7.229	1.067.400
Rochefort . . .	8.435.652	2.386	7.463	1.376.820	15.749	1.476.521
Bordeaux . . .	2.728.377	3.137	5.701	646.070	1.479	115.145
Marsiglia . . .	6.397.026	3.742	8.699	2.977.420	256	85.662
Tolone	1.792.279	1.358	2.677	937.886	46	1.017
Corsica. . . .	601.670	238	890	208.500	13	2 300
Algeria. . . .	2.981.843	1.090	4.035	640.742	21	5.023

4. — Grande pesca (pesca del merluzzo).

CIRCONDARI MARITTIMI	Quantità pescate Chilogr.	Valore dei prodotti pescati Fr.	Numero dei battelli	Tonnellaggio dei battelli	Numero dei pescatori	Valore delle reti e degli attrezzi

Islanda e Mare del Nord.

CIRCONDARI MARITTIMI	Quantità pescate	Valore dei prodotti pescati	Numero dei battelli	Tonnellaggio dei battelli	Numero dei pescatori	Valore delle reti e degli attrezzi
Dunkerque . .	5.140.894	2.641.245	73	8.187	1.353	78.000
Gravelines . .	577.336	329.011	17	1.650	194	45.000
Boulogne . .	1.450.860	571.100	1	45	11	5.000
Fécamp . . .	171.989	88.790	2	142	41	9.500
Granville . .	67.010	31.200	2	154	31	1.500
Saint-Malò . .	5.600	3.360	..	..	..	..
Saint Brieuc .	1.534.602	627.723	23	2.023	479	216.600
Binic	1.663.092	667.792	21	1.992	476	78.000
Paimpol . . .	5.843.922	2.512.623	74	6.340	1.405	188.000
Totali	14.568.714	7.472.877	218	20.533	4.087	621.600

Terranova (banchi e coste dell' isola).

CIRCONDARI MARITTIMI	Quantità pescate	Valore dei prodotti pescati	Numero dei battelli	Tonnellaggio dei battelli	Numero dei pescatori	Valore delle reti e degli attrezzi
Fécamp . . .	8.140.755	3.115.133	39	7.113	1.089	185.250
Granville . .	3.264.631	1.192.351	30	4.925	794	415.000
Cancale . . .	1.329.025	391.473	12	973	240	158.000
Saint-Malò . .	1.324.002	693.492	52	5.994	1.752	985.600
Binic	57.900	47.800	1	75	46	18.200
Brest	122.500	48.500	1	135	29	40.000
Totali	14.238.863	5.518.752	135	19.620	4.959	1.802.050

ASSOCIAZIONI FRA LA GENTE DI MARE

E SOCIETÀ DI MUTUO SOCCORSO.

Durante l'anno 1896 si costituirono tre nuove associazioni fra la gente di mare a Genova ed un'altra a Bagnara Calabro, e ne furono disciolte cinque di quelle già esistenti, una per ciascuno dei comuni di Genova, Formia, Salerno, Barletta e Trapani. Al 31 dicembre del detto anno esistevano quindi nel regno 98 associazioni con 17,381 soci.

La sede, la denominazione, il carattere, il numero dei soci e lo stato patrimoniale di tali Società sono indicate nel seguente quadro.

COMPARTIMENTO	NOME DELLA SOCIETÀ carattere, ecc.	NUMERO dei soci	*Annotazioni*
Porto Maurizio	*Oneglia.* — Associazione marittima di mutuo soccorso. — Ha per iscopo di soccorrere coloro che ne fanno parte ogni qualvolta essi cadono ammalati, e quando per constatati sinistri di mare vengano a perdere i loro effetti di vestiario.	148	Ha un capitale d L. 3,10.i.
	San Remo. — Società marittima Sanremese. — Ha per iscopo l'unione, il soccorrersi a vicenda, promuovere la istruzione, la moralità, il benessere dei soci, e di tutelare gl'interessi marittimi nei limiti della propria competenza.	150	Non e legalmente riconosciuta. Ha un capitale di L. 10,000.
Savona	*Savona* — Società *Leon Pancaldo* di mutuo soccorso dei marinai savonesi. — L'associazione ha per iscopo particolare il mutuo soccorso, tende a promuovere l'istruzione, la moralità, il benessere dei soci, ecc.	185	Non è legalmente riconosciuta. Ha un capitale di L. 2,000 in galleggianti.
	Loano — Società di mutuo soccorso fra i capitani marittimi di Loano.	Soci effettivi 43, onorari 6	Non è legalmente riconosciuta. Ha un capitale di L. 5,500.
	Sestri Ponente — Società di mutuo soccorso fra i calderai.	70	Non è legalmente riconosciuta.
Genova	*Genova* — Associazione marittima italiana — Ha per iscopo di promuovere gli interessi della navigazione e del commercio, di prestare un appoggio morale ai soci nel caso in cui ne fossero giudicati meritevoli dal Consiglio di amministrazione, relativamente però a vertenze commerciali marittime.	100	Di questa associazione fanno parte importanti società di navigazione ed armatori anche di altre provincie del Regno.
	Id. — Società di mutuo soccorso fra i capitani marittimi liguri — I sussidi si pagano in ragione di L. 3 al giorno per malattie temporanee e per 80 giorni al socio interno. Si	450	È legalmente riconosciuta. Capitale L. 40.000.

COMPARTIMENTO	NOME DELLA SOCIETÀ carattere, ecc.	NUMERO dei soci	Annotazioni
	accordano L. 200 al socio che a causa di naufragio ha perduto il suo corredo Si accordano altri sussidi alle famiglie dei soci defunti.		
	Genova. - Sodalizio tra i proprietari di chiatte Ha per scopo l'incremento e la tutela degli interessi dei soci.	25	Non è costituita legalmente.
	Id. — Associazione fra i piloti. - Ha per iscopo di promuovere gl'interessi della classe, da pensioni alle vedove, agli orfani ed agli inabili e sussidi agli ammalati.	23	Non è legalmente riconosciuta.
	Id. — Associazione tra i fuochisti marittimi — Ha per iscopo di promuovere gl' interessi della classe: concede sussidi di L. 200 una volta tanto alle vedove, agli orfani o parenti: L. 1.50 al giorno agli ammalati cui fornisce il medico; stabilisce un turno di lavoro fra gli associati.	850	Non è legalmente riconosciuta. Una sezione di 100 soci si costituì in cooperativa con decreto del tribunale in data 12 settembre 1891.
Segue Genova	*Id.* — Associazione fra i marinari — Ha per iscopo di promuovere gl'interessi della classe: concede sussidi di L. 200 una volta tanto alle vedove, agli orfani o parenti; L. 1.50 al giorno agli ammalati cui fornisce il medico; stabilisce un turno di lavoro fra gli associati.	400	Non è legalmente costituita.
	Id. — Associazione fra i nuovi barcaioli. - Ha per iscopo di promuovere gli interessi della classe: concede lievi sussidi agli ammalati, alle vedove, agli orfani; regola il turno nel lavoro dei soci.	150	
	Id. -- Associazione fra i calafati — Ha per iscopo di promuovere gli interessi della classe: accorda sussidi di L. 50 alle vedove, agli orfani o parenti, L. 1.50 al giorno agli ammalati ecc., regola il turno di lavoro obbligatorio fra gli associati.	150	

COMPARTIMENTO	NOME DELLA SOCIETÀ carattere, ecc.	NUMERO dei s o c i	*Annotazioni*
	Genova. — Associazione fra i carpentieri. — Ha per iscopo di organizzare il lavoro, di concedere qualche sussidio alle vedove ammalate, di mettersi a capo dei facchini, giornalieri, ecc.	150	Non è legalmente costituita.
	Id. — Associazione tra i macchinisti navali italiani.	200	Id.
	Id. — Associazione tra spedizionieri di dogana e di capitaneria.	80	Id.
	Id. — Associazione tra il personale di camera di bordo.	100	Id.
Segue Genova	*Id.* — Associazione fra gli scaricatori di carbone. — Ha per iscopo di promuovere gl' interessi della classe: accorda un sussidio di L. 50 alle vedove, agli orfani o parenti, L. 1,50 al giorno agli ammalati ecc., regola il turno di lavoro obbligatorio fra gli associati.	200	Con decreto del tribunale di Genova in data 2 maggio 1890 fu costituita in cooperativa affine di assumere appalti per il carico e lo scarico di carbone e di altre merci.
	Id. — Associazione fra i pesatori — Come sopra.	100	Non è legalmente riconosciuta.
	Id. — Corporazione dei *Caravana.* — Ha per iscopo l' organizzazione del lavoro, e di accordare pensioni e sussidi agli ammalati, ecc.	250	È legalmente riconosciuta
	Id. -- Corporazione facchini in darsena (municipali). — Ha per iscopo l'organizzazione del lavoro sotto il regolamento municipale, concede qualche sussidio agli ammalati, alle vedove ecc.	40	Non è legalmente riconosciuta.

COMPARTIMENTO	NOME DELLA SOCIETÀ carattere, ecc.	NUMERO dei soci	Annotazioni
	Nervi. — Associazione marittima di Nervi. — Ha per iscopo il mutuo soccorso di tutti i componenti la società stessa e la loro reciproca assistenza.	Soci effett. 105, onor. 10	È legalmente riconosciuta.
	Camogli — Società dei capitani marittimi denominata *L' Unione marittima* in Camogli. — Luogo di ritrovo per i propri affari.	81	Non è legalmente riconosciuta.
	Id. — Società dei capitani marittimi denominata *La Libera opinione* in Camogli. — Per trattare affari.	18	Id.
Segue Genova	*Sestri Ponente* — Associazione fra i carpentieri in Sestri Ponente. — Il mutuo soccorso è lo scopo principale della Società Essa tende a promuovere l'istruzione, la moralità e il benessere di tutti i soci.	37	Id.
	Prà. — Compagnia dei marinari sotto il titolo di *S. Erasmo in Prà.* — Ha per iscopo di provvedere nei limiti dei propri mezzi all'istruzione della classe marittima, sussidiare i vecchi, gli ammalati, le vedove e gli orfani, provvedere per i suffragi ai defunti, destinandovi il reddito del suo patrimonio composto di beni immobili, capitali a mutuo e rendita sul debito pubblico.	37	È legalmente riconosciuta. — Sussidia 11 vecchi marinai, 33 vedove di marinai ed 1 orfano.
Spezia	*Lerici.* — Società di mutuo soccorso fra la gente di mare in Lerici — Ha per iscopo fondamentale il reciproco soccorso e la fratellanza.	300	Non è legalmente riconosciuta.
	Carrara — Società di mutuo soccorso dei marinai del comune di Carrara — Come sopra.	25	È riconosciuta dall'autorità prefettizia.
Livorno . . .	*Livorno.* — Società di mutuo soccorso fra i marinari di Livorno.	12	Non è legalmente riconosciuta.

COMPARTIMENTO	NOME DELLA SOCIETÀ carattere, ecc.	NUMERO dei soci	Annotazioni
Segue Livorno	*Livorno.* — Società di mutuo soccorso fra i barcaioli di Livorno.	31	Non è legalmente riconosciuta.
	Id. — Società di mutuo soccorso fra gli operai navali. marina di Livorno.	160	Id.
	Viareggio - Associazione fra i capitani marittimi. — Ha per iscopo: 1° di fare operazioni di sconto ad esclusivo vantaggio dei soci e fra i soli soci. — 2° di ac ordare sussidi mediante la cassa di mutuo soccorso a quei soci che per malattia o per cause non imputabili a loro colpa fossero inabili a continuare nelle loro funzioni. — 3° concedere sussidi straordinari in casi speciali.	72	Non è legalmente riconosciuta. Ha un capitale di L. 15,659.
	Id. — Società di marinari del circondario di Viareggio. — Ha per base fondamentale l'unione e la fratellanza e lo scopo di procurare ai soci un soccorso in caso di malattia e un sussidio nella vecchiaia.	80	Non è legalmente riconosciuta
Civitavecchia.	*Civitavecchia* — Società di mutuo soccorso fra maestri d'ascia e calafati. — I soci promettono di assistere e soccorrere tutti i membri componenti la società in caso di malattia.	42	Istituita il 1° gennaio 1887 colla vecchia società fra maestri d'ascia, calafati e marinai mercantili. Capitale lire 900.
	Id. — Società marittima di mutuo soccorso *Principe Tommaso di Savoia.* — Essa Società, escluso ogni carattere politico, ha per scopo l'unione, la fratellanza e il mutuo soccorso materiale e morale della classe marittima.	358	Istituita con parte del personale proveniente dalla disciolta società dei maestri d'ascia, calafati e marinai mercantili. Capitale lire 1,500.
Gaeta	*Borgo Gaeta.* — Società di mutuo soccorso *Principe Tommaso di Savoia* fra i marinari.	834	Non è legalmente riconosciuta. Ha un capitale di L. 20,841.

COMPARTIMENTO	NOME DELLA SOCIETÀ carattere, ecc.	Numero dei soci	Annotazioni
Segue Gaeta .	*Borgo Gaeta.* — Società di mutuo soccorso fra i pescatori — Mutuo soccorso e cooperazione per acquisto di attrezzi da pesca.	150	Istituita nel 1892. Ha un capitale di L. 3000.
	Id. — Società nazionale di mutuo soccorso fra i provenienti dalla Marina regia e mercantile Sede dipartimentale dipendente dalla Sede centrale di Firenze. Lo scopo sociale è il mutuo soccorso fra la gente di mare in caso di malattia, nonchè quello di pensionare le vedove e gli orfani.	50	Il dipartimento sociale di Borgo Gaeta ebbe il suo inizio il 1° maggio 1892. Ma a decorrere dal 1° gennaio 1893, può ritenersi incominciato il suo sviluppo. Non ha capitali propri, ed il fondo sociale è costituito dalle rate mensili pagate dai soci.
Napoli	*Napoli.* — Società di mutuo soccorso fra i pescatori di molluschi della città di Napoli.	130	Costituita nel 1895 Non ha capitale sociale.
	Id. — Società operaia di mutuo soccorso fra i battellieri del porto di Napoli. Il suo scopo è il mutuo soccorso materiale, intellettuale e morale.	400	Fondata il 2 febbraio 1892 ed è legalmente riconosciuta. Ha un capitale sociale di L. 18,000.
	Id. — Società degli scaricanti (scaricatori di bordo).	40	Costituita nel 1895 Ha un capitale di L. 1550.
	Procida. — Società di mutuo soccorso della Marina di Procida *Marcello Scotti.*	411	Ha un capitale sociale di L. 18,654. Legalmente riconosciuta.
	Pozzuoli. — Società marina di mutuo soccorso.	210	Capitale L. 8200.
Castellammare di Stabia . .	*Castellammare di Stabia.* — Associazione di mutuo soccorso delle maestranze di Castellammare di Stabia.	540	È riconosciuta dall'autorità prefettizia. Capitale lire 79,500.

COMPARTIMENTO	NOME DELLA SOCIETÀ carattere, ecc.	NUMERO dei soci	Annotazioni
Segue Castellammare di Stabia.	*Meta.* — Associazione sorrentina di mutuo soccorso fra i capitani e macchinisti mercantili. — L'associazione ha ora forma privata e si propone lo scopo di assicurare al socio un sussidio in caso di naufragio o di altro sinistro in mare, di malattia temporanea e di inabilità al lavoro, nonchè un sussidio alle famiglie dei soci defunti.	..	Il fondo sociale sarà costituito dalla tassa di ammissione di L. 10 e dalla retribuzione mensile di L. 2 a pagarsi da ciascun socio; dalle multe, donazioni ed altri introiti eventuali.
	Salerno. — Associazione di mutuo soccorso fra i marinai scaricanti nel porto di Salerno sotto il titolo di Società *Flavio Gioia.* — La Società ha per scopo il mutuo soccorso nonchè la cooperazione del lavoro.	17	È riconosciuta dall'autorità prefettizia. Capitale lire 600
Pizzo	*Nicotera.* — Società di mutuo soccorso *Savoia.*	164	Non è legalmente riconosciuta e non ha capitale sociale.
Reggio Calabria	*Scilla.* — Società di mutuo soccorso fra i pescatori e pescivendoli.	204	Non ancora legalmente riconosciuta. Capitale sociale L. 1000.
	Palmi. — Società di mutuo soccorso fra i marinai, barcaiuoli e pescatori. — Ha per scopo il miglioramento delle classi.	41	Istituita nel 1892. Non ha capitale.
	Bagnara. — Società di mutuo soccorso fra i marinai di Bagnara. — Essa ha per scopo il miglioramento delle condizioni materiali e morali della classe; perciò si prefigge l'istruzione, la moralità, la fratellanza il mutuo soccorso della classe.	50	Non ancora legalmente riconosciuta. Capitale L. 4000.
	Id. — Società di mutuo soccorso fra i pescatori di Bagnara.	60	Ha un capitale di L. 4000

COMPARTIMENTO	NOME DELLA SOCIETÀ carattere, ecc.	NUMERO dei soci	*Annotazioni*
Taranto. . . .	*Taranto.* — Associazione di mutuo soccorso dei *Figli del mare.* — Ha per scopo il mutuo soccorso fra le persone che la compongono.	800	Non riconosciuta giuridicamente. Senza capitale.
	Id. — Società di mutuo soccorso fra i marinai mercantili di Bari.	15	Non è legalmente riconosciuta Capitale L. 4000.
	Molfetta. — *I figli del mare*, Società di mutuo soccorso.	170	Non è legalmente riconosciuta. Capitale L. 6000.
	Id. — *I lavoratori del mare di Molfetta*, Società di mutuo soccorso.	500	Non è legalmente riconosciuta. Capitale L. 35,000.
Bari	*Manfredonia.* — Associazione di mutuo soccorso *Vittor Pisani* fra i marinari.	72	Non è legalmente riconosciuta. Capitale L. 7506,50.
	Barletta. — Società di mutuo soccorso fra i provenienti dalla Marina regia e mercantile. Sede dipartimentale dipendente dalla sede centrale di Firenze.	35	La Società conta 705 soci in tutto il regno con un capitale di lire 15,000.
	Mola. — *I figli del mare*, di Mola. Associazione di mutuo soccorso.	213	Non è legalmente riconosciuta. Capitale L. 18,404.
Ancona. . . .	*S. Benedetto del Tronto.* — Società operaia di mutuo soccorso in S. Benedetto del Tronto — Essa ha per base l'unione e la fratellanza, per scopo il mutuo soccorso materiale, intellettuale e morale.	32 marinai	Non è legalmente riconosciuta.
	Ancona. — Società *Raffaele Ferroni* di mutuo soccorso fra i marinari.	120	Istituita nel 1892. Capitale L. 2000 circa.

COMPARTIMENTO	NOME DELLA SOCIETÀ carattere, ecc.	NUMERO dei soci	Annotazioni
Segue Ancona	*Ortona.* — Società di mutuo soccorso *Fratellanza della marineria ortonese.* — Esclusivo scopo della Società è quello di soccorrere i soci malati nei loro bisogni e promuoverne l'istruzione, la moralità ed il benessere.	80	Non è legalmente riconosciuta.
	Pesaro. — Società di mutuo soccorso fra i marinari. — Ha per iscopo la mutua assistenza morale e materiale dei soci.	148	Id. Capitale L. 11,000.
Rimini	*Rimini.* — Società di *Fratellanza e previdenza* fra i marinai riminesi. Ha per iscopo la mutua assistenza e di promuovere tutto ciò che può riuscire vantaggioso alla marineria.	95	Non è legalmente riconosciuta. Capitale . . . . . .
	Id. — Società di mutuo soccorso fra la marineria riminese. — Ha per iscopo la mutua assistenza, e la riunione di tutte le forze degli esercenti arti marinaresche per ottenere i vantaggi cui aspirano.	166	Non è legalmente riconosciuta. Capitale L. 6,150.
	Fano. — Società di mutuo soccorso fra i marinari di Fano. — Ha per per iscopo di venire in soccorso dei soci, provvedere a seconda dei mezzi disponibili alla istruzione dei soci o loro famiglie, e formare una associazione di salvamento con le norme esistenti per altre ed incoraggiare in tutto che le sarà possibile il movimento e l'industria marittima.	70	Non è legalmente riconosciuta. Capitale L. 12,000.
	Cattolica. — Società operaia di mutuo soccorso. Vi partecipano anche 170 marinari.	204	Non è legalmente riconosciuta. Capitale L. 10,000.
Venezia . . .	*Chioggia.* — Scuola dei pescatori di Chioggia ricostituita il 19 luglio 1879 Ha lo scopo di formare un fondo fruttifero che debba servire per sus-	220	Non è legalmente riconosciuta. Capitale L. 7,500.

COMPARTIMENTO	NOME DELLA SOCIETÀ carattere, ecc.	NUMERO dei soci	*Annotazioni*
	sidi, ecc.: di avere una rappresentanza che sappia mostrare all'autorità i bisogni onde migliorare la propria industria, di avere nel suo seno una Commissione istruita nella propria arte che sappia dare giudizio su tutte le controversie relative all'esercizio dell'industria.		
	Chioggia. — Società di mutuo soccorso fra i calafati di Chioggia denominata *San Giuliano.*	51	Istituita nel 1811. Capitale L. 7,200.
	Id. — Società di mutuo soccorso fra i carpentieri e calafati.	30	Capitale L. 4,000.
	Venezia. — Società veneta di mutuo soccorso sotto la denominazione *Soccegno calafati del r. arsenale di Venezia* — È composta di un numero di operai, la maggior parte addetti al servizio del r. arsenale.	65	Non è legalmente riconosciuta.
Segue Venezia	*Id.* — Società *Francesco Morosini* cooperativa e di mutuo soccorso fra arsenalotti. — Ha per iscopo di rendere al socio meno dispendioso il vivere.	1.800	Id.
	Id. — Società collettiva di mutuo soccorso carpentieri in ferro dell'arsenale di Venezia. — La società venne istituita collo scopo della reciproca assistenza in caso di malattia, e per provvedere ai funerali in caso di morte.	183	Id
	Id. — Società *Lavoro fra i carpentieri e calafati.*	110	Id.
	Id. — Società di mutuo soccorso fra i pescatori di Venezia.	96	Id.
	Id. - Società macchinisti conduttori di macchine e fuochisti. — Ha per iscopo di dare ai suoi membri un temporario sussidio in caso di malattie, soccorrere colla influenza	60	Id.

Compartimento	NOME DELLA SOCIETÀ carattere, ecc.	Numero dei soci	Annotazioni
Segue Venezia	che la società saprà all'uopo acquistare, quei soci che per cause da loro indipendenti fossero privi di lavoro; provvedere con fondo speciale, a sovvenzioni garantite sull'onore del socio.		
Messina . . .	*Milazzo.* — Società marittima di Milazzo. — Mutuo soccorso tra i soci; i figli maschi dei quali vengono inscritti di diritto nella società appena compiuto il 18° anno.	70	Non è legalmente riconosciuta.
	Id. — Società marittima di mutuo soccorso. — Composta di persone che per un titolo qualunque appartengono alla marina.	97	Istituita il 31 gennaio 1892. È legalmente riconosciuta.
Catania. . . .	*Siracusa.* — Associazione di mutuo soccorso fra i naviganti di Siracusa. — L'Associazione ha per iscopo precipuo il mutuo soccorso. Si propone eziandio il miglioramento morale ed intellettuale dei soci, fornendo istruzione a quelli che ne mancano mercè una scuola domenicale.	190	È legalmente riconosciuta. Capitale L. 15,000.
	Catania. — Società di mutuo soccorso dei pescatori (dilettanti e marinai) per l'incremento e per la tutela della pesca.	260	È legalmente riconosciuta.
	Augusta. — Società di mutuo soccorso *Principe Tommaso* fra i pescatori. — Ha per iscopo il miglioramento intellettuale e morale dei soci.	275	È legalmente riconosciuta. Capitale disponibile L. 2,600.
	Id. — Cooperazione marittima *Augustana* fra la gente di mare. — Ha per iscopo il mutuo soccorso.	110	Si è ricostituita nel febbraio 1894. Non è legalmente riconosciuta e non ha capitali.

COMPARTIMENTO	NOME DELLA SOCIETÀ carattere, ecc	NUMERO dei soci	Annotazioni
Porto Empedocle	*Porto Empedocle.* -- Società di mutuo soccorso *Cristoforo Colombo.*	100	È legalmente riconosciuta. Capitale L. 2,500.
	Licata. -- Circolo *Cristoforo Colombo* per la protezione degli interessi marittimi.	95	È legalmente riconosciuta.
Trapani. . . .	*Trapani.* -- Società di mutuo soccorso dei marinai di Trapani.	122	È legalmente riconosciuta. Capitale L. 32.979.
	Id. -- Società di mutuo soccorso fra i capitani e macchinisti del compartimento marittimo di Trapani.	110	È legalmente riconosciuta. Non si è più riunita sin dal 1886.
	Id. -- Società di mutuo soccorso fra i pescatori di Trapani.	48	È legalmente riconosciuta. Capitale L. 1,100.
Palermo . . .	*Palermo.* -- Società di mutuo soccorso fra gli zavorrieri e gente di mare intitolata *Amerigo Vespucci* -- Ha per iscopo precipuo il mutuo soccorso, nonchè il morale e materiale miglioramento dei componenti la stessa e sempre nell'interesse del mestiere che esercitano.	37	È legalmente riconosciuta. Capitale L. 2000.
	Id. -- Società di mutuo soccorso fra maestri di casa e camerieri di bordo *Conte di Gallitano.* -- Ha per iscopo fondamentale il reciproco soccorso ed il miglioramento morale e materiale dei soci.	190	È legalmente riconosciuta. Capitale L. 900.
	Id. -- Società di mutuo soccorso fra la gente di mare *Vincenzo di Bartolo.* -- Ha per iscopo il miglioramento materiale e morale degli associati, e il mutuo soccorso in caso di malattia o inabilità al lavoro.	300	È legalmente riconosciuta. Capitale L. 18,000.

COMPARTIMENTO	NOME DELLA SOCIETÀ carattere, ecc.	NUMERO dei soci	Annotazioni
	Palermo. - Società di mutuo soccorso fra commissionari e giornalieri marittimi *Pietro Tagliavia*. — Ha per base fondamentale il miglioramento economico e morale dei lavoranti, il mutuo soccorso, l'assistenza medica e la preferenza dei lavori ai propri soci.	60	È legalmente riconosciuta. Senza capitale.
	Id. — Società di mutuo soccorso fra i capitani marittimi. Ha per iscopo soccorsi al socio quando per malattia non potesse esercitare la professione; sussidio temporaneo al socio che per naufragio od altro sinistro marittimo avesse perduto il proprio corredo; pensione vitalizia al socio che per vecchiezza fosse giudicato inabile a navigare; il progresso morale ed economico della classe dei capitani.	120	È legalmente riconosciuta. Fondata in Palermo il 5 settembre 1880.
Segue Palermo	*Id.* — Società di mutuo soccorso fra marinai e fuochisti. Ha per iscopo di venire in soccorso dei soci inabili al lavoro per vecchiezza, con pensioni vitalizie, e di accordare sussidii alle vedove ed agli orfani.	110	È legalmente riconosciuta. Capitale L. 2000.
	Palermo. — Società di mutuo soccorso stivatori, giornalieri e barcaiuoli *Generale Giacomo Medici*. — Ha per iscopo di dare sussidi ai soci in casi di malattia, impotenza al lavoro e vecchiaia. I funerali dei soci sono fatti a spese della Società che dà anche un sussidio di L. 30 alla famiglia del defunto.	55	È legalmente riconosciuta. Capitale L. 500.
	Id. — Società di mutuo soccorso fra pescatori *Halsa* — Mutuo soccorso; miglioramento economico morale.	200	....
	Termini Imerese — Confraternita di pescatori. — Scopo precipuo di essa è di assicurare ai pescatori la riscossione del prezzo del pesce venduto, con un aggio che serve a pagare gli interessi a colui che anticipa il prezzo medesimo, le spese di amministrazione, i sussidi ai pescatori indigenti e le spese per qualche festa religiosa.	600	Non è legalmente riconosciuta.

COMPARTIMENTO	NOME DELLA SOCIETÀ carattere, ecc	NUMERO dei s o c i	Annotazioni
Segue Palermo	*Terrasini.* — Società di mutuo soccorso tra i marinai padroni di barca. — Ciascun socio indigente ha diritto all'assistenza del medico ed ai medicinali in caso di malattia; hanno diritto ad un sussidio di 50 centesimi i soci che si rendessero inabili al lavoro per malattia incurabile o per vecchiaia.	103	È legalmente riconosciuta.
	Castellammare del Golfo. — Società di mutuo soccorso fra i pescatori.	80	Non ha capitale.

SOCIETÀ DI ASSICURAZIONI MARITTIME.

Al 31 dicembre 1896 esistevano nei porti del Regno numero 328 fra sedi e rappresentanze di società di assicurazioni marittime.

Qui appresso ne è indicata la distribuzione numerica fra i vari compartimenti marittimi e nell'elenco successivo sono specificate le associazioni che trovansi in ciascun porto, la loro sede ed il capitale sociale.

Venezia	N. 39	Palermo	N.	9
Genova	» 35	Trapani	»	8
Napoli	» 29	Reggio Calabria	»	6
Livorno	» 29	Ancona	»	6
Catania	» 25	Portoferraio	»	5
Messina	» 21	Cagliari	»	4
Bari	» 20	Savona	»	3
Maddalena	» 18	Civitavecchia	»	3
Porto Empedocle	» 17	Spezia	»	1
Castellammare di Stabia	» 14	Gaeta	»	1
Taranto	» 14			
Porto Maurizio	» 11	Totale N. 328		
Rimini	» 10			

COMPARTI-MENTO	Luogo ove ha sede la società o la rappresentanza di essa	NOME DELLA SOCIETÀ carattere, ecc.	CAPITALE Lire	Annotazioni
Porto Maurizio.	PortoMaurizio.	*L'Italia*, Società di assicurazione con sede in Genova.	8.000.000	
		Riunione adriatica di sicurtà, con sede a Trieste.	1.000.000	
		Assicurazioni generali di Trieste e Venezia.	13.125.370 3.937.500 122.906.177	Capit. nomin. Id. versato Fondo di garanzia.
		Mannheimer, con sede in Mannheim.	10.000.000	
	Oneglia .	*Assicurazioni generali* di Trieste e Venezia.	v. s.	
		Mannheimer, con sede in Mannheim.	10.000.000	
		L'Italia, Società di assicurazioni con sede in Genova.	8.000.000	
		Alto Reno, Società di assicurazioni con sede in Mannheim.	9.000.000	
	Arma di Taggia.	*Mannheimer*, con sede in Mannheim.	v. s.	
	San Remo	*Alto Reno*, Società di assicurazioni con sede in Mannheim.	9.000.000	
		Mannheimer, c. s.	v. s.	

COMPARTI-MENTO	Luogo ove ha sede la società o la rappresentanza di essa	NOME DELLA SOCIETÀ carattere, ecc.	CAPITALE Lire	Annotazioni
Savona . .	Savona . .	*L' Italia*, Società di assicurazioni, con sede in Genova.	8.000.000	
		Assicurazioni generali, di Venezia.	13.125.370	
		Riunione adriatica di sicurtà.	1.000.000	
Genova . .	Genova . .	*La Fiducia Ligure*, associazione di mutua assicurazione marittima, con sede in Genova.	È formato dalle quote di deposito versate dagli associati	
		Assicurazioni generali di Venezia, con sede principale a Venezia.	13.125.370	
		Badese, società di assicurazioni marittime con sede principale in Mannheim.	5.000.000 Cap.emesso 2.500.000	Stabilita a Genova nel 1837.
		L'Iniziativa, società anonima cooperativa italiana di sicurtà, con sede in Genova.	....	
		Baloise. con sede a Basilea.	5.000.000	Agenzia generale per l'Italia a Napoli.
		Compagnie generali di assicurazioni di Dresda, con sede in detta città.	3.750.000	
		La Federale. con sede a Zurigo.	5.000.000	Sede generale per l'Italia a Livorno.

COMPARTI- MENTO	Luogo ove ha sede la società o la rappresentanza di essa	NOME DELLA SOCIETÀ carattere, ecc.	CAPITALE Lire	Annotazioni
		La Fenice Austriaca, con sede a Vienna.	5.000.000	
		Italia, Società di riassicurazioni e coassicurazioni generali, con sede in Genova.	8.000.000	
		Italia, Società di assicurazioni marittime, fluviali e terrestri con sede in Genova.	8.000.000	
		British and Foreing, con sede a Liverpool.	25.000.000	
		Lloyd siciliano, con sede a Palermo.	1.500.000	
Segue Genova.	*Segue* Genova.	*Lloyd renano westfalo*, con sede a Munchen. Gladbach.	6.202.500	
		Mannheimer, con sede a Mannheim.	10.000.000 (franchi)	
		La Francfortoise, con sede a Francoforte.	5.000.000	
		Il Basso Reno, con sede a Wessels.	5.000.000	
		Loyd Germanico, con sede a Berlino.	5.000.000	
		La Transatlantica, con sede a Berlino.	5.000.000	
		The Underwriting, con sede a Londra.	6.275.000	

COMPARTIMENTO	Luogo ove ha sede la società o la rappresentanza di essa	NOME DELLA SOCIETÀ carattere, ecc.	CAPITALE Lire	Annotazioni
		Lloyd Hanseatico, Società anonima di assicurazioni marittime con sede in Amburgo.	1.250.000	
		La Pugliese, Società d'assicurazioni marittime, fluviali e terrestri, con sede in Bari.	1.500.000	
		Il Nuovo Lloyd Svizzero, Società anonima di assicurazioni, con sede in Winthertum.	4.000.000	
		Universo, Compagnia italiana di assicurazioni contro i rischi di trasporti, sede a Milano.	3.000.000	
Segue Genova.	Segue Genova.	Riunione Adriatica di Sicurtà, con sede a Trieste.	v. s.	
		La Wurtemberghese, assicurazioni marittime, con sede a Hellbronn.	3.000.000	
		Alto Reno di Mannheim, Società di assicurazioni marittime con sede a Mannheim.	7.500.000 versato 937.500	
		Alleanza di Berlino, Società di assicurazioni marittime, con sede in Berlino.	5.000.000 versato 1.250.000	
		La Dusseldorf, Compagnia di assicurazioni generali contro i rischi dei trasporti, con sede in Dusseldorf.	3.750.000 1.750.000	Capit. nomin. Id. versato.
		Nord Deutsch, Società di assicurazioni marittime con sede principale in Amburgo.	5.625.000	Stabilita la sede a Genova 1887.

COMPARTI-MENTO	Luogo ove ha sede la società o la rappresentanza di essa	NOME DELLA SOCIETÀ carattere, ecc.	CAPITALE Lire	Annotazioni
	Segue Ge-nova.	*Prima società ungherese di assicurazioni generali*, con sede in Pest.	7.500.000	
		Riassicuratrice della Mannheimer, con sede in Mannheim.	2.500.000	
		Rhenania, con sede a Colonia	3.750.000	
		Svizzera, sede in Zurigo . .	5.000.000	
Segue Ge-nova.		*Lloyd Bavarese*, Società anonima di assicurazioni, con sede in Monaco.	5.000.000	
	Camogli .	Mutua assicurazione marittima *La Camogliese*.	Capitale formato dalle quote di deposito dei soci.	
Spezia . . .	Sestri Levante.	*Svizzera* con sede a Zurigo.	5.000.000	
Livorno . .	Viareggio	*Mutua assicurazione marittima* stabilita in Viareggio.	152.515	Conta 336 soci con 141 bastimenti assicurati pel valore di L. 895.415.
	Livorno .	*Baloise*, Assicurazioni rischi trasporto, con sede in Basilea.	v. s.	

COMPARTI-MENTO	LUOGO ove ha sede la società o la rappresentanza di essa	NOME DELLA SOCIETÀ carattere, ecc.	CAPITALE Lire	Annotazioni
Segue Livorno.	Segue Livorno.	*La Continentale.* Compagnia di assicurazioni con sede a Mannheim.	6.250.000	
		Federale assicurazioni marittime, sede a Zurigo.	v. s.	
		Rhenania, assicurazioni rischi trasporto, sede in Colonia.	v. s.	
		Svizzera, assicurazioni marittime, sede a Zurigo.	v. s.	
		Wurtemberghese, assicurazioni marittime e terrestri, con sede in Heilbronn.	3.000.000	
		Riunione Adriatica di sicurtà, id. sede a Trieste.	4.000.000	
		Società anseatica di assicurazioni marittime, con sede in Amburgo.	1.250.000	
		Il nuovo Lloyd Svizzero, id. con sede a Winterthum.	4.000.000	
		L' Universo, id., con sede a Milano.	3.000.000	
		La Transatlantica, id., con sede a Berlino.	5.000.000	
		The British and Foreign marine insurance L. assicurazioni marittime con sede a Liverpool.	v. s.	

COMPARTI-MENTO	Luogo ove ha sede la società o la rappresentanza di essa	NOME DELLA SOCIETÀ carattere. ecc.	CAPITALE Lire	Annotazioni
Segue Livorno.	Segue Livorno.	Mannheimer. assicurazioni marittime, con sede a Mannheim.	5.000.000	
		Italia, assicurazioni generali con sede a Genova.	v. s.	
		Venezia, id.. con sede a Vènezia.	v. s.	
		Dresda, id., con sede a Dresda.	v. s.	
		Italia, riassicuratrice marittima e terrestre, con sede a Genova.	8.000.000	
		Lloyd Bavarese, società anonima di assicurazioni, sede in Monaco.	5.000.000	
		La Nazionale, assicurazioni marittime, con sede ad Atene.	5.000.000	
		Alleanza di Berlino, assicurazioni marittime. con sede in Berlino.	5.000.000	Sede principale per l'Italia in Genova.
		La Francfortoise, con sede a Francoforte s. m.	5.000.000	
		The Underwriting, con sede a Londra.	3.000.000	
		La Niederrheinischen compagnia tedesca di assicurazioni marittime, fluviali e terrestri.	....	

COMPARTI-MENTO	Luogo ove ha sede la società o la rappresentanza di essa	NOME DELLA SOCIETÀ carattere, ecc.	CAPITALE Lire	Annotazioni
Segue Livorno.	Segue Livorno.	La Pugliese società anonima di assicurazioni, con sede a Bari.	1.500.000	
		La Badese, id., con sede a Mannheim.	2.500.000	
		La Nord-Deutsche, società di assicurazioni marittime con sede ad Amburgo.	5.625.000	
		Llyod renano westfalo, id., con sede a Gladbach.	37.50.000	
		L'Alto Reno, id., con sede a Mannheim.	7.500.000	
		Italia, con sede a Genova.	v. s.	
	Portoferraio.	Comitato degli assicuratori marittimi di Marsiglia.	....	
Portoferraio.		Svizzera, sede a Zurigo. .	v. s.	
	Rio Marina.	Mannheimer, con sede in Mannheim.	v. s.	
		Società Alto Reno di Mannheim.	v. s.	

COMPARTI-MENTO	Luogo ove ha sede la società o la rappresentanza di essa	NOME DELLA SOCIETÀ carattere, ecc.	CAPITALE Lire	Annotazioni
Civitavec-chia.	Civitavec-chia.	Società Dusseldorf. c. s. . . .	7.000.000	
		Assicurazioni generali di Ve-nezia, c. s.	v. s.	
		Società Mannheim, c. s. . . .	v. s.	
Gaeta . . .	Borgo di Gaeta.	Compagnia di assicurazioni generali in Venezia, c. s.	v. s.	
		L' iniziativa, c. s.	. . . .	
		Lloyd siciliano, c. s.	v. s.	
		La Francfortoise, c. s. . . .	v. s.	
		La Continentale, c. s. . . .	v. s.	
Napoli. . .	Napoli. .	Niederrheinische, con sede a Wesel.	5.000.000	
		Fenice Austriaca (di Vien-na) c. s.	v. s.	
		Riunione Adriatica di Si-curtà, Trieste.	10.000.000	
		Universo di Milano	3.000.000	
		La Pugliese di Bari	1.500.000	

COMPARTI-MENTO	LUOGO ove ha sede la società o la rappresentanza di essa	NOME DELLA SOCIETÀ carattere, ecc.	CAPITALE Lire	Annotazioni
		Lloyd Bavarese di Monaco .	5.000.000	
		La Badese di Monaco. . . .	5.000.000	
		La Federale di Zurigo . . .	5.000.000	
		L'Alto Reno di Mannheim .	7.500.000	
		La British and Foreign di Londra.	25.000.000	
		The Underwriting di Londra	v. s.	
		Il Danubio di Vienna . . .	2.500.000	
Segue Napoli.	*Segue* Napoli.	*Nord deutsche di Mannheim* di Amburgo.	3.750.000	
		Società di Wurthembergische.	3.000.000	
		Navig. Gen. Italiana con sede in Roma.	625.000	
		Savoia, con sede in Torino.	200.000	
		Mutua Procidana con sede in Procida.	Illimitato	
		Compagnia di assicurazioni generali (di Dresda), c. s.	v. s.	
		Mannheimer (di Mannheim). c. s.	v. s.	

COMPARTI-MENTO	Luogo ove ha sede la società o la rappresentanza di essa	NOME DELLA SOCIETÀ carattere, ecc.	CAPITALE Lire	Annotazioni
Segue Napoli.	*Segue* Napoli.	*Dusseldorfer* (di Dusseldorf), c. s.	v. s.	
		L'Italia (di Genova), c. s. .	v s.	
		Bàloise (di Basilea), c. s. . .	v. s.	
		Svizzera (di Zurigo), c. s. .	v. s.	
	Torre del Greco.	*Associazione Torrese di mutua assicurazione marittima.*	Non ha capitale sociale.	Conta 136 soci. Bastimenti assicurati 105. Danni subiti L. 52.232,70.
		Compagnia di assicurazioni generali in Venezia, c. s.	v. s.	
Castellammare di Stabia.	Castellammare di Stabia.	*Prima Società Ungherese.* c. s.	v. s.	
		Fenice Austriaca di Vienna c. s.	v. s.	
		Lloyd renano westfalo, c. s.	v. s.	
		Lloyd Germanico (di Berlino, c. s.	v. s.	
		Compagnia di Assicurazioni generali, (di Dresda), c. s.	v. s.	
		Mannheimer (di Mannheim), c. s.	v. s	

COMPARTI-MENTO	Luogo ove ha sede la società o la rappresentanza di essa	NOME DELLA SOCIETÀ carattere, ecc.	CAPITALE Lire	Annotazioni
		Rhenania (di Colonia), c. s.	Non ha capitale sociale.	
		Dusseldorfer (di Dusseldorf), c. s.	v. s.	
	Segue Castellammare di Stabia.	L' Italia (di Genova), c. s.	v. s.	
		Bàloise (di Basilea), c. s.	v. s.	
		Svizzera (di Zurigo) c. s.	v. s.	
Segue Castellammare di Stabia.		Federale, c. s.	v. s.	
	Meta.	Compagnia Metese di assicurazioni marittime.	....	Ha un capitale di L. 339.991.51 rappresentato da 200 azioni
	Sorrento.	Mutua assicurazione della marina mercantile Sorrentina.	....	Non ha alcun capitale sociale e non può avere alcun profitto od utile sociale. Ripartisce fra tutti gli associati i danni che ciascuno di essi soffre.
Reggio.	Bagnara.	Lloyd renano westfalo, c. s.	6.202.500	
	Reggio.	La Badese, sede in Mannheim.	5.000.000	

COMPARTI-MENTO	LUOGO ove ha sede la società o la rappresentanza di essa	NOME DELLA SOCIETÀ carattere, ecc.	CAPITALE Lire	Annotazioni
Segue Reggio.	*Segue* Reggio.	*Lloyd renano,* c. s.	5.000.000	
		Assicurazioni generali di Venezia, sede in Venezia.	13.125.370	
		Riunione Adriatica di sicurtà con sede a Trieste.	4.000.000	
		La Pugliese, società d'assicurazioni marittime, fluviali e terrestri, con sede in Bari.	1.500.000	
Taranto . .	Brindisi .	*Mutua assicurazione della marina mercantile Sorrentina,* sede in Sorrento.	. . .	Non ha capitale e si limita a ripartire fra i soci i danni che ciascuno di essi soffre.
		La Badese c. s.	v. s.	
		La Pugliese. Società anonima di assicurazioni terrestri e fluviali, sede in Bari.	1.500.000	
		L'Italia, Società di assicurazioni con sede a Genova.	8.000.000	
		Assicurazioni generali di Venezia con sede in Venezia.	13.125.370	
		La Svizzera, Società di assicurazioni con sede in Zurigo.	5.000.000	

COMPARTI-MENTO	Luogo ove ha sede la società o la rappresen-tanza di essa	NOME DELLA SOCIETÀ carattere, ecc.	CAPITALE Lire	Annotazioni
	Segue Brindisi	Lloyd germanico, c. s. con sede in Berlino.	5.000.000	
		Lloyd austriaco, (di Trieste)	v. s.	
Segue Taranto		Lloyd Bavarese con sede a Monaco.	5.000.000	
		Riunione Adriatica c. s. .	v. s.	
	Gallipoli.	Lloyd renano westfalo, con sede a Gladbach.	7.500.000	
		The Underwriting c. s. . .	v. s.	
		La Continentale c. s. . . .	v. s.	
		La fenice austriaca, c. s. .	v. s.	
		Assicurazioni generali in Venezia, sede in Venezia. c. s.	v. s.	
		Lloyd Wurtemburghese . .	3.000.000	
Bari . . .	Bari . . .	Lloyd Renano.	6.200.000	
		Italia, c. s.	v. s.	
		Báloise di Basilea.	5.000.000	

COMPARTI-MENTO	Luogo ove ha sede la società o la rappresentanza di essa	NOME DELLA SOCIETÀ carattere, ecc.	CAPITALE Lire	Annotazioni
Segue Bari.	Segue Bari.	La Pugliese, Società anonima di assicurazioni marittime, terrestri e fluviali, sede in Bari.	1.500.000	
		Badese di Mannheim	5.000.000	
		Dresda, assicurazioni dei rischi di trasporti via di terra, mare, fiumi, sede in Berlino.	300.000 (marchi)	
		La Federale, c. s.	v. s.	
		The British and Foreign, sede di Liverpool	25.000.000	
		Riunione adriatica di sicurtà, con sede a Trieste.	4.000.000	
	Molfetta.	Báloise, con sele a Basilea.	5.000.000	
		La Pugliese, c. s.	v. s.	
		Assicurazioni generali in Venezia.	13.125.370	
	Barletta.	Compagnia di riassicurazione di Mannheim, c. s.	v. s.	
		La Fenice, c. s.	v. s.	
		Assicurazioni generali in Venezia.	v. s.	

COMPARTI-MENTO	Luogo ove ha sede la società o la rappresentanza di essa	NOME DELLA SOCIETÀ carattere, ecc	CAPITALE Lire	Annotazioni
		La Badese, sede in Mannheim	13.125.370	
Segue Bari	*Segue* Barletta.	*L'Italia*, c. s.	v. s.	
		La Pugliese c. s.	v. s.	
		La Svizzera (di Zurigo), c. s.	v. s.	
		La Fenice (di Vienna), c. s.	v. s.	
		L'Italia, di Genova, c. s. . .	v. s.	
Ancona . .	Ancona .	*Assicurazioni generali* in Venezia, c. s.	v. s.	
		Assicurazioni generali in Dresda c. s.	v. s.	
		Riunione adriatica di sicurtà in Trieste.	4.000.000	
		L'Italia, Società di Assicurazioni con sede in Genova.	8.000.000	
Rimini. . .	Ravenna.	*Assicurazioni generali* in Venezia c. s.	13.125.370	
		Lloyd siciliano, c. s. . . .	v. s.	

COMPARTI-MENTO	Luogo ove ha sede la società o la rappresantanza di essa	NOME DELLA SOCIETÀ carattere, ecc.	CAPITALE Lire	Annotazioni
Segue Rimini.	*Segue* Ravenna.	*La Fenice Austriaca* c. s.	v. s.	
		Riunione adriatica di sicurtà, di Trieste.	1.000.000	
		Il Danubio, con sede a Vienna.	1.000.000 (fiorini)	
	Rimini. .	*Assicurazioni generali* di Venezia, c. s.	v. s.	
		Riunione adriatica di sicurtà, c. s.	v. s.	
	Pesaro. .	*Assicurazioni generali* di Venezia. Riunione adriatica di sicurtà.	v. s.	
	Fano. . .	Id.	v. s.	
Venezia . . .	Venezia .	*Assicurazioni generali* di Venezia.	13.125.370	
		Italia, società di assicurazioni marittime, fluviali e terrestri, con sede in Genova.	8.000.000	
		Italia, società di riassicurazioni e coassicurazioni generali, con sede in Genova.	v. s.	

COMPARTI-MENTO	Luogo ove ha sede la società o la rappresentanza di essa	NOME DELLA SOCIETÀ carattere. ecc.	CAPITALE Lire	Annotazioni
		Danubio di Vienna	1.000.000 (fiorini)	
		Fenice austriaca (di Vienna)	5.000.000	
		Mannheimer, di Mannheim .	8.000.000 (marchi)	
		Prima società ungherese di assicurazioni generali, con sede in Pest.	7.500.000	
		Riunione adriatica di si-curtà.	4.000.000	
		La Pugliese, assicurazioni marittime.	1.500.000	
Segue Ve-nezia.	*Segue* Ve-nezia.	*La Badese*	emesso 5.000.000 versato 2.500.000	
		Compagnia generale di as-sicurazioni (di Dresda).	3.750.000	
		Lloyd Svizzero.	6.000.000	
		The British and Foreign In-surance, con sede a Liver-pool.	25.000.000	
		Società Reale mutua contro i danni dell' incendio.	....	
		L' Universo	12.000.000	
		Italia-Elvetia.	18.000.000	

COMPARTI-MENTO	Luogo ove ha sede la società o la rappresentanza di essa	NOME DELLA SOCIETÀ carattere, ecc.	CAPITALE Lire	Annotazioni
		L' Equitable	4.000.000	
		La Nuova Milano	2.080.000	
		La Mutual, assicurazioni sulla vita.	967.000	
		La Basilea	10.000.000	
		La Cooperativa Veneta. .	500.000	
		Società Cooperativa d'assicurazioni.	5.800.800	
		L'Unica. contro gl'incendi .	10.000.000	
Segue Venezia.	Segue Venezia.	Reale compagnia italiana d'assicurazioni.	10.000.000	
		La Paterna.	3.120.000	
		La Nazionale	11.000.000	
		La Nation	....	
		Il Mondo.	25.000.000	
		Società di assicurazioni di Milano.	5.200.000	
		La Metropole.	20.000.000	

COMPARTI-MENTO	Luogo ove ha sede la società o la rappresentanza di essa	NOME DELLA SOCIETÀ carattere, ecc.	CAPITALE Lire	Annotazioni
		Società anonima grandine presso le generali.	1.000.000	
		Società di assicurazione per i furti.	6.250.000	
		La Fondiaria	8.000.000	
		L'Ancora	3.300.000	
	Segue Venezia	Meridionale, assicurazione per la grandine presso la Riunione Adriatica.	11.000.000	
		Norwich Union, sulla vita .	. . . .	
Segue Venezia		Società generale di mutua assicurazione per gli incendi e grandine.	. . . .	
		Riunione adriatica di sicurtà con sede a Trieste.	1.000.000	
	Chioggia.	Assicurazioni generali di Venezia con sede a Venezia.	13.125.370	
Cagliari . .	Cagliari .	L' Italia — c. s.	v. s.	
		La Venezia — c. s.	v. s.	

COMPARTI-MENTO	LUOGO ove ha sede la società o la rappresen-tanza di essa	NOME DELLA SOCIETÀ carattere. ecc.	CAPITALE Lire	Annotazioni
Segue Ca-gliari.	Carloforte	*Italia* — c. s.	v. s.	
		Lloyd austro-ungarico . . .	v. s.	
		L' Italia (di Genova) — c. s.	v s.	
		Lloyd inglese	v. s.	
		La Venezia — c. s.	v s.	
		Nuovo Lloyd svizzero — c. s.	v. s.	
		Lloyd austriaco di Trieste — c. s.	v. s.	
		Assicurazioni generali di Venezia — c. s.	v. s.	
Maddalena.	Maddalena	*Mutua Sorrentina* — c. s. .	v. s.	
		Arcangelos — società anoni-ma greca di assicurazioni marittime con sede in A-tene.	4.000.000	
		Lloyd di Londra — c. s. .	v. s.	
		Società ungherese (di Buda-pest).	....	
		Comitato assicuratori (di Genova)	....	

COMPARTI-MENTO	Luogo ove ha sede la società o la rappresentanza di essa	NOME DELLA SOCIETÀ carattere, ecc.	CAPITALE Lire	Annotazioni
		Società italiana in Sassari.	800.000	
		Assicurazioni generali in Venezia — c. s.	v. s.	
	Porto Torres.	*L' Italia* (di Genova) — c. s.	v. s.	
		Lloyd di Londra — c. s. . .	v. s	
Segue Maddalena.				
		Italia — c. s.	v. s.	
	Terranova Pausania.	*La Báloise* — c. s.	v. s	
		La Svizzera — c. s.	v. s.	
		Italia — c. s.	v. s.	
		La Svizzera — c. s.	v. s.	
		La Federale — c. s.	v. s.	
Messina . .	Messina.	*La Báloise* — c. s.	v. s.	
		Lloyd Siciliano — c. s. . . .	v. s.	
		Dresda — c. s.	v. s.	
		La Mannheimer — c. s. . . .	v. s.	

CONPARTI- MENTO	Luogo ove ha sede la società o la rappresentanza di essa	NOME DELLA SOCIETÀ carattere, ecc.	CAPITALE Lire	Annotazioni
Segue Mes-sina.	*Segue* Mes-sina.	*La Venezia* — c. s.	v. s.	
		La Dusseldorfer, c. s. . . .	v. s.	
		La Nord Deutsche Versiche-rung, Assicurazioni marit-time con sede in Amburgo.	1.500.000 (marchi)	
		La Prima Ungherese, Assi-curazioni generali con sede a Pest.	7.500.000	
		Il Nuovo Lloyd Scizzero, As-sicurazioni marittime con sede in Winterthurm.	1.000.000	
		Lloyd Hanseatique, Assicu-razioni marittime con sede in Amburgo.	1.250.000	
		La Rhenania, c. s.	v. s.	
		Lloyd renano, c. s.	v. s.	
		La Badese, c. s. con sede in Mannheim.	5.000.000	
		La Fenice Austriaca c. s .	v. s.	
		Lloyd Germanico, c s. . .	v. s.	
	Milazzo .	*La Venezia*, c. s.	v. s.	
		La Baloise, c. s.	v s.	
		La Svizzera c. s.	v. s.	

COMPARTI- MENTO	Luogo ove ha sede la società o la rappresen- tanza di essa	NOME DELLA SOCIETÀ carattere, ecc.	CAPITALE Lire	Annotazioni
Catania . .	Catania .	Italia, c.s.	v. s.	
		La Svizzera, c.s.	v. s.	
		La Baloise di Basilea . . .	v. s.	
		Lloyd Bavarese.	v. s.	
		Lloyd Renano, c.s.	v. s.	
		La Mannheimer c.s. . . .	v. s.	
		La Venezia, c.s.	v. s.	
		La Fenice Austriaca, c.s.	v. s.	
		La Badese, sede in Man- nheim – c.s.	v. s.	
		La Pugliese, sede in Bari .	v. s.	
	Riposto .	La Pugliese, sede in Bari .	v. s.	
		La Baloise, c.s.	v. s.	
		La Badese – c.s.	v. s.	
		Lloyd Bavarese – c.s. . .	v. s.	
		Prima società ungherese di assicurazioni generali con sede in Budapest.	7.500.000	

COMPARTI-MENTO	Luogo ove ha sede la società o la rappresen-tanza di essa	NOME DELLA SOCIETÀ carattere, ecc.	CAPITALE Lire	Annotazioni
		La Scizzera — c. s.	7.500.000	
		La Fenice Austriaca — c. s.	v. s.	
		Dresda — c. s.	v. s.	
	Segue Ri-posto.	*La Dusseldorfer* – sede in Dusseldorf.	4.000.000	
		La Mannheimer — c. s. . .	v. s.	
Segue Ca-tania		*Lloyd Siciliano* –- con sede in Palermo.	1.500.000	
		Italia — c. s.	v. s.	
		La Venezia - c. s.	v. s.	
	Siracusa.	*La Pugliese,* — c. s.	v. s.	
		Lloyd Siciliano — con sede in Palermo.	v. s.	
		Rhenania — c. s.	v. s.	
Porto Em-pedocle.	Porto Em-pedocle.	*Lloyd renano westfalo* – se-de Gladbach.	v. s.	
		Venezia — assicurazioni ge-nerali — sede Venezia.	v. s.	

COMPARTI- MENTO	Luogo ove ha sede la società o la rappresen- tanza di essa	NOME DELLA SOCIETÀ carattere, ecc.	CAPITALE Lire	Annotazioni
	Terranova di Sicilia.	*Venezia* - c. s.	v. s.	
		Italia -- c. s.	v. s.	
	Pozzallo.	*La Badese* — c. s.	v. s.	
		Venezia — c. s.	v. s.	
	Scoglitti.	*Fenice Austriaca* — c. s. .	v. s.	
		Italia — c. s.	v. s.	
Segue Porto Empedocle		*Dusseldorfer* — c. s.	v. s.	
		Lloyd British — c. s. . . .	v. s.	
		Italia -- c. s.	v. s.	
	Licata. .	*Lloyd austriaco*, c. s. . . .	v. s.	
		Mutua Camogliese, c. s. .	v. s.	
		Comitato assicuratori marittimi, c. s.	v. s.	
		Assicurazioni generali di Venezia, c. s.	v. s.	
		La Baloise, c. s.	v. s.	

COMPARTI-MENTO	Luogo ove ha sede la società o la rappresentanza di essa	NOME DELLA SOCIETÀ carattere, ecc.	CAPITALE Lire	Annotazioni
Trapani . .	Trapani . .	L' Italia, con sede a Genova, c. s.	v. s.	
		Lloyd siciliano, con sede a Palermo.	v. s.	
		Lloyd renano, c. s.	v. s.	
		La Venezia. c. s.	v. s.	
		La Dusseldorfer, c. s. . . .	v. s.	
	Marsala .	La Venezia — c. s.	v. s.	
		La Dusseldorfer — c. s. . . .	v. s.	
	Mazzara .	La Venezia — c. s.	v. s.	
Palermo. .	Palermo.	Lloyd Siciliano — società di assicurazioni marittime — c. s.	v. s.	
		Italia — società di assicurazioni marittime, fluviali e terrestri — c. s.	v. s	
		Lloyd renano westfalo — c. s.	v. s.	
		Riunione Adriatica di sicurta — c. s.	v. s.	

COMPARTI-MENTO	LUOGO ove ha sede la società o la rappresentanza di essa	NOME DELLA SOCIETÀ carattere, ecc.	CAPITALE Lire	Annotazioni
Segue Pa-lermo.	*Segue* Pa-lermo.	*Dusseldorfer* — c. s.	v. s.	
		Assicurazioni generali Ve-nezia — sede Venezia . .	v. s	
		Lloyd germanico — con se-de a Berlino.	1.000.000	Fondo di riser-va 1.266.666.
		Fenice austriaca — con se-de a Vienna.	5.000.000	Fondo di riser-va 21.000.000.
	Castellam-mare del Golfo.	*La Dusseldorfer* — assicu-razioni generali marittime — con sede in Dusseldorf.	4.000.000	

BACINI DI CARENAGGIO E SCALI DI ALAGGIO

Nell'anno 1896 esistevano nei porti del Regno 21 bacini di carenaggio e scali di alaggio per la marina mercantile così ripartiti:

2 a Savona, 4 a Genova, 3 a Livorno, 5 a Brindisi ed uno in ciascuno dei porti di Rimini, Ravenna, Pesaro, Messina, Lipari, Licata e
Palermo.

Ricevettero un maggior numero di bastimenti quelli di:

Genova . .	velieri	226	di tonnellate	83,040
	piroscafi	535	»	843,287
Messina . .	velieri	1	»	246
	piroscafi	61	»	75,750
Palermo . .	piroscafi	43	»	34,254
Savona . .	velieri	135	»	14,396
Livorno . .	piroscafi	8	»	13,684

Il totale dei bastimenti ricevuti nei bacini di carenaggio e negli
scali di alaggio durante l'anno 1896, fu di 437 velieri aventi una portata
complessiva di tonnellate 99,032, e di 655 piroscafi di tonnellate 967,124,
come si rileva dal seguente quadro, nel quale, come negli anni precedenti, non furono comprese le navi ammesse per riparazioni nei bacini
degli arsenali della R. Marina a Spezia, Napoli, Taranto e Venezia.

BACINI DI CARENAGGIO E SCALI DI ALAGGIO

Anno 1896.

DESCRIZIONE	LUOGO in cui si trovano	GRANDEZZA			VELIERI ricevuti nel 1896	
		Lunghezza	Larghezza	Altezza	Numero	Tonnellaggio
		Metri	Metri	Metri		
Alberi di carenaggio	**Savona** (nella Darsena Vecchia)	138,00	11,00	..	130	11.242
Scalo di alaggio	(Id.)	50,00	15,00	..	5	151
Bacino in muratura	**Genova** (nella Darsena)	89,65	21,40	6,60	32	24.961
Bacino galleggiante in legno . .	(al Molo vecchio)	98,00	24,00	11,00	163	30.572
Bacino di carenaggio n. 1 . . .	(avamporto Grazie)	179,38	29,40	10,00	..	..
Bacino di carenaggio n. 2 . . .	(Id.)	219,94	21,90	9,00	31	27.507
Bacino di carenaggio	**Livorno**	135,00	22,00	7,50	..	..
Scalo d'alaggio a rotaie (Caprera con macchine idrauliche pel tiro	(nella Darsena nuova)	85,00	16,00	..	..	.
Id. Id. (Messina) .	(Id.)	85,00	16,00	..	..	..
Scalo di alaggio	**Brindisi** (porto interno scalo S.Maria)	38,00	10,00	..	3	16
Id.	(Porto interno)	39,00	20,00	..	2	50
Id.	(Id.)	50,00	50,00	..	..	..
Id.	(Id.)	40,00	10,00	..	5	94
Id.	(Id.)	10,00	20,00	..	..	..

PIROSCAFI ricevuti nel 1896		PROPRIETARI od esercenti	DURATA della concessione	CANONE annuo — Lire	ALTRE INDICAZIONI
Numero	Tonnellaggio				
.	..	Vallega e Aonzo, concessionari con atto 18 dicembre 1886.	Anni 15	100,00	
.	..	Id. Id.	Id.	....	È annesso alla concessione per gli alberi di carenaggio. - In esso non si tirano ordinariamente che barche e chiatte.
4	17.238	Municipio	....	....	
217	64.335	Società anonima italiana — esercizio bacini	Fino al 15 luglio 1901	1.100,00	
21	300.137	Id. Id.	Anni 35 dal 16 dicembre 1893	....	
190	431.577	Id. Id.	Id.	....	
6	13.116	Fratelli Orlando (concessionari).	Fino a 1925	6.000,00	
2	568	Id. Id.	Id.	500,00	
.	..	Id. Id.	Id.	....	
1	5	Arigliano Tobia . . .	Anni 1	1,90	Terreno demaniale.
..	..	Balsamo Teodoro . .	Anni 1	3,90	Id.
..	..	Gaudioso Domenico. .	Indeterminata	....	Terreno di proprietà privata
..	..	Antochiella Francesco.	....	....	Id.
..	..	Gaudioso Domenico. .	Anni 1	4.00	Terreno demaniale.

DESCRIZIONE	LUOGO in cui si trovano	GRANDEZZA			VELIERI ricevuti nel 1896	
		Lunghezza	Larghezza	Altezza	Numero	Tonnellaggio
		Metri	Metri	Metri		
Scalo d'alaggio in muratura. . .	**Rimini** (presso l'ufficio Sanitario)	33,00	30,00	1,00	34	516
Id. Id. . . .	**Ravenna** (Darsena nuova)	90,00	30,00	3,00	17	362
Scali Id. Id. . . .	**Pesaro** (uno al porto nuovo ed un altro al porto vecchio).	35,00	30,12	1,30	14	280
Bacino di carenaggio.	**Messina** (nel porto)	107.00	21,80	8,60	1	246
Scalo di alaggio	**Lipari**	70.00	20,00	..	..	..
Id.	**Licata**	30,00	8,00	6,00	..	..
Scalo. — Sistema a strascico con trazione a pressione idraulica.	**Palermo** (nel porto)	71,50	12,40	5.68	..	..

IROSCAFI ricevuti nel 1896		PROPRIETARI od esercenti	DURATA della concessione	CANONE annuo — Lire	ALTRE INDICAZIONI
Numero	Tonnellaggio				
..	..	Proprietà dello Stato (Capitaneria di porto)	....	..	Si pagano i diritti giusta la tariffa approvata dal Ministero della marina.
.	..	Id. Id.	....	....	Id
..	..	Cecconi Raffaele. . .	Anni 1	1,00	
1	75,750	Proprietà dello Stato. Esercente la Società del bacino di carenaggio.	Anni 30	7.6 5.33	
7	144	Saltalamacchia Giovanni.	Anni 1	3.50	
.	..	È in consegna all'ufficio del Genio civile di Girgenti.	. . .	....	Atto all'alaggio di bastimenti sino a 100 tonnellate di stazza.
4	34,254	Navigazione Generale Italiana.	Dal 1873, anni 30.	2,000,00	Si possono alare piroscafi della portata massima di 1200 tonnellate.

STABILIMENTI METALLURGICI

Nell'anno 1896 esistevano lungo il litorale dello Stato numero 54 stabilimenti metallurgici, cantieri per le costruzioni navali in ferro ed officine meccaniche, nei quali furono occupati 468 impiegati e circa 15.300 operai.

I detti stabilimenti erano così ripartiti:

    25 nella Liguria;
     4 in Toscana;
     5 da Napoli a Taranto;
    10 nell'Adriatico, dei quali 5 nel Veneto;
     5 in Sardegna;
     5 in Sicilia.

I principali lavori per uso della navigazione eseguiti nel 1896, cioè, costruzione e riparazione di scafi, macchine, caldaie marine, argani, molinelli, grue, ecc., sono indicati nel seguente quadro, nel quale non è compreso il grande stabilimento di Terni che eseguisce molti lavori per la R. marina, e quello della Ditta Suffert di Milano che fa pure lavori per uso delle navi e specialmente le graticole del sistema Ferrando per i piroscafi della Navigazione Generale Italiana.

ELENCO DEGLI STABILIMENTI METALLURGICI

E

DEI LAVORI NEGLI STESSI ESEGUITI

durante l'anno 1896.

DESCRIZIONE	LUOGO in cui si trovano	PROPRIETARI o concessionari	INGEGNERI o direttori
Savona.			
Stabilimento metallurgico dell'ingegnere Giovanni Servettaz.	Savona (Molo S. Erasmo ed alla Foce).	Concessionario ingegnere Giovanni Servettaz.	Il dicontro.
Stabilimento metallurgico e cantiere navale dei fratelli Migliardi e Olinto Venè.	Savona (Foce)	Concessione fratelli Migliardi e Olinto Vene.	Ing. cav. Giovanni Migliardi.
Stabilimento metallurgico .	Savona (Spiaggia di S. Erasmo).	Società Alti forni, acciaierie e fonderie di Terni.	Ing. cav. Francesco Marzucchi.
Genova.			
Ferriera per la produzione di ferri di tutte le forme. Officina per bolloni e molle. Fonderia.	Voltri	Filippo Tassara e figli	Tassara Giovanni, direttore. Tassara Federico, ingegnere. Tassara Giuseppe, gerente.
Ferriera e fonderia	Ira	Ditta Ratto cav. Gerolamo fu Giovanni	Ratto Gio: Batta. Ratto Tommaso. Ratto Felice.
Cantiere di costruzioni navali in ferro. Ditta Gio. Ansaldo e C.	Sestri Ponente. . . .	Fratelli Bombrini . .	Comm. B. Bigliati, ingegnere navale direttore. Ing. cav. Migliardi. Ing. Del Balzo. Negri Osmando. Petrini Giacomo.

PRINCIPALI LAVORI ESEGUITI NEL 1896 per uso della navigazione	PERSONALE		ANNOTAZIONI
	Impie- gati	Operai	
arazione dei piroscafi *Paolo Boselli, Sophie, e Ba-* *vonne.* natura di 3 serbatoi d'acqua al brigantino a palo *Fra-* *telli Tubino* arazione ad una grue idraulica del porto. arazione di un segnale nell'Isola Pianosa. li speciali per tiro a secco di piroscafi. a lanterna pel faro di S. Cataldo (Lecce).	4	50	
daia per barca a vapore, tipo White . . . . . . daia pel rimorchiatore *Leon Pancaldo* arazione alle caldaie dei piroscafi *Iniziatica* ed *Eli-* *abetta.* i calderine per barche a vapore.	..	30	
niere e larghi piatti di acciaio. Tonnellate 3180. . . che angolate di acciaio . . » 950 omati diversi di acciaio. . . » 1013 d. id. di ferro . . . » 150	44	1.533	
n sagomati ed angolari, nonchè bolloni, dadi e rivetti da ribadire per uso dei cantieri nazionali di costru- zioni navali.	14	800	
rri e acciai tondi, quadri, piatti, mezzo tondi, angolari e profilati diversi.	15	400	
Bastimenti varati : ociatore *Cristobal Colon*, piroscafo *Neva* e barca a apore *Vittoria.* In corso di costruzione : ociatore corazzato *G. Garibaldi.*	10	1.200	

DESCRIZIONE	LUOGO in cui si trovano	PROPRIETARI o concessionari	INGEGNERI o direttori
Stabilimento meccanico e cantiere navale.	Sestri Ponente. . . .	Niccolò Odero fu Alessandro.	Ing. F. Spetzeler. Id. Fabio Garelli.
Fucina con maglio a vapore. Officina di finimento.	Id.	Giovanni Fossati e C.	Giovanni Fossati.
Ferriera ed acciaieria. . .	Id.	Società Ligure Metallurgica.	Ing. Giulio Poggi, direttore della ferriera. Sig. F. Wurtenberg, direttore dell'acciaieria.
Fabbrica di bolloni, dadi, ecc.	Id.	Ditta G. B. Gillet. .	Bottero Alberto.

PRINCIPALI LAVORI ESEGUITI NEL 1896 per uso della navigazione	PERSONALE		ANNOTAZIONI
	Impie- gati	Operai	
ompe a comprimere aria brevettate tipo Brotherhs. gani e verricelli per salpare le ancore e per servizio. di tonneggio. verse pompe a vapore brevettate per Naftchine. i apparato servomotore per la macchina del timone. piroscafi in acciaio a due eliche, *Marco Polo* e *Galileo* *Galilei*, di stazza lorda tonnellate 1062 con apparato motore della forza di 4000 cavalli indicati. piroscafi in acciaio a ruote, tipo Ferry Boat, *Scilla* e *Cariddi* di stazza lorda tonnellate 412 con apparato motore della forza di cavalli indicati 980 completamente finiti per servizio di trasporto fra Reggio e Messina. iroscafo in acciaio a ruote *Sempione* di stazza lorda tonnellate 178 con apparato motore della forza di ca- valli indicati 355 completamente finito per la naviga- zione sul Lago Maggiore. roscafo di acciaio ad elica *Brunate* della portata di tonnellate 50 stazza lorda con apparato motore della forza di cavalli indicati 140 completamente finito per la navigazione sul lago di Como. na lancia a vapore da diporto con apparato motore della forza di cavalli indicati 100 completamente finita di ogni parte di complemento per la navigazione sul lago Mag- giore. aldaie a vapore pel piroscafo *Depretis* dell'Impresa di navigazione sul lago di Garda. aldaie da rimorchiatori . . . . parazioni ai diversi piroscafi della Società Amburghese Americana. otori a vapore per dinamo elettriche per piroscafi diversi	12	1.050	
arti dell'agghiaccio pel timone dell'incrociatore porto- ghese *Adamastor.* sse a manovella per i piroscafi *Raggio, Edilio R., Mon- tevideo, S Gottardo.* l'asse port'elica finita per il piroscafo *Francesco Crispi*	3	60	
amiere. cerniere e barre diverse per scafi, nonchè la. miere e cerniere per caldaie.	12	700	
hiavarde e chiavardette. sia grezze che tornite e limate pernotti d'acciaio e di ferro per riparazioni di piroscafi	4	100	

DESCRIZIONE	LUOGO in cui si trovano	PROPRIETARI o concessionari	INGEGNERI o direttori
Stabilimento mecc a n i c o (sotto la ditta Gio. Ansaldo e C.).	Sampierdarena . . .	Fratelli Bombrini . .	Direttore cav. Amati. Ing. Celesia. » de Grave Sells. Dott. L. Perroni, chimico. Ing. A. Perroni. » Hillebrand. » Guglielmino. » Oglietti. » Canfari. Meccanico Zancani. » Grais.
Stabilimento metallurgico e meccanico con fonderia e cantiere per le costruzioni navali.	Id.	Wilson e Maclaren .	Francesco Baracchini e Filippo Parodi, costruttori navali.
Stabilimento meccanico e di costruzioni navali con fonderia in ghisa e bronzo.	Id.	Società anonima cooperativa di produzione.	Ing. Broccardi Emilio, direttore. Ing. L. Derchi.
Stabilimento meccanico e fonderia di ghisa e bronzo, con officina per riparazioni di bordo e costruzioni navali.	Id.	Ditta ingegnere D. Torriani e C.	Ing. D. Torriani, direttore tecnico. B. Fossati, direttore amministrativo. A. Tornaghi.
Stabilimento metallurgico e meccanico con fonderia e cantiere per costruzioni navali.	Id.	Balleydier Frères (Eredi).	Ing. Carlo Danè.

PRINCIPALI LAVORI ESEGUITI NEL 1896 per uso della navigazione	PERSONALE		ANNOTAZIONI
	Impiegati	Operai	
Lavori ultimati nel 1896:	106	1.165	
Apparato motore di 13.000 cavalli indicati per l'incrociatore corazzato *C. Colon.*			
Trasformazione da sistema compound a triplice espansione degli apparati motori dei piroscafi *Regina Margherita* e *Nilo.*			
Agghiaccio ed accessori per manovra del timone della R. nave *Emanuele Filiberto,*			
N. 22. assi diversi per motori di piroscafi mercantili.			
N. 4 distillatori per uso bordo del tipo Ansaldo.			
Lavori in corso al 31 dicembre 1896:			
Apparato motore di 13.000 cavalli indicati per l'incrociatore corazzato *G. Garibaldi.*			
Trasformazione da sistema compound a triplice espansione dell'apparato motore del piroscafo *Bosforo.*			
Evaporatore per uso bordo, tipo Ansaldo di 18 tonnellate.			
N. 5 distillatori per uso bordo di 12 tonnellate.			
Agghiaccio ed accessori per manovra del timone delle RR. navi *S. Bon* e *Puglia.*			
Piroscafo in acciaio *Sant'Antonio* di tonnellate lorde 315.	2	150	
Macchina a tripla espansione pel piroscafo austro-ungarico *San Marco.*			
N. 20 guvitelli in ferro a doppio cono	5	143	
» 4 Verricelli di tonneggio.			
» 8 passatonneggi di bronzo.			
Vazienze di bronzo per la R. nave *Calabria.*			
N. 44 portelli a vite con griglia di bronzo per il carbone.			
Barenatoi per assi port'elica.			
Riparazioni al rimorchiatore *Benvenuto* con cambio caldaia, cofano, carbonili, ecc.			
Molinello per la nave *Savoia.*	6	225	
N. 33 secchioni per draga.			
» 12 placche di bronzo per condensatori. Accessori d'attrezzatura per Yachts.			
Riparazioni allo scafo macchina e caldaia dei piroscafi *Belvedere, Italia. Polluce Berenice, Maria Rosa, S. Benigno, Alessandria, Raggio. Fortunata R., Edilio R.*			
N. 60 graticci per la R. nave *Dandolo.*			
Costruzione della macchina ed accessori e riparazione generale del piroscafo *S. Gottardo.*			
Chilogrammi 20.000 circa in lavori di ghisa fusa e ferro, come bitte di ormeggio, cubie, sgaletti per bordo ecc.	4	150	

DESCRIZIONE	LUOGO in cui si trovano	PROPRIETARI o concessionari	INGEGNERI o direttori
Stabilimento meccanico per riparazioni e costruzioni di macchine e navi.	Genova (alle Grazie).	Società esercizio bacini.	Ferro cav. Serafino.
Officina meccanica per riparazioni navali.	Id. (sotto le mura della Malapaga).	Ditta Gio. Ansaldo e C.	Ramorino Luigi, direttore
Id.	Id. (sul molo guardiano dei bacini di carenaggio).	Id.	Ing. L. Petrini, direttore. » N. O. Negri. » A. Serrati.
Stabilimento meccanico con fonderia e cantiere navale.	Id. (alla Foce con officina succursale in porto).	Nicolò Odero e C. .	Ing. G. Bernardi. » M. Vallino. . » L. Calletti. A. Zanetto, macchinista.
Officina meccanica con fonderia e cantiere.	Id. (Foce)	Molinari Tommaso. .	Francesco Scodes, ing. nav. e meccanico.
Officina meccanica per costruzioni navali.	Id. (Frazione Marassi)	Astigiano Luigi . . .	Ing. E. Croce.
Spezia.			
Stabilimento meccanico e cantiere navale con fonderia di ghisa e bronzo.	Spezia (Località detta degli Stagnoni).	Ditta Larini Nathan e C. di Milano.	Ing. Villa Alessandro, direttore.
Officina meccanica di Macciò Luigi.	Marina di Chiavari a Nord del cantiere comunale agli Scogli.	Sig. Macciò Luigi da Chiavari.	Macciò Luigi.

PRINCIPALI LAVORI ESEGUITI NEL 1896 per uso della navigazione	PERSONALE		ANNOTAZIONI
	Impiegati	Operai	
Costruzione e riparazione di caldaie marine ed accessori, assi a manovella, assi diritti. Ferro forgiato in genere. Due chiatte e tre barcaccie a vapore in acciaio. Fondita di bronzo e metallo antifrizione, bronzo fosforato ed al manganese. Lavori da falegname, carpentiere e da modellista.	da 6 ad 8	280 ordinari e 250 avvent.	
Riparazioni ai piroscafi *Caffaro*, *Italia*, *America*, *Re Umberto*, *Sicilia*, *Pina*, *Egyptian Prince*, *Tuscan Prince*, ed altri velieri e piroscafi nazionali ed esteri.	1	da 10 a 200	
Allestimento e corazzatura dell'incrociatore argentino *G. Garibaldi* e dell' incrociatore spagnuolo *Cristobal Colon.*	8	da 100 a 1000	
Trasformazione di 10 torpediniere, dotandole degli apparecchi di combustione a petrolio. Riparazione di scafo e macchina ai piroscafi *Duca di Galliera*, *Las Palmas*, *Maria*, *Aquila* e *Agordat.* Intrapresa la costruzione di due piroscafi celeri per servizio transatlantico di merci e passeggieri per la Società « La Veloce » Numerose riparazioni a piroscafi nazionali ed esteri, di rilascio nel porto di Genova N. 8 stufe di disinfezione pei piroscafi da passeggieri. Macchine fisse e marine. Caldaie id. id.	21	1100	
N. 2 macchine a vapore per barche da diporto.	1	30	
2 barche in ferro da trasporto sul Lago Maggiore. *Ultimati, ma tuttora sullo scalo :* 1 rimorchiatore ed una pirolancia in ferro con macchina della forza di 90 cavalli indicati il primo, e di 20 cavalli indicati la seconda. *In costruzione:* 1 piroscafo in ferro con macchina di 170 cavalli indicati per il Lago Maggiore ed 1 piroscafo a ruote con macchina di 50 cavalli indicati.	1	6	
Nell'anno 1896 non furono eseguiti lavori per uso della navigazione	»	»	
come sopra	»	»	

DESCRIZIONE	LUOGO in cui si trovano	PROPRIETARI o concessionari	INGEGNERI o direttori
Stabilimento Novaro. . . .	Marina di Chiavari a Sud della strada provinciale.	Sig. Novaro Francesco fu Domenico, meccanico.	Il dicontro.
Stabilimento meccanico. .	Chiavari (Viale Assarotti).	Sig. Sanguinetti Emanuele.	Il dicontro.
Livorno.			
Cantiere per costruzioni navali e meccaniche.	Lazzaretto S. Rocco.	Ditta Fratelli Orlando	Fr. Orlando.
Officina navale e meccanica con fonderia di bronzo e ghisa.	Livorno, Piazza Micheli.	Ing. Lanza e Cappi.	Ing. Lanza.
Stabilimento per la lavorazione del rame.	Livorno, Torretta . .	Società Metallurgica italiana.	Ing. Parodi Lorenzo.
Civitavecchia.			
Stabilimento meccanico con fonderia di ghisa e bronzo.	Civitavecchia nel porto.	Vallarino e Marani .	Vallarino Alfredo e Marani Gustavo, tecnici amministratori.

PRINCIPALI LAVORI ESEGUITI NEL 1896 per uso della navigazione	PERSONALE		ANNOTAZIONI
	Impiegati	Operai	
Nel 1896 iniziò la costruzione di un piroscafo ad elica in acciaio della lunghezza di m. 16, largo m. 3.60, alto m. 1.85 che trovasi ora quasi del tutto fasciato.	..	11	
Nel 1896 non fece alcun lavoro ad uso della navigazione.	..	..	
Continuato l'allestimento della corazzata *Général San Martin* (Spagnola) e dell'incrociatore *Adamastor* (portoghese). Principiata la costruzione della corazzata italiana *Varese*. Riparazioni generali ai piroscafi nazionali *Agrumaria* e *Peuceta*. Consegnato il piroscafo nazionale di nuova costruzione *Ignazio Florio*. Riparazioni alla macchina del piroscafo norvegese *Heyersbery*. Cambio di lamiere al piroscafo inglese *Ceylon*. Costrutte due pale d'elica pel piroscafo nazionale *Brindisi*. Piccole riparazioni al piroscafo inglese *California*. Riparazioni allo scafo e macchina del piroscafo nazionale *Giuseppe Corvaia*. Riparato lo scafo del piroscafo da diporto italiano *Virginia*.	12	1250	
Riparazioni allo scafo e alla macchina dei piroscafi nazionali *Milano* e *Principessa Isabella*. Costruzione del meccanismo di una draga a vapore pel porto di Messina. Costruzioni di boe per segnali, di bolloni per la macchina della corazzata *Général S. Martin* (Spagnuola). Costruzioni di pezzi per i meccanismi dell'incrociatore *Adamastor* (Portoghese).	2	56	
Lamiere, fogli, barre fili e tubi di rame ed ottone. . . .	15	418	
Cambiamento di assi e manovella di trasmissione ai piroscafi *Etna* ed *Alessandro Volta*. Cambiamento delle pale di elica al piroscafo *Malta*. Riparazioni generali ai molinelli salpa-ancore di alcuni piroscafi con assi e tamburi nuovi, con ruote dentate. Costruzione in bronzo di cuscinetti di spinta e del banco dei piroscafi *Etna* e *Alessandro Volta*. Altre riparazioni di macchine e caldaie di piroscafi nazionali ed esteri.	2	45	

DESCRIZIONE	LUOGO in cui si trovano	PROPRIETARI o concessionari	INGEGNERI o direttori
	Napoli.		
Stabilimento meccanico per costruzione di apparati motori di qualsiasi dimensione per la navigazione e per altre industrie.	Napoli, Granili . . .	Societa industri a l e Napoletana Hawthorn e Gruppy.	Felice D'Errico, amministratore delegato. Nelson Foley, direttore tecnico.
Stabilimento meccanico e cantiere navale.	Id. . . .	Ditta C. T. T. Pattison	Giovanni Alfredo Pattison, direttore.
	Castellammare di Stabia.		
Fonderia Fratte. Stabilimento meccanico con fonderia di ghisa e bronzo.	Fratte, Comune di Salerno.	Schlaepfer Werner, Asselmeyer Pfister e C.	T. Suter, direttore.
	Taranto.		
Officina meccanica.	Brindisi, Rione di Via Lata.	Giuseppe Venesio . .	Giuseppe Venesio, meccanico.
Id. id.	Id., Sponda S. W. del Canale Pigonati.	Ditta Casimiro Dini appaltatrice dei lavori di escavazione dei porti del 2° gruppo delle provincie Napolitane.	Benedetto Ciarla, macchinista.
	Bari.		
Stabilimento metallurgico G. Lindeman.	Bari, Strada extra murale.	Fratelli Lindeman fu Guglielmo.	Ing. Carlo Lindeman.

PRINCIPALI LAVORI ESEGUITI NEL 1896 per uso della navigazione	PERSONALE		ANNOTAZIONI
	Impiegati	Operai	
Completato e consegnato alla R. marina l'apparato motore della r. nave *Vettor Pisani* della forza di 13000 cavalli indicati. Completato e consegnato alla Repubblica Argentina l'apparato motore del *Général S. Martin* già *Varese* della forza di 13000 cavalli indicati. *In costruzione:* L'apparato motore della nuova *Varese*, della forza di 13000 cavalli indicati.	53	900	
Apparato motore della forza di 1000 cavalli indicati per la R. nave *Governolo*. Caldaia a vapore pel piroscafo *S. Bartolomeo*. Caldarina ausiliaria per il piroscafo *Aurora M.* Apparato motore a vapore della forza di 1500 cavalli indicati per il piroscafo *Minghetti*.	21	480	
È in costruzione un apparecchio motore di sollevamento per un pontone a biga della portata di 75 tonnellate da consegnarsi entro il 10 maggio 1897.	10	350	. . . .
Piccole riparazioni per conto della Società di Navigazione Generale Italiana ed a bordo dei piroscafi addetti al trasporto di carbone.	1	6 o più	
Riparazioni alla pirodraga *Narenta*, alla caldaia del rimorchiatore *Elvira* ed al materiale in genere addetto al lavoro di escavazione del porto.	..	..	
. . . .	..	..	

DESCRIZIONE	LUOGO in cui si trovano	PROPRIETARI o concessionari	INGEGNERI o direttori
Stabilimento metallurgico De Blasio Francesco.	Bari strada extra murale.	De Blasio Francesco fu Raffaele.	Francesco De Blasio.

Ancona.

Officina meccanica.	Ancona, Via Sottomare n. 1 .	Passalacqua Antonio.'	Il proprietario.

Rimini.

Officina meccanica per i lavori in ghisa acciaio e ferro.	Ravenna — Darsena vecchia — banchina di ponente.	Missiroli Domenico .	Il proprietario.
Come sopra	Ravenna — Darsena nuova — banchina di carenaggio.	Impresa di escavazione dei porti-canali di Ravenna e Magnavacca.	Ferdinando Rossetti.

Venezia.

Stabilimento meccanico e fonderia.	Venezia, S. Travaso.	Fratelli Gabrielli. . .	. . . .
Stabilimento meccanico . .	Id. , S. Rocco. . . .	E. G. Neville e C. .	Comm. ing. Giulio Bas, direttore.
Stabilimento meccanico, fonderia e cantiere.	Id. S. Giustina . . .	Vianello Moro Sartori e C.	Ing Francesco Sartori, direttore.
Stabilimento meccanico, fonderia e cantiere.	Id. S. Pietro a Castello.	Layet Federico. . . .	Ingegneri Monego e Pescatori.

PRINCIPALI LAVORI ESEGUITI NEL 1896 per uso della navigazione	PERSONALE		ANNOTAZIONI
	Impiegati	Operai	
Jna caldarina verticale per un piroscafo della Società « Puglia ». Jna quantità di griglie per forni. Tubulature di rame e diverse riparazioni di macchina ai piroscafi della Società « Puglia ».	1	da 10 a 300	
Riparazioni al cuscinetto dell'asse motore del piroscafo *Assiria*. Riparazioni ai tubi di presa vapore del piroscafo *Villam* di bandiera Austro-Ungarica. Riparazioni ai tubi di presa vapore delle macchinette del piroscafo inglese *Nellie*, ai paranchi di sicurezza e alla ruota del timone.	..	15	
Riparazioni alla macchina e caldaie del piroscafo *Pierino*. Occhi di cubia, ancore, catene, pompe di bordo ed altri pezzi in metallo pei velieri che frequentano il porto.	..	12	
Eseguiti tutti i lavori di grande e piccola riparazione al macchinario e al materiale galleggiante dell'impresa di escavazione del canale Candiano.	..	6	
imitate riparazioni alle macchine dei piroscafi *Northtrop*, *Sindiar*, *Anze*, *Stefanie*, *Alacryti* e *Kopler*.	1	20	
Riparazione ai piroscafi della Società della Navigazione Generale Italiana. caldaia pel rimorchiatore n. 11 della R. Marina.	10	280	
Riparazioni a vari piroscafi esteri e nazionali. . . . . . . Costruite due boe pel genio civile. caldaie tipo Bellis per la R. Marina. caldaia per la sirena del faro di Alberoni.	..	110	
barca porta per bacino — Caldaie a vapore — Motori per barche a vapore — Pompe Wortington — Valvole, apparati motori, turbini, argani, ecc. Riparazioni ai piroscafi.	6	150	

DESCRIZIONE	LUOGO in cui si trovano	PROPRIETARI o concessionari	INGEGNERI o direttori
Stabilimento navale e meccanico con fonderia in ghisa e bronzo.	Chioggia.	Fratelli Poli fu Giovanni.	Ing. nav. Rodolfo Poli, direttore. Luigi Poli e Penzo Giovanni, costruttori.
Cagliari.			
Stabilimento metallurgico per lavori in ghisa, acciaio, ferro ed altri metalli.	Carloforte, Regione Spalmadoreddu.	Sig. Bernard.	Sig. Bernard, con un ingegnere meccanico.
Stabilimento meccanico con fonderia di ghisa, bronzo ecc.	Cagliari, Piazza Carmine, casa Doglia.	Enrico Polty e cav. Stefano Doglio, concessionario, Ditta Ing. F. Massa, Gioda e C.	Ing. Francesco Mossa e Luigi Gioda.
Maddalena.			
Cantiere e stabilimento metallurgico per le riparazioni del materiale dell'impresa di escavazione dei porti della Sardegna	Porto Torres	Conte G. De Cecconi	G. Morpurgo.
Cantiere per la riparazione del materiale della impresa del nuovo porto.	id.	Gamba Filippo. . . .	Ing. Filippo Gamba.
Cantiere di riparazione . .	Maddalena, Cala Camicia.	R. Marina.	. . . .
Messina.			
Bacino di carenaggio e cantiere navale.	Messina, S. Raynieri.	Proprietario lo Stato. Concessionaria la Società del Bacino e cantiere navale.	Domenico Pizzolo, direttore e amministratore.

| PRINCIPALI LAVORI ESEGUITI NEL 1896 | PERSONALE | | ANNOTAZIONI |
| | Impie-gati | Operai | |
per uso della navigazione			
iroscafi ad elica *S. Felice* e *S. Fortunato* . . . . inque barche in ferro per trasporto di carbone della R. Marina.	1	100	
. . . .	..	..	
ccole riparazioni alle macchine dei piroscafi	..	da 40 a 50	
iparazioni al materiale galleggiante della impresa di escavazione dei porti della Sardegna.	1	10	
lon ha eseguito nessun lavoro per essere sospesa la costruzione del nuovo porto.	..	..	
. . . .	..	..	In casi di urgenza si presta anche per bastimenti mercantili.
iroscafo *Oreto* -- Rettifica alla macchina, cambio dell'elica. Costruzione dei buchi alle patte dell'elica del piroscafo *India* — Riparazione al timone e all'arresto del timone. iroscafo *Entella* cambio dell'asse e dell'elica. iroscafo *A. Vagliano* cambio di 4 lamiere, di 500 chiodi alla chiglia e 3000 al resto dello scafo. Calafataggio di tutto lo scafo e molti altri lavori. iparazioni varie ai piroscafi *Buskin, Nove King, Asia, Francesco Crispi, Toscana, Milazzo, Perseverante* e *Flora.* iparazioni diverse ad altri vapori ed un veliero	4	42	

DESCRIZIONE	LUOGO in cui si trovano	PROPRIETARI o concessionari	INGEGNERI o direttori
Palermo.			
Stabilimento metallurgico e cantiere per costruzioni navali in ferro.	Palermo, Via Principe Scordia, con prospetto in Via Borgo.	Navigazione Generale Italiana.	1 direttore. 1 ingegnere. 1 capo d'arte. 1 sotto capo d'arte.
Officina meccanica con fonderia di ghisa e bronzo.	Palermo, Corso dei Mille n. 173.	Panzera Francesco. .	1 ingegnere, direttore.
Stabilimento con fonderia di ferro e bronzo.	Palermo, Via Malaspina.	Cav. Corsi Pietro. .	Il proprietario.
Opificio meccanico con piccolo motore a vapore della forza di 4 cavalli indicati.	Palermo. Piazza Castello Piedigrotta.	Ditta Fratelli Corvaja.	1 capo operaio meccanico

PRINCIPALI LAVORI ESEGUITI NEL 1896 per uso della navigazione	PERSONALE		ANNOTAZIONI
	Impie-gati	Operai	
Trasformazione e triplice espansione di macchine marine. Caldaie marine ad alta pressione e macchine a triplice espansione. Assi motori e porta eliche. Eliche a pale fisse ed amovibili. Cilindri completi. Verricelli a vapore, grue di caricamento a vapore, trombe a vapore, trombe d'incendio — Sboja a vapore — Caldaie ausiliarie — Timoni — Nuovi lavori per scafi — Forniture complete per caldaie. Riparazioni complete per macchine e scafi dei piroscafi.	41	517 381	nello stabilimento della fonderia. addetti ai lavori di bordo.
Lavori di poca importanza per la navigazione.	..	..	Lo stabilimento si occupa principalmente nella costruzione di macchine a vapore per l'estrazione di minerali.
Durante l'anno 1896 non eseguì nessun lavoro per uso della navigazione.	..	..	
Riparazioni allo scafo del piroscafo *Matilde* ed altri lavori ordinari di riparazioni inerenti agli scafi ed al buon funzionamento delle macchine appartenenti ai piroscafi della ditta *Corvaia*.	..	3	Vi sono inoltre diversi giovinotti apprendisti. Il numero degli operai si aumenta quando occorre.

SERVIZIO DI PILOTAGGIO.

Il servizio di pilotaggio nei porti del regno fu fatto nel 1896 da 236 piloti pratici, essendosi verificata, in confronto del precedente anno, una diminuzione di tre piloti a Brindisi, di 6 a Torre di Faro, di 4 a Messina e di uno a Trapani ed a Termini Imerese.

Nessuna variazione si ebbe nelle imbarcazioni che si mantennero in numero di 60.

I bastimenti pilotati furono 5,935 aventi una portata complessiva di tonnellate 7,239,147, cioè: 916 velieri di tonnellate 136,069 e 5,019 piroscafi di tonnellate 7,103,078.

Il totale delle mercedi percepite da tutti i piloti ascese a lire 547,428,69.

Nel quadro seguente sono indicate, il decreto istitutivo del servizio, il numero dei piloti, quello delle imbarcazioni, le tariffe in vigore, il numero ed il tonnellaggio delle navi pilotate distinto per bandiere e le mercedi percepite per ciascun porto.

SERVIZIO D'IMBARCO E SBARCO
DEI PASSEGGIERI.

Il servizio d'imbarco e sbarco dei passeggieri nei porti e nelle spiaggie dello Stato è regolato da speciali norme locali e dalle disposizioni del regolamento per l'esecuzione del codice per la marina mercantile. Tale servizio, nell'anno 1896, era stabilito in 92 luoghi e vi erano complessivamente addetti 2869 battelli e 3748 barcaiuoli.

I porti che avevano un maggior numero di imbarcazioni e di personale, erano:

Napoli	con 698 battelli e	698 barcaiuoli
Genova	» 328	» 328	»
Livorno	» 300	» 300	»
Spezia	» 168	» 168	»
Palermo	» 150	» 155	»
Messina	» 137	» 141	»

Si pubblicano qui appresso le tariffe in vigore, avvertendo che pel porto di Venezia il servizio d'imbarco e sbarco dei passeggieri e quello interno della laguna sono fatti colle gondole e sono sottoposti a speciale regolamento del locale Municipio.

COMPARTIMENTO	PORTO O SPIAGGIA	TARIFFA	
		per l'imbarco	per lo sbarco
Genova	Genova	. . . .	0.50
Spezia	Spezia	Da Spezia a: Marola e S. Vito L. 0.40 — Cadimare L. 0.50 — Fezzano L. 0.70 — Panigaglia L. 0.80 — Grazie L. 1.50 — Porto Venere L. 2.50 — Isola Palmaria L. 3 — S. Bartolomeo L. 1 — Pertusola L. 1.50 — S. Terenzo L. 2 — Lerici L. 2.50.	Dai contro indicati luoghi a Spezia: tariffa come dicontro.
	Livorno	Facoltativa ma non superiore a quella dello sbarco.	Passeggieri di 1. e 2. classe L. 1 (se provenienti dall'arcipelago toscano L. 0.60) — Passeggieri di 3. classe L. 0.50.
Livorno	Piombino (Porto Nuovo)	0.50	0.50
	Piombino (Porto Vecchio).	0.80	0.80
	Porto S. Stefano (linea XXXVIII.)	0.60	0.60
	Porto S. Stefano (linea XXXIX	0.30	0.30
	Talamone (linea XXXVIII)	0.50	0.50
Portoferraio	Portoferraio (linea XXXVIII e XXVVIII bis)	0.50	0.50

Numero dei battelli	Numero dei barcaiuoli	Guadagno medio giornaliero di ciascun barcaiuolo	ANNOTAZIONI
328	328	1.00	I piroscafi con 100 e più passeggieri accostano ai ponti per sbarcarli.
168	168	0.90	Tariffa approvata con decreto ministeriale del 2 giugno 1890. Nelle ore di notte la tariffa è raddoppiata Per l'imbarco e sbarco dalle navi ancorate nel golfo, i passeggieri pagano la mercede dovuta per il punto della costa corrispondente a quello di ancoraggio. I militari del corpo reale equipaggi aventi il grado di caporale o comune pagano metà tariffa.
30	3 0	0.75	Tariffa approvata con decreto 30 luglio 1891
46	46	0.40	Tariffa approvata con decreto 30 aprile 1894.
10	10	0.20	Tariffa approvata con decreto ministeriale 3 novembre 1883.
1	1	0.03	Id.
15	15	0.30	....

COMPARTIMENTO	PORTO O SPIAGGIA	TARIFFA	
		per l'imbarco	per lo sbarco
	Rio Marina (linee XXXVIII e XL.).	0.50	0.50
	Capo Viti (linee XXXVIII e XL).	Facoltativa.	0.50
	Marciana marina (linea XXXVIII).	Facoltativa.	0.50
	Portolongone (linee XXXVIII e XL).	Id.	0.50
Segue Portoferraio...	Campo (linea XXXVIII).	0.50	0.50
	Capraia (linee XXXVIII e XXX).	Facoltativa.	0.50
	Giglio (linea XXXIX).	0.20	0.20
	Pianosa (linea XXXVIII).	....	....
Civitavecchia	Civitavecchia	Con bagaglio L. 1, senza L. 0.50.	Come all'imbarco
Gaeta	Gaeta	Di giorno: Rada: con bagaglio L. 0.25, senza L. 0.20. Porto: con bagaglio Lire 0.15, senza L. 0.10. Dal tramonto alla mezzanotte: Rada L. 0.30; Porto Lire 0.15. Dalla mezzanotte all'alba: Rada L. 0.50; Porto Lire 0.20.	1.

Numero dei battelli	Numero dei barcaiuoli	Guadagno medio giornaliero di ciascun barcaiuolo	ANNOTAZIONI
1	2	0.50	
2	4	0.70	Tariffa approvata con decreto ministeriale 27 febbraio 1896.
3	6	0.30	Con bagaglio, L. 0.80.
3	7	0.40	Tariffa approvata con decreto ministeriale 28 maggio 1896.
2	2	0.30	
5	12	0.25	
9	27	0.20	Con bagaglio L. 0.30 — Tariffa approvata con decreto ministeriale 5 giugno 1896.
.	..	..	Il servizio è fatto dall'Amministrazione della Colonia penale.
54	60	1.50	Ogni nove giorni, perchè sono nove squadre.
13	23	0.30	I ragazzi minori di cinque anni sono trasportati gratuitamente; dai cinque ai dodici pagano la metà del prezzo.

COMPARTIMENTO	PORTO O SPIAGGIA	TARIFFA	
		per l'imbarco	per lo sbarco
Segue Gaeta	Ponza (Porto)	Con bagaglio: fuori del porto L. 0 20, entro il porto L. 0.20. Senza bagaglio: fuori del porto L. 0.20, entro il porto L. 0.10	Come all'imbarco.
Napoli	Napoli	Facoltativa. Porto mercantile: Provenienza dal golfo e sue isole L. 0,30 con bagaglio — Da fuori del Golfo L. 1.00. Da Nisida a Coroglio Lire 0 30. Per le R. navi a S. Lucia, via Caracciolo, da Lire 0,30 a L. 1.00.	Id.
	Pozzuoli	0.10	0.10
	Ischia	0.15	0.15
	Baia	0.20	0.20
	Forio	0.15	0.15
	Casamicciola	0.15	0.15
	Ventotene	0.20	0.20
	Procida	Con bagaglio L 0 15; senza L. 0 10.	Come all'imbarco.

Numero dei battelli	Numero dei barcaiuoli	Guadagno medio giornaliero di ciascun barcaiuolo	ANNOTAZIONI
4	8	0.30	I ragazzi minori di cinque anni sono trasportati gratuitamente; dai cinque ai dodici pagano la metà del prezzo.
598	698	1,20	Tariffa ministeriale 31 gennaio 1896. I ragazzi minori di cinque anni hanno diritto al trasporto gratuito; quelli dai cinque anni ai dodici pagano la metà di tariffa.
6	12	0.40	
58	58	0.50	
14	28	0.60	
6	12	0.50	
56	56	0 30	
7	21	0.15	
46	92	0.10	I ragazzi dai tre ai sette anni pagano L. 0.05; quelli inferiori ai tre anni, sono trasportati gratis.

COMPARTIMENTO	PORTO O SPIAGGIA	TARIFFA	
		per l'imbarco	per lo sbarco
	Vico Equense . . .	0. 10	0. 10
	Equa.	0 10	0. 10
	Meta.	0. 10	0. 10
	Piano di Sorrento . .	0. 10	0. 10
	Sorrento.	0. 10	0. 10
	Massalubrense. . . .	0 10	0. 10
Castellammare di Stabia	Capri.	0. 20	0. 20
	Grotta Azzurra . . .	Andata e ritorno L 1 25 tra Capri e la Grotta Azzurra	Per ogni individuo preso dal bordo dei bastimenti nei pressi della Grotta condotto in essa e quindi restituito a bordo: L. 1.25.
	Amalfi.	0. 50	0. 50
	Camerota	0. 40	0. 40
	Pisciotta.	0. 80	0. 80
	Scario	0. 40	0. 40

Numero dei battelli	Numero dei barcaiuoli	Guadagno medio giornaliero di ciascun barcaiuolo	ANNOTAZIONI
8	8	0 75	Tariffa 9 febbraio 1893.
6	6	0.30	Id.
12	12	0 60	Id.
29	29	1 50	Id
32	32	0. 90	Id.
6	12	0 40	Id
69	159	1.50	Tariffa 19 novembre 1887.
109	109	2 50	Id.
3	6	..	Tariffa 3 marzo 1888
8	16	0 50	Tariffa ministeriale 30 aprile 1881
1	4	0 60	Tariffa 19 maggio 1888.
2	10	0 16	Tariffa ministeriale 15 agosto 1887.

COMPARTIMENTO	PORTO O SPIAGGIA	TARIFFA	
		per l'imbarco	per lo sbarco
Segue Castellammare di Stabia	Sapri	0.80	0.80
	Vibonati	0.40	0.40
	Maratea	0.60	0.60
	Scalea	0.60	0.60
	Diamante	0.60	0.60
	Belvedere	0.60	0.60
	Cetraro	0.60	0.60
Pizzo	Fuscaldo	0.60	0.60
	Paola	0.60	0.60
	Amantea	0.60	0.60
	S. Eufemia	1.00	1.00
	Pizzo	1.00	1.00
	Tropea	1.00	1.00
	Nicotera	0.60	0.60

Numero dei battelli	Numero dei barcaiuoli	Guadagno medio giornaliero di ciascun barcaiuolo	ANNOTAZIONI
?	8	0. 20	
?	4	..	
?	8	..	
1	24	0. 10	
1	61	0. 01	
.	8	0. 10	
?	60	0. 03	
3	20	0 03	
1	40	0. 15	
1	8	0. 04	
)	50	0. 10	
3	70	0. 15	
3	18	0. 10	
3	18	0. 05	

COMPARTIMENTO	PORTO O SPIAGGIA	TARIFFA	
		per l'imbarco	per lo sbarco
Reggio Calabria. . . .	Gioia Tauro.	L. 0.50 senza bagaglio e L. 1 con bagaglio.	Come all'imbarco.
	Reggio.	L. 0.35 senza bagaglio e L. 0.70 con bagaglio.	Id.
Taranto	Gallipoli	Entro il porto: Passeggieri di 1. e 2. classe con bagaglio L. 0.60. senza bagaglio L. 0.40 — Passeggieri di 3. classe con bagaglio L. 0.30, senza bagaglio L. 0.20. Fuori del porto: Passeggieri di 1. e 2. classe con bagaglio Lire 1.20, senza bagaglio L. 0.80 — Passeggieri di 3. classe con bagaglio L. 0.60, senza bagaglio L. 0.40.	Id.
	Brindisi	Porto interno: Passeggieri di 1. e 2. classe con bagaglio L. 0.60, senza bagaglio L. 0.40 — Passeggieri di 3. classe con bagaglio Lire 0.30, senza bagaglio L. 0.20. Porto esterno: Passeggieri di 1. e 2. classe con bagaglio L. 1.20. senza bagaglio L. 0.80 — Passeggieri di 3 classe con bagaglio Lire 0.60, senza bagaglio L. 0.40.	Id.
Ancona	Ancona	. . . .	1.00

umero dei attelli	Numero dei barcaiuoli	Guadagno medio giornaliero di ciascun barcaiuolo	ANNOTAZIONI
	70	0. 10	Disposizione ministeriale 12 aprile 1884.
	54	0. 20	Id 23 settembre 1885.
	12	0. 10	Nel porto di Gallipoli non vi sono barcaiuoli esclusivamente addetti al servizio dei passeggieri, ma quelli che esercitano il traffico fanno pure il servizio d'imbarco e sbarco dei passeggieri.
	39	0. 50	Molti piroscafi accostansi alla banchina ed effettuano l'imbarco e lo sbarco dei passeggieri mediante ponti.
5	35	0. 60	

COMPARTIMENTO	PORTO O SPIAGGIA	TARIFFA	
		per l'imbarco	per lo sbarco
Cagliari	Cagliari	In darsena: Passeggieri di 1. e 2. classe senza bagaglio Lire 0 40, con bagaglio L. 0.60 — Passeggieri di 3. classe L. 0 25. In rada : Passeggieri di 1. e 2. classe senza bagaglio Lire 0.80, con bagaglio L. 1 — Passeggieri di 3. classe L. 0.50.	Come all'imbarco.
	Carloforte	. . . .	. . . .
Maddalena.	Golfo Aranci	Passeggieri di 1. e 2. classe L. 1.50 — Passeggieri di 3. classe L. 1. Bagaglio L. 0.25 per collo.	Come all'imbarco.
	Maddalena	Da Maddalena a : Paran. L. 1.00 — Capo d'Orso, 1.20 — Tre Monti. 2.00 — Capo Ferro, 3.00 — Punta Rossa 1.50 — Stagnali. 1 00 - Caprera, 0.50 — Arzachena, 2.00 — Mezzoschifo, 0.50 — Bagaglio L. 0.25 ogni 100 kg.	Come all'imbarco.
	S. Teresa Gallura . .	0 50	0. 50

mero dei ttelli	Numero dei barcaiuoli	Guadagno medio giornaliero di ciascun barcaiuolo	ANNOTAZIONI
	46	1.00	Tariffa 19 giugno 1895.
	..	..	Lo sbarco dei passeggieri si eseguisce con le imbarcazioni dei piroscafi oppure provvede l'Agenzia della Navigazione Generale con battelli propri.
	5	2.18	L'Agenzia dei piroscafi postali provvede poi all' imbarco e sbarco dei passeggieri con barche proprie senza pagamento. Il prezzo del trasporto nel battello è compreso nel biglietto di viaggio.
	55	0.80	L'Agenzia dei piroscafi postali provvede poi all' imbarco e sbarco dei militari con barche proprie senza pagamento Dopo le ore 22 e fino all'alba la tariffa è raddoppiata. I ragazzi fino a cinque anni sono trasportati gratuitamente, e dai cinque ai dodici pagano la metà della tariffa.
	2	0.65	L'Agenzia dei piroscafi postali, provvede poi all'imbarco e sbarco dei militari con barche proprie senza pagamento.

COMPARTIMENTO	PORTO O SPIAGGIA	TARIFFA	
		per l'imbarco	per lo sbarco
Segue Maddalena . . .	Porto Torres.	Passeggieri di 1. e 2. classe L. 0.70 con bagaglio e 0.50 senza. Passeggieri di 3. classe L. 0.30. Fuori del porto: Passeggieri di 1 e 2. classe L. 1 con bagaglio e L. 0 70 senza. Passeggieri di 3. classe Lire 0.50 senza bagaglio e 0.70 con bagaglio.	Come all'imbarco.
	Alghero	0 50	Id.
	Bosa.	0.50	Id.
	Terranova Pausania.	1.00	1.00
Messina	Messina	Non vi è tariffa.	Con bagaglio L. 1, senza bagaglio L. 0,50 — Per la provenienza da Reggio L. 0.25.
	Milazzo	Id.	In porto: Con bagaglio L. 0.30, senza bagaglio L. 0 25. In rada: Con bagaglio L. 1, senza bagaglio L. 0.50.
	Lipari.	0 35	0.35
	S. Marina	Non vi è tariffa	0.35

mero dei attelli	Numero dei barcaiuoli	Guadagno medio giornaliero di ciascun barcaiuolo	ANNOTAZIONI
	19	0.50	L'Agenzia dei piroscafi postali provvede poi all'imbarco e sbarco dei militari con barche proprie e senza pagamento.
	2	..	Id.
	12	..	Id.
	6	1.50	Id.
	141	1.00	Il servizio è ripartito in otto squadre, con turno giornaliero; il guadagno medio di ogni barcaiuolo è di L. 1 nei giorni in cui è di turno.
	20	0.10	I ragazzi dai cinque ai dodici anni pagano la metà; al disotto di cinque non pagano.
	8	0.60	Tariffa approvata con Decreto 2 marzo 1891.
	2	0.80	

COMPARTIMENTO	PORTO O SPIAGGIA	TARIFFA	
		per l'imbarco	per lo sbarco
	Malta	Non vi e tariffa	0.35
	Rinella	Id.	0.35
	Stromboli	Id.	0.35
Segue Messina.	Panarea	Id.	0.35
	Filicudi	Id.	0.35
	Alicudi	Id.	0.35
Catania	Siracusa	Libera.	0.35
	Scoglitti	0.80	0.80
	Terranova	....	1.00
Porto Empedocle . . .	Licata	0.80	0.80
	Palma Montechiaro .	0 80	0.80
	Porto Empedocle . .	0 80	0.80

Numero dei battelli	Numero dei barcaiuoli	Guadagno medio giornaliero di ciascun barcaiuolo	ANNOTAZIONI
2	4	1.90	
2	4	1.90	
2	6	0.10	
1	4	0.10	
1	2	0.10	
1	2	0.10	
1	21	0.70	Il lucro medio di ogni barcaiuolo è stato calcolato per i soli giorni di arrivo e partenza dei piroscafi postali.
4	16	0.04	Per i ragazzi di età non maggiore di dodici anni, la tariffa è ridotta alla metà. — Tariffa 29 settembre 1869.
1	4	0.10	Id. — id.
3	6	0.90	Id. — Tariffa 22 aprile 1879
1	4	0.20	Id. — id.
7	21	0.20	Id. — Tariffa 26 maggio 1882.

COMPARTIMENTO	PORTO O SPIAGGIA	TARIFFA per l'imbarco	per lo sbarco
Segue Porto Empedocle	Sciacca	0. 80	0. 80
	Lampedusa	0. 25	0. 25
	Linosa.	0. 50	0. 50
	Mazzarelli	. . . .	1. 00
	Marsala	In porto : Con bagaglio L. 0. 80, senza bagaglio L. 0.50. In rada : Con bagaglio L. 1, senza L. 0.75.	Come all'imbarco. Id.
Trapani	Pantelleria.	Con bagaglio L. 1, senza bagaglio L. 0,85.	Id.
	Trapani	Con bagaglio L. 0.85, senza bagaglio L. 0. 40.	Id.
	Mazzara	Non esiste tariffa.	Non esiste tariffa.
	Favignana.	Con bagaglio L. 0. 60, senza bagaglio L. 0 40.	Come all'imbarco.
Palermo	Palermo.	. . . .	Con bagaglio L. 1, senza bagaglio L. 0. 60.
	Ustica	. . .	0. 30

Numero dei battelli	Numero dei barcaiuoli	Guadagno medio giornaliero di ciascun barcaiuolo	ANNOTAZIONI
7	28	0.30	Per i ragazzi di età non maggiore di dodici anni, la tariffa è ridotta alla metà — Tariffa 20 marzo 1880.
2	6	0.25	d. — Tariffa 2 giugno 1890
1	4	0.05	Id. — Tariffa 10 aprile 1890.
1	4	0.05	Id. — Tariffa 20 settembre 1860.
4	31	0.15	I ragazzi da 5 a 12 anni pagano la metà; fino a cinque anni sono trasportati gratis.
9	27	0.15	Id.
6	12	1.50	Id.
3	6	0.07	Id.
4	12	0.20	Id.
0	155	0.70	
15	50	0.05	Fuori rada la tariffa aumenta a L. 0,55

SERVIZIO DELLE ZAVORRE.

Secondo le prescrizioni contenute negli articoli 847 e 848 del regolamento marittimo, l'inzavorramento delle navi, pure essendo in massima libero, può in alcuni porti ove assume maggiore importanza essere regolato da speciali disposizioni intese a facilitarlo.

I porti nei quali il servizio delle zavorre è sottoposto a speciale regolamento sono quelli di Savona, Genova, Camogli, Santa Margherita, Civitavecchia, Napoli, Torre del Greco, Granatello, Pozzuoli, Procida, Ischia, Forio, Ancona, Venezia, Porto Empedocle, Augusta, Licata, Trapani, Palermo e Termini Imerese.

Presso le capitanerie e gli uffici di porto sono esposte al pubblico le tabelle che indicano i luoghi dove è permessa l'estrazione delle zavorre, le tariffe per il maneggio di esse, i modi d'imbarco e sbarco, le cautele da osservarsi, ecc.

Nell'anno 1896 il servizio delle zavorre fu esteso a 46 porti e vi furono impiegate 288 barche e 1106 persone. La quantità di zavorra somministrata alle navi ascese a 158,569 tonnellate.

Fornirono una maggior quantità di zavorra i porti di:

Palermo	tonnellate	54,000
Genova	»	49,149
Savona	»	9,125
Messina	»	5,658
Trapani	»	4,500
Venezia	»	3,542

Tutte le indicazioni relative al servizio delle zavorre per l'anno 1896, sono riassunte nel quadro seguente.

| PORTO o SPIAGGIA | NUMERO | | ZAVORRE | | Quantità approssimativa imbarcata nel 1886 Tonn. | Annotazioni |
	delle barche zavorriere	delle persone che vi sono addette	Qualità	Prezzo medio per tonnellata Lire		
Oneglia . . .	2	16	Ghiaia . . .	1 25	320	Le barche vengono impiegate anche in altri usi.
Alassio . . .	8	32	Sabbia . . .	1.50	60	Id.
Savona . . .	7	20	Sabbia, ghiaia, terra e detriti.	1.50	9 125	Esiste una sola Società di zavorranti, senza speciali contratti, regolata da ordinanze della Capitaneria.
Genova . . .	3	21	1ª qualità, sabbia.	2. -	8 733	
			2ª qualità, terriccio.	1.80	40 116	
Camogli . . .	2	10	Ghiaia . . .	1,50	150	
Santa Margherita Ligure.	8	10	Terra, pietre e ghiaia.	1,40	2.200	
Rapallo . . .	..	..	Ghiaia . . .	..	700	Le zavorre sono fatte con le lancie ed equipaggi dei bastimenti.
Livorno . . .	17	68	Sabbia . . .	2,50	2.295	Luogo d'estrazione a Bocca d'Arno e al Calambrone, presso le foci dei torrenti.
Civitavecchia .	4	6	Arena . . .	1,10	1 100	

PORTO o SPIAGGIA	NUMERO		ZAVORRE		Quantità approssimativa imbarcata nel 1896 Tonn.	Annotazioni
	delle barche zavorriere	delle persone che vi sono addette	Qualità	Prezzo medio per tonnellata Lire		
Gaeta.	..	..	Ghiaia e sabbia.	..	390	Per fare la zavorra, i capitani si servono dei loro equipaggi, e di contadini che pagano a giornata.
Procida . . .	1	21	Sabbia e ghiaia	1. »	1.340	
Napoli . . .	8	70	Ghiaia . . .	1,50	3.000	
Granatello . .	7	63	Id.	1,25	904	
Torre del Greco	5	40	Ghiaia e ciottoli.	1,25	185	
Torre Annunziata . . .	1	8	Sabbia . . .	0.80	200	
Castellammare	12	35	Sabbia e ghiaia	1. »	1.000	
Salerno . . .	4	20	Ghiaia . . .	1,25	1.600	
Taranto . . .	15	30	Sabbia . . .	1,50	2.121	
Gallipoli. . .	5	29	Sabbia e ciottoli.	1. »	500	
Brindisi . . .	..	..	Sabbia, pietre e detriti.	0,90	900	

PORTO o SPIAGGIA	NUMERO		ZAVORRE		Quantità approssimativa imbarcata nel 1896 Tonn.	Annotazioni
	delle barche zavorriere	delle persone che vi sono addette	Qualità	Prezzo medio per tonnellata Lire		
Trani	..	..	Detriti . . .	1,10	50	
Monopoli . .	..	..	Sabbia . . .	1, »	500	
Bari	..	..	Detriti . . .	0,80 a 1, »	500	Non esistono barche zavorriere, nè personale speciale. L'imbarco si fa alla banchina, e quindi con battelli da traffico, od a spalla d'uomo, fino a bordo.
Bisceglie . .	..	..	Id. . . .	0,95	..	
Molfetta . .	..	.	Id. . . .	0,90	2.850	
Barletta . .	..	..	Sabbia . . .	1, »	800	
Ancona . . .	11	77	Ghiaia e sabbia.	2, »	200	
Venezia . .	11	28	Sabbia . . .	1,70	3.512	
Cagliari . . .	12	28	Ghiaia e sabbia.	2, »	828	Ne furono altresì sbarcate tonnellate 13.608, al prezzo di L. 1 per tonnellata.
Maddalena . .	..	..	Sabbia . . .	0,80	200	
Porto Torres .	4	12	Ghiaia . . .	0,80 a 1,20	2,295	
Alghero . . .	..	..	Sabbia . . .	1, »	75	
Terranova Pausania.	..	..	Id. . . .	1, »	200	
Bosa	2	8	Id. . . .	0,75	100	

PORTO o SPIAGGIA	NUMERO		ZAVORRE		Quantità approssimativa imbarcata nel 1896 Tonn.	Annotazioni
	delle barche zavorriere	delle persone che vi sono addette	Qualità	Prezzo medio per tonnellata Lire		
Milazzo . . .	10	15	Arena e ghiaia	0, 40	1.000	
Messina . . .	30	90	Sabbia . . .	0, 85	5. 211	Le barche sono impiegate anche nel trasporto dei passeggieri.
Id. . . .	..	..	Ghiaia . . .	1,25	117	
Catania . . .	16	50	Sabbia e pietre.	1,50	1.000	
Siracusa . . .	9	30	Sabbia . . .	0,90	700	Le barche sono ad dette ad altri servizi.
Augusta . . .	..	..	Sabbia, ghiaia e pietre.	0,80 a 1,30	..	Regolamento per il maneggio delle zavorre, in data 12 ottobre 1893.
Licata . . .	9	27	Sabbia . . .	1,25	1.312	
Porto Empedocle.	16	50	Id. . . .	1,50	300	
Marsala. . .	6	12	Sabbia e ghiaia	1,20	450	
Trapani . . .	5	25	Sabbia, pietre e detriti.	0,60 a 1, »	1.500	
Mazzara . . .	4	8	Ghiaia e terriccio.	1,50	100	

PORTO o SPIAGGIA	NUMERO		ZAVORRE		Quantità approssimativa imbarcata nel 1896 Tonn.	Annotazioni
	delle barche zavorriere	delle persone che vi sono addette	Qualità	Prezzo medio per tonnellata Lire		
Palermo . . .	16	61	Sabbia ed altro . . .	1,25	50.000	Società degli Zavorrieri *A. Vespucci.*
Id. . . .	5	13	Sabbia . . .	1,25	1.000	Deposito speciale concesso al signor Bongiorno Vincenzo.
Termini Imerese.	1	16	Ghiaia e sabbia.	1,50	600	

INTERPRETI SANITARI.

In base alle disposizioni vigenti sul servizio di sanità marittima, i costituti di capitani esteri che non parlano un idioma conosciuto dall'ufficiale di sanità dovendo essere presi con l'intervento di un'interprete e da esso sottoscritti, è stabilito nei porti e nelle spiaggie più frequentate da bastimenti esteri uno speciale servizio di interpreti riconosciuti ed ammessi dall'autorità marittima.

Tali interpreti erano al 31 dicembre 1896 in numero di 51 e prestarono, durante l'anno stesso, la loro opera per la traduzione di 5,177 costituti, percependo in totale la mercede di lire 19,670.

Nel seguente quadro è indicato dettagliatamente il numero degli interpreti per ciascun porto ed il servizio da essi prestato.

PORTO o spiaggia	Numero degli interpreti	Navi che si servirono dell'interprete durante l'anno 1896												Somme corrisposte agli interpreti
		Inglesi	Norvegiane e svedesi	Germaniche	Olandesi	Elleniche	Danesi	Russe	Americane	Belghe	Ottomane	Altre bandiere	Totale	
Savona	2	201	15	21	8	..	..	..	..	..	..	..	245	735
Genova	3	978	67	158	102	134	29	3	..	23	12	..	1.511	4.533
Livorno. . . .	1	337	21	38	12	..	17	..	3	12	..	..	520	1.560
Rio Marina. .	1	50	..	..	..	..	..	..	..	..	..	..	50	250
Civitavecchia.	1	61	12	2	..	..	2	..	..	7	..	..	84	252
Napoli	1	290	9	72	25	..	13	1	..	..	..	..	411	1.233
Torre Annunziata.	1	52	4	1	..	..	..	..	..	..	1	..	58	177
Castellammare di Stabia	2	4	2	..	..	..	..	..	..	1	..	..	7	21
Reggio Calabria	1	5	..	..	..	..	..	..	..	..	..	..	5	18
Brindisi. . . .	2	..	..	..	..	24	..	..	..	..	..	..	24	72
Gallipoli . . .	1	11	1	..	..	..	6	..	..	..	..	..	18	72
Bari	2	68	12	19	..	2	6	..	..	..	..	..	107	321
Molfetta . . .	1	18	..	3	..	..	..	..	..	..	..	..	21	63
Ancona. . . .	1	67	4	15	..	..	..	..	..	..	..	..	86	253
Alberoni e Lido	2	249	11	23	..	..	..	1	..	..	..	13	306	3.572
A riportarsi	22	2.441	161	353	178	160	73	5	3	48	13	13	3.453	13.137

PORTO o spiaggia	Numero degli interpreti	Navi che si servirono dell'interprete durante l'anno 1896												Somme corrisposte agli interpreti
		Inglesi	Norvegiane e svedesi	Germaniche	Olandesi	Elleniche	Danesi	Russe	Americane	Belghe	Ottomane	Altre bandiere	Totale	
Riporto .	22	2.111	161	353	173	160	73	5	3	45	13	13	3.453	13.137
Cagliari. . . .	1	19	2	..	..	..	..	..	..	2	..	..	23	69
Carloforte . .	1	39	..	1	12	..	..	..	..	9	..	..	61	183
Milazzo. . . .	2	21	1	1	4	..	..	..	..	..	..	..	27	81
Messina . . .	6	445	51	57	32	67	24	5	3	2	3	10	703	2.812
Riposto	1	15	3	1	..	..	..	..	..	..	..	..	19	76
Catania	5	204	17	35	23	1	7	2	1	..	..	1	291	1.164
Augusta . . .	2	2	11	..	..	..	..	1	..	..	..	..	14	70
Siracusa . . .	1	17	..	2	..	..	..	..	..	1	..	..	20	60
Licata	1	35	5	1	..	..	3	..	..	5	..	1	50	150
Porto Empedocle.	1	65	9	10	1	..	1	..	2	4	..	..	93	279
Marsala . . .	1	23	3	5	..	..	6	..	..	..	..	..	37	111
Trapani. . . .	5	22	33	3	..	..	..	2	1	..	..	..	65	198
Palermo . . .	2	226	9	39	31	..	..	..	2	13	..	..	320	1.249
Totali . .	51	3.575	310	513	281	228	114	15	12	84	16	25	5.177	19.670

CASSE DEGLI INVALIDI
DELLA MARINA MERCANTILE

E FONDO, PURE DEGLI INVALIDI, DI VENEZIA.

Si pubblica la situazione economica delle cinque Casse degli invalidi della marina mercantile dal 1869, e del fondo, pure degli invalidi, di Venezia dal 1867 a tutto il 1896. Si aggiungono inoltre alcuni prospetti dimostranti le somme pagate da ciascun Istituto a tutto il 1896 sotto il titolo di pensioni, gratificazioni, sussidi e sovvenzioni alle diverse categorie di marini: capitani di lungo corso, capitani di gran cabotaggio, padroni e marinai autorizzati, ufficiali e sott'ufficiali di bordo e semplici marinai, nonchè alle vedove e agli orfani degli stessi marini.

QUADRO

del redditi e delle spese delle Casse degli invalidi della Marina
e del Fondo invalidi di Venezia dall'anno

CASSE	REDDITI			SPESE		
	Redditi provenienti da impiego di capitali	Prodotto netto, retribuzione degli equipaggi, multe, ecc.	Importo totale dei redditi	Pensioni e sussidi	Tassa di ricchezza mobile	Tassa di manomet. e legat
Genova	1.015.171,71	2.180.276,01	3.195.447,72	2.118.150,97	97.871,15	7.057 1
Livorno. . . .	229.853,80	556.841,31	856.695,11	287.111,80	17.357,93	1.302.1
Napoli	633.111,91	2.076.732.16	2.716.147,10	272.958,86	89.115,66	3.130 6
Ancona. . . .	211.693,23	629.279,91	846.973,17	195.271,12	11.011, •	3.122 6
Palermo . . .	110.943,38	995.519,11	1.106.462,52	63.330,64	53.318,81	1.332 8
Venezia . . .	511.899,34	220.871,31	762.773,65	504.658,73	58.132,48	. .
Totale. . .	3.118.976,40	6.659.923.17	9.778.199,57	3.211.518,12	327.970,63	16.415.5

ENERALE

rcantile dall'anno 1869 a tutto il 31 dicembre dell'anno 1876
67 fino al 31 dicembre dell'anno 1876.

Spese amministra- zione, tto locali, ese legali, spese varie	Importo totale della spesa	Differenza fra i redditi e le spese	Asse patrimoniale	Annotazioni
311.155,19	2.537.231,71 +	658.216,01	2.586.256,01	L'asse patrimoniale, al 1° gennaio dell'anno 1887, era di L. 809.101,91.
106.201,95	112.110,09 +	111.285,02	811.813,80	
152.920,09	518.758,05 +	1.191.389,35	2.291.389,85	
68.785,11	278.525,69 +	568.417,13	757.722,17	
136 644,82	251.697,08 +	1.151.835,11	1.157.022,80	
11.713,61	577.801,02 +	181.963,83	1.004.370,67	
783.123,77	4.579.357,11 +	5.199.112,13	8.007.575,67	

ANNI	REDDITI			SPES		
	Re ldit provenienti da impiego di capitali	Prodotto netto, retribuzione degli equipaggi, multe, ecc.	Importo totale dei redditi	Pensioni e sussidi	Tassa di ricchezza mobile	Tassa d manon e lez
1877	126.511,93	303.911,75	130.119,68	311.819,27	19.997,04	1.58
1878	115.980,23	257.118,61	193.605,81	221.138,19	22.670,54	1.13
1879	151.020,75	282.203,18	133.239,23	389.122,68	23.063,04	1.01
1880	152.911,23	252.150,52	105.061,75	315.090,33	22.111,24	1.181
1881	311.999,80	302.558,21	617.558,01	359.784,19	19.621,94	1.549
1882	162.961,08	309.344,24	472.305,32	364.784,35	18.377,25	1.176
1883	187.020,82	271.185,10	458.204,92	394.401,60	18.556,27	1.083
1884	199.556,53	208.085,73	407.642,26	394.520,19	19.115,27	1.380
1885	178.567,04	279.355,04	457.922,08	421.073,17	19.768,55	1.282
1886	178.391,96	449.681,14	628.072,10	426.678,56	19.908,71	1.224
1887	178.417,70	283.598,96	462.016,66	438.734,05	20.158,69	1.240
1888	174.728,15	390.411, »	565.669,15	464.691,27	19.298,18	1.260
1889	176.500,74	481.351,80	657.852,54	474.549,38	19.079,68	1.190
1890	179.156,01	391.567,27	570.724,28	490.559,68	13.122,26	1.280
1891	179.608,03	307.019,21	486.627,24	497.775,30	18.429,71	1.220
1892	177.653,95	364.744,11	542.401,06	484.967,91	18.280,89	1.230
1893	177.043,47	403.908,25	580.951,72	504.749,56	18.810,08	1.220
1894	174.302,27	391.317,26	565.619,53	503.438,30	21.251,64	1.215
1895	176.209,13	358.130,84	534.339,97	515.497,55	29.689,21	1.143
1896	161.497,49	385.179,44	546.676,93	529.364,44	16.928,04	1.143
Totale . . .	3.552.753,61	6.673.690,99	10.226.444 60	8.582.711,57	107.598,83	24.110

'anno 1877 all'anno 1896.

Spese amministra- zione, tto locali, ese legali, spese varie	Importo totale della spesa	Differenza fra i redditi e le spese	Asse patrimoniale	Annotazioni
40.926,85	374.312,13 +	56.147,55	2.607.821, »	Effettivamente nel 1888, come ne due anni precedenti, si verificò un debito considerevole, a cui si fece fronte con mezzi straordinari.
41.204,67	386.117,20 +	16.951,64	2.061.258,55	
38.064,50	401.866,51 +	31.372,69	2.681.210.19	
39.923,62	408.279,13 —	3.217,63	2.712.582,88	
54.998,95	433.765,34 +	181.792,70	2.891.157,94	
51.886,93	436.206,11 +	36.009,18	2.929.974,48	
41.404,77	455.536,30 +	2.069,02	1.948.271,48	
41.313,04	456.398,44 —	48.756,18	2.884.170,56	
38.893,00	480.967,77 —	23.045,69	2.861.124,87	
63.371,41	511.186,93 +	116.885,17	2.968.011,04	
69.773,82	529.897,15 —	67.881,19	2.910.130,55	
68.770,77	553.965,41 +	11.704,04	2.921.834,59	
59.920,79	534.749,40 +	103.103,14	3.024.937,73	
77.674,21	588.894,77 —	18.171,49	3.006.766,24	
43.127,57	565.565,37 —	78.938,13	2.927.828,11	
47.864,96	552.380,90 —	9.979,93	2.917.848,18	
46.782,08	571.571,75 +	9.379,97	2.927.228,15	
47.217,63	576.124,08 —	10.501,55	2.916.726,60	
48.176,16	594.505,54 —	60.165,57	2.855.561,03	
48.578,79	596.002,43 +	226.444,69	2.897.235,47	
1.015.595,15	10.030.320,17			

ANNI	REDDITI				SPESI	
	Redditi provenienti da impiego di capitali	Prodotto netto, retribuzione degli equipaggi, multe, ecc.	Importo totale dei redditi	Pensioni e sussidi	Tassa di ricchezza mobile	Tassa di manomorta e legati
1877	49.435,68	74.800,92	124.236,40	68.719,61	1.851,95	177,...
1878	47.314, »	70.699,93	118.013,93	75.470,79	1.799,66	177, .
1879	48.023,68	61.757,54	109.781,22	79.083,01	1.739, »	178,2...
1880	49.396,19	55.017,75	104.413,94	79.613,62	2.212,85	280,...
1881	48.651.31	65.029,96	113.684,27	81.880,50	1.621,49	280,04
1882	48.219,12	51.501,19	102.753,31	87.006,95	1.471,95	280,0...
1883	47.761,29	76.628,31	124.392,60	91.270,85	1.485,50	260 ...
1884	46.806.17	58.355,49	105.161,66	90.297,33	1.019,07	260,4...
1885	47.119,53	22.583,23	109.702,76	91.760,36	1.061,67	260,4...
1886	47.511,18	58.192,79	106.003,97	96.803,51	994,22	272,...
1887	47.370,64	56.069.04	103.139,68	102.280,55	892,97	471...
1888	46.959,28	77.105,25	124.068,93	115.840,91	892,97	460,...
1889	46.225,57	76.536,34	122.761.91	116.822,02	892,97	400,...
1890	56.111,17	54.038,55	110.179,72	121.792.58	892,97	425,...
1891	60.451,38	40.778,96	101.230,31	127.648,40	892,97	405,...
1892	69.216.04	73.582,54	112.798,58	133.193.13	881,77	379,7
1893	41.435,78	114.464,80	158.900,58	135.920,28	884,77	379,5
1894	39.529,90	72.700.84	112.230,74	142.415,3...	317,81	271...
1895	36.737,24	82.687,73	119.424,97	119.057,29	243,72	20...,..
1896	35.565,55	77.419,05	112.984,60	118.494.24	1.291,23	300,...
Totale . . .	962.906,70	1.363.234.01	2.326.193,71	2.135.376,34	23.310,71	6.218,44

all'anno 1877 all'anno 1896.

Spese 'amministra-zione. fitto locali, pese legali, spese varie	Importo totale della spesa	Differenza fra i redditi e le spese		Asse patrimoniale	Annotazioni
13.371,01	89.120,17	+	35.116,23	849.082,06	
14.581,05	92.028,50	+	25 985,13	874.576,76	
17.418,24	98.118,18	+	11.362,74	886.939,50	
16.166,11	98.272,66	+	6.171,28	900.112,11	
13.419,82	97.201,85	+	16.482,42	917.324,86	
12.629,35	101.388,33	+	1.364,98	919.039,81	
12.843,37	105.860.12	+	18.532,18	908.812,11	
12.547,06	101.123,86	+	1.037,80	910.220,90	
11.826,19	104.908,62	+	4.794,11	910.015,01	
11.829,35	109.899,12	—	3.895,15	911.119,89	
11.933,90	114.578,91	—	11.139,23	904.596,91	
11.837,55	129.031,63	—	4.963,10	899.633,81	
10.707,78	128.822,51	—	6.060,60	893.573,21	
10.400,03	136.511,62	—	26.331,90	866.865,11	
8.732,12	137.370,48	—	36.449,11	830.415,97	
8.526.51	142.975,14	—	176,56	830.224,11	
8.930,03	146.114,67	+	12.785,91	843.010,32	
9.183,62	152.188,10	—	39.957,75	803.052,57	
9.422,46	159.023,47	—	39.598,50	763.454,07	
12.000,50	162.085,97	—	49.101,37	734.322,82	
243.306,11	2.410.333,60	—	81.139,89		

| ANNI | REDDITI | | | | | SPESE |
	Redditi provenienti da impiego di capitali	Prodotto netto, retribuzione degli equipaggi, multe, ecc.	Importo totale dei redditi	Pensioni e sussidi	Tassa di ricchezza mobile	Tassa di manòmorta e legat.
1877	176.791,82	193.908,56	370.701,33	60.310,93	23.849,15	677.1
1878	183.702,73	178.871 28	362.574,01	65.373,22	25.137,80	872.76
1879	180.875,30	189.740,35	370.615,65	77.432,93	25.833.14	961.3
1880	205.096,74	177.258,56	382.355,30	75.718,39	27.173,09	1.037.76
1881	216.806,22	170.660,82	387.473,04	92.258,39	30.008,89	1.191.12
1882	229.026,51	175.824,81	404.851,32	114.481,21	31.035,70	1.112,04
1883	242.823,18	189.562,64	432.386,42	134.860,62	32.834,12	1.112,0
1884	286.510,42	147.866,42	434.376,81	160.642,41	31.523,23	1.217,2
1885	260.211,29	170.256,47	440.500,76	175.605,82	36.189,90	1.236,3
1886	286.916,37	193.378,50	480.294,87	191.030,30	37.772,98	1.419,1
1887	298.188,39	146.067,45	444.555,31	220.691,59	38.799,89	1.485,3
1888	305.104.26	186.969,82	492.374,08	236.459,72	38.484,25	1.64
1889	309.091,11	205.261,59	514.358, -	246.664,96	39.526.79	1.53
1890	321.681,17	179.218,43	500.899,60	271.887,52	40.722,92	1.619,
1891	321.712,78	174.312,72	499.055,50	298.461,91	41.600,89	1.65
1892	329.651,43	176.284,37	505.930,80	316.776,19	36.012,83	1.62
1893	310.233,66	255.931 75	536.165,41	342.350.03	25.087,34	1.792,
1894	349.037,04	200.131,21	549.168,25	365.795,02	40.614,53	1.84
1895	354.201,30	181.271,13	536.075,76	360.030,22	49.886,18	2.05
1896	306.786.62	171.645,18	481.431.80	389.057,43	967,38	1.911.3
Totale . . .	5.521.081,91	3.638.062,39	9.196.117,33	4.183.094.33	656.405,40	23.06.

all'anno 1877 all'anno 1896.

Spese l'amministrazione, fitto locali, spese legali, spese varie	Importo totale della spesa	Differenza fra i redditi e le spese	Asse patrimoniale	Annotazioni
18.003,91	102.841,43	+ 267.859,90	2.559.219 25	La Cassa è sorta *ex novo* colla legge 28 luglio 1861 e quindi dal 1° luglio 1865, epoca in cui cominciò a percepire la retribuzione stabilita dalla legge predetta a tutto il 1866, le spese per pensioni e sussidi furono, specie nel primo decennio di poca importanza, sempre di gran lunga inferiori ai redditi. Da ciò un aumento rapido e progressivo nell'asse patrimoniale. La condizione delle cose però muterà una volta che le pensioni o i sussidi abbiano raggiunto il loro massimo sviluppo. L'aumento dell'asse patrimoniale è necessario per porre la Cassa in grado di far fronte ai propri impegni quando le spese siano molto maggiori.
17.905,22	103.606,50	+ 252.967,51	2.812.216,76	
21.128,52	125.355,84	+ 255.259,81	3.067.476,57	
21.201,51	125.131,65	+ 257.223,65	3.324.700,22	
21.664,88	115.126,54	+ 212.349,46	3.567.649,63	
20.552,43	167.201,33	+ 231.649,94	3.804.659,62	
22.486,50	191.293,23	+ 211.092,84	4.045.792,46	
23.503,16	229.920,98	+ 201.455,86	4.251.248,32	
24.343,29	236.771,75	+ 203.726,01	4.453.974,33	
25.110,04	253.312,23	+ 221.952,59	4.663.033.31	
26.029,81	287.606,56	+ 156.949,23	4.824.982,59	
24.220 23	300.801,84	+ 191.539,24	5.016.552,83	
21.721,26	309.472 25	+ 204.890,75	5.221.132,53	
22.158,01	336.188,12	+ 161.711,48	5.386.113,66	
21.165,61	363.184,80	+ 135.870,70	5.522.014,36	
21.839,99	376.321,83	+ 129.613,97	5.651.628,33	
67.327,12	436.557,25	+ 159.603,76	5.811.236,49	
21.979,21	430.228,17	+ 118.939,78	5.863.778,47	
22.517,17	434.466,71	+ 101.609,05	5.970.337,52	
22.180,31	394.117,11	+ 87.314,69	6.057.702,21	
187.966,60	5.350.512,66	+ 3.835.601,67		

Cassa di Ancona. — **Redditi e spes**

ANNI	REDDITI				SPESE	
	Redditi provenienti da impiego di capitali	Prodotto netto, retribuzione degli equipaggi, multe, ecc.	Importo totale dei redditi	Pensioni e sussidi	Tassa di ricchezza mobile	Tassa di manomorta e legati
1877	68.071,08	51.137,36	119.211,11	33.412,03	6.373,35	552,0
1878	62.023,05	73.279,93	135.303,58	37.412,34	7.154,83	557,4
1879	62.688,09	74.484,62	137.172,71	39.916,92	7.923,99	429,5
1880	65.354,59	57.893,77	123.248,36	46.249,16	7.857,53	475,8
1881	65.738,10	67.291,67	133.029,77	46.640,23	8.257,29	501,06
1882	72.391,21	65 017,22	137.133,43	53.511,04	7.187,25	482,06
1883	71.437,23	67.536,86	138.074,09	58.085,56	8.314,14	430,5
1884	73.835,65	66.470,89	140.306,19	61.686,12	7.950.02	526,6
1885	73.571,56	61.446.19	135.017,75	71.272 63	7.818,66	764,4
1886	81.167,51	64.801,92	145.969,41	73.848,04	8.614,93	403,5
1887	84.107,46	64.837,12	148.944,88	76.711,53	8.124,60	424,8
1888	83.555, »	65.583,99	149.038,99	91.106,50	8.788.52	435,6
1889	86.353,09	62.099,35	148.452,44	102.875,75	8.969,38	452,7
1890	87.427,64	55.460,05	142.887,69	110.588,20	9.082,05	459,8
1891	89.240,03	61.640,59	150.920.62	118.304,19	9.480.87	465,8
1892	88.485,15	59.777,48	148.262,63	113.496,35	9.850,11	470,0
1893	89.136,11	60.508,15	179.644.26	115.237,22	10.199,77	459,9
1894	92.011,82	72.018,05	164.030,87	119.901,36	13.216,94	459,9
1895	92.608,68	70.391,18	162.999,86	122.854,23	10.388,83	457,5
1896	93.928,32	68.956,31	162.884,63	123.613,08	.611,82	465,5
Totale . . .	1.582.114,92	1.320.733,01	2.903.817,93	1.624.710,78	278.229,88	9.355,5

l'anno 1877 all'anno 1896.

Spese amministra-zione, tto locali, ese legali, spese varie	Importo totale della spesa	Differenza fra i redditi e le spese	Asse patrimoniale	Annotazioni
8.517,18	48.859,59	+ 70.351,85	828.044,82	
12.610. »	57.711,58	+ 77.589, »	905.633,02	
9.659.63	57.930,27	+ 79.212,11	984.975,46	
8.285,25	62.867,77	+ 60.380,59	1.045.256,05	
9.560,97	64.990,15	+ 68.039,62	1.113.295,67	
9.961,36	71.141,71	+ 66.296,72	1.179.592,39	
8.620,60	75.155,88	+ 63.818.21	1.243.410,60	
8.579,52	31.712,13	+ 58.564,36	1.3014.97.26	
9.155,87	89.031,50	+ 45.986 25	1.317.961,21	
11.153,02	99.317,55	+ 46.651,89	1.394.613,10	
19.745,64	105.006,57	+ 43.938,31	1.438.551,41	
8.811,11	109.174,55	+ 39.914,34	1.478.465,85	
8.210,90	120.538,79	+ 27.913,65	1.506.379,59	
8.802,72	128.932,81	+ 13.951,88	1.520.334,38	
8.986.06	137.236,78	+ 13.683,81	1.534.018,22	
8.237,62	132.051,12	+ 16.208,51	1.550.226,73	
8.538,57	134.434,80	+ 45.209,46	1.595.436,19	
8.301,55	111.879,09	+ 22.210,78	1.617.646,97	
8.124,11	147.824,54	+ 15.175,32	1.632.840,99	
8.325, »	149.015,02	+ 13.869,61	1.647.077 56	
192.551,98	2.014.848,20	888.909,73		

Cassa di Palermo. — Redditi e spe

ANNI	REDDITI Redditi provenienti da impiego di capitali	Prodotto netto, retribuzione degli equipaggi, multe, ecc.	Importo totale dei redditi	Pensioni e sussidi	Tassa di ricchezza mobile	SPE Tassa di manut... e l...
1877	89.473,76	115.047,54	204.561,30	17.846,58	12.090,19	48...
1878	99.239,11	99.910,72	199.149,83	19.944,26	12.561,78	51...
1879	107.870,46	113.269,33	221.139,79	26.583,48	13.766,54	42...
1880	116.405,23	87.253,78	203.659,01	23.570,31	14.562,98	46...
1881	123.373,93	116.230,57	239.604,50	33.187,13	15.438,09	424...
1882	130.962,69	101.931,06	235.893,75	42.930,30	16.244,50	424...
1883	130.091,93	110.624,57	249.656,50	52.363,71	17.123,89	424...
1884	147.047,74	96.971,84	244.019,58	54.751,89	18.009,32	420...
1885	156.070,22	121.746,18	277.816,40	66.907,27	19.091,61	42...
1886	162.821,32	96.238,56	259.059,88	72.000, »	21.000, »	42...
1887	169.886,20	94.862,55	264.748,75	82.290,67	20.494,15	42...
1888	176.882,79	138.555,19	315.437,98	94.524,45	21.065,70	42...
1889	188.000,20	189.490,70	377.490,90	100.274,61	21.613,99	42...
1890	196.240,35	103.159,42	299.399,77	109.718,82	22.080,06	42...
1891	202.353,28	105.166,68	307.519,96	126.075,81	22.258,37	12...
1892	216.992,18	185.532,16	402.524,31	127.306,10	14.891,54	42...
1893	226.984,71	148.730,03	375.714,74	150.733,89	17.584,71	42...
1894	211.592,75	193.352,79	404.945,54	156.139,02	21.778,20	42...
1895	244.932,79	137.104,89	382.037,68	163.040,62	25.763,93	1.2...
1896	254.719,60	140.135,78	394.855,38	199.004,96	27.725,57	1.2...
Totale . . .	3.360.841.24	2.498.354,34	5.859.235,58	1.725.139,13	375.530,06	10.24...

l'anno 1877 all'anno 1896.

Spese amministrazione, Itto locali, pese legali, spese varie	Importo totale della spesa	Differenza fra i redditi e le spese	Asse patrimoniale	Annotazioni
18.422.16	48.823,52	+ 155.737,78	1.311.760,58	Vedasi la nota per la Cassa di Napoli che vale pure per la Cassa di Palermo.
19.324,56	52.655.28	+ 146.491.53	1.458.592,78	
19.729,92	60.504,62	+ 160.635,17	1.619.606,95	
19.156,63	57.735.73	+ 145.923,28	1.765.819,13	
19.450,64	68.500,51	+ 171.103,96	1.936.073,59	
17.781,25	77.310,73	+ 158.553,02	2.085.176,61	
17.770,79	87.683,07	+ 161.973,43	2.257.450.04	
20.053,87	93.239,76	+ 150.779,82	2.408.229,86	
20.111,78	106.535,37	+ 171.281,03	2.576.016,33	
20.000, »	113.421,68	+ 145.635,20	2.726.146.37	
18.144,98	121.351,50	+ 143.391,25	2.870.790,49	
17.083,35	133.008,18	+ 182.389,80	3.053.130,29	
15.891,13	138.239,61	+ 239.251,26	3.291.153,81	
16.402.25	118.625.81	+ 150.773,96	3.415.827,89	
15.985,60	164.744,46	+ 142.775,50	3.582.448,01	
13.301,61	155.923,96	+ 246.600,38	3.818.096,23	
16.509.02	185.261,30	+ 190.453,41	4.616.963,20	
13.782,29	192.124.19	+ 212.821,35	4.405.363,20	
18.910.68	214.001.87	+ 168.035,81	5.083.533,20	
23.361,57	252.320,74	+ 112.534,61	5.237,013,73	
461.134,11	2.572.137,95	+ 3.387.097.63		

ANNI	REDDITI				SPES	
	Redditi provenienti da impiego di capitali	Prodotto netto, retribuzione degli equipaggi, multe, ecc.	Importo totale dei redditi	Pensioni e sussidi	Tassa di ricchezza mobile	Tassa di manom᷈ e legɛ
1877	52.202,59	21.296,01	73.498,60	60.015,63	6.500,26	..
1878	50.775,21	17.158,51	67.933,75	69.596,64	6.525,22	1.739 8
1879 ·	52.035.07	18.028,24	70.063,31	60.243,83	6.564,20	124,:
1880	49.862,32	17.311,55	67.173,87	59.633,89	6.538,49	279. •
1881	47.967,70	11.687,51	62.655,21	60.529,85	6.416,13	249,36
1882	49.698,67	12.387,27	62.085,94	58.495,57	6.529,55	248.3:
1883	49.819,92	17.924,06	67.773,98	57.732.38	6.491,40	249.3:
1884	48.842,81	20.816,77	69.650.58	57.221,35	6.513,91	249 3
1885	49.186,25	25.352,96	74.839,21	58.271,14	6.573,16	254.7
1886	49.558,89	18.832, »	68.390,89	58.161,07	6.621,87	250 4
1887	50.000,56	31.205,14	81.205,70	59.263,89	6.525,36	251.3
1888	59.637,88	34.091,72	84.729,60	65.092,15	6.098,98	252 4
1889	50.803,56	39.112,80	89.916,36	70.907,29	6.782,70	367.5
1890	51.706,98	36.548,87	88.255,33	71.650,96	6.923,56	143.5
1891	52.762,36	50.755,43	103.517,79	79.311,42	6.896.46	254 9
1892	52.313,56	40.727,29	93.040,85	77.053,74	6.991,14	263 4
1893	53.107,96	44.094,55	97.202,51	80.175,01	7.022,34	264 4
1894	52.813,56	36.470,83	89.284,39	80.292,58	7.089,41	275 •
1895	52.893,42	38.961,81	91.855,33	78.810,89	11 269,02	265 4
1896	52.705,32	37.210,08	89.915.40	78.105,69	10.512,80	265 8
To'ale . . .	1.080.021.62	572.973,40	1.592.998,12	1.334.567,97	142.020,96	6.23.4

ese dall'anno 1877 all'anno 1896.

Spese uministra- zione, o locali, se legali, ese varie	Importo totale della spesa	Differenza fra i fredditi e le spese		Asse patrimoniale	Annotazioni
406,97	66.982,86	+	6.515,74	1.010.886,18	
433,87	69.275,21	−	1.341,46	1.009.545,02	
356,73	67.289,08	+	2.771,23	1.012.319,25	
467,97	66.889,35	+	284,52	1.012.603,77	
460,85	67.656,19	−	5.000,98	1.007.602,79	
503,11	65.777,59	−	3.691,65	1.003.911,14	
617,60	65.089,90	+	2.681,08	1.006.595,22	
596,97	64.587,91	+	5.071,67	1.011.666,89	
597,84	65.696,72	+	9.112,19	1.020.809,48	
626,89	65.660,69	+	2.730,20	1.034.539,68	
588,65	66.629,42	+	14.576,28	1.012.395,96	
585,13	72.629,10	+	12.100,50	1.021.496,46	
679,48	78.757,19	+	11.159,17	1.035.655,63	
625,76	82.343,52	+	5.912,33	1.041.567,96	
495,73	86.962,87	+	16.554,92	1.058.122,88	
511.64	81.849,56	+	8.191,29	1.066.314,17	
628,47	88.091,86	+	9.110 65	1.075.424,82	
657,71	88.307,09	+	977,30	1.076.402,12	
411,15	90.792,14	+	1.063 09	1.077.465.21	
375,90	89.293,07	+	622,33	1.078.087,54	
10.751,45	1.493.561,32	+	99.436,70		

....dei redditi e delle spese delle Casse degli invalidi della Marina mercantile d

CASSE	REDDITI				SPESI	
	Redditi provenienti da impiego di capitali	Prodotto netto, retribuzione degli equipaggi, multe, ecc.	Importo totale dei redditi	Pensioni e sussidi	Tassa di ricchezza mobile	Tassa di manoro e leg.:
Cassa di Genova	4.567.925,33	8.853.967,	13.421.892,32	10.700.862.51	505.469,98	31. 16
Id. Livorno	1.262.760,50	1.920.128,32	3.182.888,82	2.421.513,11	32.198,64	7.420.8
Id. Napoli .	6.161.499,88	5.741.794,85	11.906.294,73	4.461.053,19	245.851,06	31.519
Id. Ancona	1.800.808,15	1.950.012.95	3.750.821,10	1.819.984,90	199.273,88	12.77
Id. Palermo	3.771.824,62	3.493.873,19	7.265.693,10	1.788.469.77	423.898,87	11.61
Fondo Invalidi di Venezia.	1.561.923,96	793.817,71	2.255.771,77	1.839.226,70	200.153,41	6.23
Totale. . .	19.126.742,11	22.756.621,22	41.783.366.81	23.034.110,24	1.612.145,87	101.029

NERALE

9, e del Fondo invalidi di Venezia dal 1867 al 31 dicembre 1896

Spese nministrazione, to locali, se legali, pese varie	Importo totale della spesa	Differenza fra i redditi e le spese	Asse patrimoniale	Annotazioni
1.329.750,31	12.567.551,88	+ 1.130.110,60	2.807.235,47	
319.511,06	2.822.713,09	+ 360.245,13	734 322,82	
610.886,75	5.879 300,71	+ 6.026.994,02	6.057.702,21	
261 367,09	2.293.403,89	+ 1.157.417,13	1 617.077,56	
497.778,93	2.726.765,13	+ 4.538.932,97	5.237.013,73	
25.165,06	2.071.366,14	+ 284.405,53	1.078.087,54	
3.104.769,23	28.361.131,44	+ 13.798.105,38	17.563.439,33	

Cassa degli invalidi della marina mercantile con sede in Genova.

OGGETTO	N. Capitani di L. C.	N. Capitani di G. C.	N. Padroni	N. Marinari	N. Vedove	N. Orfani	Totale N.	Totale Somma

Dal 1869 al 31 dicembre 1876.

OGGETTO	N. Capitani di L. C.	N. Capitani di G. C.	N. Padroni	N. Marinari	N. Vedove	N. Orfani	Totale N.	Totale Somma
Pensioni antiche . .	..	8	40	101	152	200	501	37.199,77
Sussidi antichi . . .	..	..	8	21	160	40	232	9.316,33
Pensioni nuove . . .⎱ Gratificazioni . . . .⎰	56	912	2.021	1.552	3.672	88	11.301	1.167.824, »
Sussidi nuovi . . .	..	56	111	2.072	8	..	1.280	53.011,77
Id. caritatevoli . .	..	..	..	..	2.440	18	2.488	73.167,49
Pensioni . . . . .⎱ Gratificazioni . . .⎰	176	696	976	2.568	2.624	72	7.112	562.437,50
Sussidi annui . . .	24	10	88	781	..	..	936	35.836,32
Sovvenzioni annue . .	..	..	..	..	1.248	104	1.352	51.818,29
Sussidi dotali . . .	..	..	..	..	..	..	211	22.792,82
Id. urgenti . . .	2	2	10	39	54	6	113	2.012,45
Sovvenzioni temporanee	19	46	48	416	1.395	49	1.873	39.194,23
Soccorsi	77	39	83	689	..	..	288	52.599, »
Totale . . .	354	1.799	3.421	10.248	11.653	607	28.296	2.107.369,97

OGGETTO	Capitani di L. C. N.	Capitani di G. C. N.	Padroni N.	Marinari N.	Vedove N.	Orfani N.	Totale N.	Totale Somma

Anno 1877.

OGGETTO	Capitani di L. C. N.	Capitani di G. C. N.	Padroni N.	Marinari N.	Vedove N.	Orfani N.	Totale N.	Totale Somma
Pensioni antiche . .	..	..	..	6	13	16	35	2.162,38
Sussidi antichi . . .	..	..	..	..	14	1	18	770,36
Pensioni nuove . . .	1	70	175	357	351	3	960	108.318,70
Gratificazioni								
Sussidi nuovi . . .	..	3	9	67	..	..	79	3.383,18
Id. caritatevoli . .	..	..	..	..	263	4	267	8.307,11
Pensioni	82	113	172	487	525	23	1.402	113.762,68
Gratificazioni. . . .	3	3	...	39	..	..	45	
Sussidi annui . . .	7	9	33	190	..	..	239	9.324,78
Sovvenzioni annue . .	..	..	..	..	313	20	363	14.272,42
Sussidi dotali . . .	..	..	..	..	..	..	31	3.375,35
Id. urgenti . . .	1	..	1	5	5	..	12	120, »
Sovvenzioni temporanee	3	5	7	75	285	1	380	7.271, »
Soccorsi	22	10	10	191	..	..	233	11.536, »
Totale . . .	122	213	407	1.418	1.799	71	4.014	312.674,27

OGGETTO	N. Capitani di L. C.	N. Capitani di G. C	N. Padroni	N. Marinari	N. Ve luve	N. Orfani	Totale N.	Somma

Anno 1878.

OGGETTO	N. Capitani di L. C.	N. Capitani di G. C	N. Padroni	N. Marinari	N. Ve luve	N. Orfani	Totale N.	Somma
Pensioni antiche . .	..	..	..	6	13	16	35	1.908,41
Sussidi antichi . .	..	..	..	..	12	4	16	760,05
Pensioni nuove . . .	1	60	155	320	311	2	882	96.589,98
Gratificazioni . . .								
Sussidi nuovi . .	..	2	7	67	..	..	76	3.015,81
Id. caritatevoli . .	..	..	..	..	259	1	260	8.008,71
Pensioni	106	121	182	519	603	24	1.555	163.905,92
Gratificazioni . . .	3	2	..	40	..	..	45	
Sussidi annui . . .	12	10	36	210	..	..	268	9.902,77
Sovvenzioni annue . .	..	..	..	..	382	25	407	14.953,51
Sussidi dotali . . .	..	..	..	..	..	..	36	4.168,80
Id. urgenti . . .	2	1	1	9	20	2	35	678, »
Sovvenzioni temporanee	4	9	8	86	304	11	422	8.011, »
Soccorsi	21	5	14	158	..	..	198	9.787,50
Totale . . .	152	210	403	1.415	1.934	85	4.235	321.813,49

OGGETTO	Capitani di L. C. N.	Capitani di G. C. N.	Padroni N.	Marinari N.	Vedove N.	Orfani N.	Totale N.	Totale Somma

Anno 1879.

OGGETTO	Capitani di L. C. N.	Capitani di G. C. N.	Padroni N.	Marinari N.	Vedove N.	Orfani N.	N.	Somma
Pensioni antiche . .	..	..	..	5	10	14	29	1.844,71
Sussidi antichi . .	..	..	..	..	12	4	16	682.36
Pensioni nuove . . .								
Gratificazioni. . . .	4	49	133	276	316	1	779	36.540,23
Sussidi nuovi	..	2	6	53	..	..	61	2.501,10
Id. caritatevoli .	..	..		..	237	1	233	7.970,97
Pensioni	128	124	191	579	647	26	1.695	
Gratificazioni . . .	4	2	..	41	..	..	47	180.203,14
Sussidi annui . . .	17	11	35	223	..	..	286	10 675,35
Sovvenzioni annue . .	..	..		..	426	25	451	16.661,87
Sussidi dotal . .	..	..	..	..	..	..	24	3 408,90
Id. urgenti . . .	2	1	1	8	18	..	31	599, »
Sovvenzioni temporanee.	6	11	5	84	325	1	445	8 417,50
Soccorsi	37	19	17	326	..	..	399	19.552,50
Totale . . .	198	219	388	1.595	1.991	86	4.311	339.122,50

OGGETTO	N. Capitani di L. C.	N. Capitani di G. C.	N. Padroni	N. Marinari	N. Vedove	N. Orfani	Totale N.	Somma

Anno 1880.

OGGETTO	N. Capitani di L. C.	N. Capitani di G. C.	N. Padroni	N. Marinari	N. Vedove	N. Orfani	Totale N.	Somma
Pensioni antiche . .	..	..	..	5	10	13	28	1.592,16
Sussidi antichi . .	..	..	..	..	11	3	14	641,93
Pensioni nuove . . .								
Gratificazioni	4	46	126	248	300	1	725	77.814,87
Sussidi nuovi . . .	..	2	5	48	..	..	55	2.177,12
Id. caritatevoli . .	..	..	..	..	230	1	231	7.524,45
Pensioni	147	131	198	632	705	28	1.841	
Gratificazioni. . . .	4	3	..	46	..	..	53	199.235,11
Sussidi annui . . .	21	14	34	233	.	..	307	11.960,30
Sovvenzioni annue . .	..	..	..	..	466	27	493	11.853,60
Sussidi dotali . . .	..	..	..	..	..	..	24	3.111,79
Id. urgenti . . .	1	3	1	7	4	..	16	359, »
Sovvenzioni temporanee	5	6	6	95	290	19	421	8.310, »
Soccorsi	30	4	12	192	..	..	238	13.450, »
Totale . . .	212	209	332	1.511	2.016	92	4.446	345.030,33

OGGETTO	N. Capitani di L. C.	N. Capitani di G. C.	N. Padroni	N. Marinari	N. Vedove	N. Orfani	Totale N.	Totale Somma

Anno 1881.

OGGETTO	N. Capitani di L. C.	N. Capitani di G. C.	N. Padroni	N. Marinari	N. Vedove	N. Orfani	N.	Somma
Pensioni antiche . .	..	..	..	5	10	13	28	1.451,93
Sussidi antichi . .	..	..	..	..	11	3	14	506,56
Pensioni nuove . .	4	43	119	232	292	1	691	70.840,81
Gratificazioni . . .								
Sussidi nuovi . . .	..	2	5	47	..	..	54	1.874,81
Id. caritatevoli . .	..	..	..	..	225	1	226	7.126,33
Pensioni	155	137	205	651	744	29	1.921	218.860,51
Gratificazioni . . .	4	2	1	50	..	..	57	
Sussidi annui . . .	19	13	33	237	..	..	302	13.335,91
Sovvenzioni annue . .	..	..	..	..	463	27	490	20.343,09
Sussidi dotali . . .	..	..	..	..	..	..	42	5.702,39
Id. urgenti . . .	3	..	1	8	9	..	21	348, »
Sovvenzioni tempora-nee	6	7	4	61	228	18	324	6.506, »
Soccorsi	18	11	12	166	..	..	207	12.777,53
Totale . . .	209	215	380	1.457	1.982	92	4.377	359.734,49

OGGETTO	N. Capitani di L. C.	N. Capitani di G. C.	N. Padroni	N. Marinari	N. Vedove	N. Orfani	Totale N.	Totale Somma
Anno 1882.								
Pensioni antiche . .	..	..	..	5	7	12	24	1.343,08
Sussidi antichi . . .	..	..	..	.	8	4	12	549,92
Pensioni nuove . .								
Gratificazioni. . . .	3	40	98	206	274	1	622	63.555,39
Sussidi nuovi . . .	..	1	5	37	..	..	43	1.755,44
Id. caritatevoli . .	..	..	..	..	215	..	215	6.684,19
Pensioni	176	142	214	712	774	30	2.048	235.783,36
Gratificazioni . . .	3	2	2	50	..	..	57	
Sussidi annui . . .	22	16	29	243	..	..	310	13.388,42
Sovvenzioni annue. .	..	..	..	..	477	26	503	21.024,20
Sussidi dotali . . .	..	..	..	..	..	..	39	5.091,35
Id. urgenti . . .	..	..	..	1	3	..	4	75, »
Sovvenzioni temporanee	11	4	4	62	214	18	313	6.415, »
Soccorsi	11	9	10	108	..	..	138	8.520, »
Totale . . .	226	214	362	1.424	1.972	91	4.328	364.785,35

OGGETTO	N. Capitani di L. C.	N. Capitani di G. C.	N. Padroni	N. Marinari	N. Vedove	N. Orfani	Totale N.	Totale Somma

Anno 1888.

OGGETTO	N. Capitani di L. C.	N. Capitani di G. C.	N. Padroni	N. Marinari	N. Vedove	N. Orfani	Totale N.	Totale Somma
Pensioni antiche . .	..	..	..	5	7	10	22	1. 197,88
Sussidi antichi . . .	..	..	..	..	6	4	10	489.90
Pensioni nuove . . .	3	33	76	175	257	..	544	56. 836,71
Gratificazioni. . . .								
Sussidi nuovi . . .	..	1	5	34	..	..	40	1 418,81
Id. caritatevoli . .	..	..	..	..	200	..	200	6. 335,39
Pensioni	267	150	232	786	852	25	2. 252	257. 676.71
Gratificazioni . . .	3	1	2	53	..	..	59	
Sussidi annui . . .	26	22	35	231	..	..	361	14. 911,02
Sovvenzioni annue. .	..	..	..	..	560	31	591	22. 503,82
Sussidi dotali . . .	..	..	..	..	..	..	36	4. 511,82
Id. urgenti	..	..	..	1	6	3	10	220, »
Sovvenzioni tempora- nee	6	4	2	52	213	18	298	6. 402, »
Soccorsi	25	17	13	223	..	..	283	18. 842,50
Totale . . .	270	223	345	1. 615	2. 104	91	4. 709	391. 401, C0

OGGETTO	Capitani di L. C. N.	Capitani di G. C. N.	Padroni N.	Marinari N.	Vedove N.	Orfani N.	Totale N.	Totale Somma

Anno 1884.

OGGETTO	Capitani di L. C. N.	Capitani di G. C. N.	Padroni N.	Marinari N.	Vedove N.	Orfani N.	N.	Somma
Pensioni antiche . . .	..	..	..	5	7	9	21	1.099,98
Snssidi antichi . . .	..	..	..	..	6	4	10	416,35
Pensioni nuove . . .	3	30	72	165	256	..	526	49.829,15
Gratificazioni								
Sussidi nuovi	..	1	5	34	..	..	40	1.399, »
Id. caritatevoli . .	..	..	..	..	197	..	197	6.128,05
Pensioni	211	162	230	803	855	30	2.321	235.310,98
Gratificazioni . . .	4	1	2	53	..	..	60	
Sussudi annui	24	22	35	271	..	..	352	15.220,93
Sovvenzioni annue . .	..	..	..	..	558	31	589	24.009,55
Sussidi dotali . . .	..	..	..	..	..	..	51	6.560,95
Id. urgenti	1	..	1	9	12	1	24	504, »
Sovvenzioni temporanee	6	1	8	57	223	19	314	6.566,25
Soccorsi	14	5	8	94	..	..	121	7.475, »
Totale . . .	263	222	361	1.491	2.141	94	4.626	394.520,19

OGGETTO	N. Capitani di L. C.	N. Capitani di G. C.	N. Padroni	N. Marinari	N. Vedove	N. Orfani	Totale N.	Totale Somma

Anno 1885.

OGGETTO	N. Capitani di L. C.	N. Capitani di G. C.	N. Padroni	N. Marinari	N. Vedove	N. Orfani	N.	Somma
Pensioni antiche . .	..	..	..	4	6	9	19	949,28
Sussidi antichi . . .	..	..	..	..	7	3	10	396, »
Pensioni nuove . . .	2	25	61	134	222	..	444	43.413,61
Gratificazioni · . . .	1	..	..	13	..	..	14	
Sussidi nuovi	..	..	5	27	..	..	32	1.289,99
Id. caritatevoli . .	..	..	..	..	188	..	188	5.626,74
Pensioni	156	217	251	863	913	26	2 426	297.027,71
Gratificazioni	1	2	2	45	..	..	50	
Sussidi annui . . .	21	25	28	260	..	..	384	14.708,45
Sovvenzioni annue . .	..	..	..	..	588	30	618	25.187,01
Sussidi dotali	..	..	..	..	..	..	65	7.312,97
Id. urgenti	3	1	1	7	25	..	37	766, »
Sovvenzioni temporanee	5	3	8	55	229	21	321	6 915,41
Soccorsi	29	13	20	254	..	..	316	17.120, »
Totale . . .	218	286	376	1.662	2.178	89	4.874	121.073,17

OGGETTO	N. Capitani di L. C.	N. Capitani di G. C.	N. Padroni	N. Marinai	N. Vedove	N Orfani	TOTALE	
							N.	Somma

Anno 1886.

OGGETTO	N. Capitani di L. C.	N. Capitani di G. C.	N. Padroni	N. Marinai	N. Vedove	N Orfani	N.	Somma
Pensioni antiche . .	..	..	..	4	5	8	17	829,60
Sussidi antichi . . .	..	..	..	..	7	3	10	341, »
Pensioni nuove . . .	2	23	53	120	215	..	413	
Gratificazioni . . .	1	..	..	13	..	..	14	37.711,27
Sussidi nuovi . . .	..	..	5	25	..	..	30	1.009,67
Id. caritatevoli .	..	..	.	..	180	..	180	5.308,78
Pensioni	191	214	259	890	964	31	2.519	
Gratificazioni. . . .	1	2	2	48	..	..	53	315.048,69
Sussidi annui. . . .	27	29	29	268	..	..	353	15.309,72
Sovvenzioni annue . .	..	..	..	..	618	35	653	26.468,73
Sussidi dotali. . . .	..	..	..	..	..	,.	38	5.744,20
Id. urgenti . . .	..	..	.	5	12	1	18	320,00
Sovvenzioni temporanee	9	9	13	65	213	17	326	6.836,40
Soccorsi	22	9	12	161	..	,.	207	11.747,50
Totale . .	253	286	373	1.602	2.214	95	4 861	426.678,56

OGGETTO	N. Capitani di L. C.	N. Capitani di G. C.	N. Padroni	N. Marinai	N. Vedove	N. Orfani	TOTALE N.	TOTALE Somma

Anno 1887.

OGGETTO	N. Capitani di L. C.	N. Capitani di G. C.	N. Padroni	N. Marinai	N. Vedove	N. Orfani	N.	Somma
Pensioni antiche . .	..	..	..	8	5	3	16	775,48
Sussidi antichi . . .	..	..	..	..	6	3	9	308.97
Pensioni nuove . . .	2	17	49	109	207	..	384	32.390,67
Gratificazioni. . . .	1	..	..	13	..	..	14	
Sussidi nuovi. . . .	..	..	4	21	..	..	25	809,18
Id. caritatevoli . .	.	..	..	..	178	..	178	4.978,52
Pensioni	209	234	253	960	1.019	29	2.704	330 630,30
Gratificazioni. . . .	1	2	2	51	..	..	56	
Sussidui annui . . .	31	28	23	232	..	..	369	15.666;32
Sovvenzioni annue . .	..	..	..	..	659	31	690	27.634,62
Sussidi dotali. . . .	..	..	..	..	..	..	40	4.838,35
Id. urgenti . . .	4	1	1	8	25	..	39	821, »
Sovvenzioni tempora- nee	8	7	10	64	267	18	371	8.202,64
Soccorsi	20	7	10	149	.	..	186	11.675, »
Totale . .	276	296	357	1.660	2.866	89	5.084	433.734,05

OGGETTO	N. Capitani di L. C.	N. Capitani di G. C	N. Padroni	N. Marinai	N. Vedove	N. Orfani	TOTALE	
							N.	Somma

Anno 1888.

OGGETTO	N. Capitani di L. C.	N. Capitani di G. C	N. Padroni	N. Marinai	N. Vedove	N. Orfani	N.	Somma
Pensioni antiche. . .	..	..	..	2	4	7	13	636,88
Sussidi antichi . . .	..	..	..	..	6	3	9	297, ▸
Pensioni nuove . . .	2	13	37	68	179	..	299	27.548,31
Gratificazioni	1	..	..	13	..	..	14	
Sussidi nuovi. . . .	..	..	3	14	..	..	17	622,93
Id. caritatevoli. . .	..	..	..	..	156	..	156	4 697,97
Pensioni	232	243	257	993	1.041	30	2.795	355.605,72
Gratificazioni. . . .	1	1	2	52	..	..	56	
Sussidi annui. . . .	34	28	28	272	..	..	362	10.395,96
Sovvenzioni annue . .	..	..	..	..	676	31	707	29.663,02
Sussidi dotali. . . .	..	..	..	..	..	..	23	7.809,45
Id. urgenti . . .	..	..	..	..	1	..	1	15, ▸
Sovvenzioni temporanee.	7	2	8	61	211	20	315	9.999,03
Soccorsi	13	10	12	160	..	..	195	11.480, ▸
Totale . .	230	296	347	1.638	2.227	91	4.962	461.691,27

OGGETTO	N. Capitani di L. C.	N. Capitani di G. C.	N. Padroni	N. Marinai	N. Vedove	N. Orfani	TOTALE N.	TOTALE Somma

Anno 1889.

OGGETTO	N. Capitani di L. C.	N. Capitani di G. C.	N. Padroni	N. Marinai	N. Vedove	N. Orfani	N.	Somma
Pensioni antiche . . .	..	..	..	2	4	7	13	547,75
Sussidi antichi . . .	..	..	..	..	5	3	8	287,30
Pensioni nuove . . .	2	12	32	51	161	..	261	21.435,91
Gratificazioni . . .	1	..	..	13	..	..	14	
Sussidi nuovi . . .	..	..	3	12	..	..	15	486,01
Id. caritatevoli .	..	..	..	..	151	..	151	4.476,92
Pensioni	246	247	265	1.024	1.074	30	2.886	363.870,20
Gratificazioni . . .	2	1	2	51	..	..	56	
Sussidi annui . . .	35	27	26	278	..	..	366	16.500,30
Sovvenzioni annue .	..	..	..	..	717	32	749	31.156,20
Sussidi dotali . . .	..	..	..	..	..	..	56	7.795,32
Id. urgenti . . .	1	..	..	..	5	..	6	230, »
Sovvenzioni temporanee	6	5	9	95	355	21	471	9.808,40
Soccorsi	16	13	10	131	..	..	175	9.905, »
Totale . .	311	305	347	1.663	2.152	93	5.171	474.519,38

OGGETTO	Capitani di L. C. N.	Capitani di G. C. N.	Padroni N.	Marinai N.	Vedove N.	Orfani N.	TOTALE N.	TOTALE Somma

Anno 1890.

OGGETTO	Capitani di L. C. N.	Capitani di G. C. N.	Padroni N.	Marinai N.	Vedove N.	Orfani N.	N.	Somma
Pensioni antiche . .	..	..	..	..	4	5	9	425,68
Sussidi antichi . . .	..	..	..	..	3	3	6	261,80
Pensioni nuove . . .	2	12	22	40	351	..	427	21.513,51
Gratificazioni. . . .	1	..	...	12	..	..	13	
Sussidi nuovi. . . .	..	..	3	10	..	..	13	433. 46
Id. caritatevoli. .	..	..	..	..	140	..	140	9.061,63
Pensioni	260	235	266	1.016	1.093	31	2.931	337.476,40
Gratificazioni. . . .	2	2	2	55	..	..	61	
Sussidi annui. . . .	31	28	26	276	..	..	361	16.033,14
Sovvenzioni annue . .	..	..	..	..	743	32	775	32.656,63
Sussidi dotali. . . .	..	..	..	..	..	..	57	9.380,59
Id. urgenti . . .	1	1	4	15	19	2	42	882,70
Sovvenzioni temporanee.	11	7	7	111	367	15	518	10.561,64
Soccorsi	9	6	10	145	..	..	170	6.872,50
Totale . .	317	281	340	1.710	2.520	88	5.323	490.559,68

OGGETTO	N. Capitani di L. C.	N. Capitani di G. C.	N. Padroni	N. Marinai	N. Vedove	N. Orfani	TOTALE N.	TOTALE Somma

Anno 1891.

OGGETTO	N. Capitani di L. C.	N. Capitani di G. C.	N. Padroni	N. Marinai	N. Vedove	N. Orfani	N.	Somma
Pensioni antiche . . .	..	..	..	..	3	4	7	425,63
Sussidi antichi . . .	..	..	..	..	3	3	6	261,80
Pensioni nuove . . .	1	10	20	31	141	..	203	18.639,93
Gratificazioni	1	..	..	12	..	..	13	
Sussidi nuovi. . . .	..	..	3	10	..	..	13	405,16
Id. caritatevoli .	..	..	..	..	123	..	128	3.742,79
Pensioni.	272	239	266	1.067	1.126	28	2.908	396.055,86
Gratificazioni	2	2	2	62	..	..	68	
Sussidi annui. . . .	31	30	27	292	..	..	330	16.740,09
Sovvenzioni annue .	..	..	..	..	785	33	818	34.223,34
Sussidi dotali. . . .	..	..	..	..	..	..	71	9.706,76
Id. urgenti . . .	3	1	2	12	20	3	41	679, »
Sovvenzioni temporanee	15	7	2	106	345	18	493	10.762,89
Soccorsi	5	5	12	72	..	..	94	6.080, »
Totale . .	330	294	334	1.664	2.551	89	5.333	497.775,30

OGGETTO	N. Capitani di L. C.	N. Capitani di G. C.	N. Padroni	N. Marinai	N. Vedove	N. Orfani	N.	Somma

Anno 1892.

OGGETTO	N. Capitani di L. C.	N. Capitani di G. C.	N. Padroni	N. Marinai	N. Vedove	N. Orfani	N.	Somma
Pensioni antiche. . .	..	..	..	..	2	2	4	320,08
Sussidi antichi . . .	..	..	..	..	3	3	6	261,80
Pensioni nuove . . .	..	8	12	22	124	..	166	15.024,91
Gratificazioni. . . .	..	..	..	9	..	..	9	
Sussidi nuovi. . . .	..	..	3	6	..	..	9	405,16
Id. caritatevoli. .	..	..	..	..	113	..	113	3.404,05
Pensioni	277	241	270	1.064	1.122	27	2.983	403.652,04
Gratificazioni. . . .	3	2	3	57	..	..	65	
Sussidi annui. . . .	26	23	27	278	..	..	354	15.692,26
Sovvenzioni annue. .	..	..	..	..	804	37	841	35.435,91
Sussidi dotali. . . .	..	..	..	..	..	..	18	2.169,20
Id. urgenti . . .	..	..	..	..	2	..	2	56, »
Sovvenzioni temporanee.	11	4	4	61	234	10	374	7.266,60
Soccorsi	2	..	4	31	..	..	37	1.310, »
Totale . .	319	278	323	1.510	2.454	79	4.931	484.997,91

OGGETTO	N. Capitani di L. C.	N. Capitani di G. C	N. Padroni	N. Marinai	N. Vedove	N. Orfani	TOTALE N	TOTALE Somma

Anno 1893.

OGGETTO	N. Capitani di L. C.	N. Capitani di G. C	N. Padroni	N. Marinai	N. Vedove	N. Orfani	N.	Somma
Pensioni antiche. . .	..	..	..	1	2	3	6	266,62
Sussidi antichi . . .	..	..	..	..	3	3	6	217,80
Pensioni nuove . . .	2	5	9	20	..	..	145	12.530,05
Gratificazioni. . . .	..	..	..	7	..	..	7	
Sussidi nuovi. . . .	..	..	2	5	..	..	7	343,36
Id. caritatevoli. .	..	..	..	..	..	..	106	3.300,83
Pensioni	324	227	278	1.079	1.156	24	3.037	417.301,87
Gratificazioni. . . .	7	1	2	56	..	..	66	
Sussidi annui. . . .	28	22	22	261	..	..	336	15.313,67
Sovvenzioni annue . .	..	..	..	..	818	30	848	36.015,04
Sussidi dotali. . . .	..	..	..	..	..	..	(19)	2.028,54
Id. urgenti . . .	..	1	..	..	29	2	32	799, »
Sovvenzioni temporanee.	12	6	2	63	232	17	332	7.775,23
Soccorsi	13	9	5	75	..	..	102	7.848,50
Totale . .	386	271	320	1.570	2.505	79	5.131	504.749,56

OGGETTO	N. Capitani di L. C.	N. Capitani di G. C.	N. Padroni	N. Marinari	N. Vedove	N. Orfani	Totale N.	Totale Somma

Anno 1894

OGGETTO	N. Capitani di L. C.	N. Capitani di G. C.	N. Padroni	N. Marinari	N. Vedove	N. Orfani	N.	Somma
Pensioni antiche . . .	..	..	..	1	1	3	5	188,08
Sussidi antichi . . .	..	..	..	..	3	3	3	211,80
Pensioni nuove . . .	2	4	8	14	100	..	128	11.256,08
Gratificazioni	..	..	..	7	..	..	7	
Sussidi nuovi	..	..	2	5	..	..	7	274,81
Id. caritatevoli . .	..	..	..	..	97	..	97	2.915,10
Pensioni	346	222	282	1095	1218	25	3188	428.468,13
Gratificazioni	7	1	2	58	..	..	68	
Sussidi rinnovabili . .	29	22	20	263	..	..	334	14.982,33
Sovvenzioni annue · .	..	..	..	..	856	32	888	37.019,86
Soccorsi temporari . .	16	9	22	92	..	63	139	8.116, »
Totale · . .	400	258	336	1.535	2.275	126	4.867	503.433,30

OGGETTO	Capitani di L. C. N.	Capitani di G. C. N.	Padroni o marinari autorizzati e macchinisti. N.	Ufficiali di bordo N.	Sott'ufficiali di bordo N.	Marinari N.	Vedove N.	Orfani N.	Totale N.	Totale Somma
Anno 1895										
Pensioni antiche . .	..	..	..	..	..	1	1	3	5	214,48
Sussidi antichi .	..	..	..	..	..	..	3	3	6	217,80
Pensioni nuove . .	1	4	6	..	..	9	94	.	104	9.160,32
Gratificazioni . .	..	..	..	..	..	7	..	..	7	
Sussidi nuovi . .	..	..	2	..	..	4	..	..	6	204.31
Id. caritatevoli .	..	..	..	..	..	..	91	..	91	2.133,80
Pensioni	373	217	279	..	3	1072	1292	32	3263	343.952,15
Gratificazioni . .	7	1	2	..	..	56	..	..	66	
Sussidi rinnovabili .	32	21	29	1	..	293	41	4	424	18.402,46
Sovvenzioni annue .	..	..	..	..	..	..	835	28	863	25.391,94
Soccorsi temporari .	5	5	7	..	3	60	..	..	80	5.220, »
Totale . . .	418	243	325	1	6	1505	2357	70	4930	515.497,55

OGGETTO	N. Capitani di L. C.	N. Capitani di G. C.	N. Padroni o marinari autorizzati e macchinisti	N. Ufficiali di bordo	N. Sott'ufficiali di bordo	N. Marinari	N. Vedove	N. Orfani	Totale N.	Totale Somma

Anno 1896

OGGETTO	N. Cap. L. C.	N. Cap. G. C.	N. Padroni/macchinisti	N. Uff. bordo	N. Sott'uff. bordo	N. Marinari	N. Vedove	N. Orfani	Tot. N.	Somma
Pensioni antiche . . .	..	..	..	..	..	1	1	3	5	188,08
Sussidi antichi . .	..	..	..	..	..	..	3	3	6	165, »
Pensioni nuove . . .	..	3	4	..	..	7	87	..	101	} 7.813,95
Gratificazioni . . .	..	..	..	..	..	6	..	..	6	
Sussidi nuovi . . .	..	..	2	..	..	3	..	..	5	137.86
Id. caritatevoli . .	..	..	..	..	..	..	83	..	83	2.418-18
Pensioni	389	214	273	1	5	1064	1312	31	3319	} 456.524,28
Gratificazioni . . .	7	1	2	..	..	55	..	..	65	
Sussidi annui rinnovab.	36	23	34	1	..	311	63	7	475	21.620,70
Sovvenzioni annue . .	..	..	..	..	..	..	811	25	836	33.672,39
Soccorsi ai naufraghi .	7	4	11	..	6	103	..	..	137	6.824, »
Totale . . .	439	245	329	2	11	1553	2390	69	5038	529.364,44

CASSA DEGLI INVALIDI

DELLA MARINA MERCANTILE

DI LIVORNO

—

Prospetto dimostrante le somme pagate dal 1869 al 31 dicemb

ASSEGNI	Capitani di lungo corso		Capitani di gran cabottaggio		Padroni e marinari autorizzati		Ufficiali di bordo		Nostrom	
	N.	L.	N.	L.	N.	L.	N.	L.	N.	L.
Pensioni	146	32.046,16	78	13.201,25	64	7.968,75	..	..	..	..
Sussidi rinnovabili . . .	29	3.030, »	95	7.827,50	85	4.815, »	..	..	..	..
Sovvenzioni annue . . .	10	760, »	15	1.205, »	19	750, »	..	..	..	..
Doti	..	..	..	..	..	..	..	..	..	..
Sussidi per naufragio . .	4	600, »	25	2.180. »	73	4.025, »	3	280, »	1	6.
Sussidi straordinari . . .	51	5.603, »	96	5.650, »	183	8.715, »	..	..	1	3'
Totale . . .	243	42.039,16	309	30.063,75	424	26.273,75	3	280, »	2	9'

cantile con sede in Livorno.

'7 per assegni vitalizi e temporanei alla gente di mare.

Marinari		Mozzi		Vedove		Orfani		Figlie di invalidi		Totale	
L.	N.	L.	N.	L.	N.	L.	N.	L.	N.	L.	
14.420,49	..	..	115	9.563,95	10	423,46	..	..	578	77.627,06	
10.106,10	..	..	533	31.035,89	77	3.833,79	..	..	1045	60.198,23	
8.225, »	..	..	513	15.497, »	11	374,11	..	..	832	23.810,11	
..	..	..	..	..	..	..	27	2.827,50	27	2.827,50	
12.157, »	55	1.894, »	..	..	..	..	..	..	422	21.201, »	
30.651, »	..	..	1017	42.349,68	171	7.221,67	..	..	2360	100.223,35	
75.562,59	55	1.894, »	2208	93.418,52	269	11.403,03	27	2.827,50	5273	288.887,30	

ASSEGNI	ANNO	Capitani di lungo corso		Capitani di gran cabotaggio		Padroni e marinai autorizzati		Macchinisti		Ufficiali di bord	
		N.	L.	N.	L.	N.	L.	N.	L.	N.	L
Pensioni	1877	28	4.795, »	18	4.114,95	9	1.101,20	..		..	..
	1878	31	6.595,10	25	5.105,25	17	2.100,85	..		..	
	1879	38	9.026,90	45	6.823,50	32	3.445,96	.		..	
	1880	50	11.025, »	58	8.911,23	55	6.034,11	..		..	
	1881	56	11.979,50	60	9.863,71	72	8.960, »	..		..	.|
	1882	55	11.812,50	66	11.027,23	77	10.014,12	..		..	
	1883	54	11.855,50	66	11.205, »	86	19.984,99	..		..	..
	1884	55	12.165, »	74	12.405, »	95	12.722,30	..		..	
	1885	56	12.305, »	78	13.930, »	99	13.759,92	..		..	
	1886	59	12.892,50	83	14.390, »	107	15.712,41	..		..	..
	1887	58	13.485, »	78	14.561,24	119	16.321,73	..		..	
	1888	60	13.885, »	90	16.761,14	137	18.661,83	..		..	..
	1889	59	12.810, »	82	15.070,43	162	21.396,81	1	100	..	
	1890	62	14.217,50	76	14.627,50	159	22.880, »	1	110	1	[
	1891	63	14.766,58	78	15.690, »	173	21.761,87	2	165	1	:
	1892	64	15.016, »	83	16.610, »	181	26.639,33	2	165	1	1
	1893	66	15.216,80	87	17.090, »	186	26.701,81	1	150	2	)
	1894	68	15.936,80	95	18.550, »	198	29.065,21	1	150	2	1
	1895	66	16.101,50	95	19.970, »	201	31.972,26	2	195	1	[
	1896	64	15.606, »	92	19.380, »	196	31.112,40	2	195	1	:

1. gennaio 1877 al 31 dicembre 1896
ei alla gente di mare.

stromi	Marinari		Mozzi		Vedove		Orfani		Figlie d'invalidi		Totale	
L.	N.	L.	N.	L.	N.	L.	N.	L.	N.	L.	N.	L.
..	23	2.519,84	..	..	43	3.391,20	8	503,04	..	..	129	16.425,32
..	38	3.545,38	..	..	57	4.166,29	7	508,45	..	..	175	22.021,32
..	58	4.779,88	..	..	71	5.231,96	8	552,08	..	..	252	29.863,33
..	95	7.545,93	..	..	79	6.051,53	11	304,42	..	..	318	40.272,22
..	111	9.658,27	..	..	92	7.118 83	11	763,74	..	..	402	48.344,05
..	112	10.489,81	..	..	98	7.704,74	13	992,40	..	..	422	51.740,80
..	120	10.308,82	..	..	119	8 395,77	16	1.064 58	..	..	461	53.814,16
..	120	10.745,06	..	..	126	8.789,11	19	1 228,13	..	..	489	58.051,69
..	132	11.851,31	.	..	127	8.913,62	21	1.110,51	..	..	513	61.170,36
..	132	12.031,59	..	..	129	9.338,91	19	1 323,09	..	..	529	65.621,50
..	158	11 215,82	..	..	179	12.594,82	28	1.859,51	..	.	620	73.038,15
..	176	16.409,67	..	..	194	13.547,83	30	1.974,54	..	..	687	80.840,01
130	209	22.308,07	..	..	237	16.105,27	23	1.536,32	..	..	774	88.486,90
260	239	22.920,45	1	57,50	251	18.540,29	23	1.409,08	..	..	815	95.172,32
410	266	24.559,»	..	..	273	19.774,»	19	1 090 91	..	..	879	101.406,39
440	290	27.266,70	..	..	300	21 210,73	19	1.193,94	.	..	944	108.691,70
570	318	28.770,90	..	..	301	22.001,48	18	1.186,86	..	..	987	111.855,88
680	331	30.046 40	..	..	309	22 071,98	19	1.285,86	..	..	1029	117.955,25
780	311	32.928,68	..	..	307	22.011,12	19	1.373,77	..	..	1039	126.082,33
780	335	32.215,90	..	..	309	22 212,71	19	1.401,»	..	..	1025	123.253,01

ASSEGNI	ANNO	Capitani di lungo corso		Capitani di gran cabotaggio		Padroni e marinai autorizzati		Macchinisti		Ufficiali di bordo	
		N.	L.	N.	L.	N.	L.	N.	L.	N.	L.
	1877	23	2.360,»	52	4.456,40	64	3.665,»	..	..	..	..
	1878	22	2.467,50	63	5.626,60	90	5.170,»	..	..	..	..
	1879	29	2.930,»	74	5.596,»	101	5.225,»	..	..	..	..
	1880	29	3.800,»	71	5.515,»	92	4.739.60	..	..	..	..
	1881	22	2.670,»	57	5.042,»	93	5.605,»	..	..	..	..
	1882	21	2.670.»	50	4.205,06	89	4.975,»	..	..	..	..
	1883	16	2.220,»	38	3.292,50	77	4.690,»	..	..	..	..
	1884	16	2.220,»	27	2.782,50	73	4.310,»	..	..	..	..
	1885	15	2.040,»	29	2.617,50	71	4.150,»	..	..	..	..
	1886	15	2.040,»	27	2.117,50	72	4.245,»	..	..	..	..
Sussidi rinnovabili.	1887	13	1.600,»	23	1.812,75	62	3.545,50	..	..	..	..
	1888	13	1.600,»	22	1.782,75	58	3.375,»	..	..	..	..
	1889	12	1.460,»	17	1.530,»	52	3.155,»	1	57	1	7.
	1890	11	1.395,»	15	1.265,»	52	3.022,50	1	55	..	..
	1891	13	1.565,»	14	1.200,»	50	2.912,50	..	..	1	5.
	1892	13	1.565,»	14	1.200,»	17	2.592,50	..	..	1	5.
	1893	12	1.185,»	13	1.140,»	46	2.516,25	..	..	1	5.
	1894	12	1.485,»	12	1.060,»	43	2.396,25	1	55	..	..
	1895	11	1.105,»	12	1.010,»	11	2.009,25	1	55	..	..
	1896	11	1.400,»	12	1.025,»	43	1.980,»	1	55	..	..

Nostromi	Marinari		Mozzi		Vedove		Orfani		Figlie d'invalidi		Totale	
L.	N.	L.	N.	L.	N.	L.	N.	L.	N.	L.	N.	L.
..	97	3.683,50	..	..	113	6.904,14	22	911.30	..	..	371	21.510,34
..	137	4.130,»	..	..	145	7.198,12	23	1.074,75	..	..	480	26.657,97
..	167	5.977,»	..	..	158	7.750,10	26	1.114,91	..	..	555	28.593,01
..	170	6.207,50	..	..	173	8.214,59	27	1.221,96	..	..	465	29.108,65
..	146	5.735,70	..	..	189	8.291,19	30	1.237,56	..	..	537	28.581,45
..	145	5.640,»	..	..	203	9.003,31	31	1.242,78	..	..	539	27.736,15
..	135	5.665.»	..	..	212	9.580,51	36	1.150,68	..	..	514	26.898,69
..	132	5.490,»	..	..	316	6.666,96	35	1.393,16	..	..	499	25.862,64
..	132	5.475,»	..	..	213	9.582,19	37	1.479,43	..	..	497	25.344,12
..	128	5.226,»	..	..	218	9.165.33	35	1.428,68	..	..	495	24.822,51
..	131	5.818.01	..	..	234	10.081,41	29	1.092,20	..	..	492	23.962.49
..	126	5.698,04	..	..	225	9.753,08	27	1.045,10	..	..	471	23.252,15
30	130	5.836,29	..	..	251	10.708,59	21	642,24	..	..	486	23.490,12
30	130	5.437,90	..	..	252	10.797,28	21	636.58	..	..	483	22.640,26
60	127	5.292,»	..	..	262	10.677,96	20	604.55	..	..	488	22.367,01
60	135	5.080.»	..	..	267	15.488,88	25	577.95	..	..	403	21.619,33
60	134	4.895,02	..	..	270	10.591,88	24	465.25	..	..	501	21.209,40
00	131	4.720,72	..	..	268	10.581.38	22	450.78	..	..	490	20.204,13
60	126	4.580,80	..	..	263	10.211,86	21	391,13	..	..	476	19.723,01
60	130	4.600.50	..	..	266	10.462,73	20	408,»	..	..	484	19.901,23

ASSEGNI	ANNO	Capitani di lungo corso		Capitani di gran cabotaggio		Padroni e marinai autorizzati		Macchinisti		Uffici... di bo...	
		N.	L.	N.	L.	N.	L.	N.	L.	N.	L
	1877	..	..	..	..	1	30, »	..	..	..	
	1878	..	..	1	22,50	1	30, »	..	..	.	
	1879	..	..	..	..	1	30, »	..	..	..	..
	1880	..	..	..	..	1	30, »	..	..	..	..
	1881	..	..	..	..	1	30, »	..	..	..	
	1882	..	..	..	..	..	..	..	..	..	..
	1883	..	..	..	..	..	..	..	..	.	..
	1884	..	..	..	..	..	..	..	..	..	..
	1885	..	..	..	..	..	..	..	..	..	..
Sovvenzioni annue.	1886	..	..	..	..	..	..	..	..	..	..
	1887	..	..	..	..	..	..	..	..	..	.
	1888	..	..	..	..	..	..	..	..	..	..
	1889	..	..	..	..	..	..	..	..	..	..
	1890	..	..	..	..	..	..	..	..	..	..
	1891	..	..	..	..	..	..	..	..	..	..
	1892	..	..	..	..	..	..	..	..	..	..
	1893	..	..	..	..	..	..	..	..	..	..
	1894	..	..	..	..	..	..	..	..	..	..
	1895	..	..	..	..	..	..	..	..	..	..
	1896	..	..	..	..	..	..	..	..	..	

...stromi	Marinari		Mozzi		Vedove		Orfani		Figlie d'invalidi		Totale	
L.	N.	L.	N.	L.	N.	L.	N.	L.	N.	L.	N.	L.
..	20	472,50	..	..	52	1.563,53	1	40, »	..	..	74	2.106,03
..	14	465, »	..	..	50	1.604, »	1	40, »	..	..	67	2.161,50
..	11	405, »	..	..	46	1.519, »	1	40, »	..	..	62	1.994, »
..	11	340, »	..	..	39	1.205, »	..	..	..	..	51	1.575, »
..	10	290, »	..	..	38	1.180, »	..	..	..	..	49	1.500, »
..	9	270, »	..	..	31	1.040, »	..	.	..	..	40	1.310, »
..	8	240, »	..	..	31	1.040, »	..	..	..	..	39	1.280, »
..	7	215, »	..	..	28	975, »	..	..	..	..	35	1.190, »
..	5	150, »	..	..	25	905, »	..	..	..	..	30	1.055, »
..	5	150, »	..	..	25	892,50	..	..	..	..	30	1.042, »
..	4	150, »	..	..	23	755, »	..	..	..	..	27	890, »
.	3	135, »	..	..	20	730, »	..	..	..	..	23	820, »
..	3	90, »	..	..	19	690, »	..	..	..	..	22	780, »
..	2	55, »	..	..	18	675, »	..	..	..	..	20	730, »
..	1	45, »	..	..	18	690, »	..	..	..	..	19	735, »
..	1	45, »	..	..	16	634,10	..	..	..	..	17	679,10
..	1	45, »	..	..	14	510, »	..	..	..	..	15	555, »
..	1	45, »	..	..	13	495, »	..	..	..	..	14	540, »
..	1	45, »	..	..	11	416,92	..	..	..	..	12	461,92
..	1	45, »	..	..	8	335, »	..	..	..	..	9	380, »

ASSEGNI	ANNO	Capitani di lungo corso		Capitani di gran cabotaggio		Padroni e marinai autorizzati		Macchinisti		Uficiali di bordo	
		N.	L.	N.	L.	N.	L.	N	L.	N.	L.
	1877	1	150, »	3	330, »	..	1.020, »	..		..	..
	1878	2	230, »	4	360, »	10	685,60	..		..	..
	1879	2	155, »	1	90, »	12	795. »	..		..	..
	1880	3	400, »	4	335, »	9	610. »	..		..	..
	1881	1	200, »	2	185, »	2	140, »	..		..	..
	1882	..	..	6	500, »	12	810, »	..		..	..
	1883	1	120, »	5	470, »	23	1.430, »	..		2	130,
	1884	3	290, »	3	230, »	8	460, »	..		..	..
	1885	..	..	4	310, »	5	333,38	..		..	..
Sussidi per naufragio	1886	2	250, »	3	195, »	9	580, »	..		1	5.
	1887	..	..	..	..	8	475, »	..		2	1.
	1888	2	200, »	1	90, »	26	1.385, »	..		..	..
	1889	2	230, »	1	80, »	7	475, »	..		..	..
	1890	2	250, »	3	300, »	11	795,09	1	80, »	1	6
	1891	..	..	..	..	8	500, »	..		..	..
	1892	..	..	1	100, »	5	255, »	..		..	..
	1893	..	..	1	90, »	4	280, »	..		..	..
	1894	..	..	1	80, »	5	350, »	..		..	..
	1895	..	..	2	170, »	6	370, »	..		..	..
	1896	..	..	1	50, »	17	795, »	1	50, »	..	..

ostromi	Marinari		Mozzi		Vedove		Orfani		Figlie d'invalidi		Totale	
L.	N.	L.	N.	L.	N.	L.	N.	L.	N.	L.	N.	L.
..	53	2.710, »	14	430, »	..	..	..	..	..	..	85	4.640, »
..	55	2.715, »	12	320, »	..	..	..	..	..	.	83	4.310, »
..	61	2.920, »	9	260, »	..	..	..	..	..	..	88	4.220, »
..	31	1.785, »	6	155, »	..	..	..	..	..	..	56	3.285, »
..	19	1.240, »	3	60, »	..	..	..	..	..	..	27	1.825, »
230	64	3.070, »	17	455, »	..	..	..	..	..	..˙	103	1.065, »
130	100	4.875, »	22	555, »	..	..	..	..	..	..	155	7.710, »
150	47	2.050, »	12	290, »	..	..	..	..	..	..	76	3.470, »
45	45	2.465, »	2	55, »	..	..	..	..	..	..	57	3.208,38
160	55	3.825, »	11	305, »	..	..	..	..	..	..	83	5.375, »
..	38	1.790, »	13	310. »	..	..	..	..	..	..	61	2.735, »
120	58	2.685, »	14	337, »	..	..	..	..	..	..	103	4.817,50
115	52	2.185, »	7	195, »	..	..	..	..	..	..	71	3.280, »
370	54	2.975, »	17	510, »	..	..	..	..	..	..	95	5.340, »
60	33	1.390, »	11	305, »	..	..	..	..	..	..	53	2.255, »
60	21	985. »	6	130, »	..	..	..	..	..	..	37	1.130. »
..	22	890, »	5	105, »	..	..	..	..	..	..	32	1.365, »
..	26	1.440, »	8	215, »	..	..	..	..	..	..	40	2.085, »
..	33	1.610, »	6	120, »	..	..	..	..	..	..	47	2.270, »
85	90	2.805, »	23	755, »	..	..	..	..	..	..	931	4.540, »

ASSEGNI	ANNO	Capitani di lungo corso		Capitani di gran cabotaggio		Padroni e marinai autorizzati		Macchinisti		Ufficia di bor	
		N.	L.	N.	L.	N.	L.	N.	L.	N.	L
:Sussidi straordinari	1877	7	465, »	12	595, »	97	3.910, »	..	..	..	
	1878	8	443,35	12	470, »	91	2.910, »	..	..	..	..
	1879	1	40, »	7	240, »	47	1.335, »	..	..	..	
	1880	..	..	2	50, »	22	400, »	..	..	..	
	1881	..	..	2	35, »	9	165, »	..	..	..	
	1882	..	..	2	100, »	5	100, »	..	..	..	..
	1883	..	..	1	35, »	8	225, »	..	..	..	
	1884	..	..	..	..	5	115, »	..	..	1	5.
	1885	..	..	2	55, .	4	75, »	..	..	..	
	1886	1	125, »	..	..	5	145, »	..	..	..	
	1887	..	..	1	45, »	3	90, »	..	..	.	..
	1888	..	..	1	50, »	9	270, »	..	..	..	..
	1889	..	..	..	..	8	150, »	..	..	..	
	1890	..	..	1	30, »	8	155, »	..	..	*.	..
	1891	..	..	2	60, »	6	150, »	..	..	..	
	1892	..	..	1	25, »	1	40, »	..	..	..	
	1893	..	..	1	35, »	2	60, »	..	..	..	
	1894	..	..	1	40, »	4	125, »	..	..	..	
	1895	..	..	1	30, »	4	100, »	..	..	..	
	1896	..	..	1	25, »	3	65, »	..	..	..	
:Sussidi dotali . .	1877	..	..	..	..	..	..	..	..	..	
	1878	..	..	..	..	..	..	..	..	..	
	1879	..	..	..	.	..	..	..	..	..	
	1880	..	..	..	..	..	..	..	..	..	
Totale . . .		..	..	..	..	..	..	..	..	..	.

stromi	Marinari		Mozzi		Vedove		Orfani		Figlie d'invalidi		Totale	
L.	N.	L.	N.	L.	N.	L.	N.	L.	N.	L.	N.	L.
..	208	8.630, »	..	..	211	7.575, »	47	1.895, »	..	..	675	23.120, »
..	352	8.930, »	..	..	200	5.600, »	60	1.410, »	..	..	732	19.463,33
..	959	5.901, »	..	..	199	4.590, »	53	1.225, »	..	..	536	13.334, »
..	105	1.710, »	..	..	81	1.524, »	20	670, »	..	..	230	4.354, »
..	22	470, »	..	..	24	610, »	11	350, »	..	..	63	1.630, »
..	20	530, »	..	..	11	355, »	3	70, »	..	..	41	1.155, »
..	83	510, »	..	..	31	720, »	2	50, »	..	..	68	1.563, »
..	21	980, »	..	..	31	570, »	1	15, »	..	..	59	1.720, »
..	13	350, »	..	..	22	387,50	3	45, »	..	..	44	932,50
..	12	255, »	..	..	20	312, »	4	75, »	..	..	42	943, »
..	10	260, »	..	..	14	205, »	2	25, »	..	..	30	635, »
..	26	585, »	..	..	27	515, »	4	75, »	..	..	67	1.495, »
..	22	395, »	..	..	11	210, »	1	30, »	..	..	42	785, »
..	21	365, »	..	..	15	210, »	3	50, »	..	..	48	910, »
..	11	230, »	..	..	15	405, »	3	40, »	..	..	40	885, »
..	17	290, »	..	..	11	275, »	8	140, »	..	..	41	770, »
..	20	340, »	..	..	18	430, »	4	70, »	..	..	45	935, »
..	25	575, »	..	..	12	230, »	3	60, »	..	..	45	1.030, »
..	14	280, »	..	..	6	80, »	3	30, »	..	..	28	520, »
..	9	180, »	..	..	3	45, »	1	15, »	..	..	17	330, »
..	..	..	..	..	..	..	..	..	12	917,92	12	917,92
..	..	..	..	..	..	..	..	..	10	856,67	10	856,67
..	..	..	..	..	..	..	..	..	15	1.078,75	15	1.078,75
..	..	..	..	..	..	..	..	..	14	928,75	14	928,75
..	..	..	..	..	..	..	..	..	51	3.782,09	51	3.782,09

ANNI	Capitani di lungo corso		Capitani di gran cabotaggio		Padroni e marinai autorizzati		Ufficiali di bordo Secondi		Marinari		Mozzi		Capitani di lungo corso		
	Num.	L.	Num.	L.	Num.	L.	Num.	L.	Num.	L.	Num.	L.	Num.	L.	Num.
1869.	..	..	..	..	..	..	..	..	2	43,75	1	24, »	2	44, »	1
1870.	1	150, »	..	..	1	88, »	..	..	4	170, »	1	48, »	8	667,66	1
1871.	1	30, »	..	..	1	170, »	..	..	3	235, »	1	48, »	16	3.005,42	2
1872.	2	600, »	1	95, »	2	240, »	..	..	8	592.89	1	96, »	15	2.924, »	1
1873.	2	600, »	1	190, »	2	310, »	..	..	9	892, »	1	36, »	18	2.349, »	3
1874.	2	600, »	1	190, »	1	140, »	..	..	9	846, »	1	60, »	19	3,740,86	5
1875.	2	525, »	1	190, »	2	160, »	..	..	12	1.021,60	1	60, »	27	5.148,10	6
1876.	4	1.080, »	2	430, »	2	180, »	1	80, «	12	1.146, »	2	140, »	30	6.128,26	5
Totale.	14	3.855, »	6	1.095, »	11	1.238, »	1	80, »	69	4.046,97	9	512, »	135	25.307,30	24

rcantile con sede in Napoli.

1869 al 1876.

	VE DI					ORFANI DI									Totale	
droni arinai rizzati	Uffic·ali di bordo Secondi e Pilota		Sott'Uffi- ciali di bordo Nostromi		Marinari		Capitani di gran cabo- taggio		Padroni e marinari autoriz- zati		Sott'Uffi- ciali di bordo No- stromi		Marinari		Totale	
L.	Num.	L.	Num.	L.	Num.	L.	Num.	L.	Num.	L.	Num.	L.	Num.	L.	Num.	L.
26,25	1	15. »	..	..	12	365,05	..	..	..	..	..	..	..	..	21	600,55
207, »	..	..	..	..	30	1 439,03	5	62, »	..	..	..	..	1	47, »	54	2.941,22
273,83	..	..	1	54, »	61	3.534,25	4	124, »	..	..	..	..	..	..	98	7.851,38
997, »	1	14. »	1	102, »	87	6.110,04	5	124. »	..	..	..	..	2	54, »	135	12.428,98
619, »	2	134, »	1	108, »	104	6.960.00	5	124, »	1	80. »	..	..	3	126, »	158	14.438,26
998,43	3	205,50	4	251,17	103	6.560,92	5	105,74	1	80. »	..	..	5	153,10	170	14.532,82
1.191,54	2	132, »	8	582.25	124	9.160,45	4	99.20	4	73.04	..	..	8	220,10	216	19.918,01
.348,03	2	132, »	6	457,04	129	8.643,26	1	80,05	5	134,21	1	75, »	19	520,10	238	11.193,86
971,08	11	692,50	21	1.554.46	653	43.063,63	32	718,99	11	307,25	1	75, »	33	1.120,21	1.090	93.605, 86

ANNI	Capitani di lungo corso		Capitani di gran cabotaggio		Padroni e marinai autorizzati		Ufficiali di bordo Secondi		Sott'Ufficiali di bordo Pilota		Marinari		Mozzi		Cap... di ... c...	
	Num.	L.	Num.	L.	Num.	L.	Num.	L.	Num.	L.	Num.	L	Num.	L.	Num.	L
1869. .	2	35, »	..	..	1	286. »	1	60, »	..	..	33	756, »	..	..	..	..
1870. .	2	70, »	..	..	15	440, »	..	..	..	..	47	1.275, »	..	..	4	3..
1871. .	5	200, »	4	160, »	31	1.230, »	..	..	1	30, »	129	4.329, »	1	200, »	5	..
1872. .	1	340, »	8	320, »	61	1.780, »	..	..	1	15, »	333	7.176, »	2	35, »	18	..
1873. .	11	245, »	12	245, »	123	3.230, »	1	10, »	..	..	416	7.340, »	2	40, »	23	..
1874. .	17	430, »	11	310, »	89	2.556, »	..	..	..	..	307	6.365, »	3	85, »	4	3
1875. .	22	1.170, »	11	560, »	82	3.565, »	1	50, »	..	..	203	5.800. »	1	30, »	12	1..
1876. .	17	945, »	6	215 »	97	3.180, »	..	..	..	..	262	6.765, »	1	20. »	23	2..
Totale .	87	3.435, »	52	1.810, »	520	16.301, »	3	120, »	2	45, »	1.735	39.797, »	10	410, »	99	..

...gate dal 1869 al 1876.

	VEDOVE DI						ORFANI DI								Totale	
pitani gran cabo-taggio	Padroni e marinai autorizzati		Sott'Ufficiali di bordo Nostromi		Marinari		Capitani di lungo corso		Capitani di gran cabotaggio		Padroni e marinari autorizzati		Marinari			
L.	Num.	L.	Num.	L.	Num.	L.	Num.	L.	Num.	L.	Num.	L.	Num.	L.	Num.	L.
..	1	60, »	..	..	..	..	..	..	..	..	..	..	..	..	48	1.197, »
60, »	10	220, »	..	..	29	770, »	..	..	..	..	..	..	..	..	108	3.175, »
75, »	22	623, »	..	..	79	1.838, »	1	40, »	..	..	..	..	3	45, »	297	9.371, »
..	49	1.055, »	1	30, »	227	4.215, »	3	90, »	2	60, »	..	..	9	170, »	733	15.956, »
55, »	59	880, »	..	..	308	4.395, »	4	60, »	..	..	9	105, »	16	205, »	996	17.285, »
50, »	42	1.915, »	..	..	284	4.495, »	..	..	3	90, »	2	50, »	11	140, »	724	16.810, »
..	61	3.810, »	1	100, »	235	6.600,	..	..	..	..	..	..	10	125, »	639	23.305, »
50, «	55	4.315, »	..	..	153	4.065, »	1	100, »	..	..	..	.	14	265, »	631	22.530, »
)0, »	300	12.878, »	2	130, »	1.265	26.378, »	9	290, »	5	150, »	11	155, »	63	950, »	4.176	109.629, »

ANNI	Capitani di lungo corso		Capitani di gran cabotaggio		Padroni e marinai autorizz...	
	N.	L.	N.	L.	N.	L.
1869	3	220	..	..	1	
1870	9	820	1	100	5	
1871	14	1.350	3	180	15	
1872	18	2.066	7	620	30	
1873	17	2.600	11	1.390	27	
1874	15	2.520	12	1.410	29	
1875	13	2.470	12	1.640	18	
1876	6	1.200	9	1.270	13	
Totale. . .	95	12.946	58	6.610	138	

1869 al 1876.

ficiali di bordo Secondi e Pilota		Sott' Ufficiali di bordo Nostromi		Marinari		Mozzi		Totale	
N.	L.	N.	L.	N.	L.	N.	L.	N.	L.
2	120	2	95	14	560	7	180	20	1.215
5	30)	1	10	53	2.010	15	320	94	3.85)
1	50	3	95	71	2.170	23	118	130	5.158
4	310	7	350	100	3.185	29	710	195	9.921
2	120	1	195	105	3.735	39	980	208	10.965
2	190	8	450	184	6.615	59	1.140	309	14.465
6	410	5	280	134	5.790	44	1.240	235	13.030
8	610	3	180	102	4.930	52	1.790	193	11.120
30	2.140	33	1.685	771	29.295	268	7.108	1.393	61.724

ANNI	Capitani di lungo corso Num.	L.	Capitani di gran cabotaggio Num.	L.	Padroni e marinari autorizzati Num.	L.	Ufficiali di bordo (Secondi) Num.	L.	Sott'ufficiali di bordo (Nostromi) Num.	L.	Marinari Num.	L.	Mozzi Num.	L.	VEDOVE Capitani di lungo corso Num.	L.	Capitani di gran cabotaggio Num.	L.	Padroni e marinari autorizz. Num.	L.
1877	3	920, »	2	430, »	4	500, »	1	80, »	..	..	17	1.602, »	3	140, »	33	6.752,55	4	512, »	17	1.759,4
1878	5	1.310, »	3	550, »	4	500, »	1	80, »	1	115, »	25	2.251, »	3	180, »	30	5.555,92	4	512, »	18	1.204,0
1879	10	2.500, »	4	770, »	7	755, »	1	80, »	1	120, »	23	2.173,88	3	220, »	30	6.035,02	6	600, »	25	2.450,0
1880	11	2.900, »	7	1.460, »	9	1.075, »	1	130, »	2	250, »	31	2.985, »	3	130, »	39	7.253,65	7	961, »	27	2.907,0
1881	14	3.696,90	8	2.094,40	11	1.782,50	1	140, »	6	1.026,70	31	4.832,05	2	333,40	40	8.133,17	8	1.252,20	34	4,163,4
1882	20	5.766, »	8	2.188, »	14	2.480, »	1	140, »	4	902, »	45	7.202,50	2	320, »	39	7.766,55	9	1.373,70	28	4.116,9
1883	21	5.624,75	10	2.481, »	16	2.946, »	1	140, »	9	1.754,50	59	6.650, »	3	468, »	42	7.905,95	11	1.979,20	30	4.231,5
1884	28	8.091,65	10	2.601, »	20	3.752, »	1	140, »	11	1.957,50	62	9.867,70	3	468, »	40	7.955,30	12	2.027, »	32	4.564,9
1885	29	8.897, »	11	3.561, »	22	3.895,55	1	140, »	10	1.837, »	68	10.947,50	3	468, »	41	8.858,79	13	2.403,75	33	4.893,3
1886	34	10.602,10	13	3.213,75	21	3.740, »	1	140, »	11	2.082, »	78	11.977, »	3	401, »	47	9.689,08	14	2.291,09	36	5.085,9
1887	38	11.193,35	10	2.517,35	27	3.857,72	1	140, »	13	2.293,50	78	13.908,45	2	320, »	48	9.402,25	16	2.601,20	32	4.529,1
1888	44	13.360,45	5	3.072,35	29	5.349,10	1	110, »	13	2.433,50	93	14.540, »	3	370, »	51	9.729,80	15	2.412,50	41	5.475.
1889	43	14.132, «	13	3.551, »	46	7.943,47	1	140, »	15	2.697, »	117	18.060, »	4	560, »	54	10.842,95	19	2.842,49	43	5.857,
1890	55	16.544, »	16	4.195, »	53	10.341,70	1	140, »	16	2.847,95	151	21.945, »	4	540, »	53	10.011,80	22	3.321,02	42	5.264,
1891	63	21.910,40	17	5.415, »	73	13.787,70	1	140, »	19	3.541, »	178	28.611,20	5	626, »	56	10.467,50	23	5.424,25	55	7.093,
1892	74	24.121, »	20	5.759. »	91	17.763,75	1	110, »	22	3.866,50	199	33.099,40	5	626, »	58	10.932,87	21	3.341, »	55	7.398,
1893	79	26.680, »	21	6.239, »	135	25.333,88	..	..	28	4.936, »	220	26.986,15	5	626, »	65	12.344,95	22	3.495, »	57	7.479,
1894	87	31.227,35	23	7,071, »	111	28.974,40	2	105, »	29	5.304, »	235	39.434,15	5	626, »	73	13.748,28	22	3.400,25	62	8.256,
1895	85	29.738,55	23	7.167, »	146	30.501,80	..	..	31	6.512,75	233	39.381,40	5	586, »	76	14.145,13	21	3.347,50	66	8.482,
1896	82	29.950,90	24	7.016,50	153	31.096,80	..	..	32	5.758,60	233	40.512, »	5	666, »	75	13.602,07	21	3.178,30	68	8.746,

l 1877 al 1896

dello Statuto).

				ORFANI DI													TOTALE	
(Ufficiali di bordo macchinisti)	Sott'ufficiali di bordo (Nostromi)		Marinari		Capitani di lungo corso		Capitani di gran cabotaggio		Padroni e marinari autorizzati		Ufficiali di bordo (Macchinisti)		Sotto ufficiali di bordo (Nostromi)		Marinari			
L.	Num.	L.	Num.	L.	Num.	L.	Num.	L.	Num.	L.	Num.	L.	Num.	L.	Num.	L.	Num.	L.
189,96	5	347,65	152	10.348,13	1	107, »	4	191,71	4	84, »	..	..	1	60, »	19	530, »	271	21.620,98
250,39	5	304, »	135	9.257,35	2	310, »	4	200,40	5	166, »	..	..	2	157, »	25	763.50	275	24.196,6
170,40	11	913.14	143	9.761,29	3	510, »	3	169,60	6	198,55	..	..	2	61. »	25	912,02	306	28.404,15
150, »	12	887,35	162	12.414,60	1	170, »	3	79,60	13	559,54	..	..	1	171, »	27	1.176,45	361	35.613,14
223, »	15	1.545,55	180	16.527,28	4	670, »	3	176,55	8	652,30	..	..	2	171,50	32	1.847,23	401	49.258,39
238, »	18	2.076,65	180	17.391,20	1	660,40	2	74, »	13	878,98	..	..	7	197,55	33	2.188,66	129	56.731,09
238, »	22	2.605,35	113	18.535,55	3	467,15	4	518.13	12	703, »	..	..	2	106, »	36	2.252,59	481	62.986,72
238, »	20	2.322,90	196	18.214,63	3	382, »	2	116,48	12	796,94	..	..	4	138, »	36	2.279,23	494	66.296,26
238, »	23	2.623,80	196	19.791,61	3	666.65	2	110,12	6	508, »	..	..	6	520, »	48	3.232,15	517	73.182,27
274,65	22	2.631, »	217	20.371,20	5	815, »	3	194'12	12	925,40	..	..	1	326,85	43	2.693.97	566	77.609,18
358, »	23	2.752,40	218	20.467,22	2	351, »	1	66,36	13	1.065,83	..	..	2	100, »	62	3.853,15	598	80.286,48
358, »	22	2.629,85	233	22.384.41	3	548, »	1	154,88	12	1.017,83	..	..	1	255,80	51	3.079,42	634	87.311,01
358, »	18	2.024, »	227	20.777,46	2	351, »	3	478,89	14	1.041,12	..	..	3	178,75	70	1.232,62	695	96.121,64
285, »	23	2.598,55	228	20.231,22	4	632,55	3	252,25	15	1.050,68	..	..	1	139, »	84	5.198.53	777	109.071,85
330, »	24	2.762,25	219	22.473,88	3	538, »	3	496,75	19	1.030,96	..	..	1	139, »	80	4.798,48	871	127.716,62
330, »	21	2.777,40	261	21.317,55	3	538, »	3	411,75	17	1.131,25	..	..	1	139, »	81	4.870,96	942	141.568,45
170, »	25	2.817,25	263	21.673,28	2	538, »	3	358, »	21	1.405,48	..	..	1	139, »	89	5.106,90	1.043	159.983,65
240, »	25	2.891,30	294	26.768,65	2	533, »	3	358, »	17	1.359,11	..	..	3	262,60	88	5.635,36	1.113	176.249,73
330, »	28	3.118,80	293	27.280,25	4	718, »	4	413,10	19	1.372,33	..	..	3	243, »	85	5.299,24	1.128	178.637,60
330, »	29	3.045,15	294	26.097,10	4	788, »	3	328, »	25	1.908,27	..	..	4	337,51	98	6.397,23	1.153	179.759,19

ANNI	Capitani di lungo corso		Capitani di gran cabotaggio		Padroni e marinari autorizzati		Ufficiali di bordo (secondi e macchinisti)		Sott'ufficiali di bordo (Nostromi)		Marinari		Mozzi		Capita di lungo c	
	Num.	L.	Num.	L.	Num.	L.	Num.	L.	Num.	L.	Num.	L.	Num.	L.	Num.	L.
1877	20	880, »	8	210, »	126	3.555, »	..	..	..	..	316	6.400, »	3	115, »	13	2.020,
1878	21	9.55, »	8	280, »	170	4.185, »	..	..	..	..	196	8.849,60	9	187, »	4	1.51.
1879	25	1.850, »	5	220, »	193	4.488, »	..	..	..	..	153	8.187, »	3	135, »	6	700.
1880	21	1.690, »	4	210, »	138	3.175, »	..	..	1	50, »	371	7.945, »	1	40, »	11	750.
1881	19	1.405, »	3	75, »	105	3.185, »	..	..	..	..	246	5.335, »	1	80, »	5	450.
1882	16	1.295, »	6	330, »	96	3.000, »	..	..	1	90, »	261	6.545, »	..	..	1	150.
1883	19	1.760, »	9	690, »	97	1.275, »	..	..	1	50, »	309	7.375, »	2	100, »	3	4.
1884	21	2.040, »	9	740, »	104	3.105, »	1	100, »	1	90, »	2.569	26.860, »	2	80, »	1	10.
1885	35	2.900, »	11	585, »	93	2.190, »	..	..	1	20, »	367	7.340, »	1	50, »	7	80.
1886	23	1.360, »	8	570, »	108	2.880, »	..	..	2	90, »	199	8.160, »	2	65, »	3	10.
1887	30	2.175, »	5	360, »	115	2.420, »	2	90, »	1	40, »	425	8.900, »	8	250, »	5	78.
1888	12	460, »	1	110, »	85	1.980, »	..	..	1	20, »	333	5.170, »	3	70, »	..	..
1889	5	190, »	2	70, »	83	1.775, »	..	..	3	50, »	300	4.690, »	1	85, »	1	6.
1890	9	380, »	3	100, »	84	1.905, »	..	..	..	..	293	4.760, »	..	..	1	5.
1891	10	410, »	4	130, »	91	2.125, »	..	..	1	20, »	331	5.465, »	.	.	7	65.
1892	11	500, »	2	80, »	85	1.905, »	..	..	..	..	252	4.235, »	..	..	12	120.
1893	9	410, »	1	40, »	90	2.005, »	..	..	..	..	301	5.075, »	..	..	7	78.
1894	11	185, »	2	70, »	81	1.555, »	..	..	..	..	247	4.587, »	..	..	1	5.
1895	9	400, »	1	40, »	82	1.915, »	..	..	..	..	263	4.425, »	..	..	2	75.
1896	8	360, »	2	90, »	79	1.890, »	..	..	..	..	217	4.130, »	..	..	5	215.

llo Statuto'.

VEDOVE DI							ORFANI DI						TOTALE	
Capitani di gran cabotaggio	Padroni e marinari autorizzati		Sott'ufficiali di bordo (Nostromi)		Marinari		Capitani di lungo corso		Padroni e marinari autorizzati		Marinari			
L.	Num.	L.	Num.	L.	Num.	L.	Num.	L.	Num.	L.	Num.	L.	Num.	L.
80, -	26	2.190, »	..	..	116	2.190, »	1	100, »	..	..	4	85, »	634	18.856, »
30), »	43	2.815, »	..	..	68	2.330, »	2	200, »	2	60, »	4	170, »	853	22.621,60
..	29	2.305,03	..	..	78	2.270, »	..	..	..	..	2	30, »	791	20.175, »
..	21	1.510, »	..	..	190	3.700, »	..	..	..	..	8	100, »	679	20.170, »
..	9	500, »	..	..	42	1.535, »	..	..	..	..	2	30, »	431	13.325. »
..	6	335, »	..	..	16	785, »	..	..	..	..	4	85, »	416	12.485, »
80, »	3	170, »	..	..	18	740, »	..	..	..	..	3	170, »	465	11.810, »
..	17	970, »	..	..	17	550, »	..	..	2	50, »	1	10, »	2.748	31.755, »
..	11	630, »	..	..	29	1.040, »	2	250, »	..	..	4	110, »	531	16.285, »
100, »	4	300, »	..	..	20	980, »	..	..	..	..	5	75, »	594	15.070, »
..	1	50. »	..	..	31	1.215, »	..	..	..	..	2	40, »	623	17.420, »
..	14	850, »	..	..	41	1.041, »	..	..	..	..	..	..	493	9.741, »
100, »	10	440, »	..	..	37	1.176, »	..	..	..	..	4	66, »	451	9.352, »
170, »	13	955, »	..	..	52	1.823, »	..	..	..	..	2	30, »	467	10.508, »
50, »	6	230, »	..	..	43	1.733, »	..	..	2	40, »	4	150, »	505	11.033, »
75, »	6	235, »	2	90, »	56	2.035, »	..	..	3	55, »	3	196, »	433	10.666, »
135, »	8	400, »	..	..	51	1.799, »	..	..	..	..	2	66, »	471	10.470, »
50, »	2	49, »	..	..	41	1.275,15	4	45, »	1	30, »	6	39,65	417	8.513,35
9, »	9	193,15	1	2,30	33	834,07	..	..	..	..	6	141.92	412	8.019,04
39,37	11	323,33	1	33,33	49	1.070,80	..	..	..	..	1	30, »	404	8.204,98

ANNI	CAPITANI di lungo corso e loro vedove ed orfani		CAPITANI di gran cabotaggio e loro vedove ed orfani		UFFICIALI di bordo (secondi e macchinisti e loro vedove ed orfa	
	Num.	Lire	Num.	Lire	Num.	Lire
1877	..	..	2	225, »	..	..
1878	1	200, »	2	225, »	..	..
1879	3	500, »	7	1.050, »	..	..
1880	9	1.809, »	11	1.650, »	..	..
1881	17	3.086, »	13	1.965, »	..	..
1882	29	5.527,95	18	2.630, »	..	..
1883	36	7.141,65	18	2.635,35	..	..
1884	43	8.336,65	18	2.558,35	..	..
1885	62	12.511,10	20	2.870,40	..	..
1886	74	15.308,90	20	2.993,30	..	..
1887	74	15.761,65	20	3.175, »	..	..
1888	71	15.679,30	21	3.293,50	..	..
1889	81	17.607,78	26	3.945, »	..	..
1890	85	18.897,25	28	4.165, »	..	..
1891	92	20.110,45	27	3.982,15	..	..
1892	94	19.950,90	25	4.049,70	..	..
1893	98	20.738,30	32	5.263, »	1	110, .
1894	101	20.946.75	32	5.213, »	..	..
1895	97	19.172,60	35	5.148, »	1	100. »
1896	103	29.381,20	31	5.141, »	4	250 75

l 1877 al 1896.

lo Statuto'.

PADRONI e narinari autorizzati loro vedove ed orfani		SOTT'UFFICIALI di bordo (Nostromi) e loro vedove ed orfani		MARINARI e loro vedove ed orfani		TOTALE	
um.	Lire	Num.	Lire	Num.	Lire	Num.	Lire
6	600, »	..	..	2	50, »	10	875, »
13	1.500, »	..	..	15	750, »	31	2.675, »
21	2.370,08	..	..	31	1.425, »	62	5.345,08
36	4.148,57	2	145, »	53	2.463,88	111	10.207,45
59	6.733,95	3	258,95	90	6.859.55	182	18.903,45
79	8.874,67	5	450, »	119	9.939,19	250	27.422,11
118	14.002,90	5	380, »	156	13.386.05	333	37.545,60
153	19.475,54	7	735, »	218	18.707,96	414	49.815,50
206	26.195,45	8	805, »	282	25.305,90	586	67.686,85
252	33.021,56	7	705, »	359	33.469,50	717	85.501,26
294	38.447,56	9	1.100, »	413	40.618,97	820	93.133,18
305	41.358,15	4	617, »	479	46.061,45	880	107.109,40
316	42.255,95	9	1.157, »	505	47.767,05	940	112.732,78
337	46.096,63	9	1.125,30	563	55.119,98	1022	125.201,26
355	48.987,65	10	1.175,75	595	57.986,50	1079	132.242,50
371	51.980,25	11	1.395, »	634	61.398,04	1138	138.773,89
386	53.860,23	12	1.581, »	661	65.743,60	1190	147.296.13
406	56.381.33	14	1.805. »	677	63.718,50	1230	151.097,58
388	54.035,03	14	1.708,85	748	70.411,10	1283	150.047,28
420	53.173,73	17	1.797,50	821	72.635,27	1402	153.249,95

438

Soccorsi p

(Artic

ANNI	Capitani di lungo corso		Capitani di gran cabotaggio		Padroni e marinari autorizzati		Ufficiali di (secondo, mac e scriv a	
	N.	L.	N.	L.	N.	L.	N.	L
1877 . . .	15	2.830, »	11	1.590, »	27	2.350, »	3	220
1878 . . .	19	2.920, »	9	1.160, »	22	1.645, »	5	75
1879 . . .	15	2.380, »	10	900, »	72	4.710, »	2	18
1880 . . .	6	975, »	7	770, »	25	1.730, »	1	20
1881 . . .	10	1.335, »	2	200, »	18	1.200, »	1	4
1882 . . .	20	3.200, »	11	1.360, »	12	900, »	4	27
1883 . . .	16	2.830, »	7	930, »	20	1.620, »	..	..
1884 . . .	12	1.710, »	10	1,290, »	31	2.250, »	2	25
1885 . . .	15	2.120, »	11	1.250, »	11	830, »	..	..
1886 . . .	9	1.155, »	6	620, »	7	550, »	..	.
1887 . . .	19	2.840, »	12	1.260, »	18	1.165, »	2	4
1888 . . .	33	3.540, »	19	1.890, »	62	3.210, »	1	50
1889 . . .	25	3.100, »	12	1.240, »	56	2.555, »	..	..
1890 . .	21	2.610, »	8	860, »	35	1.645, »	1	15
6891 . . .	17	2.390, »	5	370, »	60	2.545, »	..	.
1892 . . .	13	1.310, »	1	310, »	36	1.535, »	..	.
1893 . . .	9	1.340, »	7	780, »	27	1.725, »	..	..
1894 . . .	23	2.840, »	5	520, »	20	965, »	1	1
1895 . . .	7	1.180, »	4	424, »	21	1.045, »	..	..
1896 . . .	15	2.110, »	7	770, »	27	1.290, »	.	..

l 1877 al 1896.

lo Statuto)

Sott'ufficiali di bordo Nostromi)		Marinari		Mozzi		Orfani di marinari		TOTALE	
L.	L.	N.	L.	N.	L.	N.	L.	N.	L.
4	250, »	115	6.970, »	55	1.750, »	..	..	260	15.96), »
10	555, »	178	7.680, »	55	1 570, »	..	..	208	15.880, »
8	475, »	300	12.520, »	85	2.317,50	..	..	402	23357,50
1	50, »	104	4.725, »	42	1.310, »	..	..	186	9.660, »
4	220, »	99	4.740, »	39	1.185, »	..	..	173	8.975, »
12	710, »	137	6.680, »	47	1.650, »	..	..	213	14.760, »
8	520, »	160	7.135, »	67	2.435, »	..	..	258	15 530, »
8	470, »	139	6.700, »	54	1.805, »	..	..	256	14.385, »
10	510, »	93	4.670, »	36	1.085, »	..	..	176	10.465, »
9	550, »	79	3.115, »	30	1.005, »	..	..	140	7.495, »
16	940, »	138	9.360, »	45	1.235, »	..	..	250	13.890, »
8	480, »	232	9.415, »	63	1.900, »	..	..	418	20.545, »
8	480, »	181	7.335, »	50	1.625, »	..	..	432	16.335, »
9	490, »	158	6.435, »	37	1.160, »	..	..	270	13.120, »
10	505, »	178	6.105, »	35	1.015, »	..	..	305	12.930, »
6	505, »	185	6.130, »	22	595, »	..	..	276	10.385, »
8	375, »	118	3.665, »	35	1.020, »	..	..	214	8.885, »
9	525, »	150	6.871, »	27	970, »	1	15, »	237	12.789, »
4	215, »	106	4,100, »	..	..	..	..	183	7.849, »
2	110, »	150	7 373, »	41	1.410, »	..	..	242	13.093, »

ANNO	Capitani di lungo corso		Capitani di gran cabotaggio		Padroni e marinari autorizzati		Ufficiali di bordo (secondi macchinisti)		Sott'ufficiali di bordo (nostromi)		Marinai	
	N.	L.	N.	L.	N.	L.	N.	L.	N.	L.	N.	L.
1881 . . .	7	406, »	..	..	13	387,65	2	32,10	..	..	37	\
1882 . . .	10	570, »	..	..	21	762,06	2	47,75	..	..	18	1.79
1883 . . .	12	756,35	2	73,45	24	952,06	1	35, »	2	50,15	71	2.40
1884 . . .	18	1 031,85	4	211,85	32	1.207,95	2	43,20	2	72,50	90	2.8
1835 . . .	18	1.221,65	3	175, »	37	1.474,45	3	125, »	3	80,15	101	2.9
1886 . . .	24	1.657,45	3	175, »	43	1.857,50	3	115, »	5	186,20	119	3.8
1887 . . .	23	1.600, »	3	175, »	61	2.537,55	5	223,75	5	285, »	133	4.3
1888 . . .	27	2.025,19	3	138,60	70	3.075,91	5	185, »	2	65, »	173	5.0
1889 . . .	28	2.122,20	4	175, »	70	2.566,75	5	150, »	7	245, »	163	5.5
1890 . . .	29	2.090, »	4	225, »	81	3.589,80	4	150, »	5	200, »	179	5.6
1891 . . .	34	2.210, »	5	225, »	84	3.851,40	4	150, »	6	232.50	183	5.8
1892 . . .	33	2.525, »	6	322,50	86	3.821,90	4	150, »	6	232,50	193	6.0
1893 . . .	36	2.900, »	9	552,50	74	3.386,73	4	150, »	6	232,50	197	6.0
1894 . . .	41	3.168,33	9	605, »	78	3.523.75	4	150, »	4	152,50	197	6.8
1895 . . .	39	3.263,66	5	325, »	69	9.113,40	4	150, »	4	152 50	193	6.28
1896 . . .	36	2.900, »	6	425, »	66	2.930,83	4	150, »	4	152,50	170	5.4

1881 al 1896.

Statuto).

ORFANI DI										TOTALE	
Capitani di go corso	Capitani di gran cabotaggio		Padroni e marinari autorizzati		Sott'ufficiali di bordo (nostromi)		Marinari			TOTALE	
L.	N.	L.	N.	L.	N.	L.	N.	L.	N.	L.	
..	..	..	1	20, »	..	..	..	..	60	1.802,55	
..	..	..	2	60, »	..	..	1	25, »	84	3.189,01	
..	..	..	..	..	..	..	10	137,35	126	4.041,40	
..	..	..	2	22, »	..	..	12	247,40	162	5.462,55	
60, »	..	..	4	82, »	..	..	12	198 35	183	6.337,20	
60, »	..	..	6	112, »	..	..	18	328,10	223	8.333,86	
60, »	..	..	4	71, »	..	..	33	699,25	274	9.961,93	
..	..	..	1	40, »	..	..	43	866,66	319	11.853,31	
60, »	..	..	8	219,09	..	..	45	951.10	338	12.292,54	
225,80	2	100, »	8	191,20	1	32,50	55	1.241,65	272	13.502,41	
340, »	2	100, »	3	175, »	1	32,50	63	1.443,29	396	14.716,29	
318,30	2	100, »	15	352,30	1	18,75	75	1.594,14	425	15.465,85	
280, »	2	100, »	16	424,70	..	..	69	1.582,84	418	15.911,17	
267.50	2	100, »	16	480,26	7	40, »	75	1.588,90	131	16.465,69	
340, »	2	100, »	15	528,33	1	40, »	74	1.591,43	409	15.793,52	
100, »	2	100, »	15	515,23	1	40, »	79	1.958,25	384	14.800,31	

Prospetto delle somme pagate per assegni vitalizi e temporae

NATURA DELL'ASSEGNO	Capitani di lungo corso		Capitani di gran cabotaggio		Padroni		Uffic.	
	N.	L.	N.	L.	N.	L.	N.	L
Pensioni	..	..	..	..	..	..	..	.
Gratificazioni amministrative . .	1	542, »	..	..	1	157, »	..	..
Sussidi annui	1	50, »	1	42, »	1	180, »	..	..
Sovvenzioni temporanee	1	90. »	..	..	8	978, »	..	..
Dette, art. 19	1	135. »	1	80, »	12	675, »	..	..
Soccorso ai naufraghi	18	2. 205, »	17	1.450, »	95	7.174, »	4	..
Totale . . .	22	3.012, »	19	1.572, »	117	9 164, »	4	»

Prospetto delle somme pagate per pensioni e sus

NATURA DELL'ASSEGNO	Capitani di lungo corso	Capitani di gran cabotaggio	Padroni	Ufficia
Pensioni	5 2.587, »	1 854, »	21 10.606, »	2
Sussidi annui	.. ..	.. ..	.. ..	..

Prospetto delle somme pagate per pensioni, sussidi a
(Art. 14, 15,)

NATURA DELL'ASSEGNO	Capitani di luogo corso	Capitani di gran cabotaggio	Padroni	Uffic.
Pensioni	.. ..	.. ..	2 641, »	..
Sussidi annui	.. ..	.. ..	.. ..	..
Sussidi dotali	.. ..	.. ..	.. ..	..

rcantile con sede in Palermo.

retribuenti direttamente, dal 1869 al 31 dicembre 1876.

Sott'ufficiali	Marinari		Mozzi		Totale		Osservazioni
L.	N.	L.	N.	L.	N.	L.	
..	..	..	..	..	..	..	Non figurano pagamenti per pensioni, perche in detto periodo di tempo, nessnno dei retribuenti aveva raggiunto la navigazione retribuita utile per pensione.
..	9	3 915, »	1	232 »	12	4.896, »	
..	1	96, »	..	..	4	368, »	
..	20	1.092, »	..	..	29	2.970, »	
..	43	2.117,09	..	..	63	2.997, »	
265, »	363	18.901, »	120	3.774, »	597	32.104, »	
285, »	442	26.931, »	121	4.006, »	795	43 285. »	

ui dal 1869 al 31 dicembre 1876 a vedove di

ott'ufficiali	Marinari	Mozzi	Totale	Osservazioni
295, »	22	20.206. »	..	..	52	34.600, »	Non figurano pagamenti per sussidi a vedove, perchà in detto periodo di tempo non vennero presentate domande per detti assegni.
..	..	..	..	..	..	..	

ssidi dotali, dal 1869 al 31 dicembre 1876, ad orfani di
29 dello Statuto).

tt'ufficiali	Marinari	Mozzi	Totale	Osservazioni
..	13	1.953, »	..	..	15	2.591, »	Non figurano pagamenti di somme per sussidi annui e per sussidi dotali, perchè per i primi non vennero presentate domande, e per i secondi non vi erano figli minori di retribuenti già pensionati.
..	..	..	..	..	..	..	
..	..	..	..	..	..	..	

Prospetto delle somme pagate dal 1877

Anni	Capitani di lungo corso		Capitani di gran cabotaggio		Padroni		Ufficiali		Sott'ufficiali	
	N.	L.	N.	L.	N.	L.	N.	L.	N.	L.
1877 . . .	..	..	..	..	..	..	..	..	..	..
1878 . . .	..	..	..	..	..	..	..	..	..	..
1879 . . .	..	..	..	..	..	..	..	..	..	..
1880 . . .	..	..	..	..	3	312, »	..	..	..	..
1881 . . .	1	160, »	..	..	4	416, »	..	..	..	..
1882 . . .	5	640, »	..	..	6	516, »	..	..	1	90,
1883 . . .	6	800, »	..	..	9	932, »	..	..	1	9.
1884 . . .	9	1.440, »	2	256, »	14	1.382, »	..	..	1	90.
1885 . . .	8	1.280, »	4	512, »	20	2.108, »	..	..	1	205,
1886 . . .	10	1.280, »	5	610, »	30	2.860, »	..	..	2	285.
1887 . . .	10	1.480, »	5	610, »	42	4.332, »	..	..	2	115,
1888 . . .	15	2.200, »	8	800, »	61	6.296, »	..	..	1	115.
1889 . . .	11	1.937, »	9	928, »	78	8.208, »	2	284, »	1	115,
1890 . . .	13	2.132,61	11	1.584, »	89	9.392,10	2	183,53	1	115,
1891 . . .	9	2.030, »	14	2.213, »	106	12.191, »	1	188, »	1	118,
1892 . . .	13	2.692, »	19	2.725, »	117	13.001, »	1	188, »	1	115,
1893 . . .	16	3.620, »	18	3.136, »	133	15.895, »	2	376, »	3	180,
1894 . . .	25	6.680, »	20	3.039, »	158	18.195, »	2	376, »	5	652,
1895 . . .	27	6.845, »	20	3.039, »	163	19.362, »	2	376, »	6	788,
1896 . . .	35	9.595, »	25	4.231, »	167	20.610, »	5	564, »	5	733.

96, per pensioni a retribuenti direttamente.

(Art. 4 dello Statuto).

Marinari		Mozzi		Totale		Osservazioni
.	L.	N.	L.	N.	L.	
.	..	..	..	..	..	
.	..	..	..	..	..	
.	..	..	..	..	..	
.	..	..	..	3	312, »	
8	602, »	..	..	13	1.178, »	
14	1.118, »	..	..	26	2.361, »	
23	1.840, »	..	..	39	3.662, »	
36	2.902, »	..	..	36	6.160, »	
57	4.439, »	..	..	85	8.429, »	
68	5.809, »	..	..	115	10.797, »	
87	7.779, »	..	..	146	14.329, »	
11	10.491, »	..	..	196	19.905, »	
33	12.817, »	..	..	237	24.319, »	
16	14.107,71	..	..	262	37.522,98	
86	19.842, »	..	..	317	36.670, »	
31	14.186,72	..	..	382	32.905,72	
42	27.391, »	..	..	419	50.907, »	
69	30.660, »	..	..	479	59.587, »	
78	35.653, »	..	..	496	66.063, »	
90	37.815, »	..	..	527	73.571, »	

Prospetto delle somme pagate dal 1877 al 18[

ANNI	Capitani di lungo corso		Capitani di gran cabotaggio		Padroni		Ufficiali		Sott'uff...	
	N.	L.	N.	L.	N.	L.	N.	L.	N.	L.
1877 . . .	2	557, »	..	..	2	323, »	..	..	.	.
1878 . . .	2	557, »	..	..	2	323, »	..	..	..	
1879 . . .	..	..	..	..	3	198, »	..	..	..	
1880 . . .	1	316, »	..	..	4	676, »	..	..	..	
1881 . . .	2	583, »	..	..	3	519, »	..	..	..	
1882 . . .	1	316, »	..	..	3	519, »	..	..	..	
1883 . . .	1	316, »	..	..	3	519, »	..	..	..	
1884 . . .	1	316, »	..	..	4	646, »	..	..	..	
1885 . . .	2	579, »	..	..	4	646, »	..	..	..	
1886 . . .	3	823, »	..	..	4	646, »	..	..	..	
1887 . . .	3	823, »	..	..	4	646, »	..	..	..	..
1888 . . .	3	823, »	..	..	3	471, »	..	..	..	..
1889 . . .	3	823, »	..	..	3	471, »	..	..	..	
1890 . . .	3	932,27	..	..	4	622,67	..	..	..	
1891 . . .	3	632, »	..	..	2	305, »	..	..	..	
1892 . . .	3	932, »	..	..	2	313,67	..	..	..	
1893 . . .	3	932, »	..	..	4	325, »	..	..	1	1»
1894 . . .	3	952, »	..	..	3	385, »	..	..	1	1.0
1895 . . .	3	952, »	..	..	3	385, »	..	..	1	130
1896 . . .	3	962, »	..	..	3	385, »	..	..	1	14»

gratificazioni annue a retribuenti direttamente.

	Marinari		Mozzi		Totale	Osservazioni
	L.	N.	L.	N.	L.	
5	870, »	1	116, »	13	1.866, »	
7	778, »	1	116, »	12	1.771, »	
1	1.391, »	1	112, »	15	2.008, »	
	1.531, »	1	116, »	18	2.631, »	
	1.652, »	1	116, »	19	2.870, »	
	1.631, »	1	116, »	18	2.582, »	
	1.735, »	1	116, »	19	2.686, »	
	1,735, »	1	116, »	20	2.813, »	
	1.611, »	2	232, »	21	3.071, »	
	1.611, »	4	421, »	24	3.504, »	
	2.163, »	4	421, »	27	4.053, »	
	3.163, »	4	421, »	26	3.878, »	
	2.335, »	4	421, »	27	4.050, »	
	2.371, »	3	304,80	27	4.230,71	
	2.905, »	3	305, »	29	4.447, »	
	3.003,20	3	242,14	30	4.491, »	
	3.030, »	3	212, »	33	4.900, »	
	3.117, »	3	306, »	31	4.894, »	
	3.117, »	2	235, »	30	4.823, »	
	3.157, »	2	235, »	32	4.880, »	

Prospetto delle somme pagate dal 1877 al 18

Anni	Capitani di lungo corso		Capitani di gran cabotaggio		Padroni		Ufficiali		Sott'uffic.	
	N.	L.	N.	L.	N.	L.	N.	L.	N.	L.
1877 . . .	..	..	1	42, »	1	36, »	..	..	..	..
1878 . . .	..	..	1	42, »	2	80, »	..	..	..	..
1879 . . .	1	116, »	1	90, »	4	272, »	..	..	..	..
1880 . . .	4	461, »	3	270, »	7	563, »	..	..	..	..
1881 . . .	9	931, »	9	724, »	16	1.135, »	..	..	..	..
1882 . . .	10	1.050, »	10	814, »	21	1.525, »	..	..	..	..
1883 . . .	11	1.541, »	11	904, »	29	2.157, »	..	..	..	..
1884 . . .	16	1.830, »	11	904, »	25	1.837, »	..	..	..	..
1885 . . .	21	2.515, »	10	814, »	32	2.383, »	..	..	..	..
1886 . . .	23	2.777, »	10	914, »	39	2.940, »	..	..	..	..
1887 . . .	21	2.601, »	10	810, »	47	3.569, »	..	..	..	..
1888 . . .	23	2.833, »	13	1.156, »	58	5.495, »	..	..	..	..
1889 . . .	23	2.817, »	13	1.166, »	67	6.289, »	..	..	..	..
1890 . . .	19	2.379, »	10	1.037.80	63	4.972,88	..	..	1	
1891 . . .	24	5.113, »	13	1.281, »	70	5.768, »	..	..	..	
1892 . . .	13	1.639, »	9	924, »	70	6.041,22	..	..	..	
1893 . . .	17	2.028, »	11	1.051, »	15	5.996, »	1	72, »	..	
1894 . . .	17	2.034, »	12	1.146, »	82	6.632, »	1	72, »	1	
1895 . . .	19	2.181, »	16	1.196, »	79	6.682, »	1	72, »	1	
1896 . . .	23	2.634, »	20	1.412, »	85	7.237, »	1	72, »	1	

r sussidi annui a retribuenti direttamente.

Marinari		Mozzi		Totale		Osservazioni
.	L.	N.	L.	N.	L.	
1	55, »	..	..	3	132, »	
5	222, »	..	..	8	341. »	
4	241, »	..	..	10	722, »	
10	568, »	..	..	21	1.865, »	
51	3.172, »	..	..	98	5.965, »	
85	4.343, »	..	..	126	7.737, »	
10	5.722. »	..	..	161	10.327, »	
22	6 388, »	..	..	171	10.959, »	
29	6.790, »	..	..	192	12.502, »	
19	7.966, »	..	..	221	14.506, »	
77	9.690, »	..	..	255	16.700, »	
77	10.834, »	..	..	291	20.368, »	
3	13.062, »	..	..	336	23.834, »	
15	11.320,85	..	..	298	19.742,53	
0	14.351, »	..	..	357	24.519, »	
1	15.801,89	..	..	353	14.409,11	
3	16.644, »	..	..	387	25.796, »	
9	17 427, »	..	..	412	27.169, »	
2	17.673, »	..	..	428	27.915, »	
1	18.933, »	..	..	464	30.466. »	

Prospetto delle somme pagate dal 1877 al 1896, |

ANNI	Capitani di lungo corso		Capitani di gran cabotaggio		Padroni		Ufficiali		Sott'uffic...	
	N.	L.	N.	L.	N.	L.	N.	L.	N.	L.
1877 . . .	1	90, »	..	..	7	380, »	..	..	..	..
1878 . . .	3	254, »	1	56, »	9	486, »	..	..	..	..
1879 . . .	4	340, »	2	112, »	11	578, »	..	..	..	..
1880 . . .	4	340, »	2	112, »	13	670, »	..	..	..	..
1881 . . .	12	924, »	9	530, »	30	1.520, »	..	..	..	
1882 . . .	12	924, »	8	474, »	38	1.906, »	..	..	..	
1883 . . .	12	914, »	9	530, »	46	2 296, »	1	10, »	1	2
1884 . . .	14	1.104, »	10	594, »	50	2.520, »	1	40, »	1	3
1885 . . .	12	941, »	11	650, »	51	1 544, »	1	40, »	1	3
1886 . . .	11	371, »	10	586, »	51	2.694, »	1	40, »	1	3
1887 . . .	10	784, »	14	832, »	60	2.042, »	1	40, »	1	3
1888 . . .	8	624, »	15	896, »	65	3.340, »	1	40, »	1	3
1889 . . .	8	621, »	17	1.008, »	73	3.760, »	1	40, »	1	3
1890 . . .	10	746, »	16	876, »	73	3.610.28	..	..	1	3
1891 . . .	10	730, »	19	1.158, »	86	4.418, »	1	40, »	1	3
1892 . . .	13	1.002, »	18	1.008,56	83	4.105,65	..	..	1	1
1893 . . .	11	854, »	19	1.120, »	81	4.137, »	1	40, »	..	..
1894 . . .	12	858,18	18	1.024,87	87	4 212, »	1	40, »	..	..
1895 . . .	11	768, »	18	1 005, »	82	3.822, »	1	40, »	..	..
1896 . . .	13	818, »	24	1.105, »	85	3.972, »	1	40, »	..	..

venzioni temporanee a retribuenti direttamente.

Marinari		Mozzi		Totale		Osservazioni
	L.	N.	L.	N.	L.	
.1	516, »	..	..	22	1.016, »	
22	803, »	..	..	35	1.600, »	
37	978, »	..	..	41	2.008, »	
18	1.350, »	..	..	57	2.472, »	
.1	2.176, »	..	..	125	5.450, »	
5	2.824, »	..	..	143	6.128, »	
14	3.506, »	..	..	173	7.350, »	
2	3.731, »	..	..	188	8.022, »	
18	3.920, »	..	..	191	8.132, »	
21	3.882, »	..	..	197	8.114, »	
25	4.012, »	..	..	211	8.734, »	
35	4.323, »	..	..	225	9.202, »	
46	4.672, »	..	..	246	10.138, »	
40	4 388,93	..	..	240	9.655,21	
51	5 201, »	..	..	278	11.721,32	
56	5 128,11	..	..	276	11.562,32	
57	5.443, »	..	..	282	11.559, »	
68	5 573, »	..	..	286	11.707, »	
65	5 463, »	..	..	277	11.093, »	
70	5 562, »	..	..	293	11.497, »	

Prospetto delle somme pagate dal 1877 al 1896,

ANNI	Capitani di lungo corso		Capitani di gran cabotaggio		Padroni		Ufficiali		Sott'ufficiali	
	N.	L.	N.	L.	N.	L.	N.	L.	N.	L.
1877 . . .	..	..	..	..	..	..	..	..	..	..
1878 . . .	..	..	..	..	..	..	..	..	..	.
1879 . . .	..	..	..	..	..	..	..	..	..	..
1880 . . .	..	..	..	..	1	100, »	..	..	..	.
1881 . . .	..	..	..	..	..	..	..	..	..	..
1882 . . .	..	..	..	..	..	..	..	..	..	.
1883 . . .	..	..	1	50. »	..	..	..	..	..	..
1884 . . .	..	..	..	..	..	..	..	..	..	..
1885 . . .	..	..	..	..	.	..	..	..	..	..
1886 . . .	..	..	..	..	1	40, »	..	..	..	..
1887 . . .	..	..	..	..	..	..	..	..	..	..
1888 . . .	..	..	..	..	..	..	..	..	..	..
1889 . . .	..	..	..	..	1	40, »	..	..	..	..
1890 . . .	..	..	..	..	..	..	..	..	..	..
1891 . . .	..	..	..	..	1	100, »	..	..	..	..
1892 . . .	2	60, »	..	..	.	..	..	..	..	..
1893 . . .	..	..	..	..	..	..	..	..	..	..
1894 . . .	..	..	..	..	..	..	..	..	..	..
1895 . . .	..	..	..	..	..	..	..	..	..	..
1896 . . .	..	..	..	.	3	90. »	..	..	..	..

rvenzioni una volta tanto a retribuenti direttamente.

(Art. 19 dello Statuto)

Marinari		Mozzi		Totale		Osservazioni
.	L.	N.	L.	N.	L.	
.	..	..	..	..	..	
.	..	..	..	..	, .	
.	..	1	150, »	1	150, »	
1	20, »	..	..	2	180, »	
.	..	..	..	..	..	
.	..	..	..	..	..	
.	..	..	..	..	50, »	
.	..	..	..	..	..	
1	24, »	..	..	1	24, »	
.	..	..	..	1	40, »	
.	..	..	..	..	..	
.	..	..	..	1	..	
4	96, »	..	..	5	136, »	
6	111, »	..	..	6	144, »	
8	330, »	..	..	9	430, »	
3	72, »	..	..	4	132, »	
10	210, »	..	..	10	240, »	
7	168, »	..	..	7	169, »	
3	72, »	.	..	3	72, »	
10	240, »	..	..	13	330, »	

Anni	Capitani di lungo corso		Capitani di gran cabotaggio		Padroni		Uficiali		Sott'uficiali	
	N.	L.	N.	L.	N.	L.	N.	L.	N.	L.
1877 . . .	7	1.050, »	2	240, »	19	1.360, »	2	170, »	1	8.
1878 . . .	2	360, »	3	350, »	16	1 200, »	1	80, »	..	..
1879 . . .	2	260, »	3	320, »	31	2.100, »	7	400, »	4	170.
1880 . . .	3	500, »	3	110, »	6	450, »	..	..	..	
1881 . . .	3	320, »	5	600, »	10	780, »	..	..	..	..
1882 . . .	7	940, »	3	290, »	8	780, »	..	..	2	16.
1883 . . .	6	810.90	2	140, »	22	1.530, »	3	200, »	2	12
1884 . . .	4	509, »	5	600, »	8	520, »	..	..	..	..
1885 . . .	7	930, »	4	480 »	8	690, »	2	100, »	1	5.
1886 . . .	7	510, »	2	210. »	32	2.130, »	2	130. »	4	2..
1887 . . .	4	410, »	1	160, »	13	1.100, »	..	..	5	3..
1888 . . .	6	690, »	3	370, »	20	1.070, »	1	50, »	6	3.
1889 . . .	3	600, »	4	320, »	11	660, »	1	100, »	2	1..
1890 . . .	2	300, »	4	410, »	20	1.050, »	..	..	4	2..
1891 . . .	3	350, »	..	..	17	810, «	1	80, »	6	24.
1892 . . .	..	..	..	..	12	350, »	1	18, »	..	..
1893 . . .	1	80, »	3	135, »	10	279, »	1	75, »	2	6.
1894 . . .	1	100, »	..	..	24	695, »	1	80, »	1	3.
1895 . . .	1	50, »	..	..	39	1.315, »	2	160, »	1	5.
1896 . . .	..	..	..	..	3	210, »	..	..	..	..

1896, per soccorso ai naufragh .

Marinari		Mozzi		Totale		Osservazioni
.	L.	N.	L.	N.	L.	
2	4.555, »	18	630, »	131	8.085,60	
9	5.190, »	22	725, »	153	8005	
3	7.290, »	48	1.170, »	263	11.810, »	
5	3.980, »	20	695, »	107	6.155, »	
5	4.505, »	20	580, »	133	6.885, »	
8	2.760, »	32	800, »	91	5.730, »	
9	4.850, »	37	1.116, »	162	8.765, »	
1	3.480, »	16	420, »	101	5.520, »	
3	3,818, »	15	470, »	120	6.553, »	
5	5.175, »	43	1.076, »	216	9.506, »	
3	4.490, »	21	740, »	130	7.435, »	
8	4.315, »	28	630, »	168	7.565, »	
r	2.500, »	24	682, »	102	4.987, »	
»	1.185, »	30	500, »	119	4.435, »	
1	2.029, »	30	580, »	118	4.089, »	
r	1.326, »	15	215, »	85	1.909, »	
8	1.450, »	15	288, »	75	2.360, »	
2	1.928, »	27	300, »	136	3.133, »	
2	2.428, »	32	392, »	187	4.270, »	
9	2.014, »	25	160, »	78	2.384, »	

ANNI	Capitani di lungo corso		Capitani di gran cabotaggio		Padroni		Ufficiali		Sott'uffi...	
	N.	L.	N.	L.	N.	L	N.	L.	N.	L.
1877 . . .	..	..	..	..	..	..	..	..	..	..
1878 . . .	..	..	..	..	..	..	..	..	..	
1879 . . .	..	..	..	..	..	.	..	..	..	.
1880 . . .	..	..	..	..	..	..	..	..	..	
1881 . . .	..	..	..	..	..	..	..	..	..	
1882 . . .	..	..	..	..	..	..	..	..	..	..
1883 . . .	..	..	1	160, »	..	..	..	..	..	.
1884 . . .	..	..	..	..	..	..	..	..	..	.
1885 . . .	..	..	1	160, »	..	..	..	..	..	
1886 . . .	..	..	..	..	..	..	..	..	..	.
1887 . . .	..	..	..	..	..	..	..	..	..	
1888 . . .	..	..	..	..	..	..	..	..	..	
1889 . . .	1	160, »	..	..	..	..	..	..	..	.
1890 . . .	..	..	..	..	1	102, »	..	..	..	
1891 . . .	..	..	..	..	1	102, »	..	..	1	»
1892 . . .	..	..	1	123, »	4	408, »	..	..	..	..
1893 . . .	..	..	..	..	7	714, »	..	..	..	
1894 . . .	..	..	..	..	2	204, »	..	..	..	.
1895 . . .	..	..	..	..	5	510, »	..	..	..	..
1896 . . .	..	..	1	123, »	4	408. »	..	..	..	

1896, per sussidi dotali alle orfane di

Marinari		Mozzi		Totale		Osservazioni
.	L.	N.	L.	N.	L.	
.	..	..	..	..	..	
.	..	..	..	..	..	
.	..	..	..	..	..	
.	..	..	..	..	..	
.	..	..	..	..	.	
.	..	..	..	..	..	
.	..	..	..	1	100, »	
.	..	..	..	..	..	
.	..	..	..	1	160, »	
.	..	..	..	..	.	
4	344, »	..	..	4	344, »	
1	86, »	..	..	1·	86, »	
.	..	..	..	..	..	
9	771, »	..	..	11	1 036, »	
.	..	..	..	2	192, »	
3	258, »	..	..	8	794, »	
6	516, »	..	..	13	1 230, »	
2	172, »	..	..	4	376, »	
4	344, »	..	..	9	851, »	
5	430, »	..	..	10	966, »	

Anni	Capitani di lungo corso		Capitani di gran cabotaggio		Padroni		Ufficiali		Sott'...	
	N.	L.	N.	L.	N.	L.	N.	L.	N.	L.
1877 . . .	5	1.040,»	1	122,»	20	2.350,»	2	214,»	1	5
1878 . . .	5	1.040,»	1	122,»	23	2.304,»	2	214,»	1	5
1879 . . .	7	1.519,»	1	122,»	24	2.817,»	2	214,»	2	
1880 . . .	8	1.688,»	1	122,»	28	3.139,»	2	190,»	2	
1881 . . .	11	1.793,»	1	122,»	32	3.624,»	2	148,»	2	
1882 . . .	12	1.878,»	3	384,»	34	3.616,»	2	118,»	2	
1883 . . .	16	2.838,»	2	320,»	38	4.093,»	3	270,»	2	
1884 . . .	16	2.838,»	2	320,»	42	4.285,»	3	270,»	2	
1885 . . .	17	2.918,»	2	320,»	47	4.617,»	3	270,»	2	
1886 . . .	18	3.287,»	3	400,»	49	4.684,»	3	270,»	3	
1887 . . .	18	3.031.09	3	400,»	53	4.873,»	4	367,»	3	
1888 . . .	21	3.457,»	6	750,»	59	5.240,»	4	425,»	4	
1889 . . .	75	1.012,50	7	836,»	67	5.979,»	4	125,»	4	
1890 . . .	27	3.680,15	5	541,16	77	5.657,»	3	246,80	6	
1891 . . .	24	3.491,»	5	486,»	78	6.309,»	3	217,»	5	
1892 . . .	23	3.219,61	6	639,»	72	6.154,56	3	216,80	4	
1893 . . .	23	3.172,»	7	588,»	91	7.351,»	3	247,»	3	
1894 . . .	26	3.833,»	8	533,»	103	7.838,»	4	340,»	7	
1895 . . .	22	3.500,»	8	533,»	109	8.263,»	6	456,»	9	
1896 . . .	27	3.750,»	10	655,»	112	8.417,»	8	519,»	10	

1896, per pensioni a vedove di

Marinari	Mozzi		Totale		Osservazioni
L.	N.	L.	N.	L.	
5.212, »	..	..	95	9.027, »	
5.629, »	..	..	106	9.868, »	
6.550, »	..	..	122	11.383, »	
6.270. »	..	..	125	11.570, »	
6.983, »	..	..	113	12.836, »	
7.692, »	..	..	160	13.879, »	
8.345, »	..	..	183	16.527, »	
8.579, »	..	..	187	16.453, »	
8.777, »	..	..	193	17.063, »	
9.394. »	..	..	209	18.295, »	
9.987, »	..	..	227	18.923, »	
10.661, »	..	..	249	20.869, »	
13.031, »	..	..	291	24.619, »	
13.170.18	..	..	321	23.724,85	
12.470. »	1	35, »	301	23.151, »	
13 017,84	1	35.20	313	23.918,42	
12 699, »	..	..	337	24.662, »	
12.841, »	..	..	353	25.920, »	
13.194, »	..	..	379	26.661, »	
14 390, »	..	..	404	30.511, »	

ANNI	Capitani di lungo corso		Capitani di gran cabotaggio		Padroni		Ufficiali		Sott'ufficiali	
	N.	L.	N.	L.	N.	L.	N.	L.	N.	L.
1877 . . .	..	..	..	..	..	..	..	..	..	.
1878 . . .	1	75, »	..	..	1	24, »	..	..	..	..
1879 . . .	1	75, »	..	..	6	251, »	..	..	..	..
1880 . . .	1	75, »	..	..	9	417, »	..	..	..	..
1881 . . .	2	133, »	..	..	18	799, »	1	61, »	..	..
1882 . . .	4	219, »	1	15, »	27	1.158,60	1	61, »	..	..
1883 . . .	4	219, »	4	193, »	34	1.435, »	1	61, »	..	..
1884 . . .	6	387, »	5	213, »	41	1.814, »	1	61, »	..	..
1885 . . .	6	359, »	6	288, »	47	1.935, »	1	61, »	..	..
1886 . . .	6	359, »	6	288, »	52	2.140, »	1	61, »	..	.
1887 . . .	7	477, »	10	507, »	58	2.342, »	1	61, »	..	.
1888 . . .	8	432, »	10	507, »	61	2.673, »	1	61, »	..	..
1889 . . .	9	510, »	11	557, »	69	2.868, »	1	61, »	1	4
1890 . . .	11	623, »	9	467, »	92	3.062,79	1	61,32	..	
1891 . . .	11	667, »	3	417, »	79	3.271, »	1	61, »	2	73
1892 . . .	9	513, »	10	547, »	82	3.319,59	1	61,32	3	111
1893 . . .	11	642, »	11	595, »	80	3.725, »	1	61, »	3	111
1894 . . .	11	631, »	11	619, »	97	4.019, »	2	100, »	4	168
1895 . . .	11	689, »	13	703, »	112	4.860, »	3	113, »	5	213
1896 . . .	13	835, »	16	787, »	118	5.333, »	3	113, »	7	223

, per sussidi annui a vedove di

(Art. 17 dello Statuto).

nari	Mozzi		Totale		Osservazioni
L.	N.	L.	N.	L.	
..	..	..	..	..	
61, »	..	..	4	167, »	
132, »	..	..	11	416, »	
216, »	..	..	16	738, »	
1 134, »	..	..	61	2.127, »	
1.386, »	..	..	82	2.899, »	
1.638, »	..	..	101	3.576, »	
1.118, »	..	..	131	4.623, »	
2.490, »	..	..	148	5.133, »	
2.977, »	..	..	171	5.825, »	
3.774, »	..	..	203	7.141, »	
4.53, »	..	..	239	8.306, »	
4.971, »	..	..	259	9.041, »	
5.032,68	..	..	287	9.246,79	
5.224, »	..	..	274	9.712, »	
5.581,27	..	..	291	10.171,09	
6.670, »	..	.	336	17.777, »	
7.319, »	..	..	365	12.880, »	
7.912, »	..	..	398	14.480, »	
8 857, »	..	..	431	16.161, »	

Prospetto delle somme pagate da

Anni	Capitani di lungo corso		Capitani di gran cabotaggio		Padroni		Ufficiali		Sott'
	N.	L.	N.	L.	N.	L.	N.	L.	N.
1877 . . .	..	..	..	..	..	..	..	..	..
1878 . . .	1	75, »	..	..	1	23, »	..	..	..
1879 . . .	1	75, »	..	..	6	251, »	..	..	..
1880 . . .	1	75, »	..	..	9	417, »	..	..	..
1881 . . .	2	133, »	..	..	18	799, »	1	61, »	..
1882 . . .	4	249, »	1	45, »	27	1.158,60	1	61, »	..
1883 . . .	4	249, »	1	193, »	34	1.435, »	1	61, »	..
1884 . . .	6	387, »	5	243, »	41	1.844, »	1	61, »	..
1885 . . .	6	359, »	6	288, »	47	1.935, »	1	61, »	..
1886 . . .	6	359, »	6	288, »	52	2.140, »	1	61, »	..
1887 . . .	7	177, »	10	507, »	58	2.332, »	1	61, »	..
1888 . . .	8	432, »	10	507, »	64	2.673, »	1	61, »	..
1889 . . .	9	540, »	11	557, »	69	2.868, »	1	61, »	
1890 . . .	11	623, »	9	167, »	92	3.062,79	1	61,32	..
1891 . . .	11	666, »	3	417, »	79	3.271, »	1	61, »	
1892 . . .	9	543, »	10	517, »	82	3.319,50	1	61,32	
1893 . . .	11	642, »	11	565, »	80	3.725, »	1	61, »	
1894 . . .	11	634, »	11	619, »	97	4.019, »	2	100, »	
1895 . . .	11	680, »	13	703, »	112	4.860, »	3	113, »	
1896 . . .	18	835, »	16	787, »	118	5.333, »	3	113, »	

1 1896, per sussidi annui a vedove di

Marinari		Mozzi		Totale		Osservazioni
N.	L.	N.	L.	N.	L.	
..	..	..	..	..	..	
2	61. »	..	..	4	167, »	
4	132, »	..	..	11	416, »	
6	216, »	..	..	16	738, »	
40	1 134, »	..	..	61	2.127, »	
49	1.386, »	..	..	82	2.899, »	
58	1.638, »	..	..	101	3.576, »	
75	1.118, »	..	..	131	4.623, »	
88	2 490, »	..	..	118	5.133, »	
106	2.977, »	..	..	171	5.825, »	
132	3.774, »	..	..	203	7.141, »	
155	4.543, »	..	..	239	8.306, »	
168	4.971, »	..	..	259	9.041, »	
184	5.032,08	..	..	287	9.246,79	
173	5.224, »	..	..	274	9.712, »	
186	5.581,27	..	..	291	10.171,09	
221	6.670, »	..	.	336	17.777, »	
240	7.319, »	..	..	365	12.880, »	
251	7.912, »	..	..	398	14.489, »	
272	8 857, »	..	..	434	16.164, »	

ANNI	Capitani di lungo corso		Capitani di gran cabotaggio		Padroni		Ufficiali		Sott'ufficiali	
	N.	L.	N.	L.	N.	L.	N.	L.	N.	L.
1877 . . .	..	..	..	..	2	181, •	..	..	..	..
1878 . . .	..	..	..	..	2	160, »	..	..	..	.
1879 . . .	1	161, »	..	..	4	301,	..	..	..	..
1880 . . .	1	164, »	..	..	4	301, »	..	..	..	..
1881 . . .	1	164, »	..	..	8	218, »	..	..	..	..
1882 . . .	2	339, »	..	..	3	218, •	..	..	..	..
1883 . . .	3	457, »	1	121, »	3	218, »	..	..	..	..
1884 . . .	3	457, »	1	121, »	3	218, »	..	..	..	..
1885 . . .	3	457, •	1	124, »	3	218, »	..	..	..	..
1886 . . .	3	457, •	1	124, »	3	338, »	..	..	..	..
1887 . . .	3	457, ▶	1	124, »	5	388, »	..	..	..	..
1888 . . .	3	457, »	1	124, •	5	381, »	..	..	..	..
1889 . . .	3	457, »	1	124, »	5	510, »	2	172, •	..	..
1890 . . .	3	456,80	2	119,50	7	260,50	1	73, »	..	..
1891 . . .	2	223, »	1	122, »	3	217, »	2	172, »	..	..
1892 . . .	1	108,40	1	103, »	2	151,40	2	72, »	..	..
1893 . . .	4	535, »	..	..	8	217, »	1	78, »	..	..
1894 . . .	4	535, »	..	..	6	307, »	..	..	..	..
1895 . . .	4	535, »	..	..	8	359, »	..	..	..	..
1896 . . .	3	492, »	..	..	7	319, »	..	..	..	..

l 1896, per pensioni ad orfani di

(Art. 14, 15, 16 e 29 dello Statuto).

Marinari		Mozzi		Totale		Osservazioni
N.	L.	N.	L.	N.	L.	
18	1 003, »	..	..	20	1.184, »	
18	1.040, »	..	..	20	1.200, »	
20	1.157, »	..	..	25	1.622, »	
21	1 209, »	..	..	26	1.671, »	
23	1.367, »	..	..	27	1.749, »	
24	1.447, »	..	..	29	2.004, »	
28	1 646, »	..	..	35	2.145, »	
28	1.640, »	..	..	35	2.439, »	
32	1.894, »	..	..	39	2.093, »	
34	2.018, »	..	..	13	2.987, »	
36	2.073, »	..	..	45	3.042, »	
36	2.086, »	..	..	45	3.048, »	
12	2.170, »	..	..	55	3.733, »	
29	1.317,70	..	..	39	2 262,50	
32	1.877, »	..	..	40	2 681, »	
31	1.666,75	..	..	37	2.204,55	
36	1.944, »	..	..	41	2.821, »	
40	2.191, »	..	..	50	3.083, »	
40	2.191, »	..	..	51	3.152, »	
42	2.171, »	1	17, »	52	2.982, »	

Prospetto delle somme pagate dal 1877

ANNI	Capitani di lungo corso		Capitani di gran cabotaggio		Padroni		Ufficiali		Sott'ufficiali	
	N.	L.	N.	L.	N.	L.	N.	L.	N.	L.
1877 . . .	..	..	..	..	..	..	..	..	..	..
1878 . . .	..	..	..	..	..	..	..	..	..	..
1879 . . .	..	..	..	..	..	..	..	..	..	..
1880 . . .	..	..	..	..	1	42, »	..	..	..	.
1881 . . .	..	..	..	..	1	42, »	..	..	..	...
1882 . . .	..	..	..	..	1	42, »	..	..	..	..
1883 . . .	..	..	1	45, »	1	42, »	..	..	..	..
1884 . . .	..	..	1	45, »	1	42, »	..	..	..	..
1885 . . .	1	65, »	2	95, »	1	42, »	..	..	..	..
1886 . . .	1	65, »	2	95, »	1	42, »	..	..	..	..
1887 . . .	1	65, »	2	95, »	3	130, »	..	..	..	..
1888 . . .	1	65, »	2	95, »	3	127, »	..	..	..	..
1889 . . .	1	65, »	1	45, »	5	209, »	..	..	..	..
1890 . . .	1	32,50	1	15, »	4	163.83	..	..	..	..
1891 . . .	1	65, »	1	45. »	5	209, »	..	..	..	..
1892 . . .	1	65, »	1	50, »	6	251, »	..	..	..	..
1893 . . .	1	65, »	2	95, »	5	209, »	..	..	..	..
1894 . . .	1	65, »	2	95, »	6	209, »	..	..	..	..
1895 . . .	1	51, »	2	87, »	7	227, »	..	..	..	..
1896 . . .	1	51, »	2	87, »	9	317, »	.	..	..	..

l 1896, per sussidi annui ad orfani di

(Art. 17 dello Statuto).

Marinari		Mozzi		Totale		Osservazioni
N.	L.	N.	L.	N	L..	
..	..	..	..	..	..	
..	..	..	..	..	..	
..	..	..	..	..	..	
..	..	..	..	1	42, »	
2	54, »	..	..	3	96, »	
2	54, »	..	..	3	96, »	
4	108, »	..	..	6	195, »	
5	135, »	..	..	7	222, »	
8	222, »	..	..	12	424, »	
10	279, »	..	..	14	481, »	
10	282, »	..	..	16	572, »	
15	429, »	..	..	21	716, »	
17	493, »	..	..	21	812, »	
21	577,53	..	.	27	818,86	
19	531, »	..	..	26	853, »	
17	441, »	..	..	25	810, »	
23	509, »	..	..	31	898, »	
24	532, »	..	..	33	901, »	
25	548, »	..	..	35	916, »	
23	512, »	..	..	35	970, »	

Cassa degli invalidi della marina mercantile di Ancona.

Prospetto delle somme pagate per assegni vitalizi e temporanei distinti per anno e per classe dal 1869 al 31 dicembre 1876.

Pensioni.

(Art. 2, 3, 4 e 8 dello Statuto)

ANNI	Capitani di lungo corso		Capitani di gran cabotaggio		Padroni e marinai autorizzati		Marinai		Vedove ed orfani		Totale	
	N.	L.	N.	L.	N.	L.	N.	L.	N.	L.	N.	L.
1869 . . .	7	926,98	6	601,60	13	1 337,61	78	5 598,72	119	3 654,21	223	12.::
1870 . . .	8	1.064,09	6	691,59	11	1.346,66	88	5 881,85	113	3.381,40	229	12 ::
1871 . . .	10	1.586,67	6	633,30	19	1.820,59	90	6.052,35	117	3.713,78	212	12.::
1872 . . .	11	1.440,79	6	699,98	19	1.973,66	87	5.936,58	125	4.057,60	248	14.15
1873 . . .	12	1.677,50	5	566,63	20	2.092.50	87	6.348,86	124	3.958,63	218	14.::
1874 . . .	12	2.147,90	5	698, •	22	2.651,85	84	7.187,31	126	4.913,51	249	17.::
1875 . . .	11	1.960,27	5	559,91	20	2.386,96	82	7.180,31	124	5.119,23	212	17.:
1876 . . .	10	1.972,71	4	646,80	19	2.520,11	80	7.208,40	118	5 133,57	231	17.15
Totale . .	81	12.770,84	43	5.187,84	146	16.137,97	676	51.307,38	966	33.949,07	1912	119.32

Sussidi annui.

(Art. 6 e 13 dello Statuto).

ANNI	Capitani di lungo corso		Capitani di gran cabo- taggio		Padroni e marinai autorizzati		Marinai		Vedove ed orfani		Totale	
	N.	L.	N.	L.	N.	L.	N.	L.	N.	L.	N.	L.
19 . . .	..	..	2	170, »	..	..	16	645,37	12	375,16	30	1.190,53
0 . . .	4	270,32	3	212,50	..	..	26	1.090, »	25	762,83	58	2.435,65
1 . . .	4	415,55	3	255, »	1	40, »	33	1.556,30	32	1.320,85	73	3.587,70
? . . .	3	360, »	5	411, »	2	140, »	37	1.790, »	32	1.407,20	79	4.108,20
. . .	4	480, »	6	491, »	3	200, »	39	1.940, »	38	1.835,50	90	4.946,50
. . .	4	486, »	7	709,20	4	330, »	45	2.658, »	53	2.926,81	113	7.110,01
. . .	7	654, »	5	563,60	5	406,80	46	2.708, »	60	3.485,84	123	8.123,24
. . .	3	463, »	6	606, »	6	486,80	50	3.003, »	67	4.196.74	132	8.765,54
ale . .	29	3.533,87	37	3.123.30	26	1.603,60	292	15.395,67	319	16.310,93	698	40.267,37

Sussidi straordinari.

(Art. 18 dello Statuto).

ANNI	Capitani di lungo corso		Capitani di gran cabotaggio		Padroni o marinai autorizzati		Marinari		Vedove ed orfani		Totale	
	N.	L.	N.	L.	N.	L.	N.	L.	N.	L.	N.	L.
1869. . .	..	..	1	50, •	5	190, •	33	881, •	8	255, •	47	1.5
1870 . . .	1	60, •	..	..	15	650, •	53	1.570, •	15	450, •	89	??
1871 . . .	4	380, •	..	..	40	1.555, •	98	2.740,19	11	270, •	103	
1872 . . .	1	150, •	3	255, •	10	515, •	78	1.881, •	30	560, •	122	
1873 . . .	1	120, •	3	260, •	11	115, •	118	3.568, •	51	900, •	187	
1874 . . .	3	190, •	2	295, •	35	815, •	117	3.529, •	53	945, •	210	
1875 . . .	2	160, •	4	165, •	70	1.719,71	180	3.980, •	81	1.086,10	333	
1876 . . .	7	750, •	4	160, •	12	983,75	215	3.980, •	72	853, •	340	
Totale . .	19	1.810, •	16	1.185, •	223	6.903,16	927	21.390,19	320	5.319,40	1511	

Prospetto delle somme pagate per assegni vitalizi e temporanei dal 1877 al 31 dicembre 1896.

Pensioni.

(Art. 2, 3, 4 e 8 dello Statuto).

Anni	Capitani di lungo corso		Capitani di gran cabotaggio		Padroni o marinai autorizzati		Marinari		Vedove ed orfani		Totale	
	N.	L.	N.	L.	N.	L.	N.	L.	N.	L.	N.	L.
7 . . .	10	1.972,28	4	520, »	21	2.597,80	81	6.837,27	119	1.130,24	235	17.107,50
8 . . .	11	2.039,98	4	525, »	22	2.599,25	78	6.024,07	119	5.269,12	234	17.253,32
9 . . .	13	2.404,18	4	529, »	20	2.171,41	80	7.060,20	125	5.746,69	242	17.911,48
) . . .	13	2.526,48	4	600, »	18	2.237,15	75	6.977,13	126	5.847,01	236	18.187,77
1 . . .	14	2.863,98	3	399,98	18	2.148,69	75	6.895,19	126	6.163,62	236	18.476,46
2 . . .	12	2.551,07	3	399,90	16	1.969,83	68	6.342,99	125	6.348,06	224	17.521,94
3 . . .	9	1.849,92	3	399,98	17	1.771,84	67	6.690,88	126	6.540,51	222	17.253,13
4 . . .	9	2.214,94	3	400, »	15	1.781,38	62	6.324,97	125	6.712,98	214	17.634,27
5 . . .	9	1.951,92	3	400, »	15	1.731,38	65	6.819,15	127	7.302,59	220	18.228,04
6 . . .	9	1.879,96	4	460, »	18	2.120,38	66	6.695,04	131	6.647,16	228	18.802,54
7 . . .	11	2.217,46	2	300, »	24	2.828,38	70	6.855,34	134	8.220,20	241	20.421,38
8 . . .	12	2.771,60	2	300, »	25	3.287,45	81	7.930,04	132	8.263,06	255	22.612,15
9 . . .	16	4.038,31	2	300, »	32	3.756,11	95	9.183,11	119	7.744,79	294	26.022,33
0 . . .	17	4.158,31	1	180, »	41	5.102,40	103	10.687,06	136	8.559,85	298	28.687,62
1 . . .	18	4.338,32	..	..	44	6.135,80	123	12.463,20	151	9.025,14	336	31.962,43
2 . . .	18	4.330,81	2	210, »	51	7.049,77	122	11.707,01	148	9.028,91	341	32.326,53
3 . . .	18	4.207,66	2	275, »	54	7.393,77	130	11.845,21	152	9.231,42	346	32.953,06
4 . . .	17	4.003,84	1	180, »	58	7.941,68	134	12.970,17	119	10.114,56	359	35.110,25
5 . . .	14	3.228,31	4	765, »	63	8.492,12	113	13.726,73	147	9.422,96	371	35.605,12
6 . . .	14	3.273,61	5	597,25	65	8.926,20	118	14.144,93	152	9.666,95	384	36.608,99

Sussidi annui.

(Art. 6 e 13 dello Statuto).

ANNI	Capitani di lungo corso		Capitani di gran cabotaggio		Padroni e marinari autorizzati		Marinari		Vedove ed orfani		Totale	
	N.	L.	N.	L.	N.	L.	N.	L.	N.	L.	N.	L.
1877 . . .	6	768, »	6	606, »	6	183.70	62	3.706, »	86	5.168,71	166	
1878 . . .	4	528, »	6	606, »	7	563.70	67	3.992, »	88	5.174,71	172	
1879 . . .	3	382, »	9	615, »	12	910,30	78	4.473, »	99	5.817,17	201	
1880 . . .	9	1.414,80	9	812, »	19	1.432,30	103	5.826, »	107	6.360,69	247	
1881 . . .	8	1.234,80	9	1.435,50	29	2.111,30	111	6.606, »	115	6.806,80	272	
1882 . . .	15	2.011,80	9	874, »	45	3.698.80	138	8.022, »	132	7.257,30	340	
1883 . . .	17	2.211,80	11	1.172, »	68	5.622, »	177	10.310, »	166	8.918,80	439	
1884 . . .	17	2.039,80	12	1.284, »	82	6.622, »	208	11.872, »	196	10.816,31	515	
1885 . . .	16	2.272,80	14	1.336, »	120	9.049, »	271	11.218, »	216	11.132,13	640	
1886 . . .	17	2.362,80	14	1.388, »	150	2.008,66	303	18.987 »	233	12.105,80	722	
1887 . . .	20	2.842, »	15	1.763, »	165	13.002,10	361	29.336, »	268	13.683,71	829	
1888 . . .	25	3.459,40	18	1.823,50	188	14.077,66	401	22.242 20	276	14.682.67	908	
1889 . . .	25	3.421, »	17	1.879, »	220	16.812,98	443	26.138, »	317	16.440,04	1022	
1890 . . .	26	3.638, »	18	1.911,50	227	18.952,61	524	31.193, »	311	16.652.42	1136	
1891 . . .	25	3.551, »	20	2.144,50	261	21.754, »	852	33.984 68	405	18.823,24	1563	
1892 . . .	29	4.972, »	16	1.792, »	256	20.302,27	552	32.120,50	383	18.846,55	1236	
1893 . . .	26	3.543, »	15	1.582, »	271	21.603,23	571	33.207,36	414	20.019,57	1303	
1894 . . .	22	3.027, »	18	1.982, »	278	22.530,50	589	33.502,50	433	20.581.01	1130	
1895 . . .	22	2.930,63	16	1.712, »	278	21.636,71	617	35.610, »	451	21.097,89	1384	
896 . . .	20	2.589, »	15	1.586, »	283	21.892.51	651	36.327,04	477	21.592,01	1451	

Sussidi straordinari.

(Art. 18 dello Statuto).

ANNI	Capitani di lungo corso		Capitani di gran cabot-taggio		Padroni e marinari autorizzati		Marinai		Vedove ed orfani		Totale	
	N.	L.	N.	L.	N.	L.	N.	L.	N.	L.	N.	L.
...	3	150, »	5	80, »	50	940,50	174	3.464,50	76	937, »	308	5.572, »
...	5	530, »	9	380, »	47	1.577,50	156	3.863, »	220	2.844,08	437	9.194,58
...	2	80, »	6	215 »	41	1.745, »	166	5.265, »	125	2.470,97	310	9.807,97
...	8	495, »	4	230, »	48	2.218, »	223	7.096, »	138	2.176, »	421	12.215, »
...	4	130, »	3	65, »	46	1.979,87	117	4.001,30	180	3.373.20	380	9.049,37
...	3	320, »	9	292,85	69	2.595, »	201	5.121,45	277	5.792,90	562	11.122,20
...	5	405, »	6	225, •	62	2.705, »	197	5.560, »	279	3.627,33	519	12.567,33
...	9	431, »	6	215, »	61	2.110, »	160	4.912, »	313	4.670,71	552	12.668,74
...	6	276, »	7	260, »	75	2.389.50	203	5.171, »	368	6.627,16	679	11.226,66
...	11	606, »	7	270, »	43	1.625.74	188	5.584,50	332	5.105, »	534	13.191,24
...	6	256, »	6	160, »	40	1.785, »	117	3.679,50	262	5.005,70	480	10.886,20
...	6	461. »	6	100, »	53	1.991, »	163	4.223,15	348	5.371, »	616	12.209,15
...	7	551, »	2	90, »	37	1.525, »	123	4.217,52	412	5.638,88	581	12.122.40
...	3	320, »	3	90, »	31	1.020, »	88	2.397,02	433	5.723, »	558	9.550,02
...	1	120, »	1	70, »	8	345, »	104	2.827,61	299	2.819, »	413	6.181,61
...	3	110, »	3	82,50	17	435, »	52	975, »	93	1.204, »	168	2.836,50
...	4	260, »	4	57,50	3	60, »	37	825, »	55	906,50	103	2.199, »
...	5	320, »	1	22,50	8	330, »	38	1.404, »	43	1.181,50	95	3.168, »
...	4	225, »	4	200, »	17	715, »	51	1.828,50	50	1.113, »	126	4.141,50
...	2	80. »	1	22,50	12	420, »	57	1.648,50	40	936,30	112	3.107,50

ʃell'anno 1834 venne dal Consiglio erogato un fondo di L. 1015, a marittimi colpiti dal colera, e loro
ʃhe.

PIROSCAFI CHE TRASPORTANO PASSEGGERI

Il numero dei passeggeri che i piroscafi possono trasportare viene determinato dalla misurazione dei locali ad essi assegnati, dopochè con una speciale ispezione si è riconosciuto che le installazioni di bordo sono conformi a quelle prescritte dalle norme vigenti.

Per i piroscafi addetti a viaggi di lunga navigazione, ossia che oltrepassano lo stretto di Gibilterra, il canale di Suez e Costantinopoli, la misurazione è fatta dalla Commissione sanitaria stabilita dall'art. 578 del vigente regolamento per l'esecuzione del codice per la marina mercantile, e per quelli che fanno viaggi di breve navigazione, ossia entro i limiti su citati, la Commissione si compone di un ufficiale di porto e di un perito stazzatore.

I piroscafi misurati ed il numero dei passeggieri che possono trasportare sono indicati nei tre quadri seguenti.

I.

Numero dei passeggeri che possono trasportare i seguenti piroscaf
Italiani in viaggi di lunga navigazione, giusta le prescrizioni del-
l'art. 578 del regolamento marittimo.

DENOMINAZIONE DEI PIROSCAFI	Tonnellaggio		Numero massimo di passeggeri che possono trasportare				ARMATORI
	lordo	netto	Prima classe	Seconda classe	Terza classe	Totale	
Agordat	2550	1674	..	17	1403	1420	Mancini Antonio di Genova.
Alacrità	2211	1443	..	8	922	930	Zino Fratelli di Savona.
America ex *Castilla* .	2301	1702	..	32	978	1010	Repetto G. B. Antonio, vulgo Stefano, di Genova.
Aquila ex *Wyberton* .	2055	1338	..	10	811	851	Ditta Marini e Brichetto di Genova.
Archimede	2839	1849	50	..	966	1016	Navigazione generale italiana.
Arno ex *Temerario* .	3403	2070	..	21	1292	1316	Id.
Asia	1577	1029	46	18	286	350	Ditta Leop. Scorcia e f. di Bari.
Aspromonte ex *Seybouse.*	436	262	4	..	50	54	Società di nav. a vap. « La Calabria ».
Assiduità	3229	2153	..	10	1479	1489	Fratelli Zino di Savona.
Assiria	1609	1055	56	31	517	604	Navigaz. gener. italiana

DENOMINAZIONE DEI PIROSCAFI	Tonnellaggio		Numero massimo di passeggeri che possono trasportare				ARMATORI
	lordo	netto	Prima classe	Seconda classe	Terza classe	Totale	
Attività	2173	1615	..	10	1217	1227	Fratelli Zino di Savona.
Ausonia ex *Alexandra*	1086	638	12	..	800	812	Viale cav. Paolo di Ventimiglia e Stagno Giovanni fu Gio. Batta.
Barion	1020	670	12	11	177	203	Società di Navigazione « Puglia ».
Birmania	2361	1502	..	..	1010	1010	Navigazione generale italiana.
Bormida	2301	1499	28	..	1142	1170	Id.
Bosforo	2773	1812	35	26	550	611	Id.
Caffaro	2927	1927	..	16	1190	1206	Repetto G. B., vulgo Stefano, di Genova.
Calabro	2103	1343	..	30	824	854	Società « Puglia » di Bari.
Cariddi	1231	665	17	20	375	452	Navigazione generale italiana.
Città di Genova . . .	1936	1253	..	23	1006	1029	Società di navigazione « La Veloce » di Genova.
Colombo ex *Brazil* .	2408	1577	..	6	1192	1198	Giacomo Cresta, di Genova.
Duca di Galliera. . .	4301	2841	98	108	991	1197	Società di navigazione « La Veloce » di Genova.

DENOMINAZIONE DEI PIROSCAFI	Tonnellaggio		Numero massimo di passeggeri che possono trasportare				ARMATORI
	lordo	netto	Prima classe	Seconda classe	Terza classe	Totale	
Duchessa di Genova .	4304	2793	108	96	972	1176	Società di navigazione « La Veloce » di Genova.
Edilio R. ex *Palestro*	3331	2208	..	28	1630	1658	Ditta Carlo Raggio di Genova.
Egadi	1918	1217	36	42	398	476	Navigazione generale italiana.
Elisa Anna.	1135	782	4	..	665	669	Pietro Tassi di Livorno.
Entella	2276	1183	17	..	600	617	Navigazione generale italiana.
Europa ex*Camilla* .	1331	863	25	10	423	458	Fratelli Giotta di Bari.
Faro	963	618	16	..	330	346	Navigazione generale italiana.
Fortunata R.	3531	2317	16	..	1576	1592	Ditta Carlo Raggio e C. di Genova.
Giava	2753	1818	..	..	1308	1308	Navigazione generale italiana.
Giuseppe ex *Giulio Mazzino*	1973	1208	4	..	279	283	Dall'Orso Giuseppe di Andrea e Dall'Orso Giuseppe di Michelangelo di Chiavari.
Gottardo.	2853	1843	60	..	907	967	Navigazione generale italiana.
Iapigia	1252	789	10	12	213	235	Società di navigazione « Puglia ».

DENOMINAZIONE DEI PIROSCAFI	Tonnellaggio		Numero massimo di passeggeri che possono trasportare				ARMATORI
	lordo	netto	Prima classe	Seconda classe	Terza classe	Totale	
Indipendente	2853	1844	60	..	907	967	Navigazione generale italiana.
Iniziativa	2010	1294	6	..	410	416	Id.
Italia ex S. *Paulo*. .	2869	1907	..	14	1210	1251	Repetto G. B. vulgo Stefano, di Genova.
Las Palmas ex *G. B. Lavarello*	1862	1222	..	42	935	977	Società di navigazione « La Veloce ».
Letimbro.	2202	1417	20	..	540	560	Navigazione generale italiana.
Malabar	1627	1049	22	..	708	730	Id.
Manilla . . . . . ˙ .	3910	2583	52	..	1595	1647	Id.
Marco Minghetti. . .	2488	1628	28	32	394	452	Navigazione generale italiana.
Marsala	1656	1013	21	42	388	451	Id.
Matteo Bruzzo . . .	3919	2543	56	38	1145	1539	Società di navig. « La Veloce » di Genova.
Mediterraneo	1664	1065	52	41	540	633	Navigazione generale italiana.
Melo	1094	773	12	3	194	209	Società di navig. « Puglia ».
Messapia	2205	1418	32	..	727	759	Società » Puglia » di Bari.

DENOMINAZIONE DEI PIROSCAFI	Tonnellaggio		Numero massimo di passeggeri che possono trasportare				ARMATORI
	lordo	netto	Prima classe	Seconda classe	Terza classe	Totale	
Minas ex *Parà* . . .	2061	2204	..	25	1276	1301	Società « Ligure Romana » di Roma.
Montebello ex *Fanfulla*	2577	1645	..	2	1357	1359	Navigazione generale italiana.
Montevideo ex *Pacifica*	3221	2098	..	51	1090	1141	Società « La Veloce » di Genova.
Nilo	2801	1826	40	26	550	616	Navigazione generale iliana.
Nord America . . .	4826	2485	100	104	1066	1270	Società « La Veloce » di Genova.
Orione.	4161	2296	80	56	964	1100	Navigazione generale italiana.
Paraguay ex *Maria* .	1359	777	..	..	822	822	Id.
Peloro	1963	1194	53	34	433	520	Id.
Perseo	4158	2292	80	40	957	1077	Id.
Plata ex *Amedeo* . .	1862	1210	13	..	650	663	Id.
Po	2334	1531	42	..	1032	1074	Id.
Polcevera	2170	1403	26	41	474	541	Id.
Principe Amedeo . .	1240	745	51	55	454	560	Id.

DENOMINAZIONE DEI PIROSCAFI	Tonnellaggio		Numero massimo di passeggeri che possono trasportare				ARMATORI
	lordo	netto	Prima classe	Seconda classe	Terza classe	Totale	
Principe Oddone . . .	1239	743	51	55	471	577	Navigazione generale italiana.
Raffaele Rubattino . .	1580	3011	80	10	458	578	. . . . Id. .
Raggio ex *Carlo R.* . .	2674	1750	19	..	1319	1338	Ditta Carlo Raggio di Genova.
Regina Margherita . .	3577	1933	80	60	1071	1211	Navigazione generale italiana.
Re Umberto	2967	2195	..	2	1301	1303	Repetto Gio. Batta. Antonio (vulgo Stefano) di Genova.
Rio ex *Maranhao* . .	2971	2228	..	20	1283	1303	Società « Ligure Romana » di Roma.
Rio Janeiro ex *Ad. Lavarello*	1916	1211	..	..	1021	1021	Società « La Veloce » di Genova.
Roma.	1865	1213	..	..	817	817	Navigazione generale italiana. .
Rosario	1957	1177	..	28	919	917	Società « La Veloce » di Genova.
S. Giorgio	2317	1861	..	..	1023	1023	Navigazione generale italiana.
S. Gottardo	2117	1541	..	..	1292	1292	Ditta Dufour e Bruzzo, Genova.

DENOMINAZIONE DEI PIROSCAFI	Tonnellaggio		Numero massimo di passeggeri che possono trasportare				ARMATORI
	lordo	netto	Prima classe	Seconda classe	Terza classe	Totale	
Scilla	1214	667	47	40	375	462	Navigazione generale i-liana.
Scrivia	2557	1667	26	30	500	556	Id.
Segesta	1782	1157	34	26	162	222	Id.
Sempione	3149	1946	..	..	1349	1349	Id.
Silvia	943	514	6	..	600	606	Viale cav. Paolo di Ventimiglia.
Singapore	3685	2432	18	..	904	922	Navigazione generale italiana.
Sirio	4141	2275	80	40	958	1078	Id.
Solferino.	2206	1463	..	3	1087	1090	Id.
Solunto	1908	1242	44	28	210	282	Id.
Sofia	113	71	..	..	70	70	Ditta Egbert Welby di Roma.
Stura	2180	1416	..	14	1159	1173	Navigazione generale italiana.
Sud America ex *Mentana* ex *Prov. di San Paolo.* . . .	3185	2060	..	..	1401	1401	Società « La Veloce » di Genova.

DENOMINAZIONE DEI PIROSCAFI	Tonnellaggio		Numero massimo di passeggeri che possono trasportare				ARMATORI
	lordo	netto	Prima classe	Seconda classe	Terza classe	Totale	
Sumatra	1880	1223	12	21	661	727	Navigazione generale italiana.
Tirso	1411	902	36	..	250	286	Id.
Umberto I.	2821	1528	..	..	632	632	Id.
Vincenzo Florio. . .	2840	1852	44	..	1001	1145	Id.
Vittoria	4290	2823	94	96	961	1151	Società « La Veloce » di Genova.
Washington.	2833	1845	46	..	784	830	Navigazione generale italiana.

II.

Piroscafi italiani addetti al trasporto dei passeggeri nei viaggi di breve navigazione misurati secondo le prescrizioni dell'art. 584 del regolamento marittimo.

PIROSCAFI	Numero dei passeggeri che possono trasportare dal 1. aprile a tutto ottobre						Totale generale dei passeggeri	Numero dei passeggeri che possono trasportare dal 1. novembre a tutto marzo					Totale generale dei passeggeri	Spazio libero del ponte scoperto riservato ai passeggeri M. q.
	Passeggeri di 3. classe				Posti			Passeggeri di 3. classe			Posti			
	sul ponte scoperto	nei corridoi	nei cameri, taghe, dire	Totale della 3. classe	di 1. classe	di 2. classe		nei corridoi	negli altri locali coperti	Totale della 3. classe	di 1. classe	di 2. classe		
Adria	203	601	..	807	66	36	909	601	..	604	66	36	706	..
Adriatico	231	479	..	710	36	36	782	479	..	479	36	36	551	143.91
Africa	236	364	..	600	38	26	664	364	..	364	38	26	428	103.22
Alessandro Volta . .	217	191	71	185	40	31	559	191	71	268	40	31	342	83.28
Amelia	114	56	68	288	..	..	268	56	68	124	..	..	124	..
Amerigo Vespucci . .	159	185	39	388	40	32	455	185	39	224	40	32	296	81. »
Ancona	185	231	80	496	35	36	567	231	80	311	35	36	382	62. »
Annina	309	316	..	620	..	..	620	311	..	..	..	..	311	308.81
Arabia	227	397	..	621	51	40	678	397	..	397	51	40	487	208. »
Archimede	520	783	212	1515	40	..	1555	783	212	995	40	..	1035	122. »
Armonia	151	..	..	151	..	12	163	..	..	..	..	12	12	..

| PIROSCAFI | Numero dei passeggeri che possono trasportare dal 1. aprile a tutto ottobre | | | | | | | Numero dei passeggeri che possono trasportare dal 1. novembre a tutto marzo | | | | | | Spazio libero del ponte scoperto riservato ai passeggeri |
| | Passeggeri di 3. classe | | | | Posti | | Totale generale dei passeggeri | Passeggeri di 3 classe | | | Posti | | Totale generale dei passeggeri | |
	sul ponte scoperto	nei corridoi	nei casseri, lughe. siite	Totale della 3. classe	di 1. classe	di 2. classe		nei corridoi	negli altri locali coperti	Totale della 3 classe	di 1. classe	di 2. classe		M. q
Asia	233	341	130	701	63	33	805	311	130	471	63	33	572	234. »
Assiria	318	528	184	863	56	31	950	523	184	712	56	31	799	264. 85
Aurora M.	160	..	..	160	0	6	172	..	..	..	6	6	12	160. »
Bagnara . , . . .	161	277	116	504	20	18	542	227	116	343	20	18	381	133. »
Balilla ·	53	17	..	70	..	..	70	17	..	17	..	..	17	..
Bari	114	..	..	114	8	5	127	..	..	..	8	5	13	..
Birmania.	508	264	..	972	35	..	1007	464	..	464	35	..	499	117. 78
Bisagno	483	610	258	1351	..	..	1351	610	258	868	..	..	868	..
Bormida	483	610	258	1351	..	..	1351	610	258	868	..	..	868	..
Calabria	207	..	103	310	..	..	310	..	103	103	..	..	103	..
Calabro	523	751	69	1343	31	..	1374	751	34	785	31	..	816	..
Candia	219	82	126	427	34	56	517	82	126	208	34	56	298	194. 10
Capraia	109	154	166	429	..	..	429	154	166	320	..	..	320	..
Caprera	223	143	89	455	32	30	517	113	89	232	32	30	294	76. 01

PIROSCAFI	Numero dei passeggeri che possono trasportare dal 1. aprile a tutto ottobre						Totale generale dei passeggeri	Numero dei passeggeri che possono trasportare dal 1. novembre a tutto marzo					Totale generale dei passeggeri	Spazio libero del ponte scoperto riservato ai passeggeri
	Passeggeri di 3. classe				Posti			Passeggeri di 3. classe			Posti			
	sul ponte scoperto	nei corridoi	nei cameri, taglie, dire	Totale della 3. classe	di 1 classe	di 2. classe		nei corridoi	negli altri locali coperti	Totale della 3. classe	di 1 classe	di 2. classe		M. q.
Cariddi	236	249	163	637	44	30	771	249	163	112	41	30	486	122. »
Cipro	277	264	176	717	36	26	779	261	176	410	36	26	502	108. 19
Conte Menabrea . . .	86	..	40	126	16	20	162	..	40	40	16	20	76	35. 83
Corsica	97	..	4	101	18	18	137	..	4	4	18	18	40	..
Cristoforo Colombo .	227	..	73	300	.	..	300	..	73	73	..	..	73	..
Domenico Balduino ex *China*.	651	1126	517	2294	86	40	2420	1126	517	1643	86	40	1769	383. 03
Dora	52	12	..	64	9	..	73	12	..	12	9	..	21	51. 94
Drepano	241	176	261	678	38	28	744	176	261	427	38	28	503	80. »
Eden . ·	263	243	..	506	10	..	516	243	..	243	10	..	253	..
Egadi	228	312	280	820	32	42	894	312	280	592	32	42	666	218. »
Egitto	241	329	249	819	34	26	879	329	249	578	34	26	638	151. 07
Elba	100	20	14	134	20	10	164	20	14	34	20	10	64	46. 78
Elettrico	123	205	45	373	48	36	457	205	45	250	48	36	334	231. »
Enna	256	174	..	430	35	28	493	174	..	171	35	28	237	168. 13

| PIROSCAFI | Numero dei passeggeri che possono trasportare dal 1. aprile a tutto ottobre | | | | | | | Numero dei passeggeri che possono trasportare dal 1. novembre a tutto marzo | | | | | | Spazio libero del ponte scoperto riservato ai passeggeri |
| | Passeggeri di 3. classe | | | | Posti | | Totale generale dei passeggeri | Passeggeri di 3. classe | | | Posti | | Totale generale dei passeggeri | |
	sul ponte scoperto	nei corridoi	nei casseri, tughe, sale	Totale della 3. classe	di 1 classe	di 2 classe		nei corridoi	negli altri locali coperti	Totale della 3. classe	di 1.classe	di 2.classe		M.q.
Entella	512	429	403	1341	14	..	1358	429	403	832	14	...	816	68. »
Eolo	70	..	10	80	..	21	101	..	..	..	..	21	21	..
Etna	122	22	134	278	41	51	370	22	..	22	41	51	114	..
Europa	230	200	30	510	44	10	764	200	30	230	44	210	484	..
Faro	294	371	150	815	20	..	835	371	..	371	20	...	391	..
Gargano	196	151	..	347	6	..	353	151	..	151	6	...	157	..
Giano	346	807	..	1153	6	..	1159	807	..	807	6	...	813	54.57
Giava	550	511	350	1411	33	..	1449	511	350	861	38	...	899	118.21
Giuseppe ex *Giulio Mazzino*	363	471	10	..	56	29	937	474	..	484	56	29	569	..
Gorgona	52	..	23	75	9	10	94	..	23	23	9	10	42	46. »
Gottardo	503	678	214	1400	60	..	1460	678	214	892	60	...	952	174. »
Iapigia	225	238	..	463	22	..	485	238	..	238	22	...	260	..
Imera	400	202	..	602	27	27	656	202	..	202	27	27	256	..
Ina Z.	72	553	..	625	10	..	635	553	..	553	10	...	563	..

490

PIROSCAFI	Numero dei passeggeri che possono trasportare dal 1. aprile a tutto ottobre							Numero dei passeggeri che possono trasportare dal 1. novembre a tutto marzo						Spazio libero del ponte scoperto riservato ai passeggeri
	Passeggeri di 3. classe				Posti		Totale generale dei passeggeri	Passeggeri di 3. classe			Posti		Totale generale dei passeggeri	
	sul ponte scoperto	nei corridoi	nei casseri, tughe, sale	Totale della 3. classe	di 1. classe	di 2. classe		nei corridoi	negli altri locali coperti	Totale della 3. classe	di 1. classe	di 2. classe		M. q.
India	211	414	..	625	50	27	702	411	..	411	50	27	491	221. 03
Iniziativa	151	71	..	222	..	..	222	71	..	71	..	..	71	..
Irno	21	..	..	21	..	..	21	..	..	..	..	..	..	..
Leone	155	95	137	387	45	51	483	95	..	95	45	51	191	..
Liguria	172	31	73	279	22	29	330	31	73	107	22	29	158	72. 98
Lilibeo	172	108	156	436	26	24	486	108	156	264	26	24	311	51. »
Linda	529	752	..	1281	14	..	1295	752	..	752	14	..	766	..
Lipari	71	..	53	124	..	10	134	..	50	50	..	10	60	..
Lombardia	164	30	81	275	30	27	332	30	81	111	30	27	168	77. 88
Lucano	196	151	..	347	6	..	353	151	..	151	6	..	157	..
Malabar	382	379	261	1022	20	..	1042	379	261	640	20	..	660	90. 11
Malta	219	82	126	427	34	56	517	82	126	208	31	56	208	191. 10
Manilla	599	793	..	1392	58	22	1472	793	..	793	58	22	873	200. 77
Maria	127	159	..	286	..	..	286	159	..	159	..	..	159	127. »

PIROSCAFI	Numero dei passeggeri che possono trasportare dal 1. aprile a tutto ottobre						Totale generale dei passeggeri	Numero dei passeggeri che possono trasportare dal 1. novembre a tutto marzo					Totale generale dei passeggeri	Spazio libero del ponte scoperto riservato ai passeggeri
	Passeggeri di 3. classe				Posti			Passeggeri di 3. classe			Posti			
	sul ponte scoperto	nei corridoi	nei casseri, tughe, siite	Totale della 3. classe	di 1. classe	di 2. classe		nei corridoi	negli altri locali coperti	Totale della 3. classe	di 1. classe	di 2. classe		M. q.
Maria	116	229	..	315	3	1	352	229	..	229	3	1	236	..
Maria Teresa	315	241	..	556	..	24	580	211	..	241	..	24	265	..
Marsala	276	273	115	664	22	42	723	273	115	388	22	12	452	91. »
Mediterraneo	301	421	166	888	52	41	931	421	116	537	52	41	630	150. »
Messapia	488	738	56	1282	31	..	1313	738	16	754	31	..	785	..
Messina	245	459	..	704	50	36	790	459	..	459	50	36	545	127.98
Milano	131	32	26	189	40	31	260	32	26	58	40	31	129	73. »
Milazzo	89	..	..	89	11	16	116	..	..	..	11	16	27	..
Moncalieri	187	57	102	346	30	39	415	57	102	159	30	39	228	95.15
Napoli	124	..	17	111	42	44	227	..	..	..	42	44	86	46.31
Oreto	358	634	64	1056	184	..	1240	634	..	634	40	..	674	77.49
Orione	519	1234	..	1753	48	80	1881	1187	47	1234	48	80	1362	..
Pachino	163	150	178	491	30	28	549	150	178	323	30	28	386	69. »
Palermo	126	48	..	174	38	37	249	48	..	48	38	37	123	69. »

PIROSCAFI	Numero dei passeggeri che trasportare dal 1. aprile a tutto ottobre						Totale generale dei passeggeri	Numero dei passeggeri che possono trasportare dal 1. novembre a tutto marzo					Totale generale dei passeggeri	Spazio libero del ponte scoperto riservato ai passeggeri
	Passeggeri di 3. classe				Posti			Passeggeri di 3. classe			Posti			
	sul ponte scoperto	nei corridoi	nei casseri, tughe, dire	Totale della 3. classe	di 1. classe	di 2. classe		nei corridoi	negli altri locali coperti	Totale della 3. classe	di 1. classe	di 2. classe		M. q.
Singapore	610	774	3 6	1750	58	18	1826	774	266	1140	58	18	1216	237.84
Sirio	519	1234	..	1753	18	80	1881	1187	47	1234	48	80	1362	..
Solunto	249	184	275	708	44	28	780	184	275	459	44	28	531	112. »
Stura	512	110	401	1353	11	..	1367	440	101	841	11	..	70	..
Sumatra	346	627	..	973	42	22	1037	626	..	627	42	22	691	186.95
Tirreno	300	271	134	703	41	12	791	274	134	108	41	42	494	105.64
Toscana	117	10	73	200	62	33	295	10	10	83	32	33	148	87.18
Unione	132	60	..	192	12	..	204	60	..	60	12	..	72	..
Unione Operaia . . .	230	..	62	292	..	..	292	..	62	62	..	..	62	..
Venezia	216	121	164	501	32	34	567	121	164	285	32	34	351	93.21
Vincenzo Florio . . .	457	859	144	1460	40	40	1540	859	144	1003	40	40	1083	119. »
Washington	453	892	140	1485	40	40	1565	892	140	1032	40	40	1112	119. »

III.

dei piroscafi esteri addetti al trasporto dei passeggieri in viaggi di breve
azione, misurati secondo le prescrizioni dell'art. 584 del regolamento
timo.

| SCAFI | BANDIERA | Numero dei passeggeri che possono trasportare dal 1. aprile a tutto ottobre | | | | | | Totale generale dei passeggeri | Numero dei passeggeri che possono trasportare dal 1. novembre a tutto marzo | | | | | Totale generale dei passeggeri | Spazio libero del ponte scoperto riservato ai passeggeri |
| | | Passeggeri di 3. classe | | | | Posti | | | Passeggeri di 3. classe | | | Posti | | | |
		sul ponte scoperto	nei corridoi	nei casseri tughe, stive	Totale della 3. classe	di 1. classe	di 2. classe		nei corridoi	negli altri locali coperti	Totale della 3. classe	di 1. classe	di 2. classe		Mq.
· · · · ·	Austro Ung. · ·	319	398	22	739	..	14	753	380	22	420	..	14	434	320
· · · · ·	Francese. · · ·	330	260	..	590	74	47	631	260	..	260	47	47	354	..
· · · · ·	Id. · · ·	532	362	..	894	47	47	988	362	..	362	47	47	456	..
· · · · ·	Id. · · ·	540	533	..	1073	20	30	1123	533	..	533	20	39	583	..
· · · · ·	Austro Ung. · ·	276	217	49	542	23	..	565	217	49	266	23	..	289	..
· · · · ·	Francese. · · ·	357	244	..	601	18	24	643	244	..	244	18	24	286	..
· · · · ·	Id. · · ·	341	346	..	687	26	22	735	346	..	346	26	22	394	..
ʻ) · · · · ·	Inglese · · · ·	530	638	..	1168	..	..	1168	638	..	638	..	..	638	..
· · · · ·	Austro Ung. · ·	462	585	..	1047	4	..	1051	585	..	585	4	..	589	..
· · · · ·	Francese. · · ·	416	112	..	528	32	34	594	112	..	112	32	34	178	..

n è addetto a viaggi regolari.

494

| PIROSCAFI | Numero dei passeggeri che possono trasportare dal 1. aprile a tutto ottobre | | | | | | Totale generale dei passeggeri | Numero dei passeggeri che possono trasportare dal 1. novembre a tutto marzo | | | | | Totale generale dei passeggeri | Spazio libero del ponte scoperto riservato ai passeggeri |
| | Passeggeri di 3. classe | | | | Posti | | | Passeggeri di 3. classe | | | Posti | | | |
	sul ponte scoperto	nei corridoi	nei casseri, tughe, ripostigli	Totale della 3. classe	di 1. classe	di 2. classe		nei corridoi	negli altri locali coperti	Totale della 3. classe	di 1. classe	di 2. classe		M. q.
Singapore	610	774	3 6	1750	58	18	1826	774	263	1110	58	18	1216	237. 84
Sirio	519	1234	..	1753	18	80	1881	1187	47	1234	48	80	1362	..
Solunto	249	184	275	708	44	28	780	184	275	459	44	28	531	112. »
Stura	512	440	401	1353	14	..	1367	440	401	841	14	..	70	..
Sumatra	346	627	..	973	42	22	1037	626	..	627	42	22	691	186. 95
Tirreno	300	271	134	705	11	42	791	274	134	408	44	42	494	106. 64
Toscana	117	10	73	200	62	33	295	10	10	83	32	33	148	87. 18
Unione	132	60	..	192	12	..	204	60	..	60	12	..	72	..
Unione Operaia . .	230	..	62	292	..	..	292	..	62	62	..	..	62	..
Venezia	216	121	164	501	32	34	567	121	164	285	32	34	351	93. 21
Vincenzo Florio . .	157	859	144	1160	40	40	1540	859	144	1003	40	40	1083	119. »
Washington . . .	453	892	140	1485	40	40	1565	892	140	1032	40	40	1112	119. »

III.

cità dei piroscafi esteri addetti al trasporto dei passeggieri in viaggi di breve navigazione, misurati secondo le prescrizioni dell' art. 584 del regolamento marittimo.

PIROSCAFI	BANDIERA	Numero dei passeggeri che possono trasportare dal 1. aprile a tutto ottobre						Totale generale dei passeggeri	Numero dei passeggeri che possono trasportare dal 1. novembre a tutto marzo						Totale generale dei passeggeri	Spazio libero del ponte scoperto riservato ai passeggeri
		Passeggeri di 3. classe				Posti			Passeggeri di 3. classe			Posti				
		sul ponte scoperto	nei corridoi	nei casseri tughe, stive	Totale della 3. classe	di 1. classe	di 2. classe		nei corridoi	negli altri locali coperti	Totale della 3. classe	di 1. classe	di 2. classe			Mq.
a	Austro Ung. . .	319	398	22	739	..	14	753	380	22	420	..	14	434	320
ique	Francese. . . .	330	260	..	590	74	47	681	260	..	260	47	47	354	..
ique	Id. . . .	532	362	..	894	47	47	988	362	..	362	47	47	456	..
erique.	Id. . . .	540	533	..	1073	20	30	1123	533	..	533	20	39	583	..
iad	Austro Ung. . .	276	217	49	542	23	..	565	217	49	266	23	..	289	..
e.	Francese. . . .	357	244	..	601	18	24	643	244	..	244	18	24	286	..
yrien	Id. . . .	341	346	..	687	26	22	735	346	..	346	26	22	394	..
ona (1)	Inglese	530	638	..	1168	..	..	1168	638	..	638	..	..	638	..
oss.	Austro Ung. . .	462	585	..	1047	4	..	1051	585	..	585	4	..	589	..
tia	Francese. . . .	416	112	..	528	32	34	594	112	..	112	32	34	178	..

(1) Non è addetto a viaggi regolari.

PIROSCAFI	BANDIERA	Numero dei passeggeri che possono trasportare dal 1. aprile a tutto ottobre							Numero dei passeggeri che possono trasportare dal 1. novembre a tutto marzo						
		Passeggeri di 3 classe				Posti		Totale generale dei passeggeri	Passeggeri di 3. classe			Posti		Totale generale dei passeggeri	spazio libero del ponte scoperto
		sul ponte scoperto	nei corridoi	nei casseri, maniche, stive	Totale della 3 classe	di 1. classe	di 2. classe		nei corridoi	negli altri locali coperti	Totale della 3 classe	di 1. classe	di 2. classe		
Bellver	Francese . . .	290	235	..	525	34	23	587	235	..	235	34	23	277	..
B. Kemeny	Austro Ung. . .	363	..	..	363	..	18	381	..	..	..	..	18	19	121
Blidah	Francese . . .	224	103	..	327	20	42	389	103	..	103	20	42	165	..
Bocognano	Id. . . .	213	24	15	252	24	23	303	24	15	39	28	23	90	
Braila	Id.	42?	346	..	772	20	18	810	346	..	346	20	18	384	..
Buda	Austro Ung. . .	388	186	..	574	28	..	602	186	..	186	28	..	214	
Cattaro	Id. . . .	377	..	68	445	29	10	484	..	68	68	29	10	107	
Charles V	Francese . . .	348	160	85	593	65	65	723	160	85	245	65	65	375	
Cyrnos	Id. . . .	348	190	30	518	40	32	590	190	30	220	40	32	292	
C. Giuseppe Valery .	Id. . . .	271	100	..	371	60	40	471	100	..	100	60	40	200	
Conte Baciocchi . . .	Id. . . .	216	68	..	314	36	33	383	68	..	68	36	33	137	
Danzig	Germanica . .	234	384	254	872	26	..	898	384	..	384	26	..	410	
Durance	Francese . . .	209	148	..	357	19	26	402	148	..	148	19	26	193	..
Egida	Austro Ung. . .	82	..	..	82	21	8	111	..	..	..	21	8	29	..

PIROSCAFI	BANDIERA	Numero dei passeggeri che possono trasportare dal 1. aprile a tutto ottobre						Totale generale dei passeggeri	Numero dei passeggeri che possono trasportare dal 1. novembre a tutto marzo					Totale generale dei passeggeri	Spazio libero del ponte scoperto riservato ai passeggeri Mq.
		Passeggeri di 3. classe				Posti			Passeggeri di 3. classe			Posti			
		sul ponte scoperto	nei corridoi	nei casseri, tughe, stive	Totale della 3. classe	di 1. classe	di 2. classe		nei corridoi	negli altri locali coperti	Totale della 3. classe	di 1. classe	di 2. classe		
ldorado	Inglese . . .	401	133	411	945	81	14	1043	133	411	544	81	14	642	115
gyptien	Francese . . .	242	154	..	396	22	18	436	154	..	154	22	18	194	..
urope.	Id. . . .	509	223	..	734	38	34	806	223	..	223	38	34	300	..
vénement	Id. . . .	216	67	..	283	34	14	331	67	..	67	34	14	115	..
alatz	Id. . . .	419	493	20	932	20	24	986	493	20	513	20	24	567	..
uadeloupe	Id. . . .	327	259	12	598	50	34	682	259	12	271	50	34	355	..
iadiana	Spagnuola . .	90	..	99	189	32	24	245	..	99	99	32	24	155	..
yptis	Francese . . .	334	273	..	607	30	30	667	273	..	273	30	30	333	..
erault	Id. . . .	228	182	..	410	2	6	418	182	..	182	2	6	190	..
mmaculée Conception.	Id. . . .	251	148	..	399	33	50	482	148	..	148	33	50	231	..
ère	Id. . . .	223	111	..	334	20	46	400	111	..	111	20	46	177	..
na.	Inglese . . .	295	306	143	744	38	..	782	306	143	449	38	..	487	98
an Mathieu . . .	Francese . . .	180	126	..	306	21	6	333	126	..	126	21	6	153	..
non	Id. . . .	430	235	..	661	23	23	717	231	..	231	23	23	247	..

PIROSCAFI	BANDIERA	Numero dei passeggeri che possono trasportare dal 1. aprile a tutto ottobre						Totale generale dei passeggeri	Numero dei passeggeri che possono trasportare dal 1. novembre a tutto marzo					Totale generale dei passeggeri
		Passeggeri di 3 classe				Posti			Passeggeri di 3. classe			Posti		
		sul ponte scoperto	nei corridoi	nei casseri, toghe, stiva	Totale della 3. classe	di 1. classe	di 2. classe		nei corridoi	negli altri locali coperti	Totale della 3. classe	di 1. classe	di 2. classe	
Kleber	Francese. . .	312	200	..	512	30	32	574	200	..	200	30	32	72
La Corse.	Id.	32)	260	..	589	43	42	674	260	..	260	43	42	36
La Vallette	Id. . . .	201	34	..	235	32	13	285	34	..	34	32	18	84
Lou Cettori	Id. . . .	349	218	..	567	47	17	661	218	..	218	47	47	312
Lorraine	Id.	323	390	..	713	20	12	733	590	..	390	20	..	410
Margherita	Inglese . . .	84	..	31	115	..	..	115	..	31	31	..	..	31
Marguerite	Austro Ung. . .	165	..	110	275	..	14	289	..	110	110	..	14	124
Marie Louise	Francese. . .	160	185	..	345	60	..	447	185	..	185	60	42	25
Maloine	Id. . . .	408	103	..	511	36	65	612	103	..	108	36	65	209
Médèah	Id. . . .	209	135	..	344	20	13	377	135	..	135	20	13	168
Milano	Austro Ung. . .	102	..	85	247	40	22	309	..	..	..	40	22	62
Ministre Abbatucci . .	Francese. . .	219	209	..	428	24	20	472	209	..	209	24	20	253
Mustafa-Ben-Ismail . .	Id. . . .	213	14	..	253	40	25	318	40	..	40	40	25	105
Nigel	Inglese . . .	532	401	..	933	11	7	951	401	..	401	11	7	419

| PIROSCAFI | BANDIERA | Numero dei passeggeri che possono trasportare dal 1. aprile a tutto ottobre | | | | | | | Numero dei passeggeri che possono trasportare dal 1. novembre a tutto marzo | | | | | | Spazio libero del ponte scoperto riservato ai passeggeri |
| | | Passeggeri di 3. classe | | | | Posti | | Totale generale dei passeggeri | Passeggeri di 3 classe | | | Posti | | Totale generale dei passeggeri | |
		sul ponte scoperto	nei corridoi	nei casseri, toghe, stive	Totale della 3. classe	di 1. classe	di 2. classe		nei corridoi	negli altri locali coperti	Totale della 3. classe	di 1. classe	di 2. classe		Mq.
rsévérant	Francese . . .	229	50	..	279	23	30	337	50	..	50	23	30	108	..
ssident Troplong . .	Id. . . .	218	195	..	413	24	20	457	195	..	195	24	20	239	..
ckoczy	Austro Ung. . .	286	503	46	840	9	5	854	503	46	554	9	5	568	..
npiero	Francese . . .	217	207	..	424	24	22	470	207	..	207	24	22	253	..
int Marc	Id. . . .	222	226	..	448	16	22	476	226	..	226	16	22	254	..
int Augustin . . .	Id. . . .	295	157	66	518	43	56	617	157	66	223	43	56	322	..
verin	Id. . . .	222	215	..	437	24	20	481	215	..	215	24	20	259	..
ais	Id. . . .	307	68	..	375	32	34	441	68	..	68	32	34	134	..
mbul	Id. . . .	448	449	24	921	40	29	990	449	24	473	40	29	542	..
apary	Austro Ung. . .	266	209	..	475	..	..	475	209	..	209	..	..	209	267
yget	Francese . . .	262	204	118	584	27	68	679	204	..	204	27	63	259	..
urus	Id. . . .	520	527	..	1047	24	24	1095	527	..	527	24	24	575	..
or	Austro Ung. . .	516	358	..	874	..	..	874	358	..	358	..	..	358	..
xjene	Francese . . .	410	274	..	684	35	24	743	274	..	274	35	24	333	..

PIROSCAFI	BANDIERA	Numero dei passeggeri che possono trasportare dal 1. aprile a tutto ottobre							Numero dei passeggeri che possono trasportare dal 1. novembre a tutto marzo					
		Passeggeri di 3. classe				Posti		Totale generale dei passeggeri	Passeggeri di 3. classe			Posti		Totale generale dei passeggeri
		sul ponte scoperto	nei corridoi	nei casseri, tughe, stive	Totale della 3. classe	di 1. classe	di 2. classe		nei corridoi	negli altri locali coperti	Totale della 3 classe	di 1. classe	di 2. classe	
Trieste	Austro Ung. . .	163	..	85	231	40	30	321	..	..	..	40	30	70
Vannina	Francese. . . .	137	203	..	390	23	23	446	203	..	203	23	23	76
Villam	Austro Ung. . .	143	64	158	365	48	..	413	64	158	222	48	..	8
Ville de Barcellone . .	Francese. . . .	..	189	52	241	61	51	353	189	52	241	51	61	53
Ville de Bastia . . .	Id. . . .	248	108	..	356	54	26	436	108	..	108	54	26	188
Ville de Madrid . . .	Id. . . .	303	..	247	550	60	55	665	247	..	247	60	55	
Ville de Naples . . .	Id. . . .	374	173	95	642	54	70	766	173	95	268	54	70	32
Ville d'Oran	Id. . . .	357	269	86	712	43	50	805	269	86	355	43	50	44
Ville de Tanger . . .	Id. . . .	373	45	..	423	49	66	538	45	..	45	49	66	160
Ville de Tunis . . .	Id. . . .	534	89	..	623	96	57	776	89	..	89	96	57	242
Worwàrts	Germanica . .	99	..	7	106	23	16	145	..	7	7	23	16	46
Yoronka	Inglese . . .	65	30	..	95	..	..	95	30	..	30	..	..	30

MOVIMENTO DEI PASSEGGERI IN VIAGGI DI LUNGA NAVIGAZIONE.

I passeggieri partiti dai porti dello Stato nel 1896, per viaggi di lunga navigazione, ascesero a 228,365, dei quali n. 220,814 di 3ª classe (emigranti) e 7,551 di 1ª e 2ª classe. L'aumento, in confronto dell'anno precedente, fu di 12,157.

I detti passeggieri si recarono nel Brasile, negli Stati Uniti e nelle Repubbliche Platensi, ad eccezione di n. 3311 diretti all'America centrale, Spagna, Australia, Canarie ed Algeria.

Di essi:

132,064 furono trasportati da piroscafi di bandiera italiana;
  44,152   »   »   » francese;
  28,072   »   »   » germanica;
  23,719   »   »   » inglese;
     358   »   »   » argentina.

Fra i piroscafi nazionali ne trasportarono:

31,852 quelli della Navigazione Generale Italiana;
29,899 »   della Società « La Veloce »;
17,501 »   della Ditta Carlo Raggio;
14,028 »   dei fratelli Zino;
12,396 »   di Repetto Stefano;
 8,373 »   della Società Ligure–Romana;
 6,252 »   di Cresta Giacomo;
 4,962 »   di Mancini Antonio;
 4,009 »   della Società « Puglia »;
 2,356 »   della Società Ligure–Brasiliana;
   436 »   della Ditta Marini e Brichetto.

Nel seguente quadro sono indicati i porti di partenza, i luoghi di destinazione dei piroscafi ed il numero dei passeggieri da essi trasportati.

PORTO di partenza	PIROSCAFI				Passeggieri di 3. cl. (emigranti)		
	Bandiera	N.	Tonnel- laggio	Proprietari od armatori	Uomini	Donne	Fa...
	Italiana . . .	37	71.539	Navigazione gen. Italiana	16.873	5.721	
	Id. . . .	56	110.506	Società « La Veloce » .	16.360	6.005	
	Il. . . .	11	21.421	Società «Ligure Romana»	3.080	2.381	
	Id. . . .	8	11.014	Società « La Puglia » . .	2.609	678	
	Id. . . .	13	22.206	Fratelli Zino	4.881	3.06?	
	Id. . . .	11	21.072	Repetto Stefano	5.827	2.47?	
	Id . . .	6	9.426	Cresta Giacomo	1.460	930	
	Id. . . .	9	18.852	Ditta Carlo Raggio. . .	2.787	2.115	
	Id. . . .	3	5.022	Mancini Antonio. . . .	1.409	1.166	
Genova. . . .	Id. . . .	1	1.335	Marini e Brichetto . . .	285	72	
	Germanica .	47	162.965	Norddeutscher Lloyd . .	5.096	1.829	
	Id. . . .	10	28.482	Hamburg Amer. C. . .	3.576	693	
	Id. . . .	6	12.072	Società Cosmos	141	14	
	Id. . . .	1	1 957	Deutsche Dampfschiff. .	19	1	
	Francese . .	33	28.806	Transports maritimes . .	5.834	2.571	
	Id. . . .	9	15.735	Cyprien Fabre.	2.867	625	
	Id. . . .	6	12.420	Chargeurs Réunis . . .	1.719	516	
	Inglese . . .	3	7.085	Atlantic Line	130	53	
	Argentina . .	1	2.521	Camoyrano e C..	241	63	
	A riportarsi	269	570.633	A riportarsi .	75.307	30.970	32 ?

asseg-ieri .. e 2. asse	DESTINAZIONE									TOTALE
	Stati Uniti	Brasile	Plata	Chili o Perù	America centrale	Australia	Las Palmas	Spagna	Algeri	
161	..	10.341	19.105	..	..	..	..	428	..	29.874
397	..	8.663	19.259	..	1.553	..	55	369	..	29.899
31	..	8.373	..	..	..	..	..	..	..	8.373
68	..	..	4.009	..	..	..	..	..	..	4.009
11	..	9.625	1.979	..	..	..	2	..	..	11.606
..	..	7.403	3.829	..	..	..	..	..	..	11.232
89	..	3.625	..	..	..	..	..	..	..	3.625
.	..	7.483	..	..	..	..	..	..	..	7.483
.	..	3.961	..	..	..	..	..	..	..	3.961
1	..	..	436	..	..	..	..	..	..	436
071	9.509	..	..	..	27	529	..	133	6	10.204
246	554	..	4.537	..	..	..	..	17	4	5.112
.	..	..	..	41	10	112	..	..	..	163
.	..	..	..	21	..	..	..	..	..	21
34	..	7.449	3.934	..	..	..	..	..	4	11.437
57	..	275	3.876	..	..	..	..	..	..	4.151
1	..	1.712	1.146	..	..	..	..	..	..	2.858
8	235	..	..	..	..	..	..	..	..	235
5	..	..	358	..	..	..	..	..	..	358
83	10.293	63.913	62.518	62	1.590	611	57	947	14	145.040

PORTO di partenza	PIROSCAFI				Passeggieri di 3.ª (emigranti)		
	Bandiera	N.	Tonnel-laggio	Proprietari od armatori	Uomini	Donne	
	Riporto	269	570.633	*Riporto* .	75.307	30.970	
	Italiana . . .	4	7.455	Navigazione gen. Italiana	1.350	251	
	Id. . . .	2	4.412	Società Ligure Brasiliana	650	460	
	Id. . . .	3	5.803	Repetto Stefano	858	133	
	Id. . . .	6	9.439	Fratelli Zino	1.267	366	
	Id. . . .	8	16.195	Ditta Carlo Raggio. . .	3.875	2.500	
	Id. . . .	7	12.263	Cresta Giacomo	1.366	533	
	Id. . . .	2	3.347	Mancini Antonio. . . .	582	184	
	Francese . .	27	53.838	Cyprien Fabre	9.605	3.367	
Napoli	Id. . . .	30	15.928	Transports maritimes. .	3.078	1.860	
	Id. . . .	2	1.343	Fraissinet	204	80	
	Id. . . .	2	1.308	Chargeurs Réunis . . .	955	65	
	Id. . . .	2	4.538	Società Bordeloise . . .	1.927	230	
	Id. . . .	1	2.023	Compagnie Nationale . .	836	78	
	Inglese . . .	36	79.393	Anchor Line	13.772	3.965	
	Id. . . .	3	7.017	Atlantic Line	803	368	
	Germanica .	20	57.114	Lloyd germanico. . . .	5.248	1.814	
	Id. . . .	6	18.711	Hamburg Amerikan C. .	2.526	433	
	A riportarsi	430	873.845	*A riportarsi* .	124.209	47.877	

sseg-eri . e 2. sse	DESTINAZIONE									TOTALE
	Stati Uniti	Brasile	Plata	Chili e Perù	America centrale	Australia	Las Palmas	Spagna	Algeri	
.483	10.298	68.913	62.518	62	1.590	641	57	947	14	145.010
15	..	1.857	..	..	..	..	..	..	..	1.857
18	..	1.730	. ..	..	..	..	..	..	..	1.730
13	..	1.164	..	..	..	..	..	..	..	1.161
25	..	2.422	..	..	..	..	..	..	..	2.422
66	..	10.018	..	..	..	..	..	..	..	10.018
13	..	2.627	..	..	..	..	..	..	..	2.627
17	..	998	..	..	..	..	..	..	..	998
20	15.787	..	..	..	..	..	..	..	..	15.787
..	..	5.232	..	..	..	..	..	..	..	5 232
..	..	304	..	..	..	..	..	..	..	304
..	1.084	..	..	..	..	..	..	..	..	1.084
..	2.327	..	..	..	..	..	..	..	..	2.327
3	972	..	..	..	..	..	..	..	..	972
20	20.732	..	..	..	..	..	..	..	..	20.732
12	1.513	..	..	..	..	..	..	..	..	1.513
638	9.204	..	..	..	..	..	..	..	..	9.204
193	3.363	..	..	..	..	..	..	..	..	3.363
7.541	65.285	95.265	62.518	62	1.590	641	57	947	11	226.379

| PORTO di partenza | PIROSCAFI | | | | Passeggieri di 3. cl. (emigranti) | | |
	Bandiera	N.	Tonnel-laggio	Proprietari od armatori	Uomini	Donne	F. Ca
	Riporto	430	873.845	*Riporto* .	121.209	47.877	»
Palermo . . . {	Italiana. . .	1	1.861	Navigazione gen. Italiana	29	41	
	Inglese . . .	1	2.561	Anchor Line	669	289	»
Cagliari . . .	Italiana. . .	3	5.316	Società Italo-Brasiliana .	171	153	
	Totale .	435	883.613	Totale . .	125.081	48.360	6

R I E P

	Bandiera	N.	Tonnel-laggio		Uomini	Donne	
	Italiana. . .	189	364.711	. . . .	65.732	29.426	53
	Germanica .	90	281.331	. . . .	16.609	4.784	34
	Francese . .	112	133.994	. . . .	27.075	9.392	7?
	Inglese . . .	43	96.056	. . . .	15.374	4.695	»
	Argentina . .	1	2.521	. . . .	211	63	
	Totale .	435	883.613	. . . .	125.081	48.360	67

...sseg-eri ... e 2. ...sse	DESTINAZIONE									TOTALE
	Stati Uniti	Brasile	Plata	Chili e Perù	America centrale	Australia	Las Palmas	Spagna	Algeri	
541	65.285	95.265	62.518	62	1.590	611	57	917	11	226.379
..	121	..	..	..	..	..	..	..	..	121
10	1.239	..	..	..	..	..	..	..	..	1.239
..	..	626	..	..	..	..	..	..	..	626
551	66.645	95.891	62.518	62	1.590	611	57	947	11	228.365

ⴱG O

	Stati Uniti	Brasile	Plata	Chili e Perù	America centrale	Australia	Las Palmas	Spagna	Algeri	TOTALE
.233	121	80.919	48.617	..	1.553	..	57	797	..	132.064
.148	22.635	..	4.537	62	37	611	..	150	10	28.072
115	20.170	14.972	9.006	..	..	..	..	..	4	44.152
50	23.719	..	..	..	..	..	..	..	..	23.719
5	..	..	358	..	..	..	..	..	..	358
551	66.645	95.891	62.518	62	1.590	611	57	917	14	228.365

I 228.365 passeggeri partirono dai porti di Genova, Napoli, Palermo e Cagliari.

Da Genova partirono 269 piroscafi della portata complessiva di ton- tallate 570.633, che trasportarono 145.040 persone.

Da Napoli partirono 161 piroscafi della portata complessiva di 303.212 tonnellate, che trasportarono 81.339 persone.

Da Palermo 2 piroscafi della portata complessiva di tonnellate 4.422 che trasportarono 1.360 persone.

Da Cagliari 3 piroscafi della portata complessiva di tonnellate 5.346 che trasportarono 626 persone.

Il numero dei piroscafi partiti dai porti suddetti in ciascun mese dell'anno 1896, è indicato nel seguente prospetto:

MESE	Genova	Napoli	Palermo	Cagliari	Totale
Gennaio	22	15	...	...	37
Febbraio	23	13	...	..	36
Marzo	19	15	...	...	34
Aprile	22	21	1	...	44
Maggio	21	19	...	...	40
Giugno	21	12	..	...	33
Luglio	20	14	...	1	35
Agosto	23	11	...	1	35
Settembre	21	10	...	...	31
Ottobre	29	13	1	...	43
Novembre	26	9	...	...	35
Dicembre	22	9	...	1	32
Totale.	269	161	2	3	435

Nell' ultimo decennio partirono in viaggi di lunga navigazione i seguenti passeggeri:

Nell'anno 1887 n. 137,395
» 1888 » 223,227
» 1889 » 138,133
» 1890 » 115,015
» 1891 » 202,400
» 1892 » 136,795
» 1893 » 162,792
» 1894 » 133,146
» 1895 » 216,208
» 1896 » 228,365

Nessuna informazione è pervenuta circa gli emigranti partiti da
porti esteri.

PASSEGGIERI TRASPORTATI
DA PIROSCAFI DIRETTI AI PORTI DELLO STATO.

Da piroscafi addetti a viaggi di lunga navigazione e diretti a porti
dello Stato, furono trasportati nell'anno 1896, numero 70,182 passeggieri,
dei quali 66,142 sbarcarono nei nostri porti, cioè 50,950 a Genova, 15,121
a Napoli e 71 a Palermo, ed i rimanenti 4040 furono sbarcati nei porti
esteri intermedi.

Dalle Repubbliche Platensi provenivano 25,852 persone;
Dagli Stati Uniti d'America » 23,649 »
Dal Brasile » 18,176 »
Dall'America Centrale » 2,505 »

Questi passeggieri furono trasportati da 234 piroscafi della portata complessiva di tonnellate 530,145, dei quali:

Di bandiera italiana   N. 146 di tonnellate 296,373 ;

»   germanica »   58   »   175,928 ;

»   inglese   »   18   »   33,971 ;

»   francese   »   12   »   23,873.

Quelli di bandiera italiana ne trasportarono 46,652, quelli di bandiera germanica 19,035, quelli di bandiera inglese 2,753 e quelli di bandiera francese 1,742.

Dei piroscafi nazionali, quelli

della Società « La Veloce »	ne trasportarono	19,334
» Navigazione Gen. Italiana	»	13,911
» Società Liguro-Romana	»	3,546
dei fratelli Zino	»	3,249
della Ditta Raggio	»	3,003
di Giacomo Cresta	»	1,675
di Repetto Stefano	»	709
della Società « Puglia »	»	668
di Antonio Mancini	»	510
della Ditta Dufour e Bruzzo	»	47

I luoghi di provenienza e di sbarco degli immigranti ed il loro numero, il tonnellaggio, la bandiera e la proprietà dei piroscafi che li trasportarono, sono indicati nel prospetto seguente:

511-512

RIEPILOGO

Bandiera	PIROSCAFI		Passeggieri sbarcati nei porti dello Stato			Passeggieri sbarcati nei porti esteri			Totale generale
	Numero	Tonnellaggio	Passeggieri di 3ª classe (immigranti)	Passeggieri di 1ª e di 2ª classe	Totale	Passeggieri di 3ª classe	Passeggieri di 1ª e di 2ª classe	Totale	
Italiana .	146	296.373	37.829	4.921	42.750	2.841	1.061	3.902	46.652
Germanica	58	175.928	16.283	2.614	18.897	126	12	138	19.035
Inglese .	18	33.971	2.753	..	2.753	..	..	..	2.753
Francese .	12	23.873	1.742	..	1.742	..	..	..	1.742
Totale .	234	530.145	58.607	7.535	66.142	2.967	1.073	4.040	70.182

MOVIMENTO DELLA NAVIGAZIONE

Il movimento della navigazione avvenuta nel Regno durante l'anno 1896 è indicato nei due seguenti prospetti riguardanti, il primo le navi approdate ed il secondo quelle partite.

ARRIVI.

NAVIGAZIONE	Specie dei bastimenti	Bandiera	Numero delle navi	Tonnellate di stazza	Merci sbarcate (tonnellate)
Per operazioni di commercio.					
Internazionale . .	Velieri . . .	italiani. . .	7.328	536.113	515.865
		esteri . . .	1.328	148.052	129.477
	Piroscafi . .	italiani. . .	1.516	1.539.806	596.574
		esteri . . .	5 226	6.163.733	5.347.469
		Totale . . .	15 428	8 391 004	6.589.385
Di scalo	Velieri . . .	italiani. . .	312	24.801	20.501
		esteri . . .	43	8.120	6.110
	Piroscafi . .	italiani. . .	2.570	2.488.967	484.594
		esteri . . .	2.314	2.226.817	486.776
		Totale . . .	5.239	4.749.005	997.981
Di cabotaggio . . .	Velieri . . .	italiani. . .	57.478	2.221.290	1.403.263
		esteri . . .	186	33.368	8.015
	Piroscafi . .	italiani. . .	20.571	9.474.861	637.283
		esteri . . .	1.710	1.919.867	30.600
		Totale . . .	79.945	13.654.386	2.079.106
Totale generale, arrivi per operazioni di commercio.			100.615	26 794 395	9.666.582
Per rilascio . . .	Velieri		11.197	601.311	..
	Piroscafi		687	323.871	..
		Totale . . .	11.884	925.185	..
Battelli addetti alla pesca in alto mare (1) . . .			1.788	18.857	..
Totale generale degli approdi . .			114.287	27.733.437	9.666.532

(1) Si ritiene che gli approdi corrispondano alle partenze.

PARTENZE.

NAVIGAZIONE	Specie dei bastimenti	Bandiera	Numero delle navi	Tonnellate di stazza	Merci imbarcate (tonnellate)
Per operazioni di commercio.					
Internazionale . . .	Velieri . . .	italiani . .	7.267	521.826	430.442
		esteri . . .	1.360	160.378	103.330
	Piroscafi . .	italiani . .	1.525	1.503.616	318.779
		esteri . . .	5.415	6.423.163	986.086
	Totale . . .		15.597	8.611.283	1.838.646
Di scalo	Velieri . . .	italiani . .	51	5.547	3.165
		esteri . . .	16	4.070	1.008
	Piroscafi . .	italiani . .	2.561	2.522.673	438.317
		esteri . . .	2.517	2.583.457	438.811
	Totale . . .		5.175	5.115.747	881.301
Di cabotaggio . .	Velieri . . .	italiani . .	57.395	2.208.767	1.395.468
		esteri . . .	178	29.728	6.800
	Piroscafi . .	italiani . .	20.572	9.135.393	648.507
		esteri . . .	1.241	1.271.031	57.276
	Totale . . .		79.386	12.947.922	2.108.111
Totale gener., partenze per operazioni di commercio.			100.158	26.677.952	4.828.038
Per rilascio (1) . .	Velieri		11.197	601.311	..
	Piroscafi		687	323.874	..
	Totale . . .		11.884	925.185	..
Battelli addetti alla pesca in alto mare.			1.788	18.857	..
Totale generale delle partenze . .			113.830	27.621.994	4.828.038

(1) Si ritiene che le partenze corrispondano agli approdi.

Approdarono quindi nei porti italiani durante l'anno 1896 n. 114.287 navi di tonnellate 27,738.437, dalle quali sbarcarono 9,666.532 tonnellate di merci, e ne partirono 113.830 di tonnellate 27.621.994 imbarcandovi 4.828.088 tonn. di merci.

Nel precedente anno 1895 il movimento della navigazione era stato il seguente:

Navi approdate 121.004, tonnellate 28,952.302 di stazza e 9.863.767 di merci sbarcate.

Navi partite 120.488, tonnellate 28.926,533 di stazza e 4.588.596 di merci imbarcate.

Nel movimento della navigazione, arrivi e partenze per operazioni di commercio dell'anno 1896, figurano:

CON BANDIERA	Navi	Tonnella·e di stazza	Merci imbarcate e sbarcate (Tonnellate)
Italiana	179.179	32.483.960	6.892.763
Inglese.	8.517	10.937.818	5.226.135
Austro-ungarica	6.760	4.357.917	707.513
Ellenica	1.389	837.901	487.273
Norvegiana	681	479.862	307.373
Germanica	1.330	2.294.135	348.170
Belga	251	300.763	86.556
Francese	957	627.193	102.934
Spagnuola	312	210.259	82.171
Neerlandese.	559	559.851	94.542
Danese.	261	177.047	66.438
Ottomana.	330	42.456	23.934
Svedese	77	58.999	29.783
Altre	166	71.183	39.035
Totale . . .	200.773	53.472.347	14.494.620

Si rileva quindi che nel 1896 la bandiera italiana ha: l' 89,2 per cento sul numero delle navi; il 60,7 sulle tonnellate di stazza; il 47,1 sulle merci trasportate.

Le percentuali del quadriennio precedente erano state:

Nel 1895: per le navi 90, 0; tonnellaggio 63. 8,' merci 47, 3

  » 1894:   »   90. 7   »   66. 0,   »   46, 9

  » 1893:   »   91, 6   »   66. 5,   »   53, 5

  » 1892:   »   92, 2   »   67. 9,   »   52, 8

Nel porto di Massaua il movimento della navigazione per operazioni di commercio, avvenuto nell'anno 1896, fu il seguente:

Bastimenti arrivati.

Velieri: n. 5.628; tonn. di stazza 46.132; merci sbarcate tonn 6.205

Pirosc.: » 183;   »   202.435;   »   53.588

Totale: » 5.811   »   248.567   »   59.793

Bastimenti partiti.

Velieri: n. 5.597; tonn. di stazza 46.019; merci imbarc. tonn. 5.786

Pirosc.: » 185;   »   205.788;   »   857

Totale: » 5.782   »   251.807   »   6.643

Si indica nei seguenti prospetti il concorso percentuale delle navi nazionali nel tonnellaggio complessivo dei bastimenti a vela ed a vapore arrivati per operazioni di commercio nei porti di Genova, Livorno, Napoli, Venezia, Messina e Palermo negli anni 1877, 1880, 1885, 1890 e 1894-96.

PORTI	VAPORE							VELA						
	1877	1880	1885	1890	1894	1895	1896	1877	1880	1885	1890	1894	1895	1896
Genova . . .	47,0	43,1	33,6	39,4	33,2	31,7	35,8	78,5	81,3	85,2	88,5	90.1	89,0	88.3
Livorno . . .	57.6	56,3	44,5	55,2	50,3	56,3	56,3	73,3	69,8	81,1	90,1	96,9	91,6	91,1
Napoli . . .	47,8	41,4	37,9	60,9	57,9	46,4	47,1	82,9	81,9	86,3	91,1	97,7	97,3	98,1
Messina . . .	51,9	58,1	41,0	65,8	59,7	58.7	54,1	67,1	75,0	53.8	78,6	90,1	88,1	87,9
Palermo . . .	43,3	50,1	22,1	57,6	59,6	55,6	54,5	77,6	84,0	90,1	94,1	96,5	91,1	96,8
Venezia . . .	27,2	24,0	23,9	31,3	34,9	35,6	31,8	60,4	61.7	65,5	68,0	81,7	76,8	74,1

La proporzione con cui la bandiera italiana era rappresentata nel movimento totale della navigazione in arrivo nei principali porti esteri dell'Europa durante il quinquennio 1892-1896, è qui appresso indicata:

	1892	1893	1894	1895	1896
Trieste . .	19.90 %	19.67 %	18.58 %	17.49 %	14,72 %
Barcellona .	14.42 »	12.25 »	12.44 »	11.76 »	. . . »
Fiume . .	8.00 »	9.16 »	8.96 »	10.07 »	11.48 »
Marsiglia .	4.58 »	3.75 »	3.74 »	3.29 »	.3.45 »
Dunkerque.	0.58 »	0.51 »	0.49 »	0.07 »	0.11 »
Anversa .	0.68 »	0.28 »	0.44 »	0.15 »	0.22 »
Bordeaux .	0.23 »	0.13 »	0.39 »	0.36 »	0.34 »
Havre . .	0.61 »	0.27 »	0.42 »	0.16 »	0.44 »
Amburgo .	0.19 »	0.16 »	0.37 »	0.29 »	0.29 »
Amsterdam.	0.36 »	0.19 »	0.13 »	0.24 »	0.04 »
Rotterdam .	0.20 »	0.25 »	0.68 »	0.42 »	0.34 »

Seguono ora due quadri nel primo dei quali sono dati, distintamente per la bandiera nazionale e per l'estera, il tonnellaggio dei piroscafi e quello dei velieri arrivati per operazioni di commercio nei porti di Ancona, Bari, Brindisi, Cagliari, Catania, Genova, Livorno, Messina, Napoli, Palermo, Savona e Venezia durante il decennio 1887-1896 e l'indicazione complessiva della quantità e del valore delle merci sbarcate in ciascuno di essi, e nel secondo il tonnellaggio dei bastimenti a vela ed a vapore che nello stesso periodo di tempo arrivarono nei porti esteri di Amburgo, Amsterdam, Anversa, Bordeaux, Dunkerque, Fiume, Havre, Marsiglia, Rotterdam e Trieste.

Le stesse notizie, meno il valore delle merci sbarcate, sono riassunte nei diagrammi che fanno seguito ai quadri suddetti.

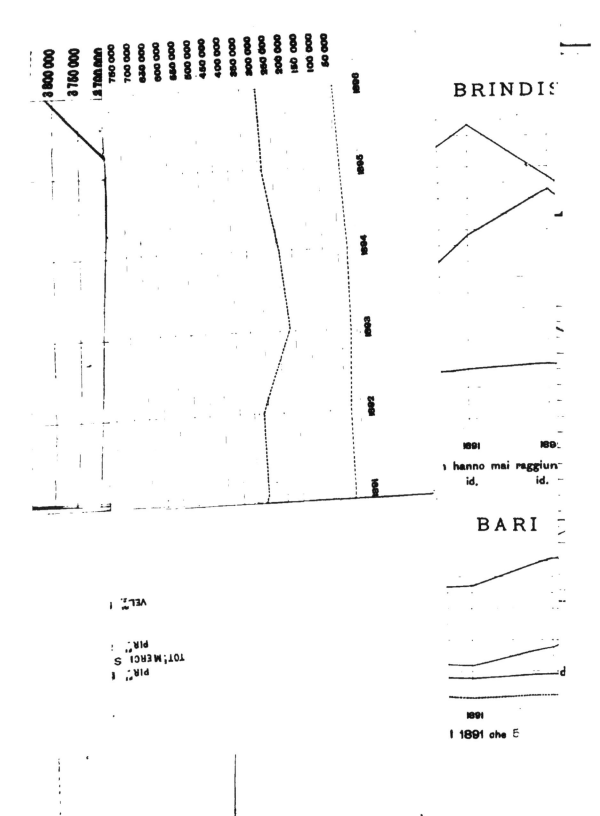

3 800 000
3 760 000
3 700 000
750 000
700 000
650 000
600 000
550 000
500 000
450 000
400 000
350 000
300 000
250 000
200 000
150 000
100 000
50 000

1896
1895
1894
1893
1892
1891

BRINDIS

hanno mai raggiun
id.   id.

BARI

1891

I 1891 che E

VEL.
PIR.
TOT. MERCI S
PIR.

Tonnellaggio dei bastimenti a vela ed a vapore arrivati nei sottoindicati porti esteri durante il decennio 1887-1896.

PORTI	1887 Tonnellate di stazza	1888 Tonnellate di stazza	1889 Tonnellate di stazza	1890 Tonnellate di stazza	1891 Tonnellate di stazza	1892 Tonnellate di stazza	1893 Tonnellate di stazza	1894 Tonnellate di stazza	1895 Tonnellate di stazza	1896 Tonnellate di stazza
Amburgo	3.920.234	4.355.511	4.809.892	5.202.825	5.762.309	5.639.010	5.886.378	6.228.321	6.254.403	6.445.167
Amsterdam	1.305.000	1.351.236	1.400.000	1.401.000	1.617.000	1.609.000	1.600.000	1.737.400	1.737.810	1.943.400
Anversa	3.801.032	3.971.390	4.050.549	4.517.068	4.693.288	4.500.091	4.692.211	5.003.983	5.363.569	5.855.111
Bordeaux	1.878.221	1.890.962	1.981.220	1.802.970	1.860.612	1.823.939	1.901.011	1.805.677	1.616.105	1.578.499
Dunkerque	1.145.392	1.311.710	1.362.596	1.467.217	1.392.768	1.418.002	1.526.412	1.473.041	1.389.084	1.502.676
Fiume	699.427	780.784	814.632	883.585	930.539	810.304	986.653	1.070.025	1.063.970	1.113.339
Havre	2.421.512	2.591.972	2.522.705	2.563.105	2.786.601	2.521.038	2.575.317	2.763.757	2.461.083	2.495.871
Marsiglia	4.711.709	4.883.872	4.721.031	4.571.209	5.307.619	4.803.739	4.750.346	4.811.521	4.860.133	5.274.904
Rotterdam	2.488.281	2.721.470	2.790.077	2.918.425	3.003.799	3.120.698	3.566.170	4.143.403	4.177.478	4.951.560
Trieste	1.384.877	1.368.706	1.447.040	1.471.464	1.474.805	1.472.214	1.574.911	1.626.321	1.760.035	1.780.888

MOVIMENTO DELLA NAVIGAZIONE NEI PORTI FRANCESI
E NEI PORTI ITALIANI DURANTE IL 1895.

(Confronto tra la bandiera italiana e la bandiera francese).

Il movimento della navigazione avvenuto nei porti italiani ed in quelli della Francia, dell'Algeria e della Corsica durante l'anno 1895 è riassunto nei seguenti quadri, nei quali è pure indicato distintamente il concorso avutovi dalle navi di bandiera nazionale e da quelle francesi.

Le cifre riguardanti gli arrivi e le partenze, per i porti francesi furono desunte dal « *Tableau général du commerce de la France avec ses colonies et les puissances étrangères pendant l'année 1895* » pubblicato da quella Direzione Generale delle dogane e per i porti italiani dalla statistica ufficiale pubblicata dalla Direzione Generale delle Gabelle in Italia.

Dai suaccennati quadri si rileva che nell'anno 1895 la bandiera italiana concorse nel movimento generale della navigazione nei porti della Francia propriamente detta, esclusa la navigazione di cabotaggio:

> *negli arrivi:* con 1342 navi di tonn. 321,865;
> *nelle partenze:* con 1292 navi di tonn. 317,468.

Nell'anno 1894 si ebbero invece:

> *negli arrivi:* 1445 navi di 336,023 tonn.;
> *nelle partenze:* 1460 navi di 346,106 tonn.

Nel detto anno 1895 la marina mercantile francese prese parte al movimento della navigazione internazionale nei porti italiani:

> *negli arrivi:* con 431 navi di tonn. 264,389;
> *nelle partenze:* con 425 navi di tonn. 260,915,

mentre nel 1894 vi aveva partecipato:

negli arrivi: con 425 navi di 292,627 tonn.;
nelle partenze: con 447 navi di 291,591 tonn.

Il traffico fra l'Italia e la Francia durante l'anno 1895 è rappresentato da 733,600 tonnellate di navi arrivate in Francia e sue colonie (Algeria e Corsica) con provenienza dall'Italia, e da 592,924 tonnellate di navi arrivate nei porti italiani con provenienza dalla Francia e dalla Corsica (l'Algeria esclusa).

Nel precedente anno 1894 si ebbero invece:

Arrivi in Francia con provenienza dall'Italia,   tonn. di navi 681.689;
  » » Italia » » dalla Francia, » » 637,767.

Nell'anno 1895 in confronto del 1894, si ebbe quindi un aumento di tonn. 51,911 nelle navi arrivate in Francia e sue colonie (Algeria e Corsica) con provenienza dall'Italia ed una diminuzione di tonnellate 44,833 per gli arrivi nei porti italiani con provenienza dalla Francia e dalla Corsica (l'Algeria esclusa).

Per le sole navi con carico il traffico dell'anno 1895 fu di tonnellate 596,805 per quelle arrivate nei porti della Francia, della Corsica e dell'Algeria con provenienza dall'Italia e di tonnellate 472,065 per gli arrivi nei porti italiani con provenienza dalla Francia e dalla Corsica (l'Algeria esclusa).

Nel 1894 si ebbero invece:

tonn. 567,620 di navi arrivate in Francia e sue colonie con provenienza da porti italiani;

tonn. 449,565 di navi arrivate in Italia da porti francesi e della Corsica (l'Algeria esclusa).

Nel 1895 in confronto del 1894, vi fu quindi un aumento di 29,185 tonn. di navi cariche giunte nei porti francesi con provenienza dall'Italia, e di 22,500 tonnellate di navi con carico giunte nei porti italiani con provenienza dai porti francesi.

Anno 1895. (Vela e vapore riuniti).

Arrivi nei porti della Francia dall'estero, dalle colonie francesi e dalla grande pesca.

BANDIERE	Navi con carico		Navi in zavorra		Totale	
	N.	T.	N.	T.	N.	T.
Con bandiera italiana	1.015	237.422	327	34.413	1.342	321.865
» » francese	7.604	4.000.823	872	112.914	8.476	4.113.737
» altre bandiere	15.755	8.933.150	2.125	410.333	17.880	9.343.483
Totale	24.374	13.221.395	3.324	557.690	27.698	13.779.035
Percentuale della bandiera ital.	4,2	2,1	9,8	6,2	4,8	2,3
» » francese.	31,2	30,2	26,2	20,2	30,5	30,»
» delle altre bandiere.	64,6	67,7	64,»	73,6	64,7	67,7

Partenze dai porti della Francia per l'estero, per le colonie francesi e per la grande pesca.

	Navi con carico		Navi in zavorra		Totale	
Con bandiera italiana	933	226.966	359	90.502	1.292	317 468
» « francese . . .	7.552	3.933.773	1.358	183.724	8.910	1.417.497
» altre bandiere.	11.547	5.112.050	6.555	4.283.279	18.102	9.395.329
Totale	20 032	9 272.789	8.272	4 857.505	28.304	14.130.294
Percentuale della bandiera ital.	4,6	2,4	4,3	2,»	4,6	2,2
» » francese.	37,7	42.4	16,4	9,9	31,4	31,2
» delle altre bandiere	57,7	55,2	79,3	88,1	64,»	66,6

Anno 1895. (Piroscafi).

Arrivi nei porti della Francia dall'estero, dalle colonie francesi e dalla grande pesca.

	Navi con carico		Navi in zavorra		Totale	
Bandiera francese	5.640	3.723.711	401	93.473	6.041	3 817.189
Altre bandiere (1)	13.587	8.461.560	1.193	354.704	14.780	8.816.264
Totale	19.227	12.185.271	1.594	448.182	20.821	12.633.453
Percentuale della bandiera franc.	29,3	30.6	25.»	20,9	29,»	30,2
» delle altre bandiere.	70,7	69,4	75,»	79,1	71,»	69,8

(1) Con le statistiche francesi non è possibile separare i piroscafi con bandiera italiana dagli altri esteri, risultandovi solamente il numero di quelli provenienti dall'Italia od ivi diretti.

Partenze dai porti della Francia per l'estero, per le colonie francesi e per la grande pesca

BANDIERE	Navi con carico		Navi in zavorra		Totale	
	N.	T.	N.	T.	N.	T.
Con bandiera francese	5.603	3.718.824	812	380.550	6.415	4.099.374
» altre bandiere	9.635	4.966.964	5.345	3.900.298	14.980	8.867.262
Totale . . .	15.238	8.685.788	6.157	4.280.848	21.395	12.966.636
Percentuale della bandiera franc.	36,8	42,9	13,2	8,9	29,7	32,6
» delle altre bandiere.	63,2	57,1	86.8	91,1	70,3	67,4

Anno 1895. (Velieri).

Arrivi nei porti della Francia dall'estero, dalle colonie francesi e dalla grande pesca

BANDIERE	Navi con carico		Navi in zavorra		Totale	
Con bandiera francese	1.961	277.112	474	19.436	2.435	296.518
» altre bandiere	3.186	759.012	1.259	90.072	4.442	849.084
Totale . . .	5.147	1.036.124	1.730	109.503	6.877	1.145.632
Percentuale della bandiera franc.	38,1	26,8	27,3	17,8	35,4	26,7
» delle altre bandiere.	61.9	73,2	72,7	82,2	64,6	73,3

Partenze dai porti della Francia per l'estero, per le colonie francesi e per la grande pesca

BANDIERE	Navi con carico		Navi in zavorra		Totale	
Con bandiera francese	1.949	214.940	546	103.174	2.495	318.123
» altre bandiere	2.845	372.052	1.569	473.483	4.414	845.535
Totale . . .	4.794	587.001	2.115	576.657	6.909	1.163.653
Percentuale della bandiera franc.	40,7	37,9	25,3	17,8	34,6	27,4
» delle altre bandiere.	59,3	62,1	74,7	82,2	65,4	72,6

Anno 1895. (Vela e vapore riuniti).

Arrivi nei porti della Francia con provenienza dall'Italia.

BANDIERE	Navi con carico		Navi in zavorra		Totale	
	N.	T.	N.	T.	N.	T.
Con bandiera italiana	711	152.184	316	32.190	1.057	184.374
» » francese. . . .	538	146.339	25	2.277	361	148.616
» altre bandiere	160	102.885	24	15.109	184	117.994
Totale . . .	1.257	401.408	365	49.576	1.602	450.984
Percentuale della bandiera ital.	60.7	37,8	83,7	65,»	66,»	40,8
» » francese.	27,»	36,5	6,9	4,5	22,5	33,1
» delle altre bandiere.	12,3	25,7	6,4	30,5	11,5	26,1

Partenze dai porti della Francia con destinazione per l'Italia.

Con bandiera italiana	713	145.831	273	40.000	986	185.921
» » francese. . . .	337	165.273	19	5.071	356	170.344
» altre bandiere	162	127.160	95	58.322	257	185.482
Totale . . .	1.212	438.264	387	103.483	1.599	541.747
Percentuale della bandiera ital.	59,»	31,2	71,7	39,»	65,6	34,4
» » francese.	28,»	37.7	3,3	4,5	27,4	31,3
» dalle altre bandiere.	13,»	29,1	25,»	56,5	17,»	34,3

Anno 1895. (Piroscafi).

Arrivi nei porti della Francia con provenienza dall'Italia.

Con bandiera italiana	193	112.141	18	9.613	211	121.754
» » francese . . .	330	145.538	11	836	341	146.374
» altre bandiere	141	100.581	15	12.240	156	112.821
Totale . . .	664	358.260	44	22.689	708	380.949
Percentuale della bandiera ital.	29,2	31,3	40,9	42,5	30,1	32,»
» » francese.	50,»	40,6	25,1	13,4	48,7	37,4
» delle altre bandiere.	20,8	28,1	34,»	54,1	21,2	30.6

Partenze dai porti della Francia con destinazione per l'Italia.

BANDIERE	Navi con carico		Navi in zavorra		Totale	
	N.	T.	N.	T.	N.	T.
Con bandiera italiana	173	105.566	43	22 020	216	127.586
» » francese.	332	164.713	11	4.934	343	169.647
» altre bandiere	150	122.466	65	49.286	215	171.752
Totale	655	392.745	119	76.240	774	468.985
Percentuale della bandiera ital.	26,6	26,9	55,»	28,8	27,8	27,2
» » francese.	51,0	42,0	35,»	6,8	44,5	36,1
» delle altre bandiere	22,4	31,1	10,»	64.4	27,7	36,7

Anno 1895. (Velieri).

Arrivi nei porti della Francia con provenienza dall'Italia.

	Navi con carico		Navi in zavorra		Totale	
Con bandiera italiana	548	40.043	298	22.577	846	62.620
» » francese.	6	801	14	1.411	20	2 212
» altre bandiere	19	2.304	9	2.869	28	5.173
Totale	573	43.148	321	26 887	894	70.035
Percentuale della bandiera ital.	95,7	92,7	82,8	84,0	94,7	89,5
» » francese.	1,0	2,0	4,4	5,3	2,2	3,2
» delle altre bandiere	3,3	5,3	2,8	10,7	3,1	7,3

Partenze dai porti della Francia con destinazione per l'Italia.

	Navi con carico		Navi in zavorra		Totale	
Con bandiera italiana	540	40.265	230	18 070	770	58.335
» » francese.	5	560	8	137	13	697
» altre bandiere	12	4.694	30	9.036	42	13.730
Totale	557	45.519	268	27.243	825	72.762
Percentuale della bandiera ital.	97,0	88,5	86,0	66,4	93,5	80,3
» » francese.	0,9	1,2	2,9	0,5	1,5	0,9
» delle altre bandiere	2,1	10,3	11,1	33,1	5,0	18,8

Anno 1895. (Vela e vapore riuniti).

Arrivi nei porti dell'Algeria da qualunque provenienza esclusa la Francia.

BANDIERE	Navi con carico		Navi in zavorra		Totale	
	N.	T.	N.	T.	N.	T.
Con bandiera italiana	71	7 531	153	11.901	227	22.435
» » francese.	311	139.130	102	23.331	416	162.461
» altre bandiere.	859	610.386	261	211.137	1.120	821.823
Totale	1 277	757.017	516	252.675	1.793	1.009.722
Percentuale della bandiera ital.	5.5	0,9	29,6	5.9	12,7	2.2
» » francese.	27.»	18.1	19,7	9,2	24,8	16,»
» delle altre bandiere	67,5	80,7	50,7	81,9	62,5	81.8

Partenze dai porti dell'Algeria per qualunque destinazione esclusa la Francia

Con bandiera italiana	118	23 295	77	3.520	225	26.815
» » francese.	312	105.086	78	16 491	390	121.580
» altre bandiere	940	693.679	201	138.673	1.141	832.352
Totale	1.400	822 060	359	158.687	1.759	980.747
Percentuale della bandiera ital.	10.5	2,8	21,4	2,2	10,3	2,7
» » francese.	22,2	12,7	21,5	10,3	12,7	12,3
» delle altre bandiere	67,3	84.5	57,1	87,5	77,»	85,»

Anno 1895. (Piroscafi).

Arrivi nei porti dell'Algeria da qualunque provenienza, esclusa la Francia.

Con bandiera francese	202	135.650	52	22.325	254	157.975
» altre bandiere (1)	611	591,067	210	211.239	851	802.306
Totale	813	726,717	262	233.564	1.105	960.281
Percentuale della bandiera franc.	23,9	18,6	19.8	9.5	22,9	16,4
» delle altre bandiere	76.1	81,4	80,2	90,5	77,1	83.6

(1) Nelle statistiche francesi non è possibile distinguere i piroscafi italiani dagli altri esteri.

**Partenze dai porti dell'Algeria per qualunque destinazione
esclusa la Francia.**

BANDIERE	Navi con carico		Navi in zavorra		Totale	
	N.	T.	N.	T.	N.	T.
Con bandiera francese.	172	101 019	40	16.095	212	117.144
» altre bandiere (1)	703	668.923	142	123.482	850	797.405
Totale	840	769.972	182	141.577	1.002	911.549
Percentuale della bandiera franc.	19,5	13,1	21,9	11,1	19,9	12,4
delle altre bandiere	80,5	86,9	78,1	88,9	80,1	87,2

Anno 1895. (Velieri).

**Arrivi nei porti dell'Algeria da qualunque provenienza
esclusa la Francia.**

	N.	T.	N.	T.	N.	T.
Con bandiera francese	142	3.480	50	1.009	192	4.489
» altre bandiere (1)	292	26.850	204	18.102	496	44.952
Totale	434	30.330	254	19.111	688	49.441
Percentuale della bandiera franc.	33,3	11,4	19.6	5,2	27,9	9,0
» delle altre bandiere	63,7	88,6	80,4	94,8	72,1	91,0

**Partenze dai porti dell'Algeria per qualunque destinazione
esclusa la Francia.**

	N.	T.	N.	T.	N.	T.
Con bandiera francese	140	4.037	38	399	178	4.436
» altre bandiere (1)	380	48.051	139	13.711	519	61.762
Totale	520	52.048	177	14.110	697	66.198
Percentuale della bandiera franc.	26,9	7,7	21,1	2,8	25.5	6,7
» delle altre bandiere	73,1	92,3	78.6	97,2	74.5	93,3

(1) Nelle statistiche francesi della navigazione a vela ed a vapore distinte non è
possibile separare la bandiera italiana dalle altre estere, come si fa per la navigazione a vela ed a vapore riunite.

Anno 1895. (Vela e vapore riuniti).

Arrivi nei porti dell'Algeria con provenienza dall'Italia.

BANDIERE	Navi con carico		Navi in zavorra		Totale	
	N.	T.	N.	T.	N.	T.
Con bandiera italiana	56	2.318	30	7.013	86	9.331
» » francese.	66	2.058	6	307	72	2.365
» altre bandiere.	38	57.840	61	71.855	99	129.695
Totale	160	62.216	97	79.175	257	141.391
Percentuale della bandiera ital.	41,2	3.7	30,9	8,8	33,4	6,5
» » francese.	35,0	3.3	6,1	0,3	28,0	1,6
» delle altre bandiere	23,8	93,0	63,0	90,9	38,6	91,9

Partenze dai porti dell'Algeria con destinazione per l'Italia.

	N.	T.	N.	T.	N.	T.
Con bandiera italiana	113	16.154	8	1.258	121	17.412
» » francese.	61	2.115	7	156	68	2.271
» altre bandiere.	37	65.550	17	15.044	54	80.594
Totale	211	83.819	32	16.458	243	100.277
Percentuale della bandiera ital.	53,6	19.3	25,0	7,6	50,0	17,3
» » francese.	28.9	2.5	21,1	0,9	27,8	2.2
» delle altre bandiere	17,5	77,2	53,9	91,5	22,2	90,5

Anno 1895. (Piroscafi).

Arrivi nei porti dell'Algeria con provenienza dall'Italia.

	N.	T.	N.	T.	N.	T.
Con bandiera italiana	..	..	3	462	3	462
» » francese.	..	..	..	..	..	..
» altre bandiere.	36	57.353	59	71.391	95	128.747
Totale	36	57.356	62	71.853	98	129.209
Percentuale della bandiera ital.	..	..	4,8	0,6	3,0	3,5
» » francese.	..	..	..	..	..	..
» delle altre bandiere	100,0	100,0	95,2	99,4	97,0	96,5

Partenze dai porti dell'Algeria con destinazione per l'Italia.

BANDIERE	Navi con carico		Navi in zavorra		Totale	
	N.	T.	N.	T.	N.	T.
Con bandiera italiana	2	1.152	2	436	4	1.588
» » francese	..	..	..	..	..	..
» altre bandiere.	30	64.064	14	13,585	44	77.649
Totale	32	65.216	16	14,021	48	79.237
Percentuale della bandiera ital.	6,5	1,7	12,5	3,1	8.3	2,»
» » francese.	..	..	..	..	..	..
» delle altre bandiere.	93,5	98,3	87,5	96,9	91,7	98,»

Anno 1895. (Velieri).

Arrivi nei porti dell'Algeria con provenienza dall'Italia.

Con bandiera italiana.	56	2.318	27	6.551	83	8.869
» » francese	66	2.058	6	307	72	2.365
» altre bandiere.	2	484	2	464	4	948
Totale . . . ,	124	4,860	35	7.322	159	12,182
Percentuale della bandiera ital.	45,1	47,6	76,9	89.6	52,3	72,9
» » francese	53,3	42,5	17.4	4,1	45,2	19.4
» delle altre bandiere.	1,6	9,9	5,7	6,3	2,5	7,7

Partenze dai porti dell'Algeria con destinazione per l'Italia.

Con bandiera italiana.	111	15.002	6	822	117	15,824
» » francese	61	2.115	7	156	68	2.271
» altre bandiere.	7	1.486	3	1.459	10	2.945
Totale	179	18.603	16	2.437	195	21.040
Percentuale della bandiera ital.	62,2	80,8	37,5	33,7	60,1	75,4
» » francese.	34,»	11,3	43,7	6,3	34,8	10,7
» delle altre bandiere.	3,8	7,9	18,8	60,»	5,1	13,9

Anno 1895. (Vela e vapore riuniti).

Arrivi nei porti della Corsica da qualunque provenienza, esclusa la Francia.

BANDIERE	Navi con carico		Navi in zavorra		Totale	
	N.	T.	N.	T.	N.	T.
Con bandiera francese	239	95 213	15	905	254	99 118
» altre bandiere	254	58 711	157	8.011	411	66 782
Totale	493	156 951	172	8.946	665	165.900
Percentuale della bandiera franc.	48,4	62.6	8.7	10,0	38,1	59,6
» delle altre bandiere.	51,6	37,4	91,3	90,0	61,9	40,4

Partenze dai porti della Corsica con qualunque destinazione, esclusa la Francia.

	N.	T.	N.	T.	N.	T.
Con bandiera francese	52	12.322	10	948	62	13.270
» altre bandiere	285	60.504	137	4.653	422	65.157
Totale	337	72,826	147	5.601	484	73.427
Percentuale della bandiera franc.	15.4	16.9	6,6	16,9	12,7	16,9
» delle altre bandiere.	84,6	83,1	93,4	83,1	87,3	83,1

Arrivi nei porti della Corsica con provenienza dall'Italia.

	N.	T.	N.	T.	N.	T.
Con bandiera francese	200	77.422	9	452	209	77 874
» altre bandiere	248	55.759	154	7.592	402	63.351
Totale	448	133.181	163	8.044	611	141.225
Percentuale della bandiera franc.	44,6	58.1	5.5	5.6	34,2	55.1
» delle altre bandiere.	55,4	41.9	91,5	94 4	65.8	44,9

Partenze dai porti della Corsica con destinazione per l'Italia.

	N.	T.	N.	T.	N.	T.
Con bandiera francese	52	12.322	8	137	60	12.459
» altre bandiere	282	60.164	133	1.824	415	61.988
Totale	334	72.486	141	1 961	475	74.417
Percentuale della bandiera franc.	15.8	17,0	5,8	6,9	12,6	16,7
» delle altre bandiere.	84,2	83,0	94,2	93,1	87,4	83,3

Anno 1895 (Vela e vapore riuniti).

Arrivi nei porti italiani da qualunque provenienza.

(Navigazione internazionale).

BANDIERE	Navi con carico		Navi in zavorra		Totale	
	N.	T.	N.	T.	N.	T.
Con bandiera italiana	7.344	1.787.737	1.737	197.983	9,121	1.985.720
» » francese	387	240.513	44	23.876	431	264.889
» altre bandiere	5.603	5.693.701	586	315.450	6.189	6.009.151
Totale	13.374	7.721.951	2.367	537.309	15.741	8.259.260
Percentuale della bandiera ital.	55,3	23,1	73,4	36,8	57,9	24.0
» » francese.	2,8	3,1	1,8	4,4	2,7	3,2
» delle altre bandiere	41.9	73.8	24,8	58,8	39,4	72,8

Partenze dai porti italiani per qualunque destinazione.

Con bandiera italiana	6.535	1.626.376	2.446	118.512	8.981	2.011.888
» » francese.	390	235.183	35	25.732	425	260.915
» altre bandiere	3.524	3.535.270	2.846	2.729.135	6.370	6.264.405
Totale	10.449	5.396.829	5.327	3.173.379	15.776	8.570.208
Percentuale della bandiera ital.	62,8	30.1	45,9	13,1	56,9	23,9
» » francese.	3,6	4.3	0,6	0,8	2,6	3,1
» delle altre bandiere	33,6	65,6	53,5	86,1	40,5	73,»

Anno 1895 (Piroscafi).

Arrivi nei porti italiani da qualunque provenienza.

Con bandiera italiana	1.414	1.368.482	107	75.899	1.521	1.444.381
» » francese	374	238.704	36	22.705	410	261.409
» altre bandiere	4.571	5.580.846	311	265.725	4.882	5.846.571
Totale	6.359	7.188.032	454	364.329	6.813	7.552.361
Percentuale della bandiera ital.	22,2	19,»	23.5	20,8	22,3	19,1
» » francese.	5,8	3,3	7,9	6,2	6,»	3,4
» delle altre bandiere	72,»	77,7	68,6	73,0	71,7	77,5

Partenze dai porti Italiani per qualunque destinazione.

BANDIERE	Navi con carico		Navi in zavorra		Totale	
	N.	T.	N.	T.	N.	T.
Con bandiera italiana	1.255	1 276 997	252	217.630	1.507	1.494.627
» » francese	380	234.455	27	23 922	407	258 377
» altre bandiere	2.986	3.117.127	2 103	2.658 456	5.094	6.105.583
Totale	4.621	4.958 579	2 387	2 900 008	7.008	7.858.587
Percentuale della bandiera ital.	27,1	25,7	10,5	7,5	21,5	19,»
» » francese.	8,2	4,7	1,1	0,8	5,8	» 3,2
» delle altre bandiere	61,7	69,6	88,4	91,7	62.7	77,8

Anno 1895 (Velieri).

Arrivi nei porti italiani da qualsiasi provenienza.

	Navi con carico		Navi in zavorra		Totale	
Con bandiera italiana	5.970	419.255	1.630	122.084	7.600	541.339
» » francese	13	1.809	8	1.171	21	2.980
» altre bandiere	1.032	112.855	275	49.725	1.307	162 580
Totale	7.015	533.919	1 913	172 980	8.928	706.899
Percentuale della bandiera ital.	85,2	78,6	85,3	70,7	85,2	76,7
» » francese.	0,2	0,3	0,4	0,6	0,2	0,4
» delle altre bandiere	14,6	21,1	14,3	28,7	14,6	22,9

Partenze dai porti Italiani per qualsiasi destinazione.

	Navi con carico		Navi in zavorra		Totale	
Con bandiera italiana	5.280	349 379	2.194	200.882	7.474	550.261
» » francese.	10	728	8	1.810	18	2.538
» altre bandiere.	538	88.143	738	70.679	1.276	158.822
Totale	5 828	438 250	2.940	273.371	8 768	711.621
Percentuale della bandiera ital.	90,7	79,8	74,7	73,6	85,3	77,4
» » francese.	0,1	0,1	0,2	0,6	0,2	0,3
» delle altre bandiere	9,2	20,1	25,1	25,8	14,5	22,3

Anno 1895 (Vela e vapore riuniti)
Arrivi nei porti italiani non provenienza dalla Francia.
(Coste mediterranee ed oceaniche e Corsica).

BANDIERE	Navi con carico		Navi in zavorra		Totale	
	N.	T.	N.	T.	N.	T.
Con bandiera italiana	610	131.743	229	37.202	839	168.945
» » francese . . .	365	216.765	36	22.991	401	239.756
» altre bandiere	156	123.557	92	60.676	248	184.233
Totale . . .	1.131	472.065	357	120.869	1,488	592.931
Percentuale della bandiera ital.	55,4	27,7	64,3	30,7	56,3	28,4
» » francese.	31,1	45,9	10,•	19,»	26,9	40,4
» delle altre bandiere.	13,5	26.1	25,7	50,3	16,8	31,2

Partenze dai porti italiani con destinazione per la Francia.

	Navi con carico		Navi in zavorra		Totale	
Con bandiera italiana	577	118.638	226	30.296	803	148.931
» » francese . . .	332	162.364	31	22.581	363	184.945
» altre bandiere	260	188.297	30	20.261	290	208.558
Totale . . .	1.169	469.299	287	73.138	1.456	542.437
Percentuale della bandiera ital.	45,•	25,2	78,8	41,4	55,3	27,4
» » francese . .	28,3	34,6	10,8	31,6	24,9	34,2
» delle altre bandiere . .	26,7	40,2	10,4	27,»	19,8	48,1

Anno 1895 (Piroscafi).
Arrivi nei porti italiani con provenienza dalla Francia.

	Navi con carico		Navi in zavorra		Totale	
Con bandiera italiana	114	92.111	41	18.353	158	110.464
» » francese. . . .	360	266.134	34	22.673	394	288.807
» altre bandiere	146	121.094	65	49.643	211	170.737
Totale . . .	620	429.339	143	90.669	763	520.008
Percentuale della bandiera ital.	18,3	21,4	30,7	20,2	20,7	21,2
» » francese.	58,»	50,4	24,4	25,»	52,9	46,»
» delle altre bandiere.	23,7	28,2	44,9	54,8	26,4	32,8

Partenze dai porti italiani con destinazione per la Francia.

BANDIERE	Navi con carico		Navi in zavorra		Totale	
	N.	T.	N.	T.	N.	T.
Con bandiera italiana	104	80.177	24	16.241	128	96.418
» » francese. . . .	329	161.887	24	20.935	353	182.822
» altre bandiere	231	184.273	20	18.329	251	202.602
Totale . . .	664	426.337	68	55.505	732	481.842
Percentuale della bandiera ital.	15,5	18,8	35,2	29,2	17,5	20.»
» » francese	49,8	37,9	35,2	37,7	48,3	37,9
» delle altre bandiere.	34,7	43,3	29,6	33.1	34,2	42,1

Anno 1895 (Velieri).

Arrivi nei porti italiani con provenienza dalla Francia.

Con bandiera italiana	496	39.632	185	18.849	681	58.481
» » francese. . . .	5	631	2	318	7	949
» altre bandiere	10	2.463	27	11.033	37	13.496
Totale . . .	511	42.726	214	30.200	725	72.926
Percentuale della bandiera ital.	97.2	92,9	86,6	62.5	94,»	80,3
» » francese.	0.9	1.1	0,9	1,»	0,9	1.2
» delle altre bandiere.	1,9	5,7	12,5	36.5	5,1	18,5

Partenze dai porti italiani con destinazione per la Francia.

Con bandiera italiana	473	38.461	202	14.055	675	52.516
» » francese. . . .	3	477	7	1.646	10	2.123
» altre bandiere	29	4.024	10	1.932	39	5.956
Totale . . .	505	42.962	219	17.633	724	60.595
Percentuale della bandiera ital.	93,8	89.6	92,4	79,8	93,4	86,8
» » francese	0,5	1.1	3,1	9,3	1,3	3,4
» delle altre bandiere.	5,7	9,3	1,5	10.9	5,3	9,8

MOVIMENTO DELLA NAVIGAZIONE
NEI PORTI DELLE PRINCIPALI NAZIONI MARITTIME EUROPEE
E DEGLI STATI UNITI D'AMERICA.

Nei seguenti quadri, desunti dalla statistica sul progresso della navigazione mercantile pubblicata dal Governo inglese, è riassunto il movimento della navigazione avvenuto nei porti delle principali nazioni marittime europee e degli Stati Uniti d'America fino all'anno 1896.

Il quadro *A* indica il tonnellaggio dei bastimenti (velieri e piroscafi riuniti) arrivati e partiti dai porti inglesi negli anni 1860, 1870, 1875, 1880, 1885, 1890 e 1892-96.

Il quadro *B* dà la suddetta indicazione per le sole navi a vapore.

Dal quadro *C* si rileva il movimento avvenuto nei porti succitati durante lo stesso periodo di tempo per le sole navi con carico (velieri e piroscafi riuniti). Questa indicazione è data limitatamente per le navi a vapore dal quadro *D*.

Nei quadri *E* e *F* è specificata la parte presa da ciascuna bandiera nel movimento della navigazione nei porti della propria nazione per gli anni 1860, 1870, 1875, 1880, 1885, 1890 e 1892-96.

Stante l'importanza della bandiera inglese nel movimento dei porti europei e degli Stati Uniti d'America, si aggiungono in ultimo i quadri *G* e *H*, nei quali è dimostrato il movimento dei porti di queste nazioni con distinzione della bandiera inglese da tutte le altre, per gli anni 1860, 1870, 1875, 1880, 1885, 1890 e 1892-96.

A. — Tonnellaggio delle navi a vela ed a vapore, con carico od in zavorra

in ciascuno degli anni 1860, 1870,

(Navigazione

NAZIONALITÀ	1860	1870	1875	1880	1885
	Tonn.	*Tonn.*	*Tonn.*	*Tonn.*	*Tonn.*
Navi inglesi	13.911.923	25.072.180	30.911.711	41.348.984	46.4..
Navi estere:					
Americane (S. U.) . .	2.981.697	1.265.902	1.160.197	1.006.388	2.. .
Austriache.	311.117	388.038	402.072	329.292	....
Belghe	132.133	318.952	516.961	533.557	5.. .
Danesi	759.987	753.040	1.084.291	1.384.699	1.4.. .
Olandesi	567.390	531.837	758.157	1.170.463	1.7.. .
Francesi	913.336	1.105.951	1.491.199	1.173.013	1.5.. .
Germaniche	2.311.255	1.763.433	2.918.799	3.743.832	4.0.. .
Italiane.	303.111	935.043	1.077.059	1.125.270	7.. .
Norvegesi	1.156.761	2.771.318	3.151.115	4.051.768	3.9..
Russe	282.611	619.255	672.536	607.902	6..
Spagnuole.	112.836	312.446	452.826	635.996	9.. .
Svedesi.	449.507	684.729	1.072.206	1.508.821	1.4..
D'altri paesi	126.322	111.098	184.256	116.046	8..
Totale estere. . .	10.774.369	11.568.002	15.332.091	17.387.079	17.9..
Totale navi inglesi ed estere . . .	24.689.292	36.640.182	46.276.838	58.736.063	64.8..

te ed uscite dal porti del Regno Unito, distinte per bandiera,

;, 1880, 1885, 1890 e 1892-96.

nazionale).

1890	1892	1893	1894	1895	1896
Tonn.	*Tonn.*	*Tonn.*	*Tonn.*	*Tonn.*	*Tonn.*
53.973.112	54.372.730	51.148.664	58.681.647	58.691.926	61.472.131
291.933	222.509	461.468	536.446	656.525	768.597
17.831	175.019	191.136	201.281	209.792	237.818
873.109	952.619	1.022.546	1.023.812	1.089.482	1.179.646
1.854.002	1.950.635	1.772.837	2.000.127	1.951.736	2.265.153
1.900.891	2.144.103	2.155.707	2.278.387	2.307.034	2.470.138
1.686.971	1.938.898	1.787.538	1.766.026	1.838.743	2.397.839
4.392.955	4.045.115	3.789.702	3.828.128	3.888.642	3.823.168
444.187	590.907	358.108	452.516	336.312	279.237
5.000.801	5.350.864	5.013.533	5.418.951	5.264.811	5.883.167
551.132	626.965	617.583	648.868	643.247	· 693.455
1.276.060	1.162.999	1.165.551	1.253.133	1.327.391	· 1.354.003
1.575.812	1.935.537	1.848.856	2.089.130	1.994.362	2.236.382
345.079	398.225	296.618	357.904	337.135	401.385
20.310.757	21.494.425	20.484.183	21.854.712	21.847.248	23.990.288
74.283.869	75.867.155	71.632.847	80.536.359	80.539.174	85.462.422

13. — Tonnellaggio dei piroscafi carichi ed in zavorra, esteri e

in ciascuno degli anni 1860, 20

(Naviga

NAZIONALITÀ	1860	1870	1875	1880	188
	Tonn.	*Tonn.*	*Tonn.*	*Tonn.*	*Tor*
Navi inglesi	4.186.620	13.311.058	20.952.484	30.976.037	8.5.
Navi estere:					
Americane (S. U.) . .	8.809	4.852	133.092	139.070	.54
Austriache.	300	6.716	20.705	501	6.1
Belghe	58.849	290.615	473.541	529.170	.7
Danesi	29.829	101.053	385.877	643.924	.5
Olandesi	123.242	165.490	463.210	940.558	1.5
Francesi	11.025	296.346	566.545	996.860	.94
Germaniche	339.318	446.765	1.147.717	1.438.467	2.1
Italiane.	132	8.903	5.727	12.827	15
Norvegesi	18.115	28.517	130.511	201.897	.7
Russe	22.696	102.856	113.978	65.633	.1
Spagnuole.	37.336	185.869	321.684	562.116	.8.
Svedesi.	16.165	63.166	371.266	650.973	.7
D'altri paesi	31.737	30.095	52.680	55.903	.2
Totale estere. . .	780.853	11.731.273	3.179.625	6.237.905	9.7.
Totale navi inglesi e·l estere . . .	4.967.473	15.072.331	25.112.109	37.213.942	19.5..

i dai porti del Regno Unito, distinti per bandiera,
, 1880, 1885, 1890 e 1892-96.

nazionale).

1890	1892	1893	1894	1895	1896
Tonn.	*Tonn.*	*Tonn.*	*Tonn.*	*Tonn.*	*Tonn.*
19.023.775	49.857.700	49.893.628	51.413.130	54.899.980	58.217.148
110.003	121.952	370.675	397.332	571.059	722.123
45.725	120.765	155.152	166.180	180.199	222.521
896.196	951.720	1.020.243	1.022.757	1.087.762	1.177.815
1.308.913	1.405.352	1.257.806	1.493.816	1.513.227	1.815.106
1.727.463	1.960.020	2.029.162	2.124.888	2.166.064	2.319.509
1.319.191	1.595.861	1.492.911	1.433.539	1.533.968	2.106.826
3.401.727	3.102.233	2.868.138	3.004.891	3.131.770	3.173.421
104.454	323.295	112.670	140.803	69.017	82.736
1.169.550	1.540.247	1.658.898	1.879.501	2.012.001	2.683.598
168.612	194.223	200.592	204.570	211.605	248.102
1.234.123	1.122.871	1.131.276	1.226.506	1.312.981	1.334.253
885.017	1.221.900	1.151.189	1.323.626	1.303.439	1.522.026
316.960	365.842	282.162	326.753	311.596	383.537
12.161.234	14.029.281	13.776.504	14.745.515	15.407.688	17.821.603
61.685.009	63.886.981	63.670.132	69.158.645	70.307.668	76.038.751

C. — Tonnellaggio delle navi a vela ed a vapore, con carico soltanto
in ciascuno degli anni 1860, 1870

(Navigaz

NAZIONALITÀ	1860	1870	1875	1880	1885
	Tonn.	*Tonn.*	*Tonn.*	*Tonn.*	*Tonn.*
Navi inglesi	12.119.454	22.243.039	27.307.310	35.855.868	4...
Navi estere:					
Americane (S. U.) . .	2.734.381	1.134.215	1.062.034	882.277	9..
Austriache	316.511	356.701	373.962	260.923	2..
Belghe	112.537	305.384	450.935	461.078	6..
Danesi	618.681	623.798	882.447	1.158.572	1.30.
Olandesi	445.556	426.214	603.804	1.049.377	2..
Francesi	646.440	785.658	1.052.732	1.133.630	1..
Germaniche	1.797.747	1.433.595	2.452.567	2.576.819	...
Italiane	275.648	811.903	871.636	884.206	...
Norvegesi	948.212	1.975.575	2.407.593	2.914.407	4..
Russe	212.673	538.143	513.938	470.336	5..
Spagnuole	128.481	293.800	421.075	584.721	...
Svedesi	366.700	591.985	911.206	1.310.707	1.2..
D'altri paesi . . .	115.487	94.370	159.333	106.029	..
Totale estere . .	8.718.464	9.381.641	12.146.327	13.793.082	14.5..
Totale navi inglesi ed estere . . .	20.837.918	31.324.680	39.453.667	49.678.950	54.4..

ate ed uscite dai porti del Regno Unito, distinte per bandiera,
5, 1880, 1885, 1890 e 1892-96.

·nazionale).

1890	1892	1893	1894	1895	1896
Tonn.	*Tonn.*	*Tonn.*	*Tonn.*	*Tonn.*	*Tonn.*
46.406.250	16.419.792	15.457.810	49.409.131	49.925.555	52.355.651
272.735	180.800	145.829	504.968	619.254	747.688
100.914	147.289	155.708	165.153	171.640	193.610
696.121	816.124	844.074	853.089	932.113	968.664
1.455.616	1.530.861	1.385.659	1.502.864	1.529.770	1.789.356
1.768.904	2.016.398	2.018.203	2.132.714	2.193.172	2.293.295
1.271.181	1.382.383	1.366.780	1.430.472	1.390.261	1.376.682
3.354.751	2.909.039	2.731.981	2.886.751	2.935.749	2.868.803
364.321	452.033	204.994	361.221	260.235	221.658
3.792.739	3.940.230	3.699.266	3.948.682	3.951.484	4.395.251
456.621	521.017	507.005	538.989	545.519	586.425
1.154.290	1.066.798	1.028.604	1.018.734	1.136.220	1.140.573
1.148.559	1.705.059	1.604.562	1.811.702	1.709.801	1.951.542
263.070	292.781	204.712	264.058	231.556	293.686
16.429.825	17.053.902	16.290.377	17.509.427	17.705.104	18.827.236
62.836.075	63.473.694	61.748.187	66.918.858	67.630.659	71.182.887

D. — Tonnellaggio dei piroscafi con carico soltanto, entra e
in ciascuno degli anni 1860, 18

(Naviga

NAZIONALITÀ	1860	1870	1875	1880	18
	Tonn.	*Tonn.*	*Tonn.*	*Tonn.*	*T*
Navi inglesi	3.976.852	11.825.002	18.593.757	27.052.131	3
Navi estere:					
Americane (S. U.) . .	8.800	4.852	132.291	139.070	6
Austriache	300	6.704	20.171	..	4
Belghe	58.849	288.065	116.500	457.338	8
Danesi	20.652	92.561	326.138	536.417	..
Olandesi	122.838	161.062	363.007	875.774	9
Francesi	42.600	206.602	318.297	552.758	8
Germaniche	344.950	399.673	950.861	1.119.655	2
Italiane.	432	3.765	4.572	7.706	4
Norvegesi	18.115	27.952	98.749	138.276	5
Russe	20.217	98.561	110.619	49.697	4
Spagnuole.	37.083	180.119	301.517	518.726	7
Svedesi.	16.165	62.556	334.083	593.175	
D'altri paesi	27.541	19.138	32.085	53.253	4
Totale estere. . .	728.164	1.551.640	3.408.780	5.071.925	77
Totale navi inglesi ed estere . . .	4.705.016	13.376.642	22.002.537	32.121.056	6

dai porti del Regno Unito, secondo le diverse bandiere,
, 1880, 1885, 1890 e 1892-96.

nazionale).

880	1892	1893	1894	1895	1896
Tonn.	Tonn.	Tonn.	Tonn.	Tonn.	Tonn.
42.127.266	42.612.375	41.867.186	45.806.362	46.622.721	49.519.209
108.558	100.682	377.814	396.489	573.979	707.128
36.833	102.691	126.922	137.692	148.861	180.892
692.904	818.313	842.690	852.239	931.239	967.332
1.629.044	1.069.105	956.053	1.175.865	1.160.301	1.133.146
1.645.283	1.867.195	1.915.696	2.019.184	2.080.578	2.175.275
984.550	1.110.486	1.131.922	1.172.373	1.160.163	1.159.766
2.523.635	2.217.002	2.026.717	2.230.818	2.335.839	2.367.499
67.319	231.313	117.193	102.113	56.470	50.340
917.105	1.230.247	1.300.038	1.482.794	1.588.960	2.012.070
145.218	170.913	176.013	183.249	187.979	208.906
1.114.086	1.026.735	907.329	903.975	1.123.912	1.121.980
826.692	1.072.583	1.005.046	1.135.185	1.141.261	1.300.709
237.177	265.529	192.154	212.280	210.511	278.707
10.328.494	11.313.129	11.165.617	12.121.876	12.700.053	13.993.759
52.455.760	53.955.504	53.033.103	57.931.238	59.322.774	63.512.968

E. — Tonnellaggio delle navi a vela ed a vapore arrivate e partite nei port de d'America negli anni 1860, 1870, 1875, 1880, 1885, 1890 e 1892-96 (ord...

(Navig...)

ANNI	Regno Unito		Russia Europea		Norvegia		Svezia		Danimarca		Germa...
	Tonnellaggio	Percentuale	Tonnellaggio	Percentuale	Tonnellaggio	Percentuale	Tonnellaggio	Percentuale	Tonnellaggio	Percentuale	Tonnellaggio

Tonnellaggio delle navi nazionali

ANNI	Tonnellaggio	%	Tonnellaggio	%	Tonnellaggio	%	Tonnellaggio	%	Tonnellaggio	%	Tonnellaggio
1860	13.914.923	56,3	696.234	16,5	1.512.369	74,5	+560.066	40,3	..	..	*1.5...
1870	25.072.180	68,4	784.008	11,2	2.263.288	70,0	1.374.433	31,8	..	..	
1875	30.914.711	66,9	797.562	9,8	2.593.615	71,8	1.793.135	34,0	1.771.743	49,3	
1880	41.318.981	70,4	1.134.914	11,1	2.716.928	68,2	2.503.900	37,2	2.351.551	52,7	
1885	46.389.055	72,2	914.084	8,7	3.030.773	64,0	3.301.450	36,6	3.241.740	51,5	
1890	53.973.112	72,7	958.258	7,9	3.163.381	61,8	3.624.301	33,7	4.693.308	58,4	
1892	54.372.730	71,7	1.050.336	11,3	3.810.892	66,0	3.902.802	34,1	4.520.593	57,3	
1893	54.148.664	72,6	1.083.393	8,5	3.867.835	66,6	..946.563	33,7	4.414.996	55,5	
1894	58.681.617	72,9	1.365.018	7,0	3.612.162	65,9	4.291.374	33,8	4.061.991	53,1	
1895	58.691.926	72,9	1.388.720	7,2	3.588.038	67,2	4.120.594	33,3	4.573.117	54,3	
1896	61.472.131	71,9	..	..	..	..	..	..	..		

Tonnellaggio delle navi estere

ANNI	Tonnellaggio	%	Tonnellaggio	%	Tonnellaggio	%	Tonnellaggio	%	Tonnellaggio	%	Tonnellaggio
1860	10.771.369	43,7	3.518.540	83,5	516.637	25,5	+828.386	59,7	..	..	*2.234...
1870	11.568.002	31,6	6.231.096	88,8	967.753	30,0	2.954.151	68,2	..	..	
1875	15.332.094	33,1	7.360.866	90,2	1.037.165	28,2	3.486.714	66,0	1.823.049	50,7	
1880	17.347.079	29,6	8.840.418	88,6	1.268.549	31,8	4.330.246	62,8	2.109.940	47,3	
1885	17.892.587	27,8	9.848.810	91,3	1.706.976	36,0	5.714.985	63,4	2.935.035	44,5	
1890	20.310.757	27,3	11.114.730	92,1	1.885.749	35,2	7.142.410	66,4	3.338.772	41,6	
1892	21.494.425	28,3	8.269.470	88,7	1.972.322	34,0	7.543.179	65,9	3.371.748	42,7	
1893	20.484.183	27,4	11.669.068	91,5	1.937.515	33,9	7.758.851	66,3	3.537.118	44,5	
1894	21.854.712	27,1	18.266.912	93,0	1.866.192	34,1	8.394.719	66,2	4.120.993	46,9	
1895	21.847.218	27,1	17.802.976	92,8	1.751.112	32,8	8.263.153	66,7	3.852.687	45,7	
1896	23.990.288	28,1	..	..	..	..	..	..	..		

Tonnellaggio totale

ANNI	Regno Unito	Russia Europea	Norvegia	Svezia	Danimarca	Germa...
1860	21.689.292	4.214.771	2.030.036	+138.452	..	
1870	36.619.182	7.015.102	3.231.041	4.328.584	..	
1875	46.276.838	8.158.428	3.630.780	5.279.849	3.594.392	
1880	58.736.063	9.975.322	3.985.477	6.891.155	4.461.494	
1885	64.881.612	10.702.894	4.737.749	9.016.435	6.176.775	
1890	74.283.869	12.072.988	5.351.130	10.766.711	8.032.030	
1892	75.867.155	9.319.806	5.803.211	11.446.173	7.898.341	
1893	74.632.847	12.752.466	5.805.380	11.705.414	7.952.114	
1894	80.536.359	19.631.930	5.479.012	12.689.093	8.785.984	
1895	80.539.171	19.191.096	5.339.150	12.383.747	8.425.804	
1896	85.462.422	..	..	..	..	

Con carico soltanto — * Esclusi Amburgo e Brema.

o Unito ed in quelli delle principali nazioni marittime d'Europa e degli Stati Uniti

zavorra). Distinzione delle nazionali dalle altre estere (Rapporti percentuali).

nazionale).

Olanda		Francia		Portogallo		Spagna		Italia		Stati Uniti	
Tonnellaggio	Percentuale	Tonnellaggio	Percentuale	Tonnellaggio	Percentuale	Tonnellaggio	Percentuale	Tonnellaggio	Percentuale	Tonnellaggio	Percentuale

proporzione col tonnellaggio totale.

Olanda		Francia		Portogallo		Spagna		Italia		Stati Uniti	
.211	39 5	3.502.912	41,4	..	..	793.861	30,7	..	..	12.087.209	70,8
.965	23 4	4.289.206	31,5	296.572	11,8	1.311.761	37,0	2.750.078	36,5	6.902.967	35.2
.879	27.0	5.456.469	32,6	404.382	7,3	2.213.671	33 9	2.766.086	31,2	7.310.589	31.8
.313	30,9	7.522.221	30,0	371.317	6,5	3.650.902	26,6	3.425.008	34,8	6.824.832	18,0
.044	31,1	9.216.750	35.4	409.021	5,7	6.648.315	38,9	2.817.084	21,6	6.363.567	20,9
.125	28,8	9.254.879	31,9	716.175	7,0	10.473.542	43,8	3.473.148	24,4	8.149.878	22,6
.832	30,5	9.121.879	32,4	1.096.889	9,9	10.329.271	45,1	3.718.915	26,7	9.006.106	21,5
.803	29,5	8.342.311	29,9	1.399.007	11,5	11.487.182	47,6	4.124.121	28,0	8.702.048	22,4
.805	27,6	8.259.856	28,9	964.471	8,1	12.533.696	48.4	3.986.751	21,7	9.394.597	23,3
.795	27,1	8.531.234	30,6	..	..	12.237.818	47,2	4.030.608	21,0	8.977.057	23 3
..	..	..	..	..	..	..	..	..	..	10.525.919	24,0

orzione col tonnellaggio totale.

Olanda		Francia		Portogallo		Spagna		Italia		Stati Uniti	
.117	60,5	4.953.824	58 6	..	..	1.797.644	69,3	..	..	4.977.916	29.2
.506	71,6	9.317.531	68.5	2.213.429	88,2	2.230.433	63,0	4.841.865	63,5	11.332.095	61,8
.208	73,0	11.260.948	67,4	5.101.021	92 7	4.369.210	66,1	5.318.509	65,8	16.278.723	69,0
.716	69,1	17.510.257	70,0	5.374.730	93,5	10.092.212	73,4	6.421.962	65,2	23.248.673	81,1
.859	68,9	16.803.031	64,6	6.828.160	91,3	10.433.489	61,1	8.724.871	75,1	24.456.029	79,4
.012	71,2	19.712.909	68,1	9.818.548	93,0	13.437.356	56,2	10.773.576	65,6	28.106.215	77,5
.043	69,5	18.998.615	67,6	9.992.646	90,1	12.562.884	54 9	10.225.012	73 3	33.168.351	77,6
.682	70,5	19.610.015	70.1	10.293.933	88,5	12.585.511	52,4	10.612.438	72,0	30.580.514	77,6
.416	72,4	20.278.971	71,1	10.886.692	91,9	13.358.336	51,6	12.171.173	75,3	30.866.736	76,7
.550	72,9	19.378.145	69,4	..	..	13.684.668	52,8	12.708.860	76,0	30.063.404	77,7
..	..	..	..	..	..	..	..	..	..	31.877.850	75,2

estere e nazionali.

Olanda	Francia	Portogallo	Spagna	Italia	Stati Uniti
2.652.328	8.156.736	..	2.596.508	..	17.065.125
3.644.471	13.606.737	2.510.001	3.542.194	7.621.443	28.325.062
4.689.085	16.717.412	5.505.403	6.612.881	8.084.595	23.589.317
6.844.034	25.032.478	5.746.017	13.743.114	9.846.970	36.073.505
8.226.903	26.019.793	7.237.181	17.041.804	11.571.955	30.819.596
10.837.137	28.967.848	10.564.723	23.910.898	14.246.724	36.256.123
11.845.875	28.120.524	11.089.535	22.891.658	13.943.927	42.174.457
12.390.485	28.022.326	11.632.940	24.022.726	14.736.859	39.342.562
13.751.224	28.538.827	11.851.163	25.892.022	16.157.927	40.201.353
13.531.345	27.909.379	..	25.022.486	16.829.463	39.045.461
..	..	..	..	..	42.403.769

F². — Tonnellaggio delle navi a vapore entrate ed uscite dai porti del Regno negli anni 1860, 1870, 1875, 1880, 1885, 1890 e 1892-96 (continua)

(Navigazione

ANNI	Regno Unito		Russia		Norvegia		Svezia		Danimarca
	Tonnellaggio	Percentuale	Tonnellaggio	Percentuale	Tonnellaggio	Percentuale	Tonnellaggio	Percentuale	Tonnellaggio

Tonnellaggio dei bastimenti nazionali

ANNI	Regno Unito		Russia		Norvegia		Svezia		Danimarca
1860	4.186.620	81,3	..	..	124.966	25,2	..	..	1.11..
1870	13.311.058	88,5	..	..	..	..	725.753	38,5	1.60..
1875	20.932.484	83,3	172.418	10,2	245.829	40,9	1.210.123	29,8	2.00..
1880	30.976.037	83,2	751.194	10,8	454.087	40,1	2.048.378	35,8	4.10..
1885	39.794.162	80,1	719.312	7,8	944.811	43,5	2.378.238	30,3	3.89..
1890	49.023.775	78,5	730.590	6,6	1.590.825	51,3	2.530.231	30,3	3.84..
1892	49.857.700	78,0	816.434	9,7	1.726.270	51,6	2.622.613	29,6	4.11..
1893	49.803.628	78,1	850.083	7,3	1.887.309	51,1	2.944.150	30,0	4.05..
1894	51.113.130	78,7	1.114.705	6,0	1.693.145	53,0	2.850.335	29,3	
1895	54.889.980	78,1	..	..	1.825.925	55,5			
1896	58.217.118	76,6	..	..	..	..			

Tonnellaggio dei piroscafi nazionali

ANNI	Regno Unito		Russia		Norvegia		Svezia		Danimarca
1860	740.853	15,7	..	..	370.179	71,8	..	..	..
1870	1.731.273	11,5	..	..	412.901	59,1	1.159.783	61,5	837..
1875	4.179.625	16,7	4.136.812	89,8	659.121	50,2	1.827.173	60,2	1.051..
1880	6.237.905	16,8	6.176.456	89,2	1.228.355	53,5	3.738.775	61,2	1.98..
1885	8.715.705	19,6	8.538.916	92,2	1.423.782	48,7	5.373.550	69,7	2.52..
1890	12.661.234	20,5	10.308.834	93,4	1.622.161	43,4	5.875.268	69,7	2.49..
1892	14.039.281	22,0	7.589.694	90,3	1.603.931	45,9	6.224.816	70,4	2.73..
1893	13.776.504	21,6	10.838.328	92,7	1.506.386	47,0	6.881.489	70,0	3.84..
1894	14.745.515	21,3	17.314.226	94,0	1.407.591	43,5	6.876.065	70,7	2.89..
1895	15.307.688	21,9	..	..	..	..			
1896	17.821.603	23,4	..	..	..	..			

ANNI	Regno Unito		Russia		Norvegia		Svezia		Danimarca
1860	4.967.473		..		..		..		
1870	15.072.331		..		495.145		1.885.541		
1875	25.112.109		4.609.260		638.130		3.037.506		
1880	37.213.942		6.922.950		1.113.608		5.827.153		
1885	49.509.867		9.258.268		2.173.196		7.711.828		
1890	61.685.009		11.039.424		2.921.607		8.434.547		
1892	63.886.988		8.406.128		3.314.431		8.846.439		
1893	63.670.132		11.646.416		3.491.290		9.825.639		
1894	69.158.645		18.425.984		3.203.163		9.726.400		
1895	70.307.663		..		3.243.516				
1896	76.033.751		..		..				

¹ Esclusi Amburgo e Brema.

> e delle principali nazioni marittime d'Europa e degli Stati Uniti d'America

vorrà distinguendo le nazionali dalle estere) (Rapporti percentuali).

nazionale).

ermania		Olanda		Francia		Portogallo		Italia		Stati Uniti	
elgio	Percentuale	Tonnellaggio	Percentuale	Tonnellaggio	Percentuale	Tonnellaggio	Percentuale	Tonnellaggio	Percentuale	Tonnellaggio	Percentuale

sporzione nel tonnellaggio totale

		272.560	21,2	1.012.373	10,0	..	..	..	..	1.656.577	33,8
0.406	15,0	355.398	19,1	2.180.600	32,1	56.817	5,2	781.621	19,7	2.311.810	26,9
40.552	31,3	664.701	31,2	3.365.869	32,5	134.757	3,2	861.248	17,6	2.354.675	15,5
74.516	31,4	1.129.902	29,0	5.719.170	35,6	139.390	3,1	1.608.687	23,3	2.577.467	17,7
25.301	40,9	2.077.654	29,8	8.147.241	38,2	241.245	3,9	1.436.871	15,1	4.026.949	18,5
67.928	42,4	2.821.135	33,5	8.312.904	33,0	622.233	6,3	2.264.829	18,2	4.643.819	16,9
57.153	43,7	3.361.525	30,5	8.396.936	33,7	992.151	9,5	2.512.183	20,6	4.473.805	17,8
50.152	42,1	3.458.598	29,8	7.734.315	30,8	1.228.302	11,1	3.010.202	22,7	4.811.077	18,0
50.314	42,3	3.559.827	27,5	7.596.975	29,7	841.302	7,5	2.875.387	19,5	4.820.672	18,3
05.985	43,0	3.461.575	27,0	7.916.563	30,9	..	..	2.939.008	19,1	5.219.103	18,6

porzione nel tonnellaggio totale

		601.438	68,8	1.517.782	60,0	..	..	..	..	3.218.611	66,2
60.430	85,0	1.537.851	80,9	4.623.230	67,9	1.012.961	91,8	3.184.672	80,3	3.218.611	66,2
43.399	68,7	2.472.100	78,8	6.990.322	67,5	1.028.663	96,8	4.029.660	82,4	6.278.148	73,1
62.090	65,6	3.503.525	71,0	10.334.177	64,1	4.417.192	96,9	5.599.139	76,7	12.795.797	84,5
59.611	59,1	4.887.978	70,2	13.192.556	61,8	5.948.075	98,1	7.869.097	84,6	11.908.373	82,3
103.339	55,8	7.032.330	71,5	16.967.016	67,0	9.231.984	93,7	10.180.962	81,8	17.775.300	81,5
48.801	56,3	7.642.157	69,5	18.533.911	66,3	9.469.179	90,5	9.818.546	79,4	22.913.846	83,1
50.650	57,6	8.133.473	70,2	17.381.248	69,2	9.791.911	88,9	10.265.490	77,3	20.632.721	82,2
50.335	57,7	9.375.382	72,5	17.970.671	70,3	10.443.715	93,5	11.883.376	80,5	21.903.869	82,0
49.595	57,0	9.352.338	73,0	17.683.526	69,1	..	..	12.471.910	80,9	21.503.782	81,7
..		..		..		..		..		22.818.635	81,4

\ L |

..	873.093	2.530.155	..	..	4.907.191
30.886	1.863.252	6.811.883	1.099.773	3.966.296	8.587.988
63.951	3.136.801	10.355.191	4.213.420	4.890.908	15.150.472
78.636	4.933.427	16.413.497	4.566.582	7.297.826	11.575.840
157.912	6.965.632	21.839.787	6.189.320	9.305.971	21.802.289
291.287	9.918.174	25.309.920	9.854.221	12.445.791	27.557.665
311.254	11.003.982	24.930.247	10.461.630	12.360.729	25.111.526
80.802	11.592.071	25.115.593	11.020.220	13.275.692	26.714.946
41.199	12.935.159	25.567.646	11.285.047	14.763.763	28.323.454
25.580	12.813.913	25.600.089	..	15.410.918	23.037.738

G. — Tonnellaggio delle navi a vela ed a vapore entrate ed uscite dai porti del Regno

Stati Uniti, con distinzione tra le inglesi e le altre in ciascuno degli anni

(Navigaz.

ANNI	Regno Unito		Russia Europea		Norvegia		Svezia		Germania
	Tonnellaggio	Percentuale	Tonnellaggio	Percentuale	Tonnellaggio	Percentuale	Tonnellaggio	Percentuale	Tonnellaggio

Tonnellaggio delle navi inglesi

ANNI	Tonn.	%	Tonn.	%	Tonn.	%	Tonn.	%	Tonn.
1860	13.911.923	56,3	..	..	40.180	2,0	..	..	..
1870	25.072.180	68,4	..	..	374.638	11,6	..	..	..
1875	30.944.711	65,9	3.097.566	37,7	308.883	8,5	599.755	11,4	1.05..
1880	41.348.984	70,4	..	..	471.979	11,8	928.553	13,5	4.484
1885	46.389.055	72,2	5.360.654	49,7	651.689	13,8	1.613.256	18,2	5.663
1890	53.972.162	72,7	6.423.570	53,2	781.618	14,6	2.207.114	20,5	7.466
1892	51.372.835	71,7	4.495.870	48,2	754.612	13,0	2.187.005	19,1	8.150
1893	54.148.664	72,6	6.863.171	52,8	771.057	13,3	2.355.733	20,1	8.749
1894	58.684.647	72,9	11.070.728	56,4	732.285	13,4	2.490.527	19,6	9.38
1895	58.694.926	72,9	..	..	..	..	2.677.884	21,6	9.26
1896	61.472.131	71,9	..	..	..	..	..	..	..

Tonnellaggio delle navi non inglesi

ANNI	Tonn.	%	Tonn.	%	Tonn.	%	Tonn.	%	Tonn.
1860	10.774.369	43,7	..	..	1.989.854	98,0	..	..	..
1870	11.548.002	31,6	..	..	2.856.404	88,4	..	..	..
1875	15.332.094	34,1	5.040.862	62,3	3.321.897	91,5	4.640.094	88,6	8.672
1880	17.487.070	29,6	..	..	3.513.198	84,2	5.965.602	86,5	8.081
1885	17.892.587	27,8	5.432.240	50,3	4.088.710	86,2	7.373.179	81,8	10.886
1890	20.310.757	27,3	5.649.418	46,8	4.572.512	85,4	8.559.577	79,5	13.640
1892	21.494.125	28,3	4.823.936	51,8	5.018.602	87,0	9.259.168	80,9	14.255
1893	20.484.183	27,4	5.888.992	46,2	5.034.323	86,7	9.319.681	79,9	11.210
1894	21.854.712	27,1	8.561.202	43,6	4.746.727	86,6	10.194.566	80,4	15.149
1895	21.847.248	27,1	..	..	..	..	9.705.860	78,4	11.693
1896	23.990.288	28,1	..	..	..	..	..	..	..

ANNI	Tonn.	Tonn.	Tonn.	Tonn.	Tonn.
1860	24.989.292	4.211.774	2.039.036	..	..
1870	36.610.182	7.915.402	3.221.044	..	12..
1875	46.276.838	8.158.424	3.630.780	5.279.849	13.0.
1880	58.836.063	9.975.332	3.985.177	6.894.155	16.5.
1885	64.381.642	10.792.894	4.132.740	9.016.435	21.1.
1890	74.283.860	12.072.988	5.354.130	10.766.711	22..
1892	75.867.155	9.319.806	5.804.214	11.446.173	22.9.
1893	74.932.847	12.752.166	5.805.380	11.705.414	22.9.
1894	80.546.395	19.631.930	5.479.012	12.689.093	24..
1895	80.539.174	19.191.646	5.339.150	12.383.747	23.9.
1896	85.462.422	..	..	..	..

(*) Compreso il traffico di costa. — (1) L'anno termina il 30 giugno. Dalle cifre degli Stati U.

), da quelli delle altre principali nazioni marittime d'Europa e da quelli degli

), 1870, 1875, 1880, 1885, 1890 e 1892-96 (cariche ed in zavorra).

·nazionale).

Olanda		Francia		Portogallo		Italia		Stati Uniti (1)	
Tonnel-laggio	Percentuale	Tonnel-laggio	Percentuale	Tonnel-laggio	Percentuale	Tonnel-laggio	Percentuale	Tonnel-laggio	Percentuale

·ione col tonnellaggio totale.

985.896	37,2	2.517.050	29,8	..	..	..	..	2.513.878	24,8
951.692	53,8	5.111.705	39,8	1.673.752	66,7	1.968.173	25,8	5.565.067	41,1
524.193	53,8	6.414.911	38,1	3.665.289	66,6	2.351.195	29,1	7.957.853	43,2
109.791	49,8	10.161.902	40,6	3.622.177	63,0	3.377.513	34,3	15.807.135	51,7
240.407	51,5	10.658.228	41,0	4.295.371	59,1	5.121.015	41,2	12.571.718	50,7
665.958	52,3	12.736.319	44,0	5.656.903	53,5	7.036.278	49,4	16.272.640	52,8
951.651	50,2	12.538.455	44,6	5.572.374	50,3	6.081.838	43,6	19.654.307	53,0
229.119	50,2	13.071.155	46,7	6.023.617	51,8	6.020.179	40,9	17.300.256	51,2
905.258	50,9	13.377.810	46,9	6.312.857	53,3	7.212.673	41,8	17.923.358	52,9
257.917	53,6	12.938.849	46,1	..	..	7.249.886	43,1	17.612.677	52,3
..	..	..	..	..	..	..	..	18.178.961	52,4

·oporzione col tonnellaggio totale

666.432	62,8	5.939.686	70,2	..	..	5.653.270	71,2	7.713.652	75,8
682.779	46,2	8.195.032	60,2	836.219	33,3	5.658.270	55,2	7.066.730	55,2
161.892	46,2	10.302.468	61,6	1.810.114	33,4	5.733.100	70,9	10.485.981	56,9
434.213	50,2	14.870.576	59,4	2.123.870	37,0	6.469.457	65,7	11.730.891	48,3
986.196	43,5	15.261.565	59,0	2.941.810	40,6	6.420.940	55,8	12.212.049	48,9
171.179	47,7	16.231.529	56,0	4.907.820	44,5	7.210.146	50,6	14.521.973	47,2
891.224	49,8	15.582.069	55,1	5.517.032	49,7	7.862.089	56,4	16.780.338	46,1
170.336	49,8	14.947.871	53,3	5.609.323	48,2	8.716.680	59,1	16.204.015	48,4
755.963	49,1	15.161.017	53,1	5.538.306	46,7	8.915.254	55,2	16.407.732	47,8
274.398	46,4	11.970.530	53,6	..	..	9.579.582	50,9	16.106.315	47,7
..	..	..	..	..	..	..	..	16.792.851	47,6

LI.

652.328	8.446.736	..	..	10.257.530
644.171	13.606.737	2.510.011	7.621.143	12.631.817
649.085	16.717.412	5.505.404	8.084.595	18.434.483
811.034	25.032.478	5.717.047	9.846.970	30.547.026
226.903	26.019.793	7.237.181	11.571.955	24.783.767
837.137	28.967.848	10.564.723	11.246.724	30.794.653
845.875	28.120.524	11.089.535	13.943.927	36.438.645
399.485	28.022.326	11.632.940	14.736.859	33.504.271
751.221	28.538.827	11.851.163	16.157.927	84.331.090
531.345	27.909.379	..	16.829.468	33.718.992
			..	35.271.758

uso il traffico lacuale tra gli Stati medesimi e il Canadà.

II. — Tonnellaggio delle navi a vapore entrate ed uscite dai porti del Regno con distinzione tra le inglesi e le altre, in ciascuno degli anni

(Naviga

ANNI	Regno Unito		Russia Europea		Norvegia		Svezia
	Tonnellaggio	Percentuale	Tonnellaggio	Percentuale	Tonnellaggio	Percentuale	Tonnellaggio

Tonnellaggio delle navi ingl

1860	1.186.620	84.3	..	..	282.555	53.0	..
1870	13.311.058	85.5	..	..	188.393	27.0	38..
1875	20.942.484	83.3	2.601.511	56.5	186.896	26.6	76..
1880	30.976.037	83.2	..	..	296.896	26.6	..
1885	30.794.162	80.4	5.321.182	57.5	490.753	22.6	1.3..
1890	19.028.775	79.5	6.401.186	58.0	621.884	21.1	2.18..
1892	49.857.700	78.0	1.487.172	53.4	697.586	20.8	2.12..
1893	19.893.628	78.4	6.818.231	58.6	713.339	20.4	2.35..
1894	51.413.130	78.7	11.056.572	60.0	656.024	20.5	2.62..
1895	51.890.980	78.1	..	..	..	..	2.68..
1896	58.217.143	76.6	..	..	..	..	

Tonnellaggio delle navi non i

1860	780.852	15.7	..	..	232.590	47.0	..
1870	1.731.273	11.5	..	..	500.737	73.0	1.536..
1875	4.179.625	16.7	2.004.719	43.5	816.712	73.4	2.28..
1880	6.237.905	16.8	..	..	..	..	4.25..
1885	9.715.705	19.6	3.943.778	42.5	1.682.143	77.4	5.50..
1890	12.661.234	20.5	1.637.048	42.0	2.299.723	78.6	6.271..
1892	14.029.281	22.0	3.918.976	46.6	2.650.865	79.2	6.519..
1893	13.776.504	21.6	1.838.182	41.4	2.777.951	79.6	
1894	14.745.515	21.3	7.372.362	40.0	2.517.639	79.5	7.35..
1895	15.407.688	21.9	..	..	..	..	7.079..
1896	17.821.603	23.4	..	..	..	..	

1860	1.967.473		..		..		
1870	15.072.331		..		415.145		
1875	25.112.109		1.609.260		698.130		
1880	37.213.912		9.927.950		1.113.608		
1885	49.509.867		9.254.258		2.173.195		
1890	61.685.009		11.039.124		2.924.607		
1892	63.886.981		8.406.128		3.348.431		
1893	63.670.132		11.686.416		3.491.290		
1894	69.158.645		18.428.934		3.203.463		
1895	70.307.668		..		3.233.516		
1896	76.038.751		..		..		

(*) L'anno termina al 30 giugno Le cifre degli Stati Uniti comprendono i bastimenti che son

ielli delle principali nazioni marittime dell'Europa e da quelli degli Stati Uniti

, 1875, 1880, 1885, 1890 e 1892-96 (cariche ed in zavorra).

nazionale).

Germania		Olanda		Portogallo		Italia		Stati Uniti (*)	
Tonnellaggio	Percentuale	Tonnellaggio	Percentuale	Tonnellaggio	Percentuale	Tonnellaggio	Percentuale	Tonnellaggio	Percentuale

orzione col tonnellaggio totale.

Germania		Olanda		Portogallo		Italia		Stati Uniti	
..	..	505.088	68,1	955.558	86,9	1.427.890	36,>	2.309.401	47,1
..	..	1.450.908	77,9	3.193.363	75,8	2.005.680	41,.	4.569.418	53,2
.319	40,2	2.223.120	71,2	3.305.304	72,5	3.161.240	43,3	10.257.916	67,7
.068	39,2	3.038.673	61,6	4.072.633	65,8	4.989.773	53,6	8.778.060	60,2
.671	38,3	3.946.550	56,7	5.585.930	56,7	6.951.034	53 9	12.857.726	59,.
.586	39 2	5.417.622	55,.	5.495.977	52,5	6.031.188	48,3	16.298.397	59,1
.103	41,1	5.778.123	52,5	5.967.380	51,1	5.971.652	45,.	14.042.992	55,9
.113	40,7	6.009.253	51,8	6.240.311	55,3	7.193.545	18,8	15.089.915	56,5
.920	41,1	6.828.587	52,8	..	..	7.191.878	46,7	14.760.124	56,1
..	..	7.112.935	55,5	..	..	..	..	15.611.188	55,7

eporzione col tonnellaggio totale.

Germania		Olanda		Portogallo		Italia		Stati Uniti	
.	..	278.905	31,.	141.220	13,1	2.538.397	61,.	2.397.790	52,9
	..	112.259	22,1	1.020.057	24,2	2.885.228	59,.	4.018.570	46,8
57.317	58,8	903.375	23,8	1.251.278	27,5	4.136.586	56,7	4.892.556	32,8
73.871	60,3	1.894.754	38,1	2.116.687	34,2	4.316.198	46,4	5.797.780	39,3
91.613	61,7	3.019.073	43,3	4.268.291	43,3	5.493.757	41,1	8.911.563	41,.
77.668	60,8	4.165.852	45,.	4.965.653	47,5	6.329.541	51,2	11.259.268	40,9
80.699	58,9	5.225.851	47,5	5.052.810	45,9	7.304.010	55,.	11.068.534	41,1
77.759	59,3	5.582.818	48,2	5.014.706	44,7	7.564.218	51,2	11.625.031	43,5
99.651	58,9	6.106.572	47,2	..	..	8.219.070	33,3	11.563.330	43,9
..	..	5.700.978	41,5	..	..	..	..	12.426.550	41,3

LI

Germania	Olanda	Portogallo	Italia	Stati Uniti
.	873.998			
33.951	1.863.252	1.099.778	8.966.296	4.907.191
36.636	3.136.801	4.213.120	4.890.908	8.587.988
47.912	4.933.127	4.556.582	7.297.826	15.150.472
91.287	6.965.632	6.189.320	9.305.971	11.575.810
11.254	9.913.471	9.851.221	12.415.791	21.802.289
99.802	11.003.982	10.461.630	12.360.729	27.557.665
11.202	11.592.071	11.020.220	13.275.692	25.111.526
25.5?0	12.935.159	11.285.047	11.763.763	26.711.916
	12.813.913	..	15.410.918	26.323.454
			..	28.037.738

aggi oceanici; non comprendono quelli addetti al traffico lacuale tra gli Stati stessi ed il Canadà.

CANALE DI SUEZ

MOVIMENTO DELLA NAVIGAZIONE NELL'ANNO 1896.

Dalle notizie avute come negli anni ultimi scorsi sul movimento della navigazione avvenuto nel canale di Suez, risulta che nel 1896, in confronto dell'anno precedente, si ebbe una diminuzione di numero 29 navi, con un aumento però di tonnellate 132,519 sulla portata complessiva. Questo aumento è sopratutto dovuto agli effetti delle tre campagne coloniali di Madagascar, dell'Eritrea e delle Filippine che reclamarono per parte della Francia, dell'Italia e della Spagna l'impiego straordinario di un gran numero di piroscafi per il trasporto di truppe e di materiali da guerra. Nei vapori commerciali si rileva invece la diminuzione di n. 177 e di 217.049 tonnellate.

È poi da notare come nelle navi commerciali passate in zavorra dal Sud al Nord si verificò un aumento di n. 33 della portata complessiva di tonnellate 71,085, costituendo così un precedente affatto nuovo, poiché prima, in tale direzione, solo si era verificato il passaggio di pochi piroscafi colpiti da gravi avarie o noleggiati per conto di Stato.

È poi continuo l'aumento che si verifica nella media del tonnellaggio netto dei piroscafi, la quale, per il sessennio u. s. è indicata nel prospetto seguente:

ANNI	Tonnellaggio medio dei piroscafi		
	Commerciali	Postali	Postali e commerciali
1891	1.765	2.194	1 838
1892	1.847	2.250	1.929
1893	1.944	2.351	2.017
1894	2.038	2.455	2.106
1895	2 104	2 577	2.206
1896	2.172	2.580	2 270

Le notizie riguardanti i piroscafi che attraversarono il canale nel 1896, e cioè la provenienza, la destinazione, il carico, i passeggieri trasportati, ecc., sono riassunte nei seguenti quadri indicanti:

1° Il movimento generale della navigazione per il 1896 e quello comparativo per l'ultimo sessennio.

2° La provenienza e la destinazione dei piroscafi postali che transitarono nel canale.

3° La provenienza e la destinazione dei piroscafi commerciali.

4° La suddivisione per bandiere del movimento dei piroscafi postali e commerciali, e percentuali di concorso pel quadriennio 1893–96.

5° La specificazione comparata dei carichi recati dai soli piroscafi commerciali nel triennio 1894–96.

6° Il numero dei piroscafi in servizio postale, il tonnellaggio netto ed i passeggieri trasportati da ogni Compagnia di navigazione.

7° Il movimento dei passeggieri nell'anno 1896 e nel sessennio 1891–96.

8° Il prospetto comparativo delle medie sui passeggieri trasportati per ogni piroscafo delle Compagnie postali.

| MESI | TOTALE | | NAVI COMMERCIALI | | | | NAVI POSTALI | | | |
| | Navi n. | Ton-nellaggio netto | dall'Oriente | | dall'Europa | | dall'Oriente | | dall'E... | |
			Navi n.	Ton-nellaggio netto	Navi n.	Ton-nellaggio netto	Navi n.	Ton-nellaggio netto	Navi n.	
Gennaio . . .	292	634.062	96	209.990	101	211.240	28	71.762		
Febbraio . . .	276	605.675	81	173.656	103	213.521	23	74.480		
Marzo	375	777.789	130	272.227	117	240.852	30	81.253		
Aprile	301	618.557	125	260.340	96	213.247	28	72.714		
Maggio	340	732.133	114	247.116	122	265.890	27	71.762		
Giugno	300	651.671	90	201.485	101	212.181	27	70.327		
Luglio	246	557.097	85	197.121	79	175.485	30	81.091		
Agosto	249	566.855	99	218.451	80	177.100	32	82.426		
Settembre . .	260	588.811	99	216.885	78	179.580	31	80.081		
Ottobre	261	595.903	92	197.793	73	161.661	27	71.799		
Novembre . .	232	538.290	87	195.434	51	119.602	32	87.221		
Dicembre . .	273	637.513	102	232.067	85	179.392	32	89.115		
Totale . . .	3.408	7.534.356	1.200	2.622.865	1.089	2.349.704	352	933.951	351	

Navi n. 2.289 — Tonn. 4.972.569   Navi n. 723 — Tonn. 1.8...

Movimento compar...

Anno 1891 . . .	1.192	7.706.601	1.682	2.973.627	1.416	2.495.235	384	840.948	391	
» 1892 . . .	3.535	6.763.263	1.333	2.461.405	1.198	2.213.575	366	822.684	365	
» 1893 . . .	3.328	6.711.810	1.308	2.531.559	1.158	2.271.917	350	819.767	337	
» 1894 . . .	3.317	7.017.105	1.259	2.572.072	1.197	2.430.591	343	839.980	337	
» 1895 . . .	3.437	7.401.837	1.261	2.672.151	1.205	2.517.464	346	887.962	336	
» 1896 . . .	3.408	7.534.356	1.200	2.622.866	1.089	2.349.704	352	933.951	351	

I Cañale di Suez, nell'anno 1896.

	I DA GUERRA E DI STATO			NAVI CON SOLI PELLEGRINI				NAVI IN ZAVORRA			
	l'Oriente	dall'Europa		dall'Oriente		dall'Europa		dall'Oriente		dall'Europa	
	Ton-nellaggio netto	Navi n.	Ton-nellaggio netto	Navi n.	Ton-nellaggio netto	Navi n.	Ton-nellaggio netto	Navi n.	Ton-nellaggio netto	Navi n.	Ton-nellaggio netto
0	32.792	18	33.630	..	..	..	..	..	..	..	..
1	38.339	16	32.517	..	..	..	..	..	..	..	..
1	59.137	32	41.441	..	..	..	..	..	..	..	..
2	13.395	10	11.740	..	..	..	..	1	1.564	1	336
5	18.449	23	36.988	1	2.330	7	10.651	3	3.141	..	..
0	51.837	14	26.007	6	8.732	..	..	2	2.942	..	..
9	13.736	6	8.657	7	7.662	..	..	1	336	..	..
3	4.291	3	2.203	1	664	..	..	..	..	..	..
4	3.833	11	19.873	..	..	..	..	9	17.473	1	554
6	9.689	15	27.327	..	..	..	..	17	36.906	..	..
9	16.572	9	19.631	..	..	..	..	11	20.911	1	700
9	17.569	12	30.763	..	..	..	..	6	10.503	..	..
72	280.489	169	290.807	15	19.338	7	10.651	50	93.776	3	1.590

avi n. 341 — Tonn. 571.296   Navi n. 22 — Tonn. 30.039   Navi n. 53 — Tonn. 95.366

'ultimo sessennio.

64	129.926	75	143.534	14	13.433	8	7.820	9	9.764	119	232.699
58	121.675	74	148.418	8	8.948	3	3.596	11	7.627	119	157.886
50	103.395	57	116.094	16	17.002	27	32.821	9	8.766	16	13.169
51	103.856	88	160.753	9	11.201	10	13.248	6	8.400	47	75.578
92	152.757	176	250.396	10	11.151	11	16.269	8	7.411	12	16.840
72	280.489	169	290.807	15	19.388	7	10.651	50	93.776	3	1.590

Provenienza e destinazione dei piroscafi postali

PROVENIENTI DALL' ORIENTE			PROVENIENTI DALL' EUROPA		
Dal porto di	N.	Tonn.	Dal porto di	N.	T.n
Bombay	52	139.258	Londra	120	..
Calcutta	23	73.864	Marsiglia	56	..
Batavia	53	111.817	Genova	26	..
Manilla	15	42.698	Trieste	24	..
Shangai	19	67.875	Brema	26	..
Sydney	65	217.142	Amsterdam	27	..
Brisbane	12	29.923	Rotterdam	27	..
Maurice	13	24.009	Amburgo	15	..
Noumea	13	37.241	Barcellona	12	..
Massaua	12	18.032	Odessa	18	..
Zamzibar	18	33.500	. . . .	..	
Yokohama	37	84.810	. . . .	..	
Vladivostock	20	53.725	. . . .	..	
Totale . . .	352	933.954	Totale . . .	351	..

:arono nel canale di Suez durante l'anno 1896.

DESTINATI ALL' EUROPA			DESTINATI ALL' ORIENTE		
Al porto di	N.	Tonn.	Al porto di	N.	Tonn.
ι	119	361.306	Bombay	53	142.376
glia	51	113.180	Calcutta	22	69.934
a	24	46.931	Batavia	54	113.411
϶	25	61.212	Manilla	12	33.301
ι	27	109.252	Shangai	18	67.013
rgo	18	33.500	Sydney	66	223.025
:rdam.	26	60.709	Brisbane	13	32.001
·dam	27	51.138	Maurice	17	31.500
:llona	15	42.698	Noumea	13	37.257
ia	20	53.725	Yokohama	37	83.034
. . . .	..	..	Zanzibar	15	30.346
. . . .	..	..	Massaua	13	18.911
. . . .	..	..	Vladivostock.	18	49.022
Totale . . .	352	933.934	Totale . . .	351	931.131

Numero 703 — Tonnellate 1.865.085

Provenienza e destinazione dei piroscafi comers

PROVENIENTI DALL'ORIENTE			PROVENIENTI DALL'EUROPA		
Dai porti di	N.	Tonn.	Dai porti di	N.	T.
India e colonie inglesi . . .	722	1.628.930	Inghilterra	722	181
Colonie olandesi	121	227.428	Francia	53	11.
» spagnole	46	100.745	Germania	55	737
» francesi	29	52.181	Olanda	25	41
» italiane	2	1.051	Belgio	59	25
» russe	..	..	Italia	3	6
China	25	58.928	Austria	2	1
Giappone	129	301.521	Spagna	8	10
Australia	83	183.194	Russia	108	5
Golfo Persico	33	57.358	Nord-America	29	5
Paesi del mar Rosso . . .	2	2.868	Turchia ed Egitto . . .	3	3
Zanzibar	8	8.641	Grecia	5	1
Totale . . .	1.200	2.622.865	Totale . . .	1.069	2.3

ansitarono il canale di Suez durante l' anno 1896.

DESTINATI ALL' EUROPA			DESTINATI ALL' ORIENTE		
Ai porti di	N.	Tonn.	Ai porti di	N.	Tonn.
erra	681	1.507.599	Indie e colonie inglesi . .	710	1.623.333
a	175	393.328	Colonie olandesi	61	101.673
nia	111	801.166	» spagnole	12	28.837
a . .	57	105.259	» francesi	29	47.577
. . . .	25	68.155	» italiane	7	7.862
. . . .	26	56.005	» russe	21	30.472
ia	18	32.372	China	51	113.833
a	15	35.375	Giappone	149	321.507
ia	3	5.234	Australia	10	17.228
-America	49	98.929	Zanzibar	8	11.770
e Turchia	9	18.293	Golfo Persico	11	19.894
a	1	560	Paesi del Mar Rosso. . .	17	25.718
Totale . . .	1.200	2.622.865	Totale . . .	1.089	2.349.701

Numero 2.289 — Tonnellaggio 4.972.569

Suddivisione per bandiera del movimento delle navi
Postali e Commerciali.

Numero d'ordine	NAZIONALITÀ	Navi nel 1896		Percentuale nel quadriennio			
		N.°	Tonnellaggio netto	nel 1896	nel 1895	nel 1894	nel 1893
1	Bandiera Inglese . .	2065	4.806.401	70 203	73 522	71 491	75 526
2	» Tedesca . .	319	764.212	11 177	9 179	8 637	7 821
3	» Olandese .	193	361.631	5 289	5 145	5 041	4 934
4	» Francese .	169	351.779	5 145	4 598	4 573	4 488
5	» Austriaca .	63	139.336	2 037	2 111	2 448	2 254
6	» Spagnola .	45	123.136	1 801	1 225	1 107	1 035
7	» Russa . .	39	104.014	1 521	1 085	1 027	.. 699
8	» Italiana . .	52	97.577	1 427	1 736	1 602	1 775
9	» Norvegiana.	36	60.601	.. 886	1 322	.. 863	1 231
10	» Giapponese.	10	27.275	.. 399	.. 032	.. 141	.. ..
11	» Belga e diverse.	1	1.689	.. 025	.. 045	.. 062	.. 237
	Totale . .	2992	6.837.651	100 000	100 000	100 000	100 000

Specifica comparata pei carichi recati dai soli battelli commerciali.

Carichi esclusivi	Anno 1896		Anno 1895		Anno 1894	
	Navi N.°	Tonnellaggio netto	Navi N.°	Tonnellaggio netto	Navi N.°	Tonnellaggio netto
Carboni	243	508.786	325	677.971	334	700.264
Riso.	138	267.025	152	281.129	150	284.670
Petrolio	113	212.168	115	239.735	90	178.772
Zucchero	108	214.861	52	103.954	52	95.937
Materiali ferroviari	13	32.022	2	3.833	10	18.046
Frutti e semi oleaginosi . . .	39	94.231	10	17.784	31	63.640
Carni congelate	3	5.358	..	..	..	..
Juta	29	75.601	40	99.062	23	57.108
Grano	1	3.896	15	30.904	2	3.558
Lana	17	31.269	25	56.352	32	65.894
Thè	13	28.527	7	15.165	14	28.539
Cordoni telegrafici.	2	1.362	1	1.816	2	2.761
Altri titoli speciali.	..	..	2	3.845	7	13.639
Carichi generali assortiti.	1570	3.467.463	1722	3.655.879	1708	3.489.835
Totale . . .	2289	4.972.569	2468	5.190.429	2455	5.002.663

Numero dei piroscafi in servizio postale, tonnellaggio netto

e passeggeri trasportati da ogni Compagnia di navigazione.

COMPAGNIA DI NAVIGAZIONE	NAVI — Numero	Tonnellaggio netto	Passeggeri
Peninsular and Oriental	162	502.418	21.669
Messageries maritimes	107	237.034	19.023
Navigazione generale italiana . . .	51	97.062	4.011
Orient line	53	163.549	14.078
British-India	25	61.924	912
Norddeutscher Ll yd	53	218.547	8.727
Flotte volontaire russe	37	100.347	20.517
Lloyd austriaco	48	119.071	1.910
Nederland	53	122.986	4.936
Rotterdam Lloyd	54	102.272	3.769
Transatlantica	27	75.999	6.046
Deutsch Ost Africa	33	63.846	4.622
Totale . . .	703	1.865.085	110.923

Movimento dei Passeggeri nell'anno 1896.

MESI	Numero dei Passeggeri				Nazionalità dei Passeggeri militari					
	Totale	Borghesi	Militari	Pellegrini	Inglesi	Francesi	Italiani	Turchi	Spagnuoli	Diversi
Gennaio . . .	23.751	7.157	16.597	..	3.137	2.613	9.744	1.103	..	..
Febbraio. . .	25.201	9.096	16.105	..	5.591	895	9.556	63	..	..
Marzo	33.405	12.088	31.317	..	3.825	681	14.930	1.881	..	..
Aprile	22.611	14.174	8.437	..	1.914	617	1.909	3.997	..	..
Maggio . . .	35.460	13.388	14.553	7.519	..	2.781	8.822	2.347	..	603
Giugno . . .	41.261	8.109	26.745	6.407	,.	2.465	21.227	..	..	3.053
Luglio. . . .	21.331	8.712	6.301	6.318	103	1.106	4.192	900	..	..
Agosto . . .	14.569	11.925	2.304	340	..	540	579	1.185	..	..
Settembre . .	24.482	10.615	13.867	..	1.451	1.018	1.991	3.920	5.487	..
Ottobre . . .	21.639	10.198	11.441	..	5.317	1.146	1.408	..	3.570	..
Novembre . .	25.688	9.827	15.861	..	7.939	826	407	3.608	3.081	..
Dicembre . .	29.335	7.669	21.666	..	5.633	984	224	1.309	13.516	..
Totale . .	318.736	122.958	175.194	20.584	34.910	15.672	74.989	20.313	25.654	3.655

Movimento comparativo nell'ultimo sessennio.

Anno 1891 . .	189.751	105.823	71.002	12.296	38.013	17.058	6.093	9.762		76
» 1892 . .	179.534	87.084	83.969	8.481	35.672	12.673	4.072	24.514		7.038
» 1893 . .	177.042	85.755	60.246	31.011	30.815	12.571	3.022	11.505		2.333
» 1894 . .	171.563	93.378	66.517	11.668	39.763	14.667	2.216	8.246		1.615
» 1895 . .	223.162	105.002	106.106	12.054	33.964	43.679	10.574	15.232		2.657
» 1896 . .	318.736	122.958	175.194	20.584	34.910	15.672	74.989	20.313		29.310

Prospetto comparativo delle Medie sui passeggeri trasportati per ogni battello, non che sopra il singolo tonnellaggio delle Compagnie Postali.

	Anno 1896		Anno 1895		Anno 1894		Anno 1893	
	Passeggeri Num.	Tonnellaggio netto	Passeggeri Num.	Tonnellaggio netto	Passeggeri Num.	Tonnellaggio netto	Passeggeri Num.	Tonnellaggio netto
Peninsular and Oriental	131	3.102	125	2.816	118	2.621	114	2.603
Messageries Maritimes	177	2.215	173	2.241	134	2.174	141	2.146
Navigazione Generale Italiana . . .	73	1.903	87	2.257	69	2.063	84	1.978
Orient line	266	3.086	241	3.038	230	3.091	239	3.099
British-India	39	2.477	33	2.528	35	2.555	48	2.664
Norddeutscher Lloyd	165	4.123	140	3.762	112	3.144	115	2.569
Flotte Volontaire Russe	513	2.445	605	2.670	469	2.635	453	2.476
Lloyd Austriaco	40	2.474	38	2.427	27	2.498	25	2.333
Nederland	93	2.380	89	2.281	104	2.199	85	2.204
Rotterdam Lloyd	70	1.892	66	1.859	79	1.826	70	1.732
Transatlantica.	116	2.815	176	2.613	191	2,711	166	2.440
Deut Ost-Afrika	110	1.935	88	1.755	53	1.730	59	1.671

MOVIMENTO DELLA NAVIGAZIONE NEL DANUBIO.

Nel seguente quadro, desunto dalla *Statistique de la navigation à l'embouchure du Danube pour l'année* 1896, sono indicati distintamente per anno e per bandiera il numero ed il tonnellaggio dei velieri e dei piroscafi usciti dal Danubio dal 1887 al 1896.

La portata complessiva dei su accennati bastimenti fu di tonnellate 1,794,934, con un rilevante aumento (tonnellate 240,236) in confronto dell'anno precedente. La portata media dei bastimenti fu di tonnellate 1048.

Per la bandiera italiana si nota che nessun veliero concorse in detta navigazione durante il triennio u. s. Nei piroscafi si ebbe l'aumento di n. 22 e di tonnellate 23,536 in confronto dell'anno 1895.

Alle precedenti notizie si aggiungono due prospetti indicanti: il primo le esazioni fatte nel decennio ultimo scorso e il secondo il numero e il tonnellaggio dei piroscafi che fanno viaggi periodici, distinti per compagnie cui appartengono, partiti dal porto di Sulina dal 1° gennaio al 31 dicembre 1896.

Introiti per diritti di navigazione del decennio 1887-96.

Anno	1887	L.	1,914,581. 28	Anno	1892	L.	2,092,965. 75
Id.	1888	»	2,077,110. 06	Id.	1893	»	2,897,186. 51
Id.	1889	»	1,348,552. 10	Id.	1894	»	2,269,672. 95
Id.	1890	»	2,128,669. 43	Id.	1895	»	2,229,813. 81
Id.	1891	»	2,149,252. 35	Id.	1896	»	2,599,426. 28

Viaggi periodici eseguiti nel 1896.

COMPAGNIE	PIROSCAFI	
	Numero	Tonnellag.
Lloyd Austriaco (Costantinopoli-Braila)	55	63.967
Id. (Batum-Galatz)	14	14.994
Fraissinet e C.	32	40.887
Navigazione generale italiana	34	39.415
Russa (Odessa Corabia)	41	19.213
Id. (Odessa-Ismaïl).	39	11.985
Id. (Batum-Réni)	3	3.060
Id. (Batum Galatz)	15	6.155
Ottomana « Égée ».	38	20.161
Servizio marittimo rumeno	31	17.573
Totale	302	237.410

Movimento della navigazione nel porto di Anversa
durante gli anni 1895 e 1896.

BANDIERE	Velieri		Piroscafi		Totale	
	N.	Tonn.	N.	Tonn.	N.	Tonn.

Anno 1895 — ARRIVI.

Con bandiera italiana	12	8.036	..	..	12	8.036
» altre bandiere	509	250.998	4.132	5.104.535	4.641	5.355.533
Totale . . .	521	259.034	4.132	5.104.535	4.653	5.363.569

PARTENZE.

Con bandiera italiana	12	8.036	1	1.653	13	9.689
» altre bandiere	513	244.290	4.119	5.072.143	4.632	5.316.433
Totale . . .	525	252.326	4.120	5.073.796	4.645	5.326.122

Anno 1896 — ARRIVI.

Con bandiera italiana	13	7.035	3	5.565	16	12.600
» altre bandiere	460	211.934	4.475	5.630.577	4.935	5.842.511
Totale . . .	473	218.969	4.478	5.636.142	4.951	5.855.111

PARTENZE.

Con bandiera italiana	13	7.035	3	5.565	16	12.600
» altre bandiere	461	216.256	4.481	5.639.865	4.912	5.856.121
Totale . . .	474	223.291	4.484	5.645.430	4.958	5.868.721

BANDIERE	Velieri		Piroscafi		Totale	
	N.	Tonnellaggio	N.	Tonnellaggio	N.	Tonnellaggio
Inglese	1	331	152	270.189	153	2
Russa	7	1.331	74	158.304	81	15
Francese	..	..	80	107.311	80	10
Tedesca	..	..	22	25.625	22	25
Austro-Ungarica	..	..	77	90.360	77	9
Greca	120	50.452	13	8.954	133	59
Ottomana	883	19.326	4	5.119	887	24
Danese	..	..	14	17.495	14	17.495
Norvegiana	..	..	6	8.388	6	8.3
Olandese	..	..	3	4.581	3	4.5
Belga	..	..	14	21.364		21.3
Italiana	3	1.881	16	19.871	19	21
Altre	..	..	2	763	2	7
Totali	1.014	73.324	477	738.324	1.491	811

ARRIVI

to di Batum durante l'anno 1896.

BANDIERE	PARTENZE					
	Velieri		Piroscafi		Totale	
	N.	Tonnellag-gio	N.	Tonnellag-gio	N.	Tonnellag-gio
ese	1	331	154	273.033	155	273.364
sa	6	1.132	74	158.304	80	159.436
ncese	..	..	80	107.311	80	107.311
esca	..	..	25	25.625	25	25.625
tro-Ungarica	..	..	76	88.506	76	88.506
ca	118	49.539	11	7.267	129	56.806
omana	869	19.250	4	5 119	873	24.369
nese	..	..	14	17.495	14	17.495
rvegiana	..	..	6	8.338	6	8.338
ndese	..	..	3	4.581	3	4.581
ga	..	..	14	21.364	14	21.364
liana	3	1.881	16	19.871	19	21.752
re	..	..	2	763	2	763
Totali	997	72.133	476	737.627	1.473	809.760

Movimento della navigazione avvenuto nel porto di Cadice durante l'anno 1896.

Arrivi

Piroscafi — di bandiera spagnuola N. 1493 di tonn. 1,454,839

            di altre bandiere   »   366   »   278,515

                   Totale N. 1859 di tonn. 1,733,354

Velieri   — di bandiera spagnuola N.   656 di tonn.   36,956

            di altre bandiere   »   734   »   147,764

                   Totale N. 1390 di tonn.   184,720

Movimento totale della navigazione, piroscafi e velieri riuniti (arrivi) N. 3249 di tonnellate 1,918,074.

Secondo la nazionalità i suindicati bastimenti erano ripartiti come appresso: 31 germanici, 2 argentini, 30 danesi, 2390 spagnuoli, 105 francesi, 34 olandesi, 330 inglesi, 102 italiani, 1 del Nord-America, 66 portoghesi, 25 russi, 119 svedesi e norvegesi, 7 austriaci, 2 marocchini, 4 brasiliani ed 1 uruguayano.

Nota. — Nel totale del movimento della navigazione sono comprese 12 navi da guerra spagnuole della portata complessiva di tonnellate 22,137 e numero 21 di altre bandiere di tonn. 45,475.

MOVIMENTO DELLA NAVIGAZIONE

NEL PORTO DI MARSIGLIA

ANNO 1896.

Movimento della navigazione per operazioni di commerci

PORTI	Con bandiera italiana				Con bandiere estere				Totale	
	Velieri		Vapori		Velieri		Vapori			
	N.	Tonn.	N.	Tonn.	N.	Tonn.	N.	Tonn.	N.	T.a

Arrivi.

PORTI	N.	Tonn.	N.	Tonn.	N.	Tonn.	N.	Tonn.	N.	
Marsiglia . . .	344	81.432	101	100.305	2.189	302.709	5.516	4.790.458	8.150	5.74
Cette	62	13.716	19	13.460	363	82.225	2.074	1.188.594	2.518	1.97
Tolone	18	1.392	1	246	12	2 416	31	27 002	62	3
Agde.	2	245	..	..	8	233	216	18.601	226	
Cassis	32	3.491	..	..	243	14 975	..	..	275	
La Ciotat . . .	..	..	..	..	285	8.430	..	..	285	
Hyéres	..	..	..	..	202	25.027	3	2.404	205	
La Nouvelle . .	39	3 671	5	1.363	36	3.645	290	41 148	370	
Port Vendres. .	8	2.107	..	..	86	15 481	341	121 193	435	
Port de Bouc .	3	2.215	..	..	15	4.583	12	9.299	30	
St. Louis . . .	91	13.532	6	4.212	375	85 405	205	141.547	677	
St. Raphaël . .	20	1.450	..	..	135	6.706	28	18.508	183	
St. Tropez . .	5	413	..	..	3	328	..	..	8	
Aigues Mortes .	..	..	5	1.328	..	..	..	..	5	
Totali . .	624	123.697	137	120.914	3.952	552.163	8.716	6.358.754	13.429	

Distretto Consolare di Marsiglia durante l'anno 1896.

PORTI	Con bandiera italiana				Con bandiere estere				Totale	
	Velieri		Vapori		Velieri		Vapori			
	N.	Tonn.	N.	Tonn.	N.	Tonn.	N.	Tonn.	N.	Tonn.

Partenze.

PORTI	N.	Tonn.	N.	Tonn.	N.	Tonn.	N.	Tonn.	N.	Tonn.
iglia . . .	349	88.337	106	98.891	2.160	293,664	5.525	5,062.405	8.140	5,543.357
. . . . . .	66	14.533	19	13.460	428	100.667	2.017	1.093.043	2.530	1 221 708
ne	16	1.343	1	246	5	120	6	1.699	28	3.408
e	1	108	..	..	8	233	210	18.831	228	19.171
iis	32	3.491	..	..	211	16.811	..	..	273	20.338
Ciotat . . .	..	..	..	..	239	6 894	..	..	239	6 894
res	1	617	..	..	205	26 686	3	2 404	209	29.707
Nouvelle . .	39	4.416	5	1.363	36	6.139	290	38.097	370	50.010
Vendre. .	11	2 701	..	..	75	12.881	342	120.657	428	136.239
de Bouc . .	3	2.245	..	..	16	5.579	13	8,872	32	16.696
ouis . . .	93	14.358	6	4.212	385	82.731	196	144.455	680	245.756
aphaël . .	20	1.450	..	..	135	6.706	28	18.508	183	26.664
ropez. . .	5	413	..	..	3	328	..	..	8	741
es Mortes .	..	..	5	1.328	..	..	..	..	5	1.328
Totali . .	636	134.020	142	119.500	3.986	559.467	8.639	6,509.031	13,403	7.322.018

Movimento della navigazione internazionale,

NAZIONALITÀ	BASTIMENTI A VELA			PIROSCAFI		
	Numero	Tonnellaggio	Equipaggio	Numero	Tonnellaggio	Equipaggio

Arrivi.

NAZIONALITÀ	Numero	Tonnellaggio	Equipaggio	Numero	Tonnellaggio	Equipaggio
Inglese	50	64.953	1 004	455	919.610,	?
Italiana	93	58.737	1.153	106	211.837	?
Tedesca.	8	9.242	132	169	308.759	?
Norvegiana	53	33.482	477	34	26.051	?
Francese	5	2.566	72	122	238.333	?
Spagnuola	37	10.981	425	3	10.490	?
Belga	..	..	..	6	12.848	?
Uruguayana	5	877	51	7	1.980	?
Argentina	..	..	..	18	14.699	?
Danese	3	705	22	4	3.849	
Nord-Americana	18	11.706	211	..	..	..
Olandese	1	191	6	..	..	..
Brasiliana	1	224	9	50	40.993	? 11
Russa	4	2.140	48	..	..	..
Portoghese.	1	501	13	..	..	
Austriaca	3	2.233	45	2	2.208	)
Messicana	..	..	..	1	246	)
Greca.	1	613	13	..	..	..
Chilena	..	..	..	2	320	)
Totale . . .	283	199.164	3.681	979	1.792.273	5
Bastimenti a vela . . .				283	199.164	?
Totale generale . . .				1.262	1.991.437	?

ante l'anno 1896, nel Porto di Montevideo.

NAZIONALITÀ	BASTIMENTI A VELA			PIROSCAFI		
	Numero	Tonnellaggio	Equipaggio	Numero	Tonnellaggio	Equipaggio

Partenze.

NAZIONALITÀ	Numero	Tonnellaggio	Equipaggio	Numero	Tonnellaggio	Equipaggio
lese	43	66.133	973	426	893.265	20.987
iana	59	38.002	736	106	214.320	7.815
lesca	8	10.514	147	186	341.163	7.656
rvegiana	22	14.770	263	31	29.572	643
ncese	4	1.726	52	115	230.131	8.905
gnuola	37	10.050	396	4	9.501	276
ga	..	..	..	6	14.788	223
guayana	6	436	40	7	1.697	132
gentina	..	..	..	7	8.656	220
ese	3	855	24	5	4.810	107
rd-Americana	11	7.355	144	..	..	..
ndese	1	191	6	..	..	..
siliana	1	214	9	47	39.276	2.111
ssa	1	199	7	..	..	..
toghese.	1	504	13	..	..	..
striaca	1	653	15	2	2.552	84
ssicana	..	..	..	1	246	12
lena	..	..	..	2	420	28
Totale . . .	203	151.662	2.830	943	1.790.397	49.204

				Numero	Tonnellaggio	Equipaggio
Bastimenti a vela . . .				203	151.662	2.830
Totale generale . . .				1.151	1.942.050	52.034

PORTO DI MONTEVIDEO — Movimento (

NAZIONALITÀ	BASTIMENTI A VELA			PIROSCAFI		
	Numero	Tonnellaggio	Equipaggio	Numero	Tonnellaggio	Equi

Arrivi.

Inglese	6	3.880	70	202	486.734	
Italiana	31	17.899	312	107	213.612	
Tedesca	1	223	7	119	219.881	
Norvegiana	9	5.226	98	11	13.674	
Francese	..	..	..	111	223.143	
Spagnuola.	12	2.814	123	5	14.319	
Belga	..	..	..	5	8.802	
Uruguayana	1	400	12	8	2.350	
Argentina	..	..	..	7	7.010	
Danese	2	566	15	..	..	..
Nord Americana	5	3.516	57	..	..	..
Olandese	1	1.088	19	..	..	..
Brasiliana	..	..	..	1	467	
Russa	1	199	7	..	..	..
Austro-Ungarica	..	..	..	2	9.552	
Totale . .	69	35.811	750	638	1.192.574	
Bastimenti a vela . . .				69	35.811	
Totale generale . . .				707	1.228.385	

gazione avvenuta nel RU durante l'anno 1896.

NAZIONALITÀ	BASTIMENTI A VELA			PIROSCAFI		
	Numero	Tonnellaggio	Equipaggio	Numero	Tonnellaggio	Equipaggio

Partenze.

NAZIONALITÀ	Numero	Tonnellaggio	Equipaggio	Numero	Tonnellaggio	Equipaggio
se	20	16.152	289	306	510.273	12.302
ina	70	43.577	841	103	206.407	· · 7.949
sca . . , ...	2	1 142	21	95	179.518	· · 4.269
egiana	34	17.083	386	18	14.279	· · 319
cese	1	802	15	115	229.228	· · 8.503
nuola	16	4.954	184	3	10.499	· 238
ì	..	..	..	6	11.564	· · 225
uayana	1	421	12	6	1.767	142
ntina	..	..	..	18	11.955	492
se	2	406	13	..	..	..
l Americana	10	6.175	96	..	..	..
dese	1	1.088	19	..	..	..
iliana	..	..	..	1	467	27
ia	4	2.140	48	..	..	..
a.	1	613	13	..	..	..
ro-Ungarica	3	2.329	40	2	2 208	42
Totale . .	165	96.972	1.977	673	1.211.153	34.508
Bastimenti a vela . . .				165	96.972	1.977
Totale generale				838	1.308.125	36.485

Movimento della navigazione di cabotaggio per l'anno 1896, nel porto di Montevideo.

NAZIONALITÀ	BASTIMENTI A VELA			PIROSCAFI		
	Numero	Tonnellaggio	Equipaggio	Numero	Tonnellaggio	Equipaggio
Arrivi.						
Uruguayana	1.277	45.781	5.083	503	236 882	12 570
Argentina	321	19.458	1.330	536	339.177	22 107
Boliviana	21	560	78	..	..	..
Paraguayana	15	780	65	..	..	..
Brasiliana	..	..	..	23	8.831	9
Austriaca	..	..	..	3	119	5
Totale . . .	1.634	66.579	6.606	1.065	635.009	40.234
Bastimenti a vela . . .				1.634	66.579	6.606
Totale generale . . .				2.699	701 583	46.840
Partenze.						
Uruguayana	1.282	45.405	5 015	502	282.952	17.15
Argentina	316	18.073	1.359	516	332.713	21.850
Boliviana	20	532	74	..	..	..
Paraguayana	13	610	54	..	..	..
Brasiliana	..	..	..	25	10.041	886
Austriaca	..	..	..	3	119	27
Totale . . .	1.631	65.525	6.532	1.046	625.860	39.888
Bastimenti a vela . . .				1.631	65.525	6.532
Totale generale . . .				2.677	691.385	46.4

Movimento della navigazione italiana
avvenuta nel porto di Rosario di S. Fé, durante l'anno 1896.

Arrivi

Piroscafi: N. 27 della portata complessiva di tonn. 36,706
Velieri: » 31 » » 20,962

Tolate N. 58 » » 57,668

Carico dei piroscafi. — Tonnellate di merci 6,476 così ripartite: vino 2,925, marmi 930, olii 847, riso 446, tessuti 30, conserve 10, frutta secca 10, carta 5, nocciuole 9, merci diverse 1,264.

Carico dei velieri. — Tonnellate 7,607 e cioè: sale 4,393, carbone 3,160 e merci diverse 54.

Annotazione. — La crisi economica si è accentuata nel 1896 ed il traffico per conseguenza è sensibilmente diminuito. D'altra parte la produzione abbondante di vino nelle provincie di Mendoza e S. Juan, ha fatto decidere molte persone ad abbandonare l'uso del vino italiano. Mentre nel 1895 l'importazione di questo prodotto nel porto di Rosario raggiunse le 5,410 tonnellate, nel 1896 fu di sole 2,925.

Partenze

Piroscafi: N. 25 della portata complessiva di tonn. 34,396
Velieri: » 35 » » 22,796

Totale N. 60 » » 57,192

Carico dei piroscafi. — Tonnellate di merci 18,001, così ripartite: granone 11,656, cuoi 2,382, farina 1,750, fieno 1,330, quebracho 220, ossa 154, seme lino 150, sevo 62, patate 50, pelli 49, miglio 40, crusca 35, oleina 30, lana 26, corna 23, budella 15, fagiuoli 8, tabacco 4, merci diverse 17.

Carico dei velieri. — Tonnellate 24,724 di merci, cioè: grano 13,329, quebracho 6,507, seme lino 2,896, fieno 700, farina 522, cenere 435, ossa 235, corna 90, unghie 10.

Annotazioni. — L'esportazione è fatta principalmente di prodotti agicoli e perciò, essendo stati questi raccolti nel 1896 in quantità molto inferiore alla media, si ebbe una notevole diminuzione nel carico delle nostre navi in partenza.

BANDIERA	Carichi		Vuoti		Totale	
	N.	Tonn.	N.	Tonn.	N.	Tot:

Arrivi.

BANDIERA	Carichi		Vuoti		Totale	
Austro-Ungarica a vela .	1.316	40 367	248	6.925	1 564	4
Austro-Ungarica a vapore	2 567	941.131	2.250	181.823	4 827	1.12
Americana Nord. a vela .	2	1 703	..	..	2	
Belga. . . . . a vapore	1	1.735	..	..	1	
Germanica. . . a vapore	26	26.804	..	..	26	=
Greca . . . a veta .	61	6.694	7	900	68	7.
Greca . . . a vapore	55	41 711	..	..	55	4
Inglese . . . . a vapore	187	244 409	1	2.193	188	2.
Italiana . . . . a vela .	1.326	59 365	136	8.213	1 462	6.
Italiana . . . . a vapore	320	186 919	163	7.689	483	1-
Montenegrina. . a vela .	3	109	2	72	5	
Ottomana . . . a vela .	21	1 132	3	75	24	1
Russa . . . . a vela .	2	1.305	..	..	2	
Russa . . . . a vapore	4	7 016	2	526	6	
Spagnuola. . . a vapore	1	2.049	..	..	1	
Svedo-Norvegese a vapore	13	8.812	1	811	14	
Totale . a vela .	2.731	110.680	396	16.185	3.127	1:
Totale . a vapore	3.174	1.460.976	2.427	193.047	5.601	1 5
Totale generale . .	5.905	1.571.656	2.823	209.232	8.728	1.'

porto di Trieste per l'anno 1896.

BANDIERA	Carichi		Vuoti		Totale	
	N.	Tonn.	N.	Tonn.	N.	Tonn.

Partenze.

BANDIERA	Carichi N.	Carichi Tonn.	Vuoti N.	Vuoti Tonn.	Totale N.	Totale Tonn.
tro-Ungarica { a vela .	827	27.060	751	19.214	1.578	46.274
{ a vapore	3.397	995.731	1.431	136.503	4 828	1.132.239
ericana Nord. a vela .	1	887	1	821	2	1.708
a. . . . . a vapore	1	1 735	..	..	1	1.735
nanica. . . a vapore	21	21.424	5	5.470	26	26 894
a . . . . { a vela .	71	7.655	1	63	72	7.718
{ a vapore	55	41 454	..	..	55	41 454
ese . . . . a vapore	130	163 012	58	83.559	188	247.171
ana. . . . { a vela .	1.070	49 977	419	14.675	1.489	64 652
{ a vapore	319	184.570	163	8.789	482	193 359
tenegrina. . a vela .	7	248	..	..	7	248
mana . . . a vela .	22	1.018	..	..	22	1.018
sa . . . . { a vela .	..	..	2	1.305	2	1.305
{ a vapore	..	..	6	7.542	6	7.542
nuola. . . a vapore	..	..	1	2.049	1	2.049
lo-Norvegese a vapore	11	5.025	3	5.316	14	10.341
Totale . { a vela .	1.998	86 845	1.174	36.078	3.172	122.923
{ a vapore	3.934	1.413.551	1.667	249.233	5.601	1.662.784
Totale generale . .	5.932	1.500.396	2.841	285.311	8.773	1.785.707

ESPORTAZIONE DEL CARBON FOSSILE DA NEWCASTLE ON TYNE DURANTE L'ANNO 1896.

Nell'anno 1896 furono esportate da Newcastle on Tyne 11,844,575 tonnellate inglesi di carbon fossile e di coke, con un aumento di tonnellate 492,882 in confronto del precedente anno 1895.

I luoghi in cui fu mandato il carbone e le quantità relative sono indicati nella seguente tabella. Come negli scorsi anni non si è potuto distinguere la quantità mandata in Italia da quella inviata a Malta, perchè nelle statistiche inglesi queste quantità sono date complessivamente. Il R. Console in Newcastle ha però fatto conoscere che sulle tonnellate 1,383,047 spedite nel 1896 (compreso il carbone preso per uso di bordo), si può calcolare di sole tonnellate 25,000 la quantità per Malta, poichè quest'isola si provvede quasi esclusivamente dal Paese di Galles, e quindi quella importata in Italia ammonterebbe a tonn. 1,358,000 circa.

Si inserisce infine uno specchio indicante le quantità di carbone e di coke importate nel Regno dal 1891 al 1896, comprendendovi però anche quelle destinate a Malta.

Esportazione del carbon fossile e coke dal Tyne
nell' anno 1896.

DESTINAZIONE	CARBONE	COKE	TOTALE
Costa e isole della Gran Bretagna	5.052.631	12.475	5.065.106
Italia e Malta	1.352.778	30.269	1.383.047
Germania	1.051.709	6.420	1.058.129
Spagna e Gibilterra	708.030	142.249	850.279
Francia	741.779	281	742.060
Russia	484.731	51 597	536.328
Danimarca e Islanda	270.565	3.614	274.179
Sud America	221.977	14 886	236.863
Svezia	254.899	6.150	261.049
Portogallo	200.587	2.110	202.697
Belgio ed Olanda	298.950	2.093	301.043
Austria, Grecia e Turchia . . .	151.887	25.454	177.341
Norvegia	196.187	4.926	201.113
Indie orientali, China e Giappone.	123.726	646	124.372
Stati Uniti d'America	218.182	3.970	222 452
Algeria, Egitto e porti africani . .	120.436	2.012	122 448
America inglese	71.553	252	71.805
Australia	7.222	....	7.222
Indie occidentali	7.042	....	7.042
Totale . . .	11.535.171	309.404	11.844.575

Importazione del carbon fossile e coke in Italia e Malta, dal Tyne, nell'ultimo sessennio.

ANNI	CARBONE	COKE	TOTALE
1891	1.275.760	38.674	1.314.434
1892	1.178.215	28.356	1.206.571
1893	1.276.034	30 334	1.306.368
1894	1.371.633	34.635	1.406.268
1895	1.356.779	34.666	1.391.445
1896	1.352.778	30,269	1.383.047

Tra i bastimenti che trasportarono carbone in Italia dal Tyne durante il 1896, sono compresi 2 velieri e 4 piroscafi italiani aventi una stazza netta complessiva di tonnellate 7.863 i quali caricarono 11.474 tonnellate di carbone.

ARENILI

La tabella seguente rappresenta le concessioni di terreni arenili e spazii acquei fatte per contratto dall'amministrazione nel decennio 1887-1896.

ANNO	Stabilimenti balneari	Tonnare	Depositi di materiali e merci	Stabilimenti metallurgici	Cantieri navali	Coltura	Piscicoltura ed ostricoltura	Saline	Esercizio di miniere	Scopi industriali	Grue idrauliche	Usi diversi	Totale delle concessioni	Superficie complessiva			Canoni annui
														Ettare	Are	Centiare	
1887	33	..	13	3	2	..	..	..	..	18	4	66	139	11	81	69	11.091,18
1888	21	..	21	1	8	5	..	..	..	19	3	66	114	18	71	44	16.455,66
1889	32	2	11	3	4	5	14	1	..	7	2	81	162	21	88	5	23.880,74
1890	25	..	13	..	2	7	..	..	..	9	4	58	118	9	3	60	35.465,76
1891	33	1	14	..	4	4	3	..	..	4	4	91	158	20	51	50	30.510,91
1892	41	..	8	..	3	16	6	..	..	10	3	67	154	13	47	18	31.832,73
1893	31	..	9	3	2	3	..	..	1	4	3	69	125	23	6	12	15.163,37
1894	36	1	21	..	2	6	10	..	..	8	2	60	146	24	17	76	21.050,55
1895	40	1	12	..	2	4	10	..	..	11	5	43	128	11	49	33	21.108,60
1896	42	1	19	1	6	9	1	..	..	17	2	44	142	77	81	16	18.653,88

Dal confronto fra i risultati dell'anno 1895 con quelli del 1896 si ha che il numero delle concessioni assentite in quest'ultimo anno è maggiore di quello accertato nell'anno precedente, come pure è maggiore l'estensione complessiva dei terreni e spazi acquei: i canoni annui, invece, segnano una diminuzione e ciò dipende dal fatto che nel 1896 furono assai più numerose che nel 1895 le concessioni assentite con un canone minimo in applicazione dell'art. 811 del Regolamento marittimo.

È degno di nota il movimento verificatosi nelle industrie marittime; infatti le concessioni per cantieri navali sono aumentate sensibilmente in confronto con quelle degli ultimi anni, la qual cosa è senza dubbio dovuta all'influenza benefica della legge 23 luglio 1896 sui provvedimenti per la marina mercantile.

Si riproducono le tabelle divise per i 24 compartimenti marittimi, concernenti le concessioni di terreni arenili e spazi acquei consentite mediante licenze annuali, semestrali e trimestrali dalle Capitanerie di porto nel decennio 1887-96.

ANNO	Baracche balnearie	Deposito carbon fossile, minerali, materiali da costruzione, attrezzi navali, ecc.	Baracche per vendita di commestibili ed altri generi	Cantieri navali, riparazioni battelli, ecc.	Magazzini galleggianti	Usi diversi	Totale delle concessioni	Superficie complessiva			Ammontare dei canoni
								Ettare	Are	Centiare	

Compartimento di Porto Maurizio.

ANNO	Baracche balnearie	Deposito carbon fossile, ecc.	Baracche per vendita	Cantieri navali	Magazzini galleggianti	Usi diversi	Totale	Ettare	Are	Centiare	Ammontare canoni
1887.	42	11	..	4	..	4	61	..	30	82	503,05
1888.	51	13	..	5	..	16	87	..	47	92	607,71
1889.	68	16	2	5	..	10	101	..	41	3	653,90
1890.	77	8	1	3	..	24	113	..	94	38	980,33
1891.	73	3	1	5	..	18	100	..	30	93	496,36
1892.	74	1	..	4	..	19	98	..	71	80	865,27
1893.	64	9	..	6	..	21	100	..	79	49	742,11
1894.	101	7	...	7	..	15	133	1	2	51	771,69
1895.	92	9	..	2	..	12	115	..	76	79	917,61
1896.	99	7	..	5	..	21	132	..	62	34	775,83

Compartimento di Savona.

ANNO	Baracche balnearie	Deposito carbon fossile, ecc.	Baracche per vendita	Cantieri navali	Magazzini galleggianti	Usi diversi	Totale	Ettare	Are	Centiare	Ammontare canoni
1887.	43	70	1	18	..	12	110	2	57	72	3.286,17
1888.	55	53	1	16	..	11	137	2	3	58	2.610,79
1889.	84	33	1	15	1	12	116	1	92	48	2.092,62
1890.	78	17	..	20	..	15	130	2	35	37	1.174,96
1891.	77	17	1	15	..	14	124	3	87	64	914,07
1892.	83	..	3	10	..	30	128	1	40	77	996,57
1893.	81	16	7	10	..	29	143	1	36	48	1.329,12
1894.	85	19	..	10	..	25	139	..	89	73	1.304,20
1895.	95	26	7	10	..	25	163	..	96	35	1.556,95
1896.	86	14	2	13	..	21	136	1	35	35	1.293,28

ANNO	Baracche balnearie	Deposito carbon fossile, minerali, materiali da costruzione, attrezzi navali, ecc.	Baracche per vendita di commestibili ed altri generi	Cantieri navali, riparazioni battelli, ecc.	Magazzini galleggianti	Usi diversi	Totale delle concessioni	Superficie complessiva			Ammontare dei canoni
								Ettare	Are	Centiare	

Compartimento di Genova.

ANNO	Baracche balnearie	Deposito carbon fossile...	Baracche per vendita...	Cantieri navali...	Magazzini galleggianti	Usi diversi	Totale delle concessioni	Ettare	Are	Centiare	Ammontare dei canoni
1887 . .	110	335	19	15	25	88	622	16	24	30	39.530,72
1888 . .	118	273	22	55	17	90	575	23	85	50	35.136,04
1889 . .	120	350	15	62	17	92	674	20	72	17	37.070,11
1890 . .	130	357	12	73	18	114	629	22	85	49	39.016,73
1891 . .	135	95	21	68	10	137	466	11	11	66	26.282,36
1892 . .	128	17	22	55	10	266	498	13	57	86	36.135,81
1893 . .	131	80	18	53	16	197	507	12	68	80	39.056,16
1894 . .	133	115	19	48	20	215	610	13	86	27	38.963,12
1895 . .	131	115	3	46	20	261	608	11	57	28	33.803,45
1896 . .	128	157	11	43	32	225	599	11	50	49	42.312,25

Compartimento di Spezia.

ANNO	Baracche balnearie	Deposito carbon fossile...	Baracche per vendita...	Cantieri navali...	Magazzini galleggianti	Usi diversi	Totale delle concessioni	Ettare	Are	Centiare	Ammontare dei canoni
1887 . .	19	23	..	2	..	25	69	..	80	88	2.593,92
1888 . .	12	16	2	4	..	28	62	..	54	16	1.228,59
1889 . .	40	30	1	6	..	25	102	1	57	1	2.313,46
1890 . .	30	47	4	5	..	38	124	1	59	39	3.958,41
1891 . .	29	32	5	6	..	29	101	1	36	88	3.194,16
1892 . .	39	23	7	3	..	48	120	1	49	84	3.609,78
1893 . .	46	44	9	7	..	31	137	1	84	1	4.487,36
1894 . .	49	44	7	4	..	35	139	1	62	96	3.963,03
1895 . .	57	34	3	2	..	34	130	3	60	71	4.478,62
1896 . .	65	53	7	4	..	47	176	5	62	91	6.348,45

ANNO	Baracche balneari	Deposito carbon fossile, minerali, materiali da costruzione, attrezzi navali, ecc.	Baracche per vendita di commestibili ed altri generi	Cantieri navali, riparazioni battelli, ecc.	Magazzini galleggianti	Usi diversi	Totale delle concessioni	Superficie complessiva			Ammontare dei canoni
								Ettare	Are	Centiare	

Compartimento di Livorno.

ANNO											
1887. .	109	1	9	2	..	42	166	3	87	95	6.051,74
1888. .	98	13	9	1	..	47	168	2	13	30	5.692,90
1889. .	132	9	11	6	..	55	213	4	78	33	6.767,74
1890. .	140	9	7	2	..	61	219	3	33	76	7.917, »
1891. .	150	14	7	4	..	94	269	2	90	37	8.599,30
1892. .	159	3	10	3	..	103	278	4	09	10	8.341,85
1893. .	155	16	7	3	..	126	307	4	2	70	9.523,45
1894. .	158	12	..	3	..	132	305	4	23	55	9.883,17
1895. .	157	20	1	3	1	126	308	4	67	35	10.653,26
1896. .	155	18	1	..	..	109	283	3	92	43	11.347,48

Compartimento di Portoferraio.

ANNO											
1887. .	2	1	..	2	..	9	14	..	11	53	299,43
1888. .	2	4	..	2	..	8	16	..	15	16	355,27
1889. .	1	1	..	2	..	4	8	..	10	53	201,28
1890. .	2	4	..	1	..	7	14	..	9	65	290,43
1891. .	4	4	..	..	..	7	15	..	10	89	262,50
1892. .	8	..	..	1	..	11	20	..	23	32	333,08
1893. .	6	3	..	2	..	9	20	..	17	..	326,04
1894. .	3	..	..	1	..	10	14	..	23	58	305,20
1895. ..	3	..	..	1	..	7	11	1	31	15	376,70
1896. .	2	..	..	1	..	11	14	1	26	83	446,95

ANNO	Baracche balnearie	Deposito carbon fossile, minerali, materiali da costruzione, attrezzi navali, ecc.	Baracche per vendita di commestibili ed altri generi	Cantieri navali, riparazioni battelli, ecc.	Magazzini galleggianti	Usi diversi	Totale delle concessioni	Superficie complessiva			Ammontare dei canoni
								Ettare	Are	Centiare	

Compartimento di Civitavecchia.

ANNO	Baracche balnearie	Deposito	Baracche per vendita	Cantieri navali	Magazzini galleggianti	Usi diversi	Totale delle concessioni	Ettare	Are	Centiare	Ammontare dei canoni
1887.	39	9	7	2	1	27	85	..	58	67	2.511,10
1888.	56	7	9	2	..	30	101	..	02	57	1 704,10
1889.	49	9	11	2	..	30	101	..	71	53	2.696,45
1890.	43	11	6	1	..	32	93	..	97	24	2.867,90
1891.	53	9	7	1	..	21	91	..	71	77	2.920,25
1892.	19	2	9	1	..	27	83	.	73	80	2.661,80
1893.	41	6	6	..	..	18	71	..	87	35	3.888,70
1894.	45	22	15	2	..	12	41	..	60	69	3 234,36
1895.	38	6	7	1	..	22	74	..	63	79	2.072,15
1896.	13	8	10	1	..	27	89	..	87	14	2 618,85

Compartimento di Gaeta.

ANNO	Baracche balnearie	Deposito	Baracche per vendita	Cantieri navali	Magazzini galleggianti	Usi diversi	Totale delle concessioni	Ettare	Are	Centiare	Ammontare dei canoni
1887.	13	15	..	2	..	10	40	..	70	60	1.366,38
1888.	11	10	..	1	..	7	29	..	32	43	861, »
1889.	18	10	..	6	..	9	43	..	94	14	1.445,10
1890.	14	9	..	5	..	9	37	..	93	35	1 644,53
1891.	14	2	1	3	..	12	32	..	60	19	791.20
1892.	15	1	..	4	..	13	38	..	61	2	854,23
1893.	17	3	..	3	..	14	37	..	60	38	1.212 02
1894.	23	2	..	4	..	12	41	..	60	69	1.217,87
1895.	27	2	..	4	..	11	44	..	64	39	1.145,84
1896.	24	..	..	6	..	13	43	..	61	9	834,45

ANNO	Baracche balneari	Deposito carbon fossile, minerali, materiali da costruzione, attrezzi navali, ecc.	Baracche per vendita di commestibili ed altri generi	Cantieri navali, riparazioni batelli, ecc.	Magazzini galleggianti	Usi diversi	Totale delle concessioni	Superficie complessiva			Ammontare dei canoni
								Ettare	Are	Centiare	

Compartimento di Napoli.

1887 . .	17	5	..	..	1	6	29	..	35	89	1 305,75
1888 . .	11	11	..	..	2	21	75	2	17	2	21.847,39
1889 . .	20	25	..	..	4	18	67	2	68	77	26.499,11
1890 . .	19	18	..	..	3	18	58	2	72	89	11 613.51
1891 . .	21	21	..	..	1	9	37	..	35	45	3 647,85
1892 . .	24	22	..	2	11	23	85	3	90	..	22.110,87
1893 . .	23	17	2	1	2	39	84	2	31	40	19.556,99
1894 . .	21	46	4	5	7	30	116	4	12	40	27.869,42
1895 . .	22	86	4	5	7	33	157	8	3	80	31 290,55
1896 . .	21	93	11	6	9	38	178	8	42	43	23.404.53

Compartimento di Castellammare di Stabia.

1887 . .	45	9	6	2	..	9	71	..	81	67	3 761,96
1888 . .	45	18	6	2	..	19	90	1	20	80	3 801,47
1889 . .	59	41	9	5	..	27	141	3	36	1	7 190,39
1890 . .	59	34	1	7	..	40	115	1	31	3	6.372,60
1891 . .	57	49	3	6	..	36	151	1	92	40	7.520,99
1892 . .	56	8	10	7	..	64	145	1	93	1	13.821,43
1893 . .	59	41	3	2	..	26	131	1	92	40	11.071,30
1894 . .	62	57	4	1	..	35	159	2	76	87	16.053,26
1895 . .	48	92	2	2	..	29	173	2	99	..	12.623,92
1893 . .	79	56	2	3	..	28	168	3	97	25	14 065,98

ANNO	Baracche balnearie	Deposito carbon fossile, minerali, materiali da costruzione, attrezzi navali, ecc.	Baracche per vendita di commestibili ed altri generi	Canteri navali, riparazioni battelli, ecc.	Magazzini galleggianti	Usi diversi	Totale delle concessioni	Superficie complessiva			Ammontare dei canoni
								Ettare	Are	Centiare	

Compartimento di Pizzo.

ANNO	Baracche balnearie	Deposito carbon foss.	Baracche vendita	Canteri navali	Magazzini galleggianti	Usi diversi	Totale	Ettare	Are	Centiare	Canoni
1887 . .	21	15	..	..	1	10	46	..	86	3	452,97
1888 . .	9	12	..	..	..	8	29	..	31	53	478, »
1889 . .	15	5	..	..	..	11	31	..	22	13	371,95
1890 . .	12	4	..	..	..	5	21	..	8	18	198,70
1891 . .	20	15	..	..	..	43	83	1	85	41	1.199,31
1892 . .	24	7	2	..	..	40	73	1	51	62	1.239,53
1893 . .	18	12	1	..	..	57	88	1	48	56	889,75
1894 . .	15	13	..	2	..	26	56	1	13	71	468,25
1895 . .	13	11	..	1	..	17	45	..	63	87	606,51
1896 . .	20	11	1	1	..	23	59	..	81	34	· 905, »

Compartimento di Reggio Calabria.

ANNO	Baracche balnearie	Deposito carbon foss.	Baracche vendita	Canteri navali	Magazzini galleggianti	Usi diversi	Totale	Ettare	Are	Centiare	Canoni
1891 . .	30	9	1	7	..	14	61	..	53	88	1.509,41
1892 . .	31	..	2	6	..	37	79	..	97	68	1.519,59
1893 . .	31	35	3	6	..	15	90	1	9	12	1.618,66
1894 . .	26	22	1	3	..	21	73	1	30	40	1.420,95
1895 . .	30	21	..	3	..	25	79	1	17	73	1.439,88
1896 . .	27	5	..	3	..	15	50	..	91	54	1.322,97

Compartimento di Taranto.

ANNO	Baracche balnearie	Deposito carbon foss.	Baracche vendita	Canteri navali	Magazzini galleggianti	Usi diversi	Totale	Ettare	Are	Centiare	Canoni
1887 . .	101	12	3	7	..	54	177	1	30	23	6.416,42
1888 . .	110	21	..	7	16	27	188	..	90	51	6.415,68
1889 . .	109	21	5	5	..	42	182	1	61	3	5.082,78
1890 . .	122	22	2	5	..	41	192	4	48	99	7.162,87
1891 . .	128	14	2	11	..	34	189	3	25	93	6.351,71
1892 . .	122	5	6	13	..	46	192	1	90	82	6.235,83
1893 . .	124	9	1	12	..	44	190	1	4	42	6.197,67
1894 . .	133	11	3	11	..	45	206	1	8	82	5.800,80
1895 . .	121	15	..	10	..	42	191	..	91	88	5.703,27
1896 . .	129	25	1	8	..	60	223	1	56	38	5.422,80

ANNO	Baracche balnearie	Deposito carbon fossile, minerali, materiali da costruzione, attrezzi navali, ecc.	Baracche per vendita di commestibili ed altri generi	Cantieri navali, riparazioni batelli, ecc.	Magazzini galleggianti	Usi diversi	Totale delle concessioni	Superficie complessiva			Ammontare dei canoni
								Ettare	Are	Centiare	

Compartimento di Bari.

ANNO	Baracche balnearie	Deposito carbon fossile, minerali, materiali da costruzione, attrezzi navali, ecc.	Baracche per vendita di commestibili ed altri generi	Cantieri navali, riparazioni batelli, ecc.	Magazzini galleggianti	Usi diversi	Totale delle concessioni	Ettare	Are	Centiare	Ammontare dei canoni
1887 . .	53	20	6	9	1	41	130	1	20	16	4.614,75
1888 . .	53	21	5	5	1	35	123	1	33	19	5.667,22
1889 . .	48	47	8	4	1	20	128	1	52	99	3.987,33
1890 . .	53	49	6	7	1	17	133	1	70	8	5.962,96
1891 . .	59	47	6	10	6	24	147	2	5	68	5.800,89
1892 . .	55	9	27	9	..	37	137	2	7	15	5.027,80
1893 . .	53	42	5	7	..	34	141	2	1	92	5.301,64
1894 . .	30	72	7	17	..	55	181	3	83	42	5.329,22
1895 . .	35	57	6	12	..	58	168	2	28	98	4.412,20
1896 . .	37	55	7	14	,,	52	165	1	92	62	3.411,01

Compartimento di Ancona.

ANNO	Baracche balnearie	Deposito carbon fossile, minerali, materiali da costruzione, attrezzi navali, ecc.	Baracche per vendita di commestibili ed altri generi	Cantieri navali, riparazioni batelli, ecc.	Magazzini galleggianti	Usi diversi	Totale delle concessioni	Ettare	Are	Centiare	Ammontare dei canoni
1887 . .	196	25	4	..	..	49	274	4	24	93	3.438,32
1888 . .	202	20	2	..	..	32	256	1	98	12	9.593,02
1889 . .	191	23	3	1	..	30	248	1	20	13	3.005,27
1890 . .	180	37	4	..	..	52	273	1	53	31	3.460,69
1891 . .	123	20	3	2	..	10	158	4	71	45	2.830,31
1892 . .	172	10	6	1	..	61	250	1	53	48	3.252,20
1893 . .	159	12	3	..	..	51	225	..	72	62	2.439,38
1894 . .	160	23	3	1	..	56	243	1	6	17	4.979,93
1895 . . .	194	37	3	..	..	91	325	1	41	52	3.757,40
1896 . .	268	28	9	..	..	92	397	..	82	7	3.600,71

ANNO	Baracche balneario	Deposito carbon fossile, minerali, materiali da costruzione, attrezzi navali, ecc.	Baracche per vendita di commestibili ed altri generi	Cantieri navali, riparazioni battelli, ecc.	Magazzini galleggianti	Usi diversi	Totale delle concessioni	Superficie complessiva			Ammontare dei canoni
								Ettare	Are	Centiare	

Compartimento di Rimini.

ANNO											
1887 . .	60	36	7	..	..	6	109	1	91	65	3:826,63
1888 . .	79	25	8	1	..	9	122	4	91	92	3:034.64
1889 . .	83	35	5	1	..	9	133	4	95	17	3 416,90
1890 . .	121	28	4	1	..	16	170	4	86	72	3:169,50
1891 . .	123	28	3	2	..	10	158	4	71	45	2:839,31
1892 . .	137	..	5	2	..	31	175	1	99	47	2.604,95
1893 . .	141	21	4	1	..	11	181	4	98	97	3.028,85
1894 . .	112	23	5	2	..	16	188	5	31	18	3:173,25
1895 . .	148	26	3	2	..	11	190	4	88	29	3.027,27
1896 . .	162	45	4	2	..	27	240	6	42	51	3:585,95

Compartimento di Venezia.

ANNO											
1887 . .	1	3	..	..	14	..	21	..	21	70	465,93
1888 . .	6	..	..	..	..	11	17	..	11	35	363,73
1889 . .	3	..	..	..	11	14	..	18	89	496,23	
1890 . .	3	2	..	..	7	12	..	10	5	384,93	
1891 . .	1	..	..	..	9	10	..	15	54	235,42	
1892 . .	1	..	..	..	22	23	..	22	41	831,75	
1893 . .	2	..	..	..	34	36	1	..	71	1.547,97	
1894 . .	6	10	..	1	58	82	73	97	99	2 569,90	
1895 . .	5	23	..	..	63	91	2	12	61	3.061,39	
1896 . .	7	25	1	1	..	71	105	74	8	59	3.407,29

ANNO	Baracche balneari	Deposito carbon fossile, minerali, materiali da costruzione, attrezzi navali, ecc.	Baracche per vendita di commestibili ed altri generi	Cantieri navali, riparazioni battelli, ecc.	Magazzini galleggianti	Usi diversi	Totale delle concessioni	Superficie complessiva			Ammontare dei canoni
								Ettare	Are	Centiare	

Compartimento di Cagliari.

ANNO	Baracche balneari	Deposito	Baracche vendita	Cantieri navali	Magazzini galleggianti	Usi diversi	Totale	Ettare	Are	Centiare	Ammontare
1887.	1	21	2	3	..	18	48	..	86	55	3.462,95
1888.	..	34	2	3	..	17	56	2	30	6	4.011,71
1889.	5	18	2	3	..	14	42	1	90	12	2.796,96
1890.	4	31	..	3	..	18	56	1	83	39	3.005,70
1891.	1	31	1	4	..	15	46	1	56	81	4.685,75
1892.	2	12	..	1	..	6	30	1	83	98	4 966,20
1893.	9	16	2	4	..	15	46	1	62	93	2.832,55
1894.	3	23	3	3	..	15	52	1	70	30	3.921,69
1895.	..	30	..	2	..	8	40	2	42	88	3.519,50
1896.	..	30	2	2	..	10	41	2	97	58	4 947,07

Compartimento di Maddalena.

ANNO	Baracche balneari	Deposito	Baracche vendita	Cantieri navali	Magazzini galleggianti	Usi diversi	Totale	Ettare	Are	Centiare	Ammontare
1887.	2	6	..	..	..	4	12	..	6	16	193.50
1888.	1	3	..	..	..	6	10	..	5	38	216,20
1889.	2	3	..	..	..	8	13	..	12	9	587,50
1890.	2	4	..	..	..	9	15	..	62	59	1.085,45
1891.	5	7	..	..	..	3	18	..	61	2	1.167,85
1892.	12	..	..	..	..	13	25	..	58	12	1.188,25
1893.	4	8	..	..	..	4	16	1	14	35	1.738,21
1894.	10	7	1	..	..	5	23	1	97	28	2 746,50
1895.	11	10	..	..	..	6	27	1	98	67	2.511,13
1896.	7	8	..	..	..	4	19	1	20	50	2.044,45

ANNO	Baracche balnearie	Deposito carbon fossile, minerali, materiali da costruzione, attrezzi navali, ecc.	Baracche per vendita di commestibili ed altri generi	Cantieri navali, riparazioni battelli, ecc.	Magazzini galleggianti	Usi diversi	Totale delle concessioni	Superficie complessiva			Ammontare dei canoni
								Ettare	Are	Centiare	

Compartimento di Messina.

ANNO	Baracche balnearie	Deposito carbon fossile ecc.	Baracche per vendita commestibili	Cantieri navali ecc.	Magazzini galleggianti	Usi diversi	Totale delle concessioni	Ettare	Are	Centiare	Ammontare dei canoni
1887. .	34	10	2	2	..	15	63	1	48	81	2.687,34
1888. .	36	22	2	1	..	18	79	..	79	15	2 568,03
1889. .	38	21	2	2	..	13	76	1	23	45	2.660,93
1890. .	27	22	2	1	..	8	58	..	85	83	1.941,54
1891. .	26	28	..	..	..	23	78	2	89	51	2.359,99
1892. .	20	12	6	1	..	48	87	4	57	49	2.076,38
1893. .	21	13	..	1	..	31	66	1	63	33	1 314,88
1894. .	26	13	..	1	..	27	67	..	47	77	1.219,67
1895. .	24	8	1	..	..	22	55	..	79	94	1 116,16
1896. .	26	14	..	2	..	15	57	1	1	75	1.079,92

Compartimento di Catania.

ANNO	Baracche balnearie	Deposito carbon fossile ecc.	Baracche per vendita commestibili	Cantieri navali ecc.	Magazzini galleggianti	Usi diversi	Totale delle concessioni	Ettare	Are	Centiare	Ammontare dei canoni
1887. .	41	15	..	4	1	12	73	..	43	41	1.633,21
1888 .	64	11	3	9	1	20	108	..	81	90	3 290,45
1889. .	55	36	2	5	1	14	113	..	77	86	4.787,54
1890. .	67	36	3	7	1	19	133	1	77	27	5.637,13
1891. .	54	40	1	8	1	22	126	1	21	57	5.740,08
1892. .	56	29	7	15	1	28	136	1	53	41	6.752,47
1893. .	71	41	6	13	1	16	148	1	98	83	7.217.65
1894 .	66	113	4	18	1	15	217	6	82	47	4.812,60
1895. .	59	143	3	20	1	32	258	7	29	28	6.062,06
1896. .	63	79	4	16	1	35	198	3	8	72	5.149,87

ANNO	Baracche balnearie	Deposito carbon fossile, minerali, materiali da costruzione, attrezzi navali, ecc.	Baracche per vendita di commestibili ed altri generi	Cantieri navali, riparazioni battelli, ecc.	Magazzini galleggianti	Usi diversi	Totale delle concessioni	Superficie complessiva			Ammontare dei canoni
								Ettare	Are	Centiare	

Compartimento di Porto Empedoole.

ANNO	Baracche balnearie	Deposito	Baracche vendita	Cantieri navali	Magazzini galleggianti	Usi diversi	Totale delle concessioni	Ettare	Are	Centiare	Ammontare dei canoni
1887 . .	11	12	1	..	..	19	43	..	33	43	816,06
1888 . .	10	20	..	1	..	27	58	..	88	3	1.928,96
1889 . .	11	28	1	..	..	20	60	1	66	59	1.881,67
1890 . .	11	25	1	..	..	21	61	1	56	18	2.285,93
1891 . .	11	27	2	..	..	18	58	1	57	20	2.937,69
1892 . .	11	21	4	..	..	25	61	1	19	55	8.439,17
1893 . .	10	18	2	..	..	16	46	1	5	88	8.001,01
1894 . .	9	16	4	..	..	18	47	..	96	40	2.604,32
1895 . .	11	16	3	..	..	21	51	1	13	34	2.832,50
1896 . .	11	20	4	..	..	22	57	1	39	33	2.715,32

Compartimento di Trapani.

ANNO	Baracche balnearie	Deposito	Baracche vendita	Cantieri navali	Magazzini galleggianti	Usi diversi	Totale delle concessioni	Ettare	Are	Centiare	Ammontare dei canoni
1887 . .	8	15	..	9	..	6	58	..	65	76	723,82
1888 . .	9	9	..	8	..	9	35	..	56	70	739,81
1889 . .	10	21	..	9	..	16	56	..	87	74	1.030.52
1890 . .	6	30	..	10	..	23	69	..	91	51	1.069,19
1891 . .	5	25	1	9	..	32	72	..	80	..	1.453,05
1892 . .	13	6	6	6	1	39	71	..	86	92	1.993,67
1893 . .	6	16	..	10	31	63	..	..	70	99	1.596,84
1894 . .	6	19	2	11	..	40	73	..	77	35	2.059,78
1895 . .	7	38	3	9	..	16	73	..	73	83	2.207,40
1896 . .	8	10	3	10	..	38	69	..	73	31	1.800,41

ANNO	Baracche balnearie	Deposito carbon fossile, minerali, materiali da costruzione, attrezzi navali, ecc.	Baracche per vendita di commestibili ed altri generi	Cantieri navali, riparazioni battelli, ecc.	Magazzini galleggianti	Usi diversi	Totale delle concessioni	Superficie complessiva			Ammontare dei canoni
								Ettare	Are	Centiare	

Compartimento di Palermo.

ANNO											
1887 . .	9	35	2	17	4	21	88	..	1	39	6.671,02
1888 . .	10	40	5	11	2	18	89	,.	73	20	4.417,29
1889 . ,	10	35	12	14	3	22	98	,,	77	47	7.238,23
1890 . ,	15	37	13	10	4	24	103	..	86	68	6.001,65
1891 . ,	15	37	5	12	5	28	102	1	4	94	9.656,59
1892 . ,	11	12	18	14	6	45	109	3	71	54	8 518,84
1893 . ,	12	13	14	14	4	37	94	1	18	75	7.060,52
1894 . ,	9	29	19	16	..	31	110	1	27	59	7.735,85
1895 . ,	12	37	21	17	7	37	131	1	88	14	6.720,48
1896 . ,	9	20	11	13	3	48	104	..	98	26	3 865,54

Confrontando le concessioni fatte nel 1895 con quelle accordate nel 1896 si rileva che quanto al numero delle licenze presentano aumento in quest'ultimo anno le capitanerie di porto di Spezia, Portoferraio, Civitavecchia, Napoli, Pizzo, Taranto, Ancona, Rimini, Venezia, Cagliari, Messina e Porto Empedocle. Per ciò che riflette le aree concedute presentano aumento le capitanerie di porto di Savona, Spezia, Civitavecchia, Napoli, Castellammare, Pizzo, Taranto, Rimini, Venezia, Cagliari, Messina e Porto Empedocle. Per quanto poi concerne i canoni dànno aumento le capitanerie di porto di Genova, Spezia, Livorno, Portoferraio, Civitavecchia, Castellammare, Pizzo, Rimini, Venezia e Cagliari.

Il numero delle licenze fu nel 1896 complessivamente di 3,605 con aumento di 100 sul precedente anno 1895. Le medesime poi si suddividono in 1,476 ad uso balneario, 784 per deposito di carbone ed altri materiali, 94 per impianto di baracche per vendita di commestibili ed altri generi, 154 per piccoli cantieri navali per riparazione di battelli, 45 per magazzini galleggianti e 1,052 per usi diversi di poca entità.

L'ammontare totale dei canoni riscossi per le accennate licenze fu nel 1896 di L. 151,706. 38 con una differenza in più di L. 2,810. 24 in confronto del 1895. L'estensione complessiva delle aree concedute fu di ettari 136, 15, 75.

MUTAMENTI AVVENUTI NEI PORTI, NELLE RADE

E LUNGO LE SPIAGGIE DEL REGNO DURANTE L' ANNO 1896.

Compartimento marittimo di Porto Maurizio.

San Remo. — Furono collocate cinque colonne di ormeggio sul molo sud.

Porto Maurizio. — Fu rifatto il muro di sostegno della banchina di piazza Principe Tommaso. Venne aperto uno scalo di alaggio ed una scala sulla banchina di levante, sopprimendosi due scali di alaggio e due scale sulla banchina di ponente. I fanali di porto a luce fissa si sostituirono con altri a luce intermittente e della portata luminosa di miglia 10,80.

Oneglia. — Come a Porto Maurizio la luce fissa dei fanali di porto venne cambiata in intermittente.

Si aprirono due scale, una presso il cominciamento del molo di ponente e l'altra sulla banchina centrale, 2 metri circa a levante di quell'ufficio di porto.

Compartimento marittimo di Savona.

Albenga. — Si costruì alla spiaggia un piccolo ponte sporgente in ferro per concessione assentita alla ditta Perseghini, Binoni e Bernachon.

Savona. — Nel porto fu ultimata la sistemazione della calata del carbone, e portata a buon punto quella del molo di traverso.

Compartimento marittimo di Genova.

Genova. — Si è compiuto in gran parte il colmamento della zona acquea a sud del molo vecchio.

Sono state scavate le seguenti zone portandone i fondali alla profondità di m. 9.30 sotto la media marea: 1°) zona di forma trapezia della superficie di mq. 16800 a levante del ponte Federico Guglielmo; 2°) zona rettangolare di mq. 4000 ad ovest del ponte Cristoforo Colombo; 3°) zona di forma rettangolare di mq. 4000 a ponente del ponte Andrea Doria. Si è anche scavata la zona di fronte alla vecchia calata della Chiappella, immediatamente a ponente del ponte Cristoforo Colombo, portandone i fondali da m. 3 a m. 4 per l'accosto delle chiatte.

Venne prolungata la strada del Molo Nuovo dall'origine del Molo Galliera alla testata del ponte Paleocapa, ed aperta una nuova strada alla calata della Chiappella dalla radice del ponte B. Assereto a quella del ponte Cristoforo Colombo.

Venne intrapresa la pavimentazione in tacchi della strada sulla Calata dei Magazzini Generali.

Santa Margherita Ligure. — Fu iniziata e proseguita negli ultimi due mesi dell'anno l'escavazione del fondo in prossimità della banchina d'ormeggio lungo il molo in modo da consentire l'approdo delle piccole imbarcazioni.

Compartimento marittimo di Spezia.

Spezia. — Venne escavata nel porticciuolo la zona compresa fra il pontile di legno della Società operaia e la banchina antistante la dogana fino a conseguire un fondale di m. 4.

Compartimento marittimo di Livorno.

Livorno. — Il faro a nord della Diga Curvilinea è stato ridotto a luce intermittente bianca pel settore sotteso dai banchi della Meloria, e pel rimanente settore, corrispondente alla rotta di accesso, di color verde.

Il fanale all'estremità della diga rettilinea fu ridotto prima a luce rossa scintillante, ma in seguito a cattivo funzionamento dell'apparecchio automatico fu necessario tornare temporaneamente al fuoco rosso fisso.

Compartimento marittimo di Porto Ferraio.

Porto Ferraio. — Si sono proseguiti i lavori di escavazione *del Freno* per una zona di circa m² 400, conseguendo fondali fino a m. 7.50.

Pianosa. — È stata ricollocata a posto la meda in ferro segnalante la secca di San Giovanni a N. E. del porticciuolo, e che era stata abbattuta sulla fine del 1895.

Compartimento marittimo di Civitavecchia.

Civitavecchia. — Il pontile in legno alla terza arcata dell'arsenale venne demolito e sostituito con altro in muratura.

Compartimento marittimo di Gaeta.

Ponza. — Addì 1° settembre 1896 il fanale catottrico a luce rossa fissa, situato all'estremità del porto di Ponza, venne sostituito con fanale diottrico visibile con tempo chiaro a distanza di cinque miglia, restando inalterati i caratteri della luce.

Compartimento marittimo di Napoli.

Porto di Napoli. — Venne completato e definitivamente sistemato il tratto curvilineo del molo orientale, e si completarono 190 metri del molo S. Vincenzo.

Si praticò l'escavazione fino a m. 9 del bacino orientale per una superficie di m² 18500, nonchè l'escavazione pure a m. 9 del bacino occidentale per una superficie di m² 50000.

Porto di Santa Lucia. — Furono salpati pochi scogli per facilitare il passaggio sotto la passarella dell'istmo di Castello dell'Ovo.

Ischia (porto). — Si collocarono prese d'ormeggio alla calata. Si scavò con le cucchiaie sino a m. 3 lungo la calata stessa. Si costruì un parapetto al muraglione del molo.

Pozzuoli. — Il faro che era a petrolio venne sostituito con altro a gaz Pintsch restando a luce rossa e fisso.

Granatello. — Diversi scogli asportati dal mare dalla scogliera del porto furono ripescati ed accumulati come pennello per la lunghezza di m. 10 a partire dal centro della scogliera di fronte verso la proprietà Bucco.

Vennero salpati alcuni scogli presso la scaletta dell'ufficio di porto per facilitare l'approdo delle barche alla pratica.

Venne riattata la banchina dell'ufficio di porto e messo a posto uno scoglio presso di essa.

Compartimento marittimo di Castellammare Stabia

Non si verificarono durante il 1896 mutamenti nei porti e spiaggie di detto compartimento.

Compartimento marittimo di Pizzo.

Pizzo. — Sulla boa d'ormeggio situata in rada ed inscritta al n. 763 dello elenco fari e fanali fu apposto un castello piramidale in ferro dipinto in bianco con campana, per rendere la boa stessa visibile di giorno e segnalarla di notte.

Compartimento marittimo di Reggio Calabria.

Villa S. Giovanni. — Venne iniziata sulla spiaggia la costruzione di un pontile da sbarco in legname e ferro per l'accosto del piroscafo in servizio per lo stretto fra quella località e Messina.

Compartimento marittimo di Taranto

Taranto. — Nel porto mercantile di Taranto si eseguì il restauro e lo spostamento della boa di ferro denominata « Carducci » destinata all'ormeggio dei piroscafi postali, e che trovavasi troppo in terra, e della boa stessa si migliorò la presa di ormeggio, e si ricambiò una delle ancore.

La nuova ubicazione della boa è stata stabilita sull'allineamento della posizione anteriore e del faro dell'isola di San Paolo, a 100 metri in direzione del faro stesso.

Gallipoli. — Oltre i lavori di ordinaria manutenzione, si eseguirono i seguenti:

a) Diramazione della chiavica sottostante alla strada di accesso alle banchine per incanalare gli scoli delle piovane provenienti dalla città lungo la rampa ed il piazzale a Sud-Est della banchina, che si ristagnavano con danno delle merci ivi depositate. In sommità di questa chiavica venne formata una cunetta con pozzetti coperti da chiusini, con feritoie per l'immissione delle acque piovane e per gli ordinari espurghi, ed in cima della rampa fu costrutto un cunettone trasversale, con isbocco nel mar piccolo, destinato a deviare una parte delle acque.

b) La sistemazione del tratto di scogliera ad Ovest della nuova opera di difesa, con riempimento di pietrame negli interstizi dei massi per raccordamento all'opera predetta, rivestimento al fronte prospiciente lo scoglio della Neve, con scale nel mezzo.

c) Impianto di anelli di ferro con aste nelle pile del ponte per ormeggio delle barche, e per accesso delle persone.

d) L'escavazione si proseguì nella zona antistante le banchine ed a quella del molo per crearvi fondali di m. 5, 50 sotto le acque medie, e sistemare le scarpate ai piedi delle sponde murate in guisa da praticarvi fondali di m. 3 a distanza di m. 3 dal fronte della sponda, di m. 4, 00 in m. 4, 00; e m. 5, 00 a distanza di m. 5, 00. Incontratosi nel mezzo della zona un banco roccioso coverto di argilla e massi erratici di considerevole volume si è con mine dato mano ad attaccare il banco, e coi mezzi d'opera disponibili a sollevare i massi. Sono tuttora in corso tali lavori.

e) La boa della secca Raffo levata da posto per riparazioni e manutenzioni venne il 4 settembre rimessa a posto debitamente riparata e verificata nella cassa e negli ormeggi.

f) Restaurata la macchina a rotazione e carro girevole del faro di 3° ordine nell'isola di S. Andrea, la luce bianca ridotta fissa durante le riparazioni a datare dal 30 gennaio, fu ripristinata in quella normale a lampi di 1ˢ in 1ˢ.

Secca Missipezza. — Il 28 aprile vi venne ripristinata la boa debitamente riparata.

Cotrone. — Il 18 ottobre si accese a punta dell' Alice sull'Ionio un fanale diottrico di 4° ordine a luce bianca intermittente ogni 10ˢ, alto 30 metri sul mare e visibile con tempo chiaro a distanza di miglia 15.5. Le sue coordinate geografiche sono approssimativamente lat. 39° 23′ 53ʺ e long. 17° 09′ 27ʺ.

Il 26 novembre una violenta mareggiata abbatté quasi tutta la parte emergente del molo del nuovo porto asportando il fanale a luce verde fissa che ne segnalava la testata.

L' accensione di questo fanale è sospesa a tempo indeterminato e l'ancoraggio non presenta più alcuna sicurezza in caso di fortunale.

Marina di Catanzaro. — Il 25 novembre sotto una fortissima mareggiata la boa di proprietà della provincia, rotti gli ormeggi, venne gettata alla spiaggia a circa due chilometri di distanza.

Porto di Brindisi. — Si eseguirono escavazioni nel porto interno a complemento delle precedenti per ampliare la zona di manovra dei piroscafi della P. e O.

Si scavò nel seno di Levante per agevolare l'accosto a quella banchina dei piroscafi con carico di carbone e rendere meno difficile la girata. Si aumentò a 10 metri il fondo per la banchina della Dogana ed i ponti di S. Apollinare per ovviare al possibile strisciamento, sulle ancore ivi affondate, delle carene dei piroscafi della P. e O, quando, sistemato il deposito di carbone, questi verranno ad accostarsi ai suddetti ponti.

Proseguirono i lavori di manutenzione e specialmente il rifiorimento della scogliera esterna del molo del Forte a Mare e di quella del fanale di Punta Riso. All'origine della suddetta scogliera del Forte a Mare dalla parte del porto interno si è costituito un piccolo ridosso per le imbarcazioni e lo scalo per quelle dei fanalisti.

Si ultimò la costruzione dei tre ponti elevanti la spiaggia di S. Apollinare, ma non si sono per anco potuti ivi sistemare, per vertenze insorte con privati, mediante lavori complementari occorrenti, i depositi di carbone attualmente siti sulla banchina NW del Canale Pigonati e che importa rimuovere da quella località.

Venne ultimato il fabbricato del nuovo fanale di S. Cataldo e si spera che possa fra breve attivarsene il fanale in sostituzione dell'attuale poco visibile.

Compartimento marittimo di Bari

Bari. — Si sostituirono vetri colorati rossi e verdi a quelli bianchi volti a N. O. dei fanali a gaz collocati sulla estremità del molo sporgente e si completò la scogliera alla parte Sud del porto.

Molfetta. — Si ricollocò fuori della bocca del porto in nove metri di fondo la boa in ferro già rimossane.

Compartimento marittimo di Ancona

Ancona. — Venne compiuta la costruzione iniziata nel 1892 del ponte sporgente rimpetto ai Magazzini generali.

Esso ha, in sezione orizzontale, forma trapezoidale con m. 70 di base, m. 20 in testata e m. 125 di lunghezza ai due lati, vi si scavò nella zona antistante per una superficie di m.² 68 circa nella quale i fondali già di m. 5 a 7 furono portati a m. 7, 50.

Si rifiorì la scogliera di difesa del molo Sud con getto di blocchi alla testata.

Senigallia. — Si eseguirono saltuariamente lavori di manutenzione e di escavazione per togliere gli interrimenti nel porto canale e conseguirvi fondali normali di m. 2, 20.

Viesti. — Venne rimossa la piccola boa conica a NE del faro, di proprietà della Ditta Fratelli Scannapieco.

Compartimento marittimo di Rimini

Rimini. — Oltre gli ordinari lavori di manutenzione ed escavazione del porto canale, si iniziarono i lavori per impianto di una campana elettrica, di segnalazione in tempo di nebbia, all' estremità del molo Sud e si impiantò una palafitta allo esterno del molo suddetto a scopo di sopprimere un angolo morto con scogliera pericolosa per i legni che mancata l' imboccatura del canale derivano a mezzogiorno del medesimo.

Porto Corsini. — Si eseguì l'escavazione e si migliorarono le palafitte, opere d' arte, ecc.

Magnaracca. — Si eseguì, oltre l' ordinaria manutenzione, il miglioramento delle opere d' arte esistenti.

Porto di Goro. — Una grande mareggiata dal 14 al 15 ottobre distrusse, completamente asportandolo, il ponte sbarcatoio in legno sito di fronte alla Dogana.

Porto Canale Cervia. — Una forte mareggiata nella notte dal 16 al 17 novembre asportò 10 metri di palafitta del braccio sinistro del porto canale.

Riccione. — Si iniziarono i lavori di sistemazione della foce di Rio Melo per la costruzione di due dighe pel ricovero delle barche pescereccie.

Pesaro. — Si principiarono i lavori di riattamento del vecchio porto-canale mediante sistemazione della sponda sinistra e costruzione di un bacino di espansione ed opere accessorie.

A tutela dello scalo di alaggio contro le grosse mareggiate da Levante si formò una scogliera dalla spiaggia fino al Fortino.

Cattolica. — La piena del torrente Tavullo verificatasi li 11 novembre danneggiò grandemente i moli.

Spiaggie (Variazioni). — In alcune spiaggie, come quelle di Rimini, Pesaro e Fano, ebbe a notarsi una lieve corrosione imputabile unicamente a cause accidentali.

Compartimento marittimo di Venezia

Venezia. — Nel grande canale di navigazione Alberoni-Venezia si portarono i fondali a m. 10 pel tratto S. Clemente a Venezia e pel tronco Rocchetta, a m. 8, 50 pel canale contumaciale (Poveglia) mantenendo la escavazione alle sezioni normali di m. 8 dal canale di accesso alla Stazione marittima, seza modificazione dei tracciati preesistenti.

Nel canale di navigazione da Venezia al porto di Lido fu rinnovata la segnalazione della sponda destra di S. Servilio fino a punta Barboni senza varianti degne di nota.

Porto di Lido. — Si continuarono le gettate di scogliera per portare le nuove dighe, già costruite su tutta la loro estensione, ma soltanto a sezione ristretta, alle dimensioni del progetto, si continuò il coronamento per la diga Sud-Ovest, che trovasi completato per l'estensione di m. 1230 nella parte intermedia della diga stessa.

Si sgombrò il fondo del canale fra le dighe degli avanzi di navi affondate e dei sedimenti lapidei riscontrativisi.

Nel canale di Treporti si constatò la migliorazione dei fondali così da raggiungere alla confluenza col canale di Lido la profondità minima di m. 5.00, mentre nel 1894 si limitava a m. 4.50, un miglioramento sensibile in larghezza nel canale di Lido fra le dighe per le linee demarcanti lo scandaglio 7,00 con profondità fino a m. 8.00, ed alla bocca del porto cioè all'estremità delle dighe le profondità migliorarono a m. 7,50, pur avendosi un qualche peggioramento in larghezza.

Porto di Chioggia. — Si proseguì l'escavazione del bacino e dei canaletti perimetrali dello scalo ferroviario, e l'interrimento dei terrapieni in conformità del progetto.

Difese litoranee. — Si continuò la manutenzione sui tracciati esistenti.

Sacche. — Si prolungarono di m. 200 i terrapieni tanto nella sacca litoranea di Terraperse quanto nella sacca del cimitero.

Canali secondari lagunari. — Si approfondì fino a m. 3.00 la bassa sponda del Ponte delle Puglie al giardinetto Reale di fronte alla piazzetta — Così pure pel canale Lombardo fra la diga Salvini e la città di Chioggia e si allargò la svolta del canale stesso fra i gruppi 53 e 67 tagliando il bonello centrale. Negli altri canali si eseguì la manutenzione delle cunette alla profondità normale.

Porto Lignano. — Nell'interno del canale Stella si notò la formazione di un banco di terra e sabbia nel mezzo del fiume (località detta Sotto Titiano) che, producendo l'allargamento, potrà impedire la navigazione.

Porto Falconera. — Causa le mareggiate del 1896 si verificò un addossamento di sabbia all'imboccatura del porto, tale da ostacolarne l'accesso ai bastimenti. La spiaggia si corrose ad Ovest della diga di Caorle per una lunghezza di m. 200.

Porto Tolle. — Alle foci del Po si formarono nuovi banchi e si modificarono i già esistenti (V. avviso ai naviganti N. 126 del 29 luglio 1896).

Compartimento marittimo di Cagliari

Carloforte. — Si costruì nel porto un tratto di banchina di fronte all'abitato, tra il vecchio ponte da sbarco ed il fortino S. Carlo. Essa emerge m. 0,70 dal livello medio del mare ed ha un tirante d'acqua da m. 0,50 a m. 2,50.

Golfo Palma. — Si iniziò l'escavazione di un canale della lunghezza di m. 20 e profondità di m. 2 a 2,30 per l'accesso ed accosto delle imbarcazioni alla località detta « Ponti ».

Compartimento marittimo di Maddalena

Maddalena (estuario). — Si praticò la sostituzione di gavitelli parallelepipedi in legno sormontati da castelletto e sfera armillare in ferro ai tre antichi gavitelli a botte nelle secche di Montefico, Punta Rossa ed Arsaepena (tre monti).

Terranova di Porto Venere. — Ricollocato a posto il segnale provvisorio di Capo Ceraso sostituito da un palo in ferro con banderuola girante in lamiera di ferro.

Porto Torres. — Si accese un nuovo fanale diottrico di 30 centimetri di diametro a luce rossa intermittente di 5ª in 5ª sulla testata del nuovo molo di levante in sostituzione di quello preesistente a luce rossa fissa. che illumina tutto l'orizzonte alla portata di miglia 5.

Si operò la sostituzione all'antico fanaletto comune a luce verde sulla testata del molo di ponente, di altro fanale diottrico di maggior portata di m. 0,20 di diametro pure a luce verde ed illuminante tutto l'orizzonte, della portata, ritiensi, di miglia 2 a 2 ¼.

Compartimento marittimo di Catania

Catania. — Si continuò l'escavazione della Darsena e del Porto Vecchio di fronte alla banchina della Dogana.

38

Si ruppe per mezzo di mine un masso lavico esistente nel bacino interno del Porto Nuovo verso l'angolo rivolto a Scirocco, e se ne salparono in parte i relativi frantumi.

Augusta — Si ultimò l'escavazione della Darsena, i cui fondali furono portati a m. 4. Si cominciarono i lavori di costruzione ed allacciamento della banchina dai lati Sud ed Ovest del piazzale dell'ex Lazzaretto.

Compartimento marittimo di Porto Empedocle

Sciacca. — Il 4 ottobre 1896 venne asportata la boa d'ormeggio della rada. Si proseguirono i lavori del ricovero marittimo di Sciacca consistenti in un molo in muratura, per ora isolato ed estendentesi da Ovest ad Est per m. 175 in linea retta.

Compartimento marittimo di Trapani

Trapani. — Si impiantarono 6 nuove colonne di ormeggio in pietra calcare lungo il tratto di banchina dal casotto doganale presso porto Grazia fino a m. 40 oltre il 3° albero di carenaggio verso Levante. Si approfondì a m. 7.00 una zona interna del porto antistante alla banchina settentrionale con origine a m. 108 di distanza dall'angolo corrispondente sullo sbarco di via Scultori, con termine a m. 288 dello stesso angolo con la larghezza di m. 250.

Favignana. — Si elevarono i muri di sponda allo sbarcatoio, in allargamento di esso per metri 1.80 in ciascun lato, su di una lunghezza di m. 13.20. Si basolò il piano praticabile di detto sbarcatoio.

Porto di Marittimo. — Si operò il prolungamento per metri 16.20 dello sbarcatoio e si impiantarono 3 colonne di pietra per lo alaggio delle barche.

Porto di Mazzara. — Si costruì un basamento murario per l'impianto di una grù a mano della portata di tonnellate 3 e mandata di m. 3. Si mantennero i fondali nel canale di approdo al porto alla normale altezza di m. 2,60.

Faro di Capo Granitola. — Dal 1° luglio 1896 se ne praticò l'illuminazione a petrolio con nuove lampade a 4 lucignoli e meccanismo a livello costante.

Faro di Capo Grosso. — Dal 1° luglio 1896 l'illuminazione a petrolio si effettuò con nuove lampade a 3 lucignoli e meccanismo a livello costante.

Compartimento marittimo di Palermo

Palermo. — Si costruì una stazione di disinfezione all'estremità del molo Nord, e si impiantò un secondo albero da carenaggio in ferro sulla banchina adiacente alla radice del detto molo.

Termini Imerese. — Si impiantò un fanale a luce rossa sulla testata del molo di difesa, e si collocò un gavitello di segnalamento sull'estremità della Secca di S. Giovanni all'entrata del porto. Si scavò alla profondità di m. 6 una larga zona dello specchio acqueo riparato dalla traversia.

Castellammare del Golfo. — Si costruì, per metà, e cioè per m.² 350 un piazzale per deposito di fusti da vino presso il castello, con muro di sponda a mare e retrostante terrapieno.

Si basolò la zona di piazzale antistante i magazzini dell'Annunziata per una superficie di m.² 47, e si acciottolò per m.² 145 la parte fronteggiante la detta zona basolata.

Compartimento marittimo di Messina

Messina. — Si iniziò la costruzione della nuova calata NO dell'antico Lazzaretto, giusta il progetto 20 febbraio 1895 — Si restaurò per un tratto di m. 35 la banchina sul lato occidentale del bastione Norimberga della Cittadella — Venne basolato il tratto di banchina fra la Dogana ed i Magazzini Generali in corrispondenza alla larghezza della via Collegio Nazionale.

Venne collocata una boa in ferro, ovale, rossa per ormeggio dei piroscafi della Società Siciliana di Navigazione, a m. 100 verso NO dall'angolo della banchina dinanzi al bastione Norimberga.

Si spostò la boa per le RR. navi da m. 200 a m. 315 sul prolungamento del lato Nord del Lazzaretto. Si salparono le due boe, l'una pel servizio del bacino di carenaggio, a m. 100 dalla sua imboccatura, e l'altra al centro del porto di proprietà della Società N. G. I.

Venne asportata la boa più meridionale delle tre della R. marina nell'ancoraggio del Paradiso.

Porto di Milazzo. — Si prolungò di m. 10 la banchina all'angolo SO. Si collocò una boa in ferro, cilindrica, rossa per ormeggio dei piroscafi della Società Siciliana di navigazione, a novanta metri dalla banchina NO ed a 145 dal molo NE.

Porto di Lipari. — Si ricostruì la banchina S. Giovanni a sud dell'ufficio di Porto, e per un tratto di m. 6,50 quella alla Pietra Pulita a nord della Marina Corta.

Capo Peloro. — Si restaurò il fabbricato danneggiato dal terremoto del 16 novembre 1894, senza che però il restauro abbia modificato le apparenze esterne del fabbricato.

NOLI

—

Sul declinare del 1895 e sui principii dell'anno successivo l'orizzonte politico essendosi alquanto abbuiato per la questione armena con eventualità di complicazioni nella Turchia, per la rivoluzione cubana, per la vertenza col Venezuela, il commercio marittimo e le ordinazioni navali nell'Inghilterra ne ebbero influenza sfavorevole e parvero completamente fallite le previsioni che poco prima eransi fatte per un miglioramento duraturo dell'industria dei trasporti sul mare, che si riteneva avesse ormai toccato i punti più bassi della sua curva discendente. I noli già tenui subirono ancora un'ulteriore diminuzione per non lasciarsi inoperose molte navi. Tale depressione estesa a viaggi di ordinaria uscita e ritorno, continuò più o meno accentuata durante i primi sette mesi dell'anno e non pochi noleggi discesero a quota minime, alcune volte completamente improduttive.

In fatti nel periodo di tempo in parola furono noleggiati piroscafi in ragione di 8 scellini a tonnellata inglese nei porti inferiori del Rio della Plata per l'Europa, in ragione di 12 scellini per carichi presi nei porti superiori del fiume stesso; si fecero noli in ragione di scellini sei e sette a tonnellata da Bombay e Calcutta per l'Inghilterra e si contrattarono bastimenti a 13 scellini dalla Birmania al Nord Europa. Le compagnie di navigazione a vapore per merci in piccole partite accettarono dall'India noli anche più bassi.

Ma fortunatamente le cose mutarono; un risveglio importante nei trasporti marittimi, che valse a compensare i miseri risultati della prima parte dell'anno, si verificò negli altri cinque mesi, in ispecie durante l'autunno. E così il movimento generale dell'annata, confrontato con quello del 1895 e considerato nel suo complesso, si può ritenere alquanto in aumento e con qualche beneficio per alcuni viaggi, ed in sostanza poi soddisfacente se lo si paragoni col risultato degli ultimi anni. Qualche buon affare nello autunno venne fatto in alcuni porti lontani, a causa anche della scarsità, sui luoghi, del tonnellaggio disponibile, nel momento in cui si sentì il bisogno di eseguire sollecitamente i relativi trasporti.

Furono in lieve diminuzione le navi commerciali, in transito pel canale di Suez, in confronto a quelle del 1895; computando però i bastimenti da guerra, ovvero i legni noleggiati ad uso militare, tale diminuzione si ridusse a qualche decina di navi, e si ebbe al contrario un aumento nella complessiva portata di oltre 130 mila tonnellate di registro, da attribuirsi all'accresciuta capacità di varii piroscafi di alcune compagnie di navigazione, adibiti in ispecie a trasporti militari per l'Eritrea, il Madagascar e le Filippine.

Ma l'accennato miglioramento sarà duraturo e progressivo? Non è fuor di ragione il dubitarne, giacchè le cause della crisi che in genere affligge da molto tempo l'industria dei trasporti marittimi sembrano potersi ascrivere, oltrecchè all'eccedenza del tonnellaggio ed alla sempre abbondante produzione dei cantieri inglesi, a varie circostanze di carattere economico sociale ed all'accentuarsi di radicali mutamenti negli scambi internazionali, sia dei prodotti primi delle diverse regioni del globo, sia dei prodotti di speciali manifatture.

Nell'estremo Oriente continua ad estendersi lo sviluppo delle industrie, in special modo nel Giappone e già con eccedenza di produzione per alcuni generi e tutto ciò a pregiudizio dell'esportazione dall'Europa e dal Nord America: tantochè nel 1896 ebbesi il fatto nuovo di 33 navi della portata di 71085 tonnellate, ritornate in zavorra pel canale di Suez, mentre cotali passaggi in addietro avvenivano talora, ma in senso contrario, cioè dall'Europa all'Oriente. Il carbon fossile che in passato formava una importante quantità dei carichi in uscita, alle navi dirette oltre Porto Said, (non computati così i grandi depositi che se ne fanno tuttora in questo scalo), va declinando di anno in anno, e da 533 navi della portata di 928010 tonnellate che passarono il canale nel 1891 con carbone, nel decorso 1896 si ebbero soltanto 243 navi della portata di 500,786 tonnellate. La diminuzione dev'essere attribuita alle miniere coltivate con crescente operosità nell'Australia, e sopratutto nel Giappone, da cui partono carichi numerosi per quelli scali dell'Oriente che in passato si rifornivano esclusivamente dall'Inghilterra. E se questo combustibile è di bontà minore di quello europeo, riesce però di un prezzo molto inferiore e conveniente, a causa della mano d'opera assai meno costosa e dei trasporti più brevi. L'invio del carbon fossile inglese invece si accrebbe sensibilmente pei porti dell'Europa del Nord e del Mediterraneo con noleggi migliori e malgrado la produzione dell'Oriente l'esportazione generale si calcola di circa 34 milioni di tonnellate. I bassi noli dall'Oriente hanno consigliato ad un discreto numero di navi, anche con carichi di zucchero e di riso, di riprendere la via del Capo di Buona Speranza. Grande è la diminuzione dei tessuti di cotone ed anche di lana esportati per l'Oriente, massime per l'India e pel Giappone ed il trasporto delle *cotonate* va anche diminuendo per la China. Influiscono a determinare la diminuita esportazione ed il relativo commercio l'aumento ingente di fabbriche e di opifici nell'India e nel Giappone, regioni nelle quali ormai si confezionano buoni tessuti al paro di quelli d'Europa e che sopratutto possono essere esitati a prezzi assai minori. In effetti la materia prima, il cotone, che si ha sul luogo, il minor percorso delle lane provenienti dall'Australia, la tenuissima retribuzione degli operai (meno di 60 centesimi per gli uomini e da 25 a 30 centesimi per le donne) le abitazioni di poco valore, la mancanza nelle medesime delle masserizie e suppellettili europee, da quei popoli non usate, il vestire del tutto economico, il vitto assai parco, consistente in riso e pesce secco, costituiscono altrettanti fattori da mantenere per lungo tempo assai bassa la mano d'opera della razza gialla: per cui grave, pur troppo, e temibile è la concorrenza che il movimento industriale dell'Oriente farà, e già fa, alla vecchia Europa ed alla giovane America, con influenza sfavorevole anche per l'industria dei trasporti marittimi. In fatti al presente sono in aumento, sugli altri trasporti notevolmente mutati o diminuiti, quelli delle macchine, dei meccanismi e dei materiali che l'Occidente invia nelle Indie, nella China, nel Giappone, nelle Filippine e nell'Australia per l'impianto di ferrovie, di telegrafi, di stabilimenti industriali e per la coltivazione delle miniere.

Si è già detto che i noli, pur con oscillazioni e sbalzi, migliorarono sensibilmente sul cadere dell'estate e nell'autunno. L'aumento in ispecie si è verificato nei trasporti dello zucchero nel Nord America per la quasi cessata produzione dell'isola di Cuba e nell'importazione del grano verso i paesi di Europa che ne difettano, importazione che i commercianti inglesi ritengono abbia raggiunto la quantità di circa nove milioni di tonnellate. In Soulinà si noleggiarono piroscafi per l'alta quota di 22 scellini, con enorme differenza sugli 8 scellini, minimo del principio dell'annata. Si fecero carichi dall'Azoff in ragione di 24 scellini, più che raddoppiando le quote della primavera. In Alessandria d'Egitto si ebbero parecchi noleggi a 18 scellini. Nel Nord America si ottennero carichi da 4 a 5 scellini per quarter di grano. In detto periodo migliorarono assai anche i noli del cotone esportato dai consueti porti americani nell'Europa; i noleggi degli scali superiori del Rio della Plata e dei suoi affluenti si elevarono sino a 24 o 25 scellini e quelli degli scali inferiori del fiume a 20 o 21 scellini. Anche sostenuti sul declinare dell'anno furono i noleggi in genere dall'Inghilterra pel levante e viceversa; le probabilità di complicazioni colla Turchia influirono favorevolmente sul prezzo dei cereali e quindi sui noleggi. Anche i noli del carbon fossile per gli scali del Mediterraneo toccarono le quote da 8 a 10 scellini, che da parecchi anni non si erano più avute. Furono sostenuti i noli dei minerali e del fosfato. Attivi si mantennero i trasporti delle carni fresche. Anche l'invio del burro e delle carni in conserva dal Rio della Plata e dall'Australia fu in aumento considerevole, calcolandosi di cinque milioni e mezzo di agnelli e di pecore e di 340,000 buoi.

Com'è solito verificarsi il miglioramento dei noli determinò nuove commissioni di navi nei cantieri inglesi ciò che fa temere possa influire alla depressione dei noli, giacchè il tonnellaggio in sostanza è da ritenersi ora eccedente i prevedibili bisogni dei trasporti fra le diverse regioni mondiali. Le costruzioni della annata nei cantieri della Gran Brettagna, che incontrastati conservano il primato di tale industria, non computate le navi da guerra, ascesero a 628 piroscafi di 1,159,751 tonnellate lorde ed a 68 velieri di 45,920 tonnellate. Importanti nei cantieri dell'Inghilterra furono le ordinazioni per paesi stranieri, circa 120 mila tonnellate, secondo il Loyd's Register, per la sola Germania, la cui marina continua nell'aumento notevolissimo iniziato da parecchi anni.

Astenendoci dal far previsioni pel futuro, anche perchè il commercio marittimo, a parte del suo andamento economico in generale, è troppo soggetto ad oscillazioni per cause diverse ed anche per eventi politici, ai premessi cenni si fa seguire il prospetto dei noli degli ultimi dieci anni, comprese le quote del 1896, non senza avvertire come le grandi oscillazioni dell'annata rendano più difficile di riprodurre giuste medie dei noli, i quali nel prospetto, in genere, appaiono in ripresa.

MERCE trasportata	PAESI di provenienza e di destinazione	MEDIA del nolo per ogni tonnellata ed altre misure	ANNI									
			1887	1888	1889	1890	1891	1892	1893	1894	1895	1896
Carbon fossile.	Dall'Inghilterra a Manilla.	Scellini a ton-nellata,	20,3	24,3	26	23	17	15	13	13	13	11
Id.	Id. a Padang (Sumatra).	Id.	25	25	23,9	23	14,6	13	12,6	12	12,6	14
Id.	Id. a Giava	Id.	20	21	24	22	14	12	13	12	12	15
Id.	Id. a Hong Kong.	Id.	20,6	24.3	24,9	12,6	16	15	15	14	14,6	..
Id.	Id. a Ceylan (Colombo).	Id.	17,6	20,9	21,3	16,6	11	11	11	9.6	10,6	15
Id.	Id. a Rangoon, Bassein e Moulmein.	Id.	15,0	22,3	18,6	18	18	16	15	18	17	18
Id.	Id. a Bombay, Madras.	Id.	18.9	21	18,6	15,6	10	9,6	9,6	7,6	9	10
Id.	Id. a Penang, Singapore.	Id.	19	22,6	20,6	18	12	12	12,6	9,3	10,6	11
Id.	Id. a Rio della Plata.	Id.	21	24	21	22	20	16	14	12	12	15
Id.	Id. agli affluenti di detto.	Id.	21,6	..	27	24	22	20	18	18	16	17
Id.	Id. al Capo di Buona Speranza	Id.	18,6	23	23	20	15	11	13	13	13	16
Id.	Da Cardiff al Mediterraneo.	Id.	10,3	10	10	9	7,6	7	6	5,6	6	7
Id.	Dalla Tyne al Mediterraneo.	Id.	..	..	9,6	8	6,6	6	6,6	6,3	6,6	8
Id.	Dall'Inghilterra a Maurizio e Riunione.	Id.	..	24,3	26	23	15,6	15	13	12	11,6	12
Id.	Dall'Inghilterra al Perù.	Id.	..	28,9	30	24	15,6	16	13,6	14	14	16
Carbon fossile	Dall'Inghilterra al Chili.	Id.	..	26,9	25	22,3	14.6	14	13	13	13	16
Id,	Dall'Inghilterra a S. Francesco di California.	Id.	..	31	23	21	17	16	14	18	18,6	18
Id.	Dall'Inghilterra al Giappone.	Id.	..	26	35	15,9	20	16	16	15	15	..
Id.	Dall'Inghilterra a Massaua.	Id.	..	23*	21*	17,9*	16*	12*	13*	..	..	..
Carichi generali	Dall'Inghilterra in Australia.	Id.	32	43	40	35	19	18	19	15	16	18

(*) Piroscafi.

MERCE trasportata	PAESI di provenienza e di destinazione	MEDIA del nolo per ogni tonnellata ed altre misure	ANNI									
			1887	1888	1889	1890	1891	1892	1893	1894	1895	1896
Carichi generali	Da Anversa alla Nuova Zelanda.	Scellini a tonnellata	33,9	..	42	38	23	25	24	18	19.6	22.5
Id.	Da Singapore e l'enang all' Inghilterra e Continente d'Europa.	Id.	25	38.6	36	33.6	28.6	28	27	27,6	21,4	23
Id.	Da Malabar all'Europa.	Id.	27	34.9	36	35	31	30	28	28	31	28
Id.	Da Bombay id. .	Id.	22	21	23	19	23	16	17.6	18	16	14
Id.	Da Calcutta id. .	Id.	29	34 5	37.6	35	32	25	26	24	24	26
Id.	Da Ceylan id. . .	Id.	23,9	30	33	31.3	29	24	24	28	28	.
Lane.	Dall'Australia all'Europa.	Denari per libbra.	..	..	9	..	$^4/_,d$	$^4/_,d$	$^4/_,d$	$^3/_,d$	29 (a)	
Cereali	Id. all'Inghilterra e continente di Europa.	Scellini a tonnellata.	22,6	..	28	32	31	21	22	16	24,6	25
Id.	Dal Nord America all'Inghilterra.	Scellini per ogni quarter (b)	2 9	4.4	4	3.6	3	3	3	3,3	3	4
Cereali .	Dal Nord America all'Europa.	Id.	3	4	4.6	3,9	3	3	3.3	3	3,3	3.5
Id.	Dal Rio della Plata all'Europa.	Lire a tonnellata.	17	18	18	17	17	..	20	20	18	14
Id.	Dagli affluenti di detto all'Europa.	Id.	21	20	25	21	23	25	24	24	19.6 (c)	16
Id.	Dal Danubio all'Inghilterra.	Scellini a tonnellata.	..	..	..	..	..	12	14	14,9	13	15
Id.	Da Valparaiso in Inghilterra.	Id.	..	28	26	..	31	28	25	..	24	..
Id.	Da San Francisco in Inghilterra.	Id.	..	30,9	38,9	40	38	27	25	24,6	31 (d)	28 (d)
Id.	Dall' Oregon all'Inghilterra.	Id.	..	39,6	35	42	40	35	33	30	32	30
Guano .	Dal Perù all'Europa.	Id.	..	..	30	40,6	30	28	25	22	22	21
Merci diverse.	Dal Rio della Plata al Nord d'Europa.	Id.	..	..	22	..	22	21	22	20	21	..

(a) Scellini per 40 piedi cubi.
(b) Un quarter è uguale a m. c. 220.
(c) Scellini u tonnellata.
(d) Velieri.

MERCE trasportata	PAESI di provenienza e di destinazione	MEDIA del nolo per ogni tonnellata ed altre misure	ANNI									
			1887	1888	1889	1890	1891	1892	1893	1894	1895	1896
Minerali	Dal Mediterraneo al Nord America	Scellini a tonnellata.	8,9	16 6	12,6	13	10	9	8	9.6	9.10	10
Id.	Dall'isola dell'Elba al Nord Europa.	Id.	..	14	11	10	8.3	7,9	8,6	8	9	8
Riso . .	Dal Giappone al Mediterraneo e Nord Europa.	Id.	..	38.3	43	35	34	32.6	30	30	27,10	26
Id.	Dalla Birmania al Nord Europa .	Id.	28	33,9	33	32	32	30	26	26,3	25.6	22
Id.	Id. al Mediterraneo	Id.	31	34,3	33	33.8	32	30	26	26,3	25	18
Salnitro	Dal Perù al Nord Europa.	Id.	..	32,3	28	34	32	30	32	27,6	24	22
Sale . .	Da Cadice a Rio Plata.	Id.	18	..	25	20	16	15	13	13	13,6	14
Id.	Dalla Sardegna al Sud America.	Id.	..	..	..	22	21	25	13	16	14	18
Id.	Dalla Sicilia al Nord America.	Id.	8.9	11,9	11.6	9,3	8,6	8	8	0	8	7,¹/₂
Id.	Dalla Sardegna al Nord Europa.	Lire a tonnellata.	..	..	..	9,40	13	13,50	12	12	12	11
Zucchero.	Da Giava al Nord Europa.	Scellini a tonnellata.	27.6	41	42	39,6	33 .	32	31	30,6	28,6	25
Id.	Dalle Filippine al Nord Europa.	Id.	29,6	35	37	36,6	31	31	30	28.9	26	24
Id.	Da Giava al Nord America.	Id.	24,3	..	36	39.6	34	34	35	32	28,6	32
Id.	Dalle Filippine al Nord America.	Dollari per tonn. inglese	..	5,60	..	3	6 ¹/₂	..	5	5	5,¹/₂	5.¹/₂
Agrumi	Dalla Sicilia al Nord America.	Scellini per cassa.	..	..	1,6	1,6	1,9	1,3	1,3	1	1,2	22 (a)
Id.	Dalla Sicilia al Nord Europa.	Id.	..	..	1	1	1 .	0,10	1	0,10	0,10	16 a)
Teak .	Da Rangoon o Moulmein in Europa.	Load di 50 piedi cubi (b) .	37	47	50	..	39	35	33	32	28	26
Id.	Da Bangkok al Nord Europa.	Id.	49,6	..	55	..	48	45	40	38	36	..
Legnami	Da Pensacola all'Europa.	Scellini per standard (c)	..	102,6	130	116	100	102	100	95	100	92

(a) Lire per tonnellate.
(b) Un Load di 50 p. c. equivale a m. c. 1.416.
(c) Lo Standard è m. c. 4.672.

MERCE trasportata	PAESI di provenienza e di destinazione	MEDIA del nolo per ogni tonnellata ed altre misure	ANNI								
			1887	1888	1889	1890	1891	1892	1893	1894	1895
Zolfo .	Dalla Sicilia al Nord America.	Scellini a tonnellata.	8,9	13,9	13,6	12,9	8	8	8	8	8
Id.	Dalla Sicilia al Nord Europa.	Id.	..	14	14	9	9,6	10	9	8	7,6
Marmi .	Da Genova o Livorno al Nord America.	Dollari a tonnellata di 25 palmi cubi.	..	5½	4½	4¼	5	6½	5	4½	9
Id.	Da Livorno al Nord Europa.	Scellini a tonnellata.	..	..	,.	26	20	20	19	18	19
Petrolio	Dal Nord America al Mediterraneo.	Centesimi di dol. oro per cassa.	13½	18½	21	13	12½	12½	11	11½	11
Id.	Id. al Mediterraneo.	Scellini per barile di 40 galloni.	2½	..	2½	2	2	2	1,9	2	2
Id.	Id. al Nord Europa.	Scellini per barile.	2	..	3	..	2,6	2,6	2	2	1,9
Id.	Id. all'America del Sud (Rio Plata).	Centesimi di doll. oro per cassa.	22	..	30	25	18	19	20	16	17
Id.	Id. a Manilla . .	Id.	23	..	31	36	23	..	20	18	17,6
Id.	Id. a Giava . . .	Id.	23½	40	35	..	21½	..	19	18	..
Id.	Id. a Shangai . .	Id.	27	45	40	..	26	..	25	23	..
Id.	Id. a Hong-Kong.	Id.	21	40	34	36	22	..	18	18	..
Id.	Id. al Giappone .	Id.	25	40	40	42	33	..	19	18	18
Id.	Id. a Singapore e Penang.	Id.	22	..	32	33	22	..	20	20	19
Id.	Id. alla Birmania.	Id.	22	29	31	28	17	..	17	16	..
Id.	Id. a Ceylan . .	Id.	21	..	30	35	17½	18	16	16	16
Id.	Id. a Calcutta . .	Id.	18	..	27	29	15	..	14	13	14
Id.	Id. a Bombay. .	Id.	21	..	29	34	15	..	16	15	15
Id.	Da Batoum a Giava.	Scellini per cassetta.	..	..	..	1	0,10	1.00	1	0,10	1
Id.	Id. al Giappone .	Id.	..	..	..	1.4	1,00	1.3	1.3	1.5	1.4
Ip.	Id. a Bangkok ,	Id.	..	..	..	1.3	1	1.2	1	1	1,1
Id.	Id. a Hong Kong.	Id.	..	½	..	1	1.1	0.10	0,09	0.10	0,9

MERCE trasportata	PAESI di provenienza e di destinazione	MEDIA del nolo per ogni tonnellata ed altre misure	ANNI									
			1887	1888	1889	1890	1891	1892	1893	1894	1895	1896
Petrolio	Da Batoum a Rangoon.	Scellini per cassetta.	..	..	..	0,11	1	..	0,10	0,8	..	1
Id.	Id. a Colombo. .	Id.	..	..	..	0.8¹/₂	0.8	0.7	0,6	0,5	0,5	0,6
Id.	Id. a Madras . .	Id.	..	..	..	0 9	0 7	0.7	0,6	0,5	0,5	..
Id.	Id. a Bombay . .	Id.	..	..	..	0.8	0.7	0.7	0,6	0,5	0,6	0,8
Id.	Id. a Calcutta. ,	Id.	..	..	..	0.8	0,6¹/₂	0 6	0,6	..	0,9	0,9
Cotone.	Dal Nord America a Genova. . .	Centesimi di dol. per 100 libbre inglesi.	..	..	..	..	..	15	0,40	0,45	0,40	54 (a)
Id.	Id.	Frazioni di penny per libbra inglese.	..	..	..	¹²/₃₂	⁹/₃₂	⁹/₃₂	..	¹¹/₃₂	⁹/₃₂	..

(a) lire per tonnellata.

PROVVEDIMENTI

A FAVORE DELLA MARINA MERCANTILE

PARTE 1.

(Leggi 6 dicembre 1885 n. 3547 serie 3ª e 30 giugno 1889 n. 6230 serie 3ª
scadute il 30 giugno 1896)

Compensi di costruzione.

Dal 1º gennaio 1896 fino alla scadenza delle leggi 6 dicembre 1885
n. 3547 serie 3ª e 30 giugno 1889 n. 6230 serie 3ª furono fatte le seguenti dichiarazioni:

Velieri in legno (compenso L. 17,50 per tonnellata di stazza lorda):
navi golette 1, brigantini golette 1, golette 4, trabaccoli 16, tartane 8,
cutters 2, bilancelle 48, barche da traffico e da pesca 5. Totale n. 86.

Velieri in ferro ed in acciaio (compenso L. 77 per tonnellata di
stazza lorda): nessuno.

Galleggianti in ferro ed in acciaio (compenso L. 37,50 per tonnellata di stazza lorda): barche da trasporto 2, chiatte 2, boe 2, barche
a vapore 5, rimorchiatori 4. Totale n. 15.

Piroscafi in ferro ed in acciaio (compenso L. 77 per tonnellata
di stazza lorda): piroscafi mercantili 4, navi da guerra 2. Totale n. 6.

Macchine e caldaie ad uso della navigazione (compenso per le
macchine L. 12,50 a cavallo indicato, per le caldaie L. 9,50 al quintale):
macchine sole 4, caldaie sole 20, macchine e caldaie 18. Totale n. 42.

Apparecchi e macchine ausiliarie di bordo (compenso a L. 11 al
quintale). Totale n. 78.

Dal 1° gennaio al 31 dicembre 1896 (*) furono pagate per compensi di costruzione L. 1,177,653. 86 e cioè :

per le costruzioni di scafi in legno . . . . L.   62,790. —
    id.   id. in ferro ed in acciaio . . » 617,187. —
    id.   di macchine . . . . » 223,423. 72
    id.   di caldaie . . . . » 244,767. 72
    id.   di apparecchi e macchine ausiliarie di
        bordo . . . . » 29,485. 42

                      TOTALE . . . L. 1,177,653. 86

Questa somma va ripartita nel modo seguente :

PER LA MARINA MERCANTILE :

Scafi in legno . . . . L.   62,790. —
id. in ferro ed in acciaio { navi . . L. 607,924. 50 } » 617,187. —
                { galleggianti » 9,262. 50 }
Macchine . . . . » 151,206. 44
Caldaie . . . . » 213,149. 10
Apparecchi e macchine ausiliarie di bordo . . . . . » 21,359. 47

                      TOTALE . . . L. 1,065,692. 01

PER LA MARINA MILITARE :

Scafi in ferro ed in acciaio . . . . L.   00,000. 00
Macchine . . . . » 72,217. 28
Caldaie . . . . » 31,618. 62
Apparecchi e macchine ausiliarie di bordo . . . . . » 8,125. 95

                      TOTALE . . . L. 111,961. 85

(*) I pagamenti in virtù delle leggi 6 dicembre 1885 e 30 giugno 1889 continuarono anche dopo la scadenza di esse per costruzioni compiute od incominciate sotto l'impero delle leggi medesime.

RESTITUZIONI DAZIARIE.

Nel 1° semestre 1896 furono fatte le seguenti dichiarazioni per riparazione:

146 per riparazione di scafi in legno (cambiamento della foderatura di rame, metallo bianco e zinco, provvista di àncore e catene per ormeggio).

81 per riparazione di scafi in ferro.

124	»	di macchine.
20	»	di caldaie estere.
138	»	di scafi, caldaie estere e macchine.
14	»	di caldaie estere e scafi.
6	»	di caldaie estere e di macchine.
59	»	di caldaie nazionali.
90	»	di scafi e macchine.

Totale n. 678 dichiarazioni di riparazione.

Dal 1° Gennaio al 31 dicembre 1896 (*) furono pagate per riparazioni L. 388,698,07, e cioè:

per scafi	L.	229,916,30
per macchine	»	105,976,02
per caldaie { estere	»	31,149,94
nazionali (compenso a L. 9,50 al quintale .	»	16,814,80
per le navi da guerra	»	4,841,01
	L.	388,698.07

PREMI PER IL TRASPORTO DI CARBONE.

Nel 1° semestre 1896 guadagnarono premi per il trasporto di carbone 15 velieri di tonnellate 11,212 ed 1 piroscafo di tonnellate 2,195.

(*) I pagamenti in virtù delle leggi 6 dicembre 1835 e 30 giugno 1889 continuarono anche dopo la scadenza di esse per riparazioni compiute od incominciate sotto l'impero delle leggi medesime.

Dei velieri 10 di tonnellate 7, 141 avevano un'età maggiore di 15 anni, essendo stati varati prima del 1881 e 5 di tonnellate 4,071 avevano un'età eguale od inferiore ai 15 anni.

Il piroscafo era stato varato nel 1892.

Tutti i velieri ed il piroscafo hanno fatto un sol viaggio.

Il carbone trasportato in Italia da tutti i bastimenti suindicati fu di tonnellate 19,846.12 delle quali 16,238.12 trasportate dalle navi a vela e tonnellate 3,608 dal piroscafo.

Esso proveniva dai seguenti porti:

Cardiff	tonn. 8,305,98
Swansea	» 4,972,14
Leith	» 1,978,00
Newport	» 1,740,00
Rotterdam	» 1,128,00
Ayr.	» 745,00
Liverpool	» 607,00
Newcastle	» 370,00
	Totale tonnellate 19,846,12

Il premio per trasporto di carbone essendo di lire una a tonnellata a senso della legge 6 dicembre 1885 furono pagate L. 19,846.12.

I velieri che nel 1° semestre 1896 guadagnarono premi per trasporto di carbone appartenevano ai seguenti compartimenti marittimi

Genova	11 di tonn.	8,744
Napoli	2	»	1,057
Spezia	1	»	955
Castellammare di Stabia .	1	»	456
	15 di tonn.	11,212

Il piroscafo era inscritto nelle matricole del porto di Genova.

Il carbone trasportato in Italia fino al 30 giugno 1896 dai velieri e piroscafi suddetti fu sbarcato nei seguenti porti:

Genova	tonn. 16,642,78
Napoli	» 1,411,34
Savona	» 1,422,00
Trapani	» 370,00
	Totale tonn. 19,846,12

PREMI DI NAVIGAZIONE

Piroscafi. — Al 30 giugno 1896 erano inscritti per concorrere ai premi di navigazione 10 piroscafi di tonnellate nette 13,429, complessivamente. Di essi:

2 di tonn. 4,432 appartenevano alla Società « Ligure Romana ».

1 » 2,195 apparteneva al sig. Gio. Batta Antonio Repetto.

1 » 1,861 » alla « Navigazione Generale Italiana ».

1 » 1,759 » alla Ditta Carlo Raggio.

1 » 1,222 » alla Società « La Veloce ».

1 » 1,097 » al sig. Gaetano Corvaia.

1 » 438 » al sig. Giuseppe Villa.

1 » 305 » alla Ditta Gio. Ansaldo e C.

1 » 120 » al sig. Edoardo Isola.

Quattro dei detti piroscafi, cioè: il *Giuseppe Corvaia* del sig. Gaetano Corvaia, il *Sarita* del sig. Giuseppe Villa, il *S. Paolo* della Ditta Gio. Ansaldo e C. ed il *Generale Baratieri* (venduto a suddito estero nel 1896) del sig. Edoardo Isola non hanno compiuto nel 1° semestre 1896 alcun viaggio con diritto a premio di navigazione. Gli altri 6 hanno guadagnato in complesso tanti premi per la somma di L. 160,919.23, così ripartita fra i diversi armatori:

L. 74,217.19 alla Società « Ligure Romana ».

» 32,672.36 alla Ditta Carlo Raggio.

» 19,959.22 alla Società « Navigazione Generale Italiana ».

» 17,549.02 al sig. Gio. Batta Antonio Repetto.

» 16,521.44 alla Società anonima « La Veloce ».

Nel seguente prospetto si ha l'elenco dei piroscafi che hanno concorso ai premi di navigazione colla indicazione del nome, dell'anno di costruzione, della stazza netta, delle miglia percorse, della durata complessiva dei viaggi, dei proprietari, dell'equipaggio e dei premi guadagnati da ciascuno di essi nel 1° semestre 1896.

PIROSCAFI	Anno del varo	Stazza netta in tonnellate	Miglia utili percorse	Durata del viaggi		Premi guadagnati	Proprietari	Equipaggio
				Mesi	Giorni			
Rio	1891	2.223	25.941	4	3	37.363,56	Società *Ligure Romana.*	71
Minas	1891	2.204	26.398	4	17	36 853,63	Id.	61
Raggio	1886	1.759	31.569	5	9	32.672,36	Ditta Carlo Raggio.	60
San Giorgio. . . .	1886	1.861	16.605	2	26	19.959,22	*Navigazione Generale Italiana.*	48
Re Umberto	1892	2 195	12.269	2	9	17.549,02	Gio. B. Antonio Repetto.	53
Las Palmas	1836	1.222	20.904	3	12	16.521,44	Societa anonima *La Veloce.*	58
Totale . . .		11.469	133.686			160.919,23		

Dei piroscafi inscritti per concorrere ai premi di navigazione :

3 di tonnellate 4.842 furono varati nel 1886.
2   »   4.432   »   1891.
1   »   2.195 fu varato nel 1892.
1   »   438   »   1893.
1   »   1.097   »   1894.
2   »   425   »   1895.

Per numero di miglia utili percorse, i piroscafi che hanno guadagnato premi nel 1° semestre 1896 procedono nell'ordine seguente :

Piroscafo *Raggio*, della Ditta Carlo Raggio . . . . miglia 31.569
  »   *Minas*, della Società « Ligure Romana » .   »   26.398
  »   *Rio*,   Id.   .   »   25.941
  »   *Las Palmas*, della Società « La Veloce »   »   20.904
  »   *San Giorgio*, della « Navigazione Gen. Italiana » 16.605
  »   *Re Umberto*, del sig. G. B. Antonio Repetto   »   12.269

Dal seguente prospetto si rileva quale sia stato nel periodo 1886-1896 il percorso medio annuale dei piroscafi inscritti per concorrere ai premi di navigazione e di quelli che effettivamente vi concorsero.

ANNI	PIROSCAFI INSCRITTI per concorrere ai premi di navigazione	PIROSCAFI che hanno realmente concorso ai premi di navigazione
	Percorso medio per ogni piroscafo	Percorso medio per ogni piroscafo
1886	20.946	28.800
1887	25.038	28.167
1888	21.312	29.390
1889	29.430	35.970
1890	18.652	24.869
1891	19.276	25.931
1892	19.104	25.966
1893	19.217	24.021
1894	20.117	23.206
1895	21.663	29.154
1896 (1° semestre) .	13.369	22.231

viaggi compiuti dai piroscafi nel 1° semestre 1896 sono ripartiti nei modi seguenti:

RMATORI dei piroscafi	PORTO di partenza	PORTO di destinazione	Numero dei viaggi	NUMERO dei passeggieri	NUMERO delle tonnellate di merci	Miglia percorse	Premi guadagnati

Dall' Europa all'America del Nord.

RMATORI dei piroscafi	di partenza	di destinazione	Numero dei viaggi	dei passeggieri	delle tonnellate di merci	Miglia percorse	Premi guadagnati
azione Gen. Italiana .	Catania. . .	New Orleans.	1	121	2.033	5.643	6.774,04

Dall'America del Nord all' Europa.

RMATORI dei piroscafi	di partenza	di destinazione	Numero dei viaggi	dei passeggieri	delle tonnellate di merci	Miglia percorse	Premi guadagnati
azione Gen Italiana .	New Orleans.	Genova . . .	1	118	1.900	5.414	6.532,11
Id.	Id.	Napoli . . .	1	126	2 500	5.548	6.653,07
			2	244	4.400	10.962	13.185,18

Dall' Europa all'America del Sud.

RMATORI dei piroscafi	di partenza	di destinazione	Numero dei viaggi	dei passeggieri	delle tonnellate di merci	Miglia percorse	Premi guadagnati
à « Ligure Romana »	Genova . . .	Santos . . .	3	4 345	1.930	15.678	22.510,80
Id.	Napoli . . .	Id.	2	2.600	945	10.720	14.505,07
Carlo Raggio . . .	Id.	Id.	3	4.893	1.453	16.030	15.064,77
à « La Veloce » . .	Genova . . .	Id.	2	1.533	735	10.452	8.260,72
Antonio Repetto . .	Napoli . . .	Buenos Ayres	1	1.553	356	6.269	8.988,52
			11	14.929	5.494	59.199	69.329,88

| ARMATORI | PORTO | | Numero dei viaggi | NUMERO | | Miglia percorse | |
dei piroscafi	di partenza	di destinazione		dei passeggieri	delle tonnellate di merci		

Dall'America del Sud all' Europa.

Società « Ligure Romana »	Rio Janeiro .	Genova. . .	1	74	90	5.037	
Id.	Santos . . .	Id.	4	1.018	240	20.901	
Ditta Carlo Raggio . . .	Rio Janeiro .	Id.	1	119	50	5.037	
Id.	Santos . . .	Id.	2	447	52	10.452	
Società « La Veloce » . .	Id.	Id.	2	535	386	10.452	
G. B. Antonio Repetto . .	La Plata . .	Cork. . . .	1	..	3.100	6.000	
			11	2.191	3.918	57.88	

Il seguente quadro riassume i viaggi fatti dai piroscafi fra continento e continente, i passeggeri e le merci trasportate, le miglia utili percorse ed i premi guadagnati.

VIAGGI	Numero dei viaggi	Numero		Miglia percorse	Premi guada-gnati
		dei passeg-geri	delle ton-nellate di merci		
Dall Europa all'America del Nord . .	1	121	2.083	5.643	6.774,04
Dall' America del Nord all'Europa . .	2	244	4.400	10.962	13.185,18
Dall'Eurcpa all'America del Sud . .	11	14.929	5.494	59.199	69.329,88
Dall' America d l Sud all'Europa . .	11	2 191	3 918	57.882	71.630,13
	25	17.485	15 895	133.686	160.919,23

Velleri. — Al 1. gennaio 1896 erano inscritti per concorrere ai premi di nav... quadro seguente:

ANNI	Da 50 a 200 tonn. nette		Da 201 a 300 tonn. nette		Da 301 a 400 tonn. nette		Da 401 a 500 tonn. nette		Da 501 a 600 tonn. nette		Da 6... ...	
	N.	Tonn.	N.	Tonn.	N.	Tonn.	N.	Tonn.	N.	Tonn.	N.	
1881	..	.	..	..	..	..	1	437	1	558	1	
1882	2	287	..	..	..	..	1	497	..	...		
1883	..	..	..	..	1	348	..	..	1	513	..	
1884	2	259	..	..	..	..	2	910	..	..	1	
1885	1	190	..	..	1	331	..	..	..	..	..	
1886	1	187	2	522	..	..	..	..	1	513	.	
1887	..	..	..	..	..	..	..	..	..	..	..	
1888	..	..	..	..	..	..	..	..	..	..	..	
1889	..	..	..	..	..	..	3	1.264	..	..	..	
1890	..	..	..	..	..	..	2	956	1	588	..	
1891	..	..	1	228	..	..	1	417	1	547	2	
1892	1	178	2	550	..	..	..	..	1	521	..	
1893	..	..	1	265	2	743	..	..	1	560	..	
1894	..	..	1	300	..	..	1	494	..	..	..	
1895	1	197	..	..	..	..	..	..	..	..	..	
1896	..	..	..	..	..	..	..	..	..	..	..	
Totale . . .	8	1.293	7	1.865	4	1.422	11	4.995	7	3.800	4	

relieri di tonnellate nette 86.826 ripartiti per età e per tonnellaggio secondo il

Da a 800 nette	Da 801 a 900 tonn. nette		Da 901 a 1000 tonn. nette		Da 1001 a 1500 tonn. nette		Da 1501 a 2000 tonn. nette		Oltre 2000 tonn. nette		Totale	
Tonn.	N.	Tonn.	N.	Tonn.	N.	Tonn.	N.	Tonn.	N.	Tonn.	N.	Tonn.
..	2	1.763	1	995	..	..	..	..	..	..	6	4.428
796	3	2.607	2	1.802	1	1.032	..	..	..	..	10	7.111
776	1	865	1	902	4	4.893	1	1.562	..	..	10	9.859
703	2	1.713	..	..	3	3.698	..	..	..	..	11	7.920
..	..	..	..	..	..	..	..	..	..	..	2	521
..	..	..	..	..	1	1.121	1	1.539	..	..	6	3.902
..	..	..	..	..	..	..	..	..	..	..	..	..
..	..	..	..	..	..	..	..	..	..	..	..	..
..	..	..	..	..	1	1.061	2	3.420	..	..	6	5.745
..	1	848	..	..	5	5.649	2	3.392	2	4.188	13	15.621
1.445	2	1.744	1	922	5	6.074	1	1.560	..	..	16	14.193
..	1	823	..	..	4	4.643	..	..	..	..	9	6.715
754	2	1.686	1	938	3	3.225	..	..	..	..	11	8.171
..	..	..	..	..	..	..	1	1.649	..	..	3	2.443
..	..	..	..	..	..	..	..	..	..	..	1	197
..	..	..	..	..	..	..	..	..	..	..	..	..
4.479	14	12.049	6	5.649	27	31.396	8	13.142	2	4.188	104	86.826

Essi sono ripartiti fra i diversi c mpartimenti marittimi secondo il p

COMPARTIMENTI MARITTIMI	1881		1882		1883		1884		1885		1886		1887	
	Numero	Tonnellate nette	Numero	Tonnellate nette	Numero	Tonnellate nette	Numero	Tonnellate nette	Numero	Tonnellate nette	Numero	Tonnellate nette	Numero	Tonnellate nette
Porto Maurizio	..	..	1	135	..	..	..	..	..	..	..	..	..	..
Savona	..	..	..	..	1	776	1	1.308	..	..	1	277	..	..
Genova	4	3.413	7	6.827	5	6.018	5	3.642	..	..	1	1.121	..	..
Spezia	..	..	..	..	1	1.309	1	1.019	1	831	1	187	..	..
Livorno	..	..	..	..	..	..	1	118	..	..	1	245	..	..
Napoli	..	..	..	..	1	865	1	632	..	..	1	513	..	..
Castellammare Stabia . .	1	558	1	497	1	513	2	1.201	..	..	1	1.559	..	..
Venezia	..	..	..	..	..	..	..	..	1	190	..	..	..	..
Porto Empedocle	..	..	1	152	..	..	..	..	..	..	..	..	..	..
Trapani	1	457	..	..	1	348	..	..	..	..	..	..	..	..
Totale . . .	6	4.428	10	7.111	10	9.859	11	7.920	2	521	6	3.902	..	..

ite :

nette	1890		1891		1892		1893		1894		1895		1896		Totale	
	Numero	Tonnellate nette	Numero	Tonnellate nette	Numero	Tonnellate nette	Numero	Tonnellate nette	Numero	Tonnellate nette	Numero	Tonnellate nette	Numero	Tonnellate nette	Numero	Tonnellate nette
.	..	..	..	..	..	..	..	..	..	..	..	..	..	.	1	125
.	2	2.196	1	1.383	..	..	..	..	..	..	..	..	..	..	6	5.940
626	7	8.950	8	6.558	4	4.396	4	2.640	3	2.443	1	197	..	..	53	49.361
..	1	588	4	3.793	1	1.070	4	3.115	..	..	..	..	..	..	14	11.412
..	..	..	..	..	..	..	..	..	..	..	..	..	..	..	2	363
..	..	..	1	607	..	..	..	..	..	..	..	..	..	..	4	2.617
.119	3	3.887	1	1.435	2	699	2	1.314	..	..	..	..	..	..	16	13.782
..	..	..	1	417	2	550	1	1.102	..	..	..	..	..	..	5	2.259
..	..	..	..	..	..	..	..	..	..	..	..	..	..	..	1	152
..	..	..	..	..	..	..	..	..	..	..	..	..	..	..	2	805
.7.15	13	15.621	16	14.193	9	6.715	11	8.171	3	2.443	1	197	..	..	104	86.826

Dei 104 velieri inscritti al 1° gennaio 1896, 22 di tonnellate nette 16,319 non guadagnarono alcun premio nel 1° semestre dell'anno stesso, e di essi:

10 di tonn. nette 9,769 appartenevano al compart. di Genova;

3	id.	3,172	id.	id.	Castell. Stabia;
1	id.	1,308	id.	id.	Savona;
1	id.	632	id.	id.	Napoli;
2	id.	415	id.	id.	Spezia;
2	id.	363	id.	id.	Livorno;
1	id.	348	id.	id.	Trapani;
1	id.	190	id.	id.	Venezia;
1	id.	152	id.	id.	Porto Empedocle.

Degli altri 82 velieri:

64 compirono un sol viaggio con diritto a premio;
17 ne compirono due;
1 ne compì tre.

Complessivamente questi 82 velieri compirono, nel 1° semestre 1896 101 viaggi, trasportarono 104,815 tonnellate di merci, percorsero 630,971 miglia e guadagnarono L. 376,581.70 di premi, come appare dal prospetto seguente:

COMPARTIMENTI MARITTIMI	Numero delle navi	Numero dei viaggi	Equipaggi	Merci trasportate Tonn.	Miglia percorse	Premi guadagnati
Porto Maurizio	1	1	7	200	5.825	496,66
Savona	5	6	69	6.659	42.838	26.103,73
Genova	43	53	623	61.781	341.812	217,908,05
Spezia	12	13	169	14.707	101.782	62 140,32
Napoli	3	4	37	3.197	17.884	7.569,36
Castellammare di Stabia	13	17	191	15.236	91.349	53.100,73
Venezia	4	4	41	1.617	19 689	6.317,06
Trapani	1	3	11	1.408	9.792	2.940,79
Totale . . .	82	101	1.148	104.815	630.971	376.581,70

Durante il periodo 1886-1896, il percorso medio in miglia marine per ciascuno dei velieri inscritti per concorrere ai premi di navigazione e per ciascuno di quelli che vi hanno realmente concorso, è stato il seguente:

ANNI	Velieri inscritti per concorrere ai premi di navigazione.	Velieri che hanno effettivamente concorso ai premi di navigazione.
	Percorso medio per ogni veliere	Percorso medio per ogni veliere
1886	10.497	11 575
1887	11.201	12.366
1888	12.530	13.707
1889	13.202	14.303
1890	11.748	13.010
1891	10.462	12 899
1892	11 416	13.883
1893	11.359	14.178
1894	12.214	14 578
1895	12.183	14.022
1896 (1° semestre).	6.067	7.695

Tra i velieri che nel 1° semestre 1896 percorsero più viaggi con diritto al premio, i seguenti 19 percorsero più di 10.000 miglia ciascuno.

Velieri

che percorsero più di 10,000 miglia ciascuno

NEL 1° SEMESTRE 1896.

NAVE	PORTO		Merci trasportate Tonn.	Miglia percorse	Durata del viaggio	
	di partenza	di destinazione			mesi	giorni
Nave *Francesco Ciampa*, varata nel 1890, di tonnellate nette 1699, equipaggio 25 Compartimento di Castellammare Stabia .	San Francisco	Newcastle on Tyne	2.595	13 942	4	8
Nave a palo *Emanuele Accame*, varata nel 1890, di tonnellate nette 2093, equipaggio 27 (Compartimento di Genova).	San Francisco	Newcastle on Tyne	2.914	13.942	2	25
Brigantino a palo *Giuseppe*, varato nel 1892, di tonnellate nette 1170, equipaggio 15 (Compartimento di Genova).	San Francisco	Manchester	1.671	13.689	4	20
Nave *Caterina Accame*, varata nel 1889, di tonnellate nette 1711, equipaggio 23 (Compartimento di Genova).	Swansea	San Francisco	2.529	13.521	5	..
Nave-goletta *Enrichetta M.* varata nel 1891, di tonnellate nette 649, equipaggio 11 (Compartimento di Genova).	Rosario	Anversa	930	6.517	2	5
	Anversa	Montevideo	950	6.223	2	14
			1.880	12.740	4	19

| NAVE | PORTO | | Merci trasportate Tonn. | Miglia percorse | Durata del viaggio | | Premio guadagnato |
	di partenza	di destinazione			mesi	giorni	
Brigantino a palo *Laghetto*, varato nel 1882, di tonnellate **nette** 900, equipaggio 14 (Compartimento di Genova).	Bankok	Greenock	1.100	12.505	5	14	7.312,50
Brigantino a palo *Carità L.*, **varato** nel 1893, di tonnellate **nette** 874, equipaggio 14 (Compartimento di Spezia).	Surabaya	New-York	1.300	12.321	6	8	6.893,32
Nave *Nicolò Accame*, varata nel 1884, di tonnellate nette 1371, equipaggio 20 (Compartimento di Genova).	Cardiff	Surabaya	2.100	11.479	4	9	10.248,22
	Surabaya	Singapore	150	782	..	7	712,92
			2.250	12.261	4	16	10.961,14
Brigantino a palo *Fede L.*, **varato** nel 1802, di tonnellate **nette** 1070, equipaggio 16 (Compartimento di Spezia).	Savannah	Samarang	1.400	12.233	4	11	8.485,10
Brigantino a palo *Lorenzino*, varato nel 1882, di tonnellate **nette** 922, equipaggio 14 (Compartimento di Genova).	Liverpool	Buenos-Ayres	1.450	6.218	3	1	3.715,66
	Buenos-Ayres	Nantes	1.208	5.961	2	23	3.595,80
			2.658	12.179	5	24	7.311,46

NAVE	PORTO		Merci trasportate Tonn.	Miglia percorse	Durata del viaggio		Prem guada:a
	di partenza	di destinazione			mesi	giorni	
Nave *Saturnina Fanny*, varata nel 1891, di tonnellate nette 1560, equipaggio 20 (Compartimento di Spezia).	New-York	Samarang	2.150	12.163	4	7	12.5X,t
Brigantino a palo *Pietro Accame*, varato nel 1890, di tonnellate nette 848, equipaggio 15 (Compartimento di Savona).	Samarang	New-York	1.057	12.163	5	25	6.?!?
Brigantino a palo *Prospero e Davide*, varato nel 1881, di tonnellate nette 900, equipaggio 13 (Compartimento di Genova).	Sydney	Genova	1.329	11.915	4	11	6.9X.?
Brigantino a palo *Lazzaro*, varato nel 1892, di tonnellate nette 1246, equipaggio 14 (Compartimento di Genova).	Amburgo	Port Pirie	1.380	11.879	4	9	9.6?X.?
Brigantino a palo *Filippo Denegri*, varato nel 1892, di tonnellate nette 823, equipaggio 14 (Compartimento di Genova).	New-York	Padang	1.150	11.791	4	17	6.3!??

NAVE	PORTO		Merci trasportate Tonn.	Miglia percorse	Durata del viaggio		Premio guadagnato
	di partenza	di destinazione			mesi	giorni	
lave *Concordia*, varata nel 1883, di tonnellate nette 1199, equipaggio 2?) (Compartimento di Genova).	Marsiglia	Sydney	1 850	11.757	4	12	9.196,33
3rigantino a palo *Avanti Savoia*, varato nel 1891, di tonnellate nette 1383, equipaggio 15 (Compartimento di Savona).	Pasoerocan	Marsiglia	1.900	11.284	5	26	10.158,13
Brigantino a palo *Giov. Batt. Repetto*, varato nel 1883, di tonnellate nette 1236, equipaggio 17 (Compartimento di Genova).	Cardiff	Batavia	1.850	11.106	4	24	8.917,74
Brigantino a palo *Olga*, varato nel 1893, di tonnellate nette 754, equipaggio 14 (Compartimento di Castellammare Stabia).	Londra	Port Natal	1.000	6.921	3	24	3.381,69
	Port Natal	Colombo	300	3.621	1	5	1.764,36
			1.300	10.542	4	29	5.146,05

I viaggi fatti dai velieri che concorsero ai premi di navigazione si ripartiscono nel modo seguente:

	Viaggi	Tonnellate di merci
Dall'Europa all'America settentrionale (Atlantico) . . .	18	10,804
Id. id. id. (Pacifico). . . .	1	2,529
Id. id. meridionale (Atlantico)	14	15,849
Id. all'Africa	1	1,000
Id. all'Oceania	4	7,180
Dall'America settentrionale (Atlantico) all'Europa . . .	19	14,965
Id. id. (Pacifico) id. . . .	3	7,180
Id. meridionale (Atlantico) id. . . .	14	12,587
Id. id. (Pacifico) id. . . .	1	1,314
Dall'Asia all'Europa	1	1,100
Dall'Oceania all'Europa	2	3,319
Dall'America settent. (Atlantico) all'America merid. (Atl.)	3	2,530
Dall'America settentrionale (Atlantico) all'Oceania . . .	4	6,000
Id. id. (Pacifico) id. . . .	2	5,141
Dall'America merid. (Atlantico) all'America settent. (Atl.)	3	930
Id. id. (id.) id. id. (Pacif.)	2	830
Id. id. (Pacifico) id. id. (Atl.)	1	2,160
Dall'Asia all'America settentrionale (Atlantico).	1	1,485
Dall'Oceania all'America settentrionale (Atlantico) . . .	2	2,357
Id. id. id. (Pacifico) . . .	1	3,010
Id. id. meridionale (id.) . . .	1	1,595
Dall'Africa all'Asia	1	300
Id. all'Oceania	1	500
Dall'Oceania all'Asia	1	150

TOTALE viaggi 101 ton.104,815

Dall'Europa all'America settentrionale (coste dell'Atlantico).

Da *Genova* a New-York 2, 2750 (1) merci diverse — Baltimora 1. 1000 merci diverse — S. Domingo 1.650 merci diverse.

----

(1) Il primo numero indica i viaggi, il secondo le tonnellate di merci trasportate.

Da *Porto Empedocle* a Savannah 1,500 zolfo.

Da *Licata* a Savannah 1.000 zolfo.

Da *Cagliari* a New-York 1.1431 sale.

Da *Marsiglia* a S. Pierre 1.355 merci diverse — Le Moule 2.452 merci
diverse — Port of Spain 1.416 merci diverse.

Da *Barcellona* a Pensacola 1.200 merci diverse.

Da *Tarragona* a New-York 1.480 vino e mandorle.

Da *Oporto* a Fort de France 3.570 arena da costruzione.

Da *Liverpool* a S. Domingo 1.600 merci diverse.

Da *Newcastle* on Tyne a Capo Haitiano 1.400 carbone.

Dall'Europa all'America settentrionale (coste del Pacifico).

Da *Swansea* a San Francisco 1.2529 carbone.

Dall'Europa all'America meridionale (coste dell'Atlantico).

Da *Cette* a Montevideo 1.685 sale.

Da *Iviza* a Buenos-Ayres 1.1500 sale.

Da *Cadice* a Rio Grande do Sul 1.427 sale — Pelotas 1.296 sale — Montevideo 3.3790 sale — Buenos Ayres 2.3617 sale — Gualeguay
1.434 sale.

Da *Cardiff* a Buenos Ayres 1.1500 carbone.

Da *Liverpool* a Buenos Ayres 1.1450 carbone.

Da *Greenok* a Buenos Ayres 1.1200 carbone.

Da *Anversa* a Montevideo 1.950 merci diverse.

Dall'Europa all'Africa.

Da *Londra* a Porto Natal 1.1000 merci diverse.

Dall'Europa all'Oceania.

Da *Marsiglia* a Sidney 1.1850 merci diverse.

Da *Cardiff* a Surabaya 1.2100 carbone — Batavia 1.1850 carbone.

Da *Amburgo* a Port Pirie 1.1380 carbone.

Dall'America settentrionale (coste dell'Atlantico) *all'Europa.*

Da *Filadelfia* a Genova 1.1550 petrolio e legname — Marsiglia 1.1480
  petrolio — Oporto 1.600 petrolio.

Da *Newportnews* a Cadice 2.2400 doghe.

Da *Savannah* a Genova 1.650 resina.

Da *Pensacola* a Genova 1.1050 merci diverse — Havre 1.1200 legname.

Da *New Orleans* a Oporto 1.500 doghe.

Da *S. Domingo* a Liverpool 1.600 legname.

Da *Capo Haitiano* all'Havre 1.450 merci diverse — Bowling 1.471
  campeggio.

Da *Le Moule* a Marsiglia 1.311 zucchero.

Da *Pointe à Pitre* a Marsiglia 1.700 zucchero; 1.690 zucchero e campeggio; 1.383 campeggio.

Da *Fort de France* a Nantes 1.638 zucchero — Marsiglia 2.1292 zucchero

Dall'America settentrionale (coste del Pacifico) *all'Europa.*

Da *San Francisco* a Newcastle on Tyne 2.5509 grano — Manchester
  1.1671 grano.

Dall'America meridionale (coste dell'Atlantico) *all'Europa.*

Da *S. Pedro do Sul* a Liverpool 1.200 merci diverse.

Da *La Plata* a Dunkerque 1.1323 grano.

Da *Buenos Ayres* a Marsiglia 1.700 ossa — Nantes 1.1208 ossa — Aberdeen 1.1487 seme di lino; 1.1150 ossa.

Da *Indipendencia* a Barcellona 1.630 merci diverse.

Da *San Nicholas* a Genova 1.503 granone.

Da *Rosario* a Cardiff 1.660 grano — Dundee 1.936 seme di lino — Sharpness 1.834 grano — Anversa 1.930 legname.

Da *Parana* ad Anversa 1.603 grano.

Da *Bahia Blanca* a Gloucester 1.1423 grano.

Dall'America meridionale (coste del Pacifico) *all'Europa.*

Da *Tocopilla* a Genova 1.1314 salnitro.

Dall'Asia all'Europa.

Da *Bangkok* a Greenock 1.1100 legname.

Dall'Oceania all'Europa.

Da *Sidney* a Genova 1.1329 carbone.
Da *Pasoerocan* a Marsiglia 1.1990 zucchero.

Dall'America settentrionale all'America meridionale.
(coste dell'Atlantico).

Da *Satilla* a Paysandu 1.650 resina e legname.
Da *Pensacola* a Buenos Ayres 1.1200 legname.
Da *Pascagoula* a Rosario 1.680 legname.

Dall'America settentrionale (coste dell'Atlantico) *all'Oceania.*

Da *New-York* a Samarang 1.2150 petrolio — Padang 1.1150 petrolio.
Da *Savannah* a Samarang 2.2700 resina.

Dall'America settentrionale (coste del Pacifico) *all'Oceania.*

Da *San Francisco* a Sidney 2.5141 grano.

Dall'America meridionale all'America settentrionale.
(coste dell'Atlantico).

Da *Monterideo* a Port of Spain 1.30 merci diverse.
Da *Buenos Ayres* a Savannah 1.600 arena da costruzione — Pointe à
Pitre 1.300 arena da costruzione.

Dall'America meridionale (coste dell' Atlantico)
all'America settentrionale (coste del Pacifico).

Da *Buenos Ayres* a Punta Arenas 1.300 merci diverse.
Da *Monterideo* a Venado 1.530 arena da costruzione.

Dall'America meridionale (coste del Pacifico)
all'America settentrionale (coste dell'Atlantico).

Da *Iquique* a New-York 1.2160 salnitro.

Dall'Asia all'America settentrionale (coste dell'Atlantico).

Da *Alessandretta* a New-York 1.1485 minerale e liquorizia.

Dall'Oceania all'America settentrionale (coste dell'Atlantico).

Da *Samarang* a New-York 1.1057 zucchero.
Da *Surabaya* a New-York 1.1300 zucchero.

Dall'Oceania all'America settentrionale (coste del Pacifico).

Da *Newcastle N. S. W.* a San Francisco 1.3010 carbone.

Dall'Oceania all'America meridionale (coste del Pacifico).

Da *Newcastle N. S. W.* a Valparaiso 1. 1595 carbone.

Dall'Africa all'Asia.

Da *Port Natal* a Colombo 1.300 sabbia da costruzione.

Dall'Africa all'Oceania.

Da *Port Louis* a Port Pirie 1.500 pietre da costruzione.

Dall'Oceania all'Asia.

Da *Surabaya* a Singapore 1.150 pietre da costruzione.

Le merci trasportate da continente a continente sono riepilogate per qualità e quantità nei prospetti seguenti:

Dall' Europa all' America settentrionale.
(Coste dell'Atlantico)

Merci diverse	Viaggi 10	tonn.	6,423
Zolfo	» 2	»	1,500
Sale	» 1	»	1,431
Vino e mandorle	» 1	»	480
Carbone	» 1	»	400
Arena e pietra da costruzione . .	» 3	»	570
	Viaggi 18	tonn.	10,804

Dall'Europa all'America settentrionale.
(Coste del Pacifico).

Carbone . . . . Viaggi 1 tonn. 2,529

Dall' Europa all' America meridionale.
(Coste dell'Atlantico).

Sale	Viaggi 10	tonn.	10,749
Carbone	» 3	»	4,150
Merci diverse	» 1	»	950
	Viaggi 14	tonn.	15,849

Dall' Europa all' Africa.

Merci diverse . . . . Viaggi 1 tonn. 1,000

Dall' Europa all'Oceania.

Merci diverse	Viaggi 1	tonn.	1,850
Carbone	» 3	»	5,330
	Viaggi 4	tonn.	7,180

Dall' America settentrionale (coste dell' Atlantico) *all' Europa.*

Merci diverse	Viaggi	1 tonn.	1,050
Petrolio	»	2 »	2,080
Petrolio e legname	»	1 »	1,550
Zucchero	»	5 »	2,941
Doghe	»	3 »	2,900
Campeggio	»	3 »	1,304
Zucchero e campeggio	»	1 »	690
Legname	»	2 »	1,800
Resina	»	1 »	650

Viaggi 19 tonn. 14,965

Dall' America settentrionale (coste del Pacifico) *all' Europa*

Grano . . . . Viaggi 3 tonn. 7,180

Dall' America meridionale (coste dell' Atlantico) *all' Europa.*

Merci diverse	Viaggi	2 tonn.	830
Grano e granone	»	6 »	5,346
Ossa	»	3 »	3,058
Seme di lino	»	2 »	2,423
Legname	»	1 »	930

Viaggi 14 tonn. 12,587

Dall' America meridionale (coste del Pacifico) *all' Europa.*

Salnitro . . . . Viaggi 1 tonn. 1,314

Dall' Asia all' Europa.

Legname . . . . Viaggi 1 tonn. 1,100

Dall' Oceania all' Europa.

Carbone . . . . Viaggi 1 tonn. 1,329
Zucchero . . . . » 1 » 1,990
                                                    ———
                              Viaggi 2 tonn. 3,319

Dall' America settentrionale all' America meridionale.
(Coste dell' Atlantico).

Legname. . . . . Viaggi 2 tonn. 1,880
Resina e legname . . . . . . » 1 » 650
                                                    ———
                              Viaggi 3 tonn. 2,530

Dall' America settentrionale (coste dell'Atlantico) all'Oceania.

Petrolio . . . . Viaggi 2 tonn. 3,300
Resina. . . . . » 2 » 2,700
                                                    ———
                              Viaggi 4 tonn. 6,000

Dall' America settentrionale (coste del Pacifico) all' Oceania.

Grano . . . . Viaggi 2 tonn. 5,141

Dall' America meridionale all' America settentrionale.
(Coste dell'Atlantico).

Merci diverse . . . . Viaggi 1 tonn. 30
Arena e pietra da costruzione . . » 2 » 900
                                                    ———
                              Viaggi 3 tonn. 930

Dall' America meridionale (coste dell'Atlantico) *all' America setten-*
trionale (coste del Pacifico).

Merci diverse . . . . Viaggi 1 tonn.   300
Arena e pietra da costruzione . .   »   1   »   530
                                  _____   ____
                           Viaggi 2 tonn.   830

Dall' America meridionale (coste del Pacifico) *all' America setten-*
trionale (coste dell'Atlantico).

Salnitro . . . . Viaggi 1 tonn. 2,160

Dall' Asia all' America settentrionale.
(Coste dell'Atlantico).

Minerale e liquorizia . . . . . Viaggi 1 tonn. 1,485

Dall' Oceania all' America settentrionale.
(Coste dell' Atlantico).

Zucchero. . . . . Viaggi 2 tonn. 2,357

Dall' Oceania all' America settentrionale.
(Coste del Pacifico).

Carbone . . . . Viaggi 1 tonn. 3,010

Dall' Oceania all' America meridionale.
(Coste del Pacifico).

Carbone . . . . Viaggi 1 tonn. 1,595

Dall' Africa all' Asia.

Arena e pietra da costruzione . . Viaggi 1 tonn.   300

Dall' Africa all'Oceania.

Arena e pietre da costruzione . . Viaggi 1 tonn. 500

Dall' Oceania all'Asia.

Arena e pietre da costruzione . . Viaggi 1 tonn. 150

RIEPILOGO.

Riassumendo i risultati avutisi nell'anno 1896 in forza delle leggi 6 dicembre 1885 n. 3547 e 30 giugno 1889 n. 6230 e confrontandoli con quelli dell'anno precedente, abbiamo;

Dichiarazioni di costruzione.

	1895	1896 (1. semestre)
Velieri in legno	228	86
Velieri in ferro ed in acciaio . .	—	—
Piroscafi in ferro ed in acciaio . .	11	6
Galleggianti in ferro ed in acciaio.	45	15
Macchine e caldaie	64	42
Apparecchi ausiliari	81	78
Somme pagate per compensi.	L. 594,624.70	L.1,177,653.86

Dichiarazioni di riparazione.

	1895	1896 (1 semestre)
Scafi in legno	259	146
Scafi in ferro	116	81
Macchine.	140	124
Caldaie estere	19	20
Scafi, macchine e caldaie	176	138
Scafi e macchine	79	90
Scafi e caldaie estere	36	14
Macchine e caldaie estere. . . .	10	6
Caldaie nazionali	109	59
Somme pagate per riparazioni	L. 342,381.39	L. 388,698.07

Premi di trasporto carbone.

	1895	1896 (1. semestre)
Viaggi fatti dai velieri	32	15
Viaggi fatti dai piroscafi	3	1
Premi guadagnati complessivamente L.	37.928.16	L. 19,846.12

Premi di navigazione.
(Piroscafi).

		1895	1896 (1. semestre)
Viaggi fatti . . .	N.	66	25
Merci trasportate .	T.	34,989	15,895
Passegg. trasportati	N.	42,107	17,485
Miglia percorse . .	N.	320,692	133,686
Premi guadagnati .	L.	369,585.74	L. 160,919.23

(Velieri).

		1895	1896 (1. semestre)
Viaggi fatti . . .	N.	220	101
Merci trasportate .	T.	220,509	104,815
Miglia percorse . .	N.	1,486,385	630,971
Premi guadagnati .	L.	904,446.98	L. 376,581.70

In complesso le somme pagate durante i due anni 1895 e 1896 furono dunque:

		1895	1896
Per costruzioni . .	L.	594,024.70	1,177,653.86
» riparazioni . .	»	342,381.39	388,698.07
» trasporto carb.	»	37,928.16	19,846.12
Per premi di navigazione:			
ai piroscafi . . .	»	369,585.74	160,919.23
ai velieri	»	904,446.98	376,581.70
	L.	2,248,966.97	2,123,698.98

Gli armatori di velieri che hanno riscosso maggiori somme per premi di navigazione dal giorno in cui entrò in vigore la legge 6 dicembre 1885 fino al 31 dicembre 1896 sono i signori fratelli Accame fu Emanuele, residenti in Genova e gli eredi del comm. Francesco Saverio Ciampa di S. Agnello, ai quali furono rispettivamente liquidati i seguenti premi:

Fratelli Accame fu Emanuele — Genova.

			T.		Var. nel		Viaggi		L.	
Brig. a palo	Adele Accame		T. 1180	Var. nel	1875	Viaggi	11	L.	45,421.49	
»	Angelica Accame	»	623	»	1876	»	14	»	34,454.43	
»	Salvatore Accame	»	809	»	1878	»	20	»	78,666.55	
»	Teresa Accame	»	993	»	1879	»	22	»	87,570.18	
»	Giuseppina Accame	»	840	»	1879	»	1	»	3,112.20	
»	Enrichetta Accame	»	995	»	1881	»	24	»	98,627.94	
»	Maria Accame	»	1149	»	1883	»	18	»	136,374.89	
Nave	Niccolò Accame	»	1371	»	1884	»	23	»	178,092.32	
»	Caterina Accame	»	1711	»	1889	»	12	»	163,597.24	
»	Emanuele Accame	»	2093	»	1890	»	9	»	144,615.81	
Brig. a palo	Battinin Accame	»	1087	»	1891	»	9	»	63,701.44	
»	Antioco Accame	»	1886	»	1891	»	8	»	63,107.46	

L. 1,097,341.95

Eredi del comm. Francesco Saverio Ciampa — S. Agnello.

			T.		Var. nel		Viaggi		L.	
Brig. a palo	New York		T. 388	Var. nel	1871	Viaggi	3	L.	2,738.66	
Nave	Ciampa Emilia	»	864	»	1874	»	13	»	27,814.25	
Brig. a palo	Fortunata	»	516	»	1874	»	12	»	15,210.71	
Nave goletta	Emilia	»	306	»	1877	»	21	»	18,139.68	
Brig. a palo	Salvatore	»	487	»	1877	»	23	»	27,205.18	
»	Leone	»	605	»	1879	»	26	»	45,430.14	
»	Teresina	»	456	»	1880	»	31	»	37,802.69	
»	Chiarina	»	601	»	1880	»	31	»	51,096.94	
Nave	F. S. Ciampa	»	1559	»	1886	»	16	»	222,269.10	
»	Cavaliere Ciampa	»	1709	»	1889	»	13	»	144,410.46	
»	Francesco Ciampa	»	1699	»	1890	»	12	»	179,798.58	
»	Salvatore Ciampa	»	1663	»	1890	»	11	»	142,948.43	

L. 914,864.82

PARTE II.

Legge 23 luglio 1896, N.º 318 entrata in vigore addì 8 agosto 1896
(per i premi di navigazione addì 23 luglio 1896)

Compensi di costruzione.

Dal dì 8 agosto al 31 dicembre 1896 furono fatte le seguenti dichiarazioni di costruzione:

Velieri in legno (compenso L. 17,50 per tonnellata di stazza lorda: navi golette 1, brigantini golette 1, golette 2, trabaccoli 9, tartane 3, cutters 2, bilancelle 17, barche da traffico o da pesca 2. Totale n. 37.

Velieri in ferro o in acciaio (compenso L. 77 per tonnellata di stazza lorda): nessuno.

Piroscafi in legno (compenso L. 17.50 per tonnellata di stazza lorda): nessuno.

Piroscafi in ferro o in acciaio (compenso L. 77 per tonnellata di stazza lorda): 4.

Macchine e caldaie per uso della navigazione (compenso per le macchine, L. 12.50 a cavallo indicato, per le caldaie L. 9.50 al quintale): macchine sole 1, caldaie 5, macchine e caldaie 3. Totale n. 9.

Apparecchi e macchine ausiliarie di bordo (compenso a L. 11 al quintale): n. 57.

Al 31 dicembre 1896 erano stati ordinati, per compensi di costruzione tanti pagamenti per L. 8,389.91, e cioè:

per scafi in legno { velieri	. . . . L.	2,205 —
per scafi in legno { piroscafi	»	— —
per scafi in ferro o in acciaio { velieri . . .	»	— —
per scafi in ferro o in acciaio { piroscafi . . .	»	— —
per macchine	»	— —
per caldaie	»	— —
per apparecchi e macchine ausiliare di bordo .	»	6,184.91

Totale L. 8,389.91

Restituzioni daziarie.

Dall' 8 agosto al 31 dicembre 1896 furono fatte le seguenti dichiarazioni per riparazione:

126 per riparazione di scafi in legno (cambiamento della foderatura di rame, metallo giallo e zinco, provviste di ancore e catene per ormeggio).

38 per riparazioni di scafi in ferro.

59   id.   di macchine.

8   id.   di caldaie.

118   id.   di scafi, macchine e caldaie.

54   id.   di scafi e macchine.

4   id.   di scafi e caldaie.

12   id.   di macchine e caldaie.

Totale 419 dichiarazioni di riparazione.

Al 31 dicembre 1896 erano stati ordinati, per restituzioni daziarie tanti pagamenti per L. 36,626.41, e cioè:

per scafi . . . . L.	32,842.94
per macchine . . . . »	1,370,09
per caldaie . . . . »	2,413.38
per apparecchi ausiliari . . . . »	— —
per costruzione di navi da guerra estere . . »	— —
Totale L.	36,626.41

PREMI DI NAVIGAZIONE.

Piroscafi. — Al 31 dicembre 1896 erano stati inscritti per concorrere ai premi di navigazione 54 piroscafi di tonnellate lorde 141,419 complessivamente. Di essi:

13 di tonn. lorde 41,919 appartenevano alla « Navigazione Generale Italiana » sedente in Roma.

9   »   » 29,314   »   alla società « La Veloce » sedente in Genova.

4 di tonn. lorde 12,633 appartenevano alla Ditta Carlo **Raggio**, sedente in Genova.

3 » » 8,763 » al sig. Gio. Batta Antonio **Re**petto, di Genova.

5 » » 7,375 » alla società « **Puglia** » sedente in Bari.

2 » » 5,938 » alla società « **Ligure Romana** » sedente in Roma.

2 » » 5,769 » al sig. Giuseppe **Zino** fu Domenico di Savona.

2 » » 4,324 » alla Ditta Peirce, Beker, **Ilardi**, sedente in Messina.

2 » » 3,750 » al sig. Michelangelo **Dall'Orso** fu Giuseppe, di Chiavari.

1 » » 2,550 apparteneva al sig. Antonio **Mancini** di Genova.

1 » » 2,532 » alla Ditta Dufour e **Bruzzo** di Gen.

1 » » 2,111 » al sig. Federico **Vaccaro** di Genova.

1 » » 2,080 » al sig. Gio. Batta **Reforzo** di Genova.

1 » » 1,973 » ai sigg. Giuseppe Dall'Orso di Michelangelo e Giuseppe Dall'Orso di Andrea, di Chiavari.

1 » » 1,936 » ai sigg. G. B. ed Angelo fratelli **Ca**pellino, di Quinto al Mare.

1 » » 1,769 » al sig. Angelo **Bianchi** di Lavagna.

1 » » 1,701 » al sig. Gaetano **Corvaia** di Palermo.

1 » » 1,565 » ai sigg. fratelli **Sanguineti** fu Giuseppe di Chiavari.

1 » » 1,545 » al sig. Gio. Batta **Sturlese** di Genova.

1 » » 1,170 » ai sigg. Michelangelo ed Andrea fratelli Dall'Orso fu Giuseppe di Chiavari.

1 » » 702 » al sig. **Musso** Luigi di Napoli.

Peraltro cinque dei detti piroscafi, e cioè: il *Domenico Balduino,* il *Cristoforo Colombo* e il *Bisagno* della « Navigazione Generale Italiana » lo *Iapigia* della Società « Puglia » e l'*Agordat* del sig. Antonio Mancini non hanno guadagnato nel 1896 alcun premio di navigazione. Gli altri 49 hanno guadagnato nel 1896 tanti premi per la somma complessiva di L. 887,229. 14 (*) cosi ripartita fra i diversi armatori:

L. 240,556.91 alla Società anonima « La Veloce ».

» 225,956.31 alla « Navigazione Generale Italiana ».

» 118,412.61 alla Società « Ligure Romana ».

» 90,690.97 alla Ditta Carlo Raggio.

» 61,693.25 (*) al sig. Gio. Batta Antonio Repetto.

» 33,840.61 al sig. Giuseppe Zino.

» 32,763.57 alla Società anonima « Puglia ».

» 22,823.46 alla Ditta Peirce, Beker, Ilardi.

» 19,808.33 al sig. Michelangelo Dall'Orso fu Giuseppe.

» 8,983.07 al sig. Gaetano Corvaia.

» 8,957.42 al sig. Giuseppe Dall'Orso di Michelangelo e C.

» 4,827.82 al sig. Gio. Batta Reforzo.

» 4,578.88 al sig. Federico Vaccaro.

» 3,659.14 ai sigg. fratelli Sanguineti.

» 2,592.16 ai sigg. fratelli Capellino.

» 2,344.86 ai sigg. fratelli Dall'Orso fu Giuseppe.

» 2,188.95 al sig. Angelo Bianchi.

» 1,302.46 alla Ditta Dufour e Bruzzo.

» 999.40 al sig. Gio. Batta Sturlese.

» 248.96 al sig. Luigi Musso.

Nel seguente prospetto si ha l'elenco dei piroscafi che hanno concorso ai premi di navigazione colla indicazione del nome, dell'anno di costruzione, della stazza lorda, delle miglia percorse, della durata complessiva dei viaggi, dei proprietari e dei premi guadagnati da ciascuno di essi dall'andata in vigore della legge 23 luglio 1896 fino al 31 dicembre dello stesso anno.

(*) Di cui L. 1500.94 guadagnate dal piroscafo « Re Umberto » sotto l'impero della legge 6 dicembre 1885.

Denominazione dei piroscafi	Anno del varo	Stazza lorda in tonnellate	Miglia utili percorse	Durata dei viaggi Mesi	Durata dei viaggi Giorni	Premi guadagnati	Armatori
Perseo	1883	4.153	31.131	3	10	51.777,07	*Navigazione Generale Italiana*
Raffaele Rubattino . .	1882	4 580	7.135	1	1	12.635,26	Id.
Montebello	1887	2.577	8.279	1	14	5.333,73	Id.
Orione	1883	4 161	30.163	3	6	48 511,94	Id.
Sirio.	1883	4.141	37.094	4	4	58.090,27	Id.
Regina Margherita . .	1884	3 577	31.086	3	14	44.425,35	Id.
Archimede.	1841	2.853	337	..	1	256,38	Id.
San Giorgio	1886	2 817	2 063	..	8	2.905,73	Id.
Solferino	1881	2 206	3 974	..	23	1.753,32	Id.
Bormida	1881	2 304	435	..	2	267,26	Id.
Las Palmas	1886	1 862	26 589	4	3	21 754,34	Società anonima *La Veloce.*
Duchessa di Genova .	1884	4.301	31.146	3	17	26 810.41	Id.
Città di Genova . .	1889	1 936	20.038	1	9	16.865,25	Id.
Vittoria.	1883	4 290	26.459	3	4	22.701,80	Id.
Matteo Bruzzo . . .	1882	3.919	28 357	4	10	44 121,05	Id.
Nord America . . .	1882	4.826	30.885	3	3	59.020,38	Id.
Rosario.	1887	1.957	24.266	3	15	12.288,65	Id.
Rio Janeiro	1888	1.916	30.312	4	21	17.058,32	Id.
Duca di Galliera . .	1883	4.301	18 630	1	28	16.036,68	Id.
Fortunata R. . . .	1883	3.531	23.620	4	5	26.224,47	Ditta Carlo Raggio.

Denominazione dei piroscafi	Anno del varo	Stazza lorda in tonnellate	Miglia utili percorse	Durata dei viaggi		Premi guadagnati	Armatori
				Mesi	Giorni		
Raggio	1886	2.674	26.897	4	12	35.155,06	Ditta Carlo Raggio.
Armando R. . . .	1894	3.097	9.403	1	25	10 639,86	Id.
Edilio R.	1888	3.331	19.936	3	19	18.631,53	Id.
Caffaro	1882	2.927	18.312	3	21	22 023.08	Gio: Batta Antonio Repetto.
Italia	1882	2.869	18.771	4	9	10.770.78	Id.
Re Umberto	1892	2 967	18 820	3	27	28.899,39	Id.
Gargano	1885	721	9.596	4	21	1.811,98	Società *Puglia*
Melo	1888	1.094	10 610	4	13	2.200,43	Id.
Messapia	1890	2.205	25.161	4	12	16.614, »	Id.
Calabro	1890	2.103	19.138	3	19	12.074,16	Id.
Minas	1891	2 964	31.589	4	28	58.147,93	Società *Ligure Romana.*
Rio	1891	2.974	31.872	5	..	60.264,63	Id.
Assiduità	1882	3 296	23.480	4	9	15.336,15	Giuseppe Zino fu Domenico.
Attivita	1889	2 473	21.942	1	1	18.501,46	Id.
Sicilia	1889	1.810	12.316	2	22	7.118,35	Ditta Peirce, Beker, Ilardi
Città di Messina . .	1894	2.514	13.306	2	22	15.705.11	Id.
Livietta	1882	1.281	15.607	5	21	2 665,61	Michelangelo Dall'Orso fu Giuseppe.
Michelangelo . . .	1895	2.469	19 362	4	3	17.142,72	Id.
S. Gottardo . . .	1884	2.532	1.929	..	23	1 302,46	Ditta Dufour e Bruzzo.
Concordia	1883	2.111	11.184	4	3	4 578,88	Federico Vaccaro.

Denominazione dei piroscafi	Anno del varo	Stazza lorda in tonnellate	Miglia utili percorse	Durata dei viaggi Mesi	Durata dei viaggi Giorni	Premi guadagnati	Armatori
Assunta	1882	2.080	12.720	2	20	4.827,82	Gio: Batta Reforzo.
Giuseppe	1885	1.973	13.020	5	..	8.057,12	Giuseppe Dall'Orso di Michelangelo e Giuseppe Dall'Orso di Andrea.
Mario	1883	1.930	10.042	3	10	2.592,16	G. B. e Angelo fr. Capellini
Buenos Ayres . . .	1882	1.760	6.187	1	12	2.188,95	Angelo Bianchi.
Giuseppe Corvaia . .	1894	1.701	8.590	3	8	8.933,07	Gaetano Corvaia.
Angela	1882	1.565	17.536	5	3	3.659,14	Fr. Sanguineti fu Giuseppe
Giovanna	1883	1.515	3.292	1	..	999,40	Gio. Batta. Sturlese.
Costante	1882	1.170	15.031	4	1	2.341,86	Michelang. e Andrea frat. Dall'Orso fu Giuseppe.
Aurora M.	1884	702	1.330	..	7	248,06	Luigi Musso.
		129.072	875.117			337.229,11	

Dei piroscafi inscritti al 31 dicembre 1896 per concorrere ai premi di navigazione:

2	di tonnellate lorde		5,059	furono varati nel		1881
12	»	»	34,862	»	»	1882
10	»	»	32,727	»	»	1883
6	»	»	15,722	»	»	1884
1	»	»	1,973	»	»	1885
4	»	»	8,074	»	»	1886
3	»	»	5,786	»	»	1887
3	»	»	6,341	»	»	1888
3	»	»	6,219	»	»	1889
2	»	»	4,308	»	»	1890
2	»	»	5,938	»	»	1891
1	»	»	2,967	»	»	1892
3	»	»	7,312	»	»	1894
2	»	»	4,131	»	»	1895

I piroscafi che percorsero il maggior numero di miglia utili nel periodo dal 23 luglio al 31 dicembre 1896 sono: il *Sirio* della Navigazione Generale Italiana (miglia 37,094); il *Minas* e il *Rio* della Società Ligure Romana (miglia 31,872 e 31,589); il *Duchessa di Genova* della Società « La Veloce » (miglia 31,146); il *Perseo* ed il *Regina Margherita* della Navigazione Generale Italiana (miglia 31,131 e 31,086); il *Nord America* ed il *Rio Janeiro* della Società « La Veloce » (miglia 30,885 e 30,312); l'*Orione* della Navigazione Generale Italiana (miglia 30,163); gli altri piroscafi percorsero meno di 30,000 miglia.

Il percorso medio dei piroscafi che hanno guadagnato premi è stato, nel periodo suddetto di miglia 17,860.

I viaggi compiuti dai piroscafi nel periodo dal 23 luglio al 31 dicembre 1896 possa distinguersi in due categorie:

I. Categoria — Viaggi d'oltre Mediterraneo
e viaggi attraversanti il canale di Suez o lo stretto di Gibilterra.
(Art. 12, lett. *a* della legge).

ARMATORI dei piroscafi	PORTO di partenza	PORTO di destinazione	Numero dei viaggi	NUMERO dei passeggieri	NUMERO delle tonnellate di merci	Miglia percorse	Premi guadagnati

Da porto a porto dell'Europa.

ARMATORI dei piroscafi	PORTO di partenza	PORTO di destinazione	Numero dei viaggi	dei passeggieri	delle tonnellate di merci	Miglia percorse	Premi guadagnati
Navigazione Gen. Italiana .	Cardiff . . .	Genova . . .	1	..	3,466	1.995	1.255,7
Id.	Id.	Palermo . .	1	3	2.905	2.063	2.905,3
Ditta Carlo Raggio . . .	Odessa . . .	Rotterdam. .	3	..	14.250	10.572	13.476,..
Id.	Livadhi (Serphos).	Maryport . .	1	..	5 150	2.953	3.65...
Id.	Cardiff . . .	Genova . . .	1	..	4 771	2 006	2.044,2
Id.	Id.	Civitavecchia	1	..	4 700	2.040	2.527,1
Id.	Id.	Spezia . . .	1	..	4.800	2.016	2.497,2
Id.	Newcastle on Tyne.	Genova . . .	1	..	4.250	2.394	3.331,8
Id.	Rotterdam. .	Newcastle on Tyne.	1	..	2	298	420,9
Id.	Id.	Cardiff . . .	1	..	5	576	575,9
Ditta Peirce, Beker, Ilardi.	Catania. . .	Bilbao . . .	1	..	2.486	1 963	2.131,51
Id.	Porto Empedocle.	Rouen . . .	1	1	2.197	2.477	4.981,71
Gio. Batta Sturlese . . .	Termini. . .	Passages . .	1	..	536	1.865	576,2
Id.	Avilès . . .	Barcellona .	1	..	1.940	1.254	387,4
Gaetano Corvaia	Catania. . .	Lisbona. . .	1	..	1.857	1.377	1.873,8
Id.	Avilès . . .	Barcellona .	1	..	2 000	1.247	1.696,9
Federico Vaccaro	S. Stefano. .	Maryport . .	1	..	2.900	2 173	917,4
Id.	Cardiff . . .	Genova . . .	1	..	2.666	1.995	842,8
Michelangelo Dall'Orso. .	Hull	Id.	1	..	3.076	2.298	4.539,.
Gio. Batta Reforzo . . .	Anversa . .	Nicolaiew. .	1	..	2.300	3.660	1.522,3
			22	4	66.347	47.222	52 201.5

ARMATORI dei piroscafi	PORTO		Numero dei viaggi	NUMERO		Miglia percorse	Premi guadagnati
	di partenza	di destinazione		dei passeggieri	delle tonnellate di merci		

Dall'Europa all'America (Atlantico).

ARMATORI dei piroscafi	di partenza	di destinazione	Numero dei viaggi	dei passeggieri	delle tonnellate di merci	Miglia percorse	Premi guadagnati
Navigazione Gen. Italiana .	Genova . . .	Rio Janeiro .	1	1.032	92	3.974	1.753,32
Id.	Id.	La Plata . .	9	9.774	4 388	55.933	90.072,13
Id.	Id.	Buenos Ayres	3	4.007	1 227	12.523	13.016,93
Id.	Barcellona .	Id.	1	30	354	5.837	6.316,50
Società « La Veloce » . .	Genova . . .	P. Limon . .	3	1.501	2.228	17.207	9.925,01
Società « La Veloce » . .	Genova . . .	Colon . . .	3	708	1.691	11.147	6.442,50
Id.	Id.	Santos . . .	5	1.571	2.266	26.773	20.306,71
Id.	Id.	La Plata . .	8	7.525	6.854	61.932	61.932,64
Id.	Id.	Buenos Ayres	4	3 431	4 206	20.238	26.251,93
Societa « Ligure Romana »	Id.	Santos . . .	4	4.324	2.042	21.120	43.893,90
Id.	Napoli . . .	Id.	2	2.153	900	10 720	16.192,94
G. B. Antonio Repetto . .	Genova . . .	Buenos Ayres	4	4.534	7.671	25 023	30.371,12
Id.	Marsiglia . .	Id.	1	597	3.250	6.455	3.703,87
Ditta Carlo Raggio . . .	Genova . . .	Santos . . .	2	1.872	1.015	11.052	14.776,51
Id.	Napoli . . .	Id.	2	4.163	1.289	10 720	7.107,97
Società « Puglia »	Genova . . .	Rosario. . .	3	2.358	2.109	19.119	12.452,21
Id.	Id.	S. Nicolas .	1	313	1.460	6 423	4.052,27
Ditta Peirce, Beker, Ilardi.	Palermo . .	New York .	1	..	250	4.102	1.893,44
Id.	Liverpool . .	Charleston .	1	..	200	3.462	3.481.39
Giuseppe Zino	Genova . . .	Buenos Ayres	2	1.749	1.280	12 634	9.373,16
Id.	Napoli . . .	Santos . . .	1	1.912	578	5.360	3.461,48
Id.	Id.	Buenos Ayres	1	2.178	446	6.665	4 893,57
			62	55.732	45.836	345.762	391.171,50

ARMATORI dei piroscafi	PORTO di partenza	PORTO di destinazione	Numero dei viaggi	NUMERO dei passeggieri	NUMERO delle tonnellate di merci	Miglia percorse	Premi guadagn.
Dall'America (Atlantico) all'Europa.							
Navigazione Gen Italiana .	La Plata . .	Genova . . .	8	5.197	7 314	49.040	7s.3l.f
Id.	Buenos Ayres	Id.	3	1.768	2.567	18.736	30.72.:
Società «La Veloce» . .	P. Limon . .	Id.	2	502	913	11.873	6.
Id.	Colon . . .	Id.	4	814	330	19.123	10.
Id.	Santos . . .	Id.	5	2.022	2.124	24.082	16.
Id.	Montevideo .	Id.	2	869	2.426	9.402	10.
Id.	La Plata . .	Id.	5	1.535	5.535	31.353	40.
Id.	Buenos Ayres	Id.	4	1.847	5.478	25.189	30.
Società «Ligure Romana»	Santos . . .	Id.	6	2.717	443	31.021	
Gio. Batta Antonio Repetto	Buenos Ayres	Id.	4	235	12.872	24.934	
Ditta Carlo Raggio . . .	Santos . . .	Id.	5	2 416	575	20.297	
Società «Puglia»	Rosario . . .	Id.	2	141	3.711	12.415	
Id.	S. Nicolas .	Id.	1	53	1.934	6.342	
Ditta Peirce, Beker, Ilardi.	Chatham . .	Liverpool . .	1	4	3.300	2.389	
Id.	Charleston .	Genova . . .	1	24	2.150	4.482	
Id.	Savannah . .	Id.	1	..	2.154	4.527	
Giuseppe Zino	Santos . . .	Genova . .	1	1.103	102	5.226	
Id.	Buenos Ayres	Id.	3	21	7.329	18.537	
Michelangelo Dall'Orso . .	Id.	Hull	1	..	2.822	6.426	
Gio Batta Reforzo	S. Nicolas .	Amburgo . .	1	..	2.463	6.760	
Angelo Bianchi	Buenos Ayres	Genova . .	1	7	2.444	6 187	
			61	21.275	63.986	344.941	392.524

Riepilogo dei viaggi di I. categoria.

Da porto a porto dell'Europa			22	4	66 347	47.222	32.201
Dall'Europa all'America (Atlantico).			62	55.732	45.886	345.762	391.175
Dall'America (Atlantico) all'Europa.			61	21.275	68 986	344.941	392.524
			145	77.011	181.219	737.925	835.897

II. Categoria — Viaggi del Mediterraneo e dello Stato.

(Art. 12, lettere *b* e *c*, della legge).

Nel seguente prospetto sono indicati i piroscafi che hanno compiuto viaggi fra i porti del Mediterraneo e dello Stato, le miglia da ciascuno di essi percorse in tali viaggi, i premi di navigazione guadagnati, e la Società o l'armatore a cui appartengono.

Denominazione dei piroscafi	N. dei viaggi	Miglia percorse	Premi guadagnati	Armatori
Raffaele Rubattino . . .	2	711	872, »	*Navigazione Gen. Italiana*
Regina Margherita . . .	2	110	104,92	Id.
Archimede	1	337	256,38	Id.
Bormida	1	435	267,26	Id.
Fortunata R.	2	3.291	3.111,62	Ditta Carlo Raggio
Armando R.	2	2.394	1.977,12	Id.
Edilio R.	2	3.294	2.194,46	Id.
Gargano	75	9.596	1.844,98	Società *Puglia*
Melo	37	10.610	2.200,43	Id.
Sicilia	3	1.754	631,94	Ditta Peirce, Beker Ilardi
Città di Messina	1	496	332,52	Id.
Livietta	15	15.607	2.665,61	Michelang. dall'Orso fu G.
Michelangelo	7	10.618	7,004,04	Id.
S. Gottardo	3	1.929	1.302,46	Ditta Dufour e Bruzzo
Concordia	10	10.016	2.819,16	Federico Vaccaro
Assunta	1	2.300	493,10	Gio. Batta Reforzo
Giuseppe	8	13.620	8.957,42	Gius. Dall'Orso di Mich. e C.
Mario	7	10.042	2.592,16	G. B. e Angelo F.lli Capellino
Giuseppe Corvaia	7	5.966	5.112,34	Gaetano Corvaia
Angela	14	17.536	3.659,14	Fratelli Sanguineti
Giovanna	1	173	35,63	Gio. Batta Sturlese
Costante	11	15.031	2.344,86	Mich. e Andrea dell'Orso
Aurora M.	1	1.330	248,96	Luigi Musso
Totale . . .	213	137.222	51.331,51	

Di detti viaggi 120 furono compiuti fra porti del Regno, gli altri 93 fra porti italiani ed esteri, ovvero fra porti esteri soltanto. Questi 93 viaggi si ripartiscono nel modo seguente:

Tra l'*Italia* e l'*Austria-Ungheria*: Venezia–Flume 1; Barletta–Fiume 2; Bari–Fiume 1; Monopoli–Fiume 1; Brindisi–Fiume 2.

Tra l'*Italia* e la *Grecia*: Messina–Aliveri 1; Spezia–Livadhi 1.

Tra l'*Italia* e la *Rumenia*: Genova–Braila 1; Savona–Galatz 1.

Tra l'*Italia* e la *Russia*: Genova–Odessa 3; Genova–Niccolaiew 3; Genova–Berdianska 9; Genova–Taganrog 2; Oneglia–Berdianska 1; Civitavecchia–Odessa 1; Palermo–Marianopoli 1.

Tra l'*Italia* e l'*Egitto*: Napoli–Alessandria 1.

Tra l'*Italia* e la *Spagna*: Genova–Barcellona 1; Genova–Tarragona 1.

Tra l'*Austria-Ungheria* e l'*Italia*: Trieste–Venezia 1; Fiume–Barletta 3; Fiume–Trani 1; Fiume–Bari 1.

Tra la *Rumenia* e l'*Italia*: Braila–Genova 1; Galatz–Genova 1.

Tra la *Russia* e l'*Italia*: Odessa–Genova 1; Odessa–Napoli 1; Nicolaiew–Oneglia 1; Nicolaiew–Genova 2; Teodosia–Genova 2; Teodosia–Cagliari 1; Kertch–Spezia 1; Berdianska–Genova 5; Berdianska–Trapani 2; Taganrog–Oneglia 1; Taganrog–Genova 4; Taganrog–Messina 1; Taganrog–Catania 1.

Tra la *Spagna* e l'*Italia*: Barcellona–Genova 1; Cartagena–Palermo 1.

Tra i porti dell'*Austria-Ungheria*: Fiume–Trieste 1.

Tra i porti della *Grecia*: Aliveri–Vathia 1.

Tra la *Grecia* e la *Russia*: Vathia–Taganrog 1.

Tra i porti della *Russia*: Nicolaiew–Odessa; 1 Nicolaiew–Teodosia 1; Eupatoria–Teodosia 1; Berdianska–Nicolaiew 1; Berdianska–Teodosia 1; Berdianska–Taganrog 3; Taganrog–Kertch 1.

Tra la *Russia* e la *Spagna*: Berdianska–Tarragona 1; Marianopoli–Malaga 1; Taganrog–Tarragona 1; Taganrog–Valenza 1.

Tra la *Russia* e la *Francia*: Nicolaiew–Marsiglia 1; Berdianska–Marsiglia 1; Taganrog–Marsiglia 1.

Tra i porti della *Spagna*: Malaga–Cartagena 1; Valenza–Tarragona 1; Tarragona–Barcellona 1.

Tra la *Spagna* e la *Russia*: Barcellona–Berdianska 1; Tarragona–Eupatoria 1; Tarragona–Taganrog 1.

Tra la *Francia* e la *Russia*: Marsiglia–Berdianska 1.

Nel seguente quadro sono infine riassunti i viaggi delle due categorie compiuti dai piroscafi nell'accennato periodo dal 23 luglio al 31 dicembre 1896.

CATEGORIE DI VIAGGI	Numero dei viaggi	Miglia percorse	Premi guadagnati
1ª — Viaggi d'oltre il Mediterraneo e viaggi attraversanti il canale di Suez e lo stretto di Gibilterra .	143	737 925	835.897,63
2ª — Viaggi del Mediterraneo e dello Stato.	213	137.222	51 331,51
Totale . . .	353	875.147	887.229,14

N. B. — Nel computare il numero dei viaggi della 1ª categoria è stato tenuto conto del percorso tra il primo porto di partenza e quello di destinazione definitiva, senza riguardo perciò agli scali intermedi; per quelli della 2ª categoria, invece, essendo difficile il determinare quando un viagio abbia avuto termine, per le continue parziali operazioni d'imbarco e sbarco, è stato considerato come viaggio il percorso fra due porti successivamente toccati da un piroscafo.

Velieri. — Al 31 dicembre 1896 erano stati inscritti, per concorrere ai premi di n..... secondo il quadro seguente:

Compartimenti marittimi	1875 Numero	1875 Tonnellaggio lordo	1876 Numero	1876 Tonnellaggio lordo	1877 Numero	1877 Tonnellaggio lordo	1878 Numero	1878 Tonnellaggio lordo	1879 Numero	1879 Tonnellaggio lordo	1880 Numero	1880 Tonnellaggio lordo	1881 Numero	1881 Tonnellaggio lordo	1882 Numero	1882 Tonnellaggio lordo	1883 Numero	1883 Tonnellaggio lordo	188. Numero	188. Tonnellaggio lordo
Porto Maurizio.	..	..	..	..	..	..	..	..	..	..	..	..	..	..	..	..	..	..	..	
Savona . .	..	..	2	1.640	..	..	1	424	..	..	1	487	..	..	..	..	1	795	1	113.
Genova . .	8	5.985	21	15.919	12	10.733	12	8.979	3	2.910	6	2.272	3	2.608	8	6.896	4	5.021	31	14.
Spezia . .	..	..	2	1.673	1	764	2	858	..	..	..	..	..	..	..	..	1	1.378	4	
Livorno .	..	..	..	..	..	..	..	..	..	..	..	..	..	..	..	..	..	..		
Civitavecchia	..	..	..	..	..	..	..	..	..	..	..	..	..	..	..	..	..	..		
Gaeta . .	..	..	..	..	..	..	1	707	..	..	..	..	..	..	..	..	..	..		
Napoli. . .	..	..	3	2.172	4	2.634	2	1.406	..	..	2	1.231	..	..	..	..	1	899	1	6.
Castellammare di Stabia	1	548	4	2.002	4	1.614	4	2.073	9	4.880	3	1.631	1	583	1	511	2	1.829	2	1.
Venezia . .	1	700	..	..	..	..	..	..	..	..	..	..	..	..	..	..	..	..		
Messina . .	..	..	..	..	..	..	..	..	..	..	1	415	..	..	..	..	..	..		
Trapani . .	..	..	1	679	..	..	..	..	..	..	..	..	..	..	1	478	..	..		
Palermo . .	..	..	..	..	..	..	..	..	1	280	..	..	..	..	..	..	..	..		
Totale	10	7.233	33	24.085	21	15.795	22	14.447	13	8.049	13	6.036	5	3.669	9	7.467	9	9.929	11	7.

lieri, di tonnellate lorde 169.739, ripartiti per compartimenti d'inscrizione e per età,

	1887		1888		1889		1890		1891		1892		1893		1894		1895		1896		TOTALE	
	Numero	Tonnellaggio lordo	Numero	Tonnellaggio lordo	Numero	Tonnellaggio lordo	Numero	Tonnellaggio lordo	Numero	Tonnellaggio lordo	Numero	Tonnellaggio lordo	Numero	Tonnellaggio lordo	Numero	Tonnellaggio lordo	Numero	Tonnellaggio lordo	Numero	Tonnellaggio lordo	Numero	Tonnellaggio lordo
3	1	123											1	274					1	202	5	93
0							2	2.267	1	1.441					1	850					11	9.524
9			1	414	3	3.290	7	9.127	10	7.911	4	4.407	4	2.674	3	2.498	1	204			114	96.282
							1	604	4	3.876	2	1.248	4	3.181							23	15.488
1	1	121									1	188	1	104							3	413
															1	180					1	180
																					1	707
26											1	639									16	11.150
17							2	2.203	3	4.065	3	2.642	2	725	2	1.252			1	239	45	29.718
											1	422	3	723	1	1.120					7	3.165
					1	326															2	741
																					2	1.157
																					1	280
8	2	244	1	414	6	5.823	13	16.063	23	16.931	12	7.381	13	8.705	5	3.528	1	204	2	441	231	169.739

Essi sono ripartiti por tonnellaggio lordo e por età secondo il prospetto ....:

ANNI	Da 100 a 200 tonn. lorde		Da 201 a 300 tonn. lorde		Da 301 a 400 tonn. lorde		Da 401 a 500 tonn. lorde		Da 501 a 600 tonn. lorde	
	N.	Tonn.	N.	Tonn.	N.	Tonn.	N.	Tonn.	N.	Tonn.
1875	..	..	..	..	..	..	1	401	1	548
1876	..	..	..	..	3	1.007	2	964	3	1.676
1877	..	..	..	..	2	657	1	446	2	1.070
1878	..	..	1	260	1	395	6	2.660	3	1.697
1879	1	178	1	280	..	..	2	862	2	1.052
1880	..	..	..	..	4	1.399	6	2.716	1	521
1881	..	..	..	..	..	..	1	478	1	533
1882	..	..	..	..	1	335	..	..	1	511
1883	..	..	..	..	..	..	..	..	1	528
1884	3	394	..	..	..	..	..	..	1	502
1885	2	327	1	219	1	346	..	..	..	..
1886	1	116	1	290	..	..	..	..	1	526
1887	2	211	..	..	..	..	..	..	..	..
1888	..	..	..	..	..	..	1	414	..	..
1889	..	..	..	..	1	326	2	890	..	..
1890	..	..	..	..	..	..	1	477	1	511
1891	1	175	2	491	..	..	1	422	1	568
1892	4	690	2	565	..	..	..	..	1	538
1893	1	104	2	514	1	360	1	406	1	580
1894	1	180	..	..	1	308	..	..	1	508
1895	..	..	1	201	..	..	..	..	..	..
1896	..	..	2	441	..	..	..	..	..	..
Totale	16	2.408	13	3.264	15	5.133	25	11.136	22	11.922

...a 800 lorde Tonn.	Da 801 a 900 tonn. lorde N	Tonn.	Da 901 a 1000 tonn. lorde N.	Tonn.	Da 1001 a 1500 tonn. lorde N.	Tonn.	Da 1501 a 2000 tonn. lorde N.	Tonn.	Oltre 2000 tonn. lorde N.	Tonn.	Totale N.	Tonn.
1.197	1	882	2	1.917	..	..	..	..	..	..	10	7.233
3.896	5	4.312	5	4.780	2	2.124	..	..	..	..	33	24.085
1.541	5	4.323	2	1.876	1	1.049	1	1.509	..	..	21	15.795
2.247	2	1.678	2	1.934	2	2.183	..	..	..	..	22	14.447
1.517	..	..	2	1.873	1	1.037	..	..	..	..	13	8 049
769	..	..	..	..	..	..	,.	..	..	..	13	6.036
..	1	894	..	..	1	1.041	..	..	..	..	5	3.669
..	2	1.637	4	3.837	1	1.087	..	..	..	..	9	7.407
795	1	899	1	933	4	5.142	1	1.625	..	..	9	9 922
723	1	831	1	923	3	3 811	..	..	..	..	11	7.839
..	..	..	1	938	..	..	..	..	..	..	5	1.830
..	..	..	..	..	1	1.139	1	1.617	..	..	5	3.688
..	..	..	..	..	..	..	..	..	..	..	2	244
..	..	..	..	..	..	..	..	..	..	..	1	414
..	..	..	..	..	1	1.082	2	3 530	..	..	6	5.828
..	1	867	..	..	5	5.786	2	3.554	2	4.264	13	16.063
1.480	1	878	3	2.792	6	7 222	1	1.591	..	..	20	16.931
..	1	857	..	..	4	4.731	..	..	..	..	12	7.381
772	2	1.725	1	963	3	3 281	..	..	..	..	13	8.705
..	1	850	..	..	..	..	1	1.682	..	..	5	3 528
..	..	..	..	..	..	..	..	..	..	..	1	204
..	..	..	..	..	..	..	..	..	..	..	2	441
15.237	24	20.633	24	22.766	35	40.715	9	15.171	2	4.264	231	169.739

Dall'esame dei due prospetti precedenti si rileva che dei 231 velieri di complessive tonnellate lorde 169.739 che furono inscritti dal 23 luglio al 31 dicembre 1896 per concorrere ai premi di navigazione, 10 di tonnellate lorde 7233 perdettero durante quel periodo, per ragione di età, il diritto a concorrere ai premi stessi.

Inoltre, due velieri, uno di tonn. lorde 910, varato nel 1891, l'altro di tonn. lorde 961, varato nel 1882, entrambi appartenenti al compartimento marittimo di Genova, naufragarono durante il periodo suddetto.

Per conseguenza al 31 dicembre 1896 rimanevano ancora inscritti per concorrere ai premi di navigazione, 219 velieri della portata complessiva di tonnellate lorde 160,635. Di essi:

33	di tonnellate lorde		24.085	perderanno il diritto nel		1897
21	»	»	15.795	»	»	1898
22	»	»	14.447	»	»	1899
13	»	»	8.049	»	»	1900
13	»	»	6.036	»	»	1901
5	»	»	3.669	»	»	1902
8	»	»	6.446	»	»	1903
9	»	»	9.922	»	»	1904
11	»	»	7.839	»	»	1905
5	»	»	1.830	»	»	1906
5	»	»	3.688	»	»	1907
2	»	»	244	»	»	1908
1	»	»	414	»	»	1909
6	»	»	5.828	»	»	1910
13	»	»	16.063	»	»	1911
19	»	»	16.021	»	»	1912
12	»	»	7.381	»	»	1913
13	»	»	8.705	»	»	1914
5	»	»	3.528	»	»	1915
1	»	»	204	»	»	1916
2	»	»	441	»	»	1917

Dei 231 velieri inscritti per concorrere ai premi di navigazione, 24 di tonnellate lorde 12.905 non guadagnarono alcun premio nel periodo dal 23 luglio al 31 dicembre 1896, e di essi:

10 di tonn. lorde 6,735 appartenevano al compart. di Genova;

6	»	2.145	»	»	Castell. Stabia;
1	»	1.091	»	»	Spezia;
2	»	982	»	»	Venezia;
1	»	850	»	»	Savona;
1	»	580	»	»	Napoli;
2	»	342	»	»	Porto Maurizio;
1	»	180	»	»	Civitavecchia.

Si noti peraltro che ad uno di essi, appartenente al compartimento di Venezia, non fu concesso il premio, perchè non iscritto nel Registro italiano; ad un'altro, appartenente al compartimento di Castellammare Stabia, non fu pagato alcun premio, perchè non ancora stazzato secondo le regole italiane.

Degli altri 207 velieri:

195 compirono soltanto viaggi al lungo corso (Art. 12 lett. *a* della legge).
10 compirono soltanto viaggi nel Mediterraneo (Art. 12 lett. *b* della legge).
2 compirono viaggi dell'una e dell'altra specie.

Complessivamente questi 207 velieri compirono, dal 23 luglio al 31 dicembre 1896, 314 viaggi, percorsero 1.575.542 miglia e guadagnarono tanti premi per lire 503.530,34, come appare dal seguente prospetto:

COMPARTIMENTI MARITTIMI	Numero delle navi	Numero dei viaggi	Miglia percorse	Premi guadagnati
Porto Maurizio	3	6	10.363	1.488,69
Savona	10	17	100.715	36.631,70
Genova	104	148	811.553	273.051,37
Spezia	22	40	169.978	55.647,44
Livorno	3	9	6.901	525,32
Gaeta	1	1	4.168	589,35
Napoli	15	18	86.805	14.582,50
Castellammare di Stabia	39	57	299.365	107.288,67
Venezia	5	9	31.894	11.537,23
Messina	2	6	10.514	782,68
Trapani	2	2	11.322	1.297,25
Palermo	1	1	1.931	108,14
Totale . . .	207	314	1.575.542	(*) 503.530,34

(*) Vi sono comprese L. 79.296,94 guadagnate in base alla legge 6 Dicembre 1885 N. 3577, essendo taluni viaggi incominciati prima dell'entrata in vigore della legge 23 Luglio 1896 N. 318.

Dal quadro suddetto si rileva che il *percorso medio* per ciascuno dei velieri che hanno guadagnato premi, è stato, nel periodo più volte accennato, di miglia 7611.

I velieri che nel periodo stesso percorsero un maggior numero di di miglia sono i seguenti:

NAVE	PORTO		Merci trasportate Tonn.	Miglia percorse	Durata del viaggio		Premio guadagnato
	di partenza	di destinazione			mesi	giorni	
3rigantino a palo *Oriente*, varato nel 1891, di tonnellate lorde 146í, equipaggio 20 (Compartimento di Castellammare Stabia).	* Swansea	San Francisco	1.740	13.521	5	19	11.016,19
	San Francisco	Newcastle on Tyne	1.798	13.993	5	20	13.320,49
			3.538	27.519	11	9	24.336,68
ílave *F. S. Ciampa*, varato nel 1886, di tonnellate lorde 1617, equipaggio 25 (Compartimento di Castellammare Stabia).	* Cardiff	San Francisco	2.365	13.543	5	21	11.328,24
	San Francisco	Belfast	2.382	13 702	5	3	7.754,65
			4.747	27.245	10	24	19.082,89
3rigantino a palo *Esemplare*, varato nel 1890, di tonnellate lorde 1066, equipaggio 15 (Compartimento di Genova).	* Genova	San Francisco	1.200	13.557	6	8	8.023,89
	San Francisco	Sharpness	1.490	13.572	4	14	7.233,87
			2.690	27.129	10	22	15.257,76
3rigantino a palo *Garibaldi*, varato nel 1890, di tonnellate lorde 1400, equipaggio 16 (Compartimento di Savona).	* Rosario	Newcastle on Tyne	1.890	6.693	2	19	3.470,04
	Newcastle on Tyne	Singapore	1.980	12.028	4	6	8.419,60
			3.870	18.721	6	25	11.889,64
3rigantino a palo *Maria*, varato nel 1893, di tonnellate lorde 963, equipaggio 15 (Compartimento di Genova).	* Genova	Valparaiso	800	8.794	3	3	4.147,74
	Iquique	Genova	1 330	9.609	3	26	6.014,75
			2.130	18.403	6	29	10.162,49

* Il viaggio fu incominciato prima dell'andata in vigore della legge 23 luglio 1896, n. 318.

NAVE	PORTO		Merci trasportate Tonn.	Miglia percorse	Durata del viaggio		Premi guadagnati
	di partenza	di destinazione			mesi	giorni	
Nave *Savoia*, varata nel 1884, di tonnellate lorde 1330, equipaggio 19 (Compartimento di Savona).	* Genova	Baltimora	916	4.322	1	23	2.06,6
	New-York	Sydney	2.200	12.774	3	11	3.37,8
			3.116	17.096	5	4	5.88
Brigantino a palo *Felicina Ferrari*, varato nel 1877, di tonnellate lorde 865, equipaggio 12 (Compartimento di Genova).	Coquin	New-York	950	11.139	4	9	1.89,8
	New-York	Buenos-Ayres	1.400	5.868	1	27	1.65,3
			2.350	17.007	6	6	2.55,3
Nave a palo *E. Raggio*, varata nel 1890, di tonnellate lorde 2133, equipaggio 28 (Compartimento di Genova).	* San Francisco	Liverpool	3.050	13.647	5	3	15.63,4
	Cardiff	Genova	2.950	1.995	..	23	2.17,6
			6.000	15.642	5	26	17.59,7
Brigantino a palo *Olga*, varato nel 1893, di tonnellate lorde 772, equipaggio 14 (Compartimento di Castellammare Stabia).	Colombo	New-York	1.000	11.133	4	..	4.70,6
	Filadelfia	Catania	950	4.457	1	22	2.15,2
			1.950	15.590	5	22	7.8,3
Nave a palo *Emanuele Accame*, varata nel 1890, di tonnellate lorde 2131, equipaggio 23 (Compartimento di Genova).	Nortshields	Junin	2.882	10.151	3	21	10.97,6
	Junin	San Francisco	400	4.592	1	21	6.88,6
			3.282	14.743	5	12	17.88,8

* Il viaggio fu incominciato prima dell'andata in vigore della legge 23 luglio 1896, n. 318.

NAVE	PORTO		Merci trasportate Tonn.	Miglia percorse	Durata del viaggio		Premio guadagnato
	di partenza	di destinazione			mesi	giorni	
Nave *Maediarmid*, varata nel 1883, di tonnellate lorde 1625, equipaggio 22 (Compartimento di Genova).	* Talcahuano	Cardiff	2.443	8.560	3	15	4.220,73
	Cardiff	Capetown	2.420	5.955	1	17	1.935,37
			4.863	14.515	5	2	6.156,10
Brigantino a palo *Tonio*, varato nel 1882, di tonnellate lorde 1087, equipaggio 15 (Compartimento di Genova).	New-York	Adelaide	1.600	12.268	3	25	3.406,37
	Adelaide	Sydney	300	1.906	..	21	414,36
			1.900	14.174	4	16	3.820,73
Nave *Caterina Accame*, varata nel 1889, di tonnellate lorde 1750, equipaggio 22 (Compartimento di Genova).	* San Francisco	Newcastle on Tyne	2.574	13.912	5	15	11.072,52
Brigantino a palo *Agostino Rombo*, varato nel 1882, di tonnellate lorde 827, equipaggio 14 (Compartimento di Genova).	* Punta Arenas	Bremen	1.078	11.763	5	1	3.882,55
	Fowey	Genova	926	1.886	1	2	311,94
			2.004	18.649	6	3	4.194,49
Brigantino a palo *Affezione*, varato nel 1884, di tonnellate lorde 1039, equipaggio 15 (Compartimento di Spezia).	Chira (Costarica)	Havre	1.120	11.464	4	27	3.305,65
	Swansea	Savona	1.662	1.955	1	1	406,24
			3.082	13.419	5	28	3.711,89

* Il viaggio fu incominciato prima dell'andata in vigore della legge 23 luglio 1896, n. 318.

NAVE	PORTO		Merci trasportate Tonn.	Miglia percorse	Durata del viaggio		Premio guadagnato
	di partenza	di destinazione			mesi	giorni	
Brigantino a palo *Due Sorelle*, varato nel 1877, di tonnellate lorde 897, equipaggio 14 (Compartimento di Genova).	Montevideo	Amburgo	1.140	7.476	2	2	482,6
	Amburgo	Cadice	420	1 591	..	22	285,8
	Cadice	Montevideo	1.282	5.204	1	23	993,3
			2.842	13 271	4	17	1.761,5
Brigantino a palo *S. Domenico*, varato nel 1893, di tonnellate lorde 1120, equipaggio 14 (Compartimento di Venezia).	* Port Pirie	Spezia	1.538	13 245	4	22	8.266,30

* Il viaggio fu incominciato prima dell'andata in vigore della legge 23 luglio 1896, n. 318.

I viaggi compiuti dai velieri nel periodo dal 23 luglio al 31 dicembre 1896 possono distinguersi in due categorie:

1.ª viaggi di oltre Mediterraneo e viaggi attraversanti il canale di Suez o lo stretto di Gibilterra,

2.ª viaggi del Mediterraneo.

I. Categoria

Viaggi d'oltre Mediterraneo e viaggi attraversanti il canale di Suez e lo stretto di Gibilterra

(Art 12 lett. *a* della legge).

Tali viaggi possono ripartirsi nel modo seguente:

Da porto a porto dell' Europa.

Da *Trieste* a Cadice 1.350 (*) pietre da costruzione.

Da *Avenza* a Siviglia 1.200 marmi — Oporto 1.300 marmi.

Da *Genova* a Cadice 1.1 mattoni.

Da *Marsiglia* a Cadice 1.1 merci diverse.

Da *Siviglia* a Gibilterra 1.100 mattoni.

Da *Lisbona* ad Avenza 1.107 marmi.

Da *Oporto* a Piombino 1.300 ferro.

Da *Bordeaux* a Newport 1.259 merci diverse.

Da *Havre* a Livorno 1.1150 arena da costruzione.

Da *Dieppe* a Stocolma 1.450 pietra focata.

Da *Forrey* a Fiume 1.400 gesso — Genova 2.1506 creta.

Da *Newport mon* a Genova 3.4001 carbone.

Da *Swansea* a Genova 1.1260 carbone — Savona 1.1662 carbone — Castellammare Stabia 1.516 carbone.

Da *Teignmouth* a Genova 1.380 argilla.

Da *Grangemouth* a Licata 1.553 carbone.

Da *Liverpool* a Genova 1.1350 carbone.

Da *Cardiff* a Genova 4.6382 carbone.

(*) Il primo numero indica i viaggi, il secondo le tonnellate di merci trasportate.

Da *Manchester* a Genova 1.1763 carbone.

Da *Hull* a Cadice 1.450 carbone.

Da *Anversa* a Cadice 1.300 carbone.

Da *Rotterdam* a Cadice 1.102 arena da costruzione.

Da *Bremerhaven* a Cronstadt 1.400 coke.

Da *Amburgo* a Genova 1.1100 ferro e carbone; 1.550 carbone — Cadice 1.420 merci diverse — Cardiff 1.420 arena da costruzione.

Da *Stocolma* a Barcellona 1.384 legname.

Da *Raumo* a Tarragona 1.500 legname.

Da *Himango* a Calais 1.390 mattoni.

Da *Cronstadt* a Grangemouth 1.170 legname.

Dall' Europa all' America (coste dell' Atlantico).

Da *Batum* a New-York 1.764 liquorizia.

Da *Augusta* a Buckport 1.650 sale.

Da *Porto Empedocle* a Savannah 4.3120 zolfo — Norfolk 2.1224 zolfo —
   Wilmington 1.660 zolfo.

Da *Trapani* a Gloucester 1.1215 sale — Norfolk 1.669 zolfo — Pensacola 1.250 pietre da costruzione.

Da *Genova* a Baltimora 1.916 marmi; 1.800 merci diverse — Pensacola
   1.116 mattoni — Mobile 1.150 pietre; 1.1 mattoni — New
   Orleans 1.186 merci diverse — Montevideo 2.1551 sale e merci
   diverse — Buenos Ayres 3.3835 sale e merci diverse.

Da *Marsiglia* a S. Pierre 2.1100 merci diverse — Point à Pitre 1.550
   vino — Port of Spain 1.350 merci diverse — Progresso 1.355
   merci diverse — Carmen 1.403 merci diverse — Buenos Ayres
   4.4350 materiali da costruzione; 1,950 merci diverse — Montevideo 1.1000 merci diverse.

Da *Barcellona* a Rio Grande do Sul 1.321 vino — Indipendencia 2.800
   fasci per botti.

Da *Tarragona* a New-York 1.350 mandorle.

Da *Cadice* a Filadelfia 1.500 sale e sughero — S. Pierre 1.280 pietre
   da costruzione — Pelotas 1.260 sale — Montevideo 5.7018 sale
   — Magdalena 1.1806 sale — Buenos Ayres 5.6346 sale —
   Rosario 1.1017 sale — Fray Bentos 1.650 sale — Banco Al-
   miron (Paysandù) 1.599 sale.

Da *Siviglia* a New-York 1.400 merci diverse.

Da *Lisbona* a New-York 1.400 minerale e sughero.

Da *Bordeaux* a Bangor Maine 1.250 arena da costruzione.

Da *Nantes* a Miramichi 1.450 arena da costruzione.

Da *Rouen* a Bangor Maine 1.315 merci diverse.

Da *Cardiff* a La Plata 1.885 carbone — Buenos Ayres 1.900 carbone — Rosario 2.1535 carbone — Fray Bentos 1.549 carbone.

Da *Penarth* a S. Elena 1.804 carbone.

Da *Bristol* a Pensacola 1,100 merci diverse.

Da *Newport mon* a Buenos Ayres 1.1192 carbone — Paysandu 1.960 carbone.

Da *Liverpool* a Rosario 1.856 merci diverse.

Da *Glasgow* a Montevideo 1.1500 carbone — Paysandu 1,731 carbone.

Da *Swansea* a Buenos Ayres 2.1990 carbone — Rio Grande do Sul 1.498 carbone.

Da *Fowey* a Filadelfia 1.575 gesso.

Da *Portland* a Miramichi 1.400 pietre da costruzione.

Da *Sunderland* a Montevideo 1.900 carbone.

Da *Leith* a Montevideo 1.600 carbone.

Da *Cork* a Filadelfia 1.200 pietra da calce.

Da *Anversa* a Pensacola 1.406 merci diverse — Indipendencia 1.570 merci diverse.

Da *Amburgo* a Pensacola 1.400 merci diverse — S. Domingo 1.430 merci diverse — Buenos Ayres 1.703 merci diverse.

(Dall'Europa all'America (coste del Pacifico).

Da *Genova* a S. Francisco 1.1200 merci diverse — Valparaiso 2.2000 merci diverse.

Da *Cardiff* a S. Francisco 1.2365 carbone.

Da *Swansea* a S. Francisco 2.4211 carbone.

Da *Northshields* a Junin 1.2882 carbone.

Da *Anversa* a S. Francisco 1.1600 merci diverse.

Dall'Europa all'Asia.

Da *Newcastle on Tyne* a Singapore 2.3480 carbone.

Dall' Europa all' Africa.

Da *Cardiff* a Capetown 4.6310 carbone.
Da *Newport* mon a Capetown 1.1500 carbone.

Da porto a porto dell' America (coste dell'Atlantico).

Da *S. Etienne* (Canadà) a Buenos Ayres 1.1000 legname.
Da *Filadelfia* a Buenos Ayres 1.1100 legname.
Da *New-York* a S. Domingo 3.1800 merci diverse — Buenos Ayres
     1.1400 merci diverse.
Da *Wilmington* a Buenos Ayres 1.600 merci diverse.
Da *S. Domingo* a New-York 2.1210 zucchero.
Da *Rio Janeiro* a Savannah 1.125 merci diverse.
Da *Montevideo* a Filadelfia 1.554 arena da costruzione.
Da *Buenos Ayres* a Savannah 1.300 merci diverse.
Da *Indipendencia* a Baltimora 1.600 guano.

Dall' America (coste dell' Atlantico) all' Europa.

Da *Chatham* a Marsiglia 2.2700 legname — Valenza 1.800 legname —
     Cardiff 1.1200 legname.
Da *Miramichi* a Newport mon 1.1000 legname.
Da *Calais* (Maine) a Messina 1.450 tavole per casse agrumi.
Da *Bangor* (Maine) a Palermo 1.580 tavole per casse agrumi — Catania
     1.670 legname; 1.560 tavole per casse agrumi — Messina
     2.1730 legname — Castellammare di Stabia 1.650 tavole per
     casse agrumi.
Da *New-York* a Genova 1.950 merci diverse; 1.700 tabacco e doghe
     — Livorno 1.900 tabacco e doghe — Napoli 1.800 tabacco e
     doghe; 1.684 petrolio — Dublino 1.1500 petrolio.
Da *Filadelfia* a Catania 1.950 petrolio — Palermo 1.840 petrolio —
     Napoli 1.960 petrolio — Aiaccio 1.990 petrolio — Marsiglia
     1.1300 petrolio — S. Louis du Rhone 2.1900 petrolio —
     Panillac 1.1200 petrolio.
Da *Newportnews* a Cadice 3.1618 doghe.
Da *Wilmington* a Londra 1.674 resina e trementina.

Da *Sapelo* a Newport mon 1.1250 legname.

Da *Savannah* a Trieste 1.750 legname; 1.1045 resina — Catania 1.680 resina — Cette 1.700 doghe — Sharpness 1.450 spirito di trementina.

Da *Pensacola* a Genova 3.3115 legname.

Da *Ship Island* a Marsiglia 1.850 legname.

Da *Carmen* a Marsiglia 1.321 campeggio.

Da *Delize* a Rotterdam 1.367 campeggio.

Da *Le Moule* a Marsiglia 1.327 zucchero.

Da *Pointe à Pitre* a Marsiglia 1.432 campeggio.

Da *S. Pierre* a Bordeaux 1.300 rhum.

Da *Fort de France* a Marsiglia 1.600 zucchero.

Da *Pernambuco* a Genova 1.300 ferro.

Da *Montevideo* a Genova 1.690 rotaie; 1.1300 ferro; 1.590 merci diverse — Amburgo 2.2095 cenere.

Da *La Plata* a Cardiff 1.1200 grano.

Da *Buenos Ayres* a Genova 1.988 ossa, cenere e corna; 2.1732 ossa — Marsiglia 1.835 ossa — Havre 2.2130 quebracho — Rouen 1.1500 granturco — Bristol 2.2933 grano — Berwick 1.900 ossa — Anversa 1.1000 seme di lino; 1.1350 legname; 1.300 guano — Amburgo 1.1312 legname; 1.1222 quebracho — Brema 1.356 cuoia e ossa.

Da *Rosario* a Genova 1.945 granturco; 1.754 cenere ed ossa — Newcastle 1.1890 grano — Cardiff 1.1260 grano — Sharpness 1.1987 grano — Hull 2.1719 grano.

Da *Fray Bentos* ad Anversa 1.334 cuoia e ossa; 1.700 grasso — Amburgo 1.650 guano.

Da *Paysandu* a Genova 1.650 cenere ed ossa — Ellesmene Port 1.704 cenere ed ossa — Harburg 1.883 cenere ed ossa.

Dall'America (coste dell'Atlantico) *all'Asia.*

Da *New-York* a Singapore 2.3000 petrolio — Rangoon 1.1500 petrolio

Dall'America (coste dell'Atlantico) *all'Africa.*

Da *New-York* ad Algeri 2.1450 petrolio.

Da *Montevideo* a Capetown 1.512 granone.

Da *Buenos-Ayres* a Capetown 2.1088 granone.

Dall'America (coste dell'Atlantico) *all'Oceania.*

Da *New-York* a Sidney 2.5300 merci diverse — Adelaide 1.1600 merci
   diverse — Frumantle 1.1700 merci diverse.
Da *Sarannah* a Samarang 1.1300 resina — Melbourne 1.1300 resina.

Da porto a porto dell'America (coste del Pacifico).

Da *Valparaiso* a Iquique 1.300 merci diverse.
Da *Junin* a S. Francisco 1.400 pietre da costruzione.

Dall'America (coste del Pacifico) *all'Europa.*

Da *S. Francisco* a Newcastle 2.4372 grano — Liverpool 1.3050 grano
   — Sharpness 1.1490 grano — Belfast 1.2382 grano.
Da *Chira* a Havre 1.1420 legname.
Da *Venado* a Brema 1.1000 cedro.
Da *Puntarenas* a Brema 1.1078 cedro.
Da *Iquique* a Genova 1.1330 nitrato di soda.
Da *Talcahuano* a Cardiff 1.2443 merci diverse.
Da *Caleta Buena* a Genova 1.1651 salnitro.

Dall'America (coste del Pacifico) *all'America* (coste dell'Atlantico).

Da *Coquin* a New-York 1.950 merci diverse.

Dall'Asia all'Europa.

Da *Singapore* a Marsiglia 2.2520 merci diverse.

Dall'Asia all'America (coste dell'Atlantico).

Da *Smirne* a New-York 3.3468 minerale e liquorizia.
Da *Alessandria* a New-York 2.1700 liquorizia.
Da *Colombo* a New-York 1.1000 olio e piombaggine.
Da *Singapore* a New-York 3.4750 merci diverse — Boston 1.1300 merci
   diverse.

Dall'Africa all'America (coste dell'Atlantico).

Da *Capetown* a Buenos-Ayres 1.125 pietre da costruzione.

Da porto a porto dell'Oceania.

Da *Adelaide* a Sydney 1.300 sale.

Dall'Oceania all'Europa.

Da *Padang* a Havre 1.814 copra.
Da *Port-Pirie* a Spezia 1.1538 minerale.

Dall'Oceania all'America (coste dell'Atlantico).

Da *Samarang* a Boston 1.2061 zucchero.

Dall'Oceania all'America (coste del Pacifico).

Da *Sydney* a S. Francisco 1.2545 carbone.
Da *Newcastle N. S. W.* a S. Francisco 1.2500 carbone — Caldera 1.1940 carbone.
Da *Port Pirie* a Everett 1.1000 minerale.

Viaggi interrotti da naufragio.

Da *Miramichi* al punto in lat. 44°, 34' Nord e long. 44°,8' Ovest, 1.922 legname

Gli stessi viaggi sono raggruppati nei seguenti prospetti a seconda della qualità delle merci trasportate

Da porto a porto dell'Europa.

Carbone . . . . viaggi 16 tonn. 18,787
Arena e pietre da costruzione . . » 4 » 2,022

Creta	viaggi	2	tonn.	1,506
Ferro e carbone	»	2	»	1,400
Legname	»	3	»	1,054
Merci diverse	»	3	»	680
Marmi	»	3	»	607
Mattoni	»	3	»	491
Pietra focata	»	1	»	450
Gesso	»	1	»	400
Coke	»	1	»	400
Argilla	»	1	»	380

viaggi 40 tonn. 28,177

Dall'Europa all'America (coste dell'Atlantico).

Sale	viaggi	17	tonn.	19,561
Carbone	»	15	»	13,044
Merci diverse	»	18	»	9,324
Zolfo	»	8	»	5,673
Sale e merci diverse	»	5	»	5,386
Mattoni e materiali diversi . . .	»	6	»	4,467
Arena e pietre da costruzione . .	»	6	»	1,780
Marmi	»	1	»	916
Vino	»	2	»	871
Fasci per botti	»	2	»	800
Liquorizia	»	1	»	764
Gesso	»	1	»	575
Sale e sughero	«	1	»	500
Minerale e sughero	»	1	»	400
Mandorle	»	1	»	350
Pietra da calce	»	1	»	200

viaggi 86 tonn. 64,611

Dall'Europa all'America (coste del Pacifico).

Carbone	viaggi	4 tonn.	9,458
Merci diverse	»	4 »	4,800

viaggi 8 tonn. 14,258

Dall'Europa all' Asia.

Carbone . . . . viaggi 2 tonn. 3,480

Dall'Europa all'Africa.

Carbone . . . . viaggi 5 tonn. 7,810

Da porto a porto dell'America (coste dell'Atlantico)

Merci diverse	viaggi	7 tonn.	4,225
Legname	»	2 »	2,100
Zucchero	»	2 »	1,210
Guano	»	1 »	600
Arena e pietre da costruzione . . .	»	1 »	554

viaggi 13 tonn. 8,689

Dall'America (coste dell'Atlantico) *all'Europa.*

Legname	viaggi	16 tonn.	16,727
Grano e granturco	»	10 »	13,434
Petrolio	»	10 »	10,324
Ossa, cuoio, corna e cenere . . .	»	13 »	10,231
Quebracho	»	3 »	3,352
Resina e trementina	»	4 »	2,849
Tabacco e doghe	»	3 »	2,400
Doghe	»	4 »	2,318
Tavolette per casse di agrumi . .	»	4 »	2,240
Ferro	»	2 »	1,600
Merci diverse	»	2 »	1,540
Campeggio	»	3 »	1,120

Seme di lino	Viaggi	1	Tonn.	1,000
Guano	»	2	»	950
Zuccaro	»	2	»	927
Grasso	»	1	»	700
Rotaie	»	1	»	690
Rhum	»	1	»	300

Viaggi 82 tonn. 72,702

Dall'America (coste dell'Atlantico) all'Asia.

Petrolio . . . . Viaggi 3 tonn. 4,500

Dall'America (coste dell'Atlantico) all'Africa

Granone	Viaggi	3	tonn.	1,600
Petrolio	»	2	»	1,450

Viaggi 5 tonn. 3,050

Dall'America (coste dell'Atlantico) all'Oceania

Merci diverse	Viaggi	4	tonn.	8,600
Resina	»	2	»	2,600

Viaggi 6 tonn. 11,200

Da porto a porto dell'America (coste del Pacifico)

Arena e pietre da costruzione . .	Viaggi	1	tonn.	400
Merci diverse	»	1	»	300

Viaggi 2 tonn. 700

Dall'America (coste del Pacifico) all'Europa.

Grano	Viaggi	5	tonn.	11,294
Salnitro	»	2	»	2,981
Merci diverse	»	1	»	2,443
Cedro	»	2	»	2,078
Legname	»	1	»	1,420

Viaggi 11 **tonn.** 20,216

Dall'America (coste del Pacifico) *all'America* (coste dell'Atlantico).

Merci diverse . . . . Viaggi 1 tonn. 950

Dall'Asia all'Europa.

Merci diverse . . . . Viaggi 2 tonn. 2,520

Dall'Asia all'America (coste dell'Atlantico).

Merci diverse	Viaggi	4	tonn.	6,070
Minerale e liquorizia	»	5	»	5,168
Olio e piombaggine	»	1	»	1,000

Viaggi 10 tonn. 12,238

Dall'Africa all'America (coste dell'Atlantico).

Arena e pietre da costruzioni . . Viaggi 1 tonn. 125

Da porto a porto dell'Oceania

Sale . . . . Viaggi 1 tonn.   300

Dall'Oceania all'Europa.

Minerale . . . . Viaggi 1 tonn. 1,538
Copra . . . . »   1   »   814
                    ───────── ─────────
                    Viaggi 2 tonn. 2,352

Dall'Oceania all'America (coste dell'Atlantico)

Zucchero . . . . Viaggi 1 tonn. 2,061

Dall'Oceania all'America (coste del Pacifico)

Carbone . . . . Viaggi 3 tonn. 6,985
Minerale . . . . »   1   »   1,000
                    ───────── ─────────
                    Viaggi 4 tonn. 7,985

Viaggi interrotti da naufragio.

Legname . . . . Viaggi 1 tonn.   922

RIEPILOGO DEI VIAGGI DI 1ª CATEGORIA.

	Viaggi	Tonnellate di merci
Da porto a porto dell'Europa	40	28,177
Dall'Europa all'America (coste dell'Atlantico) . . .	86	64,611
Id. id. (coste del Pacifico)	8	14,258
Id. all'Asia	2	3,480
Id. all'Africa	5	7,810
Da porto a porto dell'America (coste dell'Atlantico) .	13	8,689
Dall'America (coste dell'Atlantico) all'Europa . . .	82	72,702
Id. id. all'Asia	3	4,500
Id. id. all'Africa . . .	5	3,050
Id. id. all'Oceania . . .	6	11,200
Da porto a porto dell'America (coste del Pacifico) .	2	700
Dall'America (coste del Pacifico) all'Europa	11	20,216
Id. id. all' America (coste dell'Atlantico) . .	1	950
Dall'Asia all'Europa	2	2,520
Id. all'America (coste dell'Atlantico)	10	12,238
Dall'Africa all'America (coste dell'Atlantico) . . .	1	125
Da porto a porto dell' Oceania	1	300
Dall'Oceania all'Europa	2	2,352
Dall'Oceania all'America (coste dell'Atlantico) . . .	1	2,061
Dall'Oceania all'America (coste del Pacifico)	4	7,985
Viaggi interrotti da naufragio	1	922

TOTALE viaggi 286 tonn. 268,846

II. Categoria — Viaggi del Mediterraneo.

(Art. 12 lettera *b* della legge).

I viaggi compiuti dai velieri nel Mediterraneo, durante il periodo più volte accennato, furono 28, così ripartiti:

Tra l'*Italia* e l'*Austria-Ungheria*: Venezia-Metkovich 1; Venezia-Fiume 1.

Tra l'*Italia* e la *Tunisia*: Avenza-Sfax 1; Avenza-Goletta 1; Savona-Tunisi 1.

Tra l'*Italia* e la *Spagna*: Avenza-Alicante 1; Licata-Barcellona 1; Civitavecchia-Villaneva 1.

Tra l'*Italia* e la *Francia*: Avenza-Marsiglia 1; Porto Empedocle-La Nouvelle 1; Licata-La Nouvelle 2; Termini Imerese-La Nouvelle 1: Termini Imerese-Cette 1; Siracusa-Marsiglia 1.

Tra l'*Austria-Ungheria* e l'*Italia*: Metkovich-Castellammare di Stabia, 1.

Tra l'*Austria-Ungheria* e l'*Algeria*: Fiume-Bona 1.

Tra la *Russia* e l'*Italia*: Berdianska-Genova 1.

Tra la *Turchia Asiatica* e l'*Egitto*: Beiruth-Alessandria 1.

Tra l'*Egitto* e la *Francia*: Alessandria-Marsiglia 1.

Tra l'*Algeria* e l'*Italia*: Bona-Genova 2; Bona-Savona 1.

Tra la *Spagna* e l'*Italia*: Alicante-Torre Annunziata 1.

Tra la *Spagna* e la *Russia*: Tarragona-Berdianska 1.

Tra la *Francia* e l'*Italia*: Marsiglia-Spezia 1.

Tra la *Francia* e la *Tunisia*: S. Louis du Rhone-Susa 2.

I 12 velieri, che compirono i 28 viaggi su indicati, percorsero in complesso 18.141 miglia e guadagnarono premi per lire 910,15.

Nel seguente quadro sono riassunti i viaggi delle due categorie compiuti dai velieri nel periodo dal 23 luglio al 31 dicembre 1896.

CATEGORIE DEI VIAGGI	Numero dei viaggi	Miglia percorse	Premi guadagnati
1ª — Viaggi d'oltre Mediterraneo e viaggi attraversanti il canale di Suez o lo Stretto di Gibilterra.	286	1.557.401	502.620,19
2ª — Viaggi del Mediterraneo	28	18.141	910,15
Totale . . .	314	1.575.542	503.530,34

RIEPILOGO.

Riassumendo, i risultati al 31 dicembre 1896 della legge 23 luglio 1896 n. 318 furono i seguenti:

Compensi di costruzione.

Dichiarazioni di costruzione:

Velieri in legno . . . . N. 37

Velieri in ferro o in acciaio . . . . . » —

Piroscafi in legno . . . . » —

Piroscafi in ferro o in acciaio . . . . » 4

Macchine e caldaie . . . . » 9

Apparecchi ausiliari . . . . » 57

Pagamenti *ordinati* . . . . Lire 8.389,91

Restituzioni daziarie.

Dichiarazioni di riparazione :

Scafi in legno	N.	126
Scafi in ferro	»	38
Macchine	»	59
Caldaie	»	8
Scafi, macchine e caldaie	»	118
Scafi e macchine	»	54
Scafi e caldaie	»	4
Macchine e caldaie	»	12

Pagamenti *ordinati* . . . . Lire 36.626,41

Premi navigazione.

(Piroscafi)

	D'oltre Mediterraneo ecc.	Mediterraneo e Stato
Viaggi fatti . . . N.	145	N. 213
Miglia percorse . . »	737.925	» 137.222
Premi *guadagnati* Lire 835.897,63		Lire 51.331,51
Pagamenti *ordinati* » 169.403,95		» 2.357,40

(Velieri)

	D'oltre Mediterraneo ecc.	Mediterraneo
Viaggi fatti . . . . N.	286	N. 28
Miglia percorse . . »	1.557,401	» 18,141
Premi *guadagnati* . Lire 502.620,19		Lire 910,15
Pagamenti *ordinati* . » 95.205,28		» ———

In complesso i pagamenti *ordinati* dal 23 luglio al 31 dicembre 1896 furono :

per compensi di costruzione	L.	8.389,91
per restituzioni daziarie	»	36.626,41
per premi di navigazione:		
ai piroscafi	»	171.761,35
ai velieri	»	95.205,28

Totale L. 311.982,95

EFFETTI FINANZIARI

DEI PROVVEDIMENTI A FAVORE DELLA MARINA MERCANTILE

Pagamenti ordinati in base alle leggi 6 dicembre 1885 n. 3547 serie 3. e 30 giugno 1889 n. 6230 serie 3. dal 1. gennaio al 31 dicembre 1896 (1).

1 1886

OGGETTO	Somma liquidata	Parte rappresentante il rimborso dei dazi	Compenso netto
Compensi di costruzione (2).			
Per la marina mercantile:			
Scafi in legno — a L. 15, — a tonn. lorda . . . L.	189.090, »	94.545, »	94.545, »
a » 17,50 id. . . . »	1.333.145. »	761.797,14	571.347,86
Scafi in ferro ed in acciaio — a L. 60, — a tonn. lorda . . . L.	86.820, »	46.304, »	40.516, »
a » 77,— id. . . . »	4.591.419,50	2.921.812,40	1.669.607,10
Galleggianti — a L. 30, — a tonn. lorda . . . L.	35.550, »	35.550, »	..
a » 37,50 id. . . . »	81.600, »	81.600, »	..
Macchine . — a L. 10.— a cavallo indicato L.	27.064,61	8.687,74	18.376,87
a » 12,50 id. »	618.706,85	282.950,01	335.756,84
A riportare . . .	6.963.395,96	4.233.246,29	2.730.140,67

(1) I pagamenti in forza delle due leggi continuarono anche dopo la scadenza di esse (30 giugno 1896), per costruzioni, riparazioni e viaggi compiuti o incominciati sotto l'impero delle leggi medesime.

(2) Il compenso netto per la costruzione degli scafi in legno è di L. 7,50 a tonnellata lorda, quello per la costruzione degli scafi metallici è di L. 28 a tonnellata lorda, e quello per la costruzione delle macchine, delle caldaie e per la riparazione di caldaie nazionali è di L. 10,65 su L. 15,70 pagate: la rimanenza in L. 5,05 rappresenta il rimborso del dazio. Gli aumenti portati dalla legge 30 giugno 1889 (L. 2,50 per gli scafi in legno, L. 17 per gli scafi metallici, L. 2,50 per le macchine e L. 3,50 per le caldaie) corrispondono ai maggiori diritti stabiliti colle nuove tariffe doganali; perciò i maggiori pagamenti che ne derivano sono compresi interamente nella seconda colonna.

OGGETTO	Somma liquidata	Parte rappresentante il rimborso dei dazi	Compenso netto
Riporto . . . »	6.963.395,96	4.233.246,29	2.730.149,67
Caldaie . { a L. 6,— al quintale . . . L.	46.601,73	14.959,15	31.642,58
(a » 9.50 id. . . . »	758.579,57	433.583,03	324.996,54
Riparazione di caldaie nazionali { a L. 6,— al quintale . . . L.	49.557,88	15.908,07	33.649,81
(a » 9.50 id. . . . »	250.613,99	143.244, »	107.369,99
Macchine ed apparecchi ausiliari a L. 11 al quintale . . . . »	238.880,03	238.880,03	..
Per la Regia marina:			
Scafi in ferro ed in acciaio a L. 50 a tonn. lorda »	749.286,61	749.286,61	..
Galleggianti a L. 37,50 a tonn. lorda . . »	87.923,10	87.923,10	..
Macchine a L. 8,50 a cavallo indicato . . »	573.876,24	573.876,24	..
Caldaie a L. 9,50 al quintale . . . . . »	386.450,33	386.450,33	..
Macchine e apparecchi ausiliari a L. 11 al quintale . . . . L.	149.233,70	149.233,70	..
Restituzioni daziarie.			
Per le navi mercantili:			
Scafi . . . . L.	1.913.928,96	1.913.928,96	..
Macchine . . . . »	538.524,13	538.524,13	..
Caldaie. . . . . »	493.567,22	498.567,22	..
Per le navi da guerra. . . . . »	4.964,27	4.964,27	..
Premi di navigazione . . . . »	24.874.059,42	..	24.874.059,42
Premi per trasporto di carbone . . . . »	1.194.980,56	..	1.194.980,56
Totale . L.	39.279.423,70	9.982.575,13	29.296.848,57

Pagamenti ordinati in base alla legge 23 luglio 1896, n. 318
dal 23 luglio al 31 dicembre 1896.

OGGETTO	Somma liquidata	Parte rappresentante il rimborso dei dazi	Compenso netto
Compensi di costruzione (1).			
Costruzioni eseguite nello Stato:			
Scafi in legno { Velieri a L. 17,50 a tonn. lorda L.	2.205, »	1 260, »	945, »
Scafi in legno { Piroscafi id. id. »	..	..	..
Scafi in ferro e in acciaio { Velieri a L. 77,— a tonn. lorda »	..	..	..
Scafi in ferro e in acciaio { Piroscafi id. id. »	..	..	..
Macchine a L. 12,50 a cavallo indicato. . »	..	..	..
Caldaie a L. 9,50 al quintale. . . . . . »	..	..	..
Apparecchi ausiliari a L. 11 al quintale . »	6.184,91	6.184,91	..
Costruzioni eseguite all'estero:			
Macchine a L. 12,50 a cavallo indicato. . L.	..	..	..
Caldaie a L. 9,50 al quintale. . . . . . »	..	..	..
Restituzioni daziarie.			
Riparazioni di navi mercantili:			
Scafi . . . . L.	32.842,94	32.842,94	..
Macchine . . . . »	1.370,09	1 370.09	..
Caldaie . . . . »	2.413,38	2.413,38	..
Apparecchi ausiliari . . . . »	..	..	..
Costruzione di navi da guerra estere. . »	..	..	..
Premi di navigazione.			
Viaggi d'oltre Mediterraneo e viaggi attraversanti il Canale di Suez o lo Stretto di Gibilterra:			
Piroscafi . . . . L.	169.403,95	..	169.403,95
Velieri . . . . »	95.205,28	.	95.205,28
Viaggi del Mediterraneo e dello Stato:			
Piroscafi . . . . L.	2.357,40	..	2.357,40
Velieri . . . . »	..	..	..
Totale . . L.	311.982,95	44.071,32	267.911,63

(1) Vedi annotazione 2 alla pagina precedente.

TASSE MARITTIME.

Le notizie riguardanti le tasse ed i diritti marittimi riscossi durante l'anno 1896, devonsi suddividere in due periodi, l'uno dal 1° gennaio al 7 agosto, nel quale continuò ad aver vigore la legge 6 dicembre 1885 n. 3547, e l'altro dall' 8 agosto al 31 dicembre, in cui fu applicata la nuova legge 23 luglio 1896 n. 318.

L'introito totale fu di L. 6,311,357.90, come qui appresso è indicato.

Dal 1° gennaio al 7 agosto 1896.

Tassa di ancoraggio.

Piroscafi provenienti dall'estero:

Ad ogni approdo . . . . L.	2,579,831.91
Abbuonamenti annuali . . . . . . »	848,965.14

Piroscafi provenienti dallo Stato:

Ad ogni approdo . . . . L.	8,547.—
Abbuonamenti annuali . . . . . »	43,922.—
Piroscafi rimorchiatori . . . . . »	5,413.—

Velieri provenienti da paesi posti fuori del Mediterraneo:

Da 1 a 100 tonnellate. . . . . . L.	791.30
Oltre le 100 tonnellate . . . . . »	101,143.30

Velieri provenienti dal Mediterraneo:

Da 1 a 100 tonnellate . . . . . L.	4,818.25
Oltre le 100 tonnellate . . . . . »	19,283.85
Abbuonamenti annuali. . . . . . »	67,049.79

Velieri provenienti dallo Stato:

Da   1 a 50 tonnellate . . . . . L. 5,439.10

Da   51 a 100 tonnellate . . . . . » 4,407.20

Oltre le 100   tonnellate   . . . » 9,385.53

Totale delle tasse di ancoraggio L. 3,698,997.37

Diritti marittimi.

Patenti di sanità . . . . L. 19,468.—

Licenze a tempo indeterminato per galleggianti:

A lire 2 ciascuna. . . . . » 3,178.—

A » 5 »   . . . . »   590.—

Licenze annuali per galleggianti:

A lire 5 ciascuna. . . . . » 20,545.—

    »   10 »   . . . . » 37,802.—

    »   20 »   . . . . » 17,540.—

    »   30 »   . . . . » 16,740.—

    »   40 »   . . . . »   3,640.—

Ammissione agli esami di grado. . . »   736.50

Patenti di grado . . . . » 3.464.—

Certificato di scrivano ed autorizzazioni diverse . . . . »   386.—

Visite mediche . . . . » 4,659.50

Diarie ai guardiani . . . . » 3,603.—

Diritti diversi . . . . » 7,804.72

Totale dei diritti marittimi L.   140,156.72

Totale generale delle tasse e dei diritti marittimi riscossi
in base alla legge del 6 dicembre 1885. . . . . . L. 3,839,154.09

DALL' 8 AGOSTO AL 31 DICEMBRE 1896.

Tasse di ancoraggio

Piroscafi provenienti dall'estero :

Ad ogni approdo	nazionali . . L.	39,440.55
	esteri . . . »	1,590,364.40
Abbuonamenti annuali	nazionali . »	271,115.30
	esteri . . »	452,421.50

Piroscafi provenienti dallo Stato :

Ad ogni approdo	nazionali. . . L.	1,370.10
	esteri . . . »	— —
Abbuonamenti annuali	nazionali . »	5,073 —
	esteri . . »	· — —
Rimorchiatori nazionali . . . . . »		822.50

Velieri provenienti di fuori del Mediter-

raneo :

Nazionali . . . . L.   41,411.30

Esteri . . . . »   8,270.90

Velieri provenienti dal Mediterraneo :

Nazionali . . . . L.   23,536.70

Esteri . . . . »   6,163.40

Totale tassa di ancoraggio per le navi nazionali . L.   382,769.45

»   »   »   estere . . »   2,057,220.20

Totale generale delle tasse di ancoraggio L.   2,439,989.65

A *riportarsi* L. 2,439,989.65

Riporto L. 2,439,989.65

Diritti marittimi.

Patenti di sanità . . . . L. 10,916.75

Licenze a tempo indeterminato:

A lire   2 ciascuna . . . .   »   1,429.—
  »   5   »   . . . .   »   200.—

Licenze annuali per galleggianti:

A lire   5 ciascuna . . . .   »   955.—
  »   10   »   . . . .   »   1,140.—
  »   20   »   . . . .   »   520.—
Canone fino a lire 5 per tonnellata .   »   180.—

Licenze annuali da diporto:

A lire   5 ciascuna . . . .   »   220.—
  »   10   »   . . . .   »   80.—
Ammissione agli esami di grado . .   »   710.—
Patenti di grado . . . .   »   2,610.—
Certificati di scrivano ed autorizzazioni di-
  verse . . . .   »   81.—
(1) Visite mediche . . . .   »   1,525.—
(1) Diarie ai guardiani . . . . .   »   1,233.—
Atti di nazionalità . . . .   »   567.50
Diritti diversi . . . .   »   8,846.91

Totale dei diritti marittimi L.   32,214.16

Totale generale delle tasse e dei diritti marittimi riscossi
  in base alla legge 23 luglio 1896 . . . . L. 2,472,203.81

---

(1) In base all'art. 150 del regolamento per l'esecuzione della legge 23 luglio 1896
n. 318, l'importo delle visite mediche e delle diarie ai guardiani deve pagarsi direttamente
agli interessati, ed il versamento all'erario occorre per le sole visite eseguite da medici
di porto.

Riassunto delle esazioni marittime per l'anno 1896.

Tasse di ancoraggio.

Piroscafi provenienti dall'estero:

Ad ogni approdo	L. 4.209.636,86
Abbuonamenti annuali	» 1.572.501,94

Piroscafi provenienti dallo Stato:

Ad ogni approdo	» 9.917,10
Abbuonamenti annuali	» 48.995,—
Piroscafi rimorchiatori	» 6.235,50
Velieri provenienti da fuori del Mediterraneo	» 151.616,80
id. id. dal Mediterraneo e dallo Stato	» 140.083,82
Totale delle tasse di ancoraggio	L. 6.138.987,02

Diritti marittimi.

Patenti di sanità	L. 30.384,75
Licenze ai galleggianti	» 104.759,—
Ammissione agli esami di grado .	» 1.446,50
Patenti di grado	» 6.074,—
Certificati di scrivano ed autorizzazioni diverse	» 467,—
Visite mediche.	» 7.184,50
Diarie ai guardiani	» 4.836,—
Atti di nazionalità	» 567,50
Diritti diversi	» 16.651,63
Totale dei diritti marittimi	L. 172.370,88

Totale generale delle tasse e dei diritti marittimi ricossi nell'anno 1896 . . . . . . L. 6.311.357,90

Nei diversi compartimenti marittimi del Regno, le predette tasse furono applicate nella proporzione seguente:

Genova	L.	2.679.100,79
Napoli	»	753.985,57
Venezia	»	541.649,05
Savona	»	382.865,20
Livorno	»	284.172,55
Taranto	»	265.439,20
Palermo	»	227.621,48
Messina	»	207.606,85
Catania	»	182.902,38
Castellammare di Stabia	»	127.234,90
Ancona	»	117.086,35
Civitavecchia	»	110.055,75
Cagliari	»	100.526,45
Porto Empedocle	»	99.501,20
Spezia	»	87.721,35
Trapani	»	48.337,60
Bari	»	47.100,10
Maddalena	»	15.385,65
Reggio-Calabria	»	10.583,30
Portoferraio	»	9.373,88
Rimini	»	6.352,25
Porto Maurizio	»	4.581,75
Pizzo	»	789,40
Gaeta	»	784,90

L'andamento delle esazioni marittime nell'ultimo decennio 1887-1896 è indicato nel seguente quadro, dal quale si rileva che nel 1896, in confronto del precedente anno 1895, si verificò un aumento di L. 572.255,16, dovuto in buona parte all'applicazione della legge 23 luglio 1896 n. 318.

44

ANNI	TASSE di ancoraggio	DIRITTI marittimi	TOTALE
1887.	4.940.648,95	192.834,37	5.133.483,32
1888.	5.007.924,82	156.186, »	5.164.110,82
1889.	4.993.145,97	151.122,60	5.144.268,57
1890.	5.165.175,02	142.071,92	5.307.246,94
1891.	4.874.523,11	136.568,83	5.021.091,94
1892.	4.930.116,24	157.209,53	5.087.325,77
1893.	5.136.976,43	212.633,82	5.349.610,25
1894.	5.401.298,45	169.071,14	5.570.369,59
1895.	5.578.017,21	161.085,53	5.739.102,71
1896.	6.138.987,02	172.370,88	6.311.357,90

PROVVEDIMENTI PRINCIPALI

FATTI DALL' AMMINISTRAZIONE MARITTIMA MERCANTILE
DURANTE L'ESERCIZIO FINANZIARIO 1896-97.

———

Personale delle capitanerie di porto. — Con R. decreto 6 dicembre 1896 n. 536, fu stabilito il modo con cui devono essere composte e convocate le Commissioni di disciplina del personale amministrativo del corpo delle capitanerie di porto.

Con altro R. decreto del 17 detto mese si è resa obbligatoria la visita fra le autorità marittime residenti a terra ed i comandanti di circolo e di tenenza delle R. guardie di finanza, ogni qualvolta abbia luogo assunzione o cessione di comando o della carica in una località che sia sede comune.

Furono date istruzioni circa l'intervento e la competenza dei capitani di porto nelle questioni derivanti dal passaggio dei galleggianti attraverso la coda o pedale delle tonnare.

Circoscrizione marittima. — La delegazione di porto di Baia, nel compartimento marittimo di Napoli, fu elevata ad ufficio di porto locale.

In base all'avvenuto cambio di denominazione del comune di Borgo Gaeta in quello di « Elena », fu fatta analoga variazione per il locale ufficio di porto, dandogli quest'ultimo nome.

Con R. decreto 9 luglio 1896 fu istituita una delegazione di porto a Francavilla al Mare, provincia di Chieti, compartimento marittimo di Ancona.

Sanità marittima. — Alla delegazione di porto di Francavilla al Mare fu assegnata la 2ª classe per le competenze in materia di sanità marittima.

Per le competenze in materia di sanità marittima, l'ufficio di porto di Elena (già Borgo Gaeta), fu elevato dalla 2ª alla 1ª classe.

Le navi italiane dirette a porti austriaci sono state esonerate dall'obbligo della patente di sanità.

Patenti di grado nella marina mercantile. — Con Decreto ministeriale 9 luglio 1896 sono stati approvati nuovi programmi degli esami pratici per il conseguimento dei gradi di capitano di lungo corso e di gran cabotaggio.

In ordine ai requisiti richiesti negli aspiranti ai vari gradi della marina mercantile, fu stabilito :

che il tempo passato a bordo delle R. navi in riserva da militari delle categorie marinari e timonieri del Corpo R. Equipaggi, sia calcolato per intiero come navigazione utile per conseguire i gradi su accennati;

che il servizio prestato a terra dai macchinisti e dai fuochisti della R. marina debba valutarsi come esercizio pratico per il conseguimento della patente di macchinista e della qualifica di fuochista autorizzato;

che per ottenere la patente di macchinista navale o di fuochista autorizzato alla direzione di macchine di forza non superiore a 150 cavalli indicati, sia considerato valido come navigazione il tempo passato al servizio della macchina sulle botte e sui portafango a vapore addetti all'escavazione dei porti. Non sarà invece valutato, per lo stesso scopo, il servizio alle macchine a bordo delle draghe e degli apparecchi di navigazione;

che il tempo passato sulle R. navi in riserva dal personale fuochisti e macchinisti sia computato per metà.

Trattati di commercio e di navigazione. — Si è data pubblicazione della denuncia avvenuta dei trattati di commercio e di navigazione esistenti col Chilì, coll'Uruguay e colla Repubblica di Costarica i quali perciò cessano di aver vigore rispettivamente dal 4 giugno 1897, dal 6 giugno e 27 novembre stesso anno;

Con R. decreto 26 ottobre 1896 fu stabilito che, a datare dal 1° del successivo mese di novembre, le tasse ed i diritti marittimi indicati nella legge 23 luglio 1896 n. 318 siano applicati alle navi di bandiera francese nella stessa misura stabilita per i bastimenti nazionali, sia che quelle navi provengano dall'estero o da un porto dello Stato, rimanendo pur sempre riservata alla bandiera nazionale la navigazione di cabotaggio.

Fu pubblicato il R. decreto 28 gennaio 1897 n. 45, col quale fu data piena ed intera esecuzione alla convenzione di commercio e di navigazione fra l'Italia e la Tunisia firmata in Parigi il 28 settembre 1896.

Casse e fondo degli invalidi della Marina mercantile. — Con
R. Decreto 3 maggio 1896 è stato approvato un nuovo statuto per la
Cassa invalidi della Marina mercantile di Palermo, con la decorrenza
dal 1° giugno 1896, restando dalla stessa data abrogato quello approvato
con R. decreto 17 febbraio 1881.

A richiesta di S. E. il Ministro della marina, il Ministero di grazia
e giustizia e dei culti, con circolare 12 ottobre, ha richiamato l'atten-
zione dei signori presidenti e procuratori del Re presso i tribunali civi-
li e penali del Regno sulla scrupolosa osservanza della disposizione
contenuta nell'art. 195 del regolamento 8 novembre 1868 sul servizio
delle casse invalidi della marina mercantile, relativa all'avviso a darsi
alle direzioni delle casse medesime nei casi di vendita giudiziale dei
bastimenti, affinchè queste possano in tempo debito far valere i loro
titoli di credito per le retribuzioni ad esse dovute.

Con R. decreto 7 marzo 1897, la retribuzione fissata colla tabella
annessa alla legge 28 luglio 1861, n. 360, nella misura di lire *cinque* al
mese per i capitani di lungo corso e di lire *tre* e centesimi *cinquanta*, pure al mese, per i capitani di gran cabotaggio, è stata, dal 1°
aprile 1897, estesa rispettivamente ai macchinisti in primo e ai macchinisti in secondo, applicandosi così ad essi gli assegnamenti stabiliti
per i capitani dagli statuti delle singole Casse degli invalidi della Marina mercantile. Alle vedove e agli orfani dei macchinisti sono stati pure
applicati gli stessi assegnamenti fissati dagli statuti predetti per le vedove e per gli orfani dei capitani.

Atti di nazionalità. — Dal 1° luglio 1896 al 30 giugno 1897 furono
concessi 434 atti di nazionalità, cioè:

> N. 362 a velieri.
> » 63 a piroscafi.
> » 9 a bastimenti da diporto.

Gli atti rilasciati ai velieri comprendono i seguenti tipi di bastimenti:

> N. 1 navi in legno;
> » 2 brigantini a palo in acciaio;

N. 25 brigantini a palo in legno;

»   4 navi golette in legno;

»   4 brigantini;

»   32 brigantini-golette in legno;

»   20 golette;

»   13 tartane;

»   57 cutters;

»   7 bovi;

»   2 navicelli;

» 109 bilancelle;

»   64 trabaccoli;

»   13 barche da pesca;

»   5 barche da traffico;

»   4 barche.

Totale N. 362

Gli atti furono rilasciati per i seguenti motivi:

N. 167 per primo armamento;

»   15 per primo armamento nello Stato;

»   20 per nuova stazza;

»   67 per cambiamento di nome;

»   59 per cambiamento di tipo;

»   22 per inservibilità o smarrimento del vecchio atto;

»   12 per cambiamento di tipo e di nome.

Totale N. 362

Gli atti di nazionalità dei piroscafi furono rilasciati per i seguenti motivi:

N. 12 per primo armamento;

» 18 per primo armamento nello Stato;

»   8 per nuova stazza;

»   6 per inservibilità o smarrimento del vecchio atto;

»   8 per cambiamento di nome;

»   1 per cambiamento di macchina;

» 10 per cambiamento di forza della macchina.

Totale N. 63 dei quali

N. 57 a piroscafi ad elica;

»   6 a piroscafi a ruote.

Gli atti di nazionalità rilasciati ai bastimenti da diporto comprendono i seguenti tipi:

N. 3 a piroscafi ad elica;
» 6 a cutters.
—
Totale N. 9

Tariffe d'imbarco e sbarco dei passeggieri. — Sono state stabilite le tariffe delle mercedi dovute per l'imbarco e lo sbarco dei passeggieri e dei loro bagagli nei porti di Procida e di Catania e nella
rada di Portoferraio.

Attrezzi e corredi dei bastimenti mercantili. — I piroscafi addetti
al trasporto dei passeggieri in viaggi di lunga navigazione sono stati
in via provvisoria dispensati dall'obbligo imposto dall'art. 10 lettera *h*
del regolamento 23 ottobre 1895, di essere cioè forniti di un pezzo del-
l'albero a manovella, quando l'albero stesso è in tre pezzi.

Pilotaggio. — Con Decreto ministeriale 6 novembre 1896 è stato
approvato il Regolamento per il servizio di pilotaggio nel porto di Torre
Annunziata.

Stazzatura delle navi. — Il 12 novembre 1896 venne firmata in
Roma una dichiarazione colla Danimarca pel reciproco riconoscimento
dei certificati di stazza delle navi mercantili.

Reati marittimi. — Con R. decreto 24 ottobre 1896 venne con-
cessa amnistia pei reati di diserzione dalle navi della marina mercantile
nazionale, commessi tanto da sudditi italiani che da stranieri.

In virtù del suindicato R. decreto, tutti indistintamente coloro che,
prima della sua data, commisero il reato di diserzione dai bastimenti
della marina mercantile nazionale, devono ritenersi partecipi del beneficio della reintegrazione nei diritti verso le casse degli invalidi, sia
che non abbiano ancora subito il giudizio definitivo, sia che abbiano o
non abbiano ancora cominciato l'espiazione della pena ad essi inflitta, do-
vendosi l'art. 9 del suddetto R. decreto interpretare ed applicare nel
senso il più esteso.

Circa la questione se i capitani ed ufficiali di porto fossero competenti a decidere, nei limiti dell'art. 14 (lettera d) del codice marittimo, delle domande dei marinai condannati per diserzioni intese a conseguire il pagamento dei salari rimasti presso i capitani, proprietari ed armatori, e delle altre domande presentate dai proprietari per essere indennizzati dei danni ad essi cagionati dai marinari disertori, il Ministro della marina, su conforme parere del Ministero di grazia e giustizia, risolse la questione in senso affermativo.

Con circolare in data 31 marzo 1897, il Ministro della marina ha disposto che d'ora innanzi allorquando dai conduttori di barche pescereccie verranno denunciate diserzioni, non sia subito dato corso, verso la competente R. Procura, al verbale della denuncia, pur ricevendolo nel tempo stabilito dalla legge, ma si attenda invece (eseguendo gli atti preliminari d'istruttoria) che trascorra qualche tempo, ad esempio un mese, allo scopo di accertare se in questo intervallo siasi verificato il ritorno a bordo del disertore.

Polizia della navigazione. — Con R. decreto in data 13 dicembre 1896, è stato approvato il Regolamento che stabilisce le norme per evitare gli abbordi in mare.

Su conforme parere del Ministero di grazia e giustizia, venne stabilito che i bastimenti, acquistati all'estero da sudditi nazionali per essere demoliti nello Stato, siano dalla competente R. Autorità consolare muniti semplicemente di un recapito in cui, oltre alle generalità del bastimento, si devono indicare il preciso scopo pel quale esso fu acquistato e il nome e la qualità delle persone che vi si imbarcano, restando a cura dell'Autorità marittima nello Stato di ritirare tale recapito all'arrivo del bastimento e di accertare che questo venga effettivamente demolito.

Servizio postale. — Di concerto col Ministro delle poste e dei telegrafi fu autorizzata la Società germanica di navigazione a vapore « Hamburg Amerikanische packetfährt actien gesellschaft », ad inalberare sui suoi piroscafi assegnati al servizio postale fra l'Italia e le Repubbliche dell'Uruguay e dell'Argentina il guidone distintivo postale stabilito con il R. decreto 2 luglio 1891 n. 435.

Uguale autorizzazione fu data alla Società nazionale di navigazione a vapore « La Veloce » per i piroscafi assegnati al servizio postale fra l'Italia ed i porti dell'America Centrale, del Brasile e del Plata.

Navi addette al trasporto dei passeggieri. — Col regolamento approvato con R. decreto 20 maggio 1897 si sono stabilite nuove condizioni speciali per le navi addette al trasporto dei passeggieri, in sostituzione delle disposizioni contenute nel regolamento 20 novembre 1879, le quali erano universalmente ritenute non più rispondenti alle mutate condizioni del materiale nautico ed allo sviluppo sempre più crescente della emigrazione.

Le nuove disposizioni, allo studio delle quali ha cooperato una Commissione di cui facevano parte anche i rappresentanti delle primarie società di navigazione, mirano principalmente al miglioramento dei mezzi di trasporto nei viaggi di lunga navigazione, sotto il triplice aspetto della sicurezza e comodità, di una maggior tutela dell'igiene e di una più efficace sorveglianza, non solo nel porto d'imbarco, ma anche durante il viaggio.

Le principali innovazioni consistono in norme più razionali per evitare il soverchio affollamento di passeggieri a bordo, nella determinazione di un minimo di velocità di 10 miglia all'ora per i piroscafi che trasportano emigranti in viaggi di lunga navigazione e nella facoltà data all'amministrazione marittima d'imbarcare a bordo dei piroscafi stessi un commissario governativo, scelto fra gli ufficiali delle capitanerie di porto e dei corpi della R. marina, coll' incarico di vigilare sulla scrupolosa osservanza, da parte del personale di bordo, di tutte le disposizioni legislative e regolamentari.

Commissione delle prede. — Il di 8 agosto 1896 il piroscafo « Doelwijk » di bandiera olandese, partito da Rotterdam con carico completo di armi e munizioni diretto, in apparenza, a Kurrachee, uscito dallo stretto di Perim si dirigeva a Gibuti dove doveva sbarcare il contrabbando di guerra destinato al governo Abissino, quando fu scoperto, visitato e catturato dalla R. nave « Etna » che aveva ricevuto l'ordine d'inseguirlo.

Per giudicare della legittimità della preda e della confisca si rendeva necessario convocare la Commissione delle prede prevista dall'articolo 225 del codice per la marina mercantile, e questa fu instituita con R. decreto in data 16 di detto mese, chiamando a farne parte un membro del Consiglio del contenzioso diplomatico, due ufficiali ammiragli, due consiglieri d'appello ed un capitano di porto di 1. classe sotto la presidenza dell' illustre magistrato senatore Tancredi Canonico.

Intervennero in causa la ditta Ruys e figlio di Rotterdam armatrice del piroscafo e la Società La Carrière e C. di Parigi quale proprietaria del carico.

Spirati i termini concessi alle parti, la Commissione, con sentenza 8 dicembre 1896, riconobbe legittima la preda, ma dichiarò non farsi luogo alla confisca perchè al momento del giudizio era cessato lo stato di guerra coll'Abissinia. In seguito a questa sentenza il piroscafo « Doelwijk » ed il suo carico furono riconsegnati al capitano.

Legge sulla marina mercantile. — Durante l'esercizio 1896-97 entrò in vigore la legge 23 luglio 1896 n. 318 sui provvedimenti a favore della marina mercantile.

Con R. decreto n. 584 del 27 dicembre 1896 fu approvato il regolamento per l'esecuzione di detta legge.

Con Decreto ministeriale del 20 gennaio 1897 fu provveduto per l'applicazione dell'art. 12, ultimo comma, della legge, col quale è concesso l'aumento del 50 %/o sui premi di navigazione ai piroscafi di costruzione nazionale che raggiungano la velocità di almeno 16 miglia all'ora in pieno carico e per una corsa di 12 ore.

Avvisi ai naviganti. — Con circolare n. 2691 del 22 luglio 1896, venne ricordato alle capitanerie di porto l'obbligo di dare immediata notizia all'ufficio idrografico della R. marina in Genova di ogni modificazione avvenuta nei segnalamenti marittimi e nelle opere portuali, per le necessarie notificazioni ai naviganti.

Concessioni marittime. — Previ accordi col Ministero delle finanze, con circolare 12 luglio 1896, vennero date istruzioni alle capitanerie di porto circa l'uso di moduli a stampa nelle copie di contratti di concessioni marittime e relativii allegati, nonchè sulla applicazione della tassa di bollo.

Venne prescritto inoltre che le domande di concessione da regolarsi mediante contratti, anche se indirizzate alle capitanerie debbano essere in carta da bollo da L. 1,20.

Con circolare 28 agosto 1896 n. 3193 furono stabilite norme sul modo di ammettere e regolare la costituzione di servitù di passaggio, di prospetto e di stillicidio, indotte sulle spiaggie marittime dai proprietari di fondi confinanti colle spiaggie medesime.

Galleggianti — Tassa di licenza. — Fu stabilito, con disposizione 18 marzo 1897, che in applicazione dello art. 33 parte I della legge 23 luglio 1896 sui provvedimenti per la marina mercantile, nella stazza dei galleggianti, muniti di macchine ed adibiti ad usi vari nello interno dei porti, agli effetti del pagamento della tassa di licenza annuale, non venga fatta alcuna deduzione pei locali occupati dalla macchina od inerenti al servizio di essa.

Ricuperi marittimi. — Con circolare 8 giugno 1897 n. 2767 le capitanerie di porto vennero poste in avvertenza come l'omessa denuncia dei ricuperi marittimi, in contravvenzione al disposto dallo art. 135 del codice di marina mercantile, sia reato di azione pubblica cui torna applicabile la regola generale stabilita nel 3. comma dello art. 2 del codice di procedura penale, e non occorra quindi la condizione della querela di parte per l'esercizio dell'azione penale.

FONDALI

DEI PORTI DI SAVONA, GENOVA, LIVORNO, NAPOLI, PALERMO, MESSINA, BRINDISI E VENEZIA.

In aggiunta alle notizie che sui principali porti del Regno già furono pubblicate, si inserisce qui appresso un quadro portante dettagliate e recenti informazioni sui fondali dei porti suindicati, nonchè l'indicazione del tonnellaggio complessivo e della pescagione massima e media dei bastimenti in essi approdati durante l'anno 1896.

SAVONA.

Pescagione massima che possono avere le navi: metri 8.50.
Pescagione lungo le diverse calate:

Darsena Vecchia

Calate adibite al commercio . . metri 4 a 5
» » al carenaggio . . » 6 a 7
» » al carbone . . . » 8 a 9
» della Darsena V. Emanuele » 8 a 9

Distanza delle calate dai punti di ancoraggio dove sostano le navi per essere scaricate mediante barche, quando non possono accostare alle calate per insufficienza di fondali: Non si è mai verificato il caso, nè vi sarebbero punti adatti per l'ancoraggio anche in considerazione della ristrettezza dello spazio acqueo.

Profondità progettata per il porto: metri 9.30.

Tonnellaggio netto complessivo delle navi approdate nel 1896: tonnellate 435,832.

Pescagione delle navi approdate nel 1896: massima metri 8,30, media (non tenendo conto dei piccoli velieri) metri 7,50.

GENOVA.

Pescagione massima che possono avere le navi: metri 9,00 nel porto interno.

Pescagione lungo le diverse calate:

Calata Molo Vecchio.	metri	9,3
» Marinetta	»	8
» Mandraccio	»	4
» Cattaneo	»	9,4
» Ponte Embriaco.	»	9,4
» Porto Franco.	»	9
» Rotonda	»	9
» Ponte Spinola	»	9,1
» Calvi.	»	8
» Salumi	»	8
» Ponte Morosini.	»	7
» Darsena	»	9
» Ponte Parodi	»	9,5
» Santa Limbania.	»	9
» Federico Guglielmo . . .	»	9
» Zingari.	»	9,6
» Doria	»	9,5
» Magazzini generali . . .	»	9,4
» Colombo	»	9,1
» Assereto	»	9,1
» S. Benigno	»	8
» Caracciolo.	»	10
» Passo Nuovo.	»	8,5

N. B. Tutte le calate del porto sono accostabili dalle navi. Gli scandagli sono dati alla distanza di 5 metri circa dalla calata, prendendo però pressa'a poco le medie delle quote dei diversi punti della calata stessa.

Calata Molo Nuovo	»	7
» Ponte Sapri	»	7,5
» Nuova Molo Nuovo . . .	»	13
» Ponte Paleopaca	»	13,5
» Esterna Molo Vecchio . .	»	6,4
» Nuova delle Grazie . . .	»	7,2
» Molo Giano	»	12,5
» Molo Guardiano Bacini . .	»	12,5
» Duca di Galliera . . .	da 3,7 a 9,2

Profondità progettata per il porto: metri 9,50.

Tonnellaggio netto complessivo delle navi approdate nel 1896: tonnellate 4,171,136.

Pescagione delle navi approdate nel 1896: massima metri 7,56; media metri 5,80.

LIVORNO.

Pescagione massima che possono avere le navi: metri 7,20

Pescagione lungo le diverse calate:

Mandraccio: lato Nord:	metri 5,80
» lato Sud:	»	4,80
Diga rettilinea, fuori Mandraccio	»	5,70

Distanza delle calate dai punti d'ancoraggio dove sostano le navi per essere scaricate mediante barche, quando non possono accostare alle calate per insufficienza di fondali:

Metri 40, dalla diga curvilinea, con fondali da metri 6,60 a 7,20.

Metri 30, nel porto Mediceo, con fondali di metri 6,60.

N.B. Le navi ormeggiate al molo Mediceo distano di circa 400 metri dalla calata della dogana e da quelle del Mandraccio dove sono le grue, i magazzini, la ferrovia. Quelle ormeggiate alla diga curvilinea per alleggerire, ne distano circa un chilometro.

Profondità progettata per il porto: Porto nuovo, metri 9,00; Porto vecchio, metri 8.

Tonnellaggio netto complessivo delle navi approdate nel 1896: tonnellate 1,546,055.

Pescagione delle navi approdate nel 1896: massima, metri 6,90; media, metri 6.

NAPOLI.

Pescagione massima che possono avere le navi: Lungo il Molo San Vincenzo e la banchina del Punto Franco possono ormeggiarsi navi di qualunque pescagione.

Pescagione lungo le diverse calate:

Molo San Vincenzo: varia gradatamente nella media di 10 metri internamente fino a metri 30 alla testata.

Calata del ponte orientale . . da metri 8 a metri 10
Calata di porta di Massa. . . da » 7 a » 8
Porto Vecchio. Molo S. Gennaro » 8
» » Banchina Piliero da » 3 a » 5

Distanza delle calate dai punti di ancoraggio dove sostano le navi per essere scaricate mediante barche quando non possono accostare alle calate per insufficienza di fondali: metri 30 dal ciglio della banchina alla poppa della nave.

Profondità progettata per il porto: metri 9,50. (finora la media è di metri 8,50).

Tonnellaggio netto complessivo delle navi approdate nel 1896: tonnellate 2,699,632.

Pescagione delle navi approdate nel 1896: massima, m. 8,50; media, m. 6.

MESSINA.

Pescagione massima che possono avere le navi: qualsiasi pescagione.

Pescagione lungo le diverse calate:

Calata dall'ufficio di porto al Nettuno escluso . metri 4,00
  id. dal Nettuno al Mercato . . . .   » 2,00
  id. dal Mercato al recinto doganale . . . .   » 2,80
Recinto doganale . . . .   » 6,00
Nuove calate Magazzini generali . . . . . .   » 6,50
Spalti occidentali cittadella . . . .   » 2,00
  id. settentrionali id. . . . .   » 2,00
Fronte occidentale dell'antico Lazzaretto . . .   » 6,50
  id. settentrionale id. . . . .   » 6,50
Bacino . . . .   » 8, »
Carenaggio . . . .   » 3, »

Queste profondità furono prese a 5 metri dal fronte della calata. A breve distanza da quella considerata si hanno fondali sufficienti per navi di qualunque pescagione.

Distanza delle calate dai punti di ancoraggio dove sostano le navi per essere scaricate mediante barche quando non possono accostare alle calate per insufficienza di fondali: anche i più grandi piroscafi si accostano alle calate. Dànno fondo in mezzo al porto i postali che debbono rimanere poche ore e gli altri piroscafi che debbono compiere poche operazioni. In tali casi la distanza dai punti di ancoraggio alle calate è di 300 metri circa.

Profondità progettata per il porto: Non esiste alcun progetto, non essendovi bisogno di aumentare i fondali.

Tonnellaggio netto complessivo delle navi approdate nel 1896: tonnellate 1,628,597.

Pescagione delle navi approdate nel 1896: massima, m. 8; media, metri 6.

PALERMO.

Pescagione massima che possono avere le navi: metri 8,50.

Pescagione lungo le diverse calate:

Molo Nord: (alla distanza di m. 15 dal ciglio della banchina).

Dalla testata al faro . . . . . . da m. 13 a m. 10.

Dal faro alla radice . . . . . . da m. 10 a m. 4,50.

Molo Sud: (alla distanza di m. 15 dal ciglio della banchina).

Dalla testata al 1° angolo . . . . da m. 16 a m. 5.

Nel 2° braccio va diminuendo fino a m. 4.

Bacino della Cala:

Dalla pescheria alla tettoia della doganella. m. 6.

Dalla tettoia all'angolo Sud della capitaneria: . . basso fondo.

Carenaggio – Scala d'alaggio – Quattroventi:

Dalla radice del Molo Nord allo scalo d'alaggio da m. 4,5 a m. 3.

Dallo scalo d'alaggio ai quattroventi scende sino a m. 1,50. e

da questo punto al molo della ferrovia aumenta sino a m. 4,50.

Tutto il tratto compreso fra il forte Castellammare ed il molo della ferrovia è basso-fondo.

Distanza delle calate dai punti di ancoraggio dove sostano le navi per essere scaricate mediante barche quando non possono accostare alle calate per insufficienza di fondali:

Molo Nord: dalla testata al faro: da m. 15 a 20; dal faro alla radice: da m. 5 a 15.

Molo Sud: dalla testata al primo angolo e pel 2° braccio: da m. 5 a 15.

Bacino della cala: dalla pescheria alla tettoia della doganella: da m. 3 a 10.

Dalla radice del Molo Nord al Molo della ferrovia: da m. 5 a 30 e più secondo la portata.

Lungo le banchine dei moli Nord e Sud le navi potrebbero attraversarsi, ma lo vieta la mancanza di spazio.

Profondità progettata per il porto: minimo di m. 7.

Tonnellaggio netto complessivo delle navi approdate nel 1896: tonnellate 1,576,252.

Pescagione delle navi approdate nel 1896: massima, m. 8,50; media, metri 5.

BRINDISI.

Pescagione massima che possono avere le navi: da metri 8,10 a metri 8,20.

Pescagione lungo le diverse calate:

Banchina centrale. . . . . metri 7,90
» della Dogana. . . . . » 5,50
Tutte le altre banchine. . . . . » 7,50

I bastimenti accostano tutti alle calate. Per eccessivo numero difettando il posto, si ormeggiano perpendicolarmente, potendo venire colla poppa a 10 metri da terra. In tal modo le barche hanno da percorrere una distanza di circa 40 a 50 metri.

Profondità progettata per il porto: metri 10. Questa profondità è già raggiunta nella 1ª zona, vicino al canale, del seno di Levante, ed in quello di Ponente davanti alla banchina centrale per una zona larga m. 60 a distanza di 15 m. dalla banchina stessa.

Tonnellaggio netto complessivo delle navi approdate nel 1896: tonnellate 1,466,901.

Pescagione delle navi approdate nel 1896: massima, metri 8,10; media, m. 7.

VENEZIA.

Pescagione massima che possono avere le navi: metri 9 dal porto di Alberoni al R. arsenale, e metri 8 per la stazione marittima.

Pescagione lungo le diverse calate:

Calate Bacino stazione marittima. . . . . metri 8,00
id. Magazzini generali . . . . » 8,00
id. Cotonificio. . . . . » 8,00
id. Punto franco. . . . . » 8,00
id. Canale Scomensera (stazione marittima): » 4,27

N. B. Queste sono le calate del porto di Venezia d'interesse commerciale: le altre dette *Fondamenta*, sono più propriamente strade pubbliche alle quali approdano solo i galleggianti per operazioni d'imbarco e sbarco.

Distanza delle calate dai punti di ancoraggio dove sostano le navi per essere scaricate mediante barche quando non possono accostare alle calate per insufficienza di fondali : da metri 20 a 25 dalle calate della Giudecca e delle Zattere.

Profondità progettata per il porto : metri 10 per i canali d'interesse militare e metri 8 per i canali ed il porto d'interesse commerciale.

Tonnellaggio netto complessivo delle navi approdate nel 1896 : tonnellate 1,091,064.

Pescagione delle navi approdate nel 1896 : massima, metri 7,62; media, m. 6,50.

NOTIZIE E DATI STATISTICI

RIGUARDANTI I PRINCIPALI PORTI DEL REGNO.

———

Nelle relazioni sulle condizioni della marina mercantile **al 31 dicembre 1894 e 1895**, furono pubblicate le notizie ed i dati statistici **riguardanti i porti di Genova, Livorno, Messina e Venezia.**

Anche per i porti di Napoli e di Palermo sono dipoi **pervenute** notizie consimili, le quali, nell'interesse del ceto marittimo e **commerciale**, si inseriscono qui appresso.

PORTO DI NAPOLI

Riassunto del movimento della navigazione (Arrivi)
per ciascun mese del triennio 1891-93.

| MESI | PIROSCAFI — Navigazione | | | | | | VELIERI — Navigazione | | | | | | Totale | |
| | internazionale | | di cabotaggio | | di scalo | | internazionale | | di cabotaggio | | di scalo | | | |
	N.	Tonn.	N.	Tonn.	N.	Tonn.	N.	Tonn.	N.	Tonn.	N.	Tonn.	N.	Tonn.
Anno 1891.														
Gennaio	60	83.369	104	91.902	10	21.098	19	3.915	101	6.149	107	3.210	431	210.137
Febbraio	67	93.009	46	19.812	59	11.311	6	1.191	151	7.259	112	12.008	474	177.912
Marzo	48	67.538	127	83.862	30	36.683	2	180	287	8.705	88	11.090	582	208.958
Aprile	31	32.023	112	69.957	34	36.128	7	2.299	222	7.001	71	8.345	480	150.053
Maggio	61	86.160	127	69.831	20	31.987	1	195	261	9.031	153	8.497	623	206.001
Giugno	65	88.620	71	37.692	15	44.651	..	..	317	10.047	129	10.122	657	191.132
Luglio	58	76.588	71	63.701	68	36.208	2	793	211	13.189	183	3.718	593	194.507
Agosto	69	81.314	90	60.218	13	30.100	1	132	352	10.301	102	9.120	657	191.485
Settembre	92	106.849	85	29.430	37	51.300	3	927	322	6.401	121	8.821	680	206.728
Ottobre	75	98.157	87	17.232	34	23.800	18	3.592	262	6.132	101	8.090	577	187.003
Novembre	64	83.179	80	71.209	59	21.701	12	2.635	150	6.310	88	7.122	453	192.159
Dicembre	62	83.353	78	36.326	56	17.766	3	875	190	6.808	82	8.294	471	201.019
Anno 1892.														
Gennaio	72	102.593	91	36.683	30	17.511	13	4.160	120	3.729	87	8.271	413	202.950
Febbraio	53	81.299	87	47.276	25	26.980	6	1.295	107	5.220	60	1.020	338	166.100
Marzo	61	87.067	80	62.900	57	53.231	7	2.482	170	5.628	109	7.680	484	219.081
Aprile	55	86.991	18	27.300	91	81.317	6	1.967	212	6.031	99	8.520	511	215.126
Maggio	63	87.296	70	45.590	57	25.500	3	1.253	202	11.352	94	6.580	579	177.571
Giugno	63	87.296	80	44.920	47	26.170	3	1.253	261	8.902	122	9.030	579	177.571
Luglio	60	73.315	115	89.001	30	16.621	1	175	300	13.382	48	3.360	553	195.884
Agosto	67	83.131	97	55.400	11	10.930	..	..	281	11.239	152	10.110	571	200.930
Settembre	68	87.576	126	72.863	20	22.999	..	..	271	8.663	140	9.800	628	201.921
Ottobre	80	108.328	91	61.461	30	21.965	7	917	192	6.270	131	9.116	531	211.081
Novembre	88	111.015	79	54.323	50	42.531	15	1.951	205	6.860	160	10.210	597	229.956
Dicembre	90	107.977	79	46.000	45	41.135	8	1.556	130	5.646	73	5.510	425	210.824
Anno 1893.														
Gennaio	65	97.800	94	50.100	40	49.024	4	1.914	125	5.681	54	4.460	386	209.069
Febbraio	65	80.572	72	54.427	40	34.120	1	240	151	5.871	72	5.010	401	184.231
Marzo	84	127.101	103	69.288	39	43.719	3	630	229	7.387	91	7.101	549	255.226
Aprile	89	166.307	91	63.857	45	34.150	2	1.594	193	8.747	101	3.571	526	287.061
Maggio	90	113.102	93	58.302	40	51.030	3	727	237	9.444	120	8.043	583	240.703
Giugno	66	90.491	120	57.665	32	41.500	5	2.071	270	10.142	131	8.170	624	210.039
Luglio	80	93.422	85	45.521	45	34.612	3	972	215	6.618	143	10.221	571	192.366
Agosto	71	87.230	85	63.321	31	20.770	..	..	241	10.042	77	5.390	505	186.762
Settembre	60	91.030	80	59.303	40	25.030	..	..	189	10.285	121	6.916	490	192.564
Ottobre	78	106.411	50	51.170	81	42.500	1	83	211	8.022	147	10.290	568	218.476
Novembre	94	124.189	83	63.537	47	35.250	4	734	136	6.680	71	4.320	435	234.710
Dicembre	85	109.890	100	43.042	30	43.100	7	1.354	159	6.700	9	6.780	506	215.866

PORTO DI NAPOLI

Riepilogo del movimento della navigazione (ARRIVI) distinti per bandiere — Anno 1891.

BANDIERE	PIROSCAFI - Navigazione						VELIERI - Navigazione						Totale	
	internazionale		di cabotaggio		di scalo		internazionale		di cabotaggio		di scalo			
	N.	Tonn.	N.	Tonn.	N.	Tonn.	N.	Tonn.	N.	Tonn.	N.	Tonn.	N.	Tonn.
Italiana	4	6.023	1.071	691.776	46	353.733	22	1.103	2.830	97.322	1.301	97.718	5.320	804.912
Inglese	555	725.457	:	:	42	50.182	8	3.082	:	:	:	:	605	778.701
Francese	75	109.657	:	:	:	:	:	:	:	:	:	:	75	109.657
Austro-Ungarica . .	13	13.892	:	:	:	:	1	122	:	:	:	:	14	14.014
Ellenica	16	12.508	:	:	:	:	34	8.814	:	:	:	:	50	21.322
Germanica	39	87.892	:	:	:	:	:	:	:	:	:	:	39	87.892
Olandese	8	8.345	:	:	:	:	:	:	:	:	:	:	8	8.345
Altre bandiere . .	42	28.026	:	:	:	:	18	3.236	:	:	:	:	60	31.262
Totali . . .	752	991.530	1.071	691.776	98	403.905	83	19.357	2.830	97.322	1.301	97.718	6.171	1.047.735

PORTO DI NAPOLI

Riepilogo del movimento della navigazione (ARRIVI) distinto per bandiere — Anno 1892.

BANDIERE	PIROSCAFI - Navigazione						VELIERI - Navigazione						Totale	
	internazionale		di cabotaggio		di scalo		internazionale		di cabotaggio		di scalo			
	N.	Tonn.	N.	Tonn.	N.	Tonn.	N.	Tonn.	N.	Tonn.	N.	Tonn.	N.	Tonn.
Italiana.	..	..	1.046	646.857	518	435.431	..	..	2.547	91.932	1.263	93.300	5.376	1.266.550
Inglese.	513	647.124	..	..	2	9.470	18	3.916	..	..	..	..	533	660.510
Francese	51	125.449	..	..	..	..	..	..	..	..	..	..	51	125.449
Austro-Ungarica	39	42.270	..	..	..	..	..	..	..	..	..	..	39	42.270
Ellenica	37	38.221	..	..	4	3.521	31	7.818	..	..	..	..	72	49.563
Germanica	49	140.517	..	..	..	..	..	..	..	..	..	..	49	140.517
Olandese	32	21.528	..	..	..	..	..	..	..	..	..	..	32	21.528
Altre bandiere	99	80.813	..	..	..	..	19	5.320	..	..	..	..	118	86.141
Totali · ·	820	1.095.961	1.046	646.857	524	448.425	68	17.054	2.547	91.932	1.263	93.300	6.270	2.392.567

PORTO DI NAPOLI

Rieplogo del movimento della navigazione (ARRIVI) distinto per bandiere. — Anno 1893.

BANDIERE	PIROSCAFI - Navigazione						VELIERI - Navigazione						Totale	
	internazionale		di cabotaggio		di scalo		internazionale		di cabotaggio		di scalo			
	N.	Tonn.	N.	Tonn.	N.	Tonn.	N.	Tonn.	N.	Tonn.	N.	Tonn.	N.	Tonn.
Italiana	..	..	1.000	680.533	510	473.055	..	..	2.391	95.659	1.225	90.273	5.196	1.339.520
Inglese	552	699.098	..	..	..	..	10	1.396	..	..	..	..	562	700.494
Francese	50	115.822	..	..	..	..	..	..	..	..	..	..	50	115.822
Austro-Ungarica . . .	52	71.262	..	..	..	..	..	..	..	..	..	..	52	71.262
Ellenica	49	45.493	..	..	..	..	17	7.398	..	..	..	..	66	52.891
Germanica	49	147.040	..	..	..	..	..	..	..	..	..	..	49	147.040
Olandese	46	30.070	..	..	..	..	..	..	..	..	..	..	46	30.070
Altre bandiere	125	178.857	..	..	..	..	6	1.278	..	..	..	..	31	180.135
Totali . . .	923	1.287.642	1.000	680.533	510	473.055	33	10.072	2.391	95.659	1.225	90.273	6.042	2.637.234

SVOLGIMENTO DELL' IMPORTAZIONE

durante l'anno solare 1891

NEL PORTO DI NAPOLI

Numero d'ordine	QUALITÀ DELLE MERCI	Gennaio	Febbraio	Marzo	
1	Spiriti, bevande ed olii.	733	950	5	
2	Generi coloniali, droghe e tabacchi. . . .	144	170	28	
3	Prodotti chimici, generi medicinali, ecc.. .	405	142	52	
4	Colori e generi per tinta e per concia. . .	75	26	47	
5	Canapa, lino, iuta, ecc.	24	71	67	
6	Cotone	114	239	218	
7	Lana, crino e peli	15	32	49	
8	Seta	1	2	1	
9	Legno e paglia.	2.569	45	56	
10	Carta e libri	41	13	8	
11	Pelli	16	191	128	
12	Minerali, metalli e loro lavori	1.651	1.248	3.293	
13	Pietre, terre, vasellami, ecc.	84.001	15.960	12.516	
14	Cereali, farine, ecc..	9.406	11.929	5.869	
15	Animali, prodotti e spoglie	1.033	336	304	
16	Oggetti diversi	12	5	16	
	Totale . . .	100.240	31.359	25.243	

e 1891 nel porto di Napoli.

Giugno	Luglio	Agosto	Settembre	Ottobre	Novembre	Dicembre	TOTALE
Tonnellate							
494	560	507	826	1.190	1.020	1.162	9.322
163	195	166	576	181	222	176	8.363
604	300	222	404	331	617	409	4.545
47	33	145	178	93	23	31	1.261
106	76	28	76	35	52	43	779
544	364	383	871	327	368	775	4.603
31	32	52	122	97	91	55	776
2	1	1	2	6	3	10	31
1.719	353	2.286	1.750	57	2.353	2.600	23.150
140	95	34	164	78	157	157	1.250
211	17	194	175	598	63	63	1.751
2.326	1.639	1.121	2.326	2.649	2.941	2.556	25.852
2.448	7.589	4.552	5.395	5.540	1.117	3.328	418.226
9.336	13.100	2.832	3.180	8.282	9.357	4.860	94.903
364	170	195	601	444	1.579	2.094	7.576
16	13	9	17	34	13	18	177
18.551	24.537	12.727	16.672	19.942	19.976	18.337	597.660

Numero d'ordine	QUALITÀ DELLE MERCI	Gennaio	Febbraio	Marzo
1	Spiriti, bevande ed olii.	1.015	1.202	71
2	Generi coloniali, droghe e tabacchi	566	143	17
3	Prodotti chimici, generi medicinali, ecc. . .	336	410	22
4	Colori e generi per tinta e per concia. . .	74	64	6
5	Canapa, lino, iuta, ecc.	41	44	145
6	Cotone	162	338	760
7	Lana, crino e peli	19	21	71
8	Seta	1	2	1
9	Legno e paglia.	790	987	641
10	Carta e libri	74	28	15
11	Pelli	685	209	331
12	Minerali, metalli e loro lavori	878	625	2.50
13	Pietre, terre, vasellami, ecc.	688	590	746
14	Cereali, farine, ecc.	4.903	7.847	5.85
15	Animali, prodotti e spoglie	857	791	975
16	Oggetti diversi	13	8	.
	Totale . . .	11.132	13.359	13.35

re 1892, nel porto di Napoli.

Giugno	Luglio	Agosto	Settembre	Ottobre	Novembre	Dicembre	TOTALE
Tonnellate							
534	595	6 30	695	902	1.141	1 322	10.438
126	510	135	134	121	224	217	2.625
223	860	608	501	422	702	556	5.413
176	792	849	951	246	295	842	4.603
58	278	27	62	16	21	78	922
740	253	877	362	226	578	233	5.918
26	17	41	95	99	52	39	625
2	1	2	3	5	4	4	30
439	3.056	2.421	268	3.608	1.061	1.223	18.313
50	86	32	36	13	22	89	769
240	334	365	313	197	415	242	4.105
1.551	1.766	1.488	1.195	1.854	339	1.638	17.579
15.512	105.932	31.896	11.270	20.901	32.402	31.226	287.742
7.885	12.541	21.142	16.770	25.624	27.363	24.338	178.787
226	385	396	371	3.578	2.061	2.031	12.251
9	11	18	17	12	20	21	159
27.797	127.417	60.977	33.043	57.824	66.700	64.099	550.279

Numero d'ordine	QUALITÀ DELLE MERCI	Gennaio	Febbraio	Marzo
1	Spiriti, bevande ed olii.	958	779	9.
2	Generi coloniali, droghe e tabacchi. . . .	154	139	.
3	Prodotti chimici, generi medicinali	166	347	1.
4	Colori e generi per tinta e per concia . . .	185	77	2.
5	Canapa, lino, iuta, ecc.	18	18	2.
6	Cotone	507	191	88
7	Lana, crino e peli.	18	25	55
8	Seta	1	1	2
9	Legno e paglia.	1 048	271	1.30
10	Carta e libri.	31	23	79
11	Pelli	243	335	27
12	Minerali, metalli e loro lavori	2.277	1.379	1.17
13	Pietre e terre, vasellami, ecc.	23.163	18.339	1.78
14	Cereali, farine, ecc.	12.517	10.701	16.52
15	Animali, prodotti e spoglie	591	492	43
16	Oggetti diversi	12	7	10
	Totale . . .	41.924	33.124	24.30

re 1893, nel porto di Napoli.

Giugno	Luglio	Agosto	Settembre	Ottobre	Novembre	Dicembre	Totale
Tonnellate							
435	593	594	679	1.492	1.085	910	9.781
111	289	116	163	248	141	139	2.846
421	407	554	228	253	311	330	4.480
178	149	48	163	29	26	120	1.577
137	128	23	56	20	22	16	541
431	225	118	412	549	86	14	4.666
22	17	23	57	112	50	13	516
1	1	.	1	2	1	2	21
3.177	814	557	1.105	36	17	8	12.342
21	24	56	18	21	41	93	497
174	150	302	180	111	15	85	2.110
727	671	1.769	1.570	3.835	1.464	112	19.670
12.635	10.852	31.014	17.642	30.579	14.253	14.787	259.738
25.889	17.242	8.195	4.009	15.485	17.259	16.665	188.525
209	359	213	545	743	2.311	837	7.097
9	10	9	7	9	18	20	142
44.658	31.944	43.591	26.925	53.554	37.100	34.151	514.540

Numero d'ordine	QUALITÀ DELLE MERCI	1884	1885	
1	Spiriti, bevande ed olii	7.161	10.651	'G
2	Generi coloniali, droghe e tabacco	3.190	4.756	.5
3	Prodotti chimici, generi medicinali	1 750	2.633	1B
4	Colori e generi per tinta e per concia	4.269	5.652	:G
5	Canapa, lino, iuta, ecc.	1.101	873	8
6	Cotone	5.384	6.332	J
7	Lana, crino e peli.	2.166	3 730	J
8	Seta	62	46	
9	Legno e paglia	19.132	22.134	J
10	Carta e libri . . . . '. . .	1.171	965	J
11	Pelli	2.460	4.132	J
12	Minerali, metalli e loro lavori	16.143	37.694	'M
13	Pietre, terre, vasellami, ecc.	335.713	420.132	:E
14	Cereali, farine, ecc..	103.460	207.654	J
15	Animali prodotti e spoglie	7.340	10.632	
16	Oggetti diversi	97	149	
	Totale . . .	510.599	723.667	J

93 (importazione), nel porto di Napoli.

IMPORTAZIONE							Totale generale
1887	1888	1889	1890	1891	1892	1893	
Tonnellate							
8.734	12.647	9.742	10.150	9.322	10.438	9.781	98.382
2.165	3.720	5.674	4.720	3.363	2.625	2.846	36.213
1.790	4.823	3.750	2.640	4.545	5.413	4.480	33.151
2.163	3.140	2.165	1.400	1.261	4.603	1.577	28.680
952	937	673	800	779	922	541	8.547
6.750	4.674	3.154	4.757	4.608	5.918	4.666	52.473
2.063	1.063	970	625	776	625	516	17.264
107	56	24	40	31	30	21	453
17.205	18.754	22.674	19.750	23.150	18.313	12.342	195.086
4.750	3.622	965	2.430	1.250	769	497	17.740
3.627	2.734	4.767	3.664	1.751	4.105	2.110	33.101
22.675	34.560	30.640	28.673	25.852	17.579	19.670	241.140
340.160	338.205	395.743	327.565	418.226	287.742	259.738	3.460.389
207.135	169.642	182.751	165.743	94.993	178.787	188.525	1.693.307
23.162	16.104	10.630	13.560	7.576	12.251	7.097	117.003
720	150	163	180	177	159	142	2.171
644.158	614.831	674.485	586.697	597.660	550.279	514.549	6.035.100

Numero d'ordine	QUALITÀ DELLE MERCI	Gennaio	Febbraio	Marzo	Aprile
1	Spiriti, bevande ed olii	1.210	1.160	720	
2	Generi coloniali, droghe e tabacchi . . .	3	6	15	
3	Prodotti chimici, generi medicinali	507	272	937	
4	Colori, generi per tinta e per concia . . .	1	2	2	
5	Canapa, lino, iuta ecc.	590	618	489	
6	Cotone	2	..	2	
7	Lana. crino e peli	2	4	8	
8	Seta	..	..	..	
9	Legno e paglia	1.229	16	24	
10	Carta e libri.	25	58	27	
11	Pelli	25	26	19	
12	Minerali, metalli e loro lavori	1	..	12	
13	Pietre, terre, vasellami ecc..	47	109	11	
14	Cereali, farine ecc..	302	275	323	
15	Animali, prodotti e spoglie	14	15	13	
16	Oggetti diversi	..	..	1	
	Totale . . .	4.018	2.561	2.633	

nno solare 1892 nel porto di Napoli.

Maggio	Giugno	Luglio	Agosto	Settembre	Ottobre	Novembre	Dicembre	Totale
				Tonnellate				
1.060	1.506	2.061	1.589	2.351	1.654	1.338	1.586	17.278
34	5	54	31	141	141	52	71	721
421	427	456	339	252	373	303	725	5.631
8	2	11	1	3	2	..	8	40
264	340	103	485	1.505	1.000	1.162	1.311	8.399
..	1	1	..	..	..	..	1	7
9	38	32	43	26	22	22	25	246
..	..	..	..	..	..	..	..	..
95	609	43	214	10	1.102	7	6	3.401
148	125	199	213	247	277	293	328	1.979
26	53	38	40	34	33	55	58	423
25	2	4	107	43	38	22	8	262
2.163	52	575	280	61	1.147	123	861	7.320
249	618	1.301	610	1.802	3.009	2.320	1.171	12.136
21	25	60	49	69	56	75	68	491
2	1	22	..	2	2	1	1	32
4.528	3.804	4.960	4.001	6.549	8.853	5.863	6.223	58.372

Numero d'ordine	QUALITÀ DELLE MERCI	Gennaio	Febbraio	Marzo	Aprile
1	Spiriti, bevande ed olii	1.389	1.881	1.761	
2	Generi coloniali, droghe e tabacchi	56	57	6	
3	Prodotti chimici, generi medicinali	646	690	568	
4	Colori e generi per tinta e per concia . . .	1	..	3	
5	Canapa, lino, iuta ecc.	1.158	933	781	
6	Cotone	1	..	1	
7	Lana, crino e peli	18	11	32	
8	Seta	..	..	..	
9	Legno e paglia	58	112	7	
10	Carta e libri	245	403	353	
11	Pelli	23	32	35	
12	Minerali, metalli e loro lavori	10	3	1	
13	Pietre, terre, vasellami ecc.	119	75	203	
14	Cereali, farine, ecc.	541	581	42	
15	Animali, prodotti e spoglie	48	38	68	
16	Oggetti diversi	2	1	1	
	Totale . . .	4.315	4.817	4.370	

...no solare 1893 nel porto di Napoli.

Maggio	Giugno	Luglio	Agosto	Settembre	Ottobre	Novembre	Dicembre	Totale
			Tonnellate					
1.717	1.693	2.439	1.103	1.003	1.037	961	810	17.370
28	26	17	50	58	36	23	23	478
551	312	189	262	279	181	257	741	5.037
..	3	..	..	1	..	..	1	9
437	142	44	1.017	389	794	2.531	1.813	10.359
..	..	..	..	1	1	2	..	7
21	20	28	61	16	47	38	40	376
..	..	..	..	..	..	..	1	1
8	7	3	1	16	5	2	1	226
253	94	100	6	19	73	148	395	2.257
91	39	32	38	22	13	12	36	414
72	3	3	3	184	..	304	62	649
50	30	14	25	14	31	18	51	721
103	291	250	799	517	1.618	1.791	1.083	8.666
74	49	8	38	7	4	73	62	525
3	1	1	4	..	1	12	7	36
713	2.710	3.123	3.413	2.526	3.897	6.172	5.126	47.134

Numero d'ordine	QUALITÀ DELLE MERCI	1884	1885	18
1	Spiriti, bevande ed olii	14.750	9.631	
2	Generi coloniali, droghe e tabacchi	162	273	
3	Prodotti chimici e generi medicinali	4.630	1.650	
4	Colori e generi per tinta e per concia	73	15	
5	Canapa, lino, iuta, ecc.	4.750	1.197	
6	Cotone	327	130	
7	Lana, crino e peli	235	110	
8	Seta	1	..	
9	Legno e paglia	850	737	
10	Carta e libri	7.430	4.637	
11	Pelli	1.630	890	
12	Minerali metalli e loro lavori	132	560	
13	Pietre, terre, vasellami, ecc	7.540	6.462	
14	Cereali, farine, ecc.	12.637	9.750	
15	Animali, prodotti e spoglie	160	230	
16	Oggetti diversi	2	6	
	Totali . . .	55.309	36.352	

93 (esportazione) nel porto di Napoli.

ESPORTAZIONE							Totali
1887	1888	1889	1890	1891	1892	1893	generali
			Tonnellate				
13.154	16.641	12.170	15.660	8.353	17.278	17.870	135.644
732	630	890	73	65	724	478	4.877
6.572	5.640	6 170	4.375	3.332	5.634	5.037	50.660
26	15	23	20	25	40	9	342
4.137	6.066	7.850	4.640	5.284	8.390	10.359	55.438
110	8	160	27	398	7	7	1.394
137	256	173	210	311	246	876	2.237
..	1	..	..	1	..	1	4
4.620	7.130	600	6.175	5.218	3.401	226	32.222
3.121	1.156	2.750	1.643	2.790	1.979	2.257	29.403
2.863	2.357	690	1.079	2.019	423	414	13.190
47	156	453	230	190	262	649	3.139
1.650	2.736	9.762	4.655	3.552	7.320	724	50.332
7.342	8.665	14.682	11.754	10.210	12.136	8.666	108.596
256	653	325	530	460	491	525	3.777
31	56	27	40	33	32	36	333
44.798	52.776	56.815	51.111	42.271	58.372	47.134	491.584

Notizie relative al movimento delle merci sbarcate (importa...

MESI	Carbon fossile	Grano e granaglie	Ferro e ghisa	Vino	Cotone in bioccoli
Gennaio	83.463	9.124	804	2	19
Febbraio.	15.402	11.753	526	4	5
Marzo.	12.507	5.643	1.734	5	76
Aprile.	272.261	4.593	1.318	9	..
Maggio	2.077	12.042	128	4	..
Giugno	1.702	9.049	1.035	7	214
Luglio	6.683	12.769	701	5	25
Agosto	2.648	2.623	148	5	192
Settembre	4.781	3.006	814	12	717
Ottobre	4.867	8.201	1.110	6	161
Novembre	457	8.711	1 581	7	249
Dicembre	2.497	3.708	233	13	600
Totale . . .	409.345	91 227	10.237	79	2 475
Gennaio	99	4.701	201	7	101
Febbraio.	162	7 527	5	2	325
Marzo.	46	5.618	1.202	3	564
Aprile.	26.628	10.863	969	3	458
Maggio	7.230	12.597	940	3	534
Giugno	14.943	7.624	437	1	63
Luglio	105.180	12.002	670	2	134
Agosto	31.680	21.022	219	3	7 13
Settembre	10.791	16.659	245	2	228
Ottobre	20.540	25 589	1.024	5	85
Novembre	32.015	27 337	305	8	861
Dicembre	30.243	24.058	137	9	55
Totale . . .	279.557	175.637	6.354	48	4 325

ıscun mese del triennio 1893-91, nel porto di Napoli.

rbone legna	Legnami	Zucchero	Riso	Caffè	Altre merci escluse quelle controindicate	Totale
..	2.540	34	..	85	3.489	100.240
..	24	40	..	98	2.709	31.350
..	451	47	..	154	4.173	25.243
..	7.101	35	..	23	4.649	290.430
..	1.638	28	8	84	3.072	19.846
..	1 597	34	36	119	4 413	18 351
..	325	56	60	112	3.116	24.537
..	2.262	54	34	88	4.262	12.727
..	1.718	41	12	110	4 755	16.672
..	36	35	19	113	4 354	19.942
..	2.324	73	32	119	5.536	19.976
..	2.568	17	34	125	7.538	18.337
..	22.674	494	235	1.230	52.096	597.660
..	779	31	20	97	4.145	11.132
..	971	25	32	96	3.541	13.350
..	581	22	10	105	4.511	13.305
..	2 005	26	20	100	4.970	46.842
..	1 657	14	5	102	4 121	27.784
..	407	22	11	86	3.250	27.797
..	3.026	23	5	99	5.758	127.417
..	2 389	18	5	85	4.314	60.977
..	250	25	5	90	4.179	33.043
..	388	23	..	77	9.299	57.824
..	111	64	..	128	5.247	66.700
..	1.197	57	..	122	7.058	64.099
..	13.854	358	113	1.187	60.423	550 270

(*Segue*) **Notizie relative al movimento delle merci sbarcate (importane)**

MESI	Carbon fossile	Grano e granaglie	Ferro e ghisa	Vino	Cotone in bioccoli
Gennaio	22.692	12.338	1.409	2	46
Febbraio.	17.831	10.538	377	3	121
Marzo.	1.094	16.286	277	4	6
Aprile.	59.794	15.063	1.384	2	4
Maggio	23.831	28.281	135	3	56
Giugno	11.989	25.791	190	2	363
Luglio	10.568	17.148	214	2	154
Agosto	30.258	8.154	887	1	74
Settembre	17.178	4.045	760	1	..
Ottobre	29.979	15.435	1.467	3	454
Novembre	13.805	17.245	279	4	..
Dicembre	14.316	16.679	64	7	..
Totale . . .	253.345	186.983	7.443	34	3.242

RIEN

	Carbon fossile	Grano e granaglie	Ferro e ghisa	Vino	Cotone in bioccoli
Anno 1891	409.345	91.227	10.237	79	2.65
» 1892	279.557	175.687	6.354	48	4.8
» 1893	253.345	186.983	7.443	34	3.22
Totale generale . . .	942.247	453.807	24.034	161	10.02

ascun mese del triennio 1891-93, nel porto di Napoli.

rbone legna	Legnami	Zucchero	Riso	Caffè	Altre merci escluse quelle controindicata	Totale
..	1.018	40	..	84	3.137	41.924
..	260	28	..	77	3.230	33.121
..	1.293	48	..	103	3.833	24.302
..	1.838	42	..	85	3.855	82.957
..	2.052	62	..	105	4.784	60.319
..	3.157	34	..	90	2.627	44.658
..	787	32	..	75	2.509	31.944
..	..	24	..	73	3.658	43.591
..	55	43	..	91	4.208	26.925
..	26	65	..	141	4.772	53.554
..	..	26	..	91	4.793	37.100
..	..	32	..	93	2.137	34.151
..	10.486	476	..	1.111	43.543	514.549

91-92-93.

rbone legna	Legnami	Zucchero	Riso	Caffè	Altre merci escluse quelle controindicata	Totale
..	22.674	494	235	1.230	52.096	597.660
..	13.854	358	113	1.187	60.423	530.279
..	10.486	476	..	1.111	43.543	514.549
.	47.014	.1.328	348	3.528	156.062	1.662.438

Movimento delle merci nel decennio 1884-93

Numero d'ordine	QUALITÀ DELLE MERCI	IMBARCO									
		1884	1885	1886	1887	1888	1889	1890	1891	1892	1893
		Tonnellate									
1	Spiriti, bevande ed olii .	11	5	4	6	4	3	8	14	1	
2	Generi coloniali, droghe e tabacchi	7	6	1	6	5	4	6	..	9	
3	Prodotti chimici, generi medicinali, ecc. . . .	..	..	..	1	..	..	..	..	..	
4	Colori e generi per tinta e per concia	..	..	..	..	..	..	..	..	..	
5	Canapa, lino, iuta, ecc. .	..	..	..	..	1	1	..	2	..	
6	Cotone.	..	..	..	1	..	..	..	1	..	
7	Lana, crino e peli . . .	..	..	..	..	..	..	..	1	..	
8	Seta.	..	..	..	..	..	..	..	..	..	
9	Legno e paglia	..	..	..	.	..	..	..	..	..	
10	Carta e libri	..	..	..	..	..	..	..	..	..	
11	Pelli.	..	..	..	..	..	..	..	..	..	
12	Minerali, metalli e loro lavori	9	14	21	19	7	5	21	93	11	
13	Pietre, terre, vasellami, ecc.	..	..	..	..	..	..	..	..	..	
14	Cereali, farine, ecc. . . .	2	1	..	..	1	..	..	..	1	
15	Animali, prodotti e spoglie	..	2	..	..	4	..	..	..	..	
16	Oggetti diversi.	..	..	..	..	..	..	..	..	..	
	Totale . . .	29	23	26	33	22	13	35	111	22	

N.B. — Nel *transito* doganale, le quantità *entrate* debbono pareggiare all'*uscita*, altrimenti

sito via di mare) nel porto di Napoli.

	SBARCO									Totale
4	1885	1846	1837	1888	1889	1890	1891	1892	1893	
						Tonnellate				
11	5	4	6	4	3	8	14	1	6	62
7	6	1	6	5	4	6	..	9	8	52
	..	..	1	..	..	..	..	..	..	1
	..	..	..	..	..	..	..	..	..	..
	..	..	..	1	1	..	2	..	..	4
	..	..	1	..	..	..	1	..	..	2
	..	..	..	..	..	..	1	..	..	1
	..	..	..	..	..	..	..	..	..	..
	..	..	..	..	..	..	..	..	..	..
	..	..	..	..	..	..	..	..	..	..
	..	..	..	..	..	..	..	..	..	..
9	14	21	19	7	5	21	93	11	9	209
	..	..	..	..	..	..	..	..	..	..
2	1	..	..	1	..	..	..	1	1	6
	2	..	..	4	..	..	..	..	1	7
	..	..	..	..	..	..	..	..	..	..
	28	26	33	22	13	35	111	22	25	344

sortazione.

Movimento delle merci nel decennio 1884-93 (merc upo

Numero d'ordine	QUALITÀ DELLE MERCI	ESPORTAZIONE										ale
		1884	1885	1886	1887	1888	1889	1890	1891	1892	185	
		Tonnellate										
1	Spiriti, bevande ed olii .	..	..	..	..	..	..	..	..	..	..	
2	Generi coloniali, droghe e tabacchi	..	..	..	..	..	..	..	..	..	..	
3	Prodotti chimici, generi medicinali, ecc. . . .	..	..	..	..	..	..	..	..			
4	Colori e generi per tinta e per concia.	..	..	..	..	..	..	..	..			
5	Canapa, lino, iuta, ecc. .	..	..	..	..	..	..	..	..	..		
6	Cotone	..	..	..	..	..	..	..	..	..		
7	Lana, crino e peli . . .	..	..	..	..	..	..	..	..			
8	Seta	..	..	..	..	..	..	..	..			
9	Legno e paglia.	..	..	..	..	..	..	..	..	..	..	
10	Carta e libri.	6	4	7	6	5	3	4	5	7	6	
11	Pelli.	..	..	..	..	..	..	..	..	..	..	
12	Minerali, metalli e loro lavori	2	4	4	3	1	2	2	2	6	3	
13	Pietre, terre, vasellami, ecc.	..	..	..	..	..	..	..	..	..	..	
14	Cereali, farine, ecc. . .	..	..	..	..	..	..	..	..	..	..	
15	Animali, prodotti e spoglie	2	3	4	3	3	2	4	2	4	5	
16	Oggetti diversi.	..	..	..	..	..	..	..	..	..	..	
	Totale . . .	10	11	15	12	9	7	10	9	17	12	

amente asportate e reimportate) nel porto di Napoli.

	REIMPORTAZIONE									Totale
1885	1886	1887	1888	1889	1890	1891	1892	1893		
					Tonnellate					
..	..	..	..	..	..	..	..	..		..
..	..	..	..	..	..	..	..	..		..
..	..	..	..	..	..	..	..	..		..
..	..	..	..	..	..	..	..	..		..
..	..	..	..	..	..	..	..	..		..
..	..	..	..	..	..	..	..	..		..
..	..	..	..	..	..	..	..	..		..
..	..	..	..	..	..	..	..	..		..
..	.	..	..	..	..	..	..	..		..
4	6	5	3	3	4	7	6	4		47
..	..	..	..	..	..	..	..	..		..
4	4	3	1	2	2	6	3	1		28
..	..	..	..	..	..	..	..	..		..
..	..	..	..	..	..	..	..	..		..
1	..	1	..	1	2	1	1	1		9
..	..	..	..	..	..	..	..	..		..
9	10	9	4	6	8	14	10	6		84

47

Movimento delle merci nel decennio 1884-93 (merci tem

Numero d'ordine	QUALITÀ DELLE MERCI	IMPORTAZIONE									
		1884	1885	1886	1837	1838	1839	1890	1891	1892	1893
		Tonnellate									
1	Spiriti, bevande ed olii. .	..	..	..	..	..	..	..	..	..	
2	Generi coloniali. droghe e tabacchi	1	..	1	..	2	..	..	3	2	1	10
3	Prodotti chimici, generi medicinali, ecc. . . .	..	..	..	..	..	..	..	..	..	
4	Colori e generi per tinta e per concia.	.	..	..	..	..	..	..	..	..	
5	Canapa, lino, iuta, ecc. .	..	..	..	..	..	..	..	..	..	
6	Cotone	..	..	1	..	..	..	1	3	..	?
7	Lana, crino e peli . . .	..	..	..	..	..	..	..	..	..	
8	Seta	..	..	..	..	..	..	..	..	..	
9	Legno e paglia	1	2	1	1	2	1	2	1	2	1
10	Carta e libri	9	7	10	9	6	7	9	10	3	2
11	Pelli.	.	..	..	..	..	..	..	..	..	
12	Minerali, metalli e loro lavori	179	201	3?1	145	161	197	189	221	311	?
13	Pietre.terre,vasellami,ecc.	..	..	..	..	..	..	..	..	..	
14	Cereali, farine, ecc. (1) .	..	..	..	..	..	..	..	..	..	
15	Animali, prodotti e spoglie	..	..	..	..	..	..	..	..	..	
16	Oggetti diversi.	..	..	..	..	..	..	..	..	..	
	Totale . . .	190	210	314	155	171	205	201	2?8	318	3?:

(1) La temporanea importazione avviene a Torre Annunziata e a Granatello.

ineamente importate e riesportate) nel porto di Napoli.

	RIESPORTAZIONE									Totale
1884	1885	1886	1887	1888	1889	1890	1891	1892	1893	
						Tonnellate				
..	..	..	..	..	..	..	..	..	..	..
1	..	1	..	2	..	..	3	2	1	10
..	..	..	..	..	..	..	..	..	..	..
..	..	..	..	..	..	..	..	..	..	..
..	..	1	..	..	..	1	3	..	..	5
..	..	..	..	..	..	..	..	..	..	..
..	..	..	..	..	..	..	..	..	..	..
1	2	1	1	2	1	2	1	2	1	14
6	3	12	8	4	6	8	9	3	1	60
..	..	..	..	..	..	..	..	..	..	..
160	191	256	110	134	125	140	289	214	257	1.876
..	..	..	..	..	..	..	..	..	..	..
000	3.931	4.311	3.923	4.006	3.926	4.036	4.003	4.071	5.390	41.657
..	..	..	..	..	..	..	..	..	..	..
..	..	..	..	..	..	..	..	..	..	..
63	4.177	4.582	4.047	4.148	4.053	4.187	4313	4.292	5.650	43.622

Movimento delle merci pel deceso

NATURA DELLE OPERAZIONI	MOVIMENTO GENERALE DELLE VI				
	1884	1885	1886	1887	.
	Tonn.	Tonn.	Tonn.	Tonn.	T.
Importazione	510.599	728.657	613.175	644.158	
Esportazione	55.309	36.352	46.647	44.788	
Temporanea importazione	190	210	314	155	
Riesportazione	4.168	4.177	4.582	4.047	
Temporanea esportazione	10	11	15	12	
Reimportazione	8	9	10	9	
Transito di mare { Imbarco	29	28	26	33	
Transito di mare { Sbarco	29	23	26	33	
Transito terra. . - Sbarco	..	..	..	..	
Cabotaggio . { Imbarco	..	..	..	..	
Cabotaggio . { Sbarco	..	..	..	..	
Totali . . .	570.342	769.482	664.795	693.245	

884-1893 nel porto di Napoli.

URANTE IL DECENNIO 1884-1893					Totale generale
1889	1890	1891	1892	1893	
Tonn.	Tonn.	Tonn.	Tonn.	Tonn.	Tonn.
674.435	586.697	597.660	550.279	514.549	6.035.100
56.815	51.111	42.274	53.372	47.134	491.588
205	208	233	318	312	2.314
4.058	4.187	4.313	4.292	5.650	43 622
7	10	9	17	12	112
6	8	14	10	6	84
13	35	111	22	25	344
13	35	111	22	25	344
..	..	..	..	..	..
..	..	..	..	..	..
..	..	..	.	..	..
735.602	642.284	644.730	613.332	567.713	6.573.503

Orario della Dogana di Napoli e Sezioni dipendenti.

Indicazione degli Uffici	Pei giorni	
	feriali	festivi
Dogana		
1° Recinto	dalle 8 ¼ alle ore 16 ½	. . . .
2° Recinto	id.	. . . .
3° Recinto	dalle 8 alle 16 ½	dalle 9 alle 12
Sezioni		
Magazzini generali	id.	. . . .
Porta di Massa	id.	dalle 9 alle 12
Immacolatella	Servizio permanente	Servizio permanente
1° Esagono	dalle 8 alle 16 ½	dalle 9 alle 12
Punto Franco	id.	id.

Durata del lavoro giornaliero nel porto di Napoli.

| MESI | Giornate utili per il lavoro | | | GIORNATE PERDUTE | | | | | | Durata del lavoro giornaliero | | Durata dell'orario concesso al pubblico per l'uso degli apparecchi idraulici ed a vapore | |
| | | | | per feste | | | per pioggia, vento, ecc. | | | dei facchini in generale | dei facchini da carbone | | |
	1891	1892	1893	1891	1892	1893	1891	1892	1893	Ore	Ore		Ore
Gennaio	18	21	23	6	7	6	7	3	2	8 ½	8 ½	8 a 12 e 13 a 17	8
Febbraio . . .	22	18	22	4	4	4	2	6	2	8 ½	8 ½	» 17 ½ a 8 ½	8 ½
Marzo	24	21	27	5	4	4	2	6	:	10 ½	10	. . . .	8 ½
Aprile	26	25	25	4	4	5	:	1	:	10 ½	10	. . . .	8 ½
Maggio . . .	24	22	26	7	6	5	:	3	:	11 ½	10 ½	7 a 12 e 13 a 18	10
Giugno . . .	24	23	23	6	7	7	:	:	:	11 ½	10 ½	. . . .	10
Luglio . . .	27	26	26	4	5	5	:	:	:	11 ½	10 ½	. . . .	10
Agosto . . .	25	25	25	6	5	5	:	1	1	11 ½	10 ½	. . . .	10
Settembre . .	25	21	25	5	5	5	:	1	:	10 ½	9 ½	. . . .	10
Ottobre . . .	27	24	25	4	5	5	:	2	1	10 ½	9 ½	. . . .	10
Novembre . .	25	24	14	5	5	5	:	1	11	8 ½	8 ½	8 a 12 e 13 a 17	8
Dicembre . .	25	15	21	6	5	7	:	11	3	8 ½	8 ½	. . . .	8
Totali . . .	292	263	282	62	62	68	11	35	20				
Media annuale . .		280			60			22					

Quantità e tonnellaggio delle chiatte nel porto di Napoli.

ANNI	Numero delle chiatte al 31 dicembre	Tonnellaggio complessivo	MERCI alle quali nella maggior parte servono le chiatte	Area complessiva occupata
1884	293	4.390	Carboni, cereali, semenze. merci varie. cotoni, juta, ferramenta, carbon fossile vino, olio, sale, tabacco, ferro.	8.790
1885	221	3.310		6.630
1886	246	3.690		7.380
1887	246	6.690		7.380
1888	256	3.840		7.680
1889	247	3.700		7.410
1890	242	3.630		7.260
1891	251	3.760		7.530
1892	245	3 670		7.350
1893	248	3 720		7.440

Utilizzazione delle chiatte.

MESI	Quantità di chiatte-giornate riscontrate cariche			MESI	Quantità di chiatte-giornate riscontrate cariche		
	1891	1892	1893		1891	1892	1893
Gennaio . . .	7.781	7.595	8.888	Luglio	7.781	7.595	8.888
Febbraio . . .	7.028	6.860	6.944	Agosto: . . .	7.781	7.595	8 888
Marzo	7.781	7.595	8.888	Settembre. . .	7.530	7.350	7.440
Aprile	7.530	7.350	7.440	Ottobre. . . .	7.781	7.595	8 888
Maggio. . . .	7.781	7.595	8.888	Novembre . .	7.530	7.350	7.440
Giugno. . . .	7.530	7.350	7.440	Dicembre. . .	7.781	7.595	8.888

Mezzi meccanici di trasbordo nel porto di Napoli.

PARTE I. — *Descrizione.*

UBICAZIONE	Gru idrauliche		Gru		Portata in tonnellate	Natura delle merci alle quali sono destinate
	fisse	mobili	a vapore	a mano		
Punto Franco . . {	5	..	..	..	Da tonn. 2, 6 e 12	Merci varie estere.
	..	..	..	3	Da tonn. 4, 8 e 40	
Calata S. Gennaro	..	..	..	1	Da tonn. 4	Merci varie nazio-nali.
Calata Sacramento	..	..	..	2	Da tonn. 2	

PARTE II. — *Utilizzazione nel triennio 1891-93.*

Specie delle gru	Ren-dimento *Lire*	Ore di lavoro	Gru esercitate	Tonnellate sollevate	Alzate eseguite	Anni
Gru a vapore . . {	..	..	..	..	..	1891
	..	..	..	..	..	1892
	..	..	.	.	..	1893
Totale	..	.	..	..		
Gru a mano . . {	50	144	1	50	40	1891
	80	200	1	37	20	1892
	60	150	1	54	45	1893
Totale	190	494	3	141	105	
Totale generale	190	494	3	141	105	

N. B. — Le due gru alla calata Sacramento appartengono alla Carovana dei fac-chini della dogana, che se ne serve per conto proprio, egualmente per le altre del Punto Franco, che appartengono a quella Società.

Tasse, noli ed affitti nel porto di Napoli.

TASSE, NOLI ED AFFITTI	Amministrazione che ne incassa i proventi	BASI PEL COMPUTO — Tariffe	Prodotto annuo nel 1894
Tasse pagate dalle navi per l'uso del porto.	Stato	Nessun altra tassa oltre quelle di ancoraggio e di approdo portate dalla legge 6 dicembre 1885. . . . . L.	599.005.45 L.
Id. dai galleggianti id.	Id.	Id. id.	8.372 »
Id. dalle navi e dai galleggianti per l'entrata e stazionamento nel Mandracchio.	Id.	Id. id. . . . Non si pagano diritti di questa specie. I galleggianti e chiatte dopo scaricate escono dal recinto.	»
Diritti di pilotaggio (facoltativo)	Corpo dei piloti	(R. Decreto 2 luglio 1882). A base dell'immersione del bastimento: Metri 1 a 2, L. 10; metri 2 a 2,25, L. 15; metri 2.25 a 2,50, L. 20; metri 2.50 a 2.75 L. 25; metri 2.75 a 3. L. 30 Per le navi con immersione maggiore di metri 3 l'aumento di L. 5 per ogni 25 centimetri di immersione »	21.135 »
Noli pagati pel rimorchio (facoltativo.	Armatori dei rimorchiatori	Non vi sono tariffe speciali; i capitani contrattano direttamente con i proprietari dei rimorchiatori. Il compenso varia dalle lire 10 alle 50 a seconda della portata dei bastimenti rimorchiati	15.000 »
Noli pagati dalle merci per occupazione delle chiatte.	Proprietari di chiatte	Le chiatte si noleggiano da L. 2 a L. 3 al giorno a seconda della loro grandezza	300.000 00
Affitti per l'uso delle grue a vapore	Stato per l'occupazione del suolo	Concessione con contratto 23 luglio 1891 per 5 anni; la tariffa è compresa nell'atto di concessione — cauzione	10
Id. id. a mano.		Concessioni con contratti 24 luglio 1891 31 ottobre 1892, 26 maggio 1893 per 5 anni canoni di L. 10 — annue	30
		Altra concessione con contratto 15 luglio 1893 per 3 anni — L. 10 annue — le tariffe sono stabilite nei contratti medesimi	10
Affitti per deposito di merci su aree scoperte e libere.	Stato	— Licenze rilasciate dalla Capitaneria nel 1894.	16.075.18
Affitti per deposito di merci nei magazzini del Punto Franco.	Società meridionale dei Magazzini Generali.	Vige una tariffa provvisoria approvata dalla Camera di Commercio di Napoli. La Società dei Magazzini Generali si dichiara non al caso da fornire i dati sul prodotto annuo per magazzinaggi nel 1894.	»
Id. pei depositi di merci nel Mandracchio.	Stato	Nel Mandracchio non vengono depositate merci; sono di solo transito: vi sono solamente due magazzini in affitto, uno alla Ditta Holme e l'altro alla Ditta { Holme . . . . } { Navig. Gen. }	700 » ; 500 »

COSTO DELL'IMBARCO E DELLO SBARCO

DEI PASSEGGIERI E DELLE MERCI

PASSEGGERI E BAGAGLI	Principali qualità di merci	Operazioni di sbarco
Il costo dell'imbarco e dello sbarco dei passeggeri e bagagli, è regolato secondo la tariffa approvata con decreto del Ministero della Marina, del 22 settembre 1877.	Granaglie alla rinfusa . . .	Dalla nave al vagone . . . . Dalla nave sulla calata . . . . Ricaricamento dal deposito e vagoni
	Grano riso e semenze in sacchi	Dalla nave al vagone . . . . . Dalla nave al deposito o sulla calata
	Carbon fossile	. . . .
	Cotone e iuta in balle . . .	. . . .
	Ferro vecchio in rottami . .	. . . .
	Legname { Grossi travi . .	. . . .
	{ Pezzi piccoli . .	. . . .
	Tabacco in botti	. . . .
	Vino in botti	. . . .
	Ferramenta	. . . .
	Merci varie.	. . . .
	—	
	Le merci suindicate	Dalla chiatta . . . . . .

seggieri e delle merci, nel porto di Napoli.

R C I							Annotazioni
Costo per ogni tonnellata ndo gli apparecchi meccanici			Costo per ogni tonnellata senza l'uso di apparecchi meccanici				
:hinaggio	..	..	Facchinaggio	l. »	} 1.60		Con l'uso delle grue, o senza, il costo è lo stesso, essendo le grue appaltate ai facchini medesimi.
ccatura e pesatura	..	..	Insaccatura e pesatura	0.60			
hinaggio	..	..	Facchinaggio	l. »	} 1.60		
:catura e pesatura	..	:.	Insaccatura e pesatura	0.60			
. . . .	..	::	. . . .	..			I depositi sono solo nel Punto Franco, e la tariffa è speciale dell'amministrazione dei magazzini generali.
hinaggio	..	..	Facchinaggio	l. »	} 1.60		
: catura e pesatura	..	..	Insaccatura e pesatura	0.60			
. . . .			. . . .				
. . . .	..		. . . .		..	..	Non vi sono tariffe per lo sbarco del carbon fossile. I negozianti contrattano liberamente coi capi facchini. Il prezzo di sbarco varia da L. 0.90 a L. 1,30 per tonnellata, secondo la distanza del bastimento dalla banchina.
. . . .	..	..	. . . .	l. »	..		
. . . .	..	..	. . . .	l. »	..		
. . . .	..	..	. . . .	..	..		Lo sbarco è regolato dalle tariffe speciali pel facchinaggio al 1° esagono (piazzale dei marmi) e per la banchina Porta di Massa. Per maggiore schiarimento si accludono a questo stato le due tariffe approvate dalla Dogana e dalla Camera di Commercio.
. . . .	..	..	. . . .	l. »			
. . . .	..	:.	. . . .	..	..		
. . . .	..	..	. . . .	..	..		
. . . .	..	..	. . . .	l. »	..		
. . . .	..	..	. . . .				
. . . .	..	..	. . . .	..	..		Il fitto della chiatta è da L. 2 a 5 al giorno, secondo le dimensioni.

Tariffa speciale del facchinaggio doganale da attuarsi sulla banchina Porta di Massa.

SBARCO

N. d'ordine	QUALITÀ DELLE MERCI	Dritto per quintale
1	Pelli crude secche o in salamoia soggette o non a visita medica estere	Cent. 20
2	Marmo alabastro ed altre pietre in massa ò in tavole, estere. .	» 07
3	Gesso calce, cemento, argilla, ed altre terre	» 10
4	Legni per tinta o per concia in pezzi o macinati sì esteri cne nazionali e corteccie per tinta e per concia estere	» 10
5	Crini vegetali sì esteri che nazionali	» 10
6	Lana in massa sì estera che nazionale	» 10
7	Lino, canape, cotone, iuta greggi ed altre materie filamentari sì estere che nazionali	» 10
8	Frutta fresche estere, secche, estere o nazionali, agrumi ed ortaggi esteri	» 10
9	Liquirizia sì estera che nazionale	» 10
10	Stracci di sostanze vegetali ed animali, ritagli di carta, reti, cordami vecchi e cordami di erba sparto sì esteri che nazionali	» 10
11	Carbonato di soda, soda caustica impura, cloruro di calce e tartaro sì esteri che nazionali	» 10
12	Accessorii per ferrovia	» 10
13	Tubi di ghisa	» 10
14	Ghisa in massa	» 07
15	Rottami di ferro e di ghisa sì esteri che nazionali	» 10
16	Piombo in pani estero e nazionale	» 07
17	Rotaie e travate di ferro (poutrelles). Se dalla nave con grue si passano sul carretto	» 05
	Se sbarcate a terra, e indi poste sui carretti	» 10
18	Granaglie e cereali di ogni specie, inclusa l'avena, crusca, patate e carrubbe pesati col bilico estere e nazionali compreso l'accatastamento delle masse sulle banchine	» 10
19	Idem pesate con la stadera	» 12
20	Legumi, riso, pasta, farina e patate sì esteri che nazionali . .	» 10
21	Carta di pasta di legno sì estera che nazionale	» 15
22	Gomma resinosa per catrame, pece minerale, bitume solido ed altre resine	» 10
23	Effetti usati	» 20
24	Mobili usati	» 20
25	Veicoli nazionali	» 50
26	Legname ordinario e da costruzione estero, pali, pertiche, remi, botti usate ed altri recipienti di legno usati, doghe e dogarelle esteri, radiche per spazzole, accessorii di ogni sorta esteri	» 10
27	Macchine di grossa mole e caldaie per macchine	» 20
28	Mattoni comuni e refrattarii, quadrelli, per pavimenti semplici e verniciati esteri	» 10
29	Zolfo macinato estero e nazionale	» 10
30	Olii vegetali ed animali	» 10

N. B. Le dette mercedi comprendono l'intera operazione compresa la pesatura sul bilico e la messa sui carretti del ricevitore.

Tariffa speciale del facchinaggio doganale da attuarsi sulla banchina Porta di Massa.

IMBARCO

N. d'ordine	QUALITÀ DELLE MERCI	Dritto per quintale
1	Generi di qualunque specie alla rinfusa o imballati, esclusi i colli isolati inferiori a 3 quintali, per ogni quintale	Cent. 10
2	In botte, carratelli e barili id. id.	» 05
3	Cereali di ogni specie id. id.	» 05
4	Laterizii per ogni mille	» 75
5	Colli isolati che non superano il peso di tre quintali per ognuno	» 30
6	Canape grezza	» 05

N. B. Sulla detta banchina rimangono al lavoro libero senza ingerenza della Carovana.

PER LO SBARCO

Marmi nazionali, Legnami in carichi completi nazionali, ed esteri, Scorze nazionali, Zolfo in pietra, Pietre di gesso, Calce, Mattoni e tegole nazionali, Botti vuote nazionali.

Creta nazionale . Agrumi nazionali ⎫
Legno da ardere id. Frutta fresche id. ⎬ In ceste ed altri recipienti escluse le botti e le casse.
Ossa di ulive id. Agli e cipolle id. ⎭

Per l'imbarco (quando il Direttore della dogana lo permette).

Patate, agli e cipolle, piccole partite per il Golfo, ceste vuote, zolfo molito.

TARIFFA SPECIALE del facchinaggio doganale da attuarsi
sulla sola banchina del 1° Esagono *piazzale de' marmi.*

Importazione.

N.º d'ordine	QUALITÀ DELLE MERCI	Vigente	Modificato
		DRITTO	
1	Pelli crude, secche, o in salamoia, soggette o non, a visita medica.	» 50	» 25
2	Marmo, alabastro, ed altre pietre in massa o in tavole	» 15	» 08
3	Gesso, calce, cemento ed argilla	» 15	» 10
4	Legno per tinta e per concia in pezzi o macinati	» 25	» 15
5	Crini vegetali	» 20	» 10
6	Lana in massa	» 20	» 15
7	Lino, canape, cotone, bozzoli, cascami di seta, materie filamentari	» 20	» 10
8	Frutta fresche, secche, agrumi ed ortaggi.	» 15	» 10
9	Liquerizia.	» 25	» 15
10	Stracci di sostanze vegetali ed animali, ritagli di carta, reti, cordami vecchi e cordami di erba, sparto	» 15	» 10
11	Ossidi, sali, cremore di tartaro, citrato ed ogni prodotto chimico industriale	» 25	» 10
12	Accessorii per ferrovie	» 25	» 15
13	Tubi di ghisa	» 25	» 15
14	Granaglie e cereali d'ogni specie, inclusa l'avena, crusca, patate e carrubbe (1)	» 15	» 10
15	Legumi, riso, pasta, farina e patate.	» 20	» 10
16	Carta di pasta di legno	» 25	» 15
17	Gomma resinosa per catrame, pece minerale, bitume solido, ed altre resine.	» 20	» 15
18	Effetti usati	» 50	» 50
19	Mobili usati	» 50	» 40
20	Veicoli nazionali	» 75	» 50
21	Legname ordinario e da costruzione, pali, pertiche, remi, botti vuote ed altri recipienti di legno vuoti, doghe, dogarelle, radiche per spazzole, vimini d'ogni sorta	» 20	» 10
22	Ghisa in massa	» 25	» 07
23	Ruotaie per ferrovie e piombo in pane	» 30	» 10
24	Macchine di grossa mole e caldaie per macchine	» 25	» 20
25	Mattoni comuni e refrattarii, e quadrelli per pavimenti semplici e verniciati	» 25	» 15
26	Zolfo	» 20	» 15
27	Olio di Olive e di Seme	» 25	» 10

Esportazione.

		Vigente	Modificato
1	Generi di qualunque specie alla rinfusa o imballati per ogni quintale	» 15	» 10
2	In botti, caratelli o barili.	» 10	» 05
3	Cereali d'ogni specie.	» 15	» 03
4	Laterizi per ogni mille	» 20	» 85
5	Colli isolati al di sotto di un quintale	» 50	» 30
6	Superando questo peso e fino a tre quintali	» 50	» 50

(1) Se eventualmente la Dogana avesse a permettere la pesatura con la stadera, la tariffa si eleverà a cent. 12. Resta inteso che nell'una e nell'altra operazione il lavoro si estende dalla presa sul Sandolo, al collocamento sul carro.

Movimento di viaggiatori dell'anno 1891 nel porto di Napoli.

Numero dei viaggiatori provenienti o diretti a porti nazionali e numero di viaggiatori diretti o provenienti da porti esteri del Mediterraneo o d'oltre stretti.

MESI	Numero dei viaggiatori provenienti da porti				Numero dei viaggiatori partiti per porti					
	nazionali	del Mediterraneo	fuori Mediterraneo (Immigrazione)	Totale	nazionali	del Mediterraneo	fuori Mediterraneo dei quali emigranti all'America nord	sud	altri passeggeri	Totale
Gennaio	3.144	253	1.240	4.637	3.645	112	2.061	..	..	5.818
Febbraio	2.055	185	180	2.420	1.384	86	2.032	...	..	3.502
Marzo	1.480	216	99	1.795	4.216	95	10.494	..	4	14.809
Aprile	2.790	118	140	3.048	4.894	124	11.278	545	..	16.841
Maggio	5.424	214	39	5.677	3.655	215	6.698	496	..	11.064
Giugno	3.229	262	44	3.535	4.383	264	4.383	1.906	..	10.946
Luglio	2.130	141	180	2.451	3.894	155	1.207	1.346	..	6.602
Agosto	4.140	212	122	4.474	4.266	286	1.081	2.676	..	8.309
Settembre	2.224	160	600	2.984	3.867	120	1.370	2.583	..	7.940
Ottobre	3.344	211	1.340	4.895	4.625	64	3.074	1.167	..	8.930
Novembre	1.890	115	1.780	3.785	3.864	100	1.295	1.517	..	6.776
Dicembre	2.490	85	2.320	4.895	4.112	56	922	908	..	6.083
Totale . . .	34.340	2.172	8.084	44.596	46.810	1.677	45.900	13.234	4	107.62

Movimento di viaggiatori nell'anno 1892, nel porto di Napoli.

Numero dei viaggiatori provenienti o diretti a porti nazionali e numero di viaggiatori diretti o provenienti da porti esteri del Mediterraneo o d'oltre stretti.

MESI	Numero dei viaggiatori provenienti da porti				Numero dei viaggiatori partiti per porti		fuori Mediterraneo dei quali			
	nazionali	del Mediterraneo	fuori Mediterraneo (Immigrazione)	Totale	nazionali	del Mediterraneo	emigranti all'America nord	sud	altri passeggeri	Totale
Gennaio	4.033	580	271	4.864	688	99	1.502	159	..	2.538
Febbraio	5.585	240	173	5.998	3.240	102	3.145	..	..	6.487
Marzo	3.890	329	124	4.343	1.021	201	7.140	1.899	..	10.261
Aprile	4.130	1.002	..	5.132	2.476	79	10.459	145	..	12.159
Maggio	4.422	400	..	4.822	1.211	140	5.152	372	..	6.875
Giugno	5.111	222	75	5.408	4.464	101	3.902	1.023	..	9.460
Luglio	4.864	1.065	324	6.253	4.580	250	1.534	1.231	..	7.595
Agosto	6.218	779	1.0	7.127	5.220	146	2.366	1.457	..	9.189
Settembre . . .	3.771	431	201	4.403	6.311	124	476	620	..	7.864
Ottobre	4.266	2.22	1.602	8.090	3.939	96	633	2.303	..	6.973
Novembre . . .	3.800	1.450	1.454	6.704	4.414	112	2.625	503	..	7.684
Dicembre . . .	4.180	3.151	1.293	8.624	1.900	46	2.012	2.619	..	8.686
Totale . . .	54.360	11.851	5.647	71.858	39.637	1.496	41.036	12.324	..	94.493

Movimento di viaggiatori dell'anno 1893, nel porto di Napoli.

*Numero dei viaggiatori provenienti o diretti a porti nazionali
e numero di viaggiatori diretti o provenienti da porti
esteri del Mediterraneo o d'oltre stretti.*

MESI	Numero dei viaggiatori provenienti da porti				Numero dei viaggiatori partiti per porti					
	nazionali	del Mediterraneo	fuori Mediterraneo (Immigrazione)	Totale	nazionali	del Mediterraneo	fuori Mediterraneo dei quali emigranti all'America nord	sud	altri passeggeri	Totale
Gennaio	580	69	3.636	4.135	661	1.200	2.505	1.111	..	5.477
Febbraio	299	104	158	561	1.200	700	3.114	2.449	5	7.558
Marzo	3.210	203	497	3.910	399	432	11.581	1.957	68	14.437
Aprile	1.490	700	22	2.212	1.220	1.200	11.213	2.168	29	15.830
Maggio	2.160	601	56	2.817	2.143	1.000	9.581	3.517	33	16.276
Giugno	4.320	524	..	4.844	3.262	362	4.306	1.318	25	9.273
Luglio	2.112	431	76	2.619	1.412	2.044	2.888	3.470	7	9.821
Agosto	3.624	1.212	240	5.076	945	432	..	1.472	1	2.900
Settembre	4.514	95	600	5.209	2.216	1.646	..	514	9	4.385
Ottobre	3.118	104	4.314	7.536	1.424	2.215	..	525	..	4.164
Novembre	2.264	205	3.613	6.033	3.113	450	2.403	170	33	6.169
Dicembre	4.114	119	2.917	7.150	2.264	759	1.619	35	56	4.726
Totale . . .	31.605	4.293	16.149	52.158	20.261	12.623	43.210	18.706	266	101.066

RIEPILOGO GENERALE del movimento viaggiatori nel decennio 1884-93 nel porto di Napoli.

| ANNI | Numero dei viaggiatori provenienti da porti | | | | Numero dei viaggiatori par-per porti | | | | | |
	nazionali	del Mediterraneo	fuori Mediterraneo (Immigrazioni)	Totale	nazionali	del Mediterraneo	fuori Mediterraneo dei quali emigranti all'America nord	sud	altri passeggeri	Totale
Anno 1884 . . .	23.324	15.232	13.002	51.558	23 828	11 048	7.570	2 043	177	44.671
» 1885 . . .	29.439	13.487	11.268	54.194	25.769	12.782	9.659	1 503	117	49.835
» 1886 . . .	26.276	12.840	12.092	51 208	19.735	12.470	23.979	2.386	39	58.638
» 1887 . . .	26.277	11.570	11.898	49 745	18.828	9 521	31.238	2.371	86	62 044
» 1888 . . .	26.411	10.707	9.950	47.128	30.030	12 246	34.629	7.851	157	84.913
» 1889 . . .	30.183	10.671	4 136	44.990	24.751	13.002	14.349	3.831	36	55.969
» 1890 . . .	33.808	2.086	11.612	52.310	47.958	1.450	40.481	431	7	90.327
» 1891 . . .	34.340	2.172	8.034	44.596	46.810	1.677	45.900	13.234	4	107.625
» 1892 . . .	54.360	11.851	5.647	71.858	39.637	1.496	41.036	12.324	..	94.493
» 1893 . . .	31.605	4.398	16.149	52.152	20.261	12.623	49.210	18.706	266	101.066

Aree di deposito nel porto di Napoli.

UBICAZIONE DELLE AREE DI DEPOSITO	Superficie delle aree esercitate dalla Capitaneria di porto	Natura delle merci a cui sono normalmente destinate
Calata della Porto di Massa . .	mq. 150 000	Basoli, legnami pietre, botti.
Calata Villa del Popolo	mq. 15.600	Carboni.

Numero d'ordine	CALATE e ponti sporgenti	Sviluppo delle sponde in metri	Massimo tirante di acqua per l'accosto delle navi — Metri	TRAFFICO al quale sono in via normale assegnat
1	Calata del Molo S. Vincenzo	750	22	Nessun traffico. Vi è impiantato il gasœmr e l'ufficio del Genio Civile per lavon sunt la stazione di disinfezione.
2	Punto Franco	310	10	Imbarco e sbarco di cereali. Vino, coton men menta, cuoi, petrolio, bambagia.
3	Calata S. Gennaro	232	8	Approvigionamenti militari per la Colonia Erir Legnami, marmi ed eventualmente cerali vante).
	Id.	52	8	Dispacci e pacchi postali (Ponente) . . . .
4	Calata Molo Angioino . . .	132	8	Sbarco eventuale di carbon fossile dai galle·
5	Calata Sacramento	136	5	Ferro, vino, olio, grano, crusca, carrubbe t cuoi, ecc.
6	Calata Piliero	180	7	Ferro, grano, sanza, tegole, mattoni, ferro ve paglia, carrubbe, sale e tabacchi.

il porto di Napoli.

CAUSE indipendenti dallo stato del mare le quali certe calate sono poco utilizzate	Perdita di giornate utili per le operazioni commerciali causate dall'agitazione delle acque nei mesi sottoindicati												
	Gennaio	Febbraio	Marzo	Aprile	Maggio	Giugno	Luglio	Agosto	Settembre	Ottobre	Novembre	Dicembre	Anno
incanza di via di comunicazione diretta con la città.	..	..	..	..	..	..		..	..	..	..	..	..
lla parte di Levante non è utilizzabile per la mancanza di grue. (Ve ne è una rotta.	7	2	2	..	..	..	..	..	..	..	..	..	1891
	2	6	6	1	3	..	1	1	1	2	1	11	1892
	2	2	..	..	..	..	1	1	..	1	11	3	1893
trebbe essere più utilizzata coll'impianto di altre grue.	..	..	..	..	..	..		..	..	..	..	..	1891
	..	..	..	..	..	..		..	..	..	..	..	1892
	..	..	..	..	..	..		..	..	..	..	..	1893
....	..	..	..	..	..	..		..	..	..	..	..	1891
	..	..	..	..	..	..		..	..	..	..	..	1892
	..	..	..	..	..	..		..	..	..	..	..	1893
....	..	..	..	..	..	..		..	..	..	..	..	1891
	..	..	..	..	..	..		..	..	..	..	..	1892
	..	..	..	..	..	..		..	..	..	..	..	1893
....	..	..	..	..	..	..		..	..	..	..	..	1891
	..	..	..	..	..	..		..	..	..	..	..	1892
	..	..	..	..	..	..		..	..	..	..	..	1893
ncano assolutamente le grue	7	2	2	..	..	..	..	..	..	..	..	..	1891
	3	6	6	1	3	..	1	1	1	2	1	11	1892
	2	2	..	..	..	..	1	1	..	1	11	3	1893

Numero d'ordine	CALATE e ponti sporgenti	Sviluppo delle sponde in metri	Massimo tirante di acqua per l'accosto delle navi Metri	TRAFFICO al quale sono in via normale assegu:
7	Molo Immacolatella	204	7	Imbarco e sbarco passeggieri e loro ban: . .
8	Calata Porta Massa	390	7,50	Legname, zolfo, droghe, legno da fuoco, vesuviane, zavorre, carrubbe, scorza d'a : tegole, mattoni, botti vuote, frutta fresca e : terraglia, stoviglie, scope, canne.
9	Ponte trapezoidale	380	8	A Ponente: legname, formaggi. A Mezzod: nessuna operazione. A Levante: imbarco : : granti.
10	Calavilla del Popolo. . . .	400	7,50	Pozzolana, carbone di legna e carbon fossile. calc gesso.
11	Molo orientale	480	7,50	Carbon fossile . . . .
12	Molo a Martello	248	8	Nessun traffico perchè riservato agli orme: bastimenti in accomodo e disarmo.

CAUSE		Perdita di giornate utili per le operazioni commerciali causate dall'agitazione delle acque nei mesi sottoindicati											
ndipendenti dallo stato del mare quali certe calate sono poco utilizzate		Gennaio	Febbraio	Marzo	Aprile	Maggio	Giugno	Luglio	Agosto	Settembre	Ottobre	Novembre	Dicembre	Anno
....	Dalla parte di Levante e Mezzogiorno	7	2	2	..	..	..	..	..	..	..	..	..	1891
		3	6	6	1	3	..	1	1	1	2	1	11	1892
		2	2	..	..	..	..	1	1	..	1	11	3	1893
		7	2	2	..	..	..	..	..	..	..	..	..	1891
ino le grue e binari.		3	6	6	1	3	..	1	1	1	2	1	11	1892
		2	2	..	..	..	..	1	1	..	1	11	3	1893
ino le grue. dalla parte di Mezzorno non si può lavorare a causa lavori di costruzione della nuova pitaneria.		7	2	2	..	..	..	..	..	..	..	..	..	1891
		3	6	6	1	3	..	1	1	1	2	1	11	1892
		2	2	..	..	..	..	1	1	..	1	11	3	1893
ino le grue ed il binario		7	2	2	..	..	..	..	..	..	..	..	..	1891
		3	6	6	1	3	..	1	1	1	2	1	11	1892
		2	2	..	..	..	..	1	1	..	1	11	3	1893
ino le grue		7	2	2	..	..	..	..	..	..	..	..	..	1891
		3	6	6	1	3	..	1	1	1	2	1	11	1892
		2	2	..	..	..	.	1	1	..	1	11	3	1893
....		..	..	..	..	..	..	..	..	..	..	..	..	..

Numero d'ordine	SPECCHI ACQUEI	Superficie in metri quadrati	UTILIZZAZIONE
1	Antistante al Molo San Vincenzo	150.000	In parte riservata ai bastimenti da ...
2	Antistante al Molo San Gennaro (lato a SE).	31.500	Ormeggio di piroscafi . . . .
3	Secondo tratto	9.200	Ormeggio di bastimenti a vela . . . .
4	Antistante al Molo San Gennaro (lato a NO).	27.840	Ormeggio di piroscafi . . . .
5	Antistante alla calata del Molo Angioino.	4.312	Ormeggio di chiatte per traffico di car ...
6	Antistante alla calata del Sacramento.	2.512	Ormeggio di chiatte, barconi, Gozzi per ... di merci.
7	Antistante alla calata del Piliero	6.400	Accosto di bastimenti in cabotaggio pe' ... care e discaricare.
8	Antistante al lato SO del Molo dell'Immacolatella.	1.664	Imbarco e sbarco di passeggieri di class ...
9	Antistante al lato NE del Molo dell'Immacolatella.	1.050	Sbarco ed imbarco dei passeggieri ed sc dei vaporetti pel golfo.
10	Antistante alla calata della Porta di Massa.	33.160	Ormeggio di bastimenti in genere e ... imbarco di merci da e pel golfo 1.
11	In testata al ponte trapezoidale .	12.000	Ormeggio di bastimenti di media poss ...
12	Antistante al lato NE del ponte trapezoidale. Antistante alla calata della Villa del Popolo.	60.000	Accosto di vapori di grossa portata ... tano emigranti. Ormeggio di bastimenti che scaricano ... e nella zona ad Est più special ... chiatte pel trasporto del carbone.
13	Antistante al Molo Orientale . .	48.000	Ormeggio di piroscafi con carico d ... luogo di carenaggio.
14	Antistante al Molo a Martello (lato a N).	4.576	Ormeggi diversi . . . .

(1) Esposto allo scirocco — Soggetto a precauzioni speciali negli ormeggi dei legni — Nav ...
(2) Come sopra.

specchi acquei.

QUANTITÀ DI GIORNATE NEI VARI MESI

durante le quali ciascuna zona non è utilizzabile a motivo dell'agitazione delle acque

Febbraio	Marzo	Aprile	Maggio	Giugno	Luglio	Agosto	Settembre	Ottobre	Novembre	Dicembre
..	..	..	..	..	..	..	..	..	..	..
..	..	..	..	..	..	..	..	..	..	..
..	..	..	..	..	..	..	..	..	..	..
..	..	..	..	..	..	..	..	..	..	..
..	..	..	..	..	..	..	..	..	..	..
..	..	..	..	..	..	..	..	..	..	..
..	..	..	..	..	..	..	..	..	..	..
4	2	..	..	..	..	..	..	2	2	4
..	..	..	..	..	..	..	..	..	..	..
..	..	.	..	..	..	..	..	..	..	..
..	..	..	..	..	..	..	..	..	..	..
..	..	..	..	..	..	..	..	..	..	..
..	..	..	..	..	..	..	..	..	..	..
..	..	..	..	..	..	..	..	..	..	..

ile.

Per completare le notizie riguardanti il porto di Napoli contenut.
nei quadri precedenti, se ne pubblicano qui appresso alcune altre che
per taluni servizi marittimi si rilevano dalla relazione con cui quella
Capitaneria di porto ha accompagnato l'invio dei quadri suddetti.

Movimento delle merci. — Il movimento generale delle merci imbarcate e sbarcate nel porto di Napoli nel decennio 1884-93 è di tonnellate 6,573,508. Tale movimento, che nel 1884 fu di tonnellate 570,342.
si è mantenuto sempre costante fino al 1893.

Il maggior movimento si è verificato negli anni 1885 e 1889 nei
quali giunse a circa tonnellate 750,000. In questi due anni si verificò
una maggiore importazione di carbone e di cereali.

Movimento dei viaggiatori e dell'emigrazione. — È degno di
nota il fatto che nel porto di Napoli giungono ogni settimana parecchie
centinaia di passeggieri, per la maggior parte inglesi, che vi si trattengono
per due o tre giorni e poi ripartono per l'Australia o per l'Inghilterra·
Questi viaggiatori che hanno mezzi e fanno scalo a Napoli unicamente
per visitare la città ed i suoi dintorni, danno un utile rilevante ai barcaiuoli ed ai lavoranti e costituiscono il forte traffico di passeggieri di
quel porto.

Tettoie e capannoni. — Non esistono nel porto di Napoli tettoie
o capannoni pel deposito delle merci. Un solo capannone vi è ed ap-
partiene alla società « Navigazione Generale Italiana ». La sua superficie è di m. q. 2730.

Magazzini. — Si hanno solamente quelli della Società meridionale
dei magazzini generali. Ciascuno dei quattro fabbricati di questa Società
offre le seguenti superfici per magazzino:

Scantinato — m. q.   816 — portata illimitata
Pianterreno — m. q. 1034 — quintali 20 a m. q.
1. Piano — m. q. 1044 —   »   15   »
2.   »   — m. q.   981 —   »   15   »
Soppalco — m. q. 1088 —   »   5   »

In questi magazzini di deposito sono stati finora custoditi i cereali,
i legnami e le granaglie soggette a dazio, perchè esteri, ed altre merci
pure estere, ma esenti da ogni dazio, come le cuoia ed i cotoni grezzi
i quali ultimi, soltanto a datare dal principio del corrente anno, sono

stati colpiti dal dazio di entrata. Le ordinarie provenienze di queste merci sono state: Braila, New Orleans e Bombay.

Nel 1891 vi furono sbarcati 411,191 quintali di merci; nel 1892 quintali 813,494 e nel 1893 quintali 997,810.

Nel citato triennio non si è verificato il caso di riesportazione di alcuna merce.

Chiatte. — Le chiatte e tutti gli altri galleggianti da scarico, stante le condizioni del porto di Napoli che è sfornito di ponti sporgenti, hanno un' influenza grandissima sullo sgombro rapido delle navi cariche di carbon fossile, di granaglie e di legname. Per non ingombrare soverchiamente lo specchio acqueo del porto ove devono ormeggiarsi, sono state date dalla Capitaneria apposite disposizioni.

Traffico speciale. — Le merci che oggidì costituiscono il maggior traffico del commercio marittimo napoletano di importazione sono: i carboni, i grani e le granaglie, i cotoni grezzi, i petroli, i ferri di prima fabbricazione, le macchine, i legnami e le pelli secche. Vengono in seconda linea: la ghisa in pani, il rame in pani ed in rottami, i laterizii di Marsiglia, i prodotti chimici, le manifatture, il ferro lavorato ed i cementi.

Tutti questi prodotti servono esclusivamente ai bisogni di una piccola zona di territorio, la quale si estende dal Capo Miseno al golfo di Salerno e, nell' interno, alla provincia di Benevento ed al Molise.

Servitù militari. — Nel porto mercantile di Napoli non esistono servitù militari.

Stabilimenti. — Nel porto suddetto non trovansi stabilimenti industriali, ne commerciali.

Regolamenti in vigore. — Non si hanno regolamenti speciali che disciplinino l' entrata e l' uscita delle navi, l'ancoraggio e l'ormeggio di esse, l'imbarco e lo sbarco delle merci e l'uso delle aree libere sulle calate.

L' imbarco e lo sbarco dei viaggiatori è regolato dalla tariffa apposita.

Varie ordinanze del Capitano di porto regolano altresì l'approdo dei piroscafi che trasportano passeggieri ed in genere, la polizia del porto.

PORTO DI PALERMO

Riassunto del movimento della navigazione (arrivi)
per ciascun triennio 1891-93

MESI	PIROSCAFI - Navigazione						VELIERI - Navigazione						Totale	
	internazionale		di cabotaggio		di scalo		internazionale		di cabotaggio		di scalo			
	N.	Tonn.	N.	Tonn.	N.	Tonn.	N.	Tonn.	N.	Tonn.	N.	Tonn.	N.	Tonn.

Anno 1891.

MESI	N.	Tonn.	N.	Tonn.	N.	Tonn.	N.	Tonn.	N.	Tonn.	N.	Tonn.	N.	Tonn.
Gennaio	14	14.079	107	59.045	53	56.433	3	622	132	6.047	..	..		
Febbraio	12	10.674	72	35.013	61	61.819	4	825	121	8.265	..	..		
Marzo	13	14.755	81	32.504	75	81.154	5	2.556	128	7.384	..	..		
Aprile	17	17.575	73	29.936	69	70.959	2	1.234	140	7.178	..	..		
Maggio	13	15.534	68	27.189	69	73.891	4	351	187	9.861	..	..		
Giugno	13	14.730	60	26.893	67	74.606	8	2.345	179	11.716	2	781		
Luglio	12	11.156	55	29.450	64	60.978	10	1.346	185	11.464	..	..		
Agosto	12	15.004	51	23.755	59	64.837	7	2.093	171	7.906	1	614		
Settembre	7	8.244	48	25.579	55	55.029	11	1.897	188	7.669	..	..		
Ottobre	11	10.072	51	25.352	63	65.401	16	3.561	139	7.718	..	..		
Novembre	14	14.497	57	29.803	63	66.767	6	1.214	148	6.301	..	..		
Dicembre	10	10.718	58	31.259	75	82.601	6	1.028	127	10.287	..	..		

Anno 1892.

MESI	N.	Tonn.	N.	Tonn.	N.	Tonn.	N.	Tonn.	N.	Tonn.	N.	Tonn.	N.	Tonn.
Gennaio	10	8.815	60	32.137	71	77.663	3	233	101	5.531	4	774		
Febbraio	10	9.040	50	24.766	63	66.135	6	2.094	133	6.065	1	157		
Marzo	15	13.403	48	28.297	77	81.102	2	261	132	8.270	..	..		
Aprile	7	6.488	56	29.956	80	92.034	4	807	133	10.522	..	..		
Maggio	12	17.798	65	32.716	76	90.844	3	609	134	6.754	..	..		
Giugno	10	10.569	64	33.456	54	59.563	7	935	148	7.489	..	..		
Luglio	16	15.402	68	33.050	54	62.292	9	1.672	165	8.049	..	..		
Agosto	12	12.917	65	32.220	52	57.323	10	2.841	217	9.347	..	..		
Settembre	15	15.628	64	31.504	47	53.094	13	1.424	195	8.445	..	..		
Ottobre	14	12.547	54	27.388	63	66.773	15	3.117	144	7.405	..	..		
Novembre	12	12.526	51	27.841	62	74.244	8	2.273	159	8.168	..	..		
Dicembre	23	21.908	55	26.918	65	72.700	3	854	104	4.795	..	..		

Anno 1893.

MESI	N.	Tonn.	N.	Tonn.	N.	Tonn.	N.	Tonn.	N.	Tonn.	N.	Tonn.	N.	Tonn.
Gennaio	9	9.059	97	25.943	72	81.569	7	2.662	84	3.946	..	..		
Febbraio	7	7.818	71	29.477	65	78.250	9	1.272	97	6.034	2	290		
Marzo	16	19.137	75	28.379	74	83.014	5	500	154	9.067	1	99		
Aprile	10	9.957	69	26.417	72	83.827	8	2.293	137	6.970	..	..		
Maggio	16	14.310	65	29.112	74	85.356	8	2.002	134	6.148	..	..		
Giugno	14	16.209	65	34.367	63	71.131	12	1.273	132	6.061	..	..		
Luglio	8	7.683	68	31.128	56	65.573	24	1.999	188	9.087	1	114		
Agosto	6	5.572	74	32.155	59	65.489	25	1.504	284	10.139	4	1.104		
Settembre	13	12.963	67	30.617	41	37.923	22	3.436	158	6.923	..	..		
Ottobre	11	9.852	66	30.997	39	34.655	9	868	138	7.891	2	434		
Novembre	12	11.311	78	31.107	56	49.753	5	628	133	6.654	..	..		
Dicembre	9	9.013	74	35.883	74	75.395	8	1.353	148	6.854	2	183		

Porto di Palermo — Riepilogo del movimento della navigazione distinto per bandiere — Anno 1891 — (Arrivi).

BANDIERE	PIROSCAFI-NAVIGAZIONE						VELIERI-NAVIGAZIONE						TOTALE	
	Internazionale		di cabotaggio		di scalo		Internazionale		di cabotaggio		di scalo			
	N.	Tonn.	N.	Tonn.	N.	Tonn.	N.	Tonn.	N.	Tonn.	N.	Tonn.	N.	Tonn.
Italiana	19	16.207	759	357.102	446	479.336	65	13.091	1.814	101.733	2	605	3.135	968.214
Inglese	107	121.533	17	17.477	255	280.407	3	612	..	..	1	69	383	423.158
Francese	..	..	..	..	..	..	..	..	..	..	..	..	..	..
Austro-Ungarica	2	548	..	..	..	..	5	2.226	1	63	..	..	8	2.837
Ellenica	5	3.562	..	..	..	..	4	970	..	..	..	..	9	4.532
Germanica	..	..	..	..	27	23.934	..	..	..	..	..	..	27	23.934
Olandese	..	..	..	..	..	..	..	..	..	..	..	..	..	..
Norvegiana	7	3.987	3	867	13	6.059	..	..	..	..	..	..	23	11.813
Altre bandiere	8	8.033	..	..	33	24.349	5	2.173	..	..	1	700	47	35.905
Totali	118	157.010	779	375.446	774	814.335	82	19.072	1.845	101.796	4	1.461	3.632	1.469.623

Porto di Palermo — Riepilogo del movimento della navigazione distinto per bandiere — Anno 1892 — (Arrivi).

BANDIERE	PIROSCAFI-NAVIGAZIONE						VELIERI-NAVIGAZIONE						TOTALE	
	Internazionale		di cabotaggio		di scalo		Internazionale		di cabotaggio		di scalo			
	N.	Tonn.	N.	Tonn.	N.	Tonn.	N.	Tonn.	N.	Tonn.	N.	Tonn.	N.	Tonn.
Italiana	20	14.130	695	356.813	426	564.450	76	14.175	1.763	90.481	2	422	2.982	1.040.471
Inglese	108	115.001	2	1.270	248	278.804	2	187	..	..	..	..	360	395.361
Francese	..	..	..	..	..	..	..	134	..	..	..	..	..	..
Austro-Ungarica . .	6	3.968	..	..	11	8.071	1	..	..	..	..	..	18	13.073
Ellenica	7	8.140	..	..	1	1.470	..	..	..	..	..	..	8	9.610
Germanica	1	147	2	1.926	35	30.855	..	..	..	..	..	..	38	32.928
Olandese	..	..	..	..	..	..	..	..	..	..	..	..	..	..
Norvegiana	10	6.310	..	..	4	2.255	..	..	1	..	..	..	14	8.565
Altre bandiere . .	5	3.819	..	..	37	24.883	6	2.015	..	55	3	500	52	31.281
Totali.	157	151.515	699	360.018	762	911.778	85	16.511	1.764	90.586	5	931	3.472	1.551.860

...to di Palermo. — Riepilogo del movimento della navigazione distinto per bandiere. — Anno 1893. — (Arrivi).

BANDIERE	PIROSCAFI-NAVIGAZIONE						VELIERI-NAVIGAZIONE						TOTALE	
	Internazionale		di cabotaggio		di scalo		Internazionale		di cabotaggio		di scalo			
	N.	Tonn.	N.	Tonn.	N.	Tonn.	N.	Tonn.	N.	Tonn.	N.	Tonn.	N.	Tonn.
. . . . .	33	98.511	826	364.042	391	450.682	118	16.020	1.787	85.775	7	843	3.162	945.873
. . . . .	68	68.716	..	..	227	256.719	3	264	..	..	1	99	299	325.798
. . . . .	..	..	..	..	..	..	..	..	..	..	..	..	..	..
. . Ungarica . .	18	14.215	2	1.225	46	37.890	2	270	..	..	1	711	69	54.311
Ellenica . .	4	2.669	..	..	4	2.352	4	1.136	..	..	1	281	13	6.438
Germanica . .	2	1.768	..	..	32	30.552	..	..	..	..	..	..	34	32.320
Olandese . .	..	..	..	..	..	..	..	..	..	..	..	..	..	..
Norvegiana . .	4	4.007	1	315	2	1.699	..	..	..	..	..	..	7	6.111
Altra bandiera .	1	650	..	..	44	31.457	13	1.237	..	..	2	590	60	33.943
Totali.	130	180.635	829	365.582	746	811.351	140	18.927	1.787	85.775	12	2.524	3.644	1.404.794

PORTO DI PALERMO

Riassunto del movimento della navigazione (arrivi)
per ciascun triennio 1891-93

MESI	PIROSCAFI - Navigazione						VELIERI - Navigazione						Totale	
	internazionale		di cabotaggio		di scalo		internazionale		di cabotaggio		di scalo			
	N.	Tonn.	N.	Tonn.	N.	Tonn.	N.	Tonn.	N.	Tonn.	N.	Tonn.	N.	Tonn.

Anno 1891.

MESI	N.	Tonn.	N.	Tonn.	N.	Tonn.	N.	Tonn.	N.	Tonn.	N.	Tonn.	N.	Tonn.
Gennaio . . .	14	14.079	107	59.045	53	56.433	3	622	132	6.047	..	..	309	
Febbraio . . .	12	10.674	72	35.013	61	61.819	4	825	121	8.265	..	..	270	
Marzo . . .	13	14.755	81	32.504	75	81.154	5	2.556	123	7.384	..	..	302	
Aprile . . .	17	17.575	73	29.936	69	70.959	2	1.234	140	7.178	..	..	30.	
Maggio. . . .	13	15.534	68	27.189	69	73.891	4	351	187	9.861	..	..	341	
Giugno. . . .	13	14.730	60	26.893	67	74.606	8	2.345	179	11.716	2	781	329	
Luglio . . .	12	11.156	55	29.450	64	60.978	10	1.346	185	11.464	..	..	326	
Agosto. . . .	12	15.004	51	23.755	59	64.837	7	2.093	171	7.906	1	614	301	
Settembre . .	7	8.244	48	25.579	55	55.029	11	1.807	188	7.669	..	..	369	
Ottobre . . .	11	10.072	51	25.352	63	65.404	16	3.561	139	7.718	..	..	280	
Novembre . .	14	14.497	57	29.803	63	66.767	6	1.214	148	6.301	..	..	293	
Dicembre. . .	10	10.718	58	31.259	75	82.601	6	1.028	127	10.287	..	..	275	

Anno 1892.

MESI	N.	Tonn.	N.	Tonn.	N.	Tonn.	N.	Tonn.	N.	Tonn.	N.	Tonn.	N.	Tonn.
Gennaio . . .	10	8.815	60	32.137	71	77.663	3	233	101	5.531	4	774	249	
Febbraio . . .	10	9.040	50	24.766	63	66.135	6	2.094	133	6.065	1	157	263	
Marzo . . .	15	13.405	48	28.297	77	81.102	2	261	132	8.270	..	..	274	
Aprile . . .	7	6.488	56	29.956	80	92.031	4	807	133	10.522	..	..	280	
Maggio . . .	12	17.798	65	32.716	76	90.844	3	609	134	6.754	..	..	280	
Giugno. . . .	10	10.569	64	33.456	54	59.563	7	935	148	7.489	..	..	283	
Luglio . . .	16	15.402	68	33.050	54	62.292	9	1.672	165	8.049	..	..	312	
Agosto. . . .	12	12.917	65	32.220	52	57.323	10	2.841	217	9.347	..	..	356	
Settembre . .	15	15.628	64	31.504	47	53.094	15	1.424	195	8.445	..	..	336	
Ottobre . . .	14	12.547	54	27.388	63	66.773	15	3.117	144	7.405	..	..	290	
Novembre . .	12	12.526	51	27.841	62	74.241	8	2.273	159	8.168	..	..	292	
Dicembre. . .	23	21.998	55	26.918	65	72.700	3	354	104	4.795	..	..	250	

Anno 1893.

MESI	N.	Tonn.	N.	Tonn.	N.	Tonn.	N.	Tonn.	N.	Tonn.	N.	Tonn.	N.	Tonn.
Gennaio . . .	9	9.059	67	25.943	72	81.569	7	2.662	84	3.946	..	..	229	
Febbraio . . .	7	7.818	71	29.477	65	78.250	9	1.272	97	6.034	2	290	251	
Marzo . . .	16	19.137	75	28.379	74	83.014	5	500	154	9.067	1	99	325	
Aprile . . .	10	9.957	69	26.417	72	83.827	8	2.293	137	6.970	..	..	297	
Maggio . . .	16	14.310	65	29.112	74	85.356	8	2.002	134	6.148	..	..	297	
Giugno. . . .	14	16.209	65	34.367	63	71.131	12	1.273	132	6.061	..	..	236	
Luglio . . .	8	7.683	68	31.128	56	65.573	24	1.999	188	9.087	1	114	345	
Agosto. . . .	6	5.572	74	32.155	59	65.489	25	1.504	284	10.139	4	1.104	452	
Settembre . .	13	12.963	67	30.617	41	37.923	22	3.436	158	6.923	1		301	
Ottobre . . .	11	9.352	66	30.997	39	34.655	9	868	138	7.891	2	434	265	
Novembre. . .	12	11.311	78	31.107	56	49.753	5	628	133	6.654	..	..	284	
Dicembre. . .	9	9.013	74	35.883	74	75.395	8	1.353	148	6.854	2	183	315	

Porto di Palermo — Riepilogo del movimento della navigazione distinto per bandiere — Anno 1891 — (Arrivi).

BANDIERE	PIROSCAFI-NAVIGAZIONE						VELIERI-NAVIGAZIONE						TOTALE	
	Internazionale		di cabotaggio		di scalo		Internazionale		di cabotaggio		di scalo			
	N.	Tonn.	N.	Tonn.	N.	Tonn.	N.	Tonn.	N.	Tonn.	N.	Tonn.	N.	Tonn.
Italiana	19	16.207	759	357.102	446	479.386	65	13.091	1.844	101.733	2	605	3.135	968.214
Inglese	107	121.533	17	17.477	225	280.407	3	612	..	..	1	69	383	423.158
Francese	..	..	..	..	..	..	..	..	..	..	..	..	..	..
Austro-Ungarica . .	2	548	..	..	..	..	5	2.226	1	63	..	..	8	2.837
Ellenica	5	3.562	..	..	..	..	4	970	..	..	..	..	9	4.532
Germanica	..	..	..	..	27	23.234	..	..	..	..	..	..	27	23.231
Olandese	..	..	..	..	..	..	..	..	..	..	..	..	..	..
Norvegiana	7	3.987	3	867	13	6.059	..	..	..	..	..	..	23	11.813
Altre bandiere . . .	8	8.053	..	..	33	24.819	5	2.173	..	..	1	700	47	35.865
Totali.	149	157.010	779	375.446	774	814.835	82	19.072	1.845	101.796	4	1.464	3.682	1.409.623

Porto di Palermo — Riepilogo del movimento della navigazione distinto per bandiere — Anno 1892 — (Arrivi).

BANDIERE	PIROSCAFI-NAVIGAZIONE						VELIERI-NAVIGAZIONE						TOTALE	
	Internazionale		di cabotaggio		di scalo		Internazionale		di cabotaggio		di scalo			
	N.	Tonn.	N.	Tonn.	N.	Tonn.	N.	Tonn.	N.	Tonn.	N.	Tonn.	N.	Tonn.
Italiana	20	14.130	695	356.813	425	561.450	76	14.175	1.763	90.481	2	422	2.982	1.040.471
Inglese	108	115.001	2	1.279	248	278.804	2	187	..	..	..	..	360	395.361
Francese	..	..	..	..	..	..	..	134	..	..	..	..	..	..
Austro-Ungarica . .	6	3.968	..	..	11	8.971	1	..	..	..	..	..	18	13.073
Ellenica	7	8.140	..	..	1	1.470	..	..	..	..	..	..	8	9.610
Germanica	1	147	2	1.996	35	30.835	..	..	..	..	..	..	38	32.928
Olandese	..	..	..	..	..	..	..	..	..	..	..	..	..	..
Norvegiana	10	6.310	..	..	4	2.255	..	..	..	..	..	..	14	8.565
Altre bandiere . . .	5	3.819	..	..	37	24.883	6	2.015	1	55	3	509	52	31.281
Totall.	157	151.515	699	360.018	702	911.778	85	16.511	1.764	90.536	5	931	3.472	1.531.289

Porto di Palermo. — Riepilogo del movimento della navigazione distinto per bandiere. — Anno 1893. — (ARRIVI).

BANDIERE	PIROSCAFI-NAVIGAZIONE						VELIERI-NAVIGAZIONE						TOTALE	
	Internazionale		di cabotaggio		di scalo		Internazionale		di cabotaggio		di scalo			
	N.	Tonn.	N.	Tonn.	N.	Tonn.	N.	Tonn.	N.	Tonn.	N.	Tonn.	N.	Tonn.
Italiana	33	98.511	826	364.042	391	450.682	118	16.020	1.787	85.775	7	843	3.162	945.873
Inglese	68	68.716	:	:	227	256.719	3	264	:	:	1	99	299	325.798
Francese	:	:	:	:	:	:	:	:	:	:	:	:	:	:
Austro-Ungarica . . .	18	14.215	2	1.225	46	37.890	2	270	:	:	1	711	69	54.311
Ellenica	4	2.669	:	:	4	2.352	4	1.136	:	:	1	281	13	6.438
Germanica	2	1.768	:	:	32	30.552	:	:	:	:	:	:	34	32.320
Olandese	:	:	:	:	:	:	:	:	:	:	:	:	:	:
Norvegiana	4	4.097	1	315	2	1.699	:	:	:	:	:	:	7	6.111
Altre bandiere. . . .	1	659	:	:	44	31.457	13	1.237	:	:	2	590	60	33.943
Totali.	130	120.635	829	365.582	746	811.351	140	18.927	1.787	85.775	12	2.324	3.644	1.404.794

Movimento di viaggiatori, durante l'anno 1891, nel porto di Palermo.

Numero dei viaggiatori provenienti o diretti a porti nazionali, e numero dei viaggiatori diretti o provenienti da porti esteri del Mediterraneo e d'oltre stretti.

MESI	Numero dei viaggiatori provenienti da porti				Numero dei viaggiatori partiti per porti		fuori Mediterraneo dei quali		
	nazionali	del Mediterraneo	fuori Mediterraneo	Totale	nazionali	del Mediterraneo	Emigranti all'America Meridionale	Altri passeggeri	Totale
Gennaio	3.340	56	..	3.396	1.979	87	..	131	2.197
Febbraio	2.347	62	..	2.409	2.315	50	..	206	2.571
Marzo	2.490	75	..	2.565	2.184	81	..	1.138	3.403
Aprile	2.833	49	..	2.882	2.382	80	..	1.309	3.771
Maggio.	2.716	101	..	2.817	2.455	95	..	763	3.313
Giugno.	2.641	251	..	2.892	2.489	138	..	395	2.993
Luglio	5.503	106	..	5.609	3.650	136	..	364	4.150
Agosto	3.778	169	..	3.947	3.112	229	..	28	3.369
Settembre. . . .	3.284	190	..	3.474	3.202	232	..	2.296	5.730
Ottobre.	3.841	142	..	3.983	2.339	173	..	79	2.641
Novembre. . . .	4.563	100	..	4.663	3.136	182	..	909	4.227
Dicembre	5.417	47	..	5.464	2.959	129	..	115	3.203
Totale . . .	42.753	1.348	..	44.101	32.252	1.662	..	7.633	41.547

Movimento di viaggiatori, durante l'anno 1892, nel porto di Palermo.

*Numero dei viaggiatori provenienti o diretti a porti nazionali, e
numero dei viaggiatori diretti o provenienti da porti esteri del
Mediterraneo e d'oltre stretti.*

ESI	Numero dei viaggiatori provenienti da porti				Numero dei viaggiatori partiti per porti				
	nazionali	del Mediterraneo	fuori Mediterraneo	Totale	nazionali	del Mediterraneo	fuori Mediterraneo dei quali Emigranti all'America Meridionale	Altri passeggeri	Totale
Gennaio	2.812	53	..	2 870	2.646	107	..	270	3.02
Febbraio	2.526	46	..	2.572	2.099	107	..	334	2.540
Marzo	3.776	96	..	3.872	3.573	70	..	443	4.091
Aprile	3.954	134	..	4.083	6.537	153	..	797	7.542
Maggio	4.050	79	..	4.129	3.646	185	..	1.198	5.029
Giugno	2.961	70	..	3.031	3.219	88	..	569	3.876
Luglio	2.951	178	..	3.129	2.147	150	..	345	2.642
Agosto	2.791	116	..	2.907	2.225	174	..	235	2.684
Settembre. . . .	4.481	80	..	4.561	3.610	109	..	..	3.719
Ottobre. . . .	3.665	94	..	3.759	2.730	196	..	2.046	4.972
Novembre. . . .	3.139	113	..	3.252	2.753	132	..	1.192	4.032
Dicembre	3.130	89	..	3.219	2.246	70	..	394	2.710
Totale . . .	40.236	1.153	..	41.389	37.486	1.546	..	7.878	46.910

Movimento di viaggiatori, durante l'anno 1893, nel porto di Palermo.

Numero dei viaggiatori provenienti o diretti a porti nazionali, e numero dei viaggiatori diretti o provenienti da porti esteri del Mediterraneo e d'oltre stretti.

MESI	Numero dei viaggiatori provenienti da porti				Numero dei viaggiatori partiti per porti				
	nazionali	del Mediterraneo	fuori Mediterraneo	Totale	nazionali	del Mediterraneo	Emigranti all'America Meridionale	Altri passeggeri	Totale
Gennaio	1.968	54	..	2.022	2 161	59	..	472	2.692
Febbraio	2.461	58	..	2.519	2.533	64	..	465	3 062
Marzo	5.717	56	..	5.773	6 501	93	..	637	7.231
Aprile	2.388	87	200	2.675	3.601	138	..	1.299	5.038
Maggio.	2.538	101	..	2.639	3.162	114	..	840	4.116
Giugno.	2.228	82	..	2.310	3 351	81	..	423	3.855
Luglio	2.249	165	..	2 414	3.275	61	..	325	3.661
Agosto.	2.149	138	..	2.287	2.296	94	..	..	2 390
Settembre. . . .	4.419	118	..	4.537	1.819	119	..	..	1.938
Ottobre.	5.174	98	..	5.272	1.853	68	..	..	1.921
Novembre. . . .	2.450	60	..	2.510	2.014	97	..	..	2.111
Dicembre	2.404	58	..	2.462	3.654	89	..	163	3.906
Totale . . .	36.145	1.075	200	37.420	36 220	1.077	..	4.624	41.921

RIEPILOGO GENERALE del movimento di viaggiatori, durante il triennio 1891-92-93 nel porto di Palermo.

Numero dei viaggiatori provenienti o diretti a porti nazionali, e numero dei viaggiatori diretti o provenienti da porti esteri del Mediterraneo e d'oltre stretti.

ANNI	Numero dei viaggiatori provenienti da porti				Numero dei viaggiatori partiti per porti				
							fuori Mediterraneo dei quali		
	nazionali	del Mediterraneo	fuori Mediterraneo	Totale	nazionali	del Mediterraneo	Emigranti all'America Meridionale	Altri passeggeri	Totale
1891	42.753	1.348	..	44 101	32 252	1.662	..	7.633	41.547
1892	40.236	1.153	..	41.339	37.486	1.546	..	7.878	46.910
1893	36.145	1.075	200	37.420	36.220	1.077	..	4.624	41.921
Totale . . .	119 134	3.576	200	122.910	105 938	4.285	..	20 135	130.373

Durata del lavoro giornaliero.

MESI	Giornate utili per il lavoro			Giornate perdute						Durata del lavoro giornaliero	
				per feste			per pioggia, vento, ecc.			dei facchini in genere	dei facchini da carbone
	1891	1892	1893	1891	1892	1893	1891	1892	1893	Ore	Ore
Gennaio	23 7/16	21 1/2	14 2/3	6	7	6	1 5/6	2 2/3	10 1/2	5 alle 17	5 alle 17
Febbraio	22	2 2/3	19 2/3	4	4	4	2	3 1/3	4 2/6	id.	id.
Marzo	24 1/6	25 1/6	27	5	4	4	1 4/6	1 2/6	..	id.	id.
Aprile	23 2/3	20 2/3	24 1/3	4	4	5	2 1/3	5 2/6	0 2/3	5 1/2 alle 18 1/2	5 1/2 alle 18 1/2
Maggio	23 1/6	24 1/2	26	7	6	5	0 1/2	0 2/6	..	id.	id.
Giugno	24	23	22 1/3	6	7	7	..	..	0 1/2	id.	id.
Luglio	26 1/3	26	24 2/6	4	5	5	0 1/3	..	1 1/6	id.	id.
Agosto	23	25 1/3	26	6	5	5	2	0 2/6	..	id.	id.
Settembre	25	23 11/13	25	5	5	5	.	1 1/42	..	id.	id.
Ottobre	24 1/3	23	23 2/6	4	5	5	2 11/13	3	2 2/6	5 alle 17	5 alle 17
Novembre	22 2/6	22 2/3	20 1/6	5	5	5	2 1/6	2 2/6	4 2/6	id.	id.
Dicembre	23 7/16	22	20 2/6	6	5	7	1 1/13	4	3 2/6	id.	id.
Totali	285 17/16	277 07/60	274	62	62	63	17 31/60	25 2/60	28		

Orario della Dogana di Palermo.

OPERAZIONI	Dogana centrale Giorni		Sezioni: Cala - Molo - Puntone ferroviario - S. Lucia - S. Sebastiano Giorni		Ufficio pacchi postali Giorni		ANNOTAZIONI
	feriali	festivi	feriali	festivi	feriali	festivi	
Tutte le operazioni (a)	9.16	..	..	..	..	..	
Servizio manifesti	..	9.12	..	..	..	..	
Imbarco (b) Dal 1° ottobre a tutto marzo	..	..	8.17	..	..	..	
Imbarco (b) Dal 1° aprile a tutto settembre	..	..	7.18	..	..	..	
Sbarco e svincolo delle merci (c)	..	..	8.16	..	..	..	
Sbarco di carbon fossile e di altre merci esenti	..	..	Dal sorgere al tramontare del sole.	Dal sorgere al tramontare del sole.	..	..	
Sbarco di merci estere e nazionali. Visita e imbarco di merci in cabotaggio. Visita di merci nazionali provenienti da cabotaggio (escluse quelle che s'introducono a riprese) (d)	..	..	..	9.12	..	..	
Tutte le operazioni	..	..	..	..	9.16	9.16	

ANNOTAZIONI

(a) Le casse chiudono alle ore 15.30.

(b) L'imbarco sui velieri o sulle chiatte o barche si può prolungare di un'ora.

L'imbarco dei tabacchi per conto dello Stato ha luogo presso la sezione molo e può aver luogo dal sorgere al tramontare del sole.

(c) L'orario per la verifica delle merci estere e di quelle nazionali ammesse alla restituzione dei diritti è limitato presso le sezioni dalle 9 alle 16.

(d) Lo sbarco e svincolo del bestiame, tanto estero che nazionale può aver luogo nei giorni festivi anche dopo le 12.

La sezione Molo sta continuamente aperta, di giorno e di notte, pel servizio dei viaggiatori.

I piroscafi che fanno operazioni nel porto hanno facoltà, durante la notte, di deporre sulle chiatte le merci e di caricare e trasbordare quelle che già vi esistono.

Grue a vapore ed a mano esistenti nel porto.

UBICAZIONE	Grue		Portata in tonnellate	Natura delle merci alle quali sono destinate
	a vapore	a mano		
Cala, tra porta Carbone e porta Doganella	»	1	3	Diverse.
Cala, di fronte a porta Doganella, sotto la tettoia	»	1	3	Merci estere di qualsiasi natura.
Cala, ponte sporgente di fronte ai magazzini della Lupa	»	2	2	Diverse.
Molo meridionale, radice	»	1	3	Ferro lavorato ed altro.
Banchina nord entro il recinto della sezione doganale	»	1	3	Diverse.
Molo nord	»	1	20	Diverse.
Molo nord	1	»	35	Caldaie a vapore e merci di molto peso.

Regolamenti in vigore.

Sono in vigore:

a) il regolamento 20 novembre 1879 per l'esecuzione del codice della marina mercantile;

b) la tariffa in data 20 decembre 1888 che fissa le mercedi per l'imbarco e lo sbarco dei passeggieri e dei loro bagagli;

c) il regolamento 10 decembre 1893, approvato con R. decreto n. 687 di pari data pel diritto di sosta delle merci sulle banchine e sulle calate.

Ripartizione degli specchi d'acqua del porto.

1. Lungo la parte estrema del molo nord, per circa metri 80, sin presso l'ufficio sanitario marittimo si ormeggiano i bastimenti carichi di materie infiammabili, la cui discarica si verifica per via di mare, ed eventualmente le navi da guerra, di qualche portata, poichè vi si trova un tirante d'acqua medio di metri 15,40.

2. Procedendo verso settentrione, in altro tratto di 400 metri circa dello stesso molo, si ormeggiano i piroscafi, di qualsiasi bandiera, che scaricano le merci importate e caricano quelle da esportare, a mezzo di barche, chiatte, pontoni ed altri galleggianti.

Però le merci pesantissime sono scaricate sulla banchina, nella quale sonovi due grue: una, a mano, della portata di 20 tonnellate, di proprietà dello Stato; altra di 30 tonnellate, a vapore, di proprietà della Società di Navigazione Generale Italiana, che la esercita anche per conto dei terzi, dai quali riscuote un compenso, giusta la tariffa approvata dalla Capitaneria di porto e concertata, a suo tempo, con l'ufficio centrale del Genio civile e con la Camera di Commercio locale.

I fondali esistenti in questo specchio acqueo dal limite sud del tratto di molo indicato decrescono gradatamente da metri 16 a 12.80, 12.40, 9, 8.30, 8, 7.50; il tirante medio è perciò di metri 10.57.

3. Nello spazio d'acqua antistante ad altro breve tratto dello stesso molo, per la lunghezza di quasi metri 40, vi si fanno ormeggiare, in unica andana, quei piroscafi della Società di Navigazione Generale Italiana che, essendo in disarmo, devono esser tirati sullo scalo di alaggio per le riparazioni delle quali abbisognano.

Il fondale medio è di quasi 8 metri.

4. La zona di mare che resta, sino alla radice del molo su descritto, è occupata da velieri, posti su due andane, carichi di carbone vegetale, che importano da Follonica, Talamone, Castiglione e Sollenzara.

Vi si trova un fondale di otto metri.

5. Lo specchio d'acqua contiguo al precedente, limitato dalla radice del molo nord e dalla breve banchina, di circa 70 metri che da esso si allontana in senso normale, ove havvi un tirante medio di 7 metri, serve pel carenaggio delle piccole navi. Infatti vi sono due alberi in ferro da carenare.

6. Innanzi la piccola banchina che segue, in un fondale medio di sette metri vi si ormeggiano velieri di lieve portata, in massima parte tartane e bovi, che, su due andane, compiono la loro discarica.

7. Lo specchio d'acqua attiguo che bagna la banchina della Doganella del molo serve all'ormeggio delle barche facienti parte delle squadre di paranza pel servizio dei passeggieri.

8. Di contro alla riva murata che corre per un centinaio di metri, dalla Doganella anzicennata al limite di levante dello scalo di alaggio, in uno specchio d'acqua con fondali medi di 7 metri si ormeggiano i barconi, i pontoni ed i depositi galleggianti per fusti di marsala, balle di canape ed altro.

9. A ponente ancora dello scalo di alaggio, di fronte ad una banchina lunga circa metri 180, il cui specchio d'acqua antistante ha un ti-

rante di quasi sette metri sono ormeggiati: i piroscafi in allestimento,
già riparati sullo scalo; i bastimenti a vela che devono esser demoliti; i
pontoni ed i barconi in disarmo.

10. Dall'angolo dei Quattroventi, verso mezzogiorno, procede la banchina del Puntone: nello specchio d'acqua antistante si ormeggiano esclusivamente tutte le navi, che trafficano in legname. Lo specchio d'acqua
presso la banchina ha una media profondità di metri 3, ma poco lungi
da essa il tirante d'acqua aumenta sensibilmente (sette metri), tanto da
permettere l'ormeggio anche ai piroscafi, in ispecie austriaci, che in questo
porto scaricano il legname imbarcato a Trieste e Fiume.

11. Presso il Puntone si trova lo scalo ferroviario di S. Lucia, ch'è
lungo metri 96 e largo circa 28. Nella sua parte estrema (fondali di
metri 6,50) accostano col fianco i piroscafi ed i velieri che fanno il
traffico del vino.

12. Dalla chiesa di S. Lucia al Borgo si avanza la banchina omo-
nima, che procede sino a S. Bastianello o S. Sebastiano. I fondali sono
minimi: permettono solo l'ormeggio dei gozzi da carico, barche da pesca
e zavorriere. Antistante alla chiesa su cennata, dal lato a mare, ed a
sud-est dello scalo ferroviario, nella parte centrale dello spazio acqueo
havvi la roccia sottomarina che forma un trapezio regolare, della superficie di mq. 32,976, ai cui quattro angoli, a partire da quello di tra-
montana e procedendo per ponente, mezzogiorno e levante, vi si trovano
fondali di metri 4, 3, 3.50 e 6.10.

Spesso i velieri con carico di cretaglie affondano le ancore nello
specchio acqueo antistante a detta banchina.

13. Oltrepassata la piccola gittata, che trovasi a levante della banchina del borgo, la riva non è murata e prosegue in tal modo fino al-
l'ex-forte di Castellammare per metri 580. Queste sole sono le rive non
murate del porto. Il mare antistante è pieno di scogli e di frangenti. Ivi
il terreno si eleva circa un metro dal livello del mare con un'inclina-
zione di circa due metri, e, per un tratto di 50 metri, essendo sabbioso,
è idoneo al tiro a secco delle barche e vi si alano infatti quelle zavorriere. La località è chiamata dapprincipio il Sammuzzo o Scopiglia e poi
fino al forte di Castellammare, Seccalunga.

14. Dopo del forte Castellammare, quasi tutto in acqua, principia la Cala, ch'è un bacino di forma semicircolare, sino allo sviluppo di 450 metri circa, con fondale medio di metri sei.

In essa havvi un piano caricatore, antistante ai magazzini della Lupa. È contornata da banchina, anche nel rimanente tratto di metri 250, sin presso l'antica Sanità, nel punto detto la Garitta.

Nella Cala si ormeggiano velieri e piroscafi, che fanno il commercio di cabotaggio; presso le scalette di approdo stanno i gozzi da carico. parte delle barche che fanno il servizio dei passeggieri; la parte prospiciente alla tettoia di Piedigrotta è riservata alle barche da pesca, che vendono i loro prodotti ai rivenditori che li smerciano sotto la tettoia medesima.

15. Dalla Garitta si stacca il braccio che unisce la terra col molo meridionale o antemurale.

Di contro ad un tratto del primo braccio di questo molo, per la lunghezza di quasi cento metri, in uno specchio d'acqua con fondali minimi di metri sette, si ormeggiano le navi da guerra minori e le navi da diporto.

Eventualmente vi si ormeggiano pure bastimenti addetti al commercio, ma è sempre lasciato libero lo spazio occorrente per almeno un legno da guerra, quale spazio è sempre il più vicino alla radice a causa della esistenza della bocca di erogazione della consegna di acqua potabile stabilita dal locale Municipio per la fornitura gratuita alle navi da guerra, che, per la vicinanza ad essa, possono rifornirsi direttamente dal posto di ormeggio a mezzo di manichette.

16. Nello specchio d'acqua antistante alla rimanente banchina del primo braccio ed alla massima parte del secondo, sino a metri cento dalla testata, in una o due andane, a seconda dello stato del tempo, si ormeggiano le navi in rilascio e quelle a vela ed a vapore che fanno operazioni di commercio. Tale zona del porto è comodo rifugio dei bastimenti quando spirano venti dal 4° quadrante: ha fondali medi di metri 9,50.

17. Di contro all'ultima parte del molo sud, dalla testata in giù, per metri 100 circa, ove sonovi fondali di metri 13.63, si accostano col fianco

i piroscafi ed i velieri, che importano cereali dall'estero e quelli che hanno carico infiammabile, esplosivo o nocivo alla salute o pericoloso per la vita dell'equipaggio o per la sicurezza del bastimento.

I venti di maggiore intensità nel porto di Palermo soffiano nei mesi di decembre, gennaio, febbraio e marzo, ch'è il più burrascoso.

La più grande velocità delle correnti atmosferiche proviene dal 4°, 3° e 2° quadrante : raramente dal 1°.

I venti più impetuosi sono il ponente–libeccio ed il ponente–maestro.

Un mareografo fu stabilito nella Cala nell'anno 1887. I risultati ottenuti dimostrarono, che il dislivello delle maree di equinozio e quelle di solstizio risultò, nel 1888, di metri 0,52.

Le massime piene indicate dall'idrometro, posto presso gli uffici della Capitaneria di porto, corrispondono a metri 0,57 (sotto lo 0 della colonna).

Lo stabilimento delle acque succede a 9h 15' dopo il passaggio della luna al meridiano.

Calate e ponti sporgenti.

CALATE e ponti sporgenti	Sviluppo delle sponde in metri	Massimo tirante d'acqua per l'accosto delle navi	TRAFFICO al quale sono assegnati in via normale	CAUSE INDIPENDENTI dallo stato del mare per le quali certe calate sono poco utilizzate	PERDITE DI GIORNATE utili per O. C. causate dall'agitazione dell'acqua nell'anno
Molo nord.					
1. Dall'ufficio sanitario marittimo alla grande grue a vapore	…	16, »	Sbarco di bovi importati dalla Sardegna, dalla Rumenia e da Milazzo, nonchè delle merci pesantissime a mezzo della grue da 20 T, a mano, e da 30 f, a vapore.	……	2
2. Presso la grue a vapore	…	8,90	Sbarco di caldaie, tubi, lamiere ed altro proveniente dalla riparazione dei piroscafi in disarmo.	……	…
3. Sino alla radice	…	8, »	Discarico del carbone vegetale	……	1
Carenaggio.	…	7, »	Caricazione su navicelli del sommacco e dello zolfo, molito da esportarsi.	……	3
Banchina della Doganella.					
a) Banchina della Doganella .	…	7, »	Discarica del sommacco in foglie e surrogati	……	1

. . . .	:	0,00	Discarica del legname estero e nazionale . .	. . . .	1
Scalo ferroviario	:	7, »	Caricansi le merci che dall'interno dell'isola sono destinate all'esportazione e si scaricano quelle che debbono essere avviate nell'interno dell'isola a cioè: legname comune, macchinari, grani esteri e nazionali e petroli esteri.	. . . .	..
Borgo: 1ª Banchina di S. Lucia	:	1,50	Imbarco agrumi in casse e botti, zolfo, sommacco molito, olio in fusti, essenze d'arancio e limone, succo di limone crudo concentrato, manna, tartaro, frutta fresca. Sbarco frutta fresca e recipienti vuoti di ritorno arrivati in cabotaggio.	. . . .	3
Id. 2ª id. Borgo . . .	:	1, »	. . . .	. . . .	3
Id. 3ª id. S. Sebastiano	:	2,50	Imbarco sommacco molito, agrumi. Sbarco petrolio, cretaglie.	Tirante d'acqua minimo.	3
Scopiglia	:	..	Alaggio barche zavorriere e depositi ghiaia e sabbia	. . . .	..
Sammuzzo	:	..	Depositi legname per costruzione di barche .	. . . .	..
Banchine della Cala . . .	:	6,70	Operazioni di commercio pei generi in cabotaggio. Imbarco merci dirette all'estero.	Mare antistante pieno di frangenti.	1
Ponte sporgente della Lupa .	:	5, »	Discarica delle merci nazionali provenienti da cabotaggio.	. . . .	1
Spianata della Garitta . . .	:	4, »	Sbarco balle pressate paglia e fieno, ferro in verghe e lamiere.	. . . .	1
Antemurale 1º braccio . . .	:	9, »	Sbarco legna da fuoco, marmi, sale, cemento, orzo, avena, crusca, fieno, sanza; imbarco per cabotaggio per estero di merci nazionali.	. . . .	1
Id. 2ª id. (1ª parte)	:	9,50	Come sopra fusti da vino	. . . .	1
Id. 2ª id. (2ª parte)	:	9,50	Id. cereali e fusti vuoti di provenienza estera.	. . . .	1

AREE, TETTOIE E MAGAZZINI
SULLE CALATE DEL PORTO DI PALERMO
AD USO DI PUBBLICO DEPOSITO DI MERCANZIA

AREE

1. Molo nord (area esercitata dalla Capitaneria) . . mq. 640
2. Radice molo suddetto (id. id. id.) . . . mq. 640
3. Banchina del Carenaggio . . . . mq. 280
4. Spianata della Doganella al Molo . . . . . mq. 600
5. id dei Quattroventi . . . . mg. 600
6. Banchine della Cala . . , ... mq. 400
7. 1° Braccio molo sud . . . . mq. 480
8. 2° id. id. id. . . . . mq. 1360

mq. 5000

Le aree suindicate servono usualmente al deposito delle **seguenti** merci:

1. Botti di vino e vuote, merci varie pesanti scaricate a **mezzo** delle due grue.
2. Carbone vegetale.
3. Sommacco e zolfo molito.
4. Botti di vino.
5. Carbon fossile.
6. Merci diverse.
7. Botti vuote di ritorno e merci varie.
8. Cereali, botti vuote, diverse.

NB. I depositi sulle dette aree possono essere fatti per spazio, pagando all'Erario dello Stato, nella cassa della ricevitoria doganale, mediante ordine d'introito emesso dalla Capitaneria, il diritto di sosta stabilito dal regolamento 10 dicembre 1893 approvato con R. D. n. 687 di pari data.

TETTOIE

Ve n'ha una soltanto, sita alla Cala, di fronte alla Dogana: copre una superficie di mq. 135,00 e rappresenta mc. 742,00 di vano.

Serve esclusivamente al deposito delle merci estere di qualsiasi natura, che vengono poi trasportate alla Dogana centrale per le ulteriori operazioni, e di quelle che, essendo di facile riconoscimento, alla rinfusa, infiammabili o di grossa mole, per speciale disposizione, si verificano e consegnano ai destinatari nello stesso punto di sbarco.

MAGAZZINI TENUTI DALLA R. DOGANA.

Per le merci estere.

Magazzino di temporanea custodia. . . . mq. 252 mc. 2016

utilizzabili   mc. 1210

Per merci nazionali.

Al molo, presso la sezione Doganale, magazzino adibito al deposito provvisorio delle merci da rimbarcarsi: mq. 42 mc. 210.

MAGAZZINI DI PROPRIETÀ DEMANIALE, DATI IN FITTO A PRIVATI.

Lupa. — Serve pel deposito delle merci nazionali, portate dai piroscafi della Società di Navigazione Generale Italiana che devono essere consegnate ai destinatari: mq. 149,40 mc. 1195,20.

utilizzabili mc. 747,00.

Dogana centrale. — Due magazzini affittati per deposito di soli coloniali, alle Ditte Dagnino e Bonanno e C.

MAGAZZINI PRIVATI.

1. Della Ditta V. Adelfio e C. per merci nazionali o nazionalizzate portate dai piroscafi raccomandati ad essa Ditta: mq. 65,00, mc. 520.

2. *Sammuzzo.* Sette magazzini per deposito di petrolio in casse, mq. 5086,00, mc. 30516, capaci di contenere in tutto n. 85,000 casse del peso di Kg. 34 cadauna, perciò complessivamente Kg. 2,890,000 di merci.

3. *Molo.* Tre magazzini per la custodia di materiali di consumo ed oggetti di dotazione delle navi, mq. 150,00, mc. 975.

4. Vi sono inoltre i magazzini che servono esclusivamente pel deposito del grano. Non è possibile precisare pel periodo 1891–1893 a quanto essi ammontassero, poichè è risaputo che detti depositi, di natura precaria, sussistono in massima pel solo periodo, alquanto breve, necessario allo esaurimento del grano conservatovi.

Presentemente ascendono a n. 12.

5. *Puntone*, magazzini per deposito di legname, di proprietà comunale.

Sono n. 10 magazzini coverti, delle medesime dimensioni di mq. 104 e mc. 1040 l'uno, perciò in tutto mq. 1040, mc. 10400;

altro coverto delle dimensioni di mq. 140, mc. 1400;

id. scoverto mq. 104;

due tettoie (una di m. 12,50 × 24 × 11; altra: 8 × 6 × 10) in complesso mq. 348, mc. 3780;

un capannone, mq. 435;

aree scoverte adibite al deposito di legname, della superficie di circa mq. 3000.

Al Municipio è corrisposto un canone di L. 0,20 a mq. ed al mese, pel legname depositato all'aperto, entro il recinto del Puntone, e di L. 5,00 a mq. e per un anno, per la merce chiusa in luoghi coperti.

CHIATTE.

Numero e tonnellaggio delle chiatte, dei gozzi da carico e degli altri galleggianti esistenti pel servizio del porto di Palermo. Uso a cui sono destinati e spazi occupati.

La scaricazione delle merci in genere, meno i cereali, il legname, parte dei fusti da vino ed altri recipienti di ritorno, poichè tale movimento, per la massima quantità, avviene sullo scalo della ferrovia, a Santa Lucia, e sull'antemurale, si fa per la via di mare, a mezzo dei galleggianti.

Sono addetti a questo scopo nel porto di Palermo:

N. 251 gozzi di carico,
» 6 piatte,
» 22 barconi,
» 8 pontoni,
» 1 pontone a macchina,
e diversi rimorchiatori.

Nel porto trovansi pure quattro magazzini galleggianti:

Jonio	di tonn.	876,48
Tigre	»	564,00
A. Cappellini	»	145,00
Boeo	»	39,00
	Tonn.	1624,48

I primi due sono di pertinenza della Società di Navigazione Generale Italiana, la quale vi deposita quelle merci che, giunte in questo porto, sono sbarcate per essere caricate di trasbordo su altri piroscafi i quali vi debbono giungere.

Gli altri due sono di proprietà del Banco Florio, che vi deposita i fusti di marsala.

Pel servizio del porto si trovano pure:

N. 7 barche cisterne, delle quali una a vapore, della stazza di tonnellate 38.

N. 127 battelli pel movimento dei passeggieri.

I barconi, i pontoni, i depositi galleggianti ed i gozzi pel servizio dei passeggieri sono ormeggiati ed ancorati lungo la riva murata che corre per circa cento metri dalla Doganella del molo al limite, verso levante, dello scalo di alaggio in uno specchio d'acqua con fondali di metri sette.

I gozzi da carico e le zavorriere sono ormeggiati ed ancorati lungo la banchina di S. Lucia al Borgo, dove i fondali sono minimi, e presso le scale di approdo esistenti nelle banchine della Cala, nella quale pure vi si trovano le cisterne, che pigliano l'acqua dalla consegna privata stabilita nel centro dell'emiciclo di questo bacino.

STABILIMENTI MECCANICI.

a) L'impresa A. De Baritault, concessionaria dei lavori di escavazione dei porti della Sicilia, ha, al molo di Palermo, su di un'area di mq. 1619 di suolo arenile demaniale, il cantiere proprio per la riparazione del materiale di sua pertinenza. La concessione è stata assentita con contratto stipulato il 30 ottobre 1893 per anni 4 e mesi 6, con decorrenza dal 1° gennaio detto anno.

b) Sul terreno demaniale adiacente alle banchine della Cala, sotto gli spalti dell'ex-forte, si trova l'opificio in muratura dei signori Corvaia Giuseppe ed Antonino, della superficie di mq. 152, per riparare macchine marine: tale occupazione è stata regolata con contratto, che scadrà il 31 dicembre 1901.

SCALO DI ALAGGIO.

Occupa una superficie complessiva di mq. 5557,96 ed il relativo canone corrisposto all'Erario dello Stato ammonta in tutto a L. 2.200,00 annue.

Lo scalo di alaggio, sistema a strascico con trazione a pressione i-draulica, è lungo m. 71.50: largo internamente m. 12.40: alto m. 5.08.

Serve principalmente pel raddobbo dei piroscafi della Navigazione Generale Italiana. Vi si tirano però, previo pagamento alla predetta Società, altri piroscafi fino alla portata di 1200 tonnellate.

Prospetto dei lavori eseguiti nello scalo di alaggio di Palermo nel triennio 1891-93.

EPOCHE	VELIERI		PIROSCAFI	
	Numero	Tonnellaggio	Numero	Tonnellaggio
1891	2	1.024	66	43.822
1892	1	250	50	35.837
1893	1	960	54	51.320
Totali . . .	4	2.234	170	130.979

ACQUA POTABILE.

La fornitura dell'acqua potabile alle navi che si trovano in questo porto quanto prima procederà in modo più sollecito ed economico. L'impresa fratelli Celestino e G. B. Biglia, concessionaria dell'acquedotto di Scillato, per la conduttura e fornitura dell'acqua alla città, chiese ed ottenne d'impiantare lungo il sottosuolo delle banchine del molo nord n. sei bocche di erogazione, ed altre due: una alla Doganella e l'altra nel centro dello sviluppo delle banchine dell'emiciclo della Cala. È a sperare che, col tempo, per l'incremento della vendita dell'acqua, siffatti impianti saranno estesi alle rimanenti banchine in modo da consentire che tutte le navi, da qualunque posto di ormeggio, si possano provvedere di acqua potabile a mezzo delle manichette, fornite pure dall'impresa Biglia.

L'acqua di Scillato, di ottima qualità e fresca, sarà fornita ai prezzi seguenti:

a) pei bastimenti in prima andana, per ogni fornitura non inferiore a mc. 5, L. 1,30 a m.c.

b) pei bastimenti in seconda andana, id. id. L. 1,50 a m.c.

c) in caso d'incendio sarà somministrata tutta l'acqua possibile, in rapporto alla massima portata dei tubi, al prezzo di L. 25,00 per ogni bocca e per ogni ora di esercizio.

Presentemente la fornitura dell'acqua è fatta a mezzo di cisterne a vapore, che la portano sotto bordo vendendola al prezzo di L. 2,00 la tonnellata.

Il porto di Palermo manca d'impianti celeri per il carico e lo scarico delle navi. Tranne lo sbarco del grano che può farsi alla testata del molo meridionale dove ai piroscafi è lasciato uno spazio per attraversarsi, ma non più di due contemporaneamente; tutto il resto del movimento delle merci è fatto da piatte, pontoni, barconi e da altri galleggianti.

Anche il carbon fossile viene scaricato a mezzo di galleggianti.

È desiderabile che in un tempo non lontano possa il porto di Palermo fornirsi di mezzi meccanici celeri e pronti, come ferrovie lungo le banchine, pontoni portavagoni, ecc.; tuttavia il movimento delle merci e dei viaggiatori potrà accrescersi quando saranno compiuti i lavori progettati lungo la banchina N. O. del porto e la costruzione dell' elegante ponte sbarcatoio per l'accosto dei vapori postali. Compiuti i detti lavori delle banchine, queste saranno in quella parte protratte di circa 20 metri fino a raggiungere il fondale di metri 7 che permetterà l'accosto e l'attraversamento delle navi per ricevervi direttamente e sbarcare il carico.

Sulla potenzialità avvenire del porto di Palermo non è facile fare previsioni. Per ora preme sul commercio la crisi agrumaria e vinicola. Gli agrumi ed il vino sono sempre stati i principali prodotti della Sicilia, e, finchè non saranno aperti nuovi sbocchi per i primi e non sarà vinta la *philossera* pel secondo, il commercio loro non potrà raggiungere lo sviluppo che è nel voto di tutti.

Un grande impulso avranno senza dubbio entro il primo decennio le industrie marittime. Il grande cantiere di costruzione ed il bacino di carenaggio in progetto, allorchè saranno un fatto compiuto, daranno origine ad una grande e continua importazione di materiali.

Nel secondo decennio le previsioni potrebbero anche concepirsi migliori pel naturale progresso di ogni cosa e per lo sviluppo sempre crescente che, non vi ha dubbio, assumeranno le industrie marittime.

RENDICONTI E BILANCI

DELLE PRINCIPALI SOCIETÀ DI NAVIGAZIONE A VAPORE

Invece di riportare testualmente in questo capitolo i rendiconti ed i bilanci delle principali Compagnie di navigazione a vapore esistenti in Europa, come si è fatto negli anni precedenti, si è ritenuto più conveniente di farne un riassunto e per ciascuna di esse pubblicare soltanto le notizie più importanti dell'esercizio 1896, quali sono il dividendo distribuito, le variazioni del capitale, quelle della flotta, le nuove linee percorse e quanto altro più interessa il ceto marittimo.

Le Compagnie di cui si fa cenno sono le seguenti:

Navigazione Generale Italiana	Roma
La Veloce	Genova
Puglia	Bari
Lloyd Austriaco	Trieste
Messageries maritimes	Parigi
Chargeurs réunis	id.
Compagnie Générale transatlantique	id.
Norddeutscher Lloyd	Brema
Hamburg-Amerikanischen-Packetfahrt	Amburgo
Orient Steam Navigation Company	Londra
Peninsular and Oriental steam navigation Company	id.
The Cunard steam ship Company	Liverpool

Navigazione Generale Italiana.

(Società riunite Florio e Rubattino'.

Capitale sociale L. 33,000,000.

' Esercizio dal 1° luglio 1895 al 30 giugno 1896.

Dalla relazione del Consiglio d'amministrazione si rileva che in base a deliberazione del 22 gennaio 1896 fu ridotto di L. 22.000.000 il capitale sociale, rimasto così rappresentato da 110,000 azioni di L. 300 ciascuna. Si potè quindi diminuire di L. 21.239.402,96 il valore della flotta e di L. 266.653,88 quello del materiale galleggiante in servizio nei porti, di alcuni immobili, di pezzi di rispetto per macchine, ecc., con un residuo di L. 493.943,16 da applicarsi nel seguente esercizio.

Il valore della flotta esistente al 30 giugno 1895, coll'aggiunta dei vapori « Adria (nuovo) », « Sempione », « C. Colombo » e « M. Polo », e le diminuzioni del valore dei piroscafi « Adria » (vecchio) venduto, « Ortigia » abbandonato e « Vesuvio » perduto, che sarebbe prima stato di L. 56,196,402,96, per effetto della svalutazione e del deperimento nell'annata fu ridotto a L. 32.896.585,00.

Nel dicembre 1896 la flotta della predetta Società si componeva di 98 piroscafi aventi complessivamente una stazza lorda di tonn. 170.679, netta di 105,712 e macchine della forza di 21,542 cavalli nominali.

Alla fine dell'esercizio restavano in costruzione il piroscafo « Ignazio Florio » entrato in navigazione nel luglio 1896 ed il « Galileo Galilei » varato nel novembre dello stesso anno.

Le rendite dell'esercizio chiuso al 30 giugno 1896 salirono a L. 46,777,436,47 e le spese a L. 44.122.006,56. Tenuto conto del residuo dell'esercizio precedente in L. 5.669,20, si ebbe un utile totale di L. 2.660.099,11. Questo buon risultato sarebbe dovuto principalmente al maggior numero di viaggi eseguiti pel Brasile, ai servizi straordinari per il Mar Rosso ed al minor costo del carbone.

Il riparto degli utili fu fatto nel modo seguente:

L. 132.721,50 - 5 per % per riserva ordinaria;

»   26.151,25 - 3 per % a sensi degli art. 39 e 47 dello Statuto;

» 1.100.000,00 acconto interessi già distribuito in L. 10 per azione;

» 1.375.000,00 altri interessi a distribuirsi in L. 12,50 per azione;

»   26.226,36 residuo da portarsi al nuovo esercizio.

Il dividendo per ogni azione fu quindi di L. 22.50, corrispondente al 7.50 per %.

Il bilancio 1895-96 come sopra è accennato, fu approvato nell'assemblea generale ordinaria del 19 dicembre 1896, nella quale fu pure dato un voto di plauso per i criteri seguiti nell'amministrazione e riaffermata la fiducia nell'Amministratore delegato e nel Consiglio.

La Veloce

Società di navigazione italiana a vapore con sede in Genova.

___

Esercizio 1896.

Dalla relazione del Consiglio d'amministrazione, approvata nell'assemblea generale degli azionisti del 31 marzo 1897, si rileva che l'utile netto dell'esercizio 1896 fu di L. 1.180.388,35. Deducendo i prelevamenti e le riserve statutarie, rimase ancora una somma di L. 980.798,83 che ha permesso di stabilire il dividendo in L. 37,50 per ogni azione, sia di preferenza che ordinaria, e cioè del 7 $\frac{1}{2}$ per % sul capitale, riportando a nuovo il residuo utili di L. 5.798,83.

Tale risultato è dovuto in gran parte all'accresciuto movimento dei passeggeri e delle merci della linea del Plata.

Sulle linee del Brasile la Società non potè nel detto anno applicarsi che assai limitatamente al trasporto degli emigranti e questo trasporto venne interrotto dal mese di agosto per divieto del Governo italiano.

Il traffico dell'America centrale ha migliorato; il movimento relativo che nel 1894 fu di 4.851 passeggeri e 9.804 tonnellate, salì a 6.632 passeggieri e 13.163 tonnellate.

Il materiale posseduto dalla Società essendo insufficiente per l'esecuzione regolare di tutti i servizi, furono noleggiati altri piroscafi i quali non potevano dare quei vantaggi che si avrebbero avuti con materiale proprio.

Fra le avarie notasi solamente che il piroscafo « Duca di Galliera » ebbe rotto l'asse dell'elica mentre era in navigazione tra l'Italia ed il Plata, presso Pernambuco, e fu provveduto con grande sollecitudine per alleviare i danni dei viaggiatori e per riparare a quelli sofferti dalla nave.

Alla fine dell'esercizio 1896 la flotta della Società « La Veloce » era composta di 11 piroscafi aventi complessivamente una stazza lorda di tonn. 35.697, muniti di macchine della forza di 35.300 cavalli indicati e con una velocità oraria variabile da 12 a 18 miglia.

Erano in costruzione n. 5 piroscafi, complessivamente di tonnellate lorde 18.700, con macchine della forza di 18.000 cavalli indicati, ed in progetto di costruzione altri 4 piroscafi, due celeri ed eleganti, ciascuno di tonn. lorde 5.500, macchina di 10.500 cavalli indicati e velocità di 18 miglia per il servizio dei passeggieri e due di tipo commerciale.

Allo scopo di preparare i fondi per le esigenze delle nuove costruzioni, fu effettuata l'emissione di n. 6.000 obbligazioni e di esse venne assicurato il collocamento. Nel 1896 non furono però messe in circolazione che 2.000 di queste obbligazioni, oltre ad altre 1.000 già precedentemente emesse ed esistenti nelle casse sociali, cosicchè rimangono tuttora depositate n. 4.025 obbligazioni.

Puglia.

Società anonima di navigazione a vapore con sede in Bari
(Capitale sociale interamente emesso e versato L. 1.000.000).

————————

Nell'assemblea generale ordinaria degli azionisti del 14 marzo 1897 furono approvati la relazione, il bilancio ed il conto profitti e perdite presentati dal Consiglio d'amministrazione per l'esercizio 1896.

Da tali atti si rileva che la situazione della predetta Società al 31 dicembre 1896, era la seguente:

$$
\begin{array}{lr}
\text{Attivo} & \text{L. } 3\,129\,557,37 \\
\text{Passivo} & \text{» } 2.611.374,38 \\
\hline
\text{Differenza} & \text{L. } 518.182,99
\end{array}
$$

da cui dedotto il deperimento del 7 1/2 per % su L. 4.777.374,89, valore di acquisto dei 12 piroscafi formanti la flotta della Società, in . . . . » 358.303,11

resta un utile netto da dividersi di . . . . L. 159.879,88

Questa somma fu ripartita come appresso:

30 % al fondo di riserva . . . . L. 47.963,96
5 % al Consiglio di Amministrazione . . . . . . » 7,994.00
2 % al Comitato dei Sindaci . . . . » 3.197,60
63 % agli azionisti . . . . » 100.000,00
Saldo differenza a pareggio da distribuirsi ad Istituti
di beneficenza . . . . » 724,32

Si nota poi che alla linea postale dell'Adriatico furono adibiti i piroscafi « Barion », « Peuceta » e « Brindisi » ed il servizio procedette con la più scrupolosa esattezza.

La linea d'America, eseguita coi due piroscafi « Calabro » e « Messapia », continuò a dare ottimi risultati. Facendo il confronto col prodotto dei noli ottenuti da questi due vapori nell'esercizio 1895 a fronte di quelli ricavati nel 1896, si rileva in quest'ultimo esercizio un beneficio maggiore di L. 96.789,99.

Il Consiglio d'Amministrazione ha chiesto ed ottenuta l'autorizzazione per l'acquisto di un nuovo piroscafo da adibirsi ai viaggi d'America ed anche, per mantenere la puntualità del servizio postale, di un altro piroscafo della portata di tonn. 600 di registro per sostituirlo all'occorrenza a qualcuno di quelli attualmente in servizio.

Lloyd Austriaco.

Societá di navigazione a vapore con sede a Trieste
(Capitale: fiorini 12.600.000).

Nell'assemblea generale ordinaria degli azionisti del « Lloyd Austriaco » tenutasi a Trieste il 28 maggio 1897, fu approvato il bilancio presentato dal Consiglio d'Amministrazione per l'esercizio dell'anno 1896.

Dallo stesso bilancio si rileva che il totale degli utili ammontò alla somma di fiorini 2,473.888,35, così ripartita:

Interessi dei prestiti di priorità . . . . f.	456.500.—
Quota d'ammortizzazione del conto perdita emissione prestiti 1884, 1887 e 1895 . . . . »	11.511,66
Aggio e spese per l'estinzione dei coupons e delle obbligazioni . . . . »	87.734,02
Riduzione del valore della flotta . . . . »	1.250.700,—
Riduzione del valore del Palazzo . . . . »	15.000,—
Riduzione del valore degli inventari . . . . . »	68.214,23
Dotazione del fondo d'assicurazioni . . . . . . »	158.489,50
Contributo al fondo pensione degl'impiegati . . . »	20.000,—
Quinta quota d'ammortizzazione del deficit 1889 e 1891 . . . . »	150.666,66
Riserva per un fondo Giubileo. . . . . »	5.000,—
Utile netto . . . . »	250.072,28

Con quest'utile netto di f. 250,072,28 fu pagato un dividendo di fiorini 10, corrispondente al 2,00 %, per ciascuna azione, riportando a nuovo saldo la rimanente somma di f. 10.072,28.

Alla fine del 1896 la flotta della Società si componeva di 74 piroscafi aventi complessivamente una stazza lorda di tonnellate 148.382, con macchine della forza di 114.636 cavalli indicati ed un valore attuale di f. 15.848.950. In essa è compreso il piroscafo « Bohemia », varato il

24 agosto 1896 nell'arsenale della Società, di tonnellate lorde 4318 e con macchina della forza di 4800 cavalli indicati. Rimasero in corso di costruzione i piroscafi « Trieste », nel detto arsenale, e « Moravia », a Sunderland, aventi rispettivamente una stazza lorda di tonnellate 5000 e 3410 e la macchina della forza di cavalli indicati 3000 e 1500.

Nell'arsenale sociale furono compiuti molti altri lavori per riparazioni generali agli scafi ed alle macchine, impianto di nuove caldaie, installazione a bordo della luce elettrica, oltre a numerose altre riparazioni fatte per conto di terzi.

I viaggi eseguiti nel 1896 dai piroscafi della Società ascesero a 1238, dei quali 332 pel Levante e Mediterraneo, 160 pel Danubio e mar Nero, 36 per le Indie, 8 per il Brasile, 481 lungo le coste adriatiche e 221 eventuali. In totale furono percorse miglia 1.979.812, e trasportati 260.565 passeggieri, 7.707.826 quintali metrici di merci, 49.504 pacchi e tanta moneta per 58.695.000 fiorini.

In complesso i risultati dell'esercizio 1896 furono piuttosto sfavorevoli sia per la forte concorrenza e conseguente abbassamento dei noli, sia per le non buone condizioni politiche e sanitarie che ostacolarono il traffico regolare su varie linee esercitate dalla Società.

Compagnie des Messageries maritimes.

Società anonima col capitale di 60.000.000 di franchi con sede in Parigi.

Nel rapporto presentato dal Consiglio d'amministrazione della predetta società all'assemblea generale degli azionisti tenutasi a Parigi il 28 maggio 1897, si constata che, nel suo insieme, l'esercizio dell'anno 1896 può considerarsi soddisfacente.

Il dividendo fu fissato in fr. 27,50 per azione. Le riscossioni si sono elevate a fr. 61.238.328,62, compresi fr. 34.465,76 per residuo dell'esercizio precedente, e le spese a fr. 56.534.764,80, verificandosi così un utile di fr. 4.703.563,82. Dopo il pagamento del debito obbligatorio dei cuponi, restarono fr. 29.533,82 riportati all'esercizio 1897.

Il materiale navale figura nel bilancio per circa il 75 °/₀ del totale dell'attivo della Compagnia. Il valore totale è di fr. 150.407.068,61, somma alla quale bisogna aggiungere fr. 6.398.082,96 per le spese fatte nel 1896 per il materiale navale in corso di costruzione. Il capitolo « approvvigionamenti » figura nel bilancio per fr. 6.921.439,11 e quello dei lavori in corso per 1.763.831,10

Il capitale-azioni resta fissato a 60 milioni. Le antiche obbligazioni 4 °/₀ sono state rimborsate, e 80.000 obbligazioni 3 ¹/₂ °/₀ sono state emesse in loro sostituzione. — 10.000 obbligazioni restano in riserva e saranno emesse a seconda dei bisogni. Il fondo d'ammortamento delle navi è di fr. 71.127.846,61, e, malgrado l'aggiunta di due nuovi piroscafi, continua a rappresentare circa il 50 °/₀ del valore della flotta; quello degli immobili si eleva a fr. 5.227.657,78; quello d'assicurazioni a fr. 8.598.932,38. La riserva statutaria è di 6 milioni.

La Compagnia ha acquistato il piroscafo « Persepolis » per il servizio annesso del Golfo Persico. Il piroscafo « Cordillère » è entrato in servizio nella linea del Brasile e del Plata, ed il « Labourdonnais » fu venduto.

Al 1° gennaio 1897 la flotta era composta di 60 navi aventi una stazza complessiva di 219.002 tonnellate e muniti di macchine di una potenza effettiva di 176.550 cavalli. Vi erano in costruzione nei cantieri di La Ciotat il « Laos » e l' « Indus », piroscafi a due eliche e di grande potenza destinati alla linea principale dell'Indo-Cina. Fu inoltre disposta la costruzione di altri 3 piroscafi per il servizio postale e di un cargoboat di grandi dimensioni per il servizio commerciale dell'estremo Oriente.

Le velocità raggiunte dai piroscafi in servizio postale furono: linea d'Australia e della Nuova Caledonia, nodi 15,06 invece di 14; linee principali dell'Indo-Cina, nodi 13,54 in luogo di 13; rete dell'Oceano Indiano, nodi 12,43 invece di 12; servizii del Mediterraneo, nodi 13,13 in luogo di 13; nodi 12,19 per la linea di Calcutta e 12,51 per quella di Batavia in luogo di 12 nodi prescritti dalla convenzione postale.

Chargeurs Réunis.

Compagnia francese di navigazione a vapore.
(Capitale L. 12.500.000)

Esercizio 1895–96

In questo esercizio la Società ha inaugurato le nuove linee alla costa occidentale d'Africa ed al Madagascar. I viaggi compiuti entro l'anno furono 92, dei quali 73 per l'America meridionale, 6 per la costa d'Africa e 13 per Madagascar, percorrendo 394.052 leghe e trasportando 19.756 passeggieri e 516.800 metri cubi di merci.

Il provento, netto di spese, è stato di 1.757.439,38, dalla qual somma furono prelevate 1.500.000 lire che furono distribuite a titolo di dividendo agli azionisti in ragione di L. 60 per azione, pari al 12 per cento.

La flotta è stata aumentata durante l'anno di due vapori (1) e diminuita di altri due stati venduti; al 30 giugno 1896 si componeva di 30 piroscafi della stazza totale lorda di tonn. 82.222 e netta di 45.359 con 38.490 cavalli indicati, del valore netto di circa 21 milioni.

Compagnie Générale Transatlantique.

(Società anonima francese di navigazione a vapore).
Capitale sociale fr. 40.000.000

Dal rapporto fatto dal Consiglio d'amministrazione della « Compagnie Générale ¡Transatlantique » all'assemblea generale ordinaria degli azionisti del 30 giugno 1897, si desume che l'attivo della Società al 31 dicembre 1896 era stabilito come appresso:

1. Flotta, immobili, utensili, mobili e spese di 1° impianto . . . . fr. 127.494.588,34
2. Approvvigionamenti . . . . » 3.084.037,63
3. Valori diversi . . . . » 1.658.343,35
4. Debitori diversi . . . . » 5.776.929,28
5. Fondi diversi . . . . » 15.267.928,53

Totale . . fr. 153.281.827,13

(1) Di tonn. nette 1800 l'uno (circa).

Durante l'esercizio 1896, gli introiti netti salirono a fr. 48.533.573,17 e le spese a 41.489.911,06, con una eccedenza negli introiti di fr. 7.043.662,11. Da questa somma furono prelevate la riserva per ammortizzamento e la riserva statutaria ed il beneficio netto restò stabilito in fr. 1.456.662,11 coi quali fu distribuito un dividendo di fr. 18 per azione, (3,60 p. °/₀), riportando all'esercizio successivo la rimanenza di fr. 16.662,11.

Importanti riforme economiche furono introdotte nell'Amministrazione, fra le quali è notevole l'organizzazione in agenzie corrispondenti della maggior parte delle agenzie dirette.

Il materiale navale della Compagnia al 31 dicembre 1896 si componeva di 65 piroscafi aventi complessivamente una stazza lorda di 172.227 tonnellate, un massimo di carico di 263.983 tonnellate ed una forza di macchine di 172.450 cavalli.

Nel 1896 furono completati i lavori, incominciati nel 1895 riguardanti l'installazione di nuove caldaie ad alta pressione e la trasformazione delle macchine a triplice espansione per i piroscafi « *Champagne* » « *Ville de Rome* » e « *France* ». Fu inoltre eseguita o cominciata la trasformazione a triplice espansione delle macchine dei piroscafi « *Ville de Naples* » e « *Ville de Tunis* » e rimpiazzate le caldaie del « *Saint Germain* » del « *Lafayette* » e del « *Salvador* ». Molti piroscafi furono illuminati colla luce elettrica.

Durante l'anno 1896 le navi della Compagnia hanno effettuato un totale percorso di 658.447 leghe marine, di cui 253,338 in servizio postale. La media del percorso annuale per ciascun piroscafo fu di leghe 10.453.

La velocità ottenuta nel servizio postale della linea di New-York fu di nodi 16,71, contro 15 di velocità obbligatoria.

Quella per il servizio delle Antille fu di 13,12, mentre la prescritta era di soli 12.

Malgrado la concorrenza sempre più forte sulla linea di New-York, la Compagnia potè raggiungere gli stessi introiti dell'anno precedente.

Nell'ottobre furono inaugurate due nuove linee da New-York a Fort-de France, l'una toccando il Venezuela ed Haiti, e l'altra per Portorico, San Domingo ed Haiti. I primi viaggi furono relativamente buoni, ma la perdita del piroscafo « Ville de S. Nazaire » costrinse la Compagnia a sospendere provvisoriamente l'esercizio di tali linee riattivandone solo una per la stagione dei caffè.

Notasi per ultimo che nella precitata adunanza del 30 giugno 1897, l'assemblea, su proposta del Consiglio d'Amministrazione, ha autorizzata l'e-

missione di un numero di obbligazioni per un valore di circa 9,500,000 franchi, destinando questa somma al rimborso delle obbligazioni « Valery »,
ammontanti a fr. 3,511,720.10, ed a contribuire con la rimanente somma
alla costruzione di nuovi piroscafi celeri per la linea di New-York.

Norddeutscher Lloyd di Brema

.

Dalla relazione presentata il 24 aprile 1897 all'assemblea generale
del Norddeutscher Lloyd per l'anno 1896 risulta:

    1. Il conto dei profitti ascende a . . . . marchi 9,937,018.15
dai quali si devono dedurre:

per spese, stipendi, tassse ecc .	2,354,548.05
per ammortizzamenti	5,880,164.10

             » 8,234,712.15

e si ha quindi un guadagno netto così distribuito:

Dividendo del 4 % sul capitale .	1,600,000.—
Passati al fondo di riserva . .	85,115.30
Passati a credito nel nuovo bilancio	17,191.—

        marchi 1,702,306.30

2. Riepilogo dei passeggieri trasportati in viaggi transoceanici

	1896		1895	
	Andata	Ritorno	Andata	Ritorno
Linee di New York { via Brema . . .	49.322	23,287	55,116	23,208
via Genova . . .	18,557	15,676	13,426	11,718
Baltimora e Galveston	14,049	4.049	9,867	3,850
Sud America	13 332	2,917	9,853	2.125
Asia orientale	8.040	4,640	8,384	4,724
Australia	3.032	3,225	2,680	3,574
	106,352	53,791	99,326	49,199
	160.146		148,525	

Durante l'anno 1896 furono trasportati sulle dette linee 1,703,496 m³ di merci.

3. Cassa Marinai del N. D. Lloyd.

Fondo al 31 dicembre 1896 . . . . marchi 2,018,668.25

Pagamenti ai soci a tutto il 1896 . . . . . » 1,435,163.40

4. Cassa pensioni vedove ed orfani.

Fondo al 31 dicembre 1896 . . . . » 236,854.85

5. Diminuzione nei piroscafi.

Nel 1896 ne furono venduti 7 ed uno naufragò nella traversata dal Plata alla Spagna.

6. Costruzioni.

Nel 1896 entrò in esercizio il nuovo piroscofo Friedrich der Grosse di 10,536 tonn. lorde.

Sono in costruzione 5 piroscafi di oltre 10 mila tonnellate lorde ciascuno (uno è di 14,000 tonnellate), più tre piroscafi destinati ai viaggi del Brasile, della portata di tonn. 3,200 ciascuno.

7. Tutte le linee di navigazione presentano risultati favorevoli.

Società Hamburg-Amerikanischen Packetfahrt

(Sede in Amburgo — Capitale, marchi 30,000,000).

Esercizio 1896

Guadagno netto m. 2,474,226.80 dei quali m. 2,400,000 sono stati impiegati nella distribuzione di un dividendo di m. 80 per azione corrispondente all' 8 per cento.

Le contribuzioni alle assicurazioni per malattie, gli accidenti, l'invalidità e la vecchiaia ascesero in complesso a m. 136,430.86.

Durante l'esercizio furono eseguiti 344 viaggi, nei quali furono trasportati 84,250 passeggieri e 1,808,108 metri cubi di merci.

La relazione attribuisce il considerevole aumento del traffico esercitato dalla Società alla circostanza che essa riconobbe in tempo la necessità di non ricercare più il punto d'appoggio del traffico nord americano nel trasporto dei passeggieri ed ebbe il coraggio di fornire a questo commercio, per mezzo della trasformazione della sua flotta, un materiale di trasporto che, anche senza il considerevole introito derivante dal servizio dell'emigrazione, è capace di dare ottimi risultati.

Nell'anno 1896 la flotta si accrebbe dei piroscati « Pennsylvania » di tonn. 13,500 ed « Arabia » di 5,500 ed ora ascende a 62 piroscafi, oltre a 14 vapori fluviali minori.

Trovansi inoltre in costruzione più o meno avanzata sette vapori, dei quali uno di 13,500 tonnellate lorde, 3 di 10,000 ciascuno, uno di 6,500 e due di 5,000 circa.

The Orient Steam Navigation Company Limited

Società anonima di navigazione con sede in Londra
(Capitale emesso e versato L. st. 466,420).

———

Nell'assemblea generale ordinaria degli azionisti tenutasi in Londra il 28 aprile 1897 furono presentati la relazione, il conto profitti e perdite, ed il bilancio per l'anno 1896.

Da questi risulta che l'utile netto, che nel 1895 ascese a L.st. 79,217. 2. 5. è stato nel 1896 di L.st. 79,101. 1. 3. Con questo venne pagato un dividendo di cinque scellini per azione, liberi dalla tassa sulla rendita, corrispondente all'interesse del 2 1/2 per cento sul capitale della Compagnia. La rimanenza, dopo aver passato alla riserva il sei per cento del valore di costo dei piroscafi, fu di L.st. 282. 3. 2, e fu portata a credito del bilancio 1897.

La flotta non subì variazioni e resta composta di sette grandi piroscafi di tonn. 35,917 in complesso, con una forza di cavalli indicati 42,500.

Peninsular and Oriental Steam Navigation Company

Società anonima di navigazione con sede in Londra
(Capitale nominale L. st. 3,500,000 — Versato L. st. 2,320,000)
Obbligazioni 3 1|2 per cento L. st. 800,000.

—— ——

Nell'esercizio dell'anno chiuso al 30 settembre 1896 l'utile netto ammontò a L.st. 180,952 colle quali fu pagato un dividendo medio corrispondente al sette e mezzo per cento del capitale versato, riportando all'esercizio venturo la rimanenza di L.st. 6,952.

Il tonnellaggio totale della flotta della Compagnia ammonta a tonnellate 293,986. Sono stati costruiti due grandi piroscafi di 8,000 tonn. ciascuno, l' « India » e la « China », ed altri due simili l' « Egypt » e l' « Arabia » sono in costruzione. Sono poi pressochè ultimati due grandi piroscafi da carico a doppia elica, il « Candia » ed il « Socotra », che eserciteranno il traffico dell'Australia per la via del Capo di Buona Speranza. Fu inoltre acquistato il piroscafo « Harlington » di tonn. 1,032 per il traffico costiero fra Londra ed i porti inglesi.

In conclusione la Compagnia possiede ora 55 grandi piroscafi, e ne ha altri quattro in costruzione. Possiede inoltre altri 26 piroscafi di piccolo tonnellaggio pei servizi locali dei porti di approdo.

The Cunard steam ship Company di Liverpool

Bilancio dell'esercizio 1896

I profitti dell'anno, incluse L.st. 1,465. 10. 8 riportate dal 1895, sono di L.st. 249,788. 8. 4. Di queste sono state passate L.st. 184,822. 5. 11 alla riserva e L.st. 32,417. 9. 9 al fondo assicurazione. Rimane così un credito di L.st. 32,181. 14. 5. Questo credito è stato aumentato di L.st. 10,000 trasferite dal fondo assicurazioni, e si hanno così L.st. 42,181. 14. 5. Con queste verranno pagate L.st. 40,000 di dividendi e cioè il 2 ¼ per cento all'anno libero dalla tassa sulla rendita sul capitale versato e L.st. 2,181. 14. 5 che restano si portano a credito nel 1897.

Il fondo assicurazioni è salito da L.st. 187,000 a L.st. 202,000.

La Compagnia ha ordinato tre nuovi piroscafi in acciaio di 3,000 tonn. ciascuno per il commercio del Mediterraneo. Ha venduto tre vecchi piroscafi di quelli adibiti al servizio del Mediterraneo.

Ora la flotta della Compagnia è di 22 piroscafi grandi e 8 piccoli di tonn. 116.993 e cavalli indicati 150,813. I più grandi sono il « Campania » e il « Lucania » di 12,950 tonn. ciascuno e di 30,000 cavalli indicati.

Nell'anno corrente entreranno in servizio i tre nuovi piroscafi di 3,000 tonn. e 1,800 cavalli ciascuno.

Roma, novembre 1897.

Il Direttore Generale
G. COMANDÙ

INDICE DELLE MATERIE

INDICE ALFABETICO DELLE MATERIE

A

B

C

D

E

F

G

I

L

M

N

P

Q

Quadri grafici :

Tonnellaggio a vapore, tonnellaggio a vela e potenzialità del naviglio mercantile nazionale dal 1863 al 1896, tra pag. 60 e 61. – Movimento della navigazione, arrivi per operazioni di commercio nei porti di: Genova tav. I, Livorno tav. II, Napoli tav. III, Brindisi, Bari, Ancona tav. IV, Venezia tav. V. Savona, Cagliari, Catania tav. VI, Messina tav. VII, Palermo tav. VIII, tra pag. 520 e 521. – Tonnellaggio netto complessivo delle navi arrivate per operazioni di commercio nei principali porti del Regno dal 1887 al 1896, tav. IX, tra pag. 520 e 521. – Tonnellaggio complessivo, arrivi per operazioni di commercio nei porti di Genova, Venezia, Marsiglia, Bordeaux, Havre e Trieste dal 1864 al 1896, tav. X, tra pag. 520 e 521. – Tonnellaggio in arrivo per operazioni di commercio nei porti di Marsiglia, Amburgo, Anversa, Genova, Havre, Rotterdam, Napoli, Bordeaux, Trieste, Dunkerque, Amsterdam, Palermo e Venezia, negli anni dal 1887 al 1896, tav. XI, tra pag. 520 e 521.

R

S

T

V

Z

Dati relativi a marine ed a porti esteri